Knappschaftsgesetz

(in der Fassung der Bekanntmachung
des Ministers für Handel und Gewerbe vom 17. Juni 1912,
Gesetzsammlung 1912 S. 137)

nebst Kommentar

von

Otto Steinbrinck,

Geheimem Oberbergrat und vortragendem Rat im Ministerium für Handel
und Gewerbe (jetzt Berghauptmann und Oberbergamtsdirektor in Clausthal).

Dritte Auflage,

bearbeitet von

Max Reuß,

Geheimem Oberbergrat und vortragendem Rat im Ministerium
für Handel und Gewerbe.

Berlin 1912.

J. Guttentag, Verlagsbuchhandlung,

G. m. b. H.

Vorwort zur ersten Auflage.

Durch das Gesetz vom 19. Juni 1906, betreffend die Abänderung des 7. Titels im Allgemeinen Berggesetze vom 24. Juni 1865, hat der von den Knappschaftsvereinen handelnde Titel 7 des Berggesetzes eine völlige Neugestaltung erfahren. Ein erheblicher Teil der durch das Gesetz getroffenen neuen Vorschriften enthält wesentliche Abänderungen des bisherigen Rechtszustandes. Diese Abänderungen berühren einmal die Rechte und Pflichten der Knappschaftsmitglieder wie der beteiligten Werksbesitzer. Ferner enthalten diese Abänderungen erhebliche Eingriffe in die bestehende Organisation sowie in die bisherige Geschäftsführung der einzelnen Knappschaftsvereine und werden daher eine Umarbeitung der zurzeit in Geltung befindlichen Knappschaftssatzungen zur Folge haben. Die Vornahme dieser Satzungsänderung wird zudem mannigfache Vorarbeiten innerhalb eines verhältnismäßig kurz bemessenen Zeitraums erfordern. Endlich werden durch die abgeänderten gesetzlichen Vorschriften den Aufsichtsbehörden neue bedeutsame Aufgaben zugewiesen.

Die am preußischen Knappschaftswesen beteiligten Kreise werden sich daher mit den durch das neue Gesetz veranlaßten wesentlichen Änderungen des bisherigen Rechtszustandes baldigst vertraut machen müssen. Die alsbaldige Herausgabe eines Kommentars, der sowohl die Ziele des Gesetzes als auch dessen einzelne Bestimmungen näher erläutert, dürfte diesen Kreisen ihre in mancher Beziehung nicht einfache Aufgabe erleichtern und daher nicht unwillkommen sein, wenngleich die zu dem Gesetz zu erwartenden Ausführungsvorschriften naturgemäß zurzeit noch nicht erlassen sind und somit bei der vorliegenden Arbeit noch nicht haben Berücksichtigung finden können.

Das dem Kommentar beigegebene ausführliche Sachregister, das von dem Geheimen expedierenden Sekretär und Kalkulator im Ministerium für Handel und Gewerbe, Herrn Rechnungsrat Pohl aufgestellt ist, wird sich für die Benutzung des Kommentars förderlich erweisen.

Berlin, im Juni 1906.

Vorwort zur dritten Auflage.

Der Erlaß der Reichsversicherungsordnung und des Versicherungsgesetzes für Angestellte sowie insbesondere der Erlaß des preußischen Knappschaftsgesetzes bildeten den Anlaß zur Herausgabe der vorliegenden dritten Auflage. Diese Auflage stellt sich als ein Kommentar zu dem neuen Knappschaftsgesetze dar, dessen Wortlaut überall zugrunde gelegt und dessen Begründung an den geeigneten Stellen ausführlich wiedergegeben ist. Dabei ist die neuere Literatur, insbesondere aber die Rechtsprechung des Oberschiedsgerichts in Knappschaftsangelegenheiten berücksichtigt und angegeben worden. Wie bei der zweiten Auflage, ist dem Kommentar ein Abdruck des Gesetzestextes vorangestellt worden. In den Anhang sind die Vorschriften über die Bildung der Knappschafts-Oberversicherungsämter, diejenigen über die Übertragung gewisser Aufgaben der Versicherungsämter auf knappschaftliche Organe, die Kaiserlichen Verordnungen über Geschäftsgang und Verfahren der Versicherungsämter und der Oberversicherungsämter, die neueste Satzung der Knappschaftlichen Rückversicherungsanstalt sowie an Stelle der früheren Auszüge aus dem Kranken-, Unfall- und Invalidenversicherungsgesetze ein Auszug aus der Reichsversicherungsordnung aufgenommen worden.

Die vorliegende dritte Auflage ist von dem vortragenden Rat im Ministerium für Handel und Gewerbe, Geheimen Oberbergrat Reuß bearbeitet worden, der nach der im Herbst 1911 erfolgten Versetzung des Bearbeiters der beiden ersten Auflagen von Berlin an dessen Stelle das Knappschaftsreferat im Handelsministerium übernommen hat und in dieser Eigenschaft an der Ausarbeitung des neuen Gesetzentwurfs beteiligt gewesen ist, ihn auch mit den Vereinen beraten und im Landtag mit vertreten hat. Doch hatte der Verfasser der beiden ersten Auflagen Gelegenheit, die dritte Auflage vor der endgültigen Drucklegung durchzusehen.

Das dem Kommentar beigefügte ausführliche Sachregister ist auch für diese Auflage von dem Geheimen expedierenden Sekretär und Kalkulator im Ministerium für Handel und Gewerbe, Herrn Geheimen Rechnungsrat Pohl aufgestellt worden.

Clausthal, im Juli 1912. Berlin, im Juli 1912.

Steinbrinck. **Reuß.**

Inhaltsverzeichnis.

Abkürzungen.

a. a. O. = am angeführten Orte.

ABG. = Allgemeines Berggesetz vom 24. Juni 1865 (GS. S. 705).

AH. = Haus der Abgeordneten.

Arbeiter-Versorgung = Die Arbeiter-Versorgung. Zentralorgan für das gesamte Kranken-, Unfall- und Invaliden-Versicherungswesen im Deutschen Reiche. Berlin—Groß-Lichterfelde.

Arndt = Kommentar zum Allgemeinen(Berggesetz, 2. Aufl., Halle (Saale) 1888.

Art. = Artikel.

Bd. = Band.

Begr. 1906 = Begründung zu dem Entwurf eines Gesetzes, betreffend die Abänderung des 7. Titels im Allgemeinen Berggesetze vom 24. Juni 1865. Drucksache des Hauses der Abgeordneten, Session 1905/06, A zu Nr. 24.

Begr. 1912 = Begründung zu dem Entwurf eines Gesetzes, betreffend die Abänderung des 7. Titels im Allgemeinen Berggesetze vom 24. Juni 1865/19. Juni 1906. Drucksache des Herrenhauses, Session 1912, Nr 39.

Beschl. = Beschluß.

BGB. = Bürgerliches Gesetzbuch.

Brassert = Kommentar zum Allgemeinen Berggesetz, Bonn 1888.

Entsch. = Entscheidung.

Ges. = Gesetz.

GS. = Preußische Gesetzsammlung.

GUVG. = Gewerbe-Unfallversicherungsgesetz in der Fassung der Bekanntmachung vom 5. Juli 1900 (RGBl. S. 585).

Handb. der Unfallvers. = Handbuch der Unfallversicherung in drei Bänden. Die Reichs-Unfallversicherungsgesetze, dargestellt von Mitgliedern des Reichs-Versicherungsamts nach den Akten dieser Behörde. Dritte Auflage. Leipzig 1909 (Bd. 1 und 2), 1910 (Bd. 3).

HH. = Herrenhaus.

JVG. = Invalidenversicherungsgesetz in der Fassung der Bekanntmachung vom 19. Juli 1899 (RGBl. S. 463).

KG. = Kammergericht.

Klostermann-Fürst = Kommentar zum Allgemeinen Berggesetz, neubearbeitet von Thielmann, 6. Aufl., Berlin 1911.

KommBerAH. 1906 = Bericht der Kommission des Abgeordnetenhauses. Drucksache des Hauses der Abgeordneten, Session 1905/06, Nr. 302.

KommBerAH. 1912 = Bericht der Handels- und Gewerbekommission des Abgeordnetenhauses. Drucksache des Hauses der Abgeordneten, Session 1912, Nr. 407 A.

KommBerHH. 1906 = Bericht der Kommission des Herrenhauses. Drucksache des Herrenhauses, Session 1905/06, Nr. 125.

KommBerHH. 1912 = Bericht der Handelskommission des Herrenhauses. Drucksache des Herrenhauses, Session 1912, Nr. 52.

Kompaß = Der Kompaß. Amtliches Organ der Knappschafts-Berufsgenossenschaft für das Deutsche Reich, des Allgemeinen deutschen Knappschaftsverbandes zu Berlin und der knappschaftlichen Rückversicherungsanstalt auf Gegenseitigkeit zu Berlin-Charlottenburg. Selbstverlag des Vorstandes der Knappschafts-Berufsgenossenschaft zu Berlin.

KVG. = Krankenversicherungsgesetz in der Fassung der Bekanntmachung vom 10. April 1892 (RGBl. S. 417) mit den durch die Novellen vom 30. Juni 1900 (RGBl. S. 332) und vom 25. Mai 1903 (RGBl. S. 233) herbeigeführten Änderungen.

LG. = Landgericht.

M. = Mark.

MinBesch. = Bescheid des Ministers für Handel und Gewerbe bzw. der öffentlichen Arbeiten.

MinErl. = Erlaß des Ministers für Handel und Gewerbe bzw. der öffentlichen Arbeiten.

ObLG. = Oberlandesgericht.

Obertrib. = Obertribunal.

ObSchG. = Oberschiedsgericht in Knappschaftsangelegenheiten.

ObVG. = Oberverwaltungsgericht.

PreußVerwBl. = Preußisches Verwaltungs-Blatt. Wochenschrift für Verwaltung und Verwaltungsrechtspflege in Preußen. Berlin.

RekBesch. = Rekurs-Bescheid des Ministers für Handel und Gewerbe bzw. der öffentlichen Arbeiten.

RG. = Reichsgericht.

RGBl. = Reichsgesetzblatt.

RVO. = Reichsversicherungsordnung vom 19. Juli 1911 (RGBl. S. 509).

S. = Seite.

Urt. = Urteil.

Verfg. = Verfügung.

Verord. = Verordnung.

Verord. über das Verfahren vor den Knappschafts-Schiedsgerichten = Verordnung über das Verfahren vor den Schiedsgerichten zur Entscheidung von Knappschaftsangelegenheiten vom 29. November 1907 (GS. S. 301).

Verord. über das Verfahren vor dem Oberschiedsgericht = Verordnung über das Verfahren vor dem Oberschiedsgericht in Knappschaftsangelegenheiten vom 30. November 1907 (GS. S. 312).

Verord. für die Versicherungsämter = Verordnung über Geschäftsgang und Verfahren der Versicherungsämter vom 24. Dezember 1911 (RGBl. S. 1107).

Verord. für die Oberversicherungsämter = Verordnung über Geschäftsgang und Verfahren der Oberversicherungsämter vom 24. Dezember 1911 (RGBl. 1095).

Z. f. B. = Zeitschrift für Bergrecht. Früher Cöln und Bonn, jetzt Berlin.

ZPO. = Zivilprozeßordnung für das Deutsche Reich in der seit 1. Juni 1910 geltenden Fassung.

Berichtigungen.

S. 55 Anm. 2 zu § 1. Die Eingangsworte haben zu lauten: „Die dem Allgemeinen Berggesetz unterworfenen Bergwerke" usw.

S. 63 Anm. 6 zu § 3. Statt „Kappschaftsverein" lies „Knappschaftsverein".

Einleitung.

Das Allgemeine Berggesetz vom 24. Juni 1865 hatte den Knappschaftsvereinen die doppelte Aufgabe gestellt, den in bergbaulichen Betrieben beschäftigten Arbeitern einerseits in Krankheitsfällen eine ausreichende Krankenunterstützung und andererseits im Falle ihrer Unfähigkeit zur Berufsarbeit eine laufende Invalidenunterstützung sowie im Falle ihres Todes weitere laufende Unterstützungen an die hinterbliebenen Witwen und Waisen zu gewähren. Die Vorschriften des von den Knappschaftsvereinen handelnden Siebenten Titels im Allgemeinen Berggesetze waren in ihren Grundzügen in das Allgemeine Berggesetz übernommen aus dem preußischen Knappschaftsgesetz vom 10. April 1854 (GS. S. 139), hatten also über ein halbes Jahrhundert in Geltung gestanden. Zur Zeit des Erlasses dieser Vorschriften steckte das preußische Knappschaftswesen im Vergleich zu den heutigen Verhältnissen noch in den Kinderschuhen. Die bisherigen gesetzlichen Vorschriften mußten daher in vielfachen Beziehungen als veraltet bezeichnet werden. Hinzu kam, daß der Knappschaftstitel des Allgemeinen Berggesetzes durch die Reichsgesetzgebung — insbesondere die Arbeiterversicherungsgesetzgebung des Reiches — in einem Maße geändert und beeinflußt war, daß nur kundige Spezialisten mit Sicherheit zu beurteilen vermochten, ob eine einzelne Vorschrift noch zu Recht bestand oder in welchem Maße sie durch die Reichsgesetzgebung abgeändert war. Das Bedenklichste indessen war, daß die dauernde Leistungsfähigkeit vieler Knappschaftsvereine nicht ausreichend sichergestellt erschien und daß die bisherige Gesetzgebung keine Handhabe bot, um den hieraus drohenden Gefahren begegnen zu können. Berücksichtigt man dabei die Tatsache, daß die preußischen Knappschaftsvereine im Jahre 1906 mehr als 700 000 aktive Mitglieder in sich vereinten, denen die gesamte Krankenunterstützung — und zwar in dem gleichen Mindestmaße, wie dies für die Betriebskrankenkassen durch das Krankenversicherungsgesetz vorgeschrieben ist — zu gewähren war, daß diese Knappschaftsvereine daneben und außerdem im Jahre 1906 an mehr als 70 000 Berufsinvaliden, 59 000 Witwen und 50 000 Waisen fortlaufende Pensionen zu entrichten hatten und daß der Gesamtbetrag der neben der vollen reichsgesetzlichen Krankenunterstützung sowie unabhängig von den reichsgesetzlichen Unfall- und Invalidenrenten im Jahre 1906 gewährten fortlaufenden Pensionen sich auf nahezu 30 Millionen Mark belaufen hat, so erhellt ohne weiteres, daß die dauernde Leistungsfähigkeit der Knappschaftsvereine für weite Volkskreise von ganz außerordentlicher Bedeutung ist.

Demgemäß stellte sich das Gesetz vom 19. Juni 1906, betreffend die Abänderunng des Siebenten Titels im Allgemeinen Berggesetze vom 24. Juni 1865 (GS. S. 199), die Aufgabe, einmal die berggesetzlichen Bestimmungen über das Knappschaftswesen mit den für letzteres maßgebenden Vorschriften der Reichsgesetzgebung in Einklang zu bringen und sodann die Lücken und Mängel zu beseitigen, welche die bisherigen berggesetzlichen Vorschriften über die Knappschaftsvereine sachlich aufwiesen. Der Inhalt des genannten Gesetzes gestaltet sich demnach wie folgt:

Hinsichtlich der sachlichen Änderungen sieht das Gesetz als seine Hauptaufgabe an, auf tunlichste Sicherstellung der den einzelnen Knappschaftsvereinen obliegenden Leistungen hinzuwirken. Das preußische Knappschaftswesen krankte in dieser Beziehung an zwei Hauptübelständen: einmal an der ungemeinen Zersplitterung in eine übergroße Zahl von Knappschaftsvereinen und sodann an der Tatsache, daß bei den meisten Knappschaftsvereinen Beiträge und Leistungen nicht nach sachgemäßen Grundsätzen bemessen worden waren. Die hauptsächlichsten Gefahren drohen den Knappschaftsvereinen vor allem aus einer unsachgemäßen Bemessung der Beiträge für die Pensionskassen. In dieser Beziehung verlangt das Gesetz eine derartige Bemessung der Beiträge, daß letztere unter Hinzurechnung der etwaigen weiteren Einnahmen der Pensionskasse und unter Berücksichtigung aller sonstigen für die Leistungsfähigkeit des Knappschaftsvereins in Betracht kommenden Umstände die dauernde Erfüllbarkeit der Pensionskassenleistungen ermöglichen. Neben den zur Durchführung dieses Grundsatzes notwendigen Befugnissen gewährt das Gesetz in dieser Beziehung der Aufsichtsbehörde noch weitere Befugnisse, die zugleich geeignet sind, dem zweiten bisherigen Hauptübel, der übermäßigen Zersplitterung der Knappschaftsvereine, entgegenzutreten.

Einem weiteren erheblichen Mißstand des bisherigen Knappschaftswesens sucht das Gesetz durch seine Vorschriften über die Erhaltung der Pensionskassenansprüche ausscheidender Mitglieder zu begegnen, und zwar einmal durch Einführung eines gesetzlichen Gegenseitigkeitsverhältnisses aller preußischen Knappschaftsvereine und sodann durch die Gewährung der Möglichkeit, unter gewissen Umständen die bis zum Ausscheiden aus einem Verein erworbenen Ansprüche gegen Entrichtung einer mäßigen Anerkennungsgebühr aufrecht zu erhalten.

Ferner haben die Rechtsmittel gegen die Entscheidungen über Mitgliederansprüche durch das Gesetz eine Neuregelung erfahren. Diese Neuregelung beseitigt Unzuträglichkeiten, welche mit der bisherigen Regelung verbunden waren, und enthält zugleich eine Annäherung an die in dieser Beziehung in Betracht kommenden Grundsätze der Arbeiterversicherungsgesetzgebung des Reiches.

Weitere bedeutsame Änderungen betreffen die Aufbringung der Mittel für die den Knappschaftsvereinen obliegenden Leistungen. Die bisherige Vorschrift, daß die Werksbesitzer mindestens die Hälfte der Beiträge der von ihnen beschäftigten beitrittspflichtigen Mitglieder zu entrichten hatten, ist namentlich mit Rücksicht auf den Umstand, daß nach den bisherigen und jetzigen gesetzlichen Bestimmungen Vorstand und Generalversammlung sich je zur Hälfte aus Vertretern der Werksbesitzer und der Mitglieder zusammensetzen, dahin geändert worden, daß die Werksbesitzer die gleichen Beiträge zu entrichten haben wie die von ihnen beschäftigten beitrittspflichtigen Mitglieder. Ferner beseitigt das Gesetz den Mißstand, daß bisher in einzelnen Knappschaftsvereinen auch diejenigen Mitglieder, welche satzungsgemäß keine Anwartschaft auf Pensionskassenleistungen erwerben konnten, gleichwohl zu den gleichen oder annähernd gleichen Beiträgen herangezogen wurden wie die vollberechtigten Mitglieder.

Weiter trifft das Gesetz neue Vorschriften über Erwerb und Verlust der Mitgliedschaft, um in dieser Beziehung bei der Handhabung der bisherigen Vorschriften entstandene Zweifel und Mißstände zu beseitigen.

Endlich berührt das Gesetz durch mehrere neue Vorschriften auch die Organisation der Knappschaftsvereine. Von besonderer Bedeutung zugleich auch für die angestrebte Sanierung der Knappschaftsvereine ist in dieser Beziehung die Vorschrift des Gesetzes, wonach die den Knappschaftsvereinen gesetzlich obliegenden, ihrem Wesen nach verschiedenen Versicherungszweige — die Krankenversicherung einerseits und die Invaliden-, Witwen- und Waisenversicherung andererseits — innerhalb der einzelnen Knappschaftsvereine rechnungsmäßig voneinander getrennt gehalten werden müssen.

Schließlich mag hier nicht unerwähnt bleiben, daß auch die Auflösung der Knappschaftsvereine, über welche das bisherige Gesetz keine näheren Vorschriften enthielt, im Gesetz einer Regelung unterzogen worden ist.

Der dem Gesetz zugrunde liegende Regierungsentwurf ist nach eingehendem Benehmen mit den Interessenten, insbesondere dem Allgemeinen Deutschen Knappschaftsverbande, welchem fast sämtliche preußischen Knappschaftsvereine als Mitglieder angehören, aufgestellt worden. Dem endgültigen Gesetzentwurf sind zwei vorläufige Gesetzentwürfe vorausgegangen, welche in den Jahren 1900 und 1903 zur Kenntnis der Knappschaftsvereine gebracht und von diesen bzw. dem Allgemeinen Deutschen Knappschaftsverband unter Beteiligung von Regierungsvertretern insbesondere in den Jahren 1902/03 eingehend beraten worden sind. Der hierauf aufgestellte, mit ausführlicher Begründung versehene endgültige Gesetzentwurf ist im Dezember 1905 dem Abgeordnetenhause vorgelegt worden (Drucksache Nr. 24 des AH. 1905/06). Nach der in der Sitzung des Abgeordnetenhauses vom 22. Januar 1906 stattgehabten ersten Lesung wurde der Gesetzentwurf einer besonderen Kommission von 21 Mitgliedern zur Vorberatung überwiesen. Diese Kommission hat über ihre Tätigkeit und die Arbeiten der von ihr zur Vorberatung einiger Anträge bestellten Subkommission unter dem 11. Mai 1906 dem Abgeordnetenhause schriftlichen Bericht erstattet (Drucksache Nr. 302

des AH. 1905/06). Das Abgeordnetenhaus hat darauf in den Sitzungen vom 16. Mai in zweiter Lesung und vom 21. Mai in dritter Lesung über den Gesetzentwurf beraten und ihn in der Sitzung vom 22. Mai im wesentlichen in der dem Entwurf von der Kommission gegebenen Fassung endgültig angenommen. Das Abgeordnetenhaus hat sich dabei den Grundzügen des Regierungsentwurfs durchweg angeschlossen, jedoch an einer Anzahl von Einzelbestimmungen des Entwurfs Änderungen beschlossen.

Die bedeutsamste dieser Änderungen besteht in der Beseitigung der Vorschrift des Regierungsentwurfs, wonach die zur Teilnahme an der Verwaltung berufenen Vertreter der Mitglieder, die sog. Knappschaftsältesten, in geheimer Wahl gewählt werden mußten. Nach dem Beschlusse des Abgeordnetenhauses soll vielmehr der bisherige Rechtszustand insoweit aufrecht erhalten werden, als die Vereinssatzung darüber zu bestimmen hat, ob die Wahl der Knappschaftsältesten bei den betreffenden Knappschaftsvereinen öffentlich oder geheim erfolgen soll. Weiter hat das Abgeordnetenhaus, den Grundsätzen der Reichsversicherungsgesetzgebung folgend, die im Regierungsentwurf aufrecht erhaltene Möglichkeit beseitigt, wonach durch die Satzung auch den invaliden Mitgliedern die Wählbarkeit zum Knappschaftsältesten beigelegt werden konnte. Ferner hat das Abgeordnetenhaus hinsichtlich der Zusammensetzung des Knappschaftsvorstandes und des bei Stimmengleichheit im Vorstand einzuschlagenden Verfahrens in den Regierungsentwurf Bestimmungen eingefügt, welche bezwecken, die ordnungsmäßige Verwaltung der Knappschaftsvereine zu erleichtern. Endlich hat das Abgeordnetenhaus als Rechtsmittel gegen die Entscheidungen des Oberbergamts als Aufsichtsbehörde in einigen für die Knappschaftsvereine besonders bedeutsamen Angelegenheiten die Beschwerde an das durch das gegenwärtige Gesetz neu gebildete Oberschiedsgericht in Knappschaftsangelegenheiten vorgesehen an Stelle des im Regierungsentwurf auch für diese Fälle vorgesehenen Rekurses an den Handelsminister. Die übrigen vom Abgeordnetenhause beschlossenen sachlichen Änderungen des Regierungsentwurfs sind nicht von solcher Bedeutung, daß sie an dieser Stelle einer besonderen Erwähnung bedürften.

Die hiernach dem Gesetzentwurf gegebene Fassung ist durch ein Kompromiß zwischen den maßgebenden Parteien des Abgeordnetenhauses unter Zurückstellung der von den einzelnen Parteien gehegten Sonderwünsche vereinbart worden und hat dazu geführt, daß der Gesetzentwurf in der Schlußabstimmung mit überwältigender Mehrheit Annahme gefunden hat.

Im Herrenhause ist der Gesetzentwurf zunächst von der Kommission für Handels- und Gewerbeangelegenheiten durchberaten worden. Die Kommission hat über ihre Tätigkeit dem Herrenhause unter dem 26. Mai 1906 schriftlich Bericht erstattet (Drucksache Nr. 125 des HH. 1905/06) und die unveränderte Annahme des Gesetzes in der vom Abgeordnetenhause beschlossenen Fassung beantragt. Das Herrenhaus hat den Gesetzentwurf in der Sitzung vom 30. Mai 1906 beraten und bei der Abstimmung mit einer an Einstimmigkeit grenzenden Mehrheit in der vom Abgeordnetenhause beschlossenen Fassung angenommen.

Der Gesetzentwurf ist darauf in der vom Landtage beschlossenen Fassung als „Gesetz, betreffend die Abänderung des Siebenten Titels im Allgemeinen Berggesetze vom 24. Juni 1865, vom 19. Juni 1906" in der am 28. Juni 1906 ausgegebenen Nr. 28 der Preußischen Gesetzsammlung S. 199 ff. veröffentlicht worden.

Dieses Gesetz hat indessen neuerdings durch die Novelle vom 3. Juni 1912, betreffend die Abänderung des Siebenten Titels im Allgemeinen Berggesetze vom 24. Juni 1865/19. Juni 1906 (GS. 1865 S. 705, 1906 S. 199), eine Änderung erfahren, die erforderlich wurde, weil das Gesetz in erheblichem Maße von den Änderungen berührt wurde, die durch die Reichsversicherungsordnung vom 19. Juli 1911 (RGBl. S. 509) auf dem Gebiete der Krankenversicherung herbeigeführt werden. Diesem Reichsgesetze sollte der bisherige Siebente Titel im Allgemeinen Berggesetze angepaßt werden, indem Vorschriften, die mit dem Reichsgesetze in Widerspruch stehen, beseitigt oder mit diesem in Einklang gebracht und überhaupt alle auf die Krankenversicherung bezüglichen Bestimmungen so gefaßt wurden, daß sie den neuen Rechtszustand zutreffend wiedergeben. Weitere Änderungen sind durch das Versicherungsgesetz für Angestellte vom 20. Dezember 1911 (RGBl. S. 989) veranlaßt worden.

Es mußten die bisherigen Vorschriften über die knappschaftliche Versicherung der Beamten ergänzt werden, um eine sachgemäße Durchführung des genannten Reichsgesetzes zu ermöglichen und namentlich die Voraussetzungen zu schaffen, unter denen die Knappschaftsvereine auf Grund ihrer Satzungen bezüglich der Beamtenmitglieder Zuschußkassen oder Ersatzkassen im Sinne des Reichsgesetzes werden können.

Auch der der Novelle vom 3. Juni 1912 zugrunde liegende Gesetzentwurf ist nach eingehenden Verhandlungen mit den Interessenten, insbesondere dem oben genannten Allgemeinen Deutschen Knappschaftsverbande, aufgestellt worden. Er ist im Februar 1912 mit ausführlicher Begründung dem Herrenhause vorgelegt worden (Drucksache Nr. 39 des HH. 1912). Nach Durchberatung in der Handelskommission des Herrenhauses (Bericht vom 4. März 1912, Drucksache Nr. 52 des HH. 1912) ist er im Plenum dieses Hauses en bloc angenommen worden (Verhandlungen des HH. 1912 Sp. 65 ff.). Das Abgeordnetenhaus überwies den Entwurf seiner Handels- und Gewerbekommission, die in drei Lesungen über ihn beriet und das Ergebnis ihrer Beratungen in dem Berichte vom 10. Mai 1912 (Drucksache Nr. 407 A und 407 B des AH. 1912) niederlegte. In der Fassung der Beschlüsse dieser Kommission wurde der Gesetzentwurf am 13. Mai 1912 vom Abgeordnetenhause in zweiter und dritter Lesung angenommen (Verhandlungen des AH. 1912 Sp. 5884 und 5887). Da das Abgeordnetenhaus an dem Gesetzentwurf einige Änderungen vorgenommen hatte, gelangte der Entwurf an das Herrenhaus zurück, das ihn in der Sitzung vom 20. Mai 1912 (Verhandlungen des HH. 1912 Sp. 406 ff.) in der vom Abgeordnetenhause beschlossenen Fassung auch seinerseits annahm. Unterm 3. Juni 1912 wurde das Gesetz Allerhöchst vollzogen und am 14. Juni 1912 in der Nr. 19 S. 97 der Gesetzsammlung verkündet.

Von den Änderungen, die der Gesetzentwurf in den Verhandlungen des Landtages erfahren hat, mag hier nur eine hervorgehoben werden. Das Herrenhaus hatte dem Entwurfe einen Artikel VI hinzugefügt, durch den der Minister für Handel und Gewerbe ermächtigt wird, den Text des Siebenten Titels im Allgemeinen Berggesetze vom 24. Juni 1865, wie er sich aus den Änderungen durch das Gesetz vom 19. Juni 1906 und durch das gegenwärtige Gesetz ergibt, mit der Überschrift „Knappschaftsgesetz" unter selbständiger fortlaufender Nummernfolge der Paragraphen durch die Gesetzsammlung bekannt zu machen. Dieser Antrag ist Gesetz geworden. Er hat zur Folge gehabt, daß der Minister für Handel und Gewerbe den Text des bisherigen Siebenten Titels in seiner neuen Fassung und unter selbständiger fortlaufender Nummernfolge der Paragraphen als „Knappschaftsgesetz" bekannt gemacht hat, und zwar in der Nr. 22 S. 137 der Gesetzsammlung. Der Siebente Titel ist damit formell aus dem Allgemeinen Berggesetze ausgeschieden und bildet nunmehr das „Knappschaftsgesetz".

Knappschaftsgesetz

in der Fassung der Bekanntmachung vom 17. Juni 1912.

(GS. S. 137.)

---

§ 1. Für die Arbeiter, welche auf den dem Allgemeinen Berggesetz unterworfenen Bergwerken, Aufbereitungsanstalten, Salinen und den zugehörigen Betriebsanstalten beschäftigt sind, sollen, soweit das Gesetz nicht besondere Ausnahmen vorsieht, Knappschaftsvereine bestehen, welche den Zweck haben, ihren Mitgliedern und deren Angehörigen nach näherer Bestimmung des Gesetzes und der Satzungen (§ 6) Unterstützungen zu gewähren.

Inwieweit auch die Werksbeamten und die Verwaltungsbeamten der Knappschaftsvereine zum Beitritte verpflichtet und berechtigt sind, bestimmt sich nach den §§ 9 und 27 bis 29.

Sind mit den im Abs. 1 bezeichneten Werken zugleich Gewerbsanlagen verbunden, welche nicht unter der Aufsicht der Bergbehörde stehen, so können die bei diesen Gewerbsanlagen beschäftigten Arbeiter und Beamten auf den gemeinschaftlichen Antrag der Werksbesitzer und der Mehrheit der künftigen beitrittspflichtigen Mitglieder durch den Knappschaftsvorstand in den Knappschaftsverein aufgenommen werden.

§ 2. Die bestehenden Knappschaftsvereine und knappschaftlichen Krankenkassen bleiben in Wirksamkeit. Das gegenwärtige Gesetz findet jedoch auch auf sie Anwendung.

Die Besitzer sowie die Beamten und Arbeiter der Hüttenwerke und der dem Allgemeinen Berggesetze nicht unterworfenen Aufbereitungsanstalten, welche bereits einem Knappschaftsverein angehören, scheiden auf ihren gemeinschaftlichen Antrag aus dem Verein aus.

Unter der gleichen Voraussetzung scheiden die Besitzer sowie die Beamten und Arbeiter der im § 1 Abs. 3 bezeichneten, nicht unter der Aufsicht der Bergbehörde stehenden Gewerbsanlagen aus dem Verein aus, sofern ihre Verbindung mit knappschaftspflichtigen Werken gelöst wird.

Das Ausscheiden eines nach Abs. 2 oder 3 austrittsberechtigten Vereinswerkes tritt erst in Wirksamkeit, wenn eine vermögensrechtliche Auseinandersetzung zwischen dem ausscheidenden Werke und dem Knappschaftsvereine stattgefunden hat. Streitigkeiten, welche hinsichtlich der vermögensrechtlichen Auseinandersetzung zwischen dem austrittsberechtigten Vereinswerk und dem Knappschaftsverein entstehen, werden mangels Verständigung über eine schiedsrichterliche Entscheidung von dem Oberschiedsgericht entschieden (§ 83).

§ 3. Die Bestimmung der Bezirke, für welche neue Knappschaftsvereine gegründet, sowie die Bestimmung derjenigen bereits bestehenden Knappschaftsvereine, welchen die dem Allgemeinen Berggesetz unterworfenen, außerhalb des Bezirkes eines bestehenden Knappschaftsvereins belegenen Bergwerke, Aufbereitungsanstalten und Salinen bei der Eröffnung des Betriebs zugeteilt werden sollen, hängt zunächst von dem Beschlusse der Beteiligten ab. Kann hierüber eine Einigung nicht erzielt werden, so entscheidet nach Anhörung der Werksbesitzer und eines von den künftigen beitrittspflichtigen Mitgliedern zu wählenden Ausschusses auf den Vorschlag des Oberbergamts der Minister für Handel und Gewerbe.

Wo ein ständiger Arbeiterausschuß besteht, ist dieser zu hören. Die Wahl eines Ausschusses nach Abs. 1 findet alsdann nur durch die beitrittspflichtigen Beamten statt.

§ 4. Jeder Knappschaftsverein hat nach näherer Bestimmung des Gesetzes und der Satzung zu gewähren:

1. die Krankenversicherung seiner Mitglieder nach §§ 13 bis 26 (Krankenkassenleistungen);
2. Unterstützungen an die arbeitsunfähig gewordenen Mitglieder sowie an die Angehörigen verstorbener Mitglieder nach §§ 30 bis 34 (Pensionskassenleistungen).

Für diese beiden den Knappschaftsvereinen obliegenden Aufgaben ist die Rechnungsführung nach Krankenkasse und Pensionskasse getrennt vorzunehmen. Ausnahmen hiervon sind nur bei geringem Geschäftsumfange statthaft und unterliegen der besonderen Genehmigung durch die Aufsichtsbehörde.

§ 5. Innerhalb der einzelnen Knappschaftsvereine können nach dem gemeinschaftlichen Beschlusse der beteiligten Werksbesitzer und Knappschaftsältesten, sofern der Knappschaftsvorstand und die Generalversammlung zustimmen, besondere Krankenkassen für die zugehörigen Werke, und zwar für jedes einzelne Werk oder gruppenweise für mehrere Werke, errichtet werden. Die Errichtung besonderer Krankenkassen kann auch auf einen Teil der Vereinswerke beschränkt werden.

Die Errichtung einer besonderen Krankenkasse ist nur dann zulässig, wenn durch die Zahl der im Kassenbezirke regelmäßig beschäftigten Arbeiter oder durch sonstige Umstände die dauernde Leistungsfähigkeit der Krankenkasse ausreichend sichergestellt erscheint.

Die Geschäftsführung der besonderen Krankenkassen unterliegt der Beaufsichtigung durch den Knappschaftsvorstand. In der Satzung des Knappschaftsvereins sind gegebenenfalls die näheren Bestimmungen hierüber zu treffen.

§ 6. Für jeden neu gegründeten Knappschaftsverein haben die Werksbesitzer unter Mitwirknng eines von den künftigen beitrittspflichtigen Mitgliedern zu wählenden Ausschusses eine mit dem Gesetz in Übereinstimmung stehende Satzung aufzustellen. Dieselbe unterliegt der Bestätigung des Oberbergamts, welche nur versagt werden darf, wenn die Satzung den gesetzlichen Vorschriften zuwiderläuft oder Bestimmungen enthält, welche mit dem gesetzlichen Zwecke des Knappschaftsvereins nicht im Zusammenhange stehen.

Mit dem Antrag auf Erteilung der Bestätigung sind die Unterlagen einzureichen, welche zur Beurteilung der dauernden Erfüllbarkeit der Leistungen der Pensionskasse (§ 40 Abs. 2) notwendig sind. Vor der Entscheidung über die Bestätigung hat das Oberbergamt eine sachverständige Prüfung der Unterlagen herbeizuführen. War mit den Unterlagen ein versicherungstechnisches Gutachten nicht eingereicht, so können die Kosten der Anfertigung eines solchen Gutachtens dem Knappschaftsverein auferlegt werden.

Wird die Bestätigung vom Oberbergamte versagt, so erfolgt die Entscheidung durch Beschluß. Gegen diesen Beschluß findet, insoweit die dauernde Erfüllbarkeit der Leistungen der Pensionskasse in Frage steht, binnen einer Frist von einem Monate vom Tage der Zustellung an den Vorstand ab die Beschwerde an das Oberschiedsgericht statt (§ 83). Im übrigen bewendet es bei den Vorschriften in §§ 191 bis 194 des Allgemeinen Berggesetzes.

Wo ein ständiger Arbeiterausschuß besteht, wählt dieser die Vertreter der Arbeiter zu dem im Abs. 1 bezeichneten Ausschusse.

Wird die Satzung nach vorgängiger Aufforderung nicht innerhalb sechs Monaten vorgelegt, so hat das Oberbergamt dieselbe rechtsverbindlich aufzustellen.

Für die Errichtung besonderer Krankenkassen (§ 5) finden die Bestimmungen in Abs. 1, 4 und 5 entsprechende Anwendung. Erfolgt die Errichtung in einem schon bestehenden Knappschaftsvereine, so werden die Mitglieder durch die gewählten Knappschaftsältesten vertreten.

Die Knappschaftsvereine und besonderen Krankenkassen (§ 5) erlangen durch die Bestätigung ihrer Satzung die Rechtsfähigkeit.

§ 7. Zu allen Abänderungen von Satzungen der Knappschaftsvereine und besonderen Krankenkassen (§ 5) ist erforderlich, daß die Änderungen von der Generalversammlung nach den näheren Bestimmungen der Satzung beschlossen werden und sodann die Bestätigung des Oberbergamts nach Maßgabe des § 6 erlangen.

§ 8. Die Satzungen der Knappschaftsvereine und besonderen Krankenkassen (§ 5) müssen Bestimmung treffen:

1. über Namen, Sitz und Bezirk des Vereins;
2. über die Klassen der dem Beitrittszwang unterliegenden und über die zum Beitritte berechtigten Personen;
3. über die zur An- und Abmeldung derselben bestimmten Stellen und über den Zeitpunkt der An- und Abmeldung;
4. über die Bemessung, den Ort und die Zeit der Einzahlung etwa vorzuschreibender Eintrittsgelder sowie der Beiträge;
5. über Art und Umfang der einzelnen Unterstützungen;
6. über die Bildung und Zusammenberufung des Vorstandes, die Art seiner Beschlußfassung und die Entschädigung, welche den Vorstandsmitgliedern und Knappschaftsältesten für die ihnen infolge ihrer Teilnahme an den Generalversammlungen sowie an den Sitzungen des Vorstandes und der Ausschüsse erwachsenen Reise- und Zehrungskosten, sowie den Knappschaftsältesten und den von diesen gewählten Vorstandsmitgliedern außerdem noch für den aus gleichem Anlaß entgangenen Arbeitsverdienst zu gewähren ist;
7. über die Zusammensetzung und Berufung der Generalversammlung, über die Art ihrer Beschlußfassung und den Umfang ihrer Befugnisse, soweit nicht § 60 maßgebend ist;
8. über die Verwaltung des Vereins, soweit nicht die §§ 55 bis 59 und 63 maßgebend sind;
9. über die Aufstellung und Prüfung der Jahresrechnung;
10. über die Art rechtsverbindlicher Veröffentlichungen in Angelegenheiten des Vereins;
11. über die Abänderung der Satzung.

Jedes Mitglied des Knappschaftsvereins und der besonderen Krankenkasse (§ 5) erhält ein Exemplar der Satzung und etwaiger Abänderungen.

§ 9. Die Arbeiter, welche im Betriebe der in dem Bezirk eines bereits bestehenden oder neu gegründeten Knappschaftsvereins belegenen Bergwerke, Aufbereitungsanstalten, Salinen und zugehörigen Betriebsanstalten sowie der zu dem Knappschaftsvereine gehörigen Hüttenwerke und sonstigen Gewerbsanlagen beschäftigt werden, sind mit Ausnahme der unständig Beschäftigten Mitglieder der Krankenkasse des Knappschaftsvereins oder der errichteten besonderen Krankenkasse (§ 5). Einer Beitrittserklärung bedarf es nicht. Unständig ist die Beschäftigung, die auf weniger als eine Woche entweder nach der Natur der Sache beschränkt zu sein pflegt oder im voraus durch den Arbeitsvertrag beschränkt ist.

Mitglieder der Krankenkassen sind auch die ausschließlich oder vorwiegend für den technischen, wirtschaftlichen oder kaufmännischen Betrieb eines oder mehrerer der im Abs. 1 bezeichneten Werke beschäftigten Beamten (Werksbeamten) sowie die Verwaltungsbeamten der Knappschaftsvereine und besonderen Krankenkassen (§ 5).

Voraussetzung der Mitgliedschaft ist für die in Abs. 1 und 2 Bezeichneten, daß sie gegen Entgelt (Abs. 4) beschäftigt werden, für die im Abs. 2 Bezeichneten außerdem, daß nicht ihr regelmäßiger Jahresarbeitsverdienst zweitausendfünfhundert Mark an Entgelt übersteigt.

Zum Entgelt gehören neben Gehalt oder Lohn auch Gewinnanteile, Sach- und andere Bezüge, die das Mitglied, wenn auch nur gewohnheitsmäßig, statt des Gehalts oder Lohnes oder neben ihm von dem Arbeitgeber oder einem Dritten erhält. Der Wert der Sachbezüge wird nach den durch das Versicherungsamt gemäß § 160 Abs. 2 der Reichsversicherungsordnung vom 19. Juli 1911 (Reichs-Gesetzbl. S. 509) festgesetzten Ortspreisen berechnet.

Zum Beitritte berechtigt sind auch die übrigen Werksbeamten und Verwaltungsbeamten der Knappschaftsvereine und besonderen Krankenkassen (§ 5).

In Staatsbetrieben mit Pensionsberechtigung angestellte Beamte unterliegen den Vorschriften in Abs. 2 bis 5 nicht. Sie sind indessen zum Beitritte berechtigt, wenn die vorgesetzte Dienstbehörde zustimmt.

Die Beitrittsberechtigung erlischt in allen Fällen, wenn das regelmäßige jährliche Gesamteinkommen viertausend Mark übersteigt.

§ 10. Auf seinen Antrag wird von dem Beitrittszwange befreit, wer auf die Dauer nur zu einem geringen Teile arbeitsfähig ist, solange der vorläufig unterstützungspflichtige Armenverband einverstanden ist.

Wird der Antrag vom Vorstand abgelehnt, so entscheidet auf die Beschwerde des Antragstelles die Aufsichtsbehörde endgültig.

§ 11. Die Mitglieder der Krankenkasse eines Knappschaftsvereins oder einer besonderen Krankenkasse (§ 5) können einer Orts-, Land-, Betriebs- oder Innungskrankenkasse nicht angehören.

§ 12. Von Mitgliedern, die nachweislich bereits der Krankenkasse eines anderen Knappschaftsvereins oder einer anderen besonderen Krankenkasse (§ 5) oder einer Orts-, Land-, Betriebs- oder Innungskrankenkasse angehört haben, darf Eintrittsgeld nur erhoben werden, wenn zwischen Ausscheiden und Beitritt mehr als sechsundzwanzig Wochen liegen.

§ 13. Die Knappschaftsvereine und besonderen Krankenkassen (§ 5) müssen ihren Mitgliedern und deren Angehörigen an Krankenhilfe, Wochengeld und Sterbegeld mindestens die Regelleistungen der Ortskrankenkassen nach den Vorschriften des Zweiten Buches der Reichsversicherungsordnung gewähren. Das Krankengeld können sie mit Genehmigung der Aufsichtsbehörde anders als wöchentlich, längstens jedoch halbmonatlich zahlen.

Der Anspruch auf die Regelleistungen entsteht für die Beitrittspflichtigen mit ihrer Mitgliedschaft (§ 9 Abs. 1 bis 3).

Mehrleistungen sind nach näherer Bestimmung der Satzungen in demselben Umfange zulässig, wie er im Zweiten Buche der Reichsversicherungsordnung für Ortskrankenkassen vorgesehen ist. Außerdem sind zulässig satzungsmäßige Bestimmungen, nach welchen den Knappschaftsinvaliden und deren Angehörigen gegen Entrichtung von Beiträgen freie Kur und Arznei in Krankheitsfällen sowie den Mitgliedern des Knappschaftsvereins oder der Krankenkasse und deren Angehörigen oder Hinterbliebenen in Fällen der Notlage nach dem Ermessen des Vorstandes außerordentliche Unterstützungen gewährt werden können. Steht nach der Satzung eines Knappschaftsvereins den Knappschaftsinvaliden und ihren Angehörigen freie Kur und Arznei in Krankheitsfällen zu, ohne daß die Invaliden hierfür Beiträge zu entrichten haben, so sind diese Leistungen für Rechnung der Pensionskasse zu gewähren.

Bestimmt die Satzung für den Anspruch auf Mehrleistungen eine Wartezeit, so können Mitglieder, die zur Erfüllung ihrer Dienstpflicht im Heere oder der Marine ausscheiden, diese Wartezeit auf die Dauer der Dienstzeit sowie noch auf höchstens sechsundzwanzig Wochen unterbrechen. In diesem Falle darf von ihnen kein neues Eintrittsgeld erhoben werden.

Die Satzung hat in entsprechender Anwendung des § 180 der Reichsversicherungsordnung den Grundlohn festzusetzen. Insoweit die Festsetzung der Zustimmung des Oberversicherungsamts bedarf, tritt an deren Stelle die Zustimmung des Oberbergamts.

Die Satzung kann mit Zustimmung des Oberbergamts für kleinere Heilmittel einen Höchstbetrag festsetzen, auch bestimmen, daß die Kasse bis zu dieser Höhe einen Zuschuß für größere Heilmittel gewähren darf.

Der Höchstbetrag einer nach der Satzung wider ein Mitglied zu verhängenden Ordnungsstrafe darf den dreifachen Betrag des täglichen Krankengeldes und bei Knappschaftsinvaliden das Dreifache desjenigen Betrags, welchen sie als Krankengeld zuletzt zu beanspruchen hatten, für jeden einzelnen mit Ordnungsstrafe zu belegenden Fall nicht übersteigen.

§ 14. Für Versicherungsfälle, die bereits eingetreten sind, können durch Satzungsänderung die Leistungen erhöht, nicht aber herabgesetzt werden; Änderungen des Grundlohns haben keinen Einfluß.

Tritt ein Versicherter, der Kassenleistungen bezieht, von einer Orts-, Land-, Betriebs- oder Innungskrankenkasse zu der Krankenkasse eines Knappschaftsvereins oder einer besonderen Krankenkasse (§ 5) oder tritt er von der Krankenkasse eines Knappschaftsvereins oder einer besonderen Krankenkasse zu einer Orts-, Land-, Betriebs- oder Innungskrankenkasse über, so übernimmt die Kasse, zu der er übertritt, die weitere Leistung nach ihrer Satzung. Die Zeit der bereits genossenen Leistung wird angerechnet. Die Mehrleistungen erhält er nur, wenn er schon in seiner früheren Kasse Anspruch auf Mehrleistungen erworben hatte. Das gleiche gilt beim Wechsel der Mitgliedschaft zwischen Krankenkassen von Knappschaftsvereinen oder besonderen Krankenkassen (§ 5).

Hat die Krankenkasse eines Knappschaftsvereins oder eine besondere Krankenkasse (§ 5) für eine Person nach vorschriftsmäßiger und nicht vorsätzlich unrichtiger Anmeldung drei Monate ununterbrochen und unbeanstandet die Beiträge angenommen und stellt sich nach Eintritt des Versicherungsfalls heraus, daß die Person nicht beitrittspflichtig und nicht beitrittsberechtigt gewesen ist, so muß ihr die Kasse gleichwohl die satzungsmäßigen Leistungen gewähren.

§ 15. Kranke Mitglieder der Krankenkasse eines Knappschaftsvereins oder einer besonderen Krankenkasse (§ 5), die außerhalb des Bezirkes ihrer Kasse wohnen, erhalten auf Erfordern ihrer Kasse die ihnen bei ihr zustehenden Leistungen von der allgemeinen Ortskrankenkasse des Wohnorts. Gehört der Wohnort zum Bereich einer Knappschaftskasse, so hat, von dringenden Fällen abgesehen, diese die vorläufige Hilfe zu bewilligen. Das gleiche gilt für berechtigte Familienmitglieder sowie für ausgeschiedene Erwerbslose (§ 19).

Das gleiche gilt für ein Mitglied, das während eines vorübergehenden Aufenthalts außerhalb seines Kassenbereichs erkrankt, solange es seines Zustandes wegen nicht nach seinem Wohnorte zurückkehren kann. Eines Antrags seiner Kasse bedarf es nicht. Die Kasse, welche die Leistungen gewährt, hat jedoch binnen einer Woche den Eintritt des Versicherungsfalls der Krankenkasse des Knappschaftsvereins oder der besonderen Krankenkasse (§ 5) mitzuteilen und soll deren Wünsche wegen der Art der Fürsorge tunlichst befolgen.

Erkrankt ein Mitglied im Auslande, so erhält es, solange es seines Zustandes wegen nicht ins Inland zurückkehren kann, die ihm bei seiner Kasse zustehenden Leistungen vom Arbeitgeber. Dieser hat binnen einer Woche den Eintritt des Versicherungsfalls der Kasse mitzuteilen und soll deren Wünsche wegen der Art der Fürsorge tunlichst befolgen; die Kasse kann die Fürsorge selbst übernehmen.

Die Krankenkasse des Knappschaftsvereins oder die besondere Krankenkasse (§ 5), deren Mitglied die Leistungen bezogen hat, hat der anderen Kasse und dem Arbeitgeber die Kosten zu erstatten. Dabei gelten drei Achtel des Grundlohns als Ersatz der Kosten für die Krankenpflege.

Bei Streit über die Erstattungsansprüche entscheidet das Versicherungsamt im Spruchverfahren nach den Vorschriften der Reichsversicherungsordnung.

§ 16. Kassenmitglieder, welche aus der ihre Mitgliedschaft bei der Krankenkasse des Knappschaftsvereins oder bei einer besonderen Krankenkasse (§ 5) begründenden Beschäftigung freiwillig oder infolge Kündigung oder Entlassung durch den Werksbesitzer ausscheiden, verlieren, soweit das Gesetz nicht besondere Ausnahmen vorsieht, ihre Ansprüche auf die Leistungen der Kasse.

§ 17. Scheidet ein Mitglied, das bei der Krankenkasse eines Knappschaftsvereins oder einer besonderen Krankenkasse (§ 5) oder auf Grund der Reichsversicherung in den vorangegangenen zwölf Monaten mindestens sechsundzwanzig Wochen oder unmittelbar vorher mindestens sechs Wochen versichert war, aus der versicherungspflichtigen Beschäftigung aus, so kann es in seiner Klasse oder Lohnstufe Mitglied bleiben, solange es sich regelmäßig im Inland aufhält und nicht Mitglied einer anderen Knappschafts- oder einer Orts-, Land-, Betriebs- oder Innungskrankenkasse wird. Es kann in eine niedere Klasse oder Lohnstufe übertreten.

Wer Mitglied bleiben will, muß es der Kasse binnen drei Wochen nach dem Ausscheiden oder, falls das Mitglied arbeitsunfähig ist und Kassenleistungen empfängt, nach Beendigung der Kassenleistungen anzeigen. Wer jedoch in der zweiten oder dritten dieser Wochen erkrankt, hat für diese Krankheit, vorbehaltlich des § 19, Anspruch auf die Kassenleistungen nur, wenn er die Anzeige in der ersten Woche gemacht hat. Der Anzeige steht es gleich, wenn in der gleichen Frist die satzungsmäßigen Beiträge voll gezahlt werden. Mit Zustimmung des Oberbergamts kann die Satzung längere Fristen bestimmen.

Zur Erhaltung der Mitgliedschaft haben die in Abs. 1 und 2 erwähnten Mitglieder die vollen für andere Kassenmitglieder von diesen und von den Werksbesitzern aufzubringenden Beiträge (§§ 36 und 37) aus eigenen Mitteln zu leisten. Sie dürfen weder Stimmrechte ausüben noch Kassenämter übernehmen, soweit letzteres nicht im § 52 Abs. 2 ausdrücklich zugelassen ist.

§ 18. Die Mitgliedschaft Beitrittsberechtigter erlischt, wenn sie dem Vorstand ihren Austritt anzeigen. Das gleiche gilt, wenn sie zweimal nacheinander am Zahltage die Beiträge nicht entrichten und seit dem ersten dieser Tage mindestens vier Wochen vergangen sind. Die Satzung kann diese Frist bis zum nächstfolgenden Zahltage verlängern.

Erfährt der Vorstand der Kasse glaubhaft, daß das regelmäßige jährliche Gesamteinkommen eines beitrittsberechtigten Mitglieds viertausend Mark übersteigt, so hat er diesem Mitglied alsbald mitzuteilen, daß seine Mitgliedschaft erloschen sei. Die Mitgliedschaft erlischt mit der Zustellung der Mitteilung.

§ 19. Scheiden Kassenmitglieder wegen Erwerbslosigkeit aus, die in den vorangegangenen zwölf Monaten mindestens sechsundzwanzig Wochen oder unmittelbar vorher mindestens sechs Wochen bei der Krankenkasse eines Knappschaftsvereins oder einer besonderen Krankenkasse (§ 5) oder auf Grund der Reichsversicherung versichert waren, so verbleibt ihnen der Anspruch auf die Regelleistungen der Kasse, wenn der Versicherungsfall während der Erwerbslosigkeit und binnen drei Wochen nach dem Ausscheiden eintritt. Die Kasse hat dem Berechtigten auf Antrag seinen Anspruch auf diese Leistungen zu bescheinigen.

Sterbegeld wird auch nach Ablauf der drei Wochen gewährt, wenn die Krankenhilfe bis zum Tode geleistet worden ist.

Der Anspruch fällt weg, wenn der Erwerbslose sich im Ausland aufhält und die Satzung nichts anderes bestimmt.

§ 20. Die Beziehungen zwischen den Knappschaftsvereinen, soweit sie Krankenkassenleistungen gewähren, sowie besonderen Krankenkassen (§ 5) und Ärzten werden durch schriftlichen Vertrag geregelt; die Bezahlung anderer Ärzte kann die Kasse, von dringenden Fällen abgesehen, ablehnen.

Soweit es die Kasse nicht erheblich mehr belastet, soll sie ihren Mitgliedern die Auswahl zwischen mindestens zwei Ärzten freilassen. Wenn das Mitglied die Mehrkosten selbst übernimmt, steht ihm die Auswahl unter den von der Kasse bestellten Ärzten frei. Die Satzung kann jedoch bestimmen, daß der Behandelte während desselben Versicherungsfalls oder Geschäftsjahrs den Arzt nur mit Zustimmung des Vorstandes wechseln darf.

Wird bei einer Krankenkasse die ärztliche Versorgung dadurch ernstlich gefährdet, daß die Kasse keinen Vertrag zu angemessenen Bedingungen mit einer ausreichenden Zahl von Ärzten schließen kann oder daß die Ärzte den Vertrag nicht einhalten, so ermächtigt das Oberversicherungsamt (§ 61 der Reichsversicherungsordnung) die Kasse auf ihren Antrag widerruflich, statt der Krankenpflege oder sonst erforderlichen ärztlichen Behandlung eine bare Leistung bis zu zwei Dritteln des Durchschnittsbetrags ihres gesetzlichen Krankengeldes zu gewähren.

Das Oberversicherungsamt (Beschlußkammer) kann zugleich bestimmen:

1. wie der Zustand dessen, der die Leistungen erhalten soll, anders als durch ärztliche Bescheinigungen nachgewiesen werden darf;
2. daß die Kasse ihre Leistungen so lange einstellen oder zurückbehalten darf, bis ein ausreichender Nachweis erbracht ist;
3. daß die Leistungspflicht der Kasse erlischt, wenn binnen einem Jahre nach Fälligkeit des Anspruchs kein ausreichender Nachweis erbracht ist;
4. daß die Kasse diejenigen, denen sie ärztliche Behandlung zu gewähren hat, in ein Krankenhaus verweisen darf, auch wenn die Voraussetzungen des § 184 Abs. 3 der Reichsversicherungsordnung nicht vorliegen.

Gegen den Beschluß des Oberversicherungsamts (Abs. 3 und 4) hat der Kassenvorstand die Beschwerde bei dem Minister für Handel und Gewerbe.

§ 21. Die Satzung kann den Vorstand ermächtigen, die Krankenhausbehandlung nur durch bestimmte Krankenhäuser zu gewähren und, wo die Kasse Krankenhausbehandlung zu gewähren hat, die Bezahlung anderer Krankenhäuser, von dringenden Fällen abgesehen, abzulehnen.

Dabei dürfen Krankenhäuser, die lediglich zu wohltätigen oder gemeinnützigen Zwecken bestimmt oder von öffentlichen Verbänden oder Körperschaften errichtet und die bereit sind, die Krankenhauspflege zu den gleichen Bedingungen wie die im Abs. 1 bezeichneten Krankenhäuser zu leisten, nur aus einem wichtigen Grunde mit Zustimmung des Oberversicherungsamts ausgeschlossen werden.

§ 22. Genügt bei einer Krankenkasse die ärztliche Behandlung oder Krankenhauspflege nicht den berechtigten Anforderungen der Erkrankten, so kann, vorbehaltlich des § 20 Abs. 3 bis 5, das Oberversicherungsamt nach Anhören der Kasse jederzeit anordnen, daß diese Leistungen noch durch andere Ärzte oder Krankenhäuser zu gewähren sind.

Diese Anordnung soll nur auf so lange getroffen werden, wie es ihr Zweck fordert, und bedarf, wenn sie über ein Jahr gelten soll, der Genehmigung des Ministers für Handel und Gewerbe.

Wird die Anordnung nicht binnen der gesetzten Frist befolgt, so kann das Oberversicherungsamt selbst das Erforderliche auf Kosten der Kasse veranlassen. Verträge, welche die Kasse mit Ärzten oder Krankenhäusern bereits geschlossen hat, bleiben unberührt.

Die Kasse hat gegen diese Anordnungen und Maßnahmen binnen einer Woche die Beschwerde bei dem Minister für Handel und Gewerbe.

§ 23. Für die Beziehungen zwischen den Krankenkassen und den Zahnärzten gelten die §§ 20 Abs. 1, 22 entsprechend.

§ 24. Die Satzung kann den Vorstand ermächtigen, innerhalb des Kassenbereichs oder mit Genehmigung des Versicherungsamts, in dessen Bezirke die Kasse ihren Sitz hat, darüber hinaus wegen Lieferung der Arznei mit einzelnen Apothekenbesitzern oder -verwaltern oder, soweit es sich um die dem freien Verkehr überlassenen Arzneimittel handelt, auch mit anderen Personen, die solche feilhalten, Vorzugsbedingungen zu vereinbaren. Alle Apothekenbesitzer und -verwalter im Bereiche der Kasse können solchen Vereinbarungen beitreten. Der Vorstand kann dann, von dringenden Fällen abgesehen und vorbehaltlich des Abs. 5, die Bezahlung der von anderer Seite gelieferten Arznei ablehnen.

Genügt die Arzneiversorgung, die eine Kasse gewährt, nicht den berechtigten Anforderungen der Erkrankten, so gilt § 22 entsprechend.

Die Apotheken haben den Krankenkassen für die Arzneien einen Abschlag von den Preisen der Arzneitaxe zu gewähren. Der Minister für

Handel und Gewerbe bestimmt seine Höhe; er kann ihn für die einzelnen Apotheken davon abhängig machen, daß die Kasse aus ihnen mindestens zu einem bestimmten Betrage bezieht.

Der für den Sitz des Knappschaftsvereins oder der besonderen Krankenkasse (§ 5) zuständige Regierungspräsident setzt unter Rücksicht auf die örtlichen Verhältnisse und die im Handverkauf üblichen Preise die Höchstpreise von solchen einfachen Arzneimitteln fest, welche sonst ohne ärztliche Verschreibung (im Handverkauf) abgegeben zu werden pflegen. Diese Höchstpreise dürfen einen Betrag nicht überschreiten, der sich nach Abs. 3 ergibt. Der Minister für Handel und Gewerbe kann Näheres anordnen.

Beziehen die Berechtigten die im Abs. 4 bezeichneten Arzneimittel zu einem Preise, der die Festsetzung nicht übersteigt, aus einer Apotheke, so kann der Regierungspräsident anordnen, daß die Kasse die Bezahlung nicht deshalb ablehnen darf, weil sie nach Abs. 1 mit Personen, die nicht Apothenbesitzer oder -verwalter sind, niedrigere Preise vereinbart hat.

§ 25. Erstreckt sich ein Knappschaftsverein oder eine besondere Krankenkasse (§ 5) über die Bezirke mehrerer Oberversicherungsämter, so werden die in den §§ 20 Abs. 3 und 4, 21 Abs. 2, 22 Abs. 1 und 3, 24 Abs. 2 bezeichneten Aufgaben von demjenigen Oberversicherungsamte wahrgenommen, in dessen Bezirke der Verein oder die Kasse den Sitz hat.

§ 26. Die mit Ärzten, Zahnärzten, Krankenhäusern und Apothekern oder anderen Personen, welche die dem freien Verkehr überlassenen Arzneimittel feilhalten (§ 24 Abs. 1), abgeschlossenen Verträge sind dem Oberbergamte mitzuteilen.

§ 27. Diejenigen Arbeiter, welche gemäß § 9 Abs. 1 und 3 der Krankenkasse des Knappschaftsvereins oder einer besonderen Krankenkasse (§ 5) als Mitglieder angehören, sowie diejenigen Beamten, deren regelmäßiger Jahresarbeitsverdienst zweitausend Mark an Entgelt nicht übersteigt, sind ohne Antrag als Mitglieder in die Pensionskasse des Knappschaftsvereins aufzunehmen, sofern sie den in den Satzungen aufgestellten Erfordernissen über Lebensalter und Gesundheit genügen. Als Erfordernis für die Aufnahme darf das Mindestlebensalter nicht über achtzehn Jahre und das Höchstlebensalter nicht unter vierzig Jahre festgesetzt werden.

Die Beamten mit einem regelmäßigen Jahresarbeitsverdienste von mehr als zweitausend Mark sind, auch wenn ihr jährliches Gesamteinkommen viertausend Mark übersteigt, unter den im Abs. 1 bezeichneten Voraussetzungen berechtigt, den Pensionskassen als Mitglieder beizutreten.

Arbeiterinnen können durch die Satzung von der Mitgliedschaft in der Pensionskasse ausgeschlossen werden.

Personen, welche wegen Nichterfüllung der satzungsmäßigen Erfordernisse nicht als Mitglieder in die Pensionskasse aufgenommen werden, dürfen zur Zahlung von Pensionskassenbeiträgen nicht herangezogen werden. Indessen können Personen, welche durch ihr Verhalten die Feststellung nicht ermöglichen, ob die satzungsmäßigen Erfordernisse für ihre Aufnahmepflicht vorliegen, bis zur Ermöglichung dieser Feststellung bereits zur Zahlung der Pensionskassenbeiträge herangezogen werden. Auf die Leistungen der Pensionskasse erlangen diese Personen erst dann Anwartschaft, wenn ihre Aufnahmefähigkeit festgestellt ist, und zwar erst vom Zeitpunkte dieser Feststellung ab.

§ 28. Für die Beamten kann eine besondere Abteilung der Pensionskasse eingerichtet werden. Geschieht dies, so ist die Rechnungsführung nach Arbeiterabteilung und Beamtenabteilung getrennt vorzunehmen.

Für den im Abs. 1 bezeichneten Fall kann durch die Satzung bestimmt werden:

1. daß die im § 27 Abs. 2 bezeichneten Beamten mit einem regelmäßigen Jahresarbeitsverdienste von mehr als zweitausend bis fünftausend Mark zum Beitritte zur Pensionskasse und die Werksbesitzer zur Beitragsleistung für diese Beamten nach § 36 Abs. 1 Satz 2 verpflichtet sind;
2. daß die Mitglieder der besonderen Abteilung nach näherer Bestimmung der Satzung an den Entscheidungen der Vereinsorgane über die Leistungen der Abteilung zu beteiligen sind.

Über die Bildung der besonderen Beamtenabteilung (Abs. 1) und die für diesen Fall zu treffenden Satzungsbestimmungen beschließt die Generalversammlung. Ihr Beschluß bedarf der Bestätigung des Oberbergamts.

Wird die Bildung der besonderen Beamtenabteilung oder werden die für die besondere Beamtenabteilung zu treffenden Satzungsbestimmungen von der Generalversammlung nicht beschlossen, so entscheidet auf Antrag der Mehrheit der Werksbesitzer oder der Mehrheit der Beamten der Minister für Handel und Gewerbe nach Anhörung des Knappschaftsvorstandes darüber, ob die Bildung der besonderen Beamtenabteilung zu erfolgen hat und welche Satzungsbestimmungen als beschlossen anzusehen sind.

§ 29. Ist ein Knappschaftsverein weder Zuschußkasse im Sinne des § 387 des Versicherungsgesetzes für Angestellte vom 20. Dezember 1911 (Reichs-Gesetzbl. S. 989) noch als Ersatzkasse im Sinne des § 388 dieses Gesetzes zugelassen oder bei einer als Ersatzkasse zugelassenen Vereinigung von Knappschaftsvereinen beteiligt, so kann die Satzung bestimmen, daß die Beamten der Pensionskasse als Mitglieder nicht angehören und, soweit sie ihr bisher angehört haben, ausscheiden. Für den letzteren Fall hat die Satzung zugleich über die Erhaltung der bis zu dem Ausscheiden erworbenen Ansprüche der Beamten auf die Pensionskassenleistungen Bestimmung zu treffen.

Kommt ein Beschluß der Generalversammlung nach Abs. 1 nicht zustande, so entscheidet auf Antrag der Mehrheit der Werksbesitzer oder der Mehrheit der Beamten der Minister für Handel und Gewerbe nach Anhörung des Knappschaftsvorstandes darüber, ob die Mitgliedschaft aufzuheben ist und welche Satzungsbestimmungen als beschlossen anzusehen sind.

§ 30. Die Leistungen, welche die Pensionskassen der Knappschaftsvereine nach näherer Bestimmung der Satzung ihren Mitgliedern mindestens zu gewähren haben, sind:

1. eine lebenslängliche Invalidenpension bei eingetretener Unfähigkeit zur Berufsarbeit;
2. eine Pension für die Witwen auf Lebenszeit oder bis zur Wiederverheiratung;
3. eine Beihilfe zur Erziehung der Kinder verstorbener Mitglieder und Invaliden bis zur Vollendung des vierzehnten Lebensjahrs;
4. ein Beitrag zu den Begräbniskosten der Invaliden.

Dem Mitgliede steht ein Anspruch auf Invalidenpension nicht zu, wenn die Arbeitsunfähigkeit vorsätzlich herbeigeführt ist. Die Gewährung der Invalidenpension kann ganz oder teilweise versagt werden, wenn das Mitglied die Arbeitsunfähigkeit bei Begehung eines durch strafgerichtliches Urteil festgestellten Verbrechens oder vorsätzlichen Vergehens sich zugezogen hat. In Fällen der letzteren Art kann die Invalidenpension, sofern der Versicherte eine im Inlande wohnende Familie besitzt, deren Unterhalt er bisher aus seinem Arbeitsverdienste bestritten hat, ganz oder teilweise der Familie überwiesen werden.

Die Leistungen können durch die Satzung an die Zurücklegung einer bestimmten Wartezeit gebunden werden. Die Wartezeit darf auf einen längeren Zeitraum als fünf Jahre nicht festgesetzt werden.

Eine Invalidenpension nach Abs. 1 Nr. 1 ist bereits vor zurückgelegter

Wartezeit zu gewähren, wenn die Arbeitsunfähigkeit durch Verunglückung bei der Berufsarbeit verursacht ist.

Steht eine der im Abs. 1 unter Nr. 1 bis 3 bezeichneten Unterstützungen einem Ausländer zu, so kann der Berechtigte, falls er einen Wohnsitz im Deutschen Reiche nicht besitzt oder seinen Wohnsitz im Deutschen Reiche aufgibt, mit dem dreifachen Jahresbetrage der Unterstützung abgefunden werden.

Tritt in den Verhältnissen des Empfängers einer Invalidenpension eine Veränderung ein, welche ihn nicht mehr als unfähig zur Berufsarbeit erscheinen läßt, so kann ihm die Pension entzogen werden.

§ 31. Die Bemessung der Invalidenpensionen und der Witwenpensionen erfolgt durch die Satzung, und zwar lediglich nach alljährlich oder allmonatlich oder allwöchentlich eintretenden Steigerungssätzen, so daß der Betrag der im Einzelfalle zu gewährenden Pension gleich der Summe der von dem Mitglied erdienten Steigerungssätze ist. Der Betrag der Steigerungssätze ist sowohl für die Invalidenpensionen wie für die Witwenpensionen und — soweit für die Pensionskassenleistungen Mitgliederklassen bestehen — auch für jede Mitgliederklasse besonders festzusetzen. Hierbei ist zulässig, die Steigerungssätze nach Dienstalterszeiten verschieden zu bemessen.

Die hiernach zu gewährenden Invalidenpensionen und Witwenpensionen sind in Tabellen ersichtlich zu machen, welche der Satzung beizufügen sind.

Die Bemessung der Beihilfen zur Erziehung der Kinder verstorbener Mitglieder und Invaliden erfolgt durch die Satzung entweder unter Berücksichtigung des von dem Mitgliede zurückgelegten Dienstalters, und alsdann gleichfalls nach den vorstehenden Grundsätzen, oder ohne Berücksichtigung dieses Dienstalters in festen Monatssätzen für die einzelnen etwa bestehenden Mitgliederklassen.

§ 32. Mitglieder der Pensionskassen werden bei Übernahme von Beschäftigung im Bezirk eines anderen Knappschaftsvereins ohne Rücksicht auf ihr Lebensalter Mitglieder der Pensionskasse dieses Vereins mit ihrem bisherigen Dienstalter, sofern sie nicht erst zu einem Zeitpunkte Pensionskassenmitglied geworden sind, zu welchem sie das in der Satzung des neuen Vereins als Erfordernis für die Aufnahme aufgestellte Lebensalter bereits überschritten hatten und sofern sie zur Berufsarbeit nicht bereits unfähig sind (§ 30 Abs. 1 Nr. 1). Liegt zwischen dem Ausscheiden aus der die Mitgliedschaft im bisherigen Vereine begründenden Beschäftigung und der Übernahme der Beschäftigung im Bezirke des neuen

Vereins ein Zeitraum von mehr als drei Monaten, so ist die Übernahme in die Pensionskasse des neuen Vereins an die weitere Voraussetzung gebunden, daß das Mitglied den in der Satzung des neuen Vereins für die Aufnahme in die Pensionskasse aufgestellten Erfordernissen über Gesundheit genügt.

Tritt ein solches Mitglied, welches zwei oder mehreren Pensionskassen angehört hat, oder seine Witwe in den Genuß der im § 30 Abs. 1 Nr. 1 beziehungsweise 2 bestimmten Leistungen, so hat jede beteiligte Pensionskasse für die Zeit, während welcher das Mitglied ihr angehört hat, die Summe der bei ihr erdienten Steigerungssätze zu gewähren. Hierbei kommen Mitgliedzeiten unter einem Jahre auch bei Pensionskassen mit Jahressteigerungssätzen und zwar insoweit in Anrechnung, als diese Mitgliedzeiten in Verbindung mit den in anderen beteiligten Pensionskassen zurückgelegten Mitgliedzeiten sich zu vollen Jahren ergänzen lassen. Der Steigerungssatz für diese weniger als ein Jahr betragenden Mitgliedzeiten berechnet sich alsdann auf denjenigen Bruchteil des Jahressteigerungssatzes, welcher der Zahl der in Betracht kommenden vollen Beitragsmonate entspricht.

Die Berechnung, Festsetzung und Auszahlung der Leistungen der beteiligten Pensionskassen erfolgt durch denjenigen Knappschaftsverein, dessen Pensionskasse das Mitglied zuletzt angehört hat. Letzterer hat den übrigen beteiligten Vereinen die nach der Berechnung auf sie entfallenden Anteile alsbald mitzuteilen. Die demnach im Laufe eines Vierteljahrs fällig werdenden Anteile sind zur Vermeidung des Verwaltungszwangsverfahrens spätestens bis zum Schlusse des ersten Monats des folgenden Vierteljahrs zu erstatten.

Streitigkeiten über die Anteile an der Aufbringung der Leistungen entscheidet in diesen Fällen unter Ausschluß des Rechtswegs das Oberbergamt, wenn die Vereine verschiedenen Oberbergamtsbezirken angehören, der Minister für Handel und Gewerbe.

Die im § 30 Abs. 1 Nr. 3 und 4 bestimmten Leistungen werden stets nach der Satzung desjenigen Knappschaftsvereins berechnet, welchem der Verstorbene zur Zeit seines Todes als Mitglied oder Invalide angehört hat, und von diesem Knappschaftsverein allein getragen.

§ 33. Mitglieder der Pensionskassen, welche, ohne arbeitsunfähig zu sein, aus der die Mitgliedschaft begründenden oder zu derselben berechtigenden Beschäftigung ausscheiden und nicht Mitglieder einer anderen Knappschaftspensionskasse werden, sind bei einem Dienstalter von wenigstens fünf Jahren berechtigt, sich die bis dahin erworbenen Ansprüche auf die Pensionskassenleistungen durch Zahlung einer in der Satzung festzusetzenden Anerkennungsgebühr zu erhalten, deren monatlicher Betrag eine Mark nicht übersteigen darf.

Der Verlust der erworbenen Ansprüche tritt in diesem Falle erst ein, wenn die Zahlung der Anerkennungsgebühr für sechs aufeinander folgende Monate unterlassen ist.

Durch die Satzungen kann bestimmt werden, daß und unter welchen Bedingungen eine Steigerung der Ansprüche auch nach Ausscheiden aus der Beschäftigung eintreten kann.

§ 34. Insoweit die Voraussetzungen der §§ 32 und 33 nicht vorliegen, verlieren Mitglieder, welche aus der ihre Mitgliedschaft bei der Pensionskasse begründenden Beschäftigung freiwillig oder infolge Kündigung oder Entlassung durch den Werksbesitzer ausscheiden, ihre Ansprüche auf die Leistungen der Pensionskasse.

Nichtbeitrittspflichtige Mitglieder verlieren außerdem ihre Ansprüche auf die Leistungen der Pensionskasse, wenn sie dem Vorstand ihren Austritt anzeigen oder die Beiträge an sechs aufeinander folgenden Zahlungsterminen nicht geleistet haben.

Tritt ein früheres Pensionskassenmitglied wieder in eine Knappschaftspensionskasse als Mitglied ein, so leben seine früheren Pensionskassenansprüche nach einjähriger Mitgliedschaft wieder auf.

§ 35. Die Unterstützungsansprüche auf Grund dieses Gesetzes verjähren in zwei Jahren vom Tage ihrer Entstehung an.

Die Ansprüche des Unterstützungsberechtigten auf die Leistungen der Knappschaftsvereine und Krankenkassen können mit rechtlicher Wirkung übertragen, verpfändet und gepfändet werden nur wegen:

1. eines Vorschusses, den der Berechtigte auf seine Ansprüche vor Anweisung der Leistungen vom Arbeitgeber oder von einem Organe des Knappschaftsvereins oder der Krankenkasse oder einem seiner Mitglieder erhalten hat;
2. der im § 850 Abs. 4 der Zivilprozeßordnung bezeichneten Forderungen;
3. der Forderungen der nach § 1531 der Reichsversicherungsordnung ersatzberechtigten Gemeinden und Armenverbände sowie Arbeitgeber und Kassen, die an ihre Stelle getreten sind; die Übertragung, Verpfändung und Pfändung ist nur in Höhe der gesetzlichen Ersatzansprüche zulässig;

4. rückständiger Beiträge, die nicht seit länger als drei Monaten fällig sind.

Ausnahmsweise darf der Berechtigte auch in anderen Fällen den Anspruch mit Genehmigung der zuständigen Behörde ganz oder zum Teil auf andere übertragen. Welche Behörde zuständig ist, bestimmt der Minister für Handel und Gewerbe.

Die Ansprüche dürfen nur aufgerechnet werden auf:

1. Ersatzforderungen für Beträge, die der Berechtigte in den Fällen des § 1542 der Reichsversicherungsordnung oder aus der reichsgesetzlichen Unfallversicherung bezog, aber an den Knappschaftsverein oder die Krankenkasse zu erstatten hat;
2. geschuldete Beiträge;
3. gezahlte Vorschüsse;
4. zu Unrecht gezahlte Kassenleistungen;
5. Kosten des Verfahrens, die der Berechtigte zu erstatten hat;
6. Geldstrafen, welche die Kassenleitung verhängt hat.

Ansprüche auf Krankengeld dürfen nur bis zur Hälfte aufgerechnet werden.

§ 36. Sowohl die Mitglieder als auch die Werksbesitzer haben zu den Krankenkassen und den Pensionskassen Beiträge zu leisten. Die Beiträge der Werksbesitzer für beitrittspflichtige Mitglieder dürfen nicht geringer als die Beiträge dieser Mitglieder sein.

Bei Arbeitsunfähigkeit sind für die Dauer der Krankenhilfe keine Beiträge zu den Krankenkassen zu entrichten. Das gleiche gilt während des Bezugs des Wochen- und des Schwangerengeldes.

Zur Beitragsleistung für nichtbeitrittspflichtige Mitglieder sind die Werksbesitzer nicht verpflichtet. Soweit eine Beitragsleistung für ein nichtbeitrittspflichtiges Mitglied durch den Werksbesitzer nicht erfolgt, hat das nichtbeitrittspflichtige Mitglied neben dem Mitgliedsbeitrag auch den auf den Werksbesitzer entfallenden Beitrag seinerseits zu entrichten.

§ 37. Die Beiträge der Mitglieder zur Krankenkasse sind in einem Bruchteil ihres Arbeitslohns oder Gehalts oder in einem festen Satze so zu bemessen, daß sie unter Hinzurechnung der Beiträge der Werksbesitzer und der etwaigen sonstigen Einnahmen der Kasse ausreichen, um deren gesetzliche und satzungsmäßige Ausgaben zu decken und außerdem einen Reservefonds im Mindestbetrage der durchschnittlichen Jahresausgabe der letzten drei Jahre anzusammeln und erforderlichenfalls den Reservefonds bis zu dieser Höhe zu ergänzen.

§ 38. Reichen die Mittel einer besonderen Krankenkasse (§ 5) zur Deckung der laufenden Ausgaben nicht aus, so sind die Werksbesitzer zur Leistung der erforderlichen Vorschüsse verpflichtet.

§ 39. Werden die gesetzlichen Regelleistungen (§ 13) einer besonderen Krankenkasse (§ 5) durch die Beiträge, nachdem diese für die Mitglieder vier Prozent des durchschnittlichen Arbeitslohns oder Gehalts erreicht haben, nicht gedeckt, so haben die Werksbesitzer die zur Deckung der gesetzlichen Regelleistungen erforderlichen Zuschüsse aus eigenen Mitteln zu leisten.

§ 40. Die Beiträge der Mitglieder zur Pensions-kasse sind in einem Bruchteil ihres Arbeitslohns oder Gehalts oder in einem festen Satze zu bestimmen.

Die Höhe der Beiträge ist derart zu bemessen, daß sie unter Hinzurechnung der etwaigen weiteren Einnahmen der Kasse und unter Berücksichtigung aller sonstigen für die Leistungsfähigkeit des Knappschaftsvereins in Betracht kommenden Umstände die dauernde Erfüllbarkeit der Pensionskassenleistungen ermöglichen.

In den verschiedenen Mitgliederklassen sind die Beiträge für die einzelnen Mitglieder gleich zu bemessen und lediglich nach der durchschnittlichen Höhe der in denselben zu gewährenden Invaliden- und Witwenunterstützungen abzustufen.

§ 41. Ergibt sich, daß die Beiträge zur Krankenkasse oder zur Pensionskasse den Bestimmungen des § 37 oder des § 40 Abs. 2 nicht genügen, so ist eine entsprechende Erhöhung der Beiträge oder eine entsprechende Minderung der Kassenleistungen herbeizuführen. Die Minderung kann sich auch auf die bereits bewilligten oder rechtskräftig festgestellten Pensionskassenleistungen erstrecken, soweit letztere nicht bereits vor Inkrafttreten der Minderung fällig geworden sind.

Unterläßt der Knappschaftsverein oder die besondere Krankenkasse (§ 5), diese Abänderungen zu beschließen, so hat das Oberbergamt die Beschlußfassung anzuordnen. Die Anordnung erfolgt durch Beschluß. Gegen diesen Beschluß findet binnen einer Frist von einem Monate vom Tage der Zustellung an den Vorstand ab die Beschwerde an das Oberschiedsgericht statt (§ 83). Wird der Anordnung, nachdem sie unanfechtbar geworden ist, keine Folge gegeben, so hat das Oberbergamt seinerseits die erforderliche Abänderung der Satzung von Amts wegen mit rechtsverbindlicher Wirkung zu vollziehen.

Wird zur Aufrechterhaltung oder Wiederherstellung der Leistungsfähigkeit eines Knappschaftsvereins oder einer besonderen Krankenkasse (§ 5) eine schleunige Vermehrung ihrer Einnahmen oder Verminderung ihrer Ausgaben erforderlich, so kann das Oberbergamt, vorbehaltlich des vorstehend vorgeschriebenen Verfahrens, eine sofortige vorläufige Erhöhung der Beiträge oder Herabsetzung der Leistungen verfügen. Der Rekurs gegen diese Verfügung hat keine aufschiebende Wirkung.

§ 42. Die Werksbesitzer haben jede von ihnen beschäftigte Person, für welche gemäß den §§ 9 und 27 die Zugehörigkeit zu dem Knappschaftsvereine begründet ist, an den durch die Satzungen festzusetzenden Zeitpunkten und auf dem darin bezeichneten Wege (§ 8 Abs. 1 Nr. 3) bei dem Knappschaftsvorstand und, wo besondere Krankenkassen (§ 5) bestehen, auch bei dem Vorstande der zuständigen Krankenkasse anzumelden und nach Beendigung des Arbeits- oder Dienstverhältnisses wieder abzumelden.

Unterbleibt die Anmeldung, so sind die Vorstände befugt, die Zahl der Personen, für welche die Beiträge zur Knappschaftskasse oder zur Krankenkasse eingezogen werden sollen, nach ihrem Ermessen zu bestimmen.

Werksbesitzer, die ihrer Anmeldepflicht vorsätzlich oder fahrlässigerweise nicht genügen, haben außerdem alle Aufwendungen zu erstatten, welche der Knappschaftsverein oder die Krankenkasse auf Grund gesetzlicher oder satzungsmäßiger Vorschrift in einem vor der Anmeldung durch die nichtangemeldete Person veranlaßten Unterstützungsfalle gemacht hat. Auch ist zulässig, die Unterlassung der Anmeldepflicht wie der Abmeldepflicht durch die Satzung mit einer Geldstrafe bis zu zwanzig Mark zu belegen.

§ 43. Die Werksbesitzer sind verpflichtet, die Mitgliederbeiträge, etwa vorgeschriebene Eintrittsgelder und auf Grund der Satzung verhängte Ordnungsstrafen von den bei ihnen beschäftigten Personen einzuziehen und zugleich mit ihren eigenen Beiträgen zu den in der Satzung bestimmten Zeitpunkten an die vorgeschriebenen Stellen abzuführen. Sie haften für die Einziehung und Abführung der Beiträge, Eintrittsgelder und Ordnungsstrafen der beitrittspflichtigen Mitglieder wie für eine eigene Schuld.

Die Mitglieder sind verpflichtet, sich ihre Beiträge, etwaige Eintrittsgelder und auf Grund der Satzung verhängte Ordnungsstrafen bei den Lohnzahlungen einbehalten zu lassen. Die Einbehaltungen für die Beiträge sind auf die Lohnzahlungszeiträume, auf welche sie entfallen, möglichst gleichmäßig zu verteilen.

§ 44. Die im § 43 Abs. 1 Satz 1 bezeichneten Leistungen zu den

Knappschaftskassen und zu den besonderen Krankenkassen (§ 5) können auf vorgängige Festsetzung durch das Oberbergamt im Wege des Verwaltungszwangsverfahrens eingezogen werden.

Durch Einlegung der nach § 70 Abs. 2 und 3 zulässigen Rechtsmittel wird die Zwangsvollstreckung nicht aufgehalten.

Rückständige Beiträge, Eintrittsgelder und Ordnungsstrafen verjähren binnen zwei Jahren nach der Fälligkeit.

§ 45. Erscheint die dauernde Leistungsfähigkeit eines Knappschaftsvereins oder einer besonderen Krankenkasse (§ 5) durch andauerndes Sinken auf eine für diese Leistungsfähigkeit nicht ausreichende Mitgliederzahl oder aus anderen Gründen derart gefährdet, daß im Wege des § 41 eine dauernde Abhilfe nicht mehr zu erwarten ist, so kann die Aufsichtsbehörde den Knappschaftsverein oder die Krankenkasse auflösen und die Mitglieder einem anderen Knappschaftsverein oder einer anderen Krankenkasse mit der Maßgabe überweisen, daß gegen den letzteren Verein aus der bei dem aufgelösten Vereine verbrachten Beitragszeit Ansprüche nicht geltend gemacht werden können und daß die bisherigen Pensionskassenmitglieder im übrigen mit ihrem bisherigen Dienstalter auch der Pensionskasse angehören, sofern sie den im § 32 Abs. 1 für die Aufnahme aufgestellten Erfordernissen genügen. Dabei werden diejenigen bisherigen Pensionskassenmitglieder, welche in dem Zeitpunkte der Überweisung hinsichtlich des Lebensalters und der Gesundheit den durch die Satzung des neuen Knappschaftsvereins für die Aufnahme in die Pensionskasse aufgestellten Erfordernissen genügen, sofern sie bei der Übernahme auf eine Berücksichtigung ihres bisherigen Dienstalters für ihre Ansprüche an den neuen Knappschaftsverein ausdrücklich verzichten, ohne Berücksichtigung ihres bisherigen Dienstalters in die Pensionskasse des neuen Knappschaftsvereins übernommen.

Außerdem hat die Aufsichtsbehörde einen Knappschaftsverein oder eine besondere Krankenkasse (§ 5) aufzulösen:

1. wenn der Betrieb oder die Betriebe, für welche der Verein errichtet ist, aufgelöst werden;
2. wenn dem Knappschaftsvereine lediglich Werke der im § 2 Abs. 2 bezeichneten Art angehören und die Besitzer dieser Werke sowie die auf diesen Werken beschäftigten Mitglieder die Auflösung gemeinschaftlich beantragen;
3. wenn einer besonderen Krankenkasse (§ 5) lediglich Werke der im § 2 Abs. 2 bezeichneten Art angehören und das Ausscheiden dieser Werke

aus dem Knappschaftsvereine nach § 2 Abs. 2 und 4 mit Wirksamkeit erfolgt ist.

Die den bisherigen Mitgliedern bis zur Auflösung des Knappschaftsvereins oder der Krankenkasse erwachsenen Ansprüche bleiben gegen den aufgelösten Verein bestehen, können aber über den Zeitpunkt der Auflösung hinaus sich nicht erhöhen.

Das vorhandene Vermögen ist von der Aufsichtsbehörde in Verwahrung zu nehmen, zu verwalten und zur tunlichst gleichmäßigen Befriedigung der vorhandenen Ansprüche zu verwenden.

Bei Befriedigung der Ansprüche gegen die Pensionskasse eines aufgelösten Knappschaftsvereins sind die Ansprüche derjenigen Personen vorweg zu befriedigen, die sich zur Zeit der Auflösung bereits im Genuß einer Pension befanden. Später eintretende Ansprüche sind nach Maßgabe des vorhandenen Vermögensrestes zu befriedigen. Die Aufsichtsbehörde hat in diesen Fällen einen Liquidationsplan aufzustellen.

Werden nach Wegfall aller Berechtigten Ansprüche nicht mehr erhoben, so fällt ein etwa vorhandener Vermögensrest demjenigen Vereine zu, welchem die dem aufgelösten Verein angehörig gewesenen Mitglieder überwiesen worden sind. Hat eine solche Überweisung nicht stattgefunden, so ist ein etwa vorhandener Vermögensrest in der dem bisherigen Zwecke am meisten entsprechenden Weise zu verwenden.

§ 46. Nach Anhörung der Generalversammlungen der beteiligten Knappschaftsvereine kann die Aufsichtsbehörde im Interesse der dauernden Sicherstellung der Ansprüche der Mitglieder die Vereinigung von zwei oder mehreren Pensionskassen in der Weise anordnen, daß entweder die vollständige Vereinigung der Pensionskassen erfolgt oder daß sie ihre Selbständigkeit behalten und sich zu einem Rückversicherungsverbande vereinigen.

§ 47. Die Auflösung im Falle des § 45 Abs. 1 und die Anordnung der Vereinigung im Falle des § 46 erfolgt durch Beschluß. Handelt es sich um die Vereinigung von Pensionskassen, über welche verschiedene Oberbergämter die Aufsicht führen, so erfolgt die Anordnung durch gemeinschaftlichen Beschluß der beteiligten Oberbergämter. Gegen den Beschluß findet binnen einer Frist von einem Monate vom Tage der Zustellung an den Vorstand ab die Beschwerde an das Oberschiedsgericht statt (§ 83).

§ 48. Knappschaftsvereine können sich auch freiwillig zu einem Rückversicherungsverbande vereinigen. Über diese Vereinigung beschließen die

Vorstände der beteiligten Vereine, soweit in der Satzung der einzelnen Vereine diese Befugnis dem Vorstand übertragen ist, sonst die Generalversammlungen. Der Beschluß jedes einzelnen Vereins bedarf der Zustimmung des Oberbergamts.

§ 49. Für die Aufstellung der Satzungen in den Fällen der §§ 46 und 48 gelten die §§ 6 bis 8 entsprechend.

Die Rückversicherungsverbände erlangen durch die Bestätigung ihrer Satzungen die Rechtsfähigkeit.

§ 50. Erstreckt sich ein Knappschaftsverein oder ein Rückversicherungsverband über den Bezirk mehrerer Oberbergämter, so bestimmt der Minister für Handel und Gewerbe die Behörde, durch welche die den Oberbergämtern zugewiesenen Befugnisse hinsichtlich dieses Knappschaftsvereins oder Rückversicherungsverbandes wahrzunehmen sind.

§ 51. Die Verwaltung eines jeden Knappschaftsvereins erfolgt unter Beteiligung von Knappschaftsältesten durch den Knappschaftsvorstand und die Generalversammlung.

Wo besondere Krankenkassen (§ 5) errichtet sind, muß für diese auch ein besonderer Vorstand bestehen.

§ 52. Die Knappschaftsältesten werden von den beitragzahlenden, männlichen, volljährigen Vereinsmitgliedern, welche sich im Besitze der bürgerlichen Ehrenrechte befinden, in einer durch die Satzung bestimmten Zahl und unter den in der Satzung hinsichtlich der Wählbarkeit bestimmten besonderen Voraussetzungen auf Grund geheimer und unmittelbarer Abstimmung aus ihrer Mitte gewählt. Sie müssen die deutsche Reichsangehörigkeit besitzen und der deutschen Sprache in Wort und Schrift mächtig sein. Insoweit innerhalb eines Knappschaftsvereins besondere Krankenkassen (§ 5) eingerichtet sind, kann durch die Satzung des Knappschaftsvereins bestimmt werden, daß die Wahl der Knappschaftsältesten bei den besonderen Krankenkassen erfolgt.

Knappschaftsinvaliden können als Älteste gewählt werden, wenn sie als beitrittspflichtige oder als freiwillige Mitglieder Beiträge zur Krankenkasse eines Knappschaftsvereins oder zu einer besonderen Krankenkasse (§ 5) zahlen.

Die Verhältniswahl ist zulässig; dabei kann die Stimmabgabe auf Vorschlagslisten beschränkt werden, die bis zu einem in der Satzung festgesetzten Zeitpunkte vor der Wahl einzureichen sind.

Die Knappschaftsältesten haben im allgemeinen das Recht und die Pflicht, einerseits die Befolgung der Satzung durch die Knappschaftsmitglieder zu überwachen und andererseits die Rechte der letzteren gegenüber dem Vorstande wahrzunehmen. Die Knappschaftsältesten oder von ihnen gewählte Abgeordnete vertreten die Knappschaftsmitglieder in den Generalversammlungen.

Die Satzung oder eine besondere Dienstanweisung (§ 55) regelt ihre Dienstobliegenheiten.

§ 53. Die Mitglieder des Knappschaftsvorstandes werden zur einen Hälfte aus den Werksbesitzern oder aus deren Vertretern (§§ 117, 127, 134 des Allgemeinen Berggesetzes), zur anderen Hälfte in geheimer Wahl aus den nach § 52 Abs. 1 und 2 gewählten und nach § 9 Abs. 1 bis 3 beitrittspflichtigen Knappschaftsältesten gewählt.

Bei Knappschaftsvereinen mit besonderen Krankenkassen für alle Vereinswerke (§ 5) werden die Vertreter der Mitglieder im Knappschaftsvorstande nur aus den nach § 52 Abs. 1 gewählten und nach § 9 Abs. 1 bis 3 beitrittspflichtigen Knappschaftsältesten gewählt.

Die Verhältniswahl ist zulässig; dabei kann die Stimmabgabe auf Vorschlagslisten beschränkt werden, die bis zu einem in der Satzung festgesetzten Zeitpunkte vor der Wahl einzureichen sind.

Wählbar als Vertreter der Werksbesitzer sind auch solche Personen, welche mit der Leitung der zum Vereine gehörigen Betriebe betraut oder in der Verwaltung dieser Betriebe angestellt sind.

Der Knappschaftsvorstand wählt seinen Vorsitzenden und dessen Stellvertreter aus der Zahl seiner aus den Werksbesitzern oder deren Vertretern gewählten Mitglieder.

§ 54. Die Beschlußfassungen im Vorstand erfolgen, vorbehaltlich des Abs. 4, mit einfacher Stimmenmehrheit. Ergibt die Abstimmung über einen Antrag Stimmengleichheit, so ist der Antrag innerhalb eines Monats zur nochmaligen Beschlußfassung zu bringen.

Ergibt auch die wiederholte Abstimmung Stimmengleichheit und erscheinen durch Nichtannahme des Antrags erhebliche Interessen des Vereins gefährdet, so kann die Entscheidung des Oberbergamts über Annahme oder Ablehnung des Antrags angerufen werden. Diese Entscheidung kann nur von mindestens einem Dritteile der Mitgliedervertreter oder der Vertreter der Werksbesitzer im Vorstand und nur innerhalb eines Monats vom Tage der wiederholten Abstimmung ab beantragt werden.

Die Entscheidung des Oberbergamts erfolgt durch Beschluß. Gegen diesen Beschluß findet binnen einer Frist von einem Monate vom Tage der Zustellung an den Vorstand ab die Beschwerde an das Oberschiedsgericht statt (§ 83).

Der Antrag auf Befreiung von dem Beitrittszwange zur Krankenkasse (§ 10) bedarf der Zustimmung der Mehrheit der Stimmen sowohl aus der Gruppe der Arbeitgeber als auch der Mitglieder im Vorstande.

§ 55. Der Knappschaftsvorstand vertritt den Verein gerichtlich und außergerichtlich. Durch die Satzung kann einem Mitglied oder mehreren Mitgliedern des Vorstandes die Vertretung nach außen übertragen werden.

Zum Nachweise seiner Vertretungsmacht erhält der Vorstand eine Bescheinigung der Aufsichtsbehörde über die den Vorstand bildenden Personen.

Zu den Obliegenheiten des Vorstandes gehört insbesondere:

1. die Leitung der Wahlen der Knappschaftsältesten, soweit diese nicht bei den besonderen Krankenkassen (§ 5) stattfinden, und erforderlichenfalls der Erlaß einer Dienstanweisung für die Knappschaftsältesten;
2. die Auswahl der Beamten und der Ärzte des Vereins und der Abschluß der Verträge mit ihnen sowie mit den Apothekern;
3. die Verwaltung des Vereinsvermögens und die Anlegung verfügbarer Gelder;
4. die Aufsicht über die Geschäftsführung der etwa bestehenden besonderen Krankenkassen (§ 5).

Für die Anlegung verfügbarer Gelder gelten die für die Anlegung von Mündelgeldern bestehenden Vorschriften, soweit nicht im einzelnen Falle auf Antrag des Vorstandes durch die Aufsichtsbehörde eine andere Anlegung zugelassen ist.

§ 56. Die laufende Verwaltung kann durch die Satzung einem oder mehreren Vorstandsmitgliedern oder Beamten (der Verwaltung) übertragen werden. Die Verwaltung entscheidet über alle aus der Satzung sich ergebenden Rechte und Pflichten der Mitglieder, sofern nicht der Vorstand die Entscheidung sich selbst vorbehalten oder einem nach näherer Bestimmung der Satzung bestellten Ausschuß übertragen hat. Die Entscheidung über Anträge auf Invaliditätserklärung sowie die Festsetzung der aus der Pensionskasse zu gewährenden Unterstützungen bleibt indessen stets dem Vorstand oder dem Ausschusse vorbehalten. Auf die Zusammensetzung solcher Ausschüsse findet § 53 Anwendung. Ihre Wahl erfolgt durch den Vorstand, sofern diese Wahl nicht durch die Satzung der Generalversammlung vorbehalten ist. Für die Wahl durch den Vorstand gilt § 61 Abs. 2 entsprechend.

Der Vorstand oder Ausschuß entscheidet über Ansprüche auf Leistungen der Krankenkasse und der Pensionskasse sowie über das Mitgliedverhältnis und die zu entrichtenden Eintrittsgelder und Beiträge nach Stimmenmehrheit. Bei Stimmengleichheit gilt ein Antrag als abgelehnt.

§ 57. Gegen Entscheidungen der Verwaltung über Ansprüche auf Leistungen der Krankenkasse sowie über das Mitgliedverhältnis zur Krankenkasse und die zu dieser zu entrichtenden Eintrittsgelder und Beiträge kann die Entscheidung des Vorstandes oder eines nach § 56 Abs. 1 zu bestellenden Ausschusses angerufen werden.

Der Antrag auf Entscheidung des Vorstandes oder Ausschusses ist binnen einem Monate nach Bekanntgabe des Bescheids der Verwaltung schriftlich bei dieser anzubringen.

Minderjährige, die das sechzehnte Lebensjahr vollendet haben, können selbständig den Antrag für sich stellen und ihn selbständig verfolgen.

Der § 56 Abs. 2 gilt entsprechend.

§ 58. Für einen einzelnen Knappschaftsverein oder eine besondere Krankenkasse (§ 5) kann die Entscheidung der im § 57 Abs. 1 bezeichneten Angelegenheiten durch den Minister für Handel und Gewerbe nach Anhörung des Vereins dem Versicherungsamte (§ 36 der Reichsversicherungsordnung) an Stelle des Vorstandes oder Ausschusses übertragen werden. In diesem Falle regelt sich das Verfahren entsprechend nach den für das Versicherungsamt geltenden Bestimmungen.

§ 59. Entscheidungen der Verwaltung über die im § 57 Abs. 1 bezeichneten Angelegenheiten müssen den Vermerk enthalten, daß sie unanfechtbar werden, wenn nicht rechtzeitig die Entscheidung des Vorstandes oder Ausschusses oder des Versicherungsamts angerufen wird. Insoweit Entscheidungen auf Grund von Krankenscheinen erfolgen, genügt es, daß der Krankenschein den bezeichneten Vermerk enthält.

§ 60. Soweit die Wahrnehmung der Vereinsverwaltung nicht nach Vorschrift des Gesetzes oder auf Grund der Satzung dem Knappschaftsvorstand obliegt, steht die Beschlußfassung der Generalversammlung zu.

Der Generalversammlung muß vorbehalten bleiben:

1. die Abänderung der Satzung;
2. die Wahl des Vorstandes;
3. die Wahl eines Ausschusses:
   a) zur Prüfung und Abnahme der Jahresrechnung;
   b) zur Ausübung der Befugnis, Ansprüche des Knappschaftsvereins

gegen Vorstandsmitglieder oder Beamte aus deren Geschäftsführung durch besondere Beauftragte zu verfolgen.

§ 61. Die Generalversammlung besteht aus den Werksbesitzern oder ihren Vertretern (§ 53 Abs. 1) und aus Knappschaftsältesten oder aus Abgeordneten der Knappschaftsältesten, welche nach näherer Bestimmung der Satzung von den Knappschaftsältesten in geheimer Wahl aus ihrer Mitte gewählt werden; teilnahmeberechtigt sind bei den Knappschaftsvereinen mit besonderen Krankenkassen für alle Vereinswerke (§ 5) die nach § 52 Abs. 1, bei den übrigen Knappschaftsvereinen die nach § 52 Abs. 1 und 2 gewählten Knappschaftsältesten. Sowohl die Werksbesitzer als auch die Knappschaftsältesten können sich in der Generalversammlung durch besonders hierzu bevollmächtigte Personen vertreten lassen. Als Vertreter eines Knappschaftsältesten kann indessen nur wiederum ein Knappschaftsältester bevollmächtigt werden.

Die Beschlußfassungen und die Wahlen erfolgen für jeden der beiden Teile besonders und zwar nach einem durch die Satzung zu regelnden Stimmverhältnisse. Anträge, welchen nicht von beiden Teilen zugestimmt wird, gelten als abgelehnt.

§ 62. Den Kassenbeamten darf die Entlastung für die Jahresrechnung erst nach deren Prüfung und Abnahme (§ 60 Abs. 2 Nr. 3a) erteilt werden.

§ 63. Die Mitglieder des Vorstandes sowie die Verwaltungs-, Rechnungs- und Kassenbeamten des Knappschaftsvereins haften für getreue Geschäftsführung wie Vormünder ihren Mündeln.

§ 64. Die Bestimmungen der §§ 52 bis 63 finden für besondere Krankenkassen (§ 5) mit folgender Maßgabe Anwendung:

1. Sind die Wahlen der Knappschaftsältesten nicht durch die Satzung des Knappschaftsvereins den besonderen Krankenkassen übertragen, so finden besondere Wahlen der Knappschaftsältesten nicht statt, vielmehr gilt die in dem Knappschaftsverein erfolgte Wahl auch für die Krankenkasse.
2. Die Vertreter der Mitglieder im Krankenkassenvorstande werden aus den im § 53 Abs. 1 bezeichneten Knappschaftsältesten gewählt.
3. Teilnahmeberechtigt an der Generalversammlung sind die nach § 52 Abs. 1 und 2 gewählten Knappschaftsältesten.
4. Durch die Satzung kann bestimmt werden, daß an Stelle der Knappschaftsältesten sämtliche Kassenmitglieder, welche großjährig und im Besitze der bürgerlichen Ehrenrechte sind, an der Generalversammlung teilnehmen.

§ 65. Die Oberbergämter haben die Beobachtung der für die Tätigkeit der Knappschaftsvereine in Betracht kommenden Gesetze und der Satzungen zu überwachen. Sie können die Befolgung dieser Vorschriften durch Androhung, Festsetzung und Vollstreckung von Ordnungsstrafen gegen die Vorstandsmitglieder erzwingen.

Sie überwachen insbesondere die dauernde Leistungsfähigkeit der Vereine und die satzungsmäßige Verwaltung des Vermögens.

Sie sind befugt, Ansprüche, die den Vereinen etwa gegen Vorstandsmitglieder oder Beamte aus deren Geschäftsführung erwachsen, in Vertretung des Vereins selbst oder durch einen Beauftragten geltend zu machen.

§ 66. Zur Ausübung dieses Aufsichtsrechts ernennt das Oberbergamt für jeden Knappschaftsverein einen Kommissar.

Der Kommissar ist befugt, allen Generalversammlungen und Sitzungen der Vorstände und Ausschüsse, welche ihm zu diesem Zwecke mindestens drei Tage vorher anzuzeigen sind, beizuwohnen und jeden gesetz- oder satzungswidrigen Beschluß zu beanstanden. Von einer solchen Beanstandung muß er dem Oberbergamte sofort Anzeige machen.

Das Oberbergamt entscheidet, ob der beanstandete Beschluß als gesetz- oder satzungswidrig aufzuheben oder die Beanstandung zurückzunehmen ist.

§ 67. Das Oberbergamt kann die Berufung der Vorstände, Ausschüsse und Generalversammlungen zu Sitzungen verlangen und, falls diesem Verlangen nicht entsprochen wird, die Sitzungen selbst anberaumen.

In den durch das Oberbergamt anberaumten Sitzungen kann dessen Kommissar die Leitung der Verhandlungen übernehmen.

Solange die Wahl des Vorstandes oder der Ausschüsse oder die Generalversammlung nicht zustande kommt oder die Organe des Vereins gesetzliche oder satzungsmäßige Obliegenheiten nicht erfüllen, kann das Oberbergamt die Befugnisse und Obliegenheiten dieser Organe selbst oder durch Beauftragte auf Kosten des Vereins wahrnehmen.

§ 68. Der Vorstand ist jederzeit verpflichtet, dem Oberbergamt und dessen Kommissar auf Verlangen die Einsicht der über seine Verhandlungen sowie über die Verhandlungen der Ausschüsse und Generalversammlungen aufzunehmenden Niederschriften, der Kassenbücher und der gelegten Rechnungen sowie die Revision der Kasse zu gestatten.

Auch hat der Vorstand dem Oberbergamt innerhalb der vorzuschreibenden Fristen und nach den bestimmten Vordrucken die zur Statistik des Knappschaftswesens erforderlichen Nachrichten zu geben sowie alljährlich einen Rechnungsabschluß einzureichen.

Die Vorstände sind ferner verpflichtet, den Anordnungen des Oberbergamts über Art und Form der Rechnungsführung zu genügen.

§ 69. Alle schiedsgerichtlichen und außergerichtlichen Verhandlungen und Urkunden, die zur Begründung und Abwicklung der Rechtsverhältnisse zwischen den Knappschaftsvereinen oder besonderen Krankenkassen (§ 5) einerseits und den Werksbesitzern oder Mitgliedern und den Angehörigen der letzteren andererseits erforderlich werden, sind gebühren- und stempelfrei. Dasselbe gilt für die den Vorständen zum Nachweis ihrer Vertretungsmacht zu erteilenden amtlichen Bescheinigungen (§ 55 Abs. 2 und § 64) und für die von Werksbesitzern oder Knappschaftsältesten zu ihrer Vertretung in den Generalversammlungen erteilten privatschriftlichen Vollmachten (§ 61 Abs. 1 und § 64).

§ 70. Beschwerden über die Verwaltung des Vorstandes sind bei dem Oberbergamt und in der weiteren Instanz bei dem Minister für Handel und Gewerbe anzubringen, insoweit nachstehend nichts anderes bestimmt ist.

Gegen Entscheidungen des Vorstandes oder Ausschusses oder des Versicherungsamts über die in den §§ 56 Abs. 1 Satz 3 und 57 Abs. 1 bezeichneten Angelegenheiten findet unter Ausschluß des ordentlichen Rechtswegs die Berufung auf schiedsgerichtliche Entscheidung statt. Die Berufung muß bei Vermeidung des Ausschlusses binnen einem Monate nach Bekanntgabe der Entscheidungen eingelegt werden. Diese müssen die Bezeichnung des Rechtsmittels, der Rechtsmittelfrist und der für das Rechtsmittel zuständigen Behörde enthalten.

Im übrigen ist gegen alle Entscheidungen der zuständigen Knappschaftsorgane die im Abs. 1 bezeichnete Beschwerde unter Ausschluß des Rechtswegs zulässig. Die Vorschriften im Abs. 2 Satz 2 und 3 gelten entsprechend.

Minderjährige, die das sechzehnte Lebensjahr vollendet haben, können die Rechtsmittel selbständig einlegen.

§ 71. Für den Bezirk jedes Oberbergamts werden nach dem jeweiligen Bedürfnis ein Schiedsgericht oder mehrere Schiedsgerichte gebildet.

Die Zahl, der Sitz und der Bezirk der Schiedsgerichte wird vom Minister für Handel und Gewerbe bestimmt.

Die Bildung besonderer Schiedsgerichte unterbleibt insoweit, als die nach diesem Gesetze den Schiedsgerichten obliegenden Entscheidungen nach § 80 einem besonderen Oberversicherungsamte (§ 63 der Reichsversicherungsordnung) übertragen sind.

§ 72. Jedes Schiedsgericht besteht aus einem ständigen Vorsitzenden und aus Beisitzern. Die Zahl der Beisitzer muß mindestens zwölf betragen und wird im übrigen für jedes Schiedsgericht durch den Minister für Handel und Gewerbe bestimmt.

Der Vorsitzende wird vom Minister für Handel und Gewerbe aus der Zahl der öffentlichen Beamten des Bezirkes, für welchen das Schiedsgericht gebildet ist, ernannt. Für den Vorsitzenden ist in gleicher Weise mindestens ein Stellvertreter zu ernennen.

Die Beisitzer werden von der Generalversammlung der Knappschaftsvereine zu gleichen Teilen in getrennter Wahlhandlung von den Werksbesitzern oder deren Vertretern (§ 53 Abs. 1) und von den Knappschaftsältesten nach einfacher Stimmenmehrheit aus ihrer Mitte gewählt. Als Vertreter der Werksbesitzer sind auch solche Personen wählbar, welche mit der Leitung der zum Vereine gehörigen Betriebe betraut oder in der Verwaltung dieser Betriebe angestellt, indessen nicht selbst Mitglieder des Vereins sind. Die Wahlen erfolgen in geheimer Abstimmung. Mitglieder des Knappschaftsvorstandes und der in den §§ 56, 57 Abs. 1 bezeichneten Ausschüsse sind nicht wählbar.

Erstreckt sich ein Schiedsgericht über den Bezirk mehrerer Knappschaftsvereine, so erfolgt die Wahl der Beisitzer durch die Generalversammlungen der beteiligten Knappschaftsvereine nach einer von der Aufsichtsbehörde zu erlassenden Wahlordnung. Ergibt eine solche Wahl keine Stimmenmehrheit, so ist die Aufsichtsbehörde befugt, die Beisitzer aus der Zahl derjenigen Personen, welche Stimmen erhalten haben, zu bestimmen.

Die Beisitzer werden auf fünf Jahre gewählt. Die Gewählten bleiben nach Ablauf dieser Zeit so lange im Amte, bis ihre Nachfolger das Amt angetreten haben. Ausscheidende Beisitzer sind wieder wählbar.

Kommt eine Wahl nicht zustande, so ernennt das Oberbergamt die Beisitzer aus der Zahl der wählbaren Personen. Das gleiche gilt, wenn ein Beisitzer während der Wahlperiode ausscheidet; die Ernennung erfolgt alsdann für den Rest der Wahlperiode.

§ 73. Wählbar zu Beisitzern sind nur männliche, im Bezirke der beteiligten Knappschaftsvereine wohnende Personen, welche die deutsche Reichsangehörigkeit besitzen, das dreißigste Lebensjahr zurückgelegt haben und der deutschen Sprache in Wort und Schrift mächtig sind. Nicht wählbar ist, wer zum Amte eines Schöffen unfähig ist (§ 32 des Gerichtsverfassungsgesetzes).

Die Ablehnung der Wahl ist nur aus denselben Gründen zulässig, aus welchen gemäß § 1786 Abs. 1 Nr. 2 bis 4 und 8 des Bürgerlichen Gesetzbuchs das Amt eines Vormundes abgelehnt werden kann.

Die Wiederwahl kann für eine Wahlperiode ohne weiteres abgelehnt werden.

§ 74. Der Vorsitzende und dessen Stellvertreter sowie die Beisitzer sind auf die gewissenhafte Erfüllung der Obliegenheiten ihres Amtes eidlich zu verpflichten.

Der Vorsitzende und dessen Stellvertreter werden durch einen vom Minister für Handel und Gewerbe beauftragten Beamten, die Beisitzer durch den Vorsitzenden beeidigt.

Die Beeidigung der Beisitzer erfolgt bei ihrer ersten Dienstleistung in öffentlicher Sitzung; sie gilt für die Dauer der Wahlperiode. Im Falle der Wiederwahl genügt die Verweisung auf die frühere Beeidigung.

Im übrigen finden auf die Beeidigung die Vorschriften im § 51 des Gerichtsverfassungsgesetzes entsprechende Anwendung.

§ 75. Die Beisitzer erhalten Ersatz für die ihnen durch die Teilnahme an den Sitzungen des Schiedsgerichts erwachsenden Reisekosten und sonstige bare Auslagen, die Vertreter der Mitglieder außerdem Ersatz für einen ihnen entgangenen Arbeitsverdienst. Die Festsetzung der Reisekosten, baren Auslagen und des entgangenen Arbeitsverdienstes erfolgt durch den Vorsitzenden.

Die Oberbergämter sind befugt, Personen, welche die Wahl zu Beisitzern ohne zulässigen Grund (§ 73) ablehnen, ohne genügende Entschuldigung zu den Sitzungen sich nicht rechtzeitig einfinden oder ihren Obliegenheiten in anderer Weise sich entziehen, mit Geldstrafe bis zu fünfhundert Mark zu belegen. Die Geldstrafen fließen zu derjenigen Knappschaftskasse, von deren Generalversammlung der Beisitzer gewählt ist. Ist die Wahl durch die Generalversammlungen mehrerer Knappschaftsvereine erfolgt, so wird der Betrag der Geldstrafe unter diese nach einem von dem Oberbergamte zu bestimmenden Verhältnisse verteilt.

Verweigert ein Beisitzer dauernd seine Dienstleistung oder werden hinsichtlich eines Beisitzers Tatsachen bekannt, welche dessen Wählbarkeit auf Grund dieses Gesetzes ausschließen oder welche sich als grobe Verletzungen der Amtspflicht darstellen, so ist er, nachdem ihm Gelegenheit zur Äußerung gegeben worden ist, durch Beschluß des Oberbergamts seines Amtes zu entheben. Der nachträgliche Fortfall des Amtes als Knappschaftsältester hat die Amtsenthebung so lange nicht zur Folge, als die Voraussetzungen für die Wählbarkeit zum Knappschaftsältesten noch vorliegen. Der Rekurs gegen den Beschluß des Oberbergamts hat keine aufschiebende Wirkung.

§ 76. Name und Wohnort der Vorsitzenden und ihrer Stellvertreter sowie der Schiedsgerichtsbeisitzer sind vom Minister für Handel und Gewerbe regelmäßig öffentlich bekannt zu machen. Die Bekanntmachung ist auf allen Vereinswerken zum Aushang zu bringen.

§ 77. Der Vorsitzende des Schiedsgerichts kann in allen Sachen ohne mündliche Verhandlung eine Vorentscheidung treffen.

Gegen die Vorentscheidung kann entweder die Revision an das Oberschiedsgericht in Knappschaftsangelegenheiten eingelegt oder binnen der gleichen Frist (§ 82 Abs. 3) der Antrag auf mündliche Verhandlung gestellt werden. Die Vorentscheidung muß hierauf unter Angabe der Frist hinweisen.

Minderjährige, die das sechzehnte Lebensjahr vollendet haben, können selbständig den Antrag auf mündliche Verhandlung stellen.

Ist der Antrag auf mündliche Verhandlung verspätet gestellt, so wird er als unzulässig verworfen.

§ 78. Der Vorsitzende beruft das Schiedsgericht und leitet dessen Verhandlungen.

Das Schiedsgericht ist befugt, Zeugen und Sachverständige zu vernehmen und ihre Aussagen eidlich erhärten zu lassen.

Das Schiedsgericht hat unter Berücksichtigung des gesamten Inhalts der Verhandlungen und des Ergebnisses einer etwaigen Beweisaufnahme sowie unter Würdigung aller Umstände nach freier Überzeugung über den Anspruch zu entscheiden.

Das Schiedsgericht entscheidet in der Besetzung von fünf Mitgliedern, unter denen sich je zwei Vertreter der Werksbesitzer und der Knappschaftsmitglieder befinden müssen.

Die Entscheidungen des Schiedsgerichts erfolgen nach Stimmenmehrheit und sollen spätestens innerhalb drei Wochen nach ihrer Verkündung den Parteien zugestellt werden.

Die Zuziehung der Beisitzer erfolgt in der Regel nach einer von dem Vorsitzenden im voraus aufgestellten Reihenfolge. Will der Vorsitzende aus besonderen Gründen von dieser Reihenfolge abweichen, so sind diese aktenkundig zu machen.

§ 79. Die Kosten des Schiedsgerichts trägt derjenige Knappschaftsverein, für dessen Bezirk das Schiedsgericht gebildet ist.

Erstreckt sich das Schiedsgericht über den Bezirk mehrerer Knappschaftsvereine, so werden die Kosten durch den Vorsitzenden des Schiedsgerichts auf die beteiligten Knappschaftsvereine alljährlich in dem Verhältnisse der auf jeden von ihnen entfallenden, im abgelaufenen Geschäftsjahr erledigten Berufungen verteilt.

Die Kosten des Verfahrens, welche durch die einzelnen Streitfälle erwachsen, sind von demjenigen Knappschaftsvereine zu zahlen, dessen Entscheidung angefochten ist. Das Schiedsgericht ist indessen befugt, den Beteiligten solche Kosten des Verfahrens zur Last zu legen, welche durch Mutwillen oder durch ein auf Verschleppung oder Irreführung berechnetes Verhalten derselben veranlaßt worden sind.

§ 80. Die schiedsgerichtliche Entscheidung der Streitigkeiten nach § 70 Abs. 2 kann durch den Minister für Handel und Gewerbe einem besonderen Oberversicherungsamte (§ 63 der Reichsversicherungsordnung) übertragen werden.

Auf die besonderen Oberversicherungsämter, welchen die schiedsgerichtliche Entscheidung von Knappschaftsangelegenheiten übertragen ist, finden die Vorschriften in §§ 72 bis 76, 78 bis 79 Abs. 2 keine Anwendung.

Das Verfahren in Knappschaftsangelegenheiten vor den besonderen Oberversicherungsämtern regelt sich nach den für diese geltenden Bestimmungen.

Zu den Kosten des besonderen Oberversicherungsamts haben die beteiligten Knappschaftsvereine angemessene Beiträge zu leisten. Die Bemessung der Beiträge erfolgt nach dem Verhältnis, in welchem die Zahl der auf Grund dieses Gesetzes eingelegten, im Geschäftsjahr erledigten Berufungen zur Gesamtzahl der vor dem besonderen Oberversicherungsamt in demselben Zeitraum erledigten Berufungen steht. Eine Verordnung des Ministers für Handel und Gewerbe regelt das Nähere. Die Festsetzung der Beiträge erfolgt durch den Minister für Handel und Gewerbe oder die von ihm dazu ermächtigte Behörde.

§ 81. Die Berufung auf schiedsgerichtliche Entscheidung ist bei dem zuständigen Schiedsgericht oder besonderen Oberversicherungsamte zu erheben.

Die Berufungsfrist gilt auch dann als gewahrt, wenn innerhalb derselben die Berufung bei einer anderen amtlichen Stelle oder einem Knappschaftsorgan eingegangen ist; diese haben die Berufungsschrift unverzüglich an das zuständige Schiedsgericht oder besondere Oberversicherungsamt abzugeben.

Die Berufung hat keine aufschiebende Wirkung.

Die Entscheidung des Schiedsgerichts oder besonderen Oberversicherungsamts ist dem Berufenden sowie dem Vorstande des beteiligten Knappschaftsvereins in Ausfertigung zuzustellen.

§ 82. Gegen die Entscheidungen der Schiedsgerichte oder besonderen Oberversicherungsämter steht beiden Teilen die Revision an das Oberschiedsgericht in Knappschaftsangelegenheiten zu. Die Revision der Knappschaftsvorstände hat aufschiebende Wirkung insoweit, als es sich um Beträge handelt, die für die Zeit vor dem Erlasse der angefochtenen Entscheidung nachträglich gezahlt werden sollen. Im übrigen hat die Revision keine aufschiebende Wirkung.

Die Revision findet nicht statt gegen Entscheidungen der Schiedsgerichte oder besonderen Oberversicherungsämter, welche das Mitgliedverhältnis zur Krankenkasse oder die zu dieser Kasse zu entrichtenden Eintrittsgelder und Beiträge betreffen. Außerdem ist bei Ansprüchen auf Leistungen der Krankenkasse die Revision ausgeschlossen, wenn es sich handelt um:

1. die Höhe des Kranken-, Haus- oder Sterbegeldes;
2. Unterstützungsfälle, in denen der Kranke nicht oder weniger als acht Wochen arbeitsunfähig war;
3. Wochenhilfe;
4. Familienhilfe;
5. Abfindung;
6. Kosten des Verfahrens.

Die Revision ist bei dem Oberschiedsgerichte zur Vermeidung des Ausschlusses innerhalb eines Monats nach der Zustellung der Entscheidung des Berufungsgerichts einzulegen. Die Vorschrift des § 81 Abs. 2 findet entsprechende Anwendung.

§ 70 Abs. 4 gilt entsprechend.

Die Revision kann nur darauf gestützt werden:

1. daß die angefochtene Entscheidung auf der Nichtanwendung oder der unrichtigen Anwendung des bestehenden Rechtes oder auf einem Verstoße wider den klaren Inhalt der Akten beruhe;
2. daß das Verfahren an wesentlichen Mängeln leide.

Bei Einlegung der Revision ist anzugeben, worin die Nichtanwendung oder die unrichtige Anwendung des bestehenden Rechtes oder der Verstoß wider den klaren Inhalt der Akten oder worin die behaupteten Mängel des Verfahrens gefunden werden. Das Oberschiedsgericht ist bei seiner Entscheidung an diejenigen Gründe nicht gebunden, welche zur Rechtfertigung der gestellten Anträge geltend gemacht worden sind.

Wird das angefochtene Urteil aufgehoben, so kann das Oberschiedsgericht zugleich in der Sache selbst entscheiden oder dieselbe an das Berufungsgericht oder an den Vorstand oder Ausschuß oder das Versicherungsamt zurückverweisen. Dabei kann das Oberschiedsgericht bestimmen, daß dem Unterstützungsbewerber eine ihrem Betrage nach bestimmte Unterstützung vorläufig zu zahlen ist. Im Falle der Zurückverweisung ist die rechtliche Beurteilung, auf welche das Oberschiedsgericht die Aufhebung gestützt hat, den weiteren Entscheidungen zugrunde zu legen.

§ 83. Das Oberschiedsgericht hat seinen Sitz in Berlin.

Für die Einrichtung des Oberschiedsgerichts und das Verfahren vor demselben finden die §§ 72 bis 76, 78, 79 entsprechende Anwendung mit folgenden Ausnahmen:

1. Die Beisitzer werden von den Generalversammlungen sämtlicher Knappschaftsvereine nach einer von dem Minister für Handel und Gewerbe zu erlassenden Wahlordnung gewählt.
2. Die den Oberbergämtern zugewiesenen Befugnisse werden von dem Minister für Handel und Gewerbe wahrgenommen.
3. Das Oberschiedsgericht entscheidet über die Beschwerden aus § 54 Abs. 3 in der Besetzung von drei Mitgliedern, nämlich dem Vorsitzenden und je einem Vertreter der Werksbesitzer und der Knappschaftsmitglieder. Im übrigen entscheidet das Oberschiedsgericht in der Besetzung von fünf Mitgliedern einschließlich des Vorsitzenden und je eines Vertreters der Werksbesitzer und der Knappschaftsmitglieder. Die weiter zuzuziehenden zwei Mitglieder sind:
   a) bei den im § 2 Abs. 4 bezeichneten Streitigkeiten ein richterlicher Beamter und ein Versicherungsverständiger;
   b) bei Beschwerden aus § 6 Abs. 3, § 41 Abs. 2 und § 47 ein Versicherungsverständiger und ein Bergbauverständiger;
   c) bei Revisionen (§ 82) zwei richterliche Beamte.

   Die unter a bis c bezeichneten Mitglieder und ihre Stellvertreter werden von dem Minister für Handel und Gewerbe ernannt.
4. Die Kosten des Oberschiedsgerichts trägt der Staat.

§ 84. Im übrigen wird das Verfahren vor den Schiedsgerichten und vor dem Oberschiedsgerichte durch Königliche Verordnung geregelt.

§ 85. Die öffentlichen Behörden sind verpflichtet, den im Vollzuge dieses Gesetzes an sie ergehenden Ersuchen des Oberschiedsgerichts, der Schiedsgerichte und besonderen Oberversicherungsämter, anderer öffentlicher Behörden, der Vorstände der Knappschaftsvereine und besonderen Krankenkassen (§ 5) sowie der Ausschüsse (§ 56, § 57 Abs. 1 und § 60 Abs. 2 Nr. 3) und der Versicherungsämter (§ 58) zu entsprechen und den Organen der Knappschaftsvereine auch unaufgefordert alle Mitteilungen zukommen zu lassen, welche für deren Geschäftsbetrieb von Wichtigkeit sind. Die gleiche Verpflichtung liegt den Organen der Knappschaftsvereine gegeneinander und gegenüber den Behörden sowie den Organen der Träger der reichsgesetzlichen Versicherung ob.

Die durch die Erfüllung dieser Verpflichtungen entstehenden Kosten sind von den Knappschaftsvereinen als eigene Verwaltungskosten insoweit zu erstatten, als sie in Tagegeldern und Reisekosten sowie in Gebühren für Zeugen und Sachverständige oder in sonstigen baren Auslagen bestehen.

§ 86. Den Werksbesitzern ist untersagt, die Anwendung der Bestimmungen dieses Gesetzes zum Nachteile der Arbeiter oder der beitrittspflichtigen Beamten durch Verträge (mittels Reglements, Arbeitsordnungen oder besonderer Übereinkunft) auszuschließen oder zu beschränken.

Vertragsbestimmungen, welche diesem Verbote zuwiderlaufen, haben keine rechtliche Wirkung.

I. Die einzelnen Bestimmungen des Knappschaftsgesetzes mit Erläuterungen.

Auf Grund des Artikel VI des Gesetzes vom 3. Juni 1912 (Gesetzsamml. S. 97), betreffend die Abänderung des Siebenten Titels im Allgemeinen Berggesetze vom 24. Juni 1865 / 19. Juni 1906, wird der Text des Siebenten Titels im Allgemeinen Berggesetze vom 24. Juni 1865, wie er sich aus den Änderungen durch das Gesetz vom 19. Juni 1906 und durch das Gesetz vom 3. Juni 1912 ergibt, nachstehend bekannt gemacht*).

Berlin, den 17. Juni 1912.

Der Minister für Handel und Gewerbe.
Sydow.

Knappschaftsgesetz.

§ 1[1].

Für die Arbeiter, welche auf den dem Allgemeinen Berggesetz unterworfenen Bergwerken[2], Aufbereitungsanstalten[3], Salinen[4] und den zugehörigen Betriebsanstalten[5, 6] beschäftigt sind[7], sollen[8], soweit das Gesetz nicht besondere Ausnahmen vorsieht[9], Knappschaftsvereine bestehen, welche den Zweck haben, ihren Mitgliedern und deren Angehörigen

*) Wegen der in den Text des Knappschaftsgesetzes nicht übernommenen Vorschriften der Gesetze vom 19. 6. 06 und vom 3. 6. 12 vgl. unten unter II.

nach näherer Bestimmung des Gesetzes [10] und der Satzungen [11] (§ 6) Unterstützungen zu gewähren.

Inwieweit auch die Werksbeamten und die Verwaltungsbeamten der Knappschaftsvereine zum Beitritte verpflichtet und berechtigt sind, bestimmt sich nach den §§ 9 und 27 bis 29 [12].

Sind mit den im Abs. 1 bezeichneten Werken zugleich Gewerbsanlagen verbunden, welche nicht unter der Aufsicht der Bergbehörde stehen [13], so können [14] die bei diesen Gewerbsanlagen beschäftigten Arbeiter und Beamten [15] auf den gemeinschaftlichen Antrag der Werksbesitzer und der Mehrheit der künftigen beitrittspflichtigen Mitglieder [16] durch den Knappschaftsvorstand in den Knappschaftsverein aufgenommen werden.

1. Der § 1 entspricht dem § 165 ABG. in der Fassung des Ges. v. 19. 6. 06.

2. Die dem gegenwärtigen Gesetz unterworfenen Bergwerke usw. sind nicht nur diejenigen Betriebe, auf welche das ABG. unmittelbare Anwendung findet, sondern auch diejenigen auf welche sein 7. Titel nachträglich durch besondere Gesetze oder Verordnungen ausgedehnt worden ist (vgl. auch Art. II des Ges. v. 19. 6. 06 und Art. III der Novelle v. 3. 6. 12). Neben dem gesamten auf Verleihung beruhenden Bergbau unterliegen den Vorschriften dieses Gesetzes hiernach der Braunkohlenbergbau im Bereiche des westpreußischen Provinzialrechts v. 19. 4. 44 (ABG. § 210), der Stein- und Braunkohlenbergbau im Bereiche des kursächsischen Mandats v. 19. 8. 1743 (Ges. v. 22. 2. 69 § 9 Buchst. e, GS. S. 401) und des Fürstentums Calenberg (Verord. v. 8. 5. 67 Art. XIII, GS. S. 601), der Stein- und Kalisalzbergbau in der Provinz Hannover (Ges. v. 14. 7. 95 § 1 Ziff. 7, GS. S. 295) und die linksrheinischen Dachschiefer-, Traß- und Basaltlavabrüche (§ 214a ABG. in der Fassung des Ges. v. 7. 7. 02, GS. S. 255). Dagegen unterliegt der Eisenerzbergbau in dem Herzogtum Schlesien und der Grafschaft Glatz den Vorschriften dieses Gesetzes nicht (§ 211b ABG. in der

Fassung des Ges. v. 8. 4. 94, GS. S. 41). — Auch die Bergwerke, welche nach dem früheren Rechte auf Mineralien verliehen worden sind, die im § 1 ABG. nicht mehr aufgeführt werden, unterliegen nach § 222 ABG. den Vorschriften des früheren 7. Titels und damit auch des jetzigen Knappschaftsgesetzes; Z. f. B. Bd. 21 S. 267.

3. Nach § 196 Abs. 2, § 58 ABG. unterstehen dem gegenwärtigen Gesetz diejenigen Aufbereitungsanstalten, die vom Bergwerkseigentümer zur Aufbereitung der eigenen Bergwerkserzeugnisse betrieben werden.

4. In der Provinz Hannover unterstehen nach Art. II der Verord., betr. die Einführung des ABG. in das Gebiet des vormaligen Königreichs Hannover, v. 8. 5. 67 (GS. S. 601) die Salinen dem Knappschaftszwange nicht. An diesem Rechtszustand ist auch durch das Ges., betr. die Ausdehnung verschiedener Bestimmungen des ABG. auf den Stein- und Kalisalzbergbau in der Provinz Hannover, v. 14. 7. 95 (GS. S. 295) nichts geändert worden.

5. Daß nicht nur die im Abs. 1 genannten Betriebe im engsten Sinne, sondern auch die zu ihnen gehörigen und mit ihnen zu einem einheitlichen Betriebe verbundenen Betriebsanstalten dem Knappschaftszwange unterliegen, entspricht der bisherigen Praxis.

6. Auf die bei Schürfarbeiten beschäftigten Personen findet das Knappschaftsgesetz keine Anwendung (zu vgl. § 3a ABG. in der Fassung des Ges. v. 18. 6. 07, GS. S. 119).

7. Daß die Mitgliedschaft schon mit der Beschäftigung — nicht erst wie bisher mit dem Beitritt — beginnen soll, entspricht dem Charakter der Knappschaftsvereine als Zwangskassen und den Vorgängen bei der Arbeiterversicherungsgesetzgebung des Reiches. Begr. 1906 S 4. Zu vgl. auch § 9.

8. Der Ausdruck „sollen" des ABG. ist in bewußtem Gegensatz zum Ausdruck „müssen" beibehalten worden, weil für einzelne isoliert gelegene, kleinere knappschaftspflichtige Betriebe der Knappschaftszwang bisher noch nicht hat durchgeführt werden können. Begr. 1906 S. 4; KommBerAH. 1906 S. 4.

9. Eine besondere Ausnahme ist vorgesehen für den schlesischen Eisenerzbergbau und die Salinen in der Provinz Hannover. Vgl. oben Anm. 2 und 4.

10. Hinsichtlich der den Knappschaftsvereinen gesetzlich obliegenden Leistungen vgl. §§ 13 und 30.

11. „Die Worte ‚und der Satzungen‘ fehlten im ABG.; ihre Einschaltung erscheint erforderlich, um zum Ausdruck zu bringen, daß es nach wie vor der Festsetzung durch die Satzung überlassen werden soll, die näheren Voraussetzungen zum Bezuge der Leistungen zu bestimmen, soweit sich diese nicht unmittelbar aus dem Gesetze ergeben.“ Begr. 1906 S. 4.

12. Abweichend vom Wortlaut des ABG. ist in §§ 9 und 27 bis 29 entsprechend dem KVG., zahlreichen Satzungen und der RVO. (§ 165) auch eine Beitrittspflicht gewisser Beamten vorgesehen.

13. Die betreffende Gewerbsanlage muß mit dem knappschaftspflichtigen Werke verbunden sein, d. h. im Zusammenhange mit diesem als verwandte Unternehmung von demselben Besitzer betrieben werden (Brassert S. 442). Die Bildung von Knappschaftsvereinen ist auf die im Abs. 1 und 3 des § 1 bezeichneten Werke beschränkt. Andere als die hier bezeichneten Werke können weder einem bestehenden Knappschaftsvereine beitreten, noch einen besonderen Knappschaftsverein für sich bilden. Vgl. auch MinErl. v. 10. 7. 88 und v. 6. 6. 90, Z. f. B. Bd. 30 S. 540, Bd. 31 S. 416. Wegen der Hüttenwerke und der dem ABG. nicht unterliegenden Aufbereitungsanstalten vgl. § 2 Abs. 2.

14. Eine Verpflichtung des Knappschaftsvorstandes, dem Antrage zu entsprechen, besteht nicht.

15. Da fortan auch die im § 9 Abs. 2 und 3 bezeichneten Beamten zur Mitgliedschaft im Knappschaftsverein verpflichtet sind, kommen neben den Arbeitern auch Beamte als antragsberechtigt in Betracht.

16. Der Antrag muß von den Werksbesitzern und den künftigen beitrittspflichtigen Mitgliedern gemeinschaftlich ausgehen. Ein einseitiger Antrag des einen Teils genügt nicht. Eine bestimmte Form ist für den Antrag nicht vorgeschrieben. RGUrt. v. 27. 10. 82 Z. f. B. Bd. 24 S. 368; Verfg. des Oberbergamts Clausthal v. 19. 9. 81, a. a. O. S. 536. Indessen ist auf Beschluß der Kommission des AH. ausdrücklich im Gesetz ausgesprochen, daß für den Antrag der künftigen beitrittspflichtigen Mitglieder die Mehrheit dieser Mitglieder notwendig ist, aber auch ausreicht. KommBer. AH. 1906 S. 3.

§ 2[1].

Die bestehenden Knappschaftsvereine und knappschaftlichen Krankenkassen bleiben in Wirksamkeit. Das gegenwärtige Gesetz findet jedoch auch auf sie Anwendung[2].

[3]Die Besitzer sowie die Beamten[4] und Arbeiter der Hüttenwerke und der dem Allgemeinen Berggesetze nicht unterworfenen Aufbereitungsanstalten, welche bereits einem Knappschaftsverein angehören, scheiden auf ihren gemeinschaftlichen Antrag[5] aus dem Verein aus.

Unter der gleichen Voraussetzung scheiden die Besitzer sowie die Beamten und Arbeiter der im § 1 Abs. 3 bezeichneten, nicht unter der Aufsicht der Bergbehörde stehenden Gewerbsanlagen aus dem Verein aus, sofern ihre Verbindung mit knappschaftspflichtigen Werken gelöst wird[6].

Das Ausscheiden eines nach Abs. 2 oder 3 austrittsberechtigten Vereinswerkes tritt erst in Wirksamkeit, wenn eine vermögensrechtliche Auseinandersetzung zwischen dem ausscheidenden Werke und dem Knappschaftsvereine stattgefunden hat[7]. Streitigkeiten, welche hinsichtlich der vermögensrechtlichen Auseinandersetzung zwischen dem austrittsberechtigten Vereinswerk und dem Knappschaftsverein entstehen, werden mangels Verständigung über eine schiedsrichterliche Entscheidung von dem Oberschiedsgericht entschieden (§ 83)[8].

1. Der § 2 entspricht dem § 166 ABG. in der Fassung des Ges. v. 19. 6. 06.

2. Wie bei Erlaß des ABG., so wird auch in dem Ges. v. 19. 6. 06 bestimmt, daß die zur Zeit seines Inkrafttretens bestehenden Knappschaftsvereine in Wirksamkeit bleiben, daß indessen die neuen gesetzlichen Bestimmungen auch auf die bestehenden Knappschaftsvereine Anwendung finden. Abweichend vom früheren Wortlaut waren indessen neben den Knappschaftsvereinen auch die seit Erlaß des ABG. ins Leben getretenen besonderen Krankenkassen ausdrücklich

zu erwähnen. Die im Schlußsatz des früheren Abs. 1 enthaltene Übergangsbestimmung ist fortgefallen und durch neue Übergangsbestimmungen in Art. III und IV des Ges. v. 19. 6. 06 ersetzt.

3. Zu Abs. 2. Nach dem Knappschaftsges. v. 10. 4. 54 (GS. S. 139) bestand die Knappschaftspflicht für alle unter der Aufsicht der Bergbehörden stehenden Betriebe. Dazu gehörten nach dem damaligen Rechtszustand auch die Hütten und alle Aufbereitungsanstalten. Durch das Ges. über die Kompetenz der Oberbergämter v. 10. 6. 61 (GS. S. 425) wurden indessen alle Hüttenwerke und die kein Zubehör von Bergwerken bildenden selbständigen Aufbereitungsanstalten aus dem Ressort der Bergbehörden ausgeschieden, dem Ressort der Regierungen überwiesen und den Bestimmungen der Gewerbegesetze unterstellt. Zugleich wurde die Knappschaftspflicht dieser Werke aufgehoben und den bereits einem Knappschaftsverein angehörigen Besitzern und Arbeitern der Werke freigestellt, im Knappschaftsverein zu verbleiben oder aus dem Verein auszuscheiden. Das ABG. hat im § 166 Abs. 2 die Befugnis der genannten Werke zum Austritt aus dem Knappschaftsverein aufrecht erhalten. Diese Vorschrift ist mit einer in Anm. 4 erläuterten Abweichung in § 166 Abs. 2 des Ges. v. 19. 6. 06 übernommen. Nach dieser Vorschrift ist die Befugnis zum Austritt nicht an eine bestimmte Frist gebunden und geht insbesondere nicht — wie das LGUrt. Trier v. 29. 10. 86, Z. f. B. Bd. 28 S. 83, irrig annimmt — durch langjähriges Verbleiben im Knappschaftsverein verloren (Brassert S. 443; Klostermann-Fürst Anm. 2 zu § 166; OLGUrt. Cöln v. 19. 3. 87, Z. f. B. Bd. 28 S. 385, und RGUrt. v. 11. 11. 87, Z. f. B. Bd. 29 S. 239). Durch den Austritt eines Hüttenwerks usw. aus dem Knappschaftsverein werden die gegen letzteren erworbenen Rechte der Unterstützungsempfänger nicht berührt, vielmehr bleibt die Unterstützungspflicht des Knappschaftsvereins bestehen, und es wird deshalb durch den Austritt des Einzelwerks dessen rechtliche Verpflichtung begründet, den Knappschaftsverein von der bestehenden Unterstützungspflicht zu befreien. Vgl. ObertribUrt. v. 9. 9. 73, Z. f. B. Bd. 15 S. 361.

4. Abweichend von dem früheren Wortlaut des § 166 Abs. 2 sind im Ges. v. 19. 6. 06 auch die Beamten als bei dem Antrag auf Ausscheiden beteiligt aufgeführt, weil nach dem Gesetz auch Beamte beitrittspflichtig sind.

5. Voraussetzung des Ausscheidens ist ein gemeinschaftlicher Antrag des Werksbesitzers und sämtlicher auf dem Werke beschäftigter Knappschaftsmitglieder. Vgl. LGUrt. Aachen v. 8. 5. 80, Z. f. B. Bd. 21 S. 330.

6. „Wird die Verbindung zwischen einer nach § 165 (jetzt § 1) Abs. 3 dem Knappschaftsverein beigetretenen Gewerbsanlage und dem betreffenden knappschaftspflichtigen Vereinswerk gelöst, so muß für die Gewerbsanlage die Austrittsmöglichkeit gleichfalls gegeben sein. Es empfiehlt sich, den Austritt in gleicher Weise wie bei den Hüttenwerken an den gemeinschaftlichen Antrag der Besitzer dieser Gewerbsanlage und der auf ihr beschäftigten Mitglieder und an die vorgängige vermögensrechtliche Auseinandersetzung (Abs. 4) zu binden." Begr. 1906 S. 5.

7. Der im ersten Satze des Abs. 4 ausgesprochene Grundsatz, daß das tatsächliche Ausscheiden eines austrittsberechtigten Vereinswerks außer dem gemeinschaftlichen Antrag der Besitzer und Mitglieder eine vermögensrechtliche Auseinandersetzung zwischen dem Knappschaftsverein und dem ausscheidenden Werke zur Voraussetzung hat, ist in das Ges. v. 19. 6. 06 neu aufgenommen. An sich ist der Grundsatz indessen nicht neu, sondern bereits bisher durch die Praxis der Aufsichtsbehörden, wie auch durch ein RGUrt. v. 11. 11. 87, Z. f. B. Bd. 29 S. 239, als maßgebend anerkannt. Durch die Austrittserklärung erwirbt das Werk das durch die vorgängige Auseinandersetzung suspensiv bedingte Recht des Ausscheidens, sodaß die in der Zeit zwischen der Austrittserklärung und der endgültigen Auseinandersetzung etwa eingetretenen Mitbesitzer und Arbeiter des Werks an diese rechtliche Lage gebunden sind und es deren ausdrücklicher Zustimmung nicht mehr bedarf (vgl. das vorerwähnte RGUrt.).

8. Der letzte Satz des Abs. 4 ist durch die Kommission des AH. in das Gesetz eingefügt worden (KommBerAH. 1906 S. 5 bis 7). Die Kommission hielt es nicht für zweckmäßig, bei Streitigkeiten über die vermögensrechtliche Auseinandersetzung die Beteiligten auf den ordentlichen Rechtsweg zu verweisen; vielmehr soll durch die den §§ 100 bis 102 des JVG. nachgebildete Vorschrift mangels Verständigung der Beteiligten über eine schiedsrichterliche Entscheidung das durch §§ 186 l und 186 m des Ges. v. 19. 6. 06 (jetzt §§ 82 und 83) neu geschaffene Oberschiedsgericht in Knapp-

schaftsangelegenheiten diese Streitigkeiten entscheiden. Das Oberschiedsgericht besteht alsdann aus fünf Mitgliedern, nämlich dem Vorsitzenden, einem Vertreter der Werksbesitzer, einem Vertreter der Knappschaftsmitglieder, einem richterlichen Beamten und einem Versicherungsverständigen (§ 83 Abs. 2 Nr. 3). Das vom Oberschiedsgericht bei der Entscheidung dieser Streitigkeiten zu beobachtende Verfahren ist durch § 29 der Verord. über das Verfahren vor dem Oberschiedsgericht geregelt. Vgl. Anhang J.

§ 3[1].

[2]Die Bestimmung der Bezirke, für welche neue Knappschaftsvereine gegründet, sowie die Bestimmung derjenigen bereits bestehenden Knappschaftsvereine, welchen die dem Allgemeinen Berggesetz unterworfenen, außerhalb des Bezirkes eines bestehenden Knappschaftsvereins belegenen Bergwerke, Aufbereitungsanstalten und Salinen bei der Eröffnung des Betriebs zugeteilt werden sollen, hängt zunächst von dem Beschlusse der Beteiligten ab. Kann hierüber eine Einigung nicht erzielt werden, so entscheidet nach Anhörung der Werksbesitzer und eines von den künftigen beitrittspflichtigen Mitgliedern[3] zu wählenden Ausschusses[4] auf den Vorschlag des Oberbergamts der Minister für Handel und Gewerbe[5, 6].

Wo ein ständiger Arbeiterausschuß besteht, ist dieser zu hören. Die Wahl eines Ausschusses nach Abs. 1 findet alsdann nur durch die beitrittspflichtigen Beamten statt[7].

1. Der § 3 entspricht dem § 167 ABG. in der Fassung des Ges. v. 19. 6. 06.

2. Zu Abs. 1. „Bei der Betriebseröffnung von knappschaftspflichtigen Werken in einem Bezirk, für den ein Knappschaftsverein noch nicht besteht, kann die Bildung eines neuen Knappschaftsvereins schon um deswillen nur noch in Ausnahmefällen in Frage kommen, weil der in §§ 168 a, 169, 175, 175 c des vorliegenden Gesetzentwurfs (jetzt §§ 5, 6, 37, 40 des Knappschaftsgesetzes) aufgestellten Voraussetzung nach Sicherstellung der dauernden

Erfüllbarkeit der Verpflichtungen in solchen Fällen durchweg nicht wird entsprochen werden können. Außerdem würde die Gründung neuer und naturgemäß kleinerer Knappschaftsvereine mit der allseitig als notwendig erkannten und auch durch den vorliegenden Gesetzentwurf geförderten Zusammenlegung der kleinen Vereine zu großen leistungsfähigen Vereinen oder Verbänden in Widerspruch stehen. Hiernach wird in der Regel die Zuteilung solcher Werke an einen bereits bestehenden Knappschaftsverein in Frage kommen müssen. Bereits im § 1 Nr. 7 des Ges., betr. die Ausdehnung verschiedener Bestimmungen des ABG. auf den Stein- und Kalisalzbergbau in der Provinz Hannover, v. 14. 7. 95 (GS. S. 295), durch welches unter anderem auch Titel 7 des ABG. auf den hannoverschen Stein- und Kalisalzbergbau für anwendbar erklärt worden ist, ist der Aufsichtsbehörde ein gewisser Einfluß auf die Ausgestaltung der knappschaftlichen Organisation für die dort in Rede stehenden Werke eingeräumt worden, um den mit der Gründung nicht lebensfähiger Knappschaftsvereine verbundenen Schwierigkeiten und Unzuträglichkeiten vorzubeugen (vgl. Verhandlungen des HH. 1895 Bd. 2, Anlagen, S. 409). Nach Vorgang dieses Gesetzes ist hier der Aufsichtsbehörde der gleiche Einfluß eingeräumt." Begr. 1906 S. 5 f.

3. In Abänderung des bisherigen Rechtszustandes sind nicht mehr nur die Arbeiter, sondern auch die im § 9 Abs. 2 und 3 aufgeführten Beamten zur Mitgliedschaft gesetzlich verpflichtet. An der Wahl des Ausschusses müssen daher auch die beitrittspflichtigen Beamten sich beteiligen können. Beitrittspflichtig im Sinne dieser Bestimmung sind aber nur die unmittelbar auf Grund des Gesetzes dem Knappschaftszwange unterliegenden, also die im § 9 Abs. 2 und 3 bezeichneten Werksbeamten; die nach Vorschrift des § 28 Abs. 2 Nr. 1 durch die Vereinssatzung zum Beitritt zur Pensionskasse verpflichteten Beamten sind dazu nicht zu rechnen.

4. Über die Wahl des Ausschusses trifft das Gesetz keine Bestimmungen; es bleibt daher der Aufsichtsbehörde überlassen, die geeigneten Anordnungen zu treffen. Vgl. Brassert S. 444 Anm. 1 zu § 167.

5. Während das ABG. die Entscheidung dem Oberbergamt übertrug, ist die Entscheidung hier nach Vorgang des in Anm. 2 erwähnten Ges. v. 14. 7. 95 der Zentralstelle übertragen, zumal es

sich bei der zu treffenden Entscheidung um die Zuteilung zu Knappschaftsvereinen in verschiedenen Oberbergamtsbezirken handeln kann.

6. Ist in der Entscheidung des Ministers für den Beginn der Zugehörigkeit eines neu entstandenen Werks zu dem Kappschaftsverein ein bestimmter Zeitpunkt nicht festgesetzt, so treten die Wirkungen der Zugehörigkeit nicht erst vom Tage des Erlasses der Entscheidung, sondern bereits vom Tage der Betriebseröffnung an ein. Entsch. des ObSchG. v. 27. 10. 08, R. L. 44/08, Z. f. B. Bd. 50 S. 110, Kompaß 1909 S. 22.

7. Durch die Berggesetznovelle v. 24. 6. 92 (GS. S. 131) sind den bestehenden oder gewählten Arbeiterausschüssen gewisse Aufgaben übertragen worden. Die Novelle v. 14. 7. 05 (GS. S. 307) hat nicht nur diese Aufgaben erweitert, sondern auch den Arbeiterausschuß für alle Bergwerke zwingend vorgeschrieben, auf denen in der Regel mindestens 100 Arbeiter beschäftigt werden. Mit Rücksicht auf diese veränderte Rechtslage ist der im ABG. nicht enthaltene Abs. 2 in das Gesetz aufgenommen. Wegen des jetzigen Rechtszustandes vgl. §§ 80 f, 80 fd, 80 fe, 80 fi ABG. in der Fassung des Ges. v. 28. 7. 09 (GS. S. 677).

§ 4 [1, 2].

Jeder Knappschaftsverein [3] hat nach näherer Bestimmung des Gesetzes und der Satzung zu gewähren:

1. die Krankenversicherung seiner Mitglieder nach §§ 13 bis 26 (Krankenkassenleistungen);
2. Unterstützungen an die arbeitsunfähig gewordenen Mitglieder sowie an die Angehörigen verstorbener Mitglieder nach §§ 30 bis 34 (Pensionskassenleistungen) [4].

Für diese beiden den Knappschaftsvereinen obliegenden Aufgaben ist die Rechnungsführung nach Krankenkasse und Pensionskasse getrennt vorzunehmen [5]. Ausnahmen hiervon sind nur bei geringem Geschäftsumfange statthaft und unterliegen der besonderen Genehmigung durch die Aufsichtsbehörde [6].

1. Der § 4 entspricht dem § 168 des Ges. v. 19. 6. 06.

2. Der § 168 Abs. 1 des ABG. von 1865 ist weggefallen, „da

die Berechtigung und Verpflichtung zum Beitritt sich in der Krankenkasse und in der Pensionskasse fortan nicht mehr übereinstimmend regeln sollen (§§ 171, 172, jetzt §§ 9, 27 bis 29). Die bisherige Unterstellung, daß ‚die Bergwerke' usw. dem Verein beizutreten verpflichtet seien, war ohnehin rechtlich und tatsächlich nicht einwandfrei. Mitglieder der Kasse können begrifflich nur die Arbeiter und Beamten sein, deren Unterstützung der Zweck des Vereins ist. Die Arbeitgeber, denen das Gesetz die Verpflichtung zur Zahlung von Beiträgen auferlegt (u. a. m.), haben dementsprechend die Berechtigung, bei der Verwaltung beteiligt zu werden und im Vorstand vertreten zu sein". Begr. 1906 S. 7.

3. Die Knappschaftsvereine sind öffentlich-rechtliche Zwangsgenossenschaften; ihre Leistungen beruhen auf der vom Staate anerkannten öffentlich-rechtlichen Fürsorgepflicht. Demgemäß bilden die Rechtsverhältnisse ihrer Mitglieder nicht den Inhalt eines Versicherungsvertrages, sondern sind nach den Satzungen des öffentlichen Rechts zu beurteilen. RGUrt. v. 1. 10. 10, Z. f. B. Bd. 52 S. 133.

4. „Die Knappschaftsvereine vereinigen in sich zwei ihrem Wesen nach voneinander verschiedene Versicherungszweige; die Krankenversicherung einerseits und die Invaliden-, Witwen- und Waisenversicherung andererseits. Sowohl diese Verschiedenheit des Wesens als auch der Einfluß der Arbeiterversicherungsgesetzgebung des Reiches lassen es als notwendig erscheinen, die beiden Aufgaben der Knappschaftsvereine zu trennen und die Trennung schon an dieser Stelle zu bestimmen . . . In Frage konnte nur kommen, ob die den Knappschaftsvereinen obliegende doppelte Aufgabe die Bildung besonderer Kassen für jede der beiden Aufgaben erforderlich macht, oder ob eine bloß rechnungsmäßige und buchmäßige Trennung beider Versicherungszweige innerhalb desselben Vereins ausreicht. Die sächsische Berggesetznovelle v. 2. 4. 84 (Z. f. B. Bd. 25 S. 290) hat den ersteren Weg beschritten und die Bildung besonderer, voneinander unabhängiger Kassen für jede der beiden Aufgaben vorgeschrieben. Indessen liegt kein zwingender Grund vor, der sächsischen Novelle darin zu folgen; vielmehr ist es schon mit Rücksicht auf die historische Entwickelung des preußischen Knappschaftswesens erwünscht, die Vereine als Ganzes, als eine, alle in Betracht kommenden Aufgaben umfassende Organisation beizubehalten und

die Abtrennung selbständiger Krankenkassen in weiterem Ausbau des bisherigen § 172 nur fakultativ vorzusehen." Begr. 1906 S. 6. Wegen des sächsischen Rechts vgl. jetzt die §§ 140ff. und 214ff. des Allgemeinen Berggesetzes für das Königreich Sachsen v. 31. 8. 10 (Z. f. B. Bd. 52 S. 207 und 233).

5. „Die hier vorgeschriebene getrennte Rechnungsführung hat zur Folge, daß für jeden der beiden Kassenzweige besondere Etats aufgestellt, die Einnahmen und Ausgaben besonders gebucht und die Beiträge besonders festgestellt werden müssen." Begr. 1906 S. 7.

6. „Die Möglichkeit ist nicht ausgeschlossen, daß bei einzelnen der bestehenden kleinen Knappschaftsvereine von besonders geringem Geschäftsumfang diese auch bloß rechnungsmäßige Trennung nicht notwendig sein und eine dennoch erfolgende Trennung sich als nicht zweckmäßig erweisen würde. In einem solchen Ausnahmefalle soll mit besonderer Genehmigung der Aufsichtsbehörde von der Trennung abgesehen werden dürfen. Diese Genehmigung wird selbstredend nur nach vorgängiger genauer Prüfung erteilt und zurückgenommen werden, sobald die Verhältnisse diese Ausnahme nicht mehr rechtfertigen oder aus sonstigen Gründen die Trennung angezeigt erscheint." Begr. 1906 S. 7.

Sollte die Genehmigung beantragt werden und das zuständige Oberbergamt in einem einzelnen Falle der Ansicht sein, daß die Voraussetzung für die Erteilung der Genehmigung vorliegt, so soll das Oberbergamt vor Erteilung der Genehmigung den Fall zur Kenntnis des Handelsministers bringen. Vgl. MinErl. v. 17. 1. 07 Nr. 1 im Anhang A und in der Z. f. B. Bd. 48 S. 176.

§ 5[1].

Innerhalb der einzelnen Knappschaftsvereine können[2] nach dem gemeinschaftlichen Beschlusse der beteiligten Werksbesitzer und Knappschaftsältesten[3], sofern der Knappschaftsvorstand und die Generalversammlung[4] zustimmen, besondere Krankenkassen für die zugehörigen Werke, und zwar für jedes einzelne Werk oder gruppenweise für mehrere Werke, errichtet werden[5]. Die Errichtung besonderer Krankenkassen kann auch auf einen Teil der Vereinswerke beschränkt werden[6].

Die Errichtung einer besonderen Krankenkasse ist nur dann zulässig, wenn durch die Zahl der im Kassenbezirke regelmäßig beschäftigten Arbeiter oder durch sonstige Umstände die dauernde Leistungsfähigkeit der Krankenkasse ausreichend sichergestellt erscheint[7].

Die Geschäftsführung der besonderen Krankenkassen unterliegt der Beaufsichtigung durch den Knappschaftsvorstand[8]. In der Satzung des Knappschaftsvereins sind gegebenenfalls die näheren Bestimmungen hierüber zu treffen.

1. Der § 5 entspricht dem § 168a des Ges. v. 19. 6. 06.

2. Die Entscheidung darüber, ob besondere Krankenkassen zu errichten sind, überläßt das Gesetz, wie § 172 Abs. 1 des ABG. von 1865, zunächst der Autonomie der Beteiligten. Da die Vorschriften des Gesetzes von 1906 auch für das vormalige Herzogtum Nassau gelten (vgl. Art. II des Ges. v. 19. 6. 06 unten unter II), so ist damit Art. V der Verord., betr. die Einführung des ABG. in das Gebiet des vormaligen Herzogtums Nassau, v. 22. 2. 67 (GS. 237) beseitigt und insbesondere auch die Sondervorschrift im Abs. 3 des Art. V aufgehoben, wonach im Gebiet des vormaligen Herzogtums Nassau auf sämtlichen Werken besondere Krankenkassen eingerichtet werden mußten. Begr. 1906 S. 8.

3. An dem gemeinschaftlichen Beschlusse haben nicht sämtliche Werksbesitzer und Knappschaftsälteste teilzunehmen, sondern nur diejenigen, für welche die Abzweigung der besonderen Krankenkasse erfolgen soll, Begr. 1906 S. 7.

4. Neben der früher gesetzlich vorgeschriebenen Zuständigkeit des Knappschaftsvorstandes verlangt das Gesetz von 1906 in jedem einzelnen Falle auch die Zustimmung der Generalversammlung, weil es sich um eine Änderung in der Organisation des Knappschaftsvereins handelt. Begr. 1906 S. 7.

5. Diese Fassung schließt den Fall nicht aus, daß ein Knappschaftsverein für alle seine Werke eine einzige besondere Krankenkasse errichtet. Begr. 1906 S. 7.

6. Der im früheren Gesetz nicht enthaltene Schlußsatz des Abs. 1 ist sachlich nicht neu, sondern entspricht der bisherigen Praxis der Aufsichtsbehörden.

7. „Die Errichtung einer besonderen Krankenkasse erscheint selbstredend nur zulässig, wenn eine ausreichende Gewähr für ihre dauernde Leistungsfähigkeit vorhanden ist. In der Regel wird eine solche Gewähr in einer ausreichenden Anzahl regelmäßig beschäftigter Mitglieder liegen. Das KVG. verlangt daher für die Errichtung einer Ortskrankenkasse eine Mindestmitgliederzahl von einhundert (§ 16) und für die Errichtung einer Betriebs- (Fabrik-) Krankenkasse eine solche von fünfzig (§ 60). . . .

Die Mitgliederzahl ist zwar in der Regel das wichtigste, indessen nicht stets das einzige für die dauernde Leistungsfähigkeit einer Krankenkasse maßgebende Moment. Unter besonders gearteten Umständen wird auch eine Mitgliederzahl von einhundert für sich allein die dauernde Leistungsfähigkeit nicht genügend sicherstellen können, während andere Umstände auch bei geringerer Mitgliederzahl diese Sicherstellung bieten können. Es erscheint daher richtiger, im Gesetz die Errichtung besonderer Krankenkassen nicht an die bloße Tatsache der Erreichung einer bestimmten Mindestmitgliederzahl zu binden, sondern statt dessen den für die Zulassung maßgebenden Grundsatz festzulegen. Für die Anwendung des Grundsatzes werden alsdann die im KVG. aufgestellten Mindestmitgliederzahlen zwar ein Anhalten bieten, aber nicht den alleinigen Gesichtspunkt abgeben, nach welchem die Frage der dauernden Leistungsfähigkeit und damit der Zulassung einer besonderen Krankenkasse zu beurteilen ist." Begr. 1906 S. 7f.

8. Das Gesetz hat an dem bisherigen Aufsichtsrecht des Knappschaftsvorstandes über die Geschäftsführung der besonderen Krankenkassen festgehalten. Eine besondere Beschwerdeinstanz für die Entscheidungen des Krankenkassenvorstandes bildet der Knappschaftsvorstand indessen nicht mehr. Vgl. § 2 Abs. 1, § 70 und Begr. 1906 S. 8 sowie auch § 64.

§ 6[1].

Für jeden neu gegründeten Knappschaftsverein haben die Werksbesitzer unter Mitwirkung eines von den künftigen beitrittspflichtigen Mitgliedern[2] zu wählenden Ausschusses[3] eine mit dem Gesetz in Übereinstimmung stehende Satzung[4] aufzustellen. Dieselbe unterliegt der Bestätigung des Oberbergamts, welche nur versagt werden darf, wenn die Satzung den gesetzlichen Vorschriften zuwiderläuft[5, 6] oder Bestimmungen enthält, welche mit dem gesetzlichen Zwecke des Knappschaftsvereins nicht im Zusammenhange stehen[7, 8].

Mit dem Antrag auf Erteilung der Bestätigung sind die Unterlagen[10] einzureichen, welche zur Beurteilung der dauernden Erfüllbarkeit der Leistungen der Pensionskasse (§ 40 Abs. 2) notwendig sind. Vor der Entscheidung über die Bestätigung hat das Oberbergamt eine sachverständige Prüfung der Unterlagen[10] herbeizuführen[9]. War mit den Unterlagen[10] ein versicherungstechnisches Gutachten nicht eingereicht[11], so können die Kosten der Anfertigung eines solchen Gutachtens dem Knappschaftsverein auferlegt werden[12].

[13]Wird die Bestätigung vom Oberbergamte versagt, so erfolgt die Entscheidung durch Beschluß. Gegen diesen Beschluß findet, insoweit die dauernde Erfüllbarkeit der Leistungen der Pensionskasse in Frage steht[14], binnen einer Frist von einem Monate[15] vom Tage der Zustellung an den Vorstand ab die Beschwerde an das Oberschiedsgericht[16] statt (§ 83). Im übrigen bewendet es bei den Vorschriften in §§ 191 bis 194 des Allgemeinen Berggesetzes[14].

Wo ein ständiger Arbeiterausschuß besteht, wählt dieser die Vertreter der Arbeiter zu dem im Abs. 1 bezeichneten Ausschusse[17].

Wird die Satzung nach vorgängiger Aufforderung nicht innerhalb sechs Monaten vorgelegt[18], so hat das Oberbergamt dieselbe rechtsverbindlich aufzustellen[19].

Für die Errichtung besonderer Krankenkassen (§ 5) finden die Bestimmungen in Abs. 1, 4 und 5 entsprechende Anwendung. Erfolgt die Errichtung in einem schon bestehenden Knappschaftsvereine, so werden die Mitglieder durch die gewählten Knappschaftsältesten vertreten[20].

Die Knappschaftsvereine und besonderen Krankenkassen (§ 5) erlangen durch die Bestätigung ihrer Satzung die Rechtsfähigkeit[21, 22, 23, 24].

1. Der § 6 entspricht dem § 169 ABG. in der Fassung des Ges. v. 19. 6. 06.

2. In Abänderung des nach dem ABG. von 1865 bestehenden Rechtszustandes sind nicht mehr nur die Arbeiter, sondern auch die im § 9 Abs. 2 und 3 aufgeführten Beamten zur Mitgliedschaft gesetzlich verpflichtet. An der Wahl des Ausschusses müssen daher auch die kraft Gesetzes beitrittspflichtigen Beamten sich beteiligen können.

3. Über die Wahl des Ausschusses trifft das Gesetz keine Bestimmungen; es bleibt daher den Aufsichtsbehörden überlassen, die geeigneten Anordnungen zu treffen. Vgl. Anm. 4 zu § 3 und Brassert S. 444 Anm. 1 zu § 167, S. 446 Anm. 1 zu § 169.

4. Alsbald nach Erlaß des Ges. v. 19. 6. 06 ist vom Allgemeinen Deutschen Knappschaftsverbande, dem fast sämtliche preußischen Knappschaftsvereine als Mitglieder angehören, unter Mitwirkung eines Vertreters des Handelsministers eine Mustersatzung aufgestellt und sämtlichen preußischen Knappschaftsvereinen mitgeteilt worden. Diese Mustersatzung ist abgedruckt im Kompaß 1908 S. 7. Auch nach Erlaß der Novelle v. 3. 6. 12 hat der genannte Verband wiederum unter Mitwirkung von Vertretern des Handelsministers eine Mustersatzung aufgestellt, die namentlich auch die durch das Versicherungsgesetz für Angestellte vom 20. 12. 11 (RGBl. S. 989) geschaffene Rechtslage berücksichtigt. Ihr Abdruck wird voraussichtlich im Jahrgang 1912 des Kompaß erfolgen.

5. Zu den gesetzlichen Vorschriften, welchen die Satzung nicht zuwiderlaufen darf, gehören in erster Linie die Vorschriften dieses Gesetzes, daneben aber auch die Vorschriften der übrigen für die Knappschaftsvereine maßgebenden Gesetze, insbesondere auch die Vorschriften des bürgerlichen Rechts (vgl. auch Klostermann-Fürst Anm. 5 zu § 169). Zu den erst durch das Ges. v. 19. 6. 06 geschaffenen Vorschriften, denen die Satzung Rechnung tragen muß, gehören namentlich auch die in §§ 5, 37 und 40 aufgestellten

Erfordernisse hinsichtlich der dauernden Erfüllbarkeit der Kassenleistungen.

6. Nach dem bis 1. 1. 08 geltenden Rechte wurde nach der Praxis der Aufsichtsbehörden wie der Gerichte als zulässig angesehen, in der Satzung zu bestimmen, daß lediglich Organe des Knappschaftsvereins unter Ausschluß des Rechtsweges darüber zu entscheiden haben, ob die tatsächlichen Voraussetzungen für den Bezug der satzungsmäßigen Leistungen vorliegen (vgl. Brassert S. 446 Anm. 3). Eine derartige Bestimmung der Satzung würde den Vorschriften im § 70 Abs. 2 und 3 zuwiderlaufen und ist daher nicht mehr zulässig.

7. „Daß die Bestätigung zu solchen Satzungsbestimmungen versagt werden muß, welche mit dem gesetzlichen Zwecke des Knappschaftsvereins nicht im Zusammenhange stehen, liegt in der Natur der Sache, ist indessen durch einen Zusatz am Schlusse des Abs. 1 noch ausdrücklich ausgesprochen.“ Begr. 1906 S. 9.

8. Durch die Bestätigung einer Satzung werden etwa in ihr enthaltene *gesetzwidrige* Bestimmungen nicht rechtsverbindlich. Auch kann die Ungültigkeit derartiger gesetzwidriger Bestimmungen nicht nur im Rechtswege, sondern auch vor der Aufsichtsbehörde geltend gemacht werden. RekBesch. v. 21. 1. 94, Z. f. B. Bd. 35 S. 404; Arndt Anm. 1 zu § 169; Klostermann-Fürst Anm. 5 zu § 169. Anderer Meinung hinsichtlich der Zuständigkeit der Aufsichtsbehörde Brassert S. 446 Anm. 5. Vgl. auch unten Anm. 5 zu § 7. — Wegen derjenigen Änderungen, welche das Oberbergamt auf Grund des Artikels IV des Ges. v. 19. 6. 06 vorgenommen hat, steht dem Richter auch das Recht zur Nachprüfung der Frage zu, ob die fragliche Änderung nach dem Knappschaftsgesetze notwendig gewesen ist. Diese Frage ist zu bejahen, wenn die Beibehaltung der früheren Satzungsbestimmung mit der Durchführung des Knappschaftsgesetzes unverträglich gewesen wäre und die vom Oberbergamt getroffene Neuordnung an sich geeignet ist, die Satzung mit dem Gesetz in Übereinstimmung zu bringen. Entsch. des ObSchG. v. 18. 3. 09, R. L. 12/09, Z. f. B. Bd. 50 S. 402, Kompaß 1909 S. 173.

9. „Zu den gesetzlichen Vorschriften, denen die Satzung Rechnung tragen muß, gehören auch die in §§ 168a, 175 und 175c (jetzt §§ 5, 37 und 40) *aufgestellten Erfordernisse hinsichtlich der dauernden Erfüll-*

barkeit der Kassenleistungen. Während das Vorliegen dieses Erfordernisses hinsichtlich der Leistungen der Krankenkasse verhältnismäßig unschwer festzustellen ist, erfordert diese Feststellung bei den Pensionskassen der Natur dieses Versicherungszweiges gemäß unter allen Umständen eine Klarstellung der Unterlagen und eine sachverständige Prüfung. Es darf zwar erwartet werden, daß die Knappschaftsvereine selbst nur auf Grund einer vorgängigen sachverständigen Prüfung die Pensionskassenleistungen in ihrer Satzung festlegen werden. Davon abgesehen war indessen dem Oberbergamt die Verpflichtung aufzuerlegen, nur nach vorgängiger sachverständiger Prüfung hinsichtlich der dauernden Erfüllbarkeit der Pensionskassenleistungen die Entscheidung über die nachgesuchte Bestätigung zu treffen." Begr. 1906 S. 9.

Um eine einheitliche Handhabung dieser Vorschrift zu gewährleisten, erfolgt die sachverständige Prüfung für alle Oberbergämter durch die „Versicherungstechnische Prüfungsstelle im Ministerium für Handel und Gewerbe". Die Oberbergämter haben daher die Unterlagen zur Beurteilung der dauernden Erfüllbarkeit der Pensionskassenleistung alsbald nach ihrem Eingang der genannten Prüfungsstelle zu übersenden. Vgl. MinErl. v. 17. 1. 07 Nr. 2 und die zugehörige Bemerkung im Anhang A und in der Z. f. B. Bd. 48 S. 176.

„Daß das Oberbergamt vor der Entscheidung über den Antrag auf Bestätigung der Satzung auch die Unterlagen für die dauernde Erfüllbarkeit der Krankenkassenleistungen einfordern und auch in dieser Hinsicht eine sachverständige Prüfung herbeiführen kann, bedurfte als selbstverständlich im Gesetz nicht der besonderen Erwähnung." Begr. 1906 S. 9.

10. Die „Unterlagen" haben sich auf die Klarlegung aller der Umstände zu erstrecken, welche für die Beurteilung der dauernden Erfüllbarkeit der Pensionskassenleistungen von Bedeutung sind. Als solche kommen neben der Höhe der Beiträge und der sonstigen Einnahmen der Kasse namentlich in Betracht: die größere oder geringere Nachhaltigkeit der Vereinswerke, die größere oder geringere Bedeutung und Ausdehnung der Betriebe, für welche der Knappschaftsverein errichtet ist, Zahl und Lebensalter der aktiven Mitglieder und der Unterstützungsempfänger überhaupt sowie der erfahrungsgemäß in Zugang und in Abgang kommenden aktiven Mitglieder und Unterstützungsempfänger. Vgl. Begr. 1906 S. 29.

Zu den dem Oberbergamt vorzulegenden Unterlagen gehören daher die statistischen und sonstigen Angaben über alle für die Beurteilung der dauernden Erfüllbarkeit der Pensionskassenleistungen des betreffenden Knappschaftsvereins maßgebenden Umstände. Außerdem gehört zu diesen Unterlagen ein die Bedeutung der maßgebenden Umstände würdigendes versicherungstechnisches Gutachten. Vgl. auch KommBerHH. 1906 S. 5; vgl. ferner die folgende Anm. 11.

11. Der letzte Satz des Abs. 2 ist in der Kommission des AH. in das Ges. v. 19. 6. 06 eingefügt worden. Kommission wie Regierungsvertreter waren sich zwar darin einig, daß zu den Unterlagen, welche zur Beurteilung der dauernden Erfüllbarkeit der Pensionskassenleistungen notwendig sind, unter allen Umständen auch ein versicherungstechnisches Gutachten gehöre. Dagegen hielt die Kommission die Möglichkeit nicht für ausgeschlossen, daß ein einzelner Knappschaftsverein, namentlich bei der erstmaligen Ausführung dieser neuen Gesetzesvorschrift, ein solches Gutachten nicht rechtzeitig würde beschaffen können. In diesem Falle hat die Aufsichtsbehörde die Erstattung eines solchen Gutachtens vor Erteilung der Bestätigung zu veranlassen. Vgl. auch Bericht der Subkommission des AH., Anl. II des KommBerAH. 1906 S. 34, KommBerHH. 1906 S. 5. Auf Anregung der „Versicherungstechnischen Prüfungsstelle" (vgl. oben Anm. 9) ist indessen durch MinErl. v. 7. 3. 07 — I. 2190 — versuchsweise zugelassen worden, daß Knappschaftsvereine mit weniger als 1000 Mitgliedern einstweilen ihrerseits von der Beibringung eines versicherungstechnischen Gutachtens absehen, und daß die Versicherungstechnische Prüfungsstelle für diese Vereine die Prüfung der dauernden Erfüllbarkeit der Pensionskassenleistungen auf Grund des an sie einzusendenden sonstigen Materials vornimmt. In diesen Fällen stellt der Bericht der Versicherungstechnischen Prüfungsstelle über das Ergebnis ihrer Prüfung das versicherungstechnische Gutachten dar.

12. Die Kosten eines solchen Gutachtens hat naturgemäß der betreffende Knappschaftsverein zu tragen. Die fakultative Fassung der Vorschrift ist nach der Erklärung der Antragsteller gewählt, um der Aufsichtsbehörde die Möglichkeit zu gewähren, unter besonderen Umständen, insbesondere bei kleinen, leistungsschwachen Vereinen, von der Auferlegung der Kosten absehen zu können. Für die nach Anm. 11 bei Vereinen mit weniger als 1000 Mitgliedern

versuchsweise zugelassene Begutachtung durch die Versicherungstechnische Prüfungsstelle ist von der Auferlegung der Kosten bisher abgesehen worden.

13. Zu Abs. 3. Der Absatz ist durch die Kommission des AH. dem Ges. v. 19. 6. 06 eingefügt worden (KommBerAH. 1906 S. 114 ff. und Anl. II des Ber. S. 34 f.). Während der Regierungsentwurf gegen die Versagung der Bestätigung durch das Oberbergamt wie bisher nur den Rekurs an den Handelsminister vorsah, wünschten weite Kreise der Interessenten in diesem sowie in weiteren für die Knappschaftsvereine besonders bedeutsamen Punkten eine weitergehende Rechtsgarantie. Das AH. hat diesem Wunsche dadurch Rechnung getragen, daß es bei Versagung der Satzungsbestätigung wegen nicht erwiesener dauernder Erfüllbarkeit der Pensionskassenleistungen sowie bei der Anordnung von Beitragserhöhungen oder Leistungsminderungen (§ 41 Abs. 2), bei der Auflösung eines Knappschaftsvereins oder einer besonderen Krankenkasse wegen Leistungsunfähigkeit sowie bei der Anordnung der Vereinigung von Pensionskassen (§ 47) und endlich bei der Entscheidung über Anträge, welche bei der Beschlußfassung im Vorstand wiederholt Stimmengleichheit erzielt haben (§ 54 Abs. 2), an Stelle des Rechtsmittels des Rekurses an den Handelsminister die Beschwerde an das durch §§ 82 und 83 des Gesetzes geschaffene Oberschiedsgericht in Knappschaftsangelegenheiten eingeführt hat.

14. Die Beschwerde an das Oberschiedsgericht ist nur zulässig, wenn und insoweit die Bestätigung aus dem Grunde versagt wird, weil dem gesetzlichen Erfordernis der dauernden Erfüllbarkeit der Pensionskassenleistungen nicht genügt sei. Wenn und insoweit die Bestätigung der Satzung aus irgendeinem anderen Grunde versagt wird, ist nicht die Beschwerde an das Oberschiedsgericht, sondern der Rekurs an den Handelsminister gegeben. Da für die Versagung der Bestätigung ein Beschluß des Oberbergamts vorgeschrieben ist, muß der Rekurs innerhalb der gesetzlichen Frist von vier Wochen vom Tage der Zustellung an den Vorstand ab bei dem **Oberbergamt** eingelegt werden. Durch Einlegung bei einer anderen Behörde wird das Rekursrecht nicht gewahrt. Vgl. §§ 192, 193 ABG.

15. Die Ausschlußfrist für die Einlegung der Beschwerde an das Oberschiedsgericht beträgt nicht wie bei dem Rekurs vier Wochen,

sondern einen Monat, weil die neuere Gesetzgebung im Interesse einer einfacheren Berechnung allgemein die vierwöchige Frist durch die einmonatige zu ersetzen pflegt. — Wegen Berechnung der Frist vgl. § 242 ABG. und Anm. 9 zu § 70.

16. Das Oberschiedsgericht entscheidet in diesem Falle in der Besetzung von fünf Mitgliedern, nämlich dem Vorsitzenden, einem Vertreter der Werksbesitzer, einem Vertreter der Knappschaftsmitglieder, einem Versicherungsverständigen und einem Bergbauverständigen. Vgl. § 83 Abs. 2 Nr. 3 b. Das vom Oberschiedsgericht in diesem Falle zu beobachtende Verfahren ist durch §§ 6 ff. der Verord. über das Verfahren vor dem Oberschiedsgericht geregelt. Vgl. Anhang J.

17. Vgl. Anm. 6 zu § 3.

Die beitrittspflichtigen Beamten wählen auch da, wo ein ständiger Arbeiterausschuß besteht, ihre Vertreter zu dem im Abs. 1 bezeichneten Ausschuß unmittelbar. Begr. 1906 S. 9; KommBerAH. 1906 S. 13.

18. Der Lauf der Frist beginnt mit der Aufforderung des Oberbergamts. Begr. 1906 S. 9; KommBerAH. 1906 S. 10.

19. Eine nach fruchtlosem Ablauf der gesetzlichen Frist von der Aufsichtsbehörde aufgestellte Satzung kann von den Beteiligten nur insofern angefochten werden, als sie „den gesetzlichen Vorschriften zuwiderläuft oder Bestimmungen enthält, welche mit dem gesetzlichen Zwecke des Knappschaftsvereins nicht im Zusammenhange stehen". Vgl. auch Brassert S. 446 Anm. 4; Bescheid des Oberbergamts München v. 6. 6. 74, Z. f. B. Bd. 16 S. 264.

20. „Erfolgt die Errichtung besonderer Krankenkassen in einem schon bestehenden Knappschaftsverein, so ist in den von den Mitgliedern gewählten Knappschaftsältesten eine Vertretung der Mitglieder zur Mitwirkung bei der Aufstellung der Satzung bereits vorhanden. Der im Abs. 1 vorgesehenen Wahl eines Ausschusses bedarf es daher in diesem Falle nicht." Begr. 1906 S. 9.

21. „Die Vorschrift des alten § 165 Abs. 3 ist an diese Stelle übernommen, und zwar unter Einbeziehung der besonderen Krankenkassen. Von den besonderen Krankenkassen besaßen bisher nur die im Herzogtum Nassau errichteten Kassen juristische Persönlichkeit, und zwar letztere auf Grund des Art. V Abs. 5 der Einführungsverordnung für Nassau v. 22. 2. 67 (GS. S. 237). Es erscheint zweckmäßig und unbedenklich, diese Einrichtung, die sich in Nassau

bewährt hat, auf alle besonderen Krankenkassen auszudehnen." Begr. 1906 S. 9.

22. In der Kommission des AH. war sowohl in erster wie in zweiter Lesung ein Antrag gestellt worden, den letzten Absatz des § 169 (jetzt § 6) durch eine Vorschrift zu erweitern, durch welche den Krankenhäusern und Heilanstalten der Knappschaftsvereine neben der ihnen heute bereits auf dem Gebiet der Kommunalbesteuerung zustehenden Abgabenfreiheit auch die Stempelfreiheit und Freiheit von Gerichtskosten gewährt werden sollte. Nach eingehenden Verhandlungen ist der Antrag aus grundsätzlichen Erwägungen in beiden Lesungen von der Kommission abgelehnt worden. Vgl. des näheren KommBerAH. 1906 S. 10 bis 14.

Die gegenwärtige Rechtslage ist im übrigen die folgende:

a) Die Krankenhäuser der Knappschaftsvereine sind öffentliche Anstalten im Sinne des § 20 des Ges. über die Beurkundung des Personenstandes v. 6. 2. 75 (RGBl. S. 23). Ihre Vorsteher oder der von der zuständigen Behörde ermächtigte Beamte haben daher die in den §§ 17 bis 20, 22 bis 24, 56 bis 58 des Gesetzes bei Geburten und Sterbefällen vorgesehenen Anzeigepflichten. ObLGUrt. Breslau v. 20. 11. 00, Z. f. B. Bd. 42 S. 361.

b) Die Krankenhäuser der Knappschaftsvereine sind öffentliche Krankenhäuser im Sinne des § 24 Abs. 1 Buchst. h des Kommunalabgabenges. v. 14. 7. 93 (GS. S. 152) und deshalb von der Gemeinde-Grund- und -Gebäudesteuer befreit. Diese Befreiung erstreckt sich indessen nicht auf die nicht für Zwecke der Krankenanstalt unmittelbar verwendeten Gebäudeteile. ObVGUrt. v. 15. 5. 03 und 28. 11. 05, Z. f. B. Bd. 46 S. 275, Bd. 47 S. 275.

c) Die Krankenhäuser der Knappschaftsvereine sind nicht öffentliche Krankenanstalten im Sinne des § 5 Abs. 1 Buchst. d des Stempelsteuerges. v. 31. 7. 95 (GS. S. 413), des Tarifs (Befreiungen Ziff. 2g) des Erbschaftssteuerges. v. 30. 5. 73/19. 5. 91/31. 7. 95 (GS. 1873 S. 329, 1891 S. 72, 78, 1895 S. 412) und des § 8 Abs. 1 Ziff. 2 des Gerichtskostengesetzes in der Fassung der Bekanntmachung v. 6. 10. 99 (GS. S. 326). Die Knappschaftsvereine sind daher von der Entrichtung der Stempelsteuer zu Verträgen über den Erwerb der Grundstücke zum Bau ihrer Krankenhäuser sowie von den in diesen Gesetzen festgesetzten sonstigen Abgaben auch hinsichtlich ihrer Krankenhäuser nicht befreit. KGBeschl. v. 4. 7. 07, Z. f. B. Bd. 46 S. 280.

23. Mit der Bestätigung ihrer Satzungen werden also die Knappschaftsvereine juristische Personen, und zwar solche öffentlichen Rechtes. KGBeschl. v. 28. 3. 04, Z. f. B. Bd. 45 S. 486 und die daselbst aufgeführten weiteren Entscheidungen, KGBeschl. v. 17. 5. 06, Z. f. B. Bd. 47 S. 556. Sie bedürfen deshalb im Gebiete des preußischen Allgemeinen Landrechts zum Erwerbe von Grundstücken im Werte von mehr als fünftausend Mark und zur Veräußerung von Grundstücken der Genehmigung des Oberbergamts. Vgl. auch Anm. 9 zu § 55.

24. Die vom Oberbergamt bestätigte Satzung stellt sich weder als ein Teil des Arbeitsvertrages, noch als eine vertragliche Vereinbarung zwischen dem Vereine und den Vereinsmitgliedern dar, sie ist vielmehr eine besondere Norm des öffentlichen Rechts, die kraft gesetzlicher Vorschrift bindend die Grundsätze über die Rechte und Pflichten des Vereins und seiner Mitglieder regelt. Entsch. d. ObSchG. v. 24. 8. 08, R. L. 10/08, Z. f. B. Bd. 49 S. 540, v. 27. 10. 11, R. L. 214/11, v. 19. 1. 12, R. L. 377/11, RGUrt. v. 16. 1. 97, Entsch. in Zivilsachen Bd. 38 S. 126. Der Verein ist befugt, im Rahmen des Gesetzes sowohl die Voraussetzungen für die Vereinsleistungen als auch diese selbst festzustellen, die festgestellten abzuändern oder wieder aufzuheben. Entsch. d. ObSchG. v. 19. 1. 09, R. L. 110/08, Z. f. B. Bd. 50 S. 281, Kompaß 1909 S. 92. Auch die von der Aufsichtsbehörde unter Beachtung der gesetzlichen Vorschriften erlassenen Zwangssatzungen (z. B. im Falle des Art. IV des Ges. v. 19. 5. 06 und des Art. 81 des Einführungsgesetzes zur Reichsversicherungsordnung) sind in ihrem ganzen Umfange für die Mitglieder und den Verein rechtsverbindlich. Entsch. d. ObSchG. v. 19. 1. 09, R. L. 99/08, Kompaß 1909 S. 93, v. 16. 2. 09, R. L. 8/09. Sache der Mitglieder ist es, sich über ihre in der Satzung festgestellten Rechte und Pflichten zu unterrichten, und zwar auch dann, wenn sie nicht in den Besitz einer Satzung gelangt sind. Die Vorschrift im § 8 Abs. 2 ist nur eine Ordnungsvorschrift, von deren Beobachtung die Geltung einer Satzung nicht abhängt. Entsch. des ObSchG. v. 23. 11. 10, R. L. 199/10, v. 20. 1. 11, R. L. 276/10. Auch ausländische Vereinsmitglieder sind der Satzung unterworfen; das Verlesen der Satzung in der fremden Sprache zu dem Zwecke,

sie dem fremdsprachigen Mitgliede verständlich zu machen, ist nicht vorgeschrieben, ebensowenig eine Veröffentlichung der Satzung. Entsch. des ObSchG. v. 21. 10. 09, R. L. 138/09, v. 18. 5. 11, R. L. 75/11.

§ 7[1].

Zu allen Abänderungen von Satzungen[2] der Knappschaftsvereine und besonderen Krankenkassen (§ 5) ist erforderlich, daß die Änderungen von der Generalversammlung[3] nach den näheren Bestimmungen der Satzung[4] beschlossen werden und sodann die Bestätigung des Oberbergamts[5] nach Maßgabe des § 6 erlangen[6, 7].

1. Der § 7 entspricht dem § 170 ABG. in der Fassung des Ges. v. 19. 6. 06.

2. Gegenstand der Abänderung von Knappschaftssatzungen ist auch die Verschmelzung bestehender Knappschaftsvereine. Diese Verschmelzung hat nicht die vorgängige Auflösung der einzelnen Vereine oder den einstimmigen Beschluß der Beteiligten zur Voraussetzung, sondern kann durch übereinstimmende Satzungsänderung der einzelnen Vereine rechtsgültig vollzogen werden. MinBesch. v. 7. 8. 72, Z. f. B. Bd. 15 S. 408; RekBesch. v. 8. 12. 80, Z. f. B. Bd. 22 S. 138; vgl. auch ObertribUrt. v. 9. 2. 77, Z. f. B. Bd. 20 S. 94.

Die Verschmelzung bestehender Knappschaftsvereine kann fortan unter Umständen auch durch die Aufsichtsbehörde angeordnet werden. Vgl. unten § 46.

3. Nach §§ 60, 64 ist die Generalversammlung fortan für alle Knappschaftsvereine und besonderen Krankenkassen zwingend vorgeschrieben und die Abänderung der Satzung der Generalversammlung vorbehalten, während nach dem Wortlaut des § 170 des ABG. von 1865 vorgeschrieben war, daß Satzungsänderungen „von den Beteiligten nach den hierüber in das Statut aufzunehmenden näheren Bestimmungen beschlossen werden".

4. Die näheren Bestimmungen über das bei Satzungsänderungen durch die Generalversammlung zu beobachtende Verfahren sind der Satzung vorbehalten. Durch diese Bestimmungen der Satzung kann indessen an den im § 61 Abs. 2 getroffenen gesetzlichen Vor-

schriften, daß die Beschlußfassung der Generalversammlung für jeden der beiden Teile — Werksbesitzer und Knappschaftsälteste — besonders zu erfolgen hat, und daß Anträge, welchen nicht von beiden Teilen zugestimmt wird, als abgelehnt gelten, nichts geändert werden.

5. Die Bestätigung von Satzungsänderungen kann deren Rechtsgültigkeit nicht bewirken, wenn der zugrunde liegende Beschluß der Generalversammlung aus formellen oder materiellen Gründen hinfällig ist. Klostermann-Fürst Anm. 2 zu § 170; Arndt Anm. 1 zu § 170; ObertribUrt. v. 9. 2. 77, Z. f. B. Bd. 20 S. 94. Vgl. auch oben Anm. 8 zu § 6.

6. Hiernach sind die im § 6 Abs. 1 Satz 2, Abs. 2 und Abs. 3 getroffenen Vorschriften auch für alle Abänderungen bestehender Satzungen maßgebend. Das Oberbergamt darf also die Bestätigung einer Satzungsänderung nur versagen, wenn sie den gesetzlichen Vorschriften zuwiderläuft oder Bestimmungen enthält, welche mit dem gesetzlichen Zwecke des Knappschaftsvereins nicht im Zusammenhange stehen. Ferner sind jedenfalls stets dann, wenn in der Satzungsänderung Bestimmungen enthalten sind, welche auf die Leistungsfähigkeit der Pensionskassen von Einfluß sein können — insbesondere bei Änderungen der Beiträge und der Leistungen —, mit dem Antrag auf Bestätigung die Unterlagen einzureichen, welche zur Beurteilung der dauernden Erfüllbarkeit der Leistungen der Pensionskasse notwendig sind. Das Oberbergamt hat alsdann nach § 6 Abs. 2 Satz 2 und 3 zu verfahren. Die Versagung der Bestätigung hat durch Beschluß zu erfolgen. Gegen diesen Beschluß findet, insoweit die dauernde Erfüllbarkeit der Leistungen der Pensionskasse in Frage steht, die Beschwerde an das Oberschiedsgericht, im übrigen der Rekurs an den Handelsminister statt. Vgl. im einzelnen § 6 Abs. 1 bis 3 und 6 sowie oben Anm. 5 bis 16 zu § 6.

7. Das ABG. enthielt über die Frage, ob und inwieweit die satzungsmäßig festgestellten Leistungen der Knappschaftsvereine durch Satzungsänderungen herabgesetzt werden können, keine ausdrücklichen Bestimmungen. Infolgedessen hat diese Frage früher vielfach den Gegenstand von Erörterungen und Entscheidungen gebildet. Vgl. Brassert S. 448f.; Klostermann-Fürst Anm. 5 zu § 175d; Arndt Anm. 3 zu § 171. Diese Frage ist im Gesetz v.

19. 6. 06 durch die ausdrücklichen Vorschriften im § 171b Abs. 3 und § 175d Abs. 1 bzw. im nunmehrigen Knappschaftsgesetz durch die Vorschriften im § 14 Abs. 1 und § 41 Abs. 1 entschieden. Demgemäß hat auch das Oberschiedsgericht in ständiger Praxis anerkannt, daß der § 35 des BGB., nach dem Sonderrechte eines Vereinsmitglieds nicht ohne dessen Zustimmung durch Beschluß der Mitgliederversammlung beeinträchtigt werden können, auf das Verhältnis zwischen dem Knappschaftsverein und seinen Mitgliedern seit Inkrafttreten des Ges. v. 19. 6. 06 nicht mehr anwendbar sei, da dieses Gesetz die Rechte und Pflichten der Knappschaftsmitglieder erschöpfend regle und zwar auch hinsichtlich der Abänderbarkeit der Anwartschaften und Ansprüche auf Leistungen des Vereins. Entsch. des ObSchG. v. 19. 1. 09, R. L. 110/08, Kompaß 1909 S. 92, Z. f. B. Bd. 50 S. 281 u. a. m. Zu vgl. hierzu § 12 Abs. 3 und § 41 Abs. 1. Von wohlerworbenen, bedingten oder unbedingten Rechten oder Anwartschaften der Mitglieder auf Knappschaftsleistungen kann hiernach seit Inkrafttreten des Ges. v. 19. 6. 06 nur noch insoweit gesprochen werden, als solche nur dann vorhanden sind, wenn die in Betracht kommende Leistung *fällig* geworden ist.

§ 8[1].

Die Satzungen der Knappschaftsvereine und besonderen Krankenkassen (§ 5) müssen Bestimmung treffen[2]:

1. über Namen, Sitz und Bezirk[3] des Vereins[4];
2. über die Klassen der dem Beitrittszwang unterliegenden und über die zum Beitritte berechtigten Personen;
3. über die zur An- und Abmeldung derselben bestimmten Stellen und über den Zeitpunkt der An- und Abmeldung;
4. über die Bemessung[5], den Ort und die Zeit der Einzahlung etwa vorzuschreibender Eintrittsgelder[6] sowie der Beiträge;
5. über Art und Umfang der einzelnen Unterstützungen;
6. über die Bildung und Zusammenberufung des Vorstandes, die Art seiner Beschlußfassung und die Ent-

schädigung, welche den Vorstandsmitgliedern und Knappschaftsältesten für die ihnen infolge ihrer Teilnahme an den Generalversammlungen sowie an den Sitzungen des Vorstandes und der Ausschüsse erwachsenen Reise- und Zehrungskosten, sowie den Knappschaftsältesten und den von diesen gewählten Vorstandsmitgliedern außerdem noch für den aus gleichem Anlaß entgangenen Arbeitsverdienst zu gewähren ist[6, 7];

7. über die Zusammensetzung und Berufung der Generalversammlung, über die Art ihrer Beschlußfassung und den Umfang ihrer Befugnisse, soweit nicht § 60 maßgebend ist;
8. über die Verwaltung des Vereins[4], soweit nicht die §§ 55 bis 59 und 63 maßgebend sind;
9. über die Aufstellung und Prüfung der Jahresrechnung;
10. über die Art rechtsverbindlicher Veröffentlichungen in Angelegenheiten des Vereins[4];
11. über die Abänderung der Satzung.

Jedes Mitglied des Knappschaftsvereins und der besonderen Krankenkasse (§ 5) erhält ein Exemplar der Satzung und etwaiger Abänderungen[8].

1. Der § 8 entspricht dem § 170a des Ges. v. 19. 6. 06.

2. „Die Vorschriften sind aufgenommen nach dem Vorgang in § 23 KVG. und im § 14 der sächsischen Berggesetznovelle v. 2. 4. 84 (Z. f. B. Bd. 25 S. 293). Entsprechende Anordnungen empfehlen sich aus dem Grunde, weil die Satzungen einzelner, insbesondere der kleineren Knappschaftsvereine bisher vielfach dürftig gewesen sind, manche Vorschriften vermissen ließen, deren Aufnahme im Interesse des Verständnisses und der Übersichtlichkeit erwünscht ist, und deshalb für eine wirksame Handhabung des Aufsichtsrechts mitunter Schwierigkeiten boten." Begr. 1906 S. 10 (zu vgl. § 154 des Berggesetzes für das Königreich Sachsen v. 31. 8. 10, Z. f. B. Bd. 52 S. 213, sowie RVO. § 321). Wegen einer Mustersatzung vgl. Anm. 4 zu § 6.

3. „Der ‚Bezirk‘ des Vereins kann wie bisher sowohl geographisch als auch nach Arten von Werken abgegrenzt sein.“ Begr. 1906 S. 10.

4. „Der Ausdruck ‚Verein‘ soll hier sowohl den Knappschaftsverein wie auch die besondere Krankenkasse umfassen.“ Begr. 1906 S. 10.

5. „Das Wort ‚Bemessung‘ ist gewählt, weil es nicht unbedingt erforderlich sein soll, die Höhe der Beiträge in der Satzung so festzulegen, daß jede Änderung der Beiträge nur im Wege der Satzungsänderung erfolgen kann.“ Begr. 1906 S. 10.

6. Vgl. Anm. 2 zu § 36.

7. Hiernach muß von den Knappschaftsvereinen und besonderen Krankenkassen fortan eine Entschädigung gewährt werden:

a) den Knappschaftsältesten und allen Vorstandsmitgliedern für die Reise- und Zehrungskosten, welche ihnen infolge ihrer Teilnahme an den Generalversammlungen sowie an den Sitzungen des Vorstandes und der Ausschüsse erwachsen;

b) den Knappschaftsältesten und den von diesen gewählten Vorstandsmitgliedern außerdem noch für den ihnen aus gleichem Anlaß entgangenen Arbeitsverdienst.

Diese Entschädigungen brauchen nicht ihrer Höhe nach in der Satzung festgesetzt zu sein, vielmehr genügt es, daß die Grundsätze für ihre Bemessung in der Satzung festgelegt werden. KommBerAH. 1906 S. 16, 17.

Neben der hier unter Nr. 6 erwähnten Entschädigung wird den Knappschaftsältesten vielfach noch eine weitere Entschädigung gewährt für ihre Mühewaltung im allgemeinen, für Papier, Schreibmaterialien usw. Auf diese letztere Entschädigung beziehen sich die Vorschriften unter Nr. 6 nicht. Die Knappschaftsvereine sind also nicht durch das Gesetz gezwungen, den Knappschaftsältesten eine derartige weitere Entschädigung zu gewähren oder die Grundsätze für ihre Bemessung in der Satzung festzulegen. KommBerAH. 1906 S. 17.

8. Die bisherige tatsächliche Übung der meisten Knappschaftsvereine, wonach jedem Mitglied des Vereins ein Exemplar der Satzung und etwaiger Abänderungen ausgehändigt wurde, ist nunmehr eine allen Knappschaftsvereinen und besonderen Krankenkassen obliegende gesetzliche Verbindlichkeit, von der jedoch die Geltung der Satzung und der Änderungen den Mitgliedern gegen-

über nicht abhängt. (Zu vgl. Anm. 24 zu § 6 sowie die Entsch. des ObSchG. v. 16. 11. 11, R. L. 271/11, Kompaß 1912 S. 84.)

§ 9 [1, 2, 3, 4, 7].

Die Arbeiter, welche im Betriebe der in dem Bezirk eines bereits bestehenden oder neu gegründeten Knappschaftsvereins belegenen Bergwerke, Aufbereitungsanstalten, Salinen und zugehörigen Betriebsanstalten sowie der zu dem Knappschaftsvereine gehörigen Hüttenwerke und sonstigen Gewerbsanlagen beschäftigt werden, sind mit Ausnahme der unständig Beschäftigten Mitglieder der Krankenkasse des Knappschaftsvereins oder der errichteten besonderen Krankenkasse (§ 5)[5, 6]. Einer Beitrittserklärung bedarf es nicht. Unständig ist die Beschäftigung, die auf weniger als eine Woche entweder nach der Natur der Sache beschränkt zu sein pflegt oder im voraus durch den Arbeitsvertrag beschränkt ist[8].

[9]Mitglieder der Krankenkassen sind auch die ausschließlich oder vorwiegend für den technischen, wirtschaftlichen oder kaufmännischen Betrieb eines oder mehrerer der im Abs. 1 bezeichneten Werke beschäftigten Beamten (Werksbeamten) sowie die Verwaltungsbeamten der Knappschaftsvereine und besonderen Krankenkassen (§ 5)[10].

Voraussetzung der Mitgliedschaft ist für die in Abs. 1 und 2 Bezeichneten, daß sie gegen Entgelt (Abs. 4) beschäftigt werden, für die im Abs. 2 Bezeichneten außerdem, daß nicht ihr regelmäßiger Jahresarbeitsverdienst zweitausendfünfhundert Mark an Entgelt übersteigt[11].

Zum Entgelt gehören neben Gehalt oder Lohn auch Gewinnanteile, Sach- und andere Bezüge, die das Mitglied, wenn auch nur gewohnheitsmäßig, statt des Gehalts oder Lohnes oder neben ihm von dem Arbeitgeber oder einem Dritten erhält. Der Wert der Sachbezüge wird nach den durch das Versicherungsamt gemäß § 160 Abs. 2 der Reichsversicherungsordnung vom 19. Juli 1911 (Reichs-Gesetzbl. S. 509) festgesetzten Ortspreisen berechnet.

Zum Beitritte berechtigt sind auch die übrigen Werksbeamten und Verwaltungsbeamten der Knappschaftsvereine und besonderen Krankenkassen (§ 5).

In Staatsbetrieben mit Pensionsberechtigung angestellte Beamte unterliegen den Vorschriften in Abs. 2 bis 5 nicht. Sie sind indessen zum Beitritte berechtigt, wenn die vorgesetzte Dienstbehörde zustimmt[12].

Die Beitrittsberechtigung erlischt in allen Fällen, wenn das regelmäßige jährliche Gesamteinkommen viertausend Mark übersteigt[13].

1. Der § 9 entspricht dem § 171 des Ges. v. 19. 6. 06 in der Fassung der Novelle v. 3. 6. 12 (Art. I Nr. 1).

2. Zu §§ 9 bis 26. Die §§ 9 bis 26 behandeln die Krankenversicherung der Knappschaftsmitglieder, regeln also den gleichen Gegenstand, der durch die §§ 171 bis 171 e des Allgemeinen Berggesetzes in der Fassung des Ges. v. 19. 6. 06 geregelt war. Die jetzigen Vorschriften entsprechen den §§ 171 bis 171 l der Novelle v. 3. 6. 12 (Art. I Nr. 1 bis 10), die ihrerseits wieder die entsprechenden Vorschriften der Reichsversicherungsordnung übernommen haben. Die für die Novelle leitenden allgemeinen Gesichtspunkte ergeben sich aus ihrer Begr. S. 18/19:

„Der von den Knappschaftsvereinen handelnde Siebente Titel des ABG. v. 24. 6. 65 (GS. S. 705), der durch das Ges. v. 19. 6. 06 (GS. S. 199) neu gefaßt ist, wird in erheblichem Maße von den Änderungen berührt, die durch die Reichsversicherungsordnung v. 19. 7. 11 (RGBl. S. 509) auf dem Gebiete der Krankenversicherung herbeigeführt werden. Diese Änderungen sind nach Art. 1 des Einführungsgesetzes zur Reichsversicherungsordnung mit deren Verkündung in Kraft getreten, soweit es sich um Maßnahmen zur Durchführung der Reichsversicherungsordnung handelt; im übrigen erlangen sie nach Art. 4 des Einführungsgesetzes an einem durch Kaiserliche Verordnung mit Zustimmung des Bundesrats festzusetzenden Tage Geltung. An den im Art. 1 des Einführungsgesetzes gedachten Maßnahmen zur Durchführung der Reichsversicherungsordnung, die sich für das Gebiet der Krankenversicherung vornehmlich auf die Umorganisation und die Zusammenlegung der Krankenkassen beziehen (vgl. Begr. zum Entwurf des Einführungsgesetzes, Nr. 682 der Drucksachen des Reichstags, 12. Legislaturperiode, II. Session 1909/1911, S. 22), sind die Knappschaftsvereine nicht beteiligt, denn nach der grundsätzlichen Stellung, welche die Reichsversicherungsordnung im § 502 Abs. 2 zu den nach Landesgesetz bestehenden Knappschaftsvereinen einnimmt, bleiben diese, auch soweit sie die Krankenversicherung ihrer Mitglieder gewähren, in ihrem Bestande und in ihrer Organisation unverändert. Dagegen enthalten die sonstigen Bestimmungen des Zweiten Buches der Reichsversicherungsordnung über die Krankenversicherung, deren Inkraftsetzung nach Art. 4 des Einführungsgesetzes zum 1. 1. 13 oder später zu erwarten ist, zahlreiche Änderungen des gegenwärtigen Rechtszustandes, die sich auf die knappschaftliche Krankenversicherung mit erstrecken. Teils durch das ganze Zweite Buch zerstreut, teils in dem Sonderabschnitt „Knappschaftliche Krankenkassen" (§§ 495 ff.) zusammengefaßt, finden sich Vorschriften, die in die Bestimmungen des Siebenten Titels des Berggesetzes über die Krankenversicherung der Knappschaftsmitglieder eingreifen und vielfach weitgehende Änderungen dieser landesgesetzlichen Vorschriften in sich schließen. Der Knappschaftstitel des Berggesetzes ist deshalb an die Reichsversicherungsordnung anzupassen, indem Vorschriften, die mit dem Reichsgesetz in Widerspruch stehen, beseitigt oder mit diesem in Einklang gebracht und überhaupt alle auf die Krankenversicherung bezüglichen Bestimmungen so gefaßt werden, daß sie den neuen Rechtszustand zutreffend wiedergeben.

Hierbei ist zu beachten, daß nach dem bereits erwähnten § 502 Abs. 2 der Reichsversicherungsordnung die landesgesetzlichen Vorschriften über die Knappschaftsvereine unberührt bleiben, soweit die Reichsversicherungsordnung nichts anderes vorschreibt. Unter Wahrung dieses grundsätzlichen Standpunktes sind die vorzunehmenden Änderungen auf solche zu beschränken, die sich zwingend aus der Reichsversicherungsordnung ergeben. Es kann nicht Aufgabe des vorliegenden Gesetzentwurfs sein, auch diejenigen Bestimmungen des Siebenten Titels, die den nicht auf die Knappschaftsvereine anwendbaren Vorschriften des bisherigen Krankenversicherungsgesetzes nachgebildet sind, nunmehr nach dem Muster der Reichsversicherungsordnung derart umzuformen, daß in allen Beziehungen eine formale Übereinstimmung mit dem Reichsgesetz herbeigeführt wird. Hierzu liegt kein sachliches Bedürfnis vor, da sich die in Betracht kommenden Vorschriften des Knappschaftstitels in der Praxis bewährt und als ausreichend erwiesen haben. Überdies würde es kaum möglich sein, die zahlreichen Einzelvorschriften der Reichsversicherungsordnung, die hier zu berücksichtigen wären, unter Beibehaltung der bisherigen Paragraphenfolge in den Knappschaftstitel hineinzuarbeiten.

Sind hiernach schon den Änderungen auf dem Gebiete der Krankenversicherung natürliche Schranken gezogen, so muß um so mehr davon Abstand genommen werden, an den Bestimmungen des Berggesetzes über die knappschaftliche Invaliden- und Hinterbliebenenversicherung etwas zu ändern, soweit nicht etwa die neuen Vorschriften über die Krankenversicherung notwendige Rückwirkungen auf jene Bestimmungen in formeller Hinsicht ausüben ....

Nur in zwei Punkten erscheint es dringend geraten, eine Anpassung des Knappschaftstitels an die Reichsversicherungsordnung über die unbedingt gebotenen Änderungen hinaus zu bewirken, nämlich durch Übernahme der Vorschriften der Reichsversicherungsordnung über die Geschäftsfähigkeit der Minderjährigen, die das sechzehnte Lebensjahr vollendet haben, und durch die Einführung eines der Reichsversicherungsordnung nachgebildeten Instanzenzuges in den Sachen der Krankenversicherung." Vgl. hierzu die Anm. 6 zu § 57 und 2 zu § 55.

Des weiteren führt die Begr. der Novelle v. 3. 6. 12 zu Art. I S. 22 folgendes aus:

„Soweit dieser Artikel die Änderungen der materiell-rechtlichen Vorschriften über die Krankenversicherung zum Ausdruck bringt, sind zahlreiche Vorschriften der Reichsversicherungsordnung ihrem Wortlaut nach wiedergegeben. Insbesondere sind sämtliche Vorschriften des Neunten Abschnitts im Zweiten Buche ‚Knappschaftliche Krankenkassen' aufgenommen und auch diejenigen Paragraphen berücksichtigt, die in diesem Abschnitt als auf die knappschaftlichen Krankenkassen anwendbar besonders bezeichnet sind. Es kann die

Frage aufgeworfen werden, ob die Aufnahme dieser Vorschriften nicht überflüssig oder gar schädlich ist, weil ihre Anwendbarkeit unmittelbar aus dem Reichsgesetz folgt. Indessen sprechen berechtigte Zweckmäßigkeitsgründe für das eingeschlagene Verfahren. Die Vorschriften der Reichsversicherungsordnung und des Knappschaftsrechts greifen derartig ineinander, daß eine gemeinverständliche Regelung des Knappschaftsrechts ohne Wiedergabe der vermittelnden Bestimmungen der Reichsversicherungsordnung kaum ausführbar erscheint. Zudem handelt es sich bei den aufgenommenen Vorschriften durchweg um solche, die für die Knappschaftsmitglieder ein besonderes Interesse haben, weil sie sich hauptsächlich auf das Mitgliedschaftsverhältnis und die Rechte und Pflichten der Mitglieder beziehen. Die einheitliche Zusammenfassung dieser Vorschriften empfiehlt sich, um den Mitgliedern durch das Landesgesetz ein geschlossenes Bild des neuen Rechtszustandes zu geben und um Verweisungen auf das umfangreiche Gesetzgebungswerk der Reichsversicherungsordnung nach Möglichkeit entbehrlich zu machen. Übrigens sind auch im gegenwärtigen Knappschaftsgesetze bereits Vorschriften des Reichsrechts, wenn auch in geringerem Umfange, wiedergegeben, was zu Beanstandungen oder zu Unzuträglichkeiten nicht geführt hat.

Nicht aufgenommen sind die Vorschriften des Fünften Buches der Reichsversicherungsordnung über das Verhältnis der knappschaftlichen Krankenkassen zu den reichsgesetzlichen Versicherungsträgern und zu sonstigen Fürsorgepflichtigen, weil diese Vorschriften mit dem sonstigen Inhalt des Knappschaftstitels nicht in so engem Zusammenhang stehen und für die Versicherten kein so unmittelbares Interesse haben, wie die vorerwähnten Vorschriften des Zweiten Buches. Überdies würde eine gemeinverständliche Darstellung dieser Vorschriften in knapper Form außerhalb des Zusammenhangs des Fünften Buches besonders schwierig sein und die mit ihrer Anwendung befaßten Verwaltungsstellen und Behörden doch nicht der Notwendigkeit überheben, neben dem Berggesetz auch die Reichsversicherungsordnung zu berücksichtigen.

Allgemein ist ferner noch zu bemerken, daß an dem von der Reichsversicherungsordnung nicht berührten Grundsatz des bisherigen § 168 des Knappschaftsgesetzes festgehalten ist, wonach — abgesehen von der nach § 168a zulässigen Einrichtung besonderer

Krankenkassen — die Knappschaftsvereine als einheitliche Organisationen sowohl die Krankenversicherung als auch die knappschaftliche Invaliden- und Hinterbliebenenversicherung gewähren. Infolgedessen ist von der Übernahme der Bezeichnung ‚Knappschaftliche Krankenkassen' aus der Reichsversicherungsordnung (vgl. die Erläuterung dieses Ausdrucks in der Begründung zu dem Entwurf Nr. 340 der Drucksachen des Reichstags, 12. Legislaturperiode, II. Session 1909/1911, zu § 521 S. 246) Abstand genommen und die bisherige Ausdrucksweise beibehalten, wonach überall dort, wo die Knappschaftsvereine als Krankenkassen in Betracht kommen, der Ausdruck ‚Krankenkasse eines Knappschaftsvereins oder besondere Krankenkasse' gewählt ist."

3. Neben den Vorschriften der §§ 9 bis 26 und den übrigen im Knappschaftsgesetz enthaltenen, auf die Krankenversicherung bezüglichen Vorschriften kommen für die Zukunft, d. h. nach dem vollen Inkrafttreten der Reichsversicherungsordnung noch zahlreiche Vorschriften dieses letzteren Gesetzes für die Knappschaftsvereine und ihre Mitglieder in Betracht. Die besonderes Interesse bietenden Vorschriften sind unten in Anhang L zusammengestellt. Eine ausführliche Erläuterung dieser Vorschriften liegt außerhalb der Aufgaben eines Kommentars zum Knappschaftsgesetz; es wird vielmehr in dieser Beziehung auf die zahlreichen Kommentare zur Reichsversicherungsordnung verwiesen, insbesondere auf folgende:

RVO. nebst Einführungsgesetz. Textausgabe mit Anmerkungen und Sachregister. Unter Mitwirkung der Herren Direktor im Reichsamt des Innern Dr. F. Caspar und Geh. Oberregierungsrat W. Spielhagen, Vortr. Rat im Reichsamt des Innern, herausgegeben von Geh. Oberregierungsrat B. Jaup, Geh. Regierungsrat Prof. Dr. L. Laß, Senatspräsident A. Radtke, Geh. Regierungsrat H. Siefart, Geh. Regierungsrat H. Follmann, Regierungsrat Dr. Lippmann. 1912. 4 Bde. (Guttentagsche Sammlung deutscher Reichsgesetze.) Von denselben Verfassern wird auch ein Kommentar erscheinen.

Handausgabe der RVO. Herausgegeben von A. Düttmann, F. Appelius, Dr. P. Brunn. 1912. Geibel, Altenburg.

Kommentar zur RVO. von Hanow, Hoffmann, Lehmann, Moesle, Rabeling. 4 Bde. 1911. Berlin, Carl Heymanns Verlag.

Kohler, Rud., Reg.-Ass., RVO. Handausgabe. 1911. Ansbach, C. Brügel Sohn.
Köhler, Biesenberger, Schäffer, Schall, RVO. Kommentar. 1911/12. Stuttgart, W. Kohlhammer.
Laß, Olshausen, Weymann, RVO. Kommentar. 1912. Berlin, O. Häring.
Manes, Mentzel, Schultz, RVO. Handausgabe. 4 Bde. 1912. Berlin, G. J. Göschen.
Hoffmann, RVO. Textausgabe. 4 Bde. (Taschen-Gesetzsammlung.) 1911. Berlin, Carl Heymanns Verlag.
Gugel und Schmidt, Kommentar zur RVO. 3 Bde. 1912. Berlin, E. Weber.

Aus der Reichsversicherungsordnung mögen hier insbesondere die folgenden, für die Knappschaftsvereine und ihre Mitglieder wichtigeren Vorschriften hervorgehoben werden:

A. Erstes Buch.

Aus dem ersten Buche sind namentlich die Vorschriften des dritten Abschnitts über die „Versicherungsbehörden" von Bedeutung. Diese Versicherungsbehörden sind einheitlich für das Deutsche Reich geschaffen worden und stellen sich im einzelnen als Reichsbehörden, als Staatsbehörden und Gemeindebehörden dar. Die Reichsversicherungsordnung überträgt ihnen bestimmte Aufgaben und regelt das Verfahren vor ihnen durch die besonderen Vorschriften ihres sechsten Buches. Andere Aufgaben überträgt das Gesetz auch anderen Behörden: Bundesrat, Reichskanzler, den obersten und den höheren Verwaltungsbehörden, den Ortspolizeibehörden usw.

Als „öffentliche Behörden der Reichsversicherung" bezeichnet der § 35

die Versicherungsämter,
die Oberversicherungsämter,
das Reichsversicherungsamt und die Landesversicherungsämter

und behält, soweit die RVO. nicht selbst den Geschäftsgang und das Verfahren dieser Behörden regelt, die weitere Regelung der Kaiserlichen Verordnung mit Zustimmung des Bundesrats vor. Das erste Buch gibt sodann eingehende Bestimmungen über die

Errichtung, Zusammensetzung, Kosten usw. der einzelnen Versicherungsbehörden. Die Versicherungsämter werden der Regel nach bei jeder unteren Verwaltungsbehörde als eine Abteilung für Arbeiterversicherung gebildet. Die Landesregierungen können für ihre Gebiete oder Teile davon die Errichtung eines gemeinsamen Versicherungsamts bei einer unteren Verwaltungsbehörde vereinbaren. Der Leiter der unteren Verwaltungsbehörde ist der Vorsitzende des Versicherungsamts. Es werden ein oder mehrere Stellvertreter des Vorsitzenden bestellt. Zum Stellvertreter kann bestellt werden, wer durch Vorbildung und Erfahrung auf dem Gebiete der Arbeiterversicherung geeignet ist. Über die Beisitzer enthalten die §§ 40 bis 55 die näheren Vorschriften. Wegen der Bildung der Spruchausschüsse und der Beschlußausschüsse vgl. §§ 56 und 57. Den Versicherungsämtern können durch die Landesregierung auch weitere Aufgaben aus der knappschaftlichen Versicherung übertragen werden (§§ 37 Abs. 3, 60). Andererseits kann die oberste Verwaltungsbehörde Aufgaben des Versicherungsamts Organen von Knappschaftsvereinen oder Knappschaftskassen überweisen (§ 112). Vgl. hierzu Anhang E. Über die Errichtung und Zusammensetzung des Oberversicherungsamts geben die §§ 61 bis 78 nähere Vorschriften. Besondere Oberversicherungsämter können nach näherer Vorschrift der §§ 63 ff., 75 gebildet und es können ihnen nach § 61 Abs. 2 auch besondere Aufgaben aus der knappschaftlichen Versicherung, also insbesondere die Entscheidung über die im § 70 Abs. 2 des Knappschaftsgesetzes bezeichneten Rechtsstreitigkeiten übertragen werden. Vgl. hierzu Anhang C. Wegen des Reichsversicherungsamts vgl. §§ 83 bis 104, wegen der Landesversicherungsämter §§ 105 bis 109. Von den übrigen Vorschriften des ersten Buches dürften namentlich noch die §§ 110, 118, 119 bis 123, 139 ff., 149 bis 152, 153, 154, 160 in Betracht kommen.

B. Zweites Buch. Krankenversicherung.

Das zweite Buch handelt von der Krankenversicherung. Inwieweit seine Vorschriften in das Knappschaftsgesetz aufgenommen sind, ergibt sich aus der Anm. 2 und aus dem Knappschaftsgesetz selbst. Außerdem kommen hauptsächlich folgende Vorschriften in Betracht:

a) die Vorschriften über die Regelleistungen der Krankenkassen in Krankheitsfällen und über die zulässigen Mehrleistungen (§§ 179 ff.); vgl. hierzu unten Anm. 3 und 6 zu § 13;

b) die von den Beziehungen zu anderen Versicherungsträgern und sonst Verpflichteten handelnden Vorschriften der §§ 1527, 1501 Abs. 2, 3, 1502 bis 1507, 1511 bis 1517, 1531 bis 1533, 1539 bis 1542, 1544.

Drittes Buch. Unfallversicherung.

Das dritte Buch der Reichsversicherungsordnung handelt von der Unfallversicherung, sein erster Teil von der Gewerbe-Unfallversicherung. Danach unterliegen der Versicherung u. a.

Bergwerke, Salinen, Aufbereitungsanstalten, Steinbrüche, Gräbereien, Hüttenwerke,

und es sind gegen Unfälle bei Betrieben (oder Tätigkeiten), die der Versicherung unterliegen, versichert:

Arbeiter, Gehilfen, Gesellen, Lehrlinge, Betriebsbeamte, deren Jahresarbeitsverdienst nicht fünftausend Mark an Entgelt übersteigt,

wenn sie in diesen Betrieben (oder Tätigkeiten) beschäftigt sind (§§ 537, 544). Nähere Vorschriften geben die §§ 545 bis 548.

Gegenstand der Versicherung ist der Ersatz des Schadens, der durch Körperverletzung oder Tötung entsteht. Der Anspruch fällt weg bei vorsätzlicher Herbeiführung des Unfalls (§§ 555, 556); der Ersatz kann beim Vorliegen gewisser Umstände ganz oder teilweise versagt werden (§ 557). — Die Unfallversicherung berührt sowohl die Krankenkassenleistungen, wie die Pensionskassenleistungen der Knappschaftsvereine. Über das Verhältnis der Unfallversicherung zu den Pensionskassenleistungen vgl. Anm. 2 zu § 30. Hinsichtlich der Krankenkassenleistungen der Berufsgenossenschaften bei Unfällen sei hier folgendes hervorgehoben:

a) Ist der Verletzte auf Grund der Reichsversicherung oder bei einer knappschaftlichen Krankenkasse gegen Krankheit versichert, so sind ihm mindestens die Regelleistungen (vgl. Anm. 3 zu § 13) zu gewähren, jedoch mit der Maßgabe, daß das Krankengeld vom Beginn der fünften Woche ab mindestens zwei Drittel des maßgebenden Grundlohnes beträgt. Näheres s. § 573. Das, was die Krankenkasse hiernach über ihre sonstige gesetzliche oder satzungsgemäße Pflicht hinaus gewähren muß, hat, wenn dem Verletzten über die dreizehnte Woche hinaus eine Entschädigung zu leisten ist, die Berufsgenossenschaft, anderenfalls der Unternehmer zu ersetzen (§ 576). Ist der Verletzte nicht gegen Krankheit versichert, so hat ihm der Unternehmer für die ersten dreizehn Wochen Krankenhilfe zu gewähren. Das Nähere über diese Verhältnisse ergeben die §§ 573 bis 580.

b) Vom Beginne der vierzehnten Woche nach dem Unfalle ist dem Verletzten Krankenbehandlung nach näherer Vorschrift des § 558 Ziff. 1 sowie eine Rente für die Dauer der Erwerbsunfähigkeit nach näherer Vorschrift der §§ 558 Ziff. 2, 559 bis 572 zu gewähren. Fällt das Krankengeld vor Ablauf der dreizehnten Woche weg, dauert aber die Erwerbsunfähigkeit über diese hinaus fort, so ist die Rente schon von dem Tage ab zu gewähren, mit dem das Krankengeld wegfällt (vgl. § 582).

c) Im Falle der Tötung ist ein Sterbegeld zu zahlen (§ 586 Abs. 1 Ziff. 1).

Die Berufsgenossenschaften usw. sind außerdem befugt:

a) an Stelle der vorstehend unter b bezeichneten Pflichtleistungen freie Kur und Verpflegung in einer Heilanstalt zu gewähren, und zwar nach näherer Vorschrift des § 597 mit oder ohne Zustimmung des Verletzten; den Angehörigen ist alsdann eine besondere Angehörigenrente zu gewähren, soweit ihnen diese bei dem Tode des Verletzten zustehen würde (§ 598);

b) mit Zustimmung des Verletzten Hilfe und Wartung durch Krankenpfleger, Krankenschwestern oder andere Pfleger (Hauspflege) zu gewähren (§ 599);

c) die Leistungen des Unternehmers — s. oben unter a — ganz oder teilweise zu übernehmen und in diesem Falle an Stelle der Krankenpflege und des Krankengeldes Krankenhauspflege und Hausgeld nach näherer Vorschrift des Gesetzes zu gewähren (§ 600);

d) jederzeit ein neues Heilverfahren eintreten zu lassen, wenn zu erwarten ist, daß es die Erwerbsfähigkeit des Unfallrentners erhöht (§ 603). Übrigens kann auch der Verletzte sowie die Krankenkasse, knappschaftliche Krankenkasse oder Ersatzkasse, der er angehört, die Wiederaufnahme des Heilverfahrens beantragen (§ 604). Ist der Verletzte durch seine Krankenkasse, knappschaftliche Krankenkasse usw. in einer Heilanstalt mit genügenden Heileinrichtungen untergebracht, so darf er während des Heilverfahrens ohne seine Zustimmung in keine andere Heilanstalt gebracht werden (§ 605). Diese Zustimmung ist während des ganzen Heilverfahrens, also sowohl während der ersten dreizehn Wochen, als auch später notwendig (Motive zum GUVG. S. 55);

e) einem Rentenempfänger auf Antrag statt der Rente Aufnahme in ein Invalidenhaus, ein Waisenhaus oder eine ähnliche Anstalt zu gewähren (§ 607);

f) allgemein durch die Satzung oder sonst bei Bedürftigkeit dem in einer Heilanstalt untergebrachten Verletzten und seinen Angehörigen eine besondere Unterstützung zu gewähren (§ 602).

Was die Beziehungen zwischen den Krankenkassenleistungen der Knappschaftsvereine zu denjenigen der Träger der Unfallversicherung betrifft, so sind darüber in dem fünften Buche der Reichsversicherungsordnung, und zwar in dessen erstem und zweitem Abschnitte nähere Vorschriften enthalten (vgl. Anhang L). Grundsätzlich bleiben die auf Gesetz oder Satzung beruhenden Pflichten der Knappschaftsvereine zur Fürsorge für die nach Maßgabe der Reichsversicherungsordnung Versicherten und ihre Hinterbliebenen unberührt (§ 1527). Dies gilt, wie für alle Zweige der reichsgesetzlichen Versicherung, so insbesondere für das Gebiet der Unfallversicherung. Infolge dieser Vorschrift bestehen häufig Ansprüche der Unfallverletzten oder ihrer Hinterbliebenen auf Leistungen sowohl der Berufsgenossenschaften usw. als der Knappschaftsvereine, nämlich dann, wenn die Ursache der Erkrankung usw. mit dem Betriebsunfalle im Zusammenhange steht (Einheit des Leistungsgrundes). Das Erfordernis eines solchen Zusammenhangs ist aber nicht nur dann erfüllt, wenn die durch den Betriebsunfall eingetretene Verletzung die alleinige oder überwiegende Ursache der Erkrankung oder Arbeitsunfähigkeit bildet, sondern schon dann, wenn die Verletzung als eine von mehreren zusammenwirkenden Ursachen erheblich ins Gewicht fällt. ObVGUrt. v. 28. 2. 10, Z. f. V. Bd. 52 S. 543. Im allgemeinen entspricht es der Absicht des Gesetzes, die für solche Fälle eintretende Doppelversicherung, also die Gewährung doppelter Leistungen aus demselben Anlaß und für dieselbe Zeit, zu beseitigen. Dieser Grundgedanke ist indes keineswegs lückenlos im Gesetz ausgesprochen, gilt vielmehr nur da, wo er im Gesetz zum Ausdruck gelangt ist. Entsch. d. ObSchG. v. 21. 4. 10, R. L. 25/10, Z. f. V. Bd. 52 S. 430, Kompaß 1910 S. 155. Vgl. auch die Begr. des Entwurfs der Reichsversicherungsordnung, Drucksache Nr. 340 des Reichstags, 12. Legislaturperiode, II. Session 1909/10 S. 439 ff. Für diese allgemeine Rechtslage gibt nun die Reichsversicherungsordnung die erforderlichen besonderen Vorschriften, von denen hier nur folgende wiedergegeben werden: Leistet ein Knappschaftsverein pflichtgemäß nach Gesetz oder Satzung infolge eines Unfalls für eine Zeit, für die der Berechtigte infolge des Unfalls auch einen Anspruch auf Unfallentschädigung hatte oder noch hat (Vorleistung des Knappschaftsvereins), so kann er, jedoch höchstens bis zum Betrage dieses Anspruchs, nach näherer Vorschrift der §§ 1502 bis 1507 als Ersatz die Unfallentschädigung beanspruchen, aus dem Sterbegelde und der Unfallrente indes nur, soweit dies ausdrücklich zugelassen ist (§§ 1528 und 1501 Abs. 2 und 3). Entschädigt umgekehrt ein Träger der Unfallversicherung pflichtgemäß für eine Zeit, für die der Berechtigte auch Leistungen von einem Knappschaftsverein beanspruchen kann, so kann dieser die Unfallentschädigung auf seine Leistungen anrechnen, soweit er dafür im Falle des § 1528 Ersatz beanspruchen könnte (§ 1529). Bei Krankheiten, die durch einen Unfall herbeigeführt sind, kann der Träger der Unfallversicherung das Heilverfahren übernehmen. Er hat dann für dessen Dauer oder bis zum Ablauf der dreizehnten Woche nach dem Unfall dem Kranken das zu gewähren, was diesem der Knappschaftsverein nach Gesetz oder Satzung zu leisten hätte. Dafür hat dann der Knappschaftsverein nach § 1513 Abs. 2 Ersatz zu leisten. Umgekehrt kann der Träger der Unfallversicherung die Erfüllung seiner Pflichten gegen den Verletzten und dessen Angehörige der letzten Krankenkasse (Knappschaftsverein) des Verletzten über die dreizehnte Woche nach dem

Unfalle hinaus bis zum Ende des Heilverfahrens in dem Umfange übertragen, den er für geboten hält; er hat dann die daraus entstehenden Kosten zu ersetzen (§ 1514). Wegen der aus diesem Verhältnisse entstehenden Streitigkeiten vgl. § 1515. Wegen der Anzeigepflicht der Knappschaftskassen den Trägern der Unfallversicherung gegenüber vgl. § 1512. Wegen der Geltung der §§ 1512 bis 1515 für knappschaftliche Krankenkassen vgl. § 1516 Abs. 1. Die Satzung der Krankenkasse kann bestimmen, daß bei einer Krankheit, die Folge eines entschädigungspflichtigen Unfalls ist, für die Zeit, für die Unfallrente oder Heilanstaltspflege gewährt wird, Krankengeld nur soweit zu gewähren ist, als es den Betrag der Unfallrente übersteigt. Dabei wird der Unterhalt in der Heilanstalt gleich der Vollrente gerechnet (§ 1511 in Verbindung mit § 1530). — Im übrigen vgl. Anhang L sowie Kompaß 1912 S. 27, 83 u. 97.

Viertes Buch. Invaliden- und Hinterbliebenenversicherung.

Das vierte Buch der Reichsversicherungsordnung behandelt die Invaliden- und Hinterbliebenenversicherung. Es werden für den Fall der Invalidität und des Alters sowie zu Gunsten der Hinterbliebenen vom vollendeten sechzehnten Lebensjahre ab versichert:

1. Arbeiter, Gehilfen, Gesellen, Lehrlinge, Dienstboten;
2. Betriebsbeamte, Werkmeister und andere Angestellte in ähnlich gehobener Stellung, sämtlich, wenn diese Beschäftigung ihren Hauptberuf bildet;
3. usw.

Voraussetzung der Versicherung ist, daß diese Personen gegen Entgelt beschäftigt werden, für die unter 2. Bezeichneten außerdem, daß nicht ihr regelmäßiger Jahresarbeitsverdienst zweitausend Mark an Entgelt übersteigt.

Hiernach sind die beitrittspflichtigen Knappschaftsmitglieder abgesehen von den Beamten mit einem Jahresarbeitsverdienst über zweitausend Mark auch gegen Invalidität und Alter sowie zu Gunsten ihrer Hinterbliebenen versichert. Versicherungsträger sind die Versicherungsanstalten und die zugelassenen Sonderanstalten. Von den preußischen Knappschaftsvereinen sind als

Sonderanstalten zugelassen der Saarbrücker Knappschaftsverein und der Allgemeine Knappschaftsverein in Bochum; außerdem ist zugelassen die von fast sämtlichen Knappschaftsvereinen der Oberbergamtsbezirke Halle und Clausthal sowie einigen außerpreußischen Knappschaftsvereinen zunächst nur für die reichsgesetzliche Invaliden- und Altersversicherung ihrer Mitglieder gebildete Norddeutsche Knappschaftspensionskasse in Halle a. d. S. Diese Sonderanstalten haben nach Maßgabe der Reichsversicherungsordnung jetzt auch die Hinterbliebenenfürsorge übernommen und sind dementsprechend vom Bundesrat zugelassen worden (§ 1360). Die §§ 1361 bis 1374 RVO. enthalten die für sie maßgebenden und auf sie entsprechend anwendbaren Vorschriften. Die Beteiligung bei einer zugelassenen Sonderanstalt gilt der Versicherung in einer Versicherungsanstalt gleich.

Die den Versicherungsanstalten und Sonderanstalten zugewiesenen Aufgaben berühren sich vorzugsweise mit den Aufgaben der knappschaftlichen Pensionskassen; das gegenseitige Verhältnis wird daher der Hauptsache nach bei den von den Pensionskassenleistungen der Knappschaftsvereine handelnden Bestimmungen dieses Gesetzes erörtert; vgl. Anm. 2 zu § 30. Als für die Krankenkassen der Knappschaftsvereine entsprechend geltende Vorschriften (vgl. § 1521) der Reichsversicherungsordnung sind hier besonders hervorzuheben:

a) Nach § 1269 kann die Versicherungsanstalt ein Heilverfahren einleiten, um die infolge einer Erkrankung drohende Invalidität eines Versicherten oder einer Witwe abzuwenden (zu vgl. auch die §§ 1270 bis 1273). Macht sie hiervon Gebrauch, so hat sie für die Dauer des Heilverfahrens dem Kranken das zu gewähren, was diesem seine Krankenkasse nach Gesetz oder Satzung zu leisten hätte. Bringt die Versicherungsanstalt den Kranken in einem Krankenhause oder einer Heilanstalt für Genesende unter, so kann sie ihm für die Dauer dieses Heilverfahrens die Invaliden- oder Witwenrente ganz oder teilweise versagen (§ 1518 Abs. 1). Die Krankenkasse hat der Versicherungsanstalt Ersatz zu leisten, soweit der Kranke von der Kasse nach Gesetz oder Satzung Krankengeld zu beanspruchen hätte (§ 1518 Abs. 2).

b) Nach § 1519 kann die Versicherungsanstalt, die ein Heilverfahren eintreten läßt, die Fürsorge für den Kranken seiner letzten Krankenkasse in dem Umfange übertragen, den sie für geboten hält. Werden dadurch der Kasse Leistungen über den Umfang ihrer gesetzlichen oder satzungsmäßigen Leistungen auferlegt, so hat die Versicherungsanstalt die Mehrkosten zu ersetzen. Sie hat der Kasse den Aufwand auch für die Zeit zu ersetzen, für welche die Kasse zu Leistungen nicht mehr verpflichtet war. Über die Höhe des letzteren Ersatzes s. § 1519 Abs. 3.

c) Bei Streit zwischen der Kasse und der Versicherungsanstalt und der Übertragung der Fürsorge (zu b) entscheidet das Versicherungsamt endgültig, wenn es sich nicht um einen Ersatzanspruch handelt.

Streit um Ersatzansprüche aus den §§ 1518, 1519 (vgl. a und b) wird im Spruchverfahren entschieden.

Für die Berechnung des bei diesen Vorschriften zu berücksichtigenden Grundlohnes gilt die Vorschrift des § 1516 Abs. 2 und damit die des § 180 RVO.

4. Der § 9 stellt zunächst in den Abs. 1 bis 4 den Kreis der kraft Gesetzes der Krankenkasse der Knappschaftsvereine angehörigen Personen, sodann in Abs. 5 bis 7 den Kreis der zum Beitritt zur Krankenkasse berechtigten Personen fest. In beiden Beziehungen schließt er sich den entsprechenden Vorschriften der RVO. (§§ 165ff. und §§ 176ff.) an. Auch hinsichtlich der „unständig" Beschäftigten und der gegen „Entgelt" Beschäftigten folgt er der RVO. (§§ 166, 441, 165 Abs. 2, 160).

5. Der Kreis der kraft Gesetzes der Krankenkasse der Knappschaftsvereine angehörigen Personen wird — ebenso wie früher — dadurch bestimmt, daß „die Arbeiter, welche im Betriebe der Bergwerke, Aufbereitungsanstalten, Salinen und zugehörigen Betriebsanstalten sowie der zum Knappschaftsverein gehörigen Hüttenwerke und sonstigen Gewerbsanlagen beschäftigt werden, sowie die Werksbeamten und die Verwaltungsbeamten der Knappschaftsvereine und besonderen Krankenkassen" dieser Kasse angehören müssen, sofern sie den übrigen Erfordernissen entsprechen, also nicht zu den unständig Beschäftigten gehören, gegen Entgelt beschäftigt sind und der regelmäßige Jahresarbeitsverdienst der Beamten 2500 Mark

nicht übersteigt. Alle diese Personen gehören der Krankenkasse kraft Gesetzes an, andere Personen können ihr nur angehören, wenn sie zu den Beitrittsberechtigten (Abs. 5 bis 7) gehören.

„Durch die im Eingang des Abs. 1 gewählte Fassung: ‚Die Arbeiter, welche im Betriebe der ..... Bergwerke ..... beschäftigt werden' hat klarer als bisher zum Ausdruck gebracht werden sollen, daß für die Beitrittspflicht zur Krankenkasse des Knappschaftsvereins — abgesehen von der im weiteren Wortlaut der Vorschriften behandelten Beschränkung der Beschäftigungsdauer auf weniger als eine Woche — ausschließlich die Tatsache entscheidend ist, daß der Arbeiter im Betriebe eines Vereinswerks beschäftigt wird, sodaß es für die Beitrittspflicht bedeutungslos ist, ob der Arbeiter im Dienste des Werksbesitzers selbst steht oder im Dienste eines selbständigen Unternehmers, dem die Ausführung einer bestimmten, zum Betriebe des Vereinswerks gehörigen Arbeit vom Werksbesitzer übertragen ist." Begr. 1906 S. 10.

Unter der Beschäftigung „im Betriebe" eines Bergwerks usw. ist nach dem Zwecke des Gesetzes nur der Zustand der tatsächlichen Arbeitsleistung innerhalb des Bergwerks oder sonstigen Betriebs gemeint. Im Gesetze ist nicht gesagt, daß die Beschäftigung eine solche sein müsse, die auf einem unmittelbar mit dem Betriebsunternehmer selbst von dem Arbeitnehmer geschlossenen Dienstvertrage beruht. Nach der Fassung des Gesetzes ist vielmehr allein die Tatsache maßgebend, ob der Arbeiter innerhalb des Bereiches des Bergwerksbetriebes eine zum Betriebe des Bergwerks gehörige Arbeit verrichtet. Entsch. d. ObSchG. v. 20. 1. 11, R. L. 275/10, Kompaß 1911 S. 91, Z. f. B. Bd. 52 S. 559.

6. Diejenigen Personen, welche hiernach Mitglieder der Krankenkasse eines Knappschaftsvereins sind, können den Krankenkassen der RVO. (Orts-, Land-, Betriebs-, Innungskrankenkassen) nicht angehören; vgl. § 225 Abs. 2 RVO., § 11 des Knappschaftsgesetzes.

7. Der § 165 Abs. 1 Ziff. 1 der RVO. unterwirft der reichsgesetzlichen Krankenversicherungspflicht auch die Dienstboten. Darunter sind die gegen Lohn und Kost oder auch nur gegen Lohn zu niederen häuslichen Dienstleistungen angenommenen Personen zu verstehen, ohne Unterschied, ob diese Personen in die häusliche Gemeinschaft aufgenommen sind oder (zu vgl. § 437 RVO.) nicht.

Diese Personen unterliegen den Vorschriften der RVO., insbesondere den §§ 435 bis 440. In die knappschaftliche Krankenversicherung sind sie nicht einbezogen worden, weil es zu den Ausnahmefällen gehören wird, daß solche Personen im Betriebe eines Bergwerks usw. beschäftigt werden, und kein Grund vorliegt, über den Kreis der im Betriebe beschäftigten Personen hinauszugehen. Die vielfach auf Bergwerken usw. mit der Reinigung von Betriebsräumen (Kauen, Speiseanstalten usw.) beschäftigten Personen werden der Regel nach als gewerbliche Arbeiter und Arbeiterinnen, nicht als Dienstboten anzusehen sein; bei Zweifelsfällen wird § 439 RVO. entsprechend zu beachten sein, wonach, wenn Dienstboten auch in dem Betrieb oder anderen Erwerbsgeschäft des Dienstberechtigten beschäftigt werden, diese Beschäftigung für ihre Versicherung und ihre Ansprüche maßgebend ist.

8. Die Versicherung der unständig Beschäftigten ist durch die §§ 441 bis 458 RVO. des näheren geregelt.

9. Zu Abs. 2. An Stelle der im ABG. nur vorgesehenen Beitrittsberechtigung der Beamten ist für diejenigen der im Abs. 2 bezeichneten Beamten, welche den im Abs. 3 angegebenen Voraussetzungen entsprechen, die Mitgliedschaft kraft Gesetzes getreten (zu vgl. Begr. 1906 S. 11). Durch die Novelle v. 3. 6. 12 ist die Versicherungspflicht dieser Beamten bis zu einem regelmäßigen Jahresarbeitsverdienst von 2500 Mark (anstatt 2000 Mark, wie nach dem Ges. v. 19. 6. 06) ausgedehnt worden, entsprechend dem § 165 Abs. 2 RVO. Die Erhöhung des Einkommens eines Beamten auf einen höheren Betrag als 2000 bzw. 2500 Mark während seiner Beschäftigung in einem knappschaftspflichtigen Betriebe ist als eine Änderung des Beschäftigungsverhältnisses anzusehen, die das Ausscheiden aus der die Mitgliedschaft begründenden Beschäftigung zur Folge hat. Der gesetzliche Zwang zur Mitgliedschaft wirkt nur so lange, als die im Gesetze selbst dafür vorgeschriebenen tatsächlichen Voraussetzungen vorhanden sind. Entsch. d. ObSchG. v. 15. 11. 11, R. L. 236/11, Z. f. B. Bd. 53 S. 411, Kompaß 1912 S. 103, sowie ObVGUrt. v. 7. 11. 07, Entsch. Bd. 51 S. 344.

10. Der Entwurf der Novelle v. 3. 6. 12 hatte den Eingang des Abs. 2 aus dem Ges. v. 19. 6. 06 unverändert in den Abs. 2 des § 171 übernommen. Die Fassung des Entwurfs ist indes in der zweiten Lesung der Kommission des Abgeordnetenhauses durch die oben im Texte wiedergegebene Fassung ersetzt und diese Fassung ist im Plenum des Abgeordnetenhauses bei der zweiten und dritten Lesung sowie im Plenum des Herrenhauses unverändert angenommen worden. Den Anlaß zu dieser Änderung bildete das RGUrt. v. 22. 12. 10 (Z. f. B. Bd. 52 S. 422 ff. und Entsch. d. RG. in Zivilsachen Bd. 75 S. 45). Diese Entscheidung, der sich auch die Entscheidung des ObSchG. v. 13. 12. 11, R. L. 324/11, angeschlossen hatte, führte aus, daß zur Begründung der Knappschaftspflicht von Beamten mit weniger als 2000 Mark Jahresgehalt ihre Beschäftigung im Dienste des Bergwerksbesitzers allein nicht ausreiche, daß es dazu vielmehr auch der Beschäftigung im Betriebe eines Bergwerks bedürfe. Daraus folge aber, daß, sofern eine Bergwerksgesellschaft mehrere selbständige Bergwerksbetriebe oder neben dem Bergwerksbetriebe auch andere, wenn auch mit dem Bergwerksbetriebe verwandte Unternehmungen umfasse, die in der Hauptverwaltung der Gesellschaft beschäftigten Beamten mit weniger als 2000 Mark Jahresgehalt der Knappschaftspflicht dann nicht unterworfen seien, wenn sie nicht als Beamte an Einzelwerken tätig seien. Werksbeamte seien dem Begriffe nach stets bei dem Werk und damit auch in dessen Betriebe beschäftigt. Diese Entscheidung war für die Beamten der bezeichneten Hauptverwaltungen u. dgl. insofern von Bedeutung, als diese unter den in der Entscheidung angegebenen Voraussetzungen weder nach § 9 Abs. 2 und § 27 Abs. 1 beitrittspflichtig, noch nach § 9 Abs. 5 und § 27 Abs. 2 beitrittsberechtigt waren, also aus den Knappschaftsvereinen ausscheiden und ihre Ansprüche und Anwartschaften auf die Kassenleistungen aufgeben müßten, auch in Zukunft nicht mehr beitreten könnten. Sie wären demgemäß nach Inkrafttreten des Versicherungsgesetzes für Angestellte v. 20. 12. 11 nach näherer Vorschrift dieses Gesetzes zu versichern. Diesen Nachteilen entgegenzutreten war der Beweggrund des in der Kommission des Abgeordnetenhauses gestellten und angenommenen Abänderungsantrages. Zu vgl. KommBerAH. 1912 S. 24 ff. und Verhandlungen des HH. 1912 S. 406 ff. Die nunmehrige Fassung des Abs. 2 gibt im wesentlichen die früher herrschende Auffassung (zu vgl. Klostermann-Fürst Anm. 3 zu § 171 S. 467) wieder und läßt für die Zugehörigkeit der Werksbeamten zu den Knappschaftsvereinen die Frage entscheidend sein, ob die Tätigkeit der Beamten auf den technischen, wirtschaftlichen oder kaufmännischen Betrieb eines oder mehrerer Bergwerke usw. gerichtet, ob also die Leistung derartiger Dienste der Inhalt des zwischen dem Beamten und dem Bergwerksbesitzer bestehenden Dienstverhältnisses ist. Auf den örtlichen Zusammenhang der Arbeitsstelle (Bureau, Hauptbureau, Zentralverwaltung) mit dem Bergwerke kommt es nicht an.

Der Abs. 2 ist mit dem Abs. 5 des § 9 und den Abs. 1 und 2 des § 27 durch Art. IV der Novelle v. 3. 6. 12 (vgl. unten unter II) mit dem Tage der Verkündung der Novelle v. 3. 6. 12, also mit dem 14. 6. 12 in Kraft gesetzt worden, jedoch mit der im Art. IV a. a. O. näher angegebenen Maßgabe.

11. Die Vorschriften über die Beschäftigung „gegen Entgelt" im Abs. 3 und der Begriff des Entgelts im Abs. 4 sind der RVO. (§§ 165 Abs. 2, 160) entnommen. Die Vorschrift des Abs. 3 entscheidet zugleich die Frage, ob Bergbaubeflissene und andere zu ihrer Ausbildung auf Bergwerken beschäftigte Personen versicherungspflichtig sind; es kommt darauf an, ob sie gegen Entgelt beschäftigt sind.

12. Im allgemeinen sollen die in Staatsbetrieben mit Pensionsberechtigung angestellten Beamten den Knappschaftsvereinen nicht angehören, und zwar auch nicht den Krankenkassen dieser Vereine. Indessen kann in besonderen Fällen die Zugehörigkeit solcher Beamten zur Krankenkasse wünschenswert erscheinen, z. B. bei gering besoldeten Beamten, die auf entlegenen Werken wohnen. Der Entwurf gewährt daher diesen Beamten die Möglichkeit zum Beitritt, bindet diese Möglichkeit aber an die Zustimmung der vorgesetzten Dienstbehörde. Diese Vorschrift ermöglicht, den Verhältnissen des einzelnen Falles sachgemäß Rechnung zu tragen. Begr. zum Ges. v. 19. 6. 06 S. 11.

13. Diese Vorschrift entspricht dem § 178 RVO. Daß diese Vorschrift auch auf die knappschaftlichen Krankenkassen anwendbar ist, folgt einmal aus ihrer allgemeinen Zweckbestimmung, im Interesse des Ärztestandes eine Grenze für die Versicherungsberechtigung zu ziehen, sodann aus § 314 Abs. 2, der nach der Vorschrift des § 500 Abs. 1 für knappschaftliche Krankenkassen entsprechend gilt. Das Erlöschen der Mitgliedschaft tritt indessen nur ein, wenn das regelmäßige jährliche Gesamteinkommen 4000 Mark übersteigt. Auf Versicherungsberechtigte, die nur in einzelnen, für sie besonders günstigen Jahren die bezeichnete Einkommensgrenze überschreiten, ist die Vorschrift daher nicht anwendbar. Begr. 1912 S. 23. Zu vgl. Verhandlungen des HH. 1912 S. 71/72.

§ 10[1, 2].

[3]Auf seinen Antrag wird von dem Beitrittszwange befreit, wer auf die Dauer nur zu einem geringen Teile arbeitsfähig ist, solange der vorläufig unterstützungspflichtige Armenverband einverstanden ist.

Wird der Antrag vom Vorstand[4] abgelehnt, so entscheidet auf die Beschwerde des Antragstellers die Aufsichtsbehörde endgültig.

1. Der § 10 entspricht dem § 171a des Ges. v. 19. 6. 06 in der Fassung der Novelle v. 3. 6. 12 (Art. I Nr. 2).

2. Vgl. Anm. 2 und 3 zu § 9.

3. Der Abs. 1 gibt lediglich den § 173 der RVO. wieder, der übrigens nicht unerheblich von der früheren Vorschrift des § 3a KVG. abweicht; dieser bezog sich, ebenso wie der ihm nachgebildete § 171a des Ges. v. 19. 6. 06, auf Personen, welche „infolge von Verletzungen, Gebrechen, chronischen Krankheiten oder Alter nur teilweise oder nur zeitweise erwerbsfähig sind". Indessen wird der Kreis der hiernach auf ihren Antrag zu befreienden Personen auch jetzt noch im wesentlichen ebenso zu bestimmen sein, wie nach § 3a Abs. 2 KVG. Wenigstens hat der Staatssekretär des Innern bei der Beratung des § 186 Abs. 1 (jetzt § 173) RVO. in der Kommission des Reichstags es als die allgemeine Auffassung der Mehrheit der Kommission und der Regierung bezeichnet, daß die neue Fassung im wesentlichen die gleichen Personen umfassen solle, wie die alte. Der gesetzgeberische Grund der Vorschrift bleibe, daß durch die Befreiung von der Versicherungspflicht den chronisch kranken oder alten Personen die Erlangung von Arbeitsgelegenheit erleichtert werden solle, weil die Arbeitgeber meist die Krankenkassen nicht mit der hohen Krankheitsgefahr solcher Personen belasten wollten. Vgl. KommBer. des Reichstags über den Entwurf der RVO., Drucksache Nr. 946 2. Teil S. 445 bis 448. Bezüglich

der Anwendbarkeit des § 173 RVO. ist in der bezeichneten Kommission von dem Vertreter des preußischen Handelsministers erklärt worden, daß bezüglich ihrer in jedem einzelnen Falle geprüft werden müsse, ob die Voraussetzungen des § 173 gegeben seien; die Tatsache allein, daß jemand Invalide sei, begründe noch nicht die Anwendbarkeit der Vorschrift; vgl. S. 39 und 445ff. a. a. O.

4. Wegen der Beschlußfassung des Vorstandes über den Befreiungsantrag vgl. § 54 Abs. 4 und den § 497 RVO. Daß die Entscheidung der Aufsichtsbehörde endgültig ist, folgt aus der allgemeinen Vorschrift im § 70.

§ 11[1, 2, 3].

Die Mitglieder der Krankenkasse eines Knappschaftsvereins oder einer besonderen Krankenkasse (§ 5) können einer Orts-, Land-, Betriebs- oder Innungskrankenkasse nicht angehören.

1. Der § 11 entspricht dem § 171aa der Novelle v. 3. 6. 12 (Art. I Nr. 3).

2. Vgl. Anm. 2 und 3 zu § 9.

3. Der § 11 gibt den Inhalt des § 225 Abs. 2 RVO. wieder, um auch für das Gebiet der knappschaftlichen Krankenversicherung den Grundsatz der RVO. (vgl. Begr. zu § 235 des Entwurfes S. 165/166) zum Ausdruck zu bringen, daß niemand gleichzeitig Mitglied zweier Krankenkassen sein kann. Begr. 1912 S. 24.

§ 12[1, 2].

Von Mitgliedern, die nachweislich bereits der Krankenkasse eines anderen Knappschaftsvereins oder einer anderen besonderen Krankenkasse (§ 5) oder einer Orts-, Land-, Betriebs- oder Innungskrankenkasse angehört haben, darf Eintrittsgeld nur erhoben werden, wenn zwischen Ausscheiden und Beitritt mehr als sechsundzwanzig Wochen liegen.

1. Der § 12 entspricht dem § 171ab der Novelle v. 3. 6. 12 (Art. I Nr. 3). Er gibt den Inhalt des § 496 RVO. wieder und bestimmt außerdem innerhalb der landesgesetzlichen Zuständigkeit, daß auch beim Übergang eines Knappschaftsmitglieds zur Krankenkasse eines

anderen Knappschaftsvereins oder einer anderen besonderen Krankenkasse Eintrittsgeld nicht erhoben werden darf. Vgl. Begr. 1912 S. 24.

2. Vgl. Anm. 2 und 3 zu § 9.

§ 13[1, 2, 3].

[4]Die Knappschaftsvereine und besonderen Krankenkassen (§ 5) müssen ihren Mitgliedern und deren Angehörigen an Krankenhilfe, Wochengeld und Sterbegeld mindestens die Regelleistungen der Ortskrankenkassen nach den Vorschriften des Zweiten Buches der Reichsversicherungsordnung gewähren. Das Krankengeld können sie mit Genehmigung der Aufsichtsbehörde anders als wöchentlich, längstens jedoch halbmonatlich zahlen.

[5]Der Anspruch auf die Regelleistungen entsteht für die Beitrittspflichtigen mit ihrer Mitgliedschaft (§ 9 Abs. 1 bis 3).

[6, 7]Mehrleistungen sind nach näherer Bestimmung der Satzungen in demselben Umfange zulässig, wie er im Zweiten Buche der Reichsversicherungsordnung für Ortskrankenkassen vorgesehen ist. [8]Außerdem sind zulässig satzungsmäßige Bestimmungen, nach welchen den Knappschaftsinvaliden und deren Angehörigen gegen Entrichtung von Beiträgen freie Kur und Arznei in Krankheitsfällen sowie den Mitgliedern des Knappschaftsvereins oder der Krankenkasse und deren Angehörigen oder Hinterbliebenen in Fällen der Notlage nach dem Ermessen des Vorstandes außerordentliche Unterstützungen gewährt werden können. [8]Steht nach der Satzung eines Knappschaftsvereins den Knappschaftsinvaliden und ihren Angehörigen freie Kur und Arznei in Krankheitsfällen zu, ohne daß die Invaliden hierfür Beiträge zu entrichten haben, so sind diese Leistungen für Rechnung der Pensionskasse zu gewähren.

[9]Bestimmt die Satzung für den Anspruch auf Mehr-

leistungen eine Wartezeit, so können Mitglieder, die zur Erfüllung ihrer Dienstpflicht im Heere oder der Marine ausscheiden, diese Wartezeit auf die Dauer der Dienstzeit sowie noch auf höchstens sechsundzwanzig Wochen unterbrechen. In diesem Falle darf von ihnen kein neues Eintrittsgeld erhoben werden.

[10] Die Satzung hat in entsprechender Anwendung des § 180 der Reichsversicherungsordnung den Grundlohn festzusetzen. Insoweit die Festsetzung der Zustimmung des Oberversicherungsamts bedarf, tritt an deren Stelle die Zustimmung des Oberbergamts.

[11] Die Satzung kann mit Zustimmung des Oberbergamts für kleinere Heilmittel einen Höchstbetrag festsetzen, auch bestimmen, daß die Kasse bis zu dieser Höhe einen Zuschuß für größere Heilmittel gewähren darf.

[12] Der Höchstbetrag einer nach der Satzung wider ein Mitglied zu verhängenden Ordnungsstrafe darf den dreifachen Betrag des täglichen Krankengeldes und bei Knappschaftsinvaliden das Dreifache desjenigen Betrags, welchen sie als Krankengeld zuletzt zu beanspruchen hatten, für jeden einzelnen mit Ordnungsstrafe zu belegenden Fall nicht übersteigen.

1. Der § 13 entspricht dem § 171b des Ges. v. 19. 6. 06 in der Fassung der Novelle v. 3. 6. 12 (Art. I Nr. 4). Letztere schließt sich ihrerseits den Vorschriften der RVO. über die Leistungen der Krankenversicherung (§§ 179 ff.) an, die in „Regelleistungen" und „Mehrleistungen" unterschieden werden. Auf die Aufzählung der Leistungen im einzelnen ist, wie schon im Ges. v. 19. 6. 06, verzichtet worden. Begr. 1912 S. 24, s. oben Anm. 2 zu § 9.

2. Vgl. Anm. 2 und 3 zu § 9.

3. Nach § 495 Abs. 1 RVO. müssen die knappschaftlichen Krankenkassen ihren Mitgliedern durch die Satzung mindestens die Regelleistungen der Ortskrankenkassen zubilligen. Diese Vorschrift

hat auch das Knappschaftsgesetz übernommen, wie es früher das Ges. v. 19. 6. 06 mit der Vorschrift des § 74 Abs. 2 KVG. getan hatte. Obwohl zahlreiche Knappschaftsvereine in ihren satzungsmäßigen Leistungen über die ihnen gesetzlich obliegenden Mindest- oder Regelleistungen hinausgehen, so durfte doch die Hauptaufgabe der Gesetzgebung, die Knappschaftsvereine leistungsfähig zu gestalten, nicht dadurch gefährdet werden, daß man allen Vereinen ohne Rücksicht auf ihre finanzielle Lage durch Gesetz den Zwang auferlegte, in ihren Krankenkassenleistungen höher zu gehen, als einzelne Kassen vielleicht könnten. Auch konnte erwartet werden, daß die leistungsfähigen Vereine wie bisher, so auch künftig, höhere Leistungen als die Regelleistungen gewähren würden. Vgl. KommBerAH zum Ges. v. 19. 6. 06 S. 18 ff.

Die hiernach den Knappschaftsvereinen gesetzlich obliegenden Mindestleistungen (Regelleistungen) sind folgende (zu vgl. Anhang L):

a) Krankenhilfe. Als Krankenhilfe wird gewährt Krankenpflege vom Beginn der Krankheit an; sie umfaßt ärztliche Behandlung und Versorgung mit Arznei sowie Brillen, Bruchbändern und anderen kleineren Heilmitteln; außerdem Krankengeld in Höhe des halben Grundlohnes für jeden Arbeitstag, wenn die Krankheit den Versicherten arbeitsunfähig macht; es wird vom vierten Krankheitstage an, wenn aber die Arbeitsunfähigkeit erst später eintritt, vom Tage ihres Eintritts an gewährt (§ 182 RVO.). Als den hier erwähnten, für die Bemessung der baren Leistungen der Krankenkassen maßgebenden Grundlohn setzt die Satzung den durchschnittlichen Tagesentgelt derjenigen Klassen Versicherter, für welche die Kasse errichtet ist, bis fünf Mark für den Arbeitstag fest. Die Satzung kann indes den durchschnittlichen Tagesentgelt auch nach der verschiedenen Lohnhöhe der Versicherten stufenweise bis sechs Mark festsetzen. Die Festsetzung bedarf der Zustimmung des Oberversicherungsamts, die für die knappschaftlichen Satzungen durch die Zustimmung des Oberbergamts ersetzt wird (§ 180 Abs. 1 bis 3 RVO.; zu vgl. unten Anm. 10 und KommBerAH. 1912 S. 4 ff.). Die Satzung kann statt des durchschnittlichen Tagesentgelts den wirklichen Arbeitsverdienst des einzelnen Versicherten bis sechs Mark für den Arbeitstag als Grundlohn bestimmen. Für freiwillig Beitretende, für die sich hiernach kein Grundlohn ermitteln läßt, bestimmt ihn die Satzung (§ 180 a. a. O. Abs. 4, 5).

Die Dauer der Krankenhilfe bestimmt sich nach § 183 RVO. An Stelle der Krankenpflege und des Krankengelds kann die Kasse freie Kur und Verpflegung in einem Krankenhause (Krankenhauspflege) gewähren. Wegen der Zustimmung des Kranken hierzu vgl. § 184 im Anhang L. Wird Krankenpflege einem Versicherten gewährt, der bisher von seinem Arbeitsverdienst Angehörige ganz oder überwiegend unterhalten hat, so ist daneben ein Hausgeld für die Angehörigen im Betrage des halben Krankengelds zu zahlen. Das Hausgeld kann unmittelbar an die Angehörigen ausgezahlt werden (§ 186 a. a. O.).

Eine Kürzung dieser Leistungen ist gesetzlich nur insofern vorgesehen, als die Krankenkasse, wenn ein Versicherter Krankengeld gleichzeitig aus einer anderen Versicherung erhält, ihre Leistung so weit zu kürzen hat, daß das gesamte Krankengeld des Mitglieds den Durchschnittsbetrag seines täglichen Arbeitsverdienstes nicht übersteigt. Doch kann die Satzung diese Kürzung ganz oder teilweise ausschließen (§ 189). Die Satzung kann außerdem zum Schutze gegen ein übermäßiges Ausnutzen der Kassenmittel durch chronisch Kranke, namentlich solche Personen, die mehr invalide als krank sind, die im § 188 RVO. bezeichneten Einschränkungen des Umfangs und der Dauer der Krankenhilfe vorschreiben sowie in den Fällen des § 192 RVO. den Mitgliedern das Krankengeld ganz oder teilweise versagen.

b) Wochenhilfe. Wöchnerinnen, die im letzten Jahre vor der Niederkunft mindestens sechs Monate hindurch auf Grund der Reichsversicherung oder bei einer knappschaftlichen Krankenkasse gegen Krankheit versichert gewesen sind, erhalten ein Wochengeld in Höhe des Krankengelds für acht Wochen, von denen mindestens sechs in die Zeit nach der Niederkunft fallen müssen (vgl. § 195). Mit Zustimmung der Wöchnerin kann die Kasse:

1. an Stelle des Wochengeldes Kur und Verpflegung in einem Wöchnerinnenheim gewähren,
2. Hilfe und Wartung durch Hauspflegerinnen gewähren und dafür bis zur Hälfte des Wochengeldes abziehen (§ 196).

Wegen der Erstattungspflicht anderer Krankenkassen usw. vgl. § 197 RVO.

c) Sterbegeld. Als Sterbegeld wird beim Tode eines Versicherten das Zwanzigfache des Grundlohns gezahlt (§ 201 a. a. O.).

Stirbt ein als Mitglied der Kasse Erkrankter binnen einem Jahre nach Ablauf der Krankenhilfe an derselben Krankheit, so wird das Sterbegeld gezahlt, wenn er bis zum Tode arbeitsunfähig gewesen ist (§ 202). Die Auszahlung des Sterbegelds erfolgt nach Vorschrift des § 203 a. a. O.

4. Der Satz 1 des Abs. 1 entspricht dem § 495 Abs. 1, der Satz 2 des Abs. 1 dem § 495 Abs. 2 RVO.

5. Abs. 2 entspricht dem § 206 RVO., der nach § 498 Abs. 1 ebendaselbst auf die knappschaftlichen Krankenkassen anwendbar ist. Die Mitgliedschaft Versicherungs*pflichtiger* beginnt nach dem hier anwendbaren § 206 RVO. mit dem Tage des Eintritts in die versicherungspflichtige Beschäftigung, die Mitgliedschaft Versicherungsberechtigter mit dem Tage ihres Beitritts zur Kasse (§ 310 Abs. 1 RVO.).

6. Zu Abs. 3. *Mehr*leistungen dürfen, wie schon nach dem Ges. v. 19. 6. 06, nur insoweit gewährt werden, wie dies nach den gesetzlichen Vorschriften den Ortskrankenkassen (früher den Betriebs-[Fabrik-]Krankenkassen) gestattet ist. Als solche Mehrleistungen kommen in Betracht:

a) Erweiterung der Krankenhilfe bis auf ein Jahr (§ 187 Nr. 1 RVO.);
b) Erhöhung des Krankengeldes bis auf drei Viertel des Grundlohnes (§ 191 Abs. 1 RVO.);
c) Zubilligung des Krankengeldes allgemein für Sonn- und Feiertage (§ 191 Abs. 1 RVO.);
d) Zubilligung des Krankengeldes schon vom ersten Tage der Arbeitsunfähigkeit an bei Krankheiten, die länger als eine Woche dauern, zum Tode führen oder durch Betriebsunfall verursacht worden sind, sowie mit Zustimmung des Oberversicherungsamts (bei knappschaftlichen Krankenkassen des Oberbergamts) auch bei anderen Krankheiten (§ 191 Abs. 2 RVO.);
e) Gestattung der Fürsorge für Genesende, namentlich durch Unterbringung in einem Genesungsheim, bis zur Dauer eines Jahres nach Ablauf der Krankenhilfe (§ 187 Nr. 2 RVO.);
f) Zubilligung von Hilfsmitteln gegen Verunstaltung und Verkrüppelung, die nach beendigtem Heilverfahren nötig sind, um die Arbeitsfähigkeit herzustellen oder zu erhalten (§ 187 Nr. 3 RVO.);
g) Gewährung — mit Zustimmung des Versicherten — von Hilfe

und Wartung durch Krankenpfleger, Krankenschwestern oder andere Pfleger namentlich auch dann, wenn die Aufnahme des Kranken in ein Krankenhaus geboten, aber nicht ausführbar ist oder ein wichtiger Grund vorliegt, den Kranken in seinem Haushalt oder in seiner Familie zu belassen; die Satzung kann gestatten, dafür bis zu einem Viertel des Krankengeldes abzuziehen (§ 185 RVO.);

h) gänzlicher oder teilweiser Ausschluß der im § 189 RVO. vorgeschriebenen Kürzung (s. Anm. 3 unter a);

i) Festsetzung eines Höchstbetrages für kleinere Heilmittel (mit Zustimmung des Oberversicherungsamts, bei knappschaftlichen Krankenkassen des Oberbergamts) und Bestimmung, daß die Kasse bis zu dieser Höhe einen Zuschuß für größere Heilmittel gewähren darf; Zubilligung noch anderer als kleinerer Heilmittel bei der Krankenpflege, insbesondere auch Krankenkost; Zubilligung mindestens des halben Krankengeldbetrages an Versicherte, die freiwillig Mitglieder der Kasse bleiben, dann, wenn sie sich nicht im Bezirke der Kasse oder des Versicherungsamts aufhalten (§ 193 RVO.);

k) Erhöhung des Hausgeldes bis zum Betrage des gesetzlichen Krankengeldes und

e) Zubilligung eines Krankengeldes bis zur Hälfte des gesetzlichen Betrages neben der Krankenhauspflege an diejenigen Versicherten, an welche kein Hausgeld zu zahlen ist (§ 194 RVO.);

m) Zubilligung von Hebammendiensten und ärztlicher Geburtshilfe an versicherungspflichtige Ehefrauen oder — unter einer bestimmten im § 195 Abs. 1 RVO. bezeichneten Voraussetzung — an alle weiblichen Versicherungspflichtigen (§ 198 RVO.);

n) Gewährung gewisser Vergünstigungen an Schwangere, die der Kasse mindestens sechs Monate angehören (§ 199 RVO.);

o) Zubilligung eines Stillgeldes bis zur Höhe des halben Krankengeldes und bis zum Ablauf der zwölften Woche nach der Niederkunft an Wöchnerinnen, die im letzten Jahre vor der Niederkunft mindestens sechs Monate hindurch auf Grund der Reichsversicherung oder bei einer knappschaftlichen Krankenkasse gegen Krankheit versichert gewesen sind (§§ 200, 195 Abs. 1 RVO.);

p) Erhöhung des Sterbegeldes bis zum Vierzigfachen des Grundlohnes, Festsetzung des Mindestbetrages auf fünfzig Mark (§ 204 RVO.);

q) Zubilligung einer Familienhilfe, d. h. von Krankenpflege an versicherungsfreie Familienmitglieder der Versicherten, von Wochenhilfe an versicherungsfreie Ehefrauen der Versicherten sowie von Sterbegeld beim Tode des Ehegatten oder eines Kindes eines Versicherten. Das Sterbegeld kann für den Ehegatten bis auf zwei Drittel, für ein Kind bis auf die Hälfte des Mitgliedersterbegeldes bemessen werden und ist um den Betrag des Sterbegeldes zu kürzen, auf das der Verstorbene selbst gesetzlich versichert war (§ 205 RVO.).

7. Zu Abs. 3. Von der in dem Abs. 3 zugelassenen Gewährung von Mehrleistungen darf in der Satzung nur insoweit Gebrauch gemacht werden, als die dauernde Leistungsfähigkeit dadurch nicht beeinträchtigt wird. Begr. 1906 S. 12.

8. Zu Abs. 3 Satz 2 und 3. Diese Vorschriften entsprechen den Sätzen 2 und 3 im Ges. v. 19. 6. 06. Im Satz 2 werden für die Knappschaftsvereine noch zwei fernere Erweiterungen ihrer Krankenkassenleistungen zugelassen, welche über die für die sonstigen Krankenkassen durch die RVO. für zulässig erklärten Leistungserweiterungen hinausgehen. „Eine große Zahl von Knappschaftsvereinen gewährt von jeher ihren Invaliden in Krankheitsfällen freie Kur und Arznei. Des weiteren sehen die Satzungen der meisten Knappschaftsvereine die Möglichkeit vor, den Mitgliedern und ihren Angehörigen oder Hinterbliebenen in Fällen besonderer Not außerordentliche Unterstützungen zu gewähren. Mit diesen eingelebten Einrichtungen durch gesetzlichen Zwang zu brechen, erscheint nicht angezeigt. Es war daher durch eine ausdrückliche Bestimmung die Möglichkeit zu gewähren, diese Einrichtungen beizubehalten.“ Begr. 1906 S. 12.

Die Gewährung von freier Kur und Arznei an die Invaliden und ihre Angehörigen stellt eine Krankenkassenleistung nur dann dar, wenn von den Invaliden dafür Beiträge entrichtet werden. Werden die Invaliden dagegen — wie dies nach den bestehenden Satzungen vielfach der Fall ist — zu solchen Beiträgen nicht mehr herangezogen, so fällt diese Leistung naturgemäß der Pensionskasse zur Last. Begr. 1906 S. 12.

9. Zu Abs. 4. Hier ist der Inhalt des § 498 Abs. 2 RVO. wiedergegeben.

10. Zu Abs. 5. „Abs. 5 stellt zur Vermeidung etwaiger Zweifel klar, daß für die Erteilung der Zustimmung zur Festsetzung des Grundlohnes nach § 180 RVO. das Oberbergamt zuständig ist. Diese Zuständigkeit folgt aus den Bestimmungen des Berggesetzes (§§ 169ff., jetzt §§ 6ff.), die im § 502 Abs. 2 RVO. aufrechterhalten sind." Vgl. Begr. 1912 S. 24 und KommBerAH. 1912 S. 4ff. sowie oben Anm. 3 unter a.

11. Zu Abs. 6. Dieser Absatz übernimmt die Vorschrift des § 193 Abs. 1 RVO. und stellt wiederum die Zuständigkeit des Oberbergamts zur Erteilung der dort vorgesehenen Zustimmung des Oberversicherungsamtes außer Zweifel. Vgl. Begr. 1912 S. 24.

12. Zu Abs. 7. Dieser Absatz entspricht dem Abs. 4 des § 171b in der Fassung des Ges. v. 19. 6. 06. „Daß die Satzungen Vorschriften enthalten dürfen, wie sie § 26a KVG. für die Ortskrankenkassen zuläßt (Einschränkungen der Leistungen unter gewissen Voraussetzungen, Ordnungsstrafen u. a. m.), ist bisher nicht bezweifelt worden. Eine besondere Festlegung dieser Befugnis erscheint gegenüber dem mehrfachen Hinweis, daß die Leistungen nach ‚näherer Bestimmung der Satzung' zu erfolgen haben (§ 168), nicht erforderlich. Indessen erscheint es angezeigt, das Höchstmaß der wider Mitglieder zulässigen Ordnungsstrafen mit der Vorschrift im § 26a Abs. 2 Nr. 2a KVG. in der Fassung der Novelle v. 25. 5. 03 in Einklang zu bringen." Begr. 1906 S. 12.

Die Abs. 3 und 5 des früheren § 171b sind hier in Wegfall gekommen. Abs. 3 ist in das „Knappschaftsgesetz" als Abs. 1 des § 14, Abs. 5 als § 26 übergegangen.

§ 14[1].

Für Versicherungsfälle, die bereits eingetreten sind[2], können durch Satzungsänderung die Leistungen erhöht, nicht aber herabgesetzt werden; Änderungen des Grundlohns haben keinen Einfluß.

Tritt ein Versicherter, der Kassenleistungen bezieht, von einer Orts-, Land-, Betriebs- oder Innungskrankenkasse zu der Krankenkasse eines Knappschaftsvereins oder einer besonderen Krankenkasse (§ 5) oder tritt er von der Krankenkasse eines Knappschaftsvereins oder einer besonderen Krankenkasse zu einer Orts-, Land-, Betriebs- oder Innungskrankenkasse über, so übernimmt die Kasse, zu der er übertritt, die weitere Leistung nach ihrer Satzung. Die Zeit der bereits genossenen Leistung wird angerechnet. Die Mehrleistungen erhält er nur, wenn er schon in seiner früheren Kasse Anspruch auf Mehrleistungen erworben hatte. Das gleiche gilt beim Wechsel der Mitgliedschaft zwischen Krankenkassen von Knappschaftsvereinen oder besonderen Krankenkassen (§ 5).

Hat die Krankenkasse eines Knappschaftsvereins oder eine besondere Krankenkasse (§ 5) für eine Person nach vorschriftsmäßiger und nicht vorsätzlich unrichtiger Anmeldung drei Monate ununterbrochen und unbeanstandet die Beiträge angenommen und stellt sich nach Eintritt des Versicherungsfalls heraus, daß die Person nicht beitrittspflichtig und nicht beitrittsberechtigt gewesen ist, so muß ihr die Kasse gleichwohl die satzungsmäßigen Leistungen gewähren.

1. Der § 14 entspricht dem § 171ba der Novelle v. 3. 6. 12 (Art. I Nr. 5), der seinerseits die Vorschriften der nach § 500 Abs. 1 RVO. auch für die knappschaftlichen Krankenkassen entsprechend geltenden §§ 211 bis 213 der RVO. aufgenommen hat. Der Schlußsatz des Abs. 2 dehnt die in Satz 1 bis 3 wiedergegebenen reichsgesetzlichen Vorschriften auf den Fall des Wechsels zwischen Knappschaftsvereinen oder besonderen Krankenkassen aus. Begr. 1912 S. 24/25.

2. Die Frage, ob und wann ein solcher Fall vorliegt, ist danach zu beantworten, ob dasjenige Ereignis, welches den Anspruch auf eine Kassenleistung begründet (Krankheit, Tod), vor oder nach der Satzungsänderung eingetreten ist.

§ 15[1].

Kranke Mitglieder[2] der Krankenkasse eines Knappschaftsvereins oder einer besonderen Krankenkasse (§ 5), die außerhalb des Bezirkes ihrer Kasse wohnen, erhalten auf Erfordern ihrer Kasse die ihnen bei ihr zustehenden Leistungen von der allgemeinen Ortskrankenkasse des Wohnorts. Gehört der Wohnort zum Bereich einer Knappschaftskasse, so hat, von dringenden Fällen abgesehen, diese die vorläufige Hilfe zu bewilligen. Das gleiche gilt für berechtigte Familienmitglieder sowie für ausgeschiedene Erwerbslose (§ 19).

Das gleiche gilt für ein Mitglied, das während eines vorübergehenden Aufenthalts außerhalb seines Kassenbereichs erkrankt, solange es seines Zustandes wegen nicht nach seinem Wohnorte zurückkehren kann. Eines Antrags seiner Kasse bedarf es nicht. Die Kasse, welche die Leistungen gewährt, hat jedoch binnen einer Woche den Eintritt des Versicherungsfalls der Krankenkasse des Knappschaftsvereins oder der besonderen Krankenkasse (§ 5) mitzuteilen und soll deren Wünsche wegen der Art der Fürsorge tunlichst befolgen.

Erkrankt ein Mitglied im Auslande[3], so erhält es, solange es seines Zustandes wegen nicht ins Inland zurückkehren kann, die ihm bei seiner Kasse zustehenden Leistungen vom Arbeitgeber. Dieser hat binnen einer Woche den Eintritt des Versicherungsfalls der Kasse mitzuteilen und soll deren Wünsche wegen der Art der Fürsorge tunlichst befolgen; die Kasse kann die Fürsorge selbst übernehmen.

Die Krankenkasse des Knappschaftsvereins oder die besondere Krankenkasse (§ 5), deren Mitglied die Leistungen bezogen hat, hat der anderen Kasse und dem Arbeitgeber die Kosten zu erstatten. Dabei gelten drei Achtel des Grundlohns als Ersatz der Kosten für die Krankenpflege.

Bei Streit über die Erstattungsansprüche entscheidet das Versicherungsamt im Spruchverfahren nach den Vorschriften der Reichsversicherungsordnung.

1. Der § 15 entspricht dem § 171bb der Novelle v. 3. 6. 12 (Art. 1 Nr. 5), der seinerseits die nach § 500 Abs. 1 der RVO. anwendbaren §§ 219 bis 222, 224 RVO. wiedergibt. Der Satz 2 des Abs. 1 gibt außerdem den § 500 Abs. 2 RVO. wieder. Begr. 1912 S. 25.

2. Gleichgültig, ob versicherungsverpflichtete oder -berechtigte.

3. Also nur, wenn die Erkrankung selbst im Auslande erfolgt. § 216 Abs. 1 Nr. 2 RVO. gilt für Knappschaftsvereine nicht: das Gesagte ergibt sich aber aus dem Wortlaute des Gesetzes.

§ 16[1].

Kassenmitglieder, welche aus der ihre Mitgliedschaft bei der Krankenkasse des Knappschaftsvereins oder bei einer besonderen Krankenkasse (§ 5) begründenden Beschäftigung freiwillig oder infolge Kündigung oder Entlassung durch den Werksbesitzer ausscheiden, verlieren, soweit das Gesetz nicht besondere Ausnahmen vorsieht, ihre Ansprüche auf die Leistungen der Kasse[2].

1. Der § 16 entspricht dem § 171c des Ges. v. 19. 6. 06 in der Fassung der Novelle v. 3. 6. 12 (Art. I Nr. 6). Der Abs. 2 des bisherigen § 171c ist gestrichen; der Inhalt der ersten Hälfte dieses Absatzes ist an die Spitze des § 18 gestellt, die zweite Hälfte des Absatzes deckt sich mit der allgemeinen Vorschrift des als § 18 aufgenommenen § 314 Abs. 1 Satz 1 RVO. Vgl. Begr. 1912 S. 25.

2. Die Vorschrift „gibt einen alten Grundsatz der Knappschaftssatzungen wieder, dessen Aufnahme hinsichtlich der Krankenkassen in das Gesetz mit Rücksicht auf die Ausnahmen in den folgenden Paragraphen angezeigt ist. Durch das Ausscheiden aus der die Mitgliedschaft begründenden Beschäftigung werden die Kassenleistungen in einem bereits eingetretenen Unterstützungsfalle nicht

beendet, da eine solche Beendigung mit der Vorschrift im § 171b (jetzt § 13) Abs. 1 dieses Gesetzes und § 74 Abs. 2 KVG. in Widerspruch stehen würde, das Gesetz also in dieser Beziehung eine besondere Ausnahme vorsieht." Begr. 1906 S. 12.

§ 17[1].

[3]Scheidet ein Mitglied, das bei der Krankenkasse eines Knappschaftsvereins oder einer besonderen Krankenkasse (§ 5) oder auf Grund der Reichsversicherung in den vorangegangenen zwölf Monaten mindestens sechsundzwanzig Wochen oder unmittelbar vorher mindestens sechs Wochen versichert war, aus der versicherungspflichtigen Beschäftigung aus[2], so kann es in seiner Klasse oder Lohnstufe Mitglied bleiben, solange es sich regelmäßig im Inland aufhält und nicht Mitglied einer anderen Knappschafts- oder einer Orts-, Land-, Betriebs- oder Innungskrankenkasse wird. Es kann in eine niedere Klasse oder Lohnstufe übertreten[3].

[3]Wer Mitglied bleiben will, muß es der Kasse binnen drei Wochen nach dem Ausscheiden oder, falls das Mitglied arbeitsunfähig ist und Kassenleistungen empfängt, nach Beendigung der Kassenleistungen anzeigen. Wer jedoch in der zweiten oder dritten dieser Wochen erkrankt, hat für diese Krankheit, vorbehaltlich des § 19, Anspruch auf die Kassenleistungen nur, wenn er die Anzeige in der ersten Woche gemacht hat. Der Anzeige steht es gleich, wenn in der gleichen Frist die satzungsmäßigen Beiträge voll gezahlt werden. Mit Zustimmung des Oberbergamts kann die Satzung längere Fristen bestimmen.

Zur Erhaltung der Mitgliedschaft haben die in Abs. 1 und 2 erwähnten Mitglieder die vollen für andere Kassenmitglieder von diesen und von den Werksbesitzern aufzubringenden Beiträge (§§ 36 und 37) aus eigenen Mitteln zu leisten. Sie dürfen weder Stimmrechte ausüben noch Kassenämter übernehmen, soweit letzteres nicht im § 52 Abs. 2 ausdrücklich zugelassen ist[4].

1. Der § 17 entspricht dem § 171d der Novelle v. 3. 6. 12 (Art. I Nr. 7), der an Stelle des bisherigen § 171d des Ges. v. 19. 6. 06 getreten ist.

2. Die Erhöhung des Jahresgehalts eines Werksbeamten auf mehr als 2000 (in Zukunft 2500) M. während seiner Beschäftigung in einem knappschaftspflichtigen Betriebe ist eine Änderung des Beschäftigungsverhältnisses, die das Ausscheiden des Beamten aus der die Knappschaftspflicht begründenden Beschäftigung zur Folge hat. Entsch. des ObSchG. v. 15. 11. 11, R.L. 236/11, Z. f. B. Bd. 53 S. 411, Kompaß 1912 S. 103.

3. Zu Abs. 1 und 2. Diese beiden Absätze sind auf Grund des § 500 Abs. 1 RVO. in der Fassung nach § 313 ebenda an Stelle des bisherigen Abs. 1 getreten. Der bisherige Abs. 2 ist gestrichen, weil eine allgemeine Vorschrift gleichen Inhalts im § 171da (jetzt § 18) getroffen ist. Begr. 1912 S. 25.

4. Zu Abs. 3. Dieser Absatz entspricht dem bisherigen Abs. 3 bis auf den Schlußsatz, der infolge der neuen Vorschrift des § 52 Abs. 2 anzufügen war, daß Knappschaftsinvaliden, welche die Mitgliedschaft bei der Krankenkasse freiwillig fortsetzen, als Älteste gewählt werden können. Begr. 1912 S. 25. Diese Ältesten können nunmehr, wie alle anderen Ältesten, zu Mitgliedern des Vorstandes (zu vgl. indes § 53 Abs. 2), zu Beisitzern des Schiedsgerichts (zu vgl. § 72) und des Oberschiedsgerichts (zu vgl. § 83) gewählt werden, auch nehmen sie an der Generalversammlung nach Maßgabe des § 61 teil.

§ 18[1].

[2]Die Mitgliedschaft Beitrittsberechtigter erlischt, wenn sie dem Vorstand ihren Austritt anzeigen. [3]Das gleiche gilt, wenn sie zweimal nacheinander am Zahltage die Beiträge nicht entrichten und seit dem ersten dieser Tage mindestens vier Wochen vergangen sind. Die Satzung kann diese Frist bis zum nächstfolgenden Zahltage verlängern.

[3]Erfährt der Vorstand der Kasse glaubhaft, daß das regelmäßige jährliche Gesamteinkommen eines beitrittsberechtigten Mitglieds viertausend Mark übersteigt, so hat er diesem Mitglied alsbald mitzuteilen, daß seine Mitgliedschaft erloschen sei. Die Mitgliedschaft erlischt mit der Zustellung der Mitteilung.

1. Der § 18 entspricht dem § 171da der Novelle v. 3. 6. 12 (Art. I Nr. 8).

2. Zu Abs. 1. Der erste Satz gibt die erste Hälfte des Abs. 2 des früheren § 171c wieder (zu vgl. Anm. 1 zu § 16).

3. Zu Abs. 1 und 2. Im übrigen gibt der § 18 die nach § 500 Abs. 1 RVO. für Knappschaftskassen entsprechend geltenden Vorschriften des § 314 ebenda wieder. Die Vorschriften sind allgemeinen Charakters und gelten sowohl für den freiwilligen Beitritt zur Krankenkasse, wie für die freiwillige Fortsetzung der Mitgliedschaft nach § 17 (vgl. Bericht der Reichstagskommission, 2. Teil zu § 326 des Entwurfs S. 198). Begr. 1912 S. 25.

§ 19[1].

Scheiden Kassenmitglieder wegen Erwerbslosigkeit[2] aus, die in den vorangegangenen zwölf Monaten mindestens sechsundzwanzig Wochen oder unmittelbar vorher mindestens sechs Wochen bei der Krankenkasse eines Knappschaftsvereins oder einer besonderen Krankenkasse (§ 5) oder auf Grund der Reichsversicherung versichert waren, so verbleibt ihnen der Anspruch auf die Regelleistungen der Kasse, wenn der Versicherungsfall während der Erwerbslosigkeit und binnen drei Wochen nach dem Ausscheiden eintritt. Die Kasse hat dem Berechtigten auf Antrag seinen Anspruch auf diese Leistungen zu bescheinigen.

Sterbegeld wird auch nach Ablauf der drei Wochen gewährt, wenn die Krankenhilfe bis zum Tode geleistet worden ist.

Der Anspruch fällt weg, wenn der Erwerbslose sich im Ausland aufhält und die Satzung nichts anderes bestimmt.

1. Der § 19 entspricht dem § 171e des Ges. v. 19. 6. 06 in der Fassung der Novelle vom 3. 6. 12 (Art. I Nr. 9). Der Wortlaut ist nach Maßgabe des § 214 RVO., der nach § 500 Abs. 1 ebenda entsprechend gilt, geändert.

2. Erwerbslosigkeit besteht in dem Fehlen einer gegen Entgelt stattfindenden Beschäftigung. ObVGUrt. v. 27. 10. 90 (Entsch. Bd. 20 S. 365).

§ 20[1, 2].

Die Beziehungen zwischen den Knappschaftsvereinen, soweit sie Krankenkassenleistungen gewähren, sowie besonderen Krankenkassen (§ 5) und Ärzten werden durch schriftlichen Vertrag geregelt; die Bezahlung anderer Ärzte kann die Kasse, von dringenden Fällen abgesehen, ablehnen.

Soweit es die Kasse nicht erheblich mehr belastet, soll sie ihren Mitgliedern die Auswahl zwischen mindestens zwei Ärzten freilassen. Wenn das Mitglied die Mehrkosten selbst übernimmt, steht ihm die Auswahl unter den von der Kasse bestellten Ärzten frei. Die Satzung kann jedoch bestimmen, daß der Behandelte während desselben Versicherungsfalls oder Geschäftsjahrs den Arzt nur mit Zustimmung des Vorstandes wechseln darf.

Wird bei einer Krankenkasse die ärztliche Versorgung dadurch ernstlich gefährdet, daß die Kasse keinen Vertrag zu angemessenen Bedingungen mit einer ausreichenden Zahl von Ärzten schließen kann oder daß die Ärzte den Vertrag nicht einhalten, so ermächtigt das Oberversicherungsamt[3] (§ 61 der Reichsversicherungsordnung) die Kasse auf ihren Antrag widerruflich, statt der Krankenpflege oder sonst erforderlichen ärztlichen Behandlung eine bare Leistung bis zu zwei Dritteln des Durchschnittsbetrags ihres gesetzlichen Krankengeldes zu gewähren.

Das Oberversicherungsamt[3] (Beschlußkammer) kann zugleich bestimmen:

1. wie der Zustand dessen, der die Leistungen erhalten soll, anders als durch ärztliche Bescheinigungen nachgewiesen werden darf;
2. daß die Kasse ihre Leistungen so lange einstellen oder zurückbehalten darf, bis ein ausreichender Nachweis erbracht ist;
3. daß die Leistungspflicht der Kasse erlischt, wenn binnen einem Jahre nach Fälligkeit des Anspruchs kein ausreichender Nachweis erbracht ist;
4. daß die Kasse diejenigen, denen sie ärztliche Behandlung zu gewähren hat, in ein Krankenhaus verweisen darf, auch wenn die Voraussetzungen des § 184 Abs. 3 der Reichsversicherungsordnung nicht vorliegen.

Gegen den Beschluß des Oberversicherungsamts[3] (Abs. 3 und 4) hat der Kassenvorstand die Beschwerde bei dem Minister für Handel und Gewerbe.

1. Zu §§ 20 bis 25: „Diese Vorschriften geben den Inhalt der §§ 368 bis 376 RVO. über das Verhältnis der Krankenkassen zu Ärzten, Zahnärzten, Krankenhäusern und Apotheken wieder. Nach § 502 Abs. 1 RVO. gelten diese Vorschriften für die knappschaftlichen Krankenkassen schlechthin, woraus zu folgern ist, daß die den Oberversicherungsämtern und Versicherungsämtern bezüglich der ärztlichen und Arznei-Versorgung der Kassen, der Krankenhauspflege usw. in den §§ 370 (171 f Abs. 3 und 4), 371 Abs. 2 (171 g Abs. 2), 372 (171 g Abs. 3), 373 (171 g Abs. 5), 375 (171 i Abs. 1 und 2) zugewiesenen Aufgaben auch gegenüber den Knappschaftsvereinen von den reichsgesetzlichen Versicherungsbehörden wahrzunehmen sind. Es erscheint nicht zulässig, im Wege einer landesgesetzlichen Bestimmung diese Aufgaben den Oberbergämtern als den Aufsichtsbehörden der Knappschaftsvereine zu übertragen. Auch die RVO. bietet für eine solche Übertragung keine Handhabe. Insoweit auf Grund des § 63 RVO. für bergbauliche Betriebe besondere Oberversicherungsämter errichtet werden, wird jedoch diesen besonderen Oberversicherungsämtern durch Anordnung der

obersten Verwaltungsbehörde die Erledigung der fraglichen Aufgaben zugewiesen werden können, weil die oberste Verwaltungsbehörde in der Bestimmung der Zuständigkeit des besonderen Oberversicherungsamts nach § 63 Abs. 3 völlig frei ist. Diese Möglichkeit im Landesgesetz zum Ausdruck zu bringen, erscheint nicht notwendig, weil sie unmittelbar aus der RVO. folgt.

Im § 171i Abs. 1 (jetzt § 24 Abs. 1), der im übrigen den Wortlaut des § 375 Abs. 1 RVO. wiedergibt, sind hinter dem Worte ‚Versicherungsamts' die Worte: ‚in dessen Bezirke die Kasse ihren Sitz hat' eingeschoben, um für den Fall, daß sich ein Knappschaftsverein über die Bezirke mehrerer Versicherungsämter erstreckt, das zuständige Versicherungsamt zu bestimmen. Entsprechend ist im § 171k (jetzt § 25) die Zuständigkeit des Oberversicherungsamts für den Fall geregelt, daß ein Knappschaftsverein die Bezirke mehrerer Oberversicherungsämter umschließt.

Als § 171l (jetzt § 26) ist unter Ausdehnung auf die im § 171i (jetzt § 24) bezeichneten „anderen Personen, welche die dem freien Verkehr überlassenen Arzneimittel feilhalten", der bisherige Abs. 5 des § 171b übernommen." Begr. 1912 S. 25/26.

2. Der § 20 entspricht dem § 171f der Novelle v. 3. 6. 12 (Art. I Nr. 10) und gibt den Inhalt der §§ 368, 369, 370 RVO. wieder.

3. Wegen des Oberversicherungsamts vgl. Anm. 1. Die Errichtung besonderer Knappschafts-Oberversicherungsämter und die Übertragung der im § 186 Abs. 2 Nr. 2 des Ges. v. 19. 6. 06 bezeichneten knappschaftlichen Streitigkeiten an sie sind durch Bekanntmachungen des Handelsministers bzw. dieses Ministers und des Ministers des Innern v. 19. 6. 12 erfolgt. Vgl. Anhang C.

§ 21 [1, 2].

Die Satzung kann den Vorstand ermächtigen, die Krankenhausbehandlung nur durch bestimmte Krankenhäuser zu gewähren und, wo die Kasse Krankenhausbehandlung zu gewähren hat, die Bezahlung anderer Krankenhäuser, von dringenden Fällen abgesehen, abzulehnen.

Dabei dürfen Krankenhäuser, die lediglich zu wohltätigen oder gemeinnützigen Zwecken bestimmt oder von öffentlichen Verbänden oder Körperschaften errichtet und die bereit sind, die Krankenhauspflege zu den gleichen Bedingungen wie die im Abs. 1 bezeichneten Krankenhäuser zu leisten, nur aus einem wichtigen Grunde mit Zustimmung des Oberversicherungsamts[3] ausgeschlossen werden.

1. Zu vgl. Anm. 1 zu § 20.

2. Der § 21 entspricht dem § 171g der Novelle v. 3. 6. 12 (Art. I Nr. 10). Er gibt § 371 RVO. wieder.

3. Wegen des Oberversicherungsamts vgl. Anm. 1 und 3 zu § 20.

§ 22[1, 2].

Genügt bei einer Krankenkasse die ärztliche Behandlung oder Krankenhauspflege nicht den berechtigten Anforderungen der Erkrankten, so kann, vorbehaltlich des § 20 Abs. 3 bis 5, das Oberversicherungsamt[3] nach Anhören der Kasse jederzeit anordnen, daß diese Leistungen noch durch andere Ärzte oder Krankenhäuser zu gewähren sind.

Diese Anordnung soll nur auf so lange getroffen werden, wie es ihr Zweck fordert, und bedarf, wenn sie über ein Jahr gelten soll, der Genehmigung des Ministers für Handel und Gewerbe.

Wird die Anordnung nicht binnen der gesetzten Frist befolgt, so kann das Oberversicherungsamt[3] selbst das Erforderliche auf Kosten der Kasse veranlassen. Verträge, welche die Kasse mit Ärzten oder Krankenhäusern bereits geschlossen hat, bleiben unberührt.

Die Kasse hat gegen diese Anordnungen und Maßnahmen binnen einer Woche die Beschwerde bei dem Minister für Handel und Gewerbe.

1. Zu vgl. Anm. 1 zu § 20.

2. Der § 22 entspricht den Absätzen 3 bis 6 des § 171g des Entwurfs der Novelle v. 3. 6. 12, die infolge Beschlusses der Kommission des AH. von dem § 171g abgetrennt und in einen besonderen § 171ga (Art. I Nr. 10), den jetzigen § 22 verwiesen

wurden. Vgl. KommBerAH. 1912 S. 26. Er gibt die §§ 372 und 373 RVO. wieder.

3. Wegen des Oberversicherungsamts vgl. Anm. 1 und 3 zu § 20.

§ 23[1, 2].

Für die Beziehungen zwischen den Krankenkassen und den Zahnärzten gelten die §§ 20 Abs. 1, 22 entsprechend.

1. Zu vgl. Anm. 1 zu § 20.

2. Der § 23 entspricht dem § 171h der Novelle v. 3. 6. 12 (Art. I Nr. 10). Er gibt den § 374 RVO. wieder. Vgl. auch Anm. 2 zu § 22 zu dem gegen den Entwurf veränderten Zitat.

§ 24[1, 2].

Die Satzung kann den Vorstand ermächtigen, innerhalb des Kassenbereichs oder mit Genehmigung des Versicherungsamts, in dessen Bezirke die Kasse ihren Sitz hat, darüber hinaus wegen Lieferung der Arznei mit einzelnen Apothekenbesitzern oder -verwaltern oder, soweit es sich um die dem freien Verkehr überlassenen Arzneimittel handelt, auch mit anderen Personen, die solche feilhalten, Vorzugsbedingungen zu vereinbaren. Alle Apothekenbesitzer und -verwalter im Bereiche der Kasse können solchen Vereinbarungen beitreten. Der Vorstand kann dann, von dringenden Fällen abgesehen und vorbehaltlich des Abs. 5, die Bezahlung der von anderer Seite gelieferten Arznei ablehnen.

Genügt die Arzneiversorgung, die eine Kasse gewährt, nicht den berechtigten Anforderungen der Erkrankten, so gilt § 22 entsprechend.

Die Apotheken haben den Krankenkassen für die Arzneien einen Abschlag von den Preisen der Arzneitaxe zu gewähren. Der Minister für Handel und Gewerbe bestimmt seine Höhe; er kann ihn für die einzelnen Apotheken davon abhängig machen, daß die Kasse aus ihnen mindestens zu einem bestimmten Betrage bezieht.

Der für den Sitz des Knappschaftsvereins oder der besonderen Krankenkasse (§ 5) zuständige Regierungspräsident setzt unter Rücksicht auf die örtlichen Verhältnisse und die im Handverkauf üblichen Preise die Höchstpreise von solchen einfachen Arzneimitteln fest, welche sonst ohne ärztliche Verschreibung (im Handverkauf) abgegeben zu werden pflegen. Diese Höchstpreise dürfen einen Betrag nicht überschreiten, der sich nach Abs. 3 ergibt. Der Minister für Handel und Gewerbe kann Näheres anordnen.

Beziehen die Berechtigten die im Abs. 4 bezeichneten Arzneimittel zu einem Preise, der die Festsetzung nicht übersteigt, aus einer Apotheke, so kann der Regierungspräsident anordnen, daß die Kasse die Bezahlung nicht deshalb ablehnen darf, weil sie nach Abs. 1 mit Personen, die nicht Apothekenbesitzer oder -verwalter sind, niedrigere Preise vereinbart hat.

1. Zu vgl. Anm. 1 zu § 20.

2. Der § 24 entspricht dem § 171i der Novelle v. 3. 6. 12 (Art. I Nr. 10). Er gibt die §§ 375, 376 der RVO. wieder, schaltet aber im Abs. 1 hinter den Worten „des Versicherungsamts" die Worte: „in dessen Bezirke die Kasse ihren Sitz hat" ein. Vgl. oben Abs. 2 der Anm. 1 zu § 20.

§ 25[1, 2].

Erstreckt sich ein Knappschaftsverein oder eine besondere Krankenkasse (§ 5) über die Bezirke mehrerer Oberversicherungsämter, so werden die in den §§ 20 Abs. 3 und 4, 21 Abs. 2, 22 Abs. 1 und 3, 24 Abs. 2 bezeichneten Aufgaben von demjenigen Oberversicherungsamte[3] wahrgenommen, in dessen Bezirke der Verein oder die Kasse den Sitz hat.

1. Vgl. Anm. 1 zu § 20.

2. Der § 25 entspricht dem § 171k der Novelle v. 3. 6. 12 (Art. I Nr. 10). Er regelt die Zuständigkeit des Oberversicherungs-

amts für den Fall, daß ein Knappschaftsverein die Bezirke mehrerer Oberversicherungsämter umfaßt. Siehe auch Abs. 2 der Anm. 1 zu § 20.

3. Wegen des Oberversicherungsamts vgl. Anm. 1 und 3 zu § 20.

§ 26[1, 2].

Die mit Ärzten, Zahnärzten, Krankenhäusern und Apothekern oder anderen Personen, welche die dem freien Verkehr überlassenen Arzneimittel feilhalten (§ 24 Abs. 1), abgeschlossenen Verträge sind dem Oberbergamte mitzuteilen.

1. Vgl. Anm. 1 zu § 20.

2. Der § 26 entspricht dem § 1711 der Novelle v. 3. 6. 12 (Art. I Nr. 10). Zu vgl. Anm. 12 zu § 13 am Schlusse.

§ 27[1, 2, 3].

Diejenigen Arbeiter, welche gemäß § 9 Abs. 1 und 3 der Krankenkasse des Knappschaftsvereins oder einer besonderen Krankenkasse (§ 5) als Mitglieder angehören, sowie diejenigen Beamten, deren regelmäßiger Jahresarbeitsverdienst zweitausend Mark an Entgelt nicht übersteigt, sind ohne Antrag als Mitglieder in die Pensionskasse des Knappschaftsvereins aufzunehmen, sofern sie den in den Satzungen aufgestellten Erfordernissen über Lebensalter und Gesundheit genügen[4]. Als Erfordernis für die Aufnahme darf das Mindestlebensalter nicht über achtzehn Jahre und das Höchstlebensalter nicht unter vierzig Jahre festgesetzt werden.

Die Beamten mit einem regelmäßigen Jahresarbeitsverdienste von mehr als zweitausend Mark sind, auch wenn ihr jährliches Gesamteinkommen viertausend Mark übersteigt, unter den im Abs. 1 bezeichneten Voraussetzungen[5] berechtigt, den Pensionskassen als Mitglieder beizutreten[6].

Arbeiterinnen können durch die Satzung von der Mitgliedschaft in der Pensionskasse ausgeschlossen werden[7].

Personen, welche wegen Nichterfüllung der satzungsmäßigen Erfordernisse nicht als Mitglieder in die Pensionskasse aufgenommen werden, dürfen zur Zahlung von Pensionskassenbeiträgen nicht herangezogen werden[8]. Indessen können Personen, welche durch ihr Verhalten die Feststellung nicht ermöglichen, ob die satzungsmäßigen Erfordernisse für ihre Aufnahmepflicht vorliegen, bis zur Ermöglichung dieser Feststellung bereits zur Zahlung der Pensionskassenbeiträge herangezogen werden. Auf die Leistungen der Pensionskasse erlangen diese Personen erst dann Anwartschaft, wenn ihre Aufnahmefähigkeit festgestellt ist, und zwar erst vom Zeitpunkte dieser Feststellung ab[9].

1. Der § 27 entspricht dem § 172 des Ges. v. 19. 6. 06 in der Fassung der Novelle v. 3. 6. 12 (Art. I Nr. 11). Die durch die Novelle vorgenommenen Änderungen der Abs. 1 und 2 folgen aus der Erhöhung der Einkommensgrenze für die Krankenversicherung der Beamten auf 2500 Mark (vgl. § 9 Abs. 3), die für die Mitgliedschaft der Beamten bei Knappschaftspensionskassen nicht Platz greift. Begr. 1912 S. 26. Der Inhalt des bisherigen Abs. 3 ist nach § 28 Abs. 1 übernommen. Die Abs. 1 und 2 sind mit der Verkündung der Novelle v. 3. 6. 12 in Kraft getreten. Vgl. Art. IV der genannten Novelle unten unter II.

2. In den von den Pensionskassenverhältnissen handelnden Vorschriften der §§ 172 ff. (jetzt §§ 27 ff.) sind die Rechte und Pflichten der Mitglieder, wie die Grundsätze für die Kasseneinrichtungen, nicht erschöpfend geordnet. Die weitere Ordnung ist den Satzungen der einzelnen Knappschaftsvereine so weit überlassen, als die Gesetzesvorschriften nicht zwingenden Rechts sind. Namentlich ist die Bildung von Mitgliederklassen und die Zuweisung der Mitglieder in die Klassen der Ordnung durch die Satzung überlassen. Entsch. des ObSchG. v. 27. 10. 08, R. L. 25/08.

3. Der § 27 enthält im Zusammenhang mit § 30 einen vollständigen Bruch mit dem bis zum 1. 1. 08 nach vielen Knappschaftssatzungen üblichen System, wonach die sog. Minderberechtigten zwar Beiträge zu zahlen hatten, aber Pension für sich und ihre

Angehörigen überhaupt nicht oder nur unter Voraussetzungen erhielten, die meist nicht erfüllbar waren, und wonach ein Zwang, in die Klasse der Meistberechtigten überzutreten, nicht bestand. Begr. 1906 S. 13.

4. Hiernach gehören alle diejenigen Personen, welche zur Mitgliedschaft in der Krankenkasse verpflichtet sind, ohne weiteres auch der Pensionskasse an, sofern sie den in der Satzung hinsichtlich des Lebensalters und der Gesundheit aufgestellten Erfordernissen entsprechen. Begr. 1906 S. 13. Für die auf Grund gesetzlicher Verpflichtung der Krankenkasse angehörigen Mitglieder ist also das einzige Erfordernis für ihre gleichzeitige Zugehörigkeit zur Pensionskasse die Tatsache, daß sie den in der Satzung hinsichtlich des Lebensalters und der Gesundheit aufgestellten Erfordernissen genügen. Weitere Erforderuisse für die Aufnahme darf — abgesehen von dem im Abs. 4 (jetzt 3) zugelassenen Ausschluß der Arbeiterinnen — die Satzung nicht aufstellen; vgl. auch Begr. 1906 S. 13 und Entsch. des ObSchG. v. 16. 11. 11, R.L. 271/11, Kompaß 1912 S. 84. Die Verpflichtung zur Pensionskassenmitgliedschaft trifft hiernach auch die im Betriebe eines knappschaftspflichtigen Werkes beschäftigten sog. Unternehmerarbeiter; vgl. Anm. 5 zu § 9. Anträge, die dahin zielten, durch die Satzung diese Arbeiter oder einzelne Klassen derselben von dieser Verpflichtung ausschließen zu können, sind von der Kommission des AH. abgelehnt worden. Vgl. KommBerAH. 1906 S. 24 und 29 bis 31. Wegen der „Werksbeamten" vgl. § 9 Abs. 2 und Anm. 10 zu § 9.

Die Feststellung, ob ein einzelner Arbeiter oder Beamter den satzungsmäßigen Erfordernissen über Lebensalter und Gesundheit genügt, ist nicht Voraussetzung seiner Annahme zu knappschaftspflichtiger Beschäftigung; vielmehr kann diese Feststellung auch nach Aufnahme der Beschäftigung und der dadurch erlangten Mitgliedschaft zur Krankenkasse in unmittelbarem Anschluß an diese Aufnahme erfolgen. Vgl. auch KommBerAH. 1906 S. 25.

5. Die im Abs. 1 bezeichneten Voraussetzungen betreffen lediglich das Lebensalter und die Gesundheit. Die Mitgliedschaft zur Krankenkasse ist hiernach für die beitrittsberechtigten Beamten nicht Voraussetzung der Mitgliedschaft zur Pensionskasse.

6. Für die bloß beitritts*berechtigten* Beamten kann auch durch die Satzung der Beitritts*zwang* zur Pensionskasse nicht

eingeführt werden. Vgl. auch RekBesch. v. 17. 8. 95, Z. f. B. Bd. 37 S. 121.

7. Die Möglichkeit, Arbeiterinnen von der Pensionskassenmitgliedschaft auszuschließen, entspricht dem bisherigen Rechtszustand und ist in den Sonderverhältnissen dieser Arbeiterklasse sachlich begründet. Vgl. des näheren Begr. 1906 S. 14; KommBerAH. 1906 S. 29 f.

8. Zur Erreichung des oben in Anm. 3 dargelegten Zweckes ist hier der Grundsatz ausgesprochen, daß Personen, welche den satzungsmäßigen Erfordernissen zur Aufnahme in die Pensionskasse nicht genügen, auch nicht zur Zahlung von Pensionskassenbeiträgen herangezogen werden dürfen. Begr. 1906 S. 14.

9. Von dem im Satz 1 des Abs. 4 ausgesprochenen Grundsatz ist im Satz 2 und 3 eine Ausnahme zugelassen. „Die Feststellung des Lebensalters erfordert vielfach, die Feststellung des Gesundheitszustandes aber stets eine Mitwirkung desjenigen, um dessen Aufnahmepflicht es sich handelt. Weigert dieser seine Mitwirkung, indem er z. B. der ärztlichen Untersuchung sich nicht unterzieht, so muß er durch ein geeignetes Zwangsmittel zu der notwendigen Mitwirkung angehalten werden können, da andernfalls die Erfüllung der gesetzlichen Zwangsvorschrift über die Zugehörigkeit zur Pensionskasse von dem Belieben des Aufnahmepflichtigen abhängig sein würde." Begr. 1906 S. 14. Ein „durch sein Verhalten die Feststellung Nichtermöglichen" liegt dann vor, wenn der Betreffende durch sein Verhalten die zu der fraglichen, in erster Linie dem Verein obliegenden Feststellung getroffenen Maßnahmen durchkreuzt. Eine solche dem Gesetz genügende Maßnahme ist in einem auf den Vereinswerken ausgehängten Anschlage, durch den die Arbeiter aufgefordert werden, sich in dem Monate, in dem sie ihr 18. Lebensjahr vollenden, behufs Feststellung ihrer Persönlichkeit zu melden und sich sodann zur ärztlichen Untersuchung zu stellen, zu erblicken. Entsch. des ObSchG. v. 8. 6. 11, R. L. 108/11, Kompaß 1911 S. 234, und v. 16. 11. 11, R. L. 271/11, Kompaß 1912 S. 84. Der nach Satz 2 zu Beiträgen Herangezogene kann seine Heranziehung zu Beiträgen ohne gleichzeitige Eröffnung der Anwartschaft auf Pensionskassenleistungen jederzeit dadurch beseitigen, daß er seinen unberechtigten Widerstand aufgibt. Vgl. auch Begr. 1906 S. 14.

Das Verfahren der Knappschaftsvereine, wonach alle zur Mitgliedschaft in ihrer Krankenkasse verpflichteten Personen bereits vom Beginn dieser Mitgliedschaft an vorläufig zur Entrichtung von Pensionskassenbeiträgen herangezogen werden, bis festgestellt ist, ob für das einzelne Krankenkassenmitglied auch die Erfordernisse für die Aufnahme in die Pensionskasse vorliegen, verstößt nicht gegen § 27 des Gesetzes. Entsch. des ObSchG. v. 17. 12. 08, R. L. 96/08, Kompaß 1909 S. 63, Z. f. B. Bd. 50 S. 280. Die auf Grund des § 27 Abs. 4 Satz 2 erhobenen Beiträge verbleiben der Pensionskasse auch dann, wenn durch die späteren Ermittelungen die Unfähigkeit des Anwärters zur Aufnahme in diese Kasse festgestellt wird. Entsch. des ObSchG. v. 8. 6. 11, R. L. 108/11, Kompaß 1911 S. 234.

§ 28[1, 2].

[3]Für die Beamten kann eine besondere Abteilung der Pensionskasse eingerichtet werden. Geschieht dies, so ist die Rechnungsführung nach Arbeiterabteilung und Beamtenabteilung getrennt vorzunehmen.

[4]Für den im Abs. 1 bezeichneten Fall kann durch die Satzung bestimmt werden:

1. daß die im § 27 Abs. 2 bezeichneten Beamten mit einem regelmäßigen Jahresarbeitsverdienste von mehr als zweitausend bis fünftausend Mark zum Beitritte zur Pensionskasse und die Werksbesitzer zur Beitragsleistung für diese Beamten nach § 36 Abs. 1 Satz 2 verpflichtet sind;
2. daß die Mitglieder der besonderen Abteilung nach näherer Bestimmung der Satzung an den Entscheidungen der Vereinsorgane über die Leistungen der Abteilung zu beteiligen sind.

[5]Über die Bildung der besonderen Beamtenabteilung (Abs. 1) und die für diesen Fall zu treffenden Satzungsbestimmungen beschließt die Generalversammlung. Ihr Beschluß bedarf der Bestätigung des Oberbergamts.

[5]Wird die Bildung der besonderen Beamtenabteilung oder werden die für die besondere Beamtenabteilung zu treffenden Satzungsbestimmungen von der Generalversammlung nicht beschlossen, so entscheidet auf Antrag der Mehrheit der Werksbesitzer oder der Mehrheit der Beamten der Minister für Handel und Gewerbe nach Anhörung des Knappschaftsvorstandes darüber, ob die Bildung der besonderen Beamtenabteilung zu erfolgen hat und welche Satzungsbestimmungen als beschlossen anzusehen sind.

1. Der § 28 entspricht dem § 172*a* der Novelle v. 3. 6. 12, (Art. II Nr. 2). Er enthält mit dem § 29 diejenigen Vorschriften, welche notwendig erschienen, um den Knappschaftsvereinen eine sachgemäße Anpassung an das Versicherungsgesetz für Angestellte v. 20. 12. 11 (RGBl. S. 989) zu ermöglichen. „Dieses Gesetz sieht für die nach ihm versicherten Personen Unterstützungen der gleichen Art vor, wie sie den Beamten der Bergwerke usw. schon von den Knappschaftsvereinen auf Grund des Berggesetzes gewährt werden, nämlich Pensionen für den Fall der Berufsunfähigkeit und Hinterbliebenenrenten. Grundsätzlich sind auch die Beamten der Bergwerke der neuen Reichsversicherung, die sich als Zwangsversicherung darstellt, unterworfen; auf die nach Landesgesetz bestehende knappschaftliche Versicherung ist in dem Reichsgesetze nur insofern Rücksicht genommen, als die §§ 387 und 388 Sondervorschriften über eine erleichterte Durchführung der Versicherung bei den Knappschaftsvereinen enthalten. Diese Paragraphen greifen nicht, wie zahlreiche Vorschriften der RVO., unmittelbar ändernd in den Knappschaftstitel ein. Bei näherer Prüfung läßt sich aber die Notwendigkeit nicht abweisen, die besonders auch von den Knappschaftsvereinen betont worden ist, die bisherigen Bestimmungen über die knappschaftliche Versicherung der Beamten zu ergänzen, um eine sachgemäße Durchführung des Angestelltenversicherungsgesetzes zu ermöglichen und namentlich die Voraussetzungen zu schaffen, unter denen die Knappschaftsvereine auf Grund ihrer Satzungen bezüglich der Beamtenmitglieder Zuschußkassen oder Ersatzkassen im Sinne des Reichsgesetzes werden können." Begr. 1912 S. 21.

Weiter führt die Begründung zu Art. II folgendes aus:

„Nach § 388 des Versicherungsgesetzes für Angestellte v. 20. 12. 11 können Knappschaftsvereine auf den Antrag des Vorstandes oder der Mehrheit der Beamtenmitglieder, soweit sie dem Reichsgesetz unterworfen sind, durch den Bundesrat als Ersatzkassen im Sinne der §§ 372 ff. zugelassen werden, wenn sie den in §§ 375 und 377 bezeichneten Voraussetzungen genügen, d. h. die Leistungen der Knappschaftsvereine müssen denen der Reichsversicherung mindestens gleichwertig und in dieser Höhe gewährleistet sein. Ferner müssen die Beiträge der Werksbesitzer als Arbeitgeber mindestens den reichsgesetzlichen Arbeitgeberbeiträgen — das sind 4 Prozent des versicherten Einkommens der Beamten (vgl. Begründung zu §§ 172 bis 175 des Entwurfs, Nr. 1035 der Drucksachen des Reichstags 12. Legislaturperiode II. Session 1909/1911 S. 135 ff. und §§ 16, 172, 178 des Gesetzes) — und, soweit die Beiträge der Versicherten höher sind, diesen gleichkommen ....

Insoweit Knappschaftsvereine nicht Ersatzkassen werden — womit sie völlig an die Stelle der Reichsversicherungsanstalt treten —, können sie von der Regelung nach § 387 des Angestelltenversicherungsgesetzes Gebrauch machen, d. h. sie können die reichsgesetzlichen Leistungen ganz oder zum Teil auf ihre satzungsmäßigen Leistungen anrechnen, wofern die dem angerechneten Betrage entsprechenden Beiträge zur reichsgesetzlichen Versicherung aus den Mitteln des Knappschaftsvereins an die Reichsversicherungsanstalt bezahlt werden und die Arbeitgeber mindestens die Hälfte der aus den Mitteln des Knappschaftsvereins zu zahlenden reichsgesetzlichen Beiträge entrichten. Die Knappschaftsvereine werden dann Zuschußkassen im Sinne der §§ 365 ff. des Angestelltenversicherungsgesetzes. Die Erfordernisse dieser Regelung im einzelnen ergeben sich aus dem Inhalt des § 387 und der dort angezogenen weiteren Bestimmungen des Reichsgesetzes.

Schließlich sind noch Fälle denkbar, in denen sich für Knappschaftsvereine weder die Regelung nach § 388 noch nach § 387 empfiehlt. So sind auf größeren Werken vielfach (z. B. in Oberschlesien) für die Beamten besondere private Pensionskassen vorhanden, deren Zulassung als private Ersatzkassen angestrebt wird. Falls diese Pensionskassen bei hinreichender Leistungsfähigkeit als Ersatzkassen anerkannt werden, genügen die Beamten durch die

Beteiligung bei ihnen der reichsgesetzlichen Versicherungspflicht und sie haben einen gesicherten Anspruch auf eine der reichsgesetzlichen gleichwertige Fürsorge, so daß die Notwendigkeit der Versicherung bei der Knappschaft entfällt. Ferner kann die Aufhebung der knappschaftlichen Versicherung der Beamten bei kleineren Vereinen zweckmäßig erscheinen, die den Beamtenmitgliedern nur geringe Leistungen gewähren und die durch das Reichsgesetz vorgeschriebene erweiterte Beamtenfürsorge der Reichsversicherungsanstalt zu überlassen wünschen.

Auf die vorstehend dargelegten Möglichkeiten ist in dem Entwurf Rücksicht zu nehmen, indem Bestimmungen vorgesehen werden, die nach den verschiedenen Richtungen hin eine sachgemäße Durchführung der Angestelltenversicherung ermöglichen. Welche Stellung die Vereine im einzelnen einnehmen wollen, ist ebenso, wie in dem Angestelltenversicherungsgesetz, ihrer freien Entschließung zu überlassen. Begr. 1912 S. 33.

2. Zu § 28 im besonderen. In ihm sind „diejenigen Erweiterungen des Gesetzes vorgesehen, die für die Zuschußkassen und für die Ersatzkassen erforderlich erscheinen. Eine sachgemäße Durchführung der Vorschriften der §§ 387 und 388 des Angestelltenversicherungsgesetzes setzt die Bildung besonderer Beamtenabteilungen voraus. Diese ist nach § 172 Abs. 3 des gegenwärtigen Gesetzes (von 1906) schon jetzt zulässig. Die allgemeine Vorschrift, daß eine Beamtenabteilung eingerichtet werden kann, bedarf aber der näheren Ausgestaltung, namentlich nach der Richtung hin, daß durch die Vereinssatzung für sämtliche Beamten mit einem Einkommen bis zu 5000 Mark, der Grenze für die Versicherungspflicht nach § 1 Abs. 3 des Angestelltenversicherungsgesetzes, der Beitrittszwang ausgesprochen werden kann. Nach den bisherigen Bestimmungen des § 172 (jetzt § 27) Abs. 2 des Berggesetzes sind die Beamten mit einem Einkommen über 2000 Mark berechtigt, den Pensionskassen der Knappschaftsvereine als Mitglieder beizutreten. Durch Satzungsvorschrift die gesetzliche Beitrittsberechtigung in einen Beitrittszwang umzuwandeln, ist nicht zulässig. (Vgl. RekBesch. v. 17. 8. 93, Z. f. B. Bd. 37 S. 121.) Es bedarf dazu vielmehr der ausdrücklichen Ermächtigung durch das Gesetz, wie sie in dem Entwurf ausgesprochen wird. Von dieser Ermächtigung werden zunächst diejenigen Knappschaftsvereine Gebrauch zu machen haben, die ihre

Zulassung als Ersatzkassen zu erreichen wünschen. Wenn auch § 374 des Angestelltenversicherungsgesetzes, wonach den privaten Ersatzkassen sämtliche Versicherungspflichtigen der Unternehmungen, für die sie errichtet sind, angehören müssen, auf Knappschaftsvereine nicht anwendbar ist (vgl. Bericht der Reichstagskommission, Nr. 1198 der Drucksachen 12. Legislaturperiode II. Session 1909/11 S. 65 zu § 380), so ist doch anzunehmen, daß der Bundesrat die Voraussetzungen für die Zulassung nach § 388 a. a. O. nicht als gegeben ansehen wird, wenn nur ein Teil der Beamten der Knappschaftspensionskasse beitritt, während ein anderer Teil sich bei der Reichsanstalt versichert. Namentlich die Leistungsfähigkeit der Kasse, die durch die Zahl der Mitglieder und die gleichmäßige Verteilung der Risiken wesentlich beeinflußt wird, würde in einem solchen Falle voraussichtlich nicht für hinreichend dargetan erachtet werden. Aber auch für die Zuschußkassen ist die statutarische Einführung des Beitrittszwanges von wesentlicher Bedeutung. Bliebe es in das Belieben der Beamten gestellt, ob sie der Pensionskasse beitreten wollen oder nicht, so würde nicht allein durch den dann möglicherweise eintretenden Zustand, daß die Beamten desselben Bergwerks teils der Knappschaft angehören und durch deren Vermittelung als Zuschußkasse die Beiträge zur Reichsversicherungsanstalt entrichten, teils die Versicherung unmittelbar bei der Reichsanstalt nehmen, die Rechnungsführung erschwert, sondern es würde hiervon auch die finanzielle Entwickelung und Leistungsfähigkeit der Kasse wesentlich berührt werden. Denn es würden der Kasse voraussichtlich nur diejenigen Beamten beitreten, die ein besonderes Interesse an den höheren Leistungen der Zuschußkasse für sich und ihre Angehörigen haben, also besonders ältere und verheiratete Personen, während die besseren Risiken bei der für sie billigeren Reichsanstalt blieben.

Ferner ist durch das Gesetz noch auszusprechen, daß im Falle der Errichtung einer besonderen Beamtenabteilung die Bergwerksbesitzer durch die Satzung zur Zahlung der Hälfte der Beiträge abweichend von der gesetzlichen Regel des § 174 Abs. 2 (jetzt § 36 Abs. 3) des Knappschaftsgesetzes verpflichtet werden können. Diese Verpflichtung muß den Bergwerksbesitzern sowohl bei den Ersatzkassen (vgl. § 388 in Verbindung mit § 377 des Angestelltenversicherungsgesetzes) wie bei den Zuschußkassen (vgl. § 387 Abs. 1 a. a. O. und § 174 (jetzt § 36) Abs. 1 Satz 2 des Knappschaftsgesetzes) als satzungsmäßige Leistung auferlegt werden". Begr. 1912 S. 34, 35.

3. Zu Abs. 1. „Hierhin ist die bisherige Vorschrift des § 172 Abs. 3 übernommen und ferner nach dem Vorgange des § 168 bestimmt, daß die Rechnungsführung nach Arbeiterabteilung und Beamtenabteilung getrennt vorzunehmen ist. Diese Bestimmung reicht als gesetzliche Grundlage für die Vornahme der Errichtung und Abtrennung der besonderen Beamtenklasse aus; die Regelung der Einzelheiten ist der Satzung zu überlassen. Die Schaffung einer eigenen Organisation für die Beamtenabteilung erscheint unnötig und bei kleineren Knappschaftsvereinen nicht einmal durchführbar. Zudem würde sie mit den bestehenden gesetzlichen Vorschriften über die Verwaltung der Knappschaftsvereine unvereinbar sein. Im Falle der Bildung einer innerhalb des Vereins bestehenden selbständigen Beamtenabteilung müßte den Beamten eine besondere Vertretung bei der Verwaltung des Gesamtvereins zugestanden werden. Nach den Bestimmungen des Knappschaftsges. v. 9. 6. 06 (§ 180 Abs. 1), die auf Grund langwieriger Kompromißverhandlungen in der Kommission des Abgeordnetenhauses zustande gekommen sind, können Beamte aber in den Vorstand nur gewählt werden, soweit sie beitrittspflichtige Knappschaftsälteste sind. Die Forderung, daß den Beamten als solchen ohne jene Einschränkung Sitz und Stimme im Knappschaftsvorstande eingeräumt werde, ist bei den erwähnten Kompromißverhandlungen ausdrücklich abgelehnt worden (vgl. den Bericht der Kommission, Drucksache Nr. 302 des AH. 20. Legislaturperiode II. Session 1905/06 S. 93, 94).

Die vorgesehene getrennte Rechnungsführung hat zur Folge, daß für die Arbeiterabteilung und die Beamtenabteilung besondere Etats aufgestellt, die Einnahmen und Ausgaben besonders gebucht und die Beiträge besonders festgesetzt werden müssen. Was den letzten Punkt anbelangt, so muß bei Zuschußkassen und bei Ersatzkassen nach dem Reichsgesetz der Arbeitgeberbeitrag mindestens der Hälfte der reichsgesetzlichen Arbeitgeberbeiträge gleichkommen (§§ 387 Abs. 1 Satz 2, 388 Abs. 1 in Verbindung mit 377). Hieraus ergibt sich . . . . , daß in der Beamtenabteilung Beiträge mindestens in Höhe der reichsgesetzlichen Beiträge zur Angestelltenversicherung zu zahlen sind; innerhalb der Beamtenabteilung werden die Beiträge nach der Lohnhöhe entsprechend den im § 16 des Angestelltenversicherungsgesetzes bezeichneten Gehaltsklassen abzustufen sein. Schon dieser Umstand weist auf die Notwendigkeit einer gesonderten Festsetzung der Beiträge für die Beamtenabteilung hin. Diese Notwendigkeit folgt aber auch aus den landesgesetzlichen Bestimmungen, und zwar aus § 172b (jetzt § 31) Abs. 1 Satz 2 des Berggesetzes, wonach der Betrag der Steigerungssätze sowohl für die Invalidenpensionen wie für die Witwenpensionen und — soweit für die Pensionskassenleistungen Mitgliederklassen bestehen — auch für jede Mitgliederklasse besonders festzusetzen ist, sowie ferner aus der Vorschrift des § 175c (jetzt § 40) Abs. 3, daß in den verschiedenen Mitgliederklassen die Beiträge für die einzelnen Mitglieder gleich zu bemessen und lediglich nach der durchschnittlichen Höhe der in denselben zu gewährenden Invalidenunterstützungen abzustufen sind. Unter Hinweis auf diese Bestimmungen ist bei der Beratung des § 172 Abs. 3 des Knappschaftsgesetzes (von 1906) in der Kommission des Abgeordnetenhauses von dem Regierungsvertreter mehrfach ohne Widerspruch ausgeführt worden, es könne nicht zweifelhaft sein, daß im Falle der Errichtung einer besonderen Beamtenabteilung die Beiträge nach der Absicht des Gesetzes so zu bemessen sind, daß sie zur Deckung der Leistungen nach dem Grundsatz des § 175c (jetzt § 40) Abs. 2 ausreichen; die Heranziehung von Arbeiterbeiträgen für die Leistungen an die Beamten sei unstatthaft (vgl. Kommissionsbericht S. 26 bis 28, 106 und 112). Ergibt sich hiernach die Notwendigkeit getrennter Beitragsfestsetzung zweifelsfrei aus den landesgesetzlichen Bestimmungen, so kann von der Aufnahme des § 387 Abs. 1 Satz 3 zweiter Halbsatz des Angestelltenversicherungsgesetzes, der bezüglich der Zuschußkassen die getrennte Festsetzung der Beiträge ausdrücklich vorschreibt, unbedenklich abgesehen werden.

Auch sonst erscheinen Einzelbestimmungen über die Durchführung der rechnungsmäßigen Trennung nicht erforderlich. Namentlich bedarf es keiner besonderen Vorschrift über die Erhaltung der bis zur Abtrennung der Beamtenabteilung erworbenen Ansprüche und Anwartschaften, denn aus der allgemeinen Regel des § 172b (jetzt § 31) Abs. 1 des Berggesetzes, wonach die Bemessung der Invalidenpensionen und der Witwenpensionen lediglich nach Steigerungssätzen stattfindet, folgt ohne weiteres, daß die bis zur Bildung der Beamtenabteilung erdienten Steigerungssätze derjenigen Mitgliederklasse zur

Last fallen, der die in die neue Abteilung übertretenden Beamten bisher angehört haben. Über die Durchführung einer etwa erforderlichen Vermögensauseinandersetzung zwischen der Arbeiterabteilung und der Beamtenabteilung Bestimmung zu treffen, ist Sache der nach Abs. 3 von der Generalversammlung zu beschließenden Satzung. Diese unterliegt der Bestätigung des Oberbergamts, die nach § 169 (jetzt § 6) Abs. 2 des Knappschaftsgesetzes nur zu erteilen sein wird, wenn eine nach versicherungstechnischen Grundsätzen nicht zu beanstandende Verteilung des Aktiv- und Passivvermögens vorgesehen ist." Begr. 1912 S. 35ff.

4. Zu Abs. 2. „Hier ist unter Nr. 1 die bereits oben erwähnte statutarische Einführung des Versicherungszwanges für die Beamten mit einem Einkommen bis zu 5000 M. vorgesehen, der die Verpflichtung der Werksbesitzer, die Hälfte der Beiträge zu entrichten, gegenüberstehen muß.

Zur Vermeidung von Zweifeln sei hervorgehoben, daß es bezüglich der Beitrittsberechtigung der Beamten mit einem Einkommen von mehr als 5000 M. bei den bestehenden Bestimmungen verbleibt.

Die unter Nr. 2 vorgesehene fakultative Beteiligung der Beamten an den Entscheidungen der Vereinsorgane über die Leistungen der Beamtenabteilung entspricht der Billigkeit und wird den Beamten namentlich größerer Vereine erwünscht sein. Ein Anspruch auf weitergehende Teilnahme an der allgemeinen Verwaltung über die bestehenden gesetzlichen Bestimmungen hinaus kann jedoch aus den schon dargelegten Gründen durch die Satzung für die Beamten nicht begründet werden." Begr. 1912 S. 37.

5. Zu Abs. 3 und 4. „Die Bildung einer besonderen Beamtenabteilung ist im Wege der Satzungsänderung von der Generalversammlung des Knappschaftsvereins zu beschließen. Es ist jedoch mit der Möglichkeit zu rechnen, daß ein Generalversammlungsbeschluß nicht zustande kommt, obwohl die Bildung der besonderen Beamtenabteilung im Interesse sowohl der Beamten wie des Knappschaftsvereins läge. Mit Rücksicht hierauf ist dem Minister für Handel und Gewerbe nach dem Vorbilde des § 387 Abs. 5 Satz 2 des Angestelltenversicherungsgesetzes die Befugnis eingeräumt, unter den im Abs. 4 näher bezeichneten Voraussetzungen über die Bildung der besonderen Beamtenabteilung und die vor-

zunehmenden Satzungsänderungen Entscheidung zu treffen." Begr. 1912 S. 37.

§ 29[1,2].

[3]Ist ein Knappschaftsverein weder Zuschußkasse im Sinne des § 387 des Versicherungsgesetzes für Angestellte vom 20. Dezember 1911 (Reichs-Gesetzbl. S. 989) noch als Ersatzkasse im Sinne des § 388 dieses Gesetzes zugelassen oder bei einer als Ersatzkasse zugelassenen Vereinigung von Knappschaftsvereinen beteiligt, so kann die Satzung bestimmen, daß die Beamten der Pensionskasse als Mitglieder nicht angehören und, soweit sie ihr bisher angehört haben, ausscheiden. Für den letzteren Fall hat die Satzung zugleich über die Erhaltung der bis zu dem Ausscheiden erworbenen Ansprüche der Beamten auf die Pensionskassenleistungen Bestimmung zu treffen.

[4]Kommt ein Beschluß der Generalversammlung nach Abs. 1 nicht zustande, so entscheidet auf Antrag der Mehrheit der Werksbesitzer oder der Mehrheit der Beamten der Minister für Handel und Gewerbe nach Anhörung des Knappschaftsvorstandes darüber, ob die Mitgliedschaft aufzuheben ist und welche Satzungsbestimmungen als beschlossen anzusehen sind.

1. Der § 29 entspricht dem § 172β der Novelle v. 3. 6. 12 (Art. II Nr. 2).

2. Vgl. Anm. 1 zu § 28.

3. Zu Abs. 1. „Hier ist für den Fall, daß ein Knappschaftsverein aus den oben angedeuteten Gründen weder Zuschußkasse noch Ersatzkasse wird, die Aufhebung der knappschaftlichen Versicherung durch die Satzung zugelassen, und zwar sowohl für Beitrittspflichtige wie für Beitrittsberechtigte. Für die beitrittspflichtigen Beamten ist die Möglichkeit der Aufhebung hauptsächlich deshalb vorzusehen, um das Eintreten einer gesetzlichen Doppelversicherung in Fällen, in denen sie der reichsgesetzlichen Ver-

sicherungspflicht bei der Reichsanstalt oder bei einer privaten Ersatzkasse genügen, zu vermeiden.

In der Regelung der Erhaltung erworbener Ansprüche ist die Satzung frei und nicht durch die Vorschrift des § 172d (jetzt § 53) des Knappschaftsgesetzes gebunden. Die Erhaltung der Ansprüche braucht daher nicht notwendig von der Zahlung einer Anerkennungsgebühr abhängig gemacht zu werden. Ob sich im einzelnen Falle die Einführung einer mäßigen Gebühr, der die Bedeutung einer Verwaltungskostengebühr zukommen würde, empfiehlt, bleibt der Entschließung der über die Satzungsänderung entscheidenden Organe überlassen." Begr. 1912 S. 37.

4. Zu Abs. 2. Die Aufnahme dieser Vorschrift beruht auf ähnlichen Erwägungen wie die des § 28 Abs. 4, auf dessen Begründung verwiesen wird.

§ 30[1, 2].

[3]Die Leistungen, welche die Pensionskassen der Knappschaftsvereine nach näherer Bestimmung der Satzung[4, 5] ihren Mitgliedern mindestens zu gewähren haben, sind:

1. eine lebenslängliche[6] Invalidenpension[7] bei eingetretener Unfähigkeit zur Berufsarbeit[8];
2. eine Pension[7] für die Witwen[9] auf Lebenszeit oder bis zur Wiederverheiratung;
3. eine Beihilfe[7] zur Erziehung der Kinder verstorbener Mitglieder und Invaliden bis zur Vollendung des vierzehnten Lebensjahrs;
4. ein Beitrag zu den Begräbniskosten der Invaliden[10].

[11]Dem Mitgliede steht ein Anspruch auf Invalidenpension nicht zu, wenn die Arbeitsunfähigkeit vorsätzlich herbeigeführt ist. Die Gewährung der Invalidenpension kann ganz oder teilweise versagt werden, wenn das Mitglied die Arbeitsunfähigkeit bei Begehung eines durch strafgerichtliches Urteil festgestellten Verbrechens[12] oder vorsätzlichen Vergehens[13] sich zugezogen hat. In Fällen der letzteren Art kann die Invalidenpension, sofern der Ver-

sicherte eine im Inlande wohnende Familie besitzt, deren Unterhalt er bisher aus seinem Arbeitsverdienste bestritten hat, ganz oder teilweise der Familie überwiesen werden.

Die Leistungen können durch die Satzung an die Zurücklegung einer bestimmten Wartezeit gebunden werden. Die Wartezeit darf auf einen längeren Zeitraum als fünf Jahre nicht festgesetzt werden[14].

Eine Invalidenpension nach Abs. 1 Nr. 1 ist bereits vor zurückgelegter Wartezeit zu gewähren, wenn die Arbeitsunfähigkeit durch Verunglückung bei der Berufsarbeit verursacht ist[15].

Steht eine der im Abs. 1 unter Nr. 1 bis 3 bezeichneten Unterstützungen einem Ausländer zu, so kann der Berechtigte, falls er einen Wohnsitz im Deutschen Reiche nicht besitzt oder seinen Wohnsitz im Deutschen Reiche aufgibt, mit dem dreifachen Jahresbetrage der Unterstützung abgefunden werden[16].

Tritt in den Verhältnissen des Empfängers einer Invalidenpension eine Veränderung ein, welche ihn nicht mehr als unfähig zur Berufsarbeit erscheinen läßt, so kann ihm die Pension entzogen werden[17].

1. Der § 30 entspricht dem § 172a des Ges. v. 19. 6. 06.

2. Neben den landesgesetzlichen Vorschriften im § 30 über die Pensionskassenleistungen kommen für die Knappschaftsvereine und ihre Mitglieder noch die Vorschriften der RVO. v. 19. 7. 11 in Betracht. Die für die Knappschaftsvereine in Betracht kommenden Vorschriften dieses Gesetzes sind im Anhang L zusammengestellt. Inwieweit die Knappschaftsmitglieder durch dieses Reichsgesetz im allgemeinen berührt werden und in welchen Beziehungen die auf Grund dieses Gesetzes den Knappschaftsmitgliedern zu gewährenden Leistungen zu den Krankenkassenleistungen der Knappschaftsvereine stehen, ist oben in Anm. 2 zu § 9 bereits dargelegt worden. Diese Darlegungen sind, soweit die Pensionskassenleistungen der Knapp-

schaftsvereine in Frage kommen, hier noch wie folgt zu ergänzen, indem wegen ausführlicher Erläuterung der reichsgesetzlichen Vorschriften auch hier auf die in Anm. 3 zu § 9 aufgeführten Kommentare zu der RVO. verwiesen wird.

A. Unfallversicherung.

(Buch III Abschnitt 1 der RVO.) S. Anhang L.

Die reichsgesetzliche Unfallversicherung der Knappschaftsmitglieder begreift, soweit gleichzeitig die Pensionskassenleistungen der Knappschaftsvereine in Frage kommen, namentlich die nachstehenden Leistungen der Berufsgenossenschaften usw. in sich:

a) eine dem Unfallverletzten für die Dauer der völligen oder teilweisen Erwerbsunfähigkeit zu gewährende, nach dem Grade der Erwerbsunfähigkeit und nach dem Arbeitsverdienste des Verletzten abgestufte Rente, die vom Beginn der vierzehnten Woche nach dem Unfall oder, wenn das Krankengeld vor Ablauf der dreizehnten Woche wegfällt, von dem Tage des Wegfalls des Krankengeldes zu gewähren ist (§§ 558 ff. und 582 RVO.);

b) eine den Hinterbliebenen (Witwe, Kindern, eintretendenfalls Verwandten aufsteigender Linie sowie elternlosen Enkeln) des durch Betriebsunfall Getöteten vom Todestage an zu gewährende, in einem Bruchteile des Jahresarbeitsverdienstes des Getöteten bestehende Rente (§§ 586 bis 596 RVO.).

Für das Verhältnis der Leistungen der knappschaftlichen Pensionskasse zu denjenigen der Träger der Unfallversicherung, also regelmäßig der Berufsgenossenschaften, sind die Vorschriften des fünften Buches der RVO., insbesondere die §§ 1527 bis 1529 maßgebend. Den Knappschaftsvereinen und Knappschaftskassen steht demnach für ihre im § 1528 bezeichneten Vorleistungen unter entsprechender Anwendung der §§ 1501 Abs. 2 und 3, 1502 bis 1507, 1516 Abs. 2 ein Anspruch auf die Unfallentschädigung zu; sie können außerdem, wenn der Träger der Unfallversicherung seinerseits vorgeleistet hat, die Unfallentschädigung auf ihre Leistungen in demselben Umfange anrechnen, wie sie für diese Ersatz nach § 1528 beanspruchen können (§ 1529 a. a. O.). Über die Voraussetzungen dieser Ansprüche — Einheit des Leistungsgrundes, Identität der Personen, Gleichartigkeit der Leistungen, Gleichzeitigkeit der Ansprüche — vgl. die Begründung des Entwurfs der RVO., Drucksache 340 des Reichstages, 12. Legislaturperiode II. Session 1909/11 zu §§ 1483 bis 1491 des Entwurfs, S. 439 ff., sowie zu §§ 1508 bis 1513 des Entwurfs, S. 466 und oben Anm. 3 zu § 9. Wegen etwaiger Doppelleistungen vgl. Anm. 3 zu § 9.

B. Invaliden- und Hinterbliebenenversicherung.
(IV. Buch der RVO.). S. Anhang L.

Gegenstand dieser Versicherung ist der Anspruch auf Gewährung einer Rente für den Fall der Invalidität und des Alters und der Anspruch der Hinterbliebenen der Versicherten auf bestimmte Bezüge. Wegen des Kreises der Versicherten und der Versicherungsträger vgl. Anm. 3 zu § 9.

Im einzelnen handelt es sich um folgende Ansprüche:

1. Invaliden- und Altersrente. Invaliden- oder Altersrente erhält, wer die Invalidität oder das gesetzliche Alter nachweist sowie die Wartezeit erfüllt und die Anwartschaft aufrecht erhalten hat (§ 1251 RVO.) Unter gewissen Umständen geht der Anspruch auf die Rente ganz oder teilweise verloren (§ 1254 a. a. O.). Invalidenrente erhält ohne Rücksicht auf das Lebensalter der Versicherte, der infolge von Krankheit oder anderen Gebrechen dauernd invalide ist. Als invalide gilt, wer nicht mehr imstande ist, durch eine Tätigkeit, die seinen Kräften und Fähigkeiten entspricht und ihm unter billiger Berücksichtigung seiner Ausbildung und seines bisherigen Berufs zugemutet werden kann, ein Drittel dessen zu erwerben, was körperlich und geistig gesunde Personen derselben Art mit ähnlicher Ausbildung in derselben Gegend durch Arbeit zu verdienen pflegen (§ 1255 a. a. O.). Für nicht dauernd invalide s. § 1255 Abs. 3. Altersrente erhält der Versicherte vom vollendeten siebzigsten Lebensjahre an, auch wenn er noch nicht invalide ist (§ 1257 a. a. O.).

2. Die Bezüge der Hinterbliebenen sind folgende:

a) Witwenrente. Diese erhält die dauernd invalide Witwe nach dem Tode ihres versicherten Mannes. (Näheres s. § 1258).

b) Waisenrente. Diese erhalten die Kinder Versicherter — ev. auch die elternlosen Enkel — unter fünfzehn Jahren nach näherer Vorschrift der §§ 1259 und 1260 bis 1262.

c) Witwerrente nach näherer Vorschrift des § 1260 Abs. 1.

d) Witwengeld nach näherer Vorschrift der §§ 1264 und 1296.

e) Waisenaussteuer nach näherer Vorschrift der §§ 1264 und 1296.

Wegen des Heilverfahrens vgl. Anm. 3 zu § 9.

Was das Verhältnis der auf Grund des IV. Buches der RVO. zu gewährenden Leistungen und der Pensionskassenleistungen der Knappschaftsvereine betrifft, so ist es in der Hauptsache durch die Vorschriften der §§ 1321 und 1322 RVO. geregelt. Danach können Knappschaftsvereine die Invaliden- und Altersunterstützungen, die sie ihren reichsgesetzlich versicherten Mitgliedern geben, um höchstens den Wert der reichsgesetzlichen Bezüge dieser Art ermäßigen. Sie müssen dann alle Beiträge oder, wenn die Arbeitgeber damit einverstanden sind, wenigstens die der Kassenmitglieder entsprechend herabsetzen, was aber dann nicht erforderlich ist, wenn die an den Unterstützungen gemachten Ersparnisse entweder nötig sind, um die dem Vereine verbleibenden Leistungen zu decken oder satzungsmäßig mit Genehmigung der Aufsichtsbehörde zu Wohlfahrtseinrichtungen für Betriebsbeamte, Arbeiter oder deren Hinterbliebene verwendet werden (§ 1321, wo noch nähere Vorschriften). Was die Unterstützungen, die Knappschaftsvereine den Hinterbliebenen ihrer reichsgesetzlich versicherten Mitglieder geben, betrifft, so ermäßigen sie sich nach § 1322 RVO. um den halben Wert der reichsgesetzlichen Bezüge der gleichen Art. Die Unterstützungen der Vereine müssen unter Hinzurechnung der reichsgesetzlichen Bezüge mindestens um den Betrag des Reichszuschusses (zu vgl. § 1285 RVO.) höher sein, als die satzungsmäßigen Unterstützungen ohne die Ermäßigung sein würden. Entsprechend der Ermäßigung der Unterstützungen sind alle Beiträge oder, wenn die Arbeitgeber damit einverstanden sind, wenigstens die der Mitglieder herabzusetzen. Bei Streit über die Höhe der Beitragsherabsetzung entscheidet die Aufsichtsbehörde. Die Satzung kann bestimmen, daß die Unterstützungen und entsprechend die Beiträge um einen geringeren Teil oder gar nicht ermäßigt werden. Vgl. § 1322 RVO.

Besondere Vorschriften gelten für die „Sonderanstalten", wie die RVO. nunmehr die besonderen Kasseneinrichtungen nennt (vgl. Begr. des RVO. a. a. O. S. 418/419). Die Sonderanstalten müssen den §§ 1361 bis 1366 der RVO. genügen. Die Beteiligung bei ihr — oder einer zugelassenen besonderen Kasseneinrichtung — gilt der Versicherung in einer Versicherungsanstalt gleich. Die Sonderanstalten erhalten den Reichszuschuß (§§ 1387, 1285) zu ihren reichsgesetzlichen Leistungen. Für Versicherungsberechtigte in Betrieben, für die eine Sonderanstalt besteht, gilt die Vorschrift des § 1371, daß sie sich nur bei der Sonderanstalt freiwillig versichern und nur bei ihr beim Ausscheiden aus der Beschäftigung die Versicherung fortsetzen können. Vgl außerdem §§ 1369 und 1370. Zahlreiche Vorschriften der RVO. sind entsprechend auf die Sonderanstalten anzuwenden (vgl. § 1372). Auf Grund dieser Vorschriften haben die für den preußischen Bergbau gebildeten besonderen Kasseneinrichtungen: der Allgemeine Knappschaftsverein zu Bochum, der Saarbrücker Knappschaftsverein zu Saarbrücken und die Norddeutsche Knappschafts-Pensionskasse zu Halle nach entsprechender Abänderung ihrer Satzungen ihre Anerkennung als Sonderanstalt durch den Bundesrat (§ 1360 Abs. 2) erlangt.

3. Zu Abs. 1. Die Regelung der den Pensionskassen obliegenden Mindestleistungen entspricht den Vorschriften im § 171 Abs. 1 Nr. 4 bis 6 und — soweit die Invaliden in Frage kommen — Nr. 3 ABG. (Begr. 1906 S. 14). Dagegen ist in Fortfall gekommen „die Vorschrift des § 171 Abs. 2 ABG., wonach für die Knappschaftsmitglieder der am wenigsten begünstigten Klasse, wenn sie bei der Arbeit verunglücken, auch eine Invalidenunterstützung gewährt werden muß. Diese Vorschrift mußte naturgemäß schon aus dem formalen Grunde in Fortfall kommen, weil die nach dem vorliegenden Gesetzentwurf noch minderberechtigten Mitglieder lediglich der Krankenkasse und nicht der Pensionskasse angehören und daher auf Leistungen der Pensionskasse überhaupt keinen Anspruch erheben können. Der Fortfall dieser Vorschrift ist indessen auch sachlich unbedenklich. Wird ein Krankenkassenmitglied durch Verunglückung bei der Arbeit arbeitsunfähig, so steht ihm ein Anspruch auf Unfallrente an die Berufsgenossenschaft gemäß §§ 9 ff. GUVG., und zwar zu einem Betrage zu, welcher die von den Knappschaftsvereinen an die verunglückten minderberechtigten Mitglieder bisher gewährten Invalidenunterstützungen durchweg erheblich übersteigt. Die nur der Krankenkasse und nicht zugleich der Pensionskasse angehörenden Mitglieder sind daher durch diese Ansprüche an die Berufsgenossenschaft durchweg günstiger gestellt, als es bei dem Erlaß des alten § 171 Abs. 2 der Zweck dieser Gesetzesvorschrift war." Begr. 1906 S. 15.

4. Die Satzung hat vor allem über die Bemessung der von der

einzelnen Pensionskasse zu gewährenden Leistungen Bestimmung zu treffen, da das Gesetz, wie bisher, darüber keine Vorschriften aufstellt. Sie kann aber darüber hinaus selbständig gewisse Vorschriften aufstellen, die das Bezugsrecht selbst treffen, soweit dadurch nicht dessen durch das Gesetz selbst bestimmtes Wesen in Frage gestellt wird. Das entspricht auch der Auslegung der früheren entsprechenden Vorschrift im § 171 ABG. Danach ist eine Satzungsvorschrift, welche für gewisse Fälle die Versagung einer Witwenpension zuließ, für zulässig erachtet worden. Entsch. des ObSchG. v. 19. 1. 11, 313/10, Z. f. B. Bd. 52 S. 554, Kompaß 1911 S. 75. — Ebenso ist eine Vorschrift, die die Invalidenpension eines Invaliden für die Dauer einer Strafhaft der Ehefrau zuwies, für zulässig erklärt worden. Entsch. des ObSchG. v. 16. 11. 11, R. L. 278/11, Z. f. B. Bd. 53 S. 415. Immerhin haben derartige Vorschriften den Charakter von Ausnahmevorschriften und sind deshalb streng auszulegen. Zu vgl. die letzterwähnte Entscheidung.

Durch die Satzung kann nicht bestimmt werden, daß lediglich Organe des Knappschaftsvereins unter Ausschluß der im § 70 Abs. 2 zugelassenen Rechtsmittel darüber zu entscheiden haben, ob die tatsächlichen Voraussetzungen für den Bezug der satzungsmäßigen Leistungen vorliegen. Vgl. Anm. 6 zu § 6.

5. Häufig wird in Frage kommen, welche von mehreren Satzungen desselben Vereins auf die unter Nr. 1 bis 4 des Abs. 1 angegebenen Fälle anzuwenden ist, wenn die Satzungen hierüber keine Bestimmung enthalten. Für die Beurteilung der Frage ist entscheidend, unter welcher Satzung der jeweilig in Frage kommende Anspruch zur Entstehung gelangt ist. Für die Rechtsfolgen der Invalidität gilt demnach diejenige Satzung, welche zur Zeit des Eintritts der Arbeitsunfähigkeit gilt, also nicht die Satzung, die beim Beginn der Mitgliedschaft des betreffenden Mitglieds oder die bei der formellen Anerkennung der Invalidität galt. Entsch. des ObSchG. v. 11. 7. 08, R. L. 5/08, v. 28. 10. 08, R. L. 53/08, v. 20. 1. 09, R. L. 122/08. Für den Anspruch der Witwe auf Witwenpension, der als ein völlig selbständiger, in der Person der Witwe entstandener Anspruch anzusehen ist, gilt (vgl. Anm. 9) die Satzung, unter deren Herrschaft ihr pensionsberechtigter Ehemann gestorben ist. Entsch. des ObSchG. v. 28. 10. 08, R. L. 33/08.

Für die Ansprüche unter Nr. 3 und 4, die als Rechtsfolgen des Eintritts der Arbeitsunfähigkeit anzusehen sind, ist die Satzung maßgebend, die zur Zeit dieses Eintritts galt. Entsch. des ObSchG. v. 17. 2. 09, R. L. 2/09, und v. 16. 2. 12, R. L. 360/11, Kompaß 1909 S. 132, 1912 S. 136.

6. Die Invalidenpension ist nur unter der Voraussetzung eine lebenslängliche, daß die Unfähigkeit zur Berufsarbeit auch tatsächlich bis zum Lebensende andauert. Vgl. Abs. 6 des § 30 und unten Anm. 17.

7. Die im Wortlaut des § 171 ABG. gebrauchten Ausdrücke „Invaliden**unterstützung**", „**Unterstützung** der Witwen", „**Unterstützung** zur Erziehung der Kinder" sind von der Kommission des Abgeordnetenhauses durch die Ausdrücke „Invaliden**pension**", „**Pension** für die Witwen", „**Beihilfe** zur Erziehung der Kinder" lediglich im redaktionellen Interesse ersetzt worden. Vgl. hierüber KommBerAH. 1906 S. 7 und 8 (zu § 168) und S. 35 (zu § 172a).

8. Der im § 171 Abs. 1 Nr. 4 ABG. enthaltene Ausdruck „Arbeitsunfähigkeit" ist durch den Ausdruck „Unfähigkeit zur Berufsarbeit" ersetzt, weil dieser Ausdruck den Begriff schärfer wiedergibt, den das bisherige Gesetz mit dem Ausdruck „Arbeitsunfähigkeit" verbunden hatte. Begr. 1906 S. 15. Eine sachliche Änderung wird dadurch umsoweniger herbeigeführt, als in der Rekursinstanz der Ausdruck „Arbeitsunfähigkeit" stets im Sinne des Ausdrucks „Unfähigkeit zur Berufsarbeit" ausgelegt worden ist.

Allerdings wurden vor dem 1. 1. 08 die Statuten einiger Knappschaftsvereine dieser Auffassung insofern nicht gerecht, als nach den in ihnen getroffenen Vorschriften die für den Fall der Arbeitsunfähigkeit vorgesehenen Pensionssätze nicht bereits bei Eintritt der Unfähigkeit zur Berufsarbeit, sondern erst dann gewährt werden sollten, wenn auch die Unfähigkeit zu leichteren, außerhalb der Berufsarbeit liegenden Arbeiten hinzugetreten war, während bei bloßer Unfähigkeit zur Berufsarbeit nur ein Teil jener Pensionssätze, und zwar in der Regel die Hälfte gewährt werden sollte. Daß derartige Satzungsvorschriften unzulässig sind, kann nach dem jetzigen Wortlaut der Vorschrift im § 172a (jetzt § 30) Abs. 1 Nr. 1 überhaupt keinem Zweifel unterliegen. Zudem würde eine solche Vorschrift auch mit § 172b (jetzt § 31) Abs. 1 in Widerspruch stehen, wonach die Abstufung der Pensionen lediglich nach Dienstalter und Mitgliederklassen erfolgen darf, eine weitere Abstufung der Pensionen nach dem größeren oder geringeren Grade der Arbeitsunfähigkeit also nicht zulässig ist. Dagegen würde es an und für sich nicht als unzulässig bezeichnet werden können, wenn etwa Knappschaftsvereine satzungsmäßig bei der Unfähigkeit auch zu Arbeiten, die außerhalb der Berufsarbeit liegen, Zulagen zu den bei bloßer Unfähigkeit zur Berufsarbeit zu bewilligenden Invalidenpensionen gewähren und damit neben den gesetzlich vorgeschriebenen Pensionskassenleistungen eine neue freiwillige Pensionskassenleistung — Zuschuß zu den Invalidenpensionen bei Unfähigkeit zu jeder Arbeit — einführen wollten. Indessen wird schon wegen der Gewährung der reichsgesetzlichen Invalidenrenten bei gesteigerter Einbuße an Arbeitsunfähigkeit ein Bedürfnis für diese freiwillige Pensionskassenleistung kaum anzuerkennen sein, wie auch die ungünstige Finanzlage der meisten Vereine der Einführung einer solchen freiwilligen Leistung entgegenstehen wird. MinErl. an die Oberbergämter v. 16. 9. 07 — I. 8042 —.

Unfähigkeit zur Berufsarbeit liegt übrigens beispielsweise dann nicht vor, wenn ein mit eigentlichen bergmännischen Arbeiten unter Tage beschäftigt gewesener Bergmann zwar nicht mehr diese Arbeiten, wohl aber eine ihnen gleichwertige Arbeit auf Bergwerken zu verrichten imstande ist. RekBesch. v. 11. 10. 02, Z. f. B. Bd. 44 S. 165.

Aus der Rechtsprechung des ObSchG. in Knappschaftsangelegenheiten interressiert hier folgendes:

Unfähigkeit zur (eigentlich bergmännischen) Berufsarbeit ist die Unfähigkeit zur Verrichtung einer jeden der wesentlichen bergmännischen Arbeiten unter Tage oder einer diesen wesentlichen bergmännischen Arbeiten gleichwertigen Arbeit auf Bergwerken. In analoger Anwendung dieser Begriffsbestimmung auf den Hüttenbetrieb ist also ein mit den eigentlichen hüttenmännischen Arbeiten beschäftigt gewesener Arbeiter dann als unfähig zur Berufsarbeit anzusehen, wenn er weder eine der wesentlichen hüttenmännischen Arbeiten noch eine diesen Arbeiten gleichwertige Arbeit auf Hütten mehr verrichten kann. Entsch. des ObSchG. v. 26. 11. 08, R. L. 54/08, Kompaß 1909 S. 23, Z. f. B. Bd. 50 S. 116.

Ist ein Pensionskassenmitglied zu den wesentlichen bergmännischen

Arbeiten nicht mehr fähig, so liegt Invalidität nur dann **nicht** vor, wenn das Mitglied:

a) entweder zu so häufig auf Bergwerken vorkommenden, den wesentlichen bergmännischen Arbeiten gleichwertigen Arbeiten oder zu so vielen Arten derartiger Arbeiten noch fähig ist, daß die Beschränkung der Arbeitsfähigkeit des Mitglieds in ihrem wirtschaftlichen Erfolge nicht dem Verluste der Fähigkeit zur Verrichtung der auf Bergwerken vorkommenden Arbeiten als gleichwertig anzusehen ist;

b) wenn das Mitglied eine, wenn auch nur vereinzelt auf Bergwerken vorkommende gleichartige Arbeit tatsächlich dauernd verrichtet oder ihm doch die greifbare Möglichkeit zu solcher Verrichtung gegeben ist.

Entsch. des ObSchG. v. 24. 11. 10, R. L. 182/10, Z. f. B. 52 S. 284, Kompaß 1911 S. 57.

Ein Pensionskassenmitglied, bei dem die aktive Mitgliedschaft zur Pensionskasse nur auf seiner Fähigkeit zur dauernden Leistung einer vereinzelt auf Bergwerken vorkommenden Arbeit und auf der Beschäftigung in einer entsprechenden Arbeitsstelle beruht, wird nicht schon dadurch zum Invaliden, daß es, ohne durch Herabminderung der Arbeitsfähigkeit dazu gezwungen zu sein, seinen Posten aufgibt und damit dann auch die greifbare Möglichkeit verliert, sich seiner Fähigkeit entsprechend im Bergwerksbetriebe weiter zu beschäftigen. Entsch. des ObSchG. v. 28. 9. 11, R. L. 145/11, Kompaß 1911 S. 327.

Die Gesamteinbuße an Erwerbsfähigkeit deckt sich nicht mit der Summe der Prozentsätze der Erwerbsunfähigkeit, die infolge einzelner verschiedener körperlicher Gebrechen vorhanden sind. Entsch. des ObSchG. v. 7. 7. 1909, R. L. 78/09.

Die Möglichkeit der Wiederkehr eines Leidens durch die Aufnahme der Grubenarbeit hindert nicht die Reaktivierung. Entsch. des ObSchG. v. 23. 11. 09, R. L. 143/09.

Der Begriff der Unfähigkeit zur Berufsarbeit setzt einen **dauernden** Zustand voraus, wenn mit ihm auch die Hoffnung auf Wiedererlangung der Fähigkeit zur Berufsarbeit für eine fernere Zukunft verträglich ist. Entsch. des ObSchG. v. 16. 12. 08, R. L. 59/08, Z. f. B. Bd. 50 S. 270, Kompaß 1909 S. 59. Eine ausreichende Dauer ist jedenfalls dann anzunehmen, wenn dieselbe über die Höchstdauer des Krankengeldbezuges hinausgeht. Entsch. des ObSchG. v. 16. 2. 10, R. L. 188/09, Kompaß 1910 S. 84, Z. f. B. 51 S. 505.

Die Frage, ob Unfähigkeit zur Berufsarbeit vorliegt, ist lediglich auf Grund der körperlichen Verhältnisse des Mitglieds zu entscheiden. Außerhalb seiner Person liegende Umstände, z. B. Mangel an Gelegenheit zur Ausübung bergmännischer Tätigkeit, können nicht in Betracht kommen. Entsch. des ObSchG. v. 22. 4. 09, R. L. 26/09, Z. f. B. Bd. 50 S. 615, Kompaß 1909 S. 207.

Die tatsächliche Leistung der Berufsarbeit beweist nicht unter allen Umständen die körperliche Fähigkeit dazu im Sinne der gesetzlichen Bestimmungen. Entsch. des ObSchG. v. 24. 11. 10, R. L. 210/10.

Als Zeitpunkt des Eintritts der Invalidität ist nicht der Zeitpunkt anzusehen, in welchem der körperliche Zustand einer Person als ein solcher zuerst erkannt oder erkennbar geworden ist, der dauernd die Fähigkeit des Betreffenden zur Berufsarbeit ausschließt, sondern der Zeitpunkt, von dem ab, objektiv betrachtet, die Arbeitsfähigkeit des Betreffenden aus einer die dauernde Arbeitsunfähigkeit bedingenden Ursache aufgehoben gewesen ist. Entsch. des ObSchG. v. 16. 12. 08, R. L. 68/08, Z. f. B. Bd. 50 S. 272, Kompaß 1909 S. 60.

Bei Streitigkeiten über die Fähigkeit zur Berufsarbeit ist das Schiedsgericht nicht auf die Beurteilung des Zustandes des Klägers zur Zeit des angefochtenen Bescheides beschränkt, es hat vielmehr den Zustand in der Zeit von der Erhebung des Anspruchs an bis zum Erlasse des Urteils zu beurteilen. Entsch. d. ObSchG. v. 16. 2. 10, R. L. 200/09, Kompaß 1910 S. 127, Z. f. B. 51 S. 638.

In Ermangelung einer besonderen Satzungsvorschrift oder Vereinbarung treffen die besonderen Kosten des von einem Pensionsbewerber zu führenden Nachweises der Invalidität den Pensionsbewerber. Entsch. d. ObSchG. v. 22. 4. 09, R. L. 38/09, Z. f. B. Bd. 50 S. 622, Kompaß 1909 S. 224.

9. Unter „Witwe" ist eine ihres Ehemanns durch den Tod beraubte Ehefrau zu verstehen. Eine geschiedene Frau ist nicht mehr die Frau im rechtlichen Sinne; beim Ableben ihres geschiedenen Mannes ist sie daher auch nicht dessen Witwe. Entsch.

des ObSchG. v. 17. 12. 08, R. L. 86/08, Z. f. B. Bd. 50 S. 277, Kompaß 1909 S. 62.

Die rechtskräftige Abweisung des von dem Knappschaftsmitgliede geltend gemachten Anspruchs auf Invalidenpension kann der die Witwenpension beanspruchenden Witwe des Mitglieds nicht entgegengehalten werden. Auch ist die Witwenpension nicht als ein Teil der dem Ehemann der Witwe erwachsenen Invalidenpension anzusehen, welcher nach dem Tode des Ehemanns der Witwe zufällt; der Anspruch der Witwe ist vielmehr ein völlig selbständiger, in ihrer Person entstandener eigener Anspruch der Witwe. Entsch. d. ObSchG. v. 24. 8. 08, R. L. 29/08, Kompaß 1908 S. 308, Z. f. B. Bd. 49 S. 546.

10. Hier ist „abweichend vom Wortlaut der Nr. 3 des § 171 Abs. 1 ABG. lediglich der Beitrag zu den Begräbniskosten der Invaliden aufgenommen, weil die entsprechende Leistung beim Tode der aktiven Mitglieder nach § 171b Abs. 1 des Ges. v. 19. 6. 06 (jetzt § 13 Abs. 1 des Knappschaftsgesetzes) durch die Krankenkasse gewährt wird. Der § 172 Abs. 1 ABG. legte bei Bildung besonderer Krankenkassen auch das Sterbegeld für Invaliden der Krankenkasse auf. Es erscheint indessen richtiger, diese Leistung der Pensionskasse zuzuweisen, zumal sie ihrem Wesen nach sich als Abschluß der Invalidenunterstützung darstellt". Begr. 1906 S. 15. In dieser Bedeutung erstreckt sich die Vorschrift des Abs. 1 Nr. 4 auch auf die am 1. 1. 08 bereits vorhandenen Invaliden. Entsch. des ObSchG. v. 11. 6. 08, R. L. 4/08, Kompaß 1908 S. 250, Z. f. B. Bd. 49 S. 530.

11. Zu Abs. 2. Nach dem bis zum 1. 1. 08 geltenden Rechtszustande bestand keine gesetzliche Verpflichtung, die Pensionskassenleistungen in den Fällen zu gewähren, in denen Arbeitsunfähigkeit oder Tod durch eigenes grobes Verschulden des Mitgliedes verursacht war. Der Regierungsentwurf (von 1906) hielt an diesem Rechtszustande fest. In der Kommission des AH. wurden indessen, ohne daß die Regierung dagegen Einwendungen erhob, die entsprechenden Vorschriften des Regierungsentwurfs beseitigt und an deren Stelle der jetzige Abs. 2 im § 172a (jetzt § 30) eingefügt. Vgl. KommBerAH. 1906 S. 32f.

Der Abs. 2 berührt nur die Verpflichtungen der Knappschaftsvereine zur Gewährung der Invalidenpension. Danach sind die im Abs. 1 unter Nr. 2 bis 4 erwähnten Pensionskassenleistungen unter allen Umständen, also selbst dann zu gewähren, wenn der Tod des Mitgliedes von ihm vorsätzlich herbeigeführt ist (vgl. auch KommBerAH. 1906 S. 6). Im übrigen ist Abs. 2 dem § 17 JVG. und § 8 GUVG. nachgebildet. Danach ist die Rechtslage die folgende:

a) Bei vorsätzlicher Herbeiführung der Arbeitsunfähigkeit sind die Knappschaftsvereine zur Zahlung der Invalidenpension nicht verpflichtet, dagegen zur Zahlung befugt.

b) Hat das Mitglied die Arbeitsunfähigkeit bei Begehung eines durch strafgerichtliches Urteil festgestellten Verbrechens oder vorsätzlichen Vergehens sich zugezogen, so kann die Invalidenpension ganz oder teilweise versagt werden; auch kann die Invalidenpension alsdann, sofern der Invalide eine im Inland wohnende Familie besitzt, deren Unterhalt er bisher aus seinem Arbeitsverdienst bestritten hat, ganz oder teilweise der Familie überwiesen werden.

12. Wegen des Begriffs „Verbrechen" vgl. Strafgesetzbuch für das Deutsche Reich § 1 Abs. 1.

13. Wegen des Begriffs „Vergehen" vgl. Strafgesetzbuch für das Deutsche Reich § 1 Abs. 2.

14. „Es liegt in der Natur der Sache, daß die Pensionskassenleistungen nicht bereits mit dem Tage der Aufnahme in die Kasse gewährt, sondern an die Zurücklegung einer Wartezeit gebunden werden, wie dies auch in §§ 28ff. JVG. für die reichsgesetzlichen Invaliden- und Altersrenten und durchweg in den bestehenden Knappschaftssatzungen vorgesehen ist. Dagegen erscheint es erforderlich, für die durch die Satzung festzusetzende Wartezeit ein Höchstmaß vorzuschreiben, und zwar schon um deswillen, weil andernfalls die Durchführung der Vorschrift im § 172 des Entwurfs (von 1906, jetzt § 27 Abs. 4 des Knappschaftsgesetzes) über die Unzulässigkeit der Beitragserhebung von solchen Personen, welche einen Anspruch auf die Kassenleistungen nicht erwerben können, sowie der Vorschriften des Abs. 1 nicht völlig sichergestellt sein würde. Die Feststellung des Höchstmaßes der Wartezeit auf fünf Jahre trägt den bestehenden Verhältnissen ausreichend Rechnung und erscheint auch an sich sachgemäß." Begr. 1906 S. 16. Vgl. auch KommBerAH. 1906 S. 32ff. und KommBerHH. 1906 S. 6.

Unter dem „Zeitraum" des Abs. 3 Satz 2 ist eine fünfjährige Mitgliedschaft zu verstehen. Entsch. des ObSchG. v. 18. 5. 11, R. L. 86/11, Z. f. B. Bd. 53 S. 132, Kompaß 1911 S. 191. — Die Wartezeit, an deren Zurücklegung die Leistungen der Pensionskasse gebunden sind, wird nicht erfüllt, wenn das Mitglied während der Wartezeit infolge einer Erkrankung zur Verrichtung der bergmännischen Berufsarbeit unfähig geworden ist, selbst dann nicht, wenn das Mitglied trotz der Erkrankung für den ganzen Zeitraum der Wartezeit Pensionskassenbeiträge gezahlt hat. Das gilt auch für die Ansprüche der hinterbliebenen Witwe und der Kinder eines verstorbenen Mitglieds. Entsch. des ObSchG. v. 16. 2. 10, R. L. 206/09, v. 20. 4. 10, R. L. 27/10, v. 19. 1. 12, R. L. 346/11, Kompaß 1912 S. 125.

15. Die Vorschrift im Abs. 4 verfolgt „lediglich den formalen Zweck, die Mitgliedschaft des auch vor Zurücklegung der Wartezeit bei der Berufsarbeit verunglückten Pensionskassenmitgliedes nicht verloren gehen zu lassen. Eine Unterstützung erhält ein solches Mitglied bereits durch die von der Berufsgenossenschaft gewährte Unfallrente. Die aus der Pensionskasse zu gewährende Invalidenunterstützung kann daher mit Rücksicht auf die nicht erfüllte Wartezeit so niedrig bemessen werden, daß sie durch Überweisung der Unfallrente in dem nach § 25 GUVG. statthaften Umfang regelmäßig gedeckt und eine finanzielle Mehrbelastung der Pensionskasse durch diese Vorschrift somit nicht herbeigeführt wird." Begr. 1906 S. 16.

16. Die Bestimmung im Abs. 5 ist dem § 26 JVG. nachgebildet und entspricht dem § 95 Abs. 2 GUVG. Begr. 1906 S. 16.

„Die Abfindung erfolgt für jeden Unterstützungsanspruch besonders. Es ist daher zulässig, die Abfindungen nur auf e i n e n Unterstützungsanspruch zu beschränken, wenn etwa ein und derselben Person verschiedene Unterstützungsansprüche zustehen oder wenn aus Abs. 1 Nr. 3 etwa selbständige Unterstützungsansprüche verschiedener Personen begründet sein sollten." Begr. 1906 S. 16f.

17. Die Vorschrift im Abs. 6 entspricht der ständigen Handhabung des bisherigen Gesetzes und ist durch die Kommission des AH. zur Beseitigung jeglichen Zweifels in das Gesetz aufgenommen worden. Vgl. KommBerAH. 1906 S. 34. Die Reaktivierung eines Invaliden kann nur erfolgen, wenn eine Besserung eingetreten ist, die eine dauernde zu sein verspricht. Entsch. des ObSchG.

v. 14. 2. 12, R. L. 400/11, Kompaß 1912 S. 135. Die Voraussetzungen für die Entziehung einer Rente sind mangels besonderer Bestimmung nach der zur Zeit der Entziehung geltenden Satzung zu beurteilen. Entsch. des ObSchG. v. 26. 11. 08, R. L. 54/08.

§ 31[1, 2].

[3]Die Bemessung der Invalidenpensionen und der Witwenpensionen[4] erfolgt durch die Satzung[5], und zwar lediglich nach alljährlich oder allmonatlich oder allwöchentlich eintretenden Steigerungssätzen[6], so daß der Betrag der im Einzelfalle zu gewährenden Pension gleich der Summe der von dem Mitglied erdienten Steigerungssätze ist[7]. Der Betrag der Steigerungssätze ist sowohl für die Invalidenpensionen wie für die Witwenpensionen und — soweit für die Pensionskassenleistungen Mitgliederklassen bestehen — auch für jede Mitgliederklasse besonders festzusetzen[8, 9]. Hierbei ist zulässig, die Steigerungssätze nach Dienstalterszeiten verschieden zu bemessen[10].

Die hiernach zu gewährenden Invalidenpensionen und Witwenpensionen sind in Tabellen ersichtlich zu machen, welche der Satzung beizufügen sind[11].

Die Bemessung der Beihilfen zur Erziehung der Kinder verstorbener Mitglieder und Invaliden erfolgt durch die Satzung entweder unter Berücksichtigung des von dem Mitgliede zurückgelegten Dienstalters, und alsdann gleichfalls nach den vorstehenden Grundsätzen, oder ohne Berücksichtigung dieses Dienstalters in festen Monatssätzen für die einzelnen etwa bestehenden Mitgliederklassen[12].

1. Der § 31 entspricht dem § 172b des Ges. v. 19. 6. 06.

2. Zu §§ 31 bis 33. Einer der erheblichsten Mißstände des früheren preußischen Knappschaftswesens bestand darin, daß das ABG. keinerlei Vorschriften enthielt, welche den ausscheidenden und insbesondere den lediglich den Knappschaftsverein wechselnden Pensionskassenmitgliedern die aus ihrer bisherigen Pensions-

kassenmitgliedschaft erwachsene Anwartschaft auf Pensionskassenleistungen aufrecht erhielten. Die Möglichkeit zur Aufrechterhaltung dieser Anwartschaft erscheint naturgemäß als ein notwendiges Korrelat des gesetzlichen Versicherungszwanges. Namentlich wird der Arbeiter oder Beamte, welcher durch das Gesetz gezwungen Beiträge zur Pensionskasse hat entrichten müssen, seine Ansprüche aus dieser ihm gesetzlich auferlegten Beitragszahlung nicht dadurch verlieren dürfen, daß er dieselbe Beschäftigung, welche ihn zur Beitragsleistung zwingt, an einer zum Bezirk eines anderen Knappschaftsvereins gehörigen Beschäftigungsstelle ausübt.

Beim Fehlen entsprechender gesetzlicher Vorschriften hatte ein Teil der Knappschaftsvereine in voller Erkenntnis dieses Mißstandes Maßnahmen getroffen, um ihren Mitgliedern beim Ausscheiden aus der Beschäftigung auf den Vereinswerken die bisherigen Beitragsleistungen nicht verloren gehen zu lassen. Dieser Zweck wurde dadurch zu erreichen gesucht, daß mit anderen Knappschaftsvereinen im Wege des Vertrags ein sogenanntes Gegenseitigkeitsverhältnis vereinbart und daß ferner durch die Satzung denjenigen ausscheidenden Mitgliedern, welche nicht einem anderen Knappschaftsvereine beitraten, die Möglichkeit gegeben wurde, sich ihre bisher erworbene Anwartschaft auf spätere Pensionskassenleistungen zu erhalten. Das vertragliche Gegenseitigkeitsverhältnis beruhte auf der Grundlage, daß das ausscheidende Mitglied aller Ansprüche an den bisherigen Knappschaftsverein verlustig ging, dagegen in dem neuen Knappschaftsverein so behandelt wurde, als sei es bereits während seiner ganzen Dienstzeit in dem alten Verein Mitglied des neuen Vereins gewesen, und daß derjenige Verein, bei welchem der Fürsorgefall für das betreffende Mitglied eintrat, die Gesamtheit dieser Fürsorge allein zu tragen hatte. Diese Art der Regelung — die übrigens für Elsaß-Lothringen und das Großherzogtum Hessen gesetzlich vorgeschrieben ist (vgl. § 163 des Berggesetzes für Elsaß-Lothringen v. 16. 12. 73, Z. f. B. Bd. 15 S. 33, und Art. 179 des Berggesetzes für das Großherzogtum Hessen v. 28. 1. 76, Z. f. B. Bd. 17 S. 195) — erscheint indessen nur dann als sachgemäß, wenn die Beiträge und Leistungen bei den in Betracht kommenden Vereinen wenigstens annähernd die gleichen sind und wenn die Zu- und Abgänge der Vereinsmitglieder in ihrer Wirkung auf die einzelnen Vereine sich wenigstens annähernd gegenseitig aufheben. Beide Voraussetzungen trafen jedoch für die Gesamtheit der preußischen Knappschaftsvereine nicht zu. Es ist daher sehr erklärlich, daß auf dieser Grundlage ein allgemeines Gegenseitigkeitsverhältnis unter den preußischen Knappschaftsvereinen nicht zustande gekommen ist, sondern daß ein solches Vertragsverhältnis sich meist nur auf verhältnismäßig wenige Knappschaftsvereine beschränkt hat.

Unter diesen Umständen hat das Ges. v. 19. 6. 06 davon absehen müssen, die gesetzliche Regelung der Mitgliederansprüche für die preußischen Knappschaftsvereine auf der Grundlage des bisherigen vertraglichen Gegenseitigkeitsverhältnisses durchzuführen. Vielmehr ist diese Regelung auf der Grundlage erfolgt, daß bei Vereinswechsel die Bemessung der Invalidenpensionen und Witwenpensionen unter Berücksichtigung der Ansprüche erfolgt, welche nach den Satzungen der im Einzelfall in Betracht kommenden Knappschaftsvereine von dem betreffenden Mitgliede in diesen Vereinen erworben sind, und daß an der Aufbringung dieser Unterstützungen sämtliche Vereine, denen das Mitglied angehört hat, beteiligt werden. Die Ausführung dieses Grundgedankens hat allerdings zur unumgänglichen Voraussetzung, daß die bisherige Autonomie der Knappschaftsvereine in der Art der Berechnung ihrer Pensionskassenleistungen bis zu einem gewissen Grade eine gesetzliche Einschränkung erfährt. Den geringsten Eingriff in die bestehenden Verhältnisse bietet der in §§ 172b bis 172d des Ges. v. 19. 6. 06 (jetzt §§ 31 bis 33) vorgesehene und auch bei der Vorberatung des Ges. v. 1906 vom Allgemeinen Deutschen Knappschaftsverband auf Grund eingehender Erörterungen fast einmütig empfohlene Weg. Danach werden die Invalidenpensionen und Witwenpensionen lediglich nach in Zeitabschnitten eintretenden Steigerungssätzen, also unter Fortfall der bisher meist üblichen Grundbeträge abgestuft; die genannten Unterstützungen bemessen sich alsdann auf die Summe der von dem einzelnen Mitglied erdienten Steigerungssätze (§ 31); sind letztere in verschiedenen Knappschaftsvereinen erdient, so fällt jedem einzelnen Vereine die Summe derjenigen Steigerungssätze zur Last, welche von dem Mitglied in dem betreffenden Verein erdient sind (§ 32).

In der Kommission des AH. war allerdings von versicherungsverständiger Seite ein anderer Weg in Vorschlag gebracht worden, der es ermöglichte, die Invalidenpensionen, wie bisher meist geschehen, nach Grundbeträgen und Steigerungssätzen abzustufen. Die Subkommission des AH., welcher dieser Antrag in Verbindung mit weiteren, auf eine bestimmte Festlegung eines sachgemäßen Sanierungsplanes für die Knappschaftsvereine abzielenden Anträgen desselben Kommissionsmitgliedes zur Vorberatung überwiesen war, hatte sich zwar für diese Anträge ausgesprochen, denen auch von der Regierungsseite ein grundsätzlicher Widerstand nicht entgegengesetzt worden war. Die Kommission des AH. ist indessen diesen Vorschlägen ihrer Subkommission nicht gefolgt, sondern hat mit überwältigender Mehrheit an den Vorschriften des Regierungsentwurfs festgehalten, und zwar unter Ablehnung einer Reihe weiterer, von einzelnen Kommissionsmitgliedern gestellter Abänderungsanträge.

Zur Erhaltung der Anwartschaft ausscheidender Mitglieder auf die Pensionskassenleistungen bedurfte endlich noch der weitere Fall der Regelung, daß mit dem Ausscheiden aus einem Knappschaftsverein der Eintritt in eine andere Knappschaftspensionskasse nicht verbunden ist. In dieser Beziehung räumten eine Anzahl von Knappschaftsvereinen bereits vor dem Ges. v. 19. 6. 06 dem ausscheidenden Mitgliede das Recht ein, den bis zum Ausscheiden erworbenen Anspruch durch Zahlung einer Anerkennungsgebühr aufrecht zu erhalten. Das Gesetz von 1906 schreibt im § 172d (jetzt § 33) diese Einrichtung für alle Knappschaftsvereine zwingend vor.

Im übrigen vgl. des näheren die allgemeinen Ausführungen zu den bisherigen §§ 172b bis 172d in der Begr. 1906 S. 17 ff. und die daselbst angezogene Anlage I der Begr. sowie wegen der sehr eingehenden Verhandlungen in der Kommission und Subkommission des AH. KommBerAH. 1906 S. 36 bis 64 und 104 bis 114 sowie Anlage I und II und wegen der Verhandlungen in der Kommission des HH. KommBerHH. 1906 S. 6 bis 9.

3. Zu Abs. 1. „Der Festsetzung der Invaliden- und der Witwenunterstützungen in den meisten der gegenwärtigen Knappschaftssatzungen liegt der Gedanke zugrunde, daß sich diese Unterstützungen aus Grundbetrag und Steigerungssätzen zusammensetzen. Die Durchführung der neuen Grundsätze wird daher durchweg eine Neubemessung dieser Unterstützungen auf völlig veränderter Grundlage notwendig machen. Insoweit die bisherigen Unterstützungssätze eines Knappschaftsvereins seiner finanziellen Leistungsfähig-

keit entsprechen, wird die Überführung der Unterstützungssätze in das neue System jedenfalls von dem Gesichtspunkt auszugehen haben, daß die bisherigen Ansprüche der Mitglieder im allgemeinen nicht eingeschränkt werden. Dabei kann es sich naturgemäß nicht um den Anspruch eines einzelnen Mitgliedes handeln, sondern es muß das Augenmerk darauf gerichtet sein, die Gesamtansprüche der Mitglieder oder den im Durchschnitt auf ein Mitglied entfallenden Anspruch nicht zu beeinträchtigen. Dieser Durchschnittsanspruch kommt aber demjenigen Anspruch gleich, der nach einer der durchschnittlichen Aktivitätsdauer gleichkommenden Mitgliedschaftsdauer erworben wird. Man wird deshalb zweckmäßig anzustreben haben, die Steigerungssätze so zu bemessen, daß mit Vollendung der durchschnittlichen Aktivitätsdauer diejenigen Pensionssätze erworben werden, welche nach den bisherigen Bestimmungen gewährt worden sind. Für die übrigen Zeiträume, und zwar namentlich für die Zeit bis zur Vollendung der durchschnittlichen Aktivitätsdauer, wird allerdings die Umgestaltung der bisherigen satzungsmäßigen Pensionsberechnungen nach Grundbeträgen und Steigerungssätzen in eine Pensionsbemessung lediglich nach Steigerungssätzen vielfach dazu führen, daß die Festsetzung des Anspruchs nach den neuen Bestimmungen niedrigere Beträge ergeben wird, als dies nach den alten Bestimmungen der Fall war. In solchen Fällen werden — soweit nicht die Anfangspensionen nach den alten Sätzen übermäßig hoch bemessen waren — durch eine verschiedene Abstufung der Steigerungssätze allzu schroffe Unterschiede in der Bemessung der Unterstützungen zwischen dem bisherigen und dem neuen System gemildert werden können. Außerdem wird von denjenigen Knappschaftsvereinen, deren finanzielle Lage dies zuläßt, zur Vermeidung etwa trotzdem noch obwaltender Härten eine Übergangsbestimmung durch die Satzung dahin getroffen werden können, daß durch die Neubemessung der Unterstützungssätze eine Kürzung bisher bereits erworbener Anwartschaften nicht eintreten soll. Diejenigen Knappschaftsvereine dagegen, deren finanzielle Lage die dauernde Erfüllbarkeit der gegenwärtigen Pensionskassenleistungen nicht ermöglicht und deren Einnahmen nicht entsprechend gesteigert werden können, werden ohnedies zur Erfüllung der im § 175c (jetzt § 40) Abs. 2 aufgestellten Vorschriften eine Herabsetzung ihrer Pensionskassenleistungen vornehmen müssen.

Im übrigen ist es für jeden einzelnen Knappschaftsverein — seine finanzielle Leistungsfähigkeit vorausgesetzt — nicht allzu schwierig, die Pensionssätze nach dem neuen Verfahren zu bemessen, ohne daß auf Grund dieser Neubemessung die bisherigen Leistungen in allzu empfindlicher Weise geändert werden müßten." Begr. 1906 S. 21. Um hierfür ein Beispiel zu bieten, war dieser Begründung als Anlage II auf S. 71 ff. eine Tabelle beigegeben, welche darstellt, wie etwa die bisherigen Invalidenpensionen der einzelnen Knappschaftsvereine ohne wesentlichere Verschiebung in der Belastung der einzelnen Knappschaftsvereine gegenüber der durch die bisherigen Pensionssätze verursachten Belastung in Invalidenpensionen, die nur nach jährlichen Steigerungssätzen bemessen sind, umgewandelt werden können.

4. Die Vorschriften im Abs. 1 erstrecken sich ausschließlich auf die Bemessung der Invaliden- und Witwenpensionen, berühren also nicht die Bemessung der Beihilfen zur Erziehung der Kinder verstorbener Mitglieder und Invaliden. Die Bemessung dieser Beihilfen ist im Abs. 3 geregelt. Vgl. unten Anm. 12.

5. „Die Bemessung der Steigerungssätze muß schon um deswillen der Satzung überlassen bleiben, weil hier die besonderen Verhältnisse der einzelnen Knappschaftsvereine und dabei insbesondere ihre finanzielle Leistungsfähigkeit den Ausschlag geben müssen." Begr. 1906 S. 20.

6. Die früher meist übliche Art der Bemessung der Invaliden- und Witwenpensionen nach Grundbeträgen und Steigerungssätzen ist nicht mehr zulässig. Vielmehr muß die Bemessung ausschließlich nach Steigerungssätzen derart erfolgen, daß der Betrag der im Einzelfalle zu gewährenden Pension gleich der Summe der vom Mitglied verdienten Steigerungssätze ist.

Ob die Steigerungssätze alljährlich oder allmonatlich oder allwöchentlich eintreten sollen, hat für jede einzelne Pensionskasse deren Satzung zu bestimmen. Einen längeren Zeitabschnitt als ein Jahr läßt das Gesetz für den Eintritt der Steigerungen nicht mehr zu.

7. Diese Vorschrift ist zwingenden Rechts. Es ist daher nicht zulässig, in der Satzung für die Zeit nach dem 1. 1. 08 zu bestimmen, daß bei Bemessung der Invaliden- und Witwenpensionen ohne Rücksicht auf die Dauer der Beitragsleistung eine bestimmte

Mindestzahl von Steigerungssätzen in Anrechnung gebracht werden soll. RekBesch. vom 28. 10. 07, Z. f. B. Bd. 49 S. 188.

8. Durch die Satzung kann eine unterschiedliche Behandlung der zu gleich hohen Beiträgen verpflichteten Mitglieder derselben Mitgliederklasse nur insoweit stattfinden, als dies durch das Gesetz entweder ausdrücklich vorgeschrieben oder zugelassen worden ist. Insbesondere ist unzulässig, die Invaliden- und die Witwenpensionen je nach dem Umstand verschieden zu bemessen, ob der Invalide oder der verstorbene Ehemann nur der Pensionskasse des betreffenden Knappschaftsvereins oder auch einer anderen Knappschaftspensionskasse als Mitglied angehört hat. RekBesch. vom 28. 10. 07, Z. f. B. Bd. 49 S. 188.

9. Nach den zwingenden Vorschriften im Abs. 1 darf die Abstufung der Pensionen überhaupt nur nach Dienstalter und Mitgliederklassen erfolgen. MinErl. an die Oberbergämter vom 16. 9. 1907 — I. 8042 —. Vgl. auch Anm. 8 zu § 30.

10. „Unter Umständen kann es angezeigt sein, von dieser Möglichkeit Gebrauch zu machen. Dadurch werden sich beispielsweise in den Fällen, in welchen bei einheitlichen Steigerungssätzen die Anfangspensionen unverhältnismäßig niedrig ausfallen würden, die Sätze für Anfangspensionen auf eine angemessenere Höhe bringen lassen. Allerdings wird sich die Höherbemessung der Anfangspensionen im allgemeinen in mäßigen Schranken halten müssen, und zwar schon im eigensten Interesse des betreffenden Knappschaftsvereins. Andernfalls würden die Vereinsmitglieder, welche nach Erreichung der Anwartschaft auf eine unverhältnismäßig hohe Anfangspension für ihre fernere Mitgliedschaft in diesem Verein naturgemäß nur noch geringere Steigerungen zu erwarten haben, sich nach Erreichung der Anwartschaft auf die hohe Anfangspension leicht anderen Knappschaftsvereinen mit geringen Anfangspensionen, aber höheren Steigerungssätzen für die späteren Dienstjahre zuwenden, zumal sie dadurch zu außergewöhnlich hohen Pensionssätzen in späteren Jahren gelangen würden. Dem Verein mit den hohen Anfangspensionen würden aber alsdann für die ihn später nach § 172c (jetzt § 32) Abs. 2 treffende Belastung in den geringen Beiträgen der früheren Mitglieder keine genügenden Mittel zur Verfügung stehen.“ Begr. 1906 S. 20f.

11. Die Vorschrift im Abs. 2 bezweckt, den Mitgliedern den

Überblick über die ihnen und ihren Witwen zustehenden Pensionen zu erleichtern. Begr. 1906 S. 22.

12. Vgl. oben Anm. 4.

„Die Bemessung der Unterstützung zur Erziehung der Kinder verstorbener Mitglieder und Invaliden, der sog. Waisenunterstützungen, erfolgt bei den preußischen Knappschaftsvereinen mit verschwindenden Ausnahmen abweichend von der Art der Bemessung der Invalidenunterstützungen und der Witwenunterstützungen nach festen Monatssätzen. Diese Tatsache erscheint schon aus dem Umstande als erklärlich, daß die Unterstützung für die einzelne Waise naturgemäß auf einen weit geringeren Betrag als die Invalidenunterstützung und die Witwenunterstützung bemessen werden muß. Eine etwaige Abstufung der Waisenunterstützungen nach Dienstalterszeiten ist daher nicht nur an und für sich schwieriger durchführbar, sondern wird auch in ihrem Erfolg nicht zu besonders erheblichen Unterschieden zwischen den für die verschiedenen Dienstalterszeiten aufgestellten Unterstützungssätzen führen, sofern die Sätze für die geringen Dienstalterszeiten nicht auf allzu niedrige Beträge bemessen werden sollen. Der Entwurf zwingt daher die Knappschaftsvereine zu einer Änderung des bisherigen Systems in der Bemessung der Waisenunterstützungen nicht. Er überläßt es vielmehr den einzelnen Vereinen, ob sie die Waisenunterstützungen nach den im Abs. 1 für die Invaliden- und Witwenunterstützungen vorgeschriebenen Grundsätzen oder nach festen Monatssätzen für die einzelnen etwa bestehenden Mitgliederklassen bemessen wollen. Die naturgemäße Folge hiervon ist, daß bei stattgehabtem Vereinswechsel für die Bemessung der Waisenunterstützungen nicht die Sätze der einzelnen Knappschaftsvereine, in welchen der Vater der betreffenden Waise Mitglied gewesen ist, sondern wie bisher lediglich die Sätze desjenigen Knappschaftsvereins maßgebend sein können, in welchem der Vater bei Eintritt des Unterstützungsfalles Mitglied oder Invalide war." Begr. 1906 S. 22.

§ 32 [1, 2, 3].

[4] Mitglieder [5, 6] der Pensionskassen werden bei Übernahme von Beschäftigung im Bezirk eines anderen Knappschaftsvereins ohne Rücksicht auf ihr Lebensalter [8] Mitglieder der

Pensionskasse dieses Vereins mit ihrem bisherigen Dienstalter[7], sofern sie nicht erst zu einem Zeitpunkte Pensionskassenmitglied geworden sind, zu welchem sie das in der Satzung des neuen Vereins als Erfordernis für die Aufnahme aufgestellte Lebensalter bereits überschritten hatten[8] und sofern sie zur Berufsarbeit nicht bereits unfähig sind (§ 30 Abs. 1 Nr. 1)[9]. Liegt zwischen dem Ausscheiden aus der die Mitgliedschaft im bisherigen Vereine begründenden Beschäftigung[10] und der Übernahme der Beschäftigung im Bezirke des neuen Vereins ein Zeitraum von mehr als drei Monaten, so ist die Übernahme in die Pensionskasse des neuen Vereins an die weitere Voraussetzung gebunden, daß das Mitglied den in der Satzung des neuen Vereins für die Aufnahme in die Pensionskasse aufgestellten Erfordernissen über Gesundheit genügt[9].

Tritt ein solches Mitglied, welches zwei oder mehreren Pensionskassen angehört hat, oder seine Witwe in den Genuß der im § 30 Abs. 1 Nr. 1 beziehungsweise 2 bestimmten Leistungen, so hat jede beteiligte Pensionskasse für die Zeit, während welcher das Mitglied ihr angehört hat, die Summe der bei ihr erdienten Steigerungssätze[11] zu gewähren[12]. Hierbei kommen Mitgliedzeiten unter einem Jahre auch bei Pensionskassen mit Jahressteigerungssätzen und zwar insoweit in Anrechnung, als diese Mitgliedzeiten in Verbindung mit den in anderen beteiligten Pensionskassen zurückgelegten Mitgliedzeiten sich zu vollen Jahren ergänzen lassen. Der Steigerungssatz für diese weniger als ein Jahr betragenden Mitgliedzeiten berechnet sich alsdann auf denjenigen Bruchteil des Jahressteigerungssatzes, welcher der Zahl der in Betracht kommenden vollen Beitragsmonate entspricht[13].

Die Berechnung, Festsetzung und Auszahlung der Leistungen der beteiligten Pensionskassen erfolgt durch denjenigen Knappschaftsverein, dessen Pensionskasse das Mitglied zuletzt angehört hat. Letzterer hat den übrigen beteiligten Vereinen die nach der Berechnung auf sie entfallenden Anteile alsbald mitzuteilen. Die demnach im Laufe eines Vierteljahrs fällig werdenden Anteile sind zur Vermeidung des Verwaltungszwangsverfahrens[14] spätestens bis zum Schlusse des ersten Monats des folgenden Vierteljahrs zu erstatten.

Streitigkeiten über die Anteile an der Aufbringung der Leistungen entscheidet in diesen Fällen unter Ausschluß des Rechtswegs das Oberbergamt, wenn die Vereine verschiedenen Oberbergamtsbezirken angehören, der Minister für Handel und Gewerbe[15].

Die im § 30 Abs. 1 Nr. 3 und 4 bestimmten Leistungen werden stets nach der Satzung desjenigen Knappschaftsvereins berechnet, welchem der Verstorbene zur Zeit seines Todes als Mitglied oder Invalide angehört hat, und von diesem Knappschaftsverein allein getragen[16].

1. Der § 32 entspricht dem § 172c des Ges. v. 19. 6. 06.

2. Vgl. Anm. 2 zu § 31.

3. Die im § 32 getroffenen Vorschriften sind lediglich für die Regelung der Freizügigkeit zwischen den preußischen Knappschaftsvereinen maßgebend. Es bleibt daher den einzelnen preußischen Knappschaftsvereinen unbenommen, mit außerpreußischen Knappschaftsvereinen zur Herbeiführung der Freizügigkeit vertragliche Abmachungen zu treffen und diesen Abmachungen auch andere als die im § 32 enthaltenen Grundsätze zugrunde zu legen. Begr. 1906 S. 23; vgl. auch KommBerHH. 1906 S. 9. Solche vertragliche Abmachungen sind durch Vermittelung des Allgemeinen Deutschen Knappschaftsverbandes zwischen fast sämtlichen deutschen Knappschaftsvereinen auf einheitlicher Grundlage im Jahre 1908 getroffen, so daß seit dem 1. 1. 09 für insgesamt 96 Prozent aller deutschen Knappschaftsmitglieder die volle Gegenseitigkeit besteht.

4. Zu Abs. 1. Seit Inkrafttreten des Ges. v. 19. 6. 06 werden die Pensionskassenmitglieder bei Übernahme von Beschäftigung im Bezirk eines anderen Knappschaftsvereins ohne weiteres Mitglieder der Pensionskasse dieses neuen Vereins, sofern sie den im Abs. 1 aufgestellten Erfordernissen genügen. Für die Zeit bis zum 1. 1. 08 ist aber grundsätzlich davon auszugehen, daß für die Berechnung der pensionsfähigen Dienstzeit der Mitglieder eines Knappschaftsvereins nur die auf Werken dieses Vereins verbrachten Arbeitszeiten in Betracht kommen. Entsch. des ObSchG. v. 7. 7. 09, R. L. 81/09, Kompaß 1909 S. 287. Art. III. des Ges. v. 19. 6. 06 unten unter II.

5. Mitglieder im Sinne des § 32 sind auch die feiernden Mitglieder, die sich ihre im alten Verein erworbenen Ansprüche durch Zahlung einer Anerkennungsgebühr (§ 33) erhalten haben. Entsch. des ObSchG. v. 23. 9. 08, R. L. 32/08.

6. „Die Übernahme in die Pensionskasse ist nach dem Wortlaut des Abs. 1 an die Voraussetzung geknüpft, daß der Übertretende bis zur Übernahme der Beschäftigung im Bezirk des neuen Knappschaftsvereins Mitglied der Pensionskasse eines anderen Knappschaftsvereins gewesen ist. Diese Voraussetzung gilt auch dann als erfüllt, wenn zwischen Übernahme der Beschäftigung im Bezirk des neuen Vereins und Aufgabe der Beschäftigung im Bezirk des alten Vereins zwar ein längerer Zwischenraum liegt, das betreffende Mitglied indessen die bis zur Aufgabe der Beschäftigung im alten Verein erworbenen Ansprüche auf die Pensionskassenleistungen sich nach § 172d (jetzt § 33) des Entwurfs erhalten hat." Begr. 1906 S. 23. Über eine weitere Wirkung der Zahlung der Anerkennungsgebühr vgl. Anm. 7 zu § 33.

7. Die Übernahme erfolgt mit dem bisherigen Dienstalter des betreffenden Mitgliedes. „Diese Vorschrift hat für den Fall praktische Bedeutung, daß die Steigerungssätze im neuen Verein nach Dienstalterszeiten verschieden bemessen sind (vgl. § 172b [jetzt § 31] Abs. 1 Schlußsatz). In einem solchen Falle kommen nach dieser Vorschrift für das übertretende Mitglied diejenigen Steigerungssätze in Betracht, welche seinem bisher erreichten Dienstalter entsprechen. . . . Die Übernahme mit dem bisherigen Dienstalter kann ferner unter Umständen für die Bemessung der sog. Waisenunterstützungen von Bedeutung werden (vgl. § 172b

[jetzt § 31] Abs. 3 und die Begr. zu § 172c [jetzt § 32] Abs. 5)." Vgl. Begr. 1906 S. 23, wo die Vorschrift noch durch ein Beispiel näher erläutert wird.

Das Dienstalter zählt nicht nach der Dauer des Dienstverhältnisses als Arbeiter oder Beamter, sondern nach der Dauer der Zugehörigkeit zu einer Pensionskasse. Vgl. Begr. 1906 S. 25.

8. Die Übernahme erfolgt ohne Rücksicht auf das Lebensalter des Mitgliedes, also auch dann, wenn das Mitglied zur Zeit der Übernahme der Beschäftigung im Bezirk des neuen Knappschaftsvereins das in der Satzung dieses Vereins für die Zulässigkeit der Neuaufnahme in die Pensionskasse festgestellte Höchstlebensalter bereits überschritten hatte, es sei denn, daß das Mitglied bereits zu dem Zeitpunkt, als es überhaupt Pensionskassenmitglied wurde, das in der Satzung des neuen Vereins als Erfordernis für die Aufnahme aufgestellte Höchstlebensalter überschritten hatte. Die Bemessung des Höchstlebensalters für die Aufnahme in die Pensionskasse ist nach § 27 Abs. 1 der Satzung der einzelnen Knappschaftsvereine überlassen mit der Einschränkung, daß das Höchstlebensalter nicht unter 40 Jahre festgesetzt werden darf. Unter Einhaltung dieser Untergrenze kann das Höchstlebensalter von den Knappschaftsvereinen durch die Satzung beliebig hoch festgesetzt werden.

9. Für die Übernahme in die neue Pensionskasse stellte der Regierungsentwurf (von 1906) — der durch die Gegenseitigkeitsverträge zwischen einzelnen Knappschaftsvereinen bisher geübten Praxis folgend — das Erfordernis auf, daß das bisherige Pensionskassenmitglied den in der Satzung des neuen Vereins für die Aufnahme in die Pensionskasse aufgestellten Erfordernissen über Gesundheit genüge. Die Kommission des AH. hat diese Bestimmung des Regierungsentwurfs in der Befürchtung beseitigt, daß das Verlangen einer neuen Gesundheitsbescheinigung die Übernahme in die neue Pensionskasse unter Umständen in unbilliger Weise erschweren könnte. Um dagegen zu verhüten, daß nach Beseitigung dieses Erfordernisses bereits bergfertige Mitglieder einer Pensionskasse noch in eine neue Pensionskasse als Mitglied eintreten, hat die Kommission des AH. die im Abs. 1 am Schlusse des Satzes 1 und im Satz 2 enthaltenen Bestimmungen eingefügt. Danach darf die Erfüllung der in der Satzung des neuen Vereins

für die Aufnahme in die Pensionskasse aufgestellten Erfordernisse über Gesundheit dann verlangt werden, wenn zwischen dem Ausscheiden aus der Beschäftigung, welche zur Mitgliedschaft im bisherigen Verein verpflichtete oder berechtigte, und der Übernahme der Beschäftigung im Bezirk des neuen Vereins ein Zeitraum von mehr als drei Monaten liegt. Übersteigt diese Zwischenzeit dagegen nicht die Dauer von drei Monaten, so kann nur der Nachweis gefordert werden, daß das bisherige Pensionskassenmitglied nicht bereits unfähig zur Berufsarbeit ist. Ein solcher Nachweis erscheint um deswillen erforderlich, weil auf knappschaftspflichtigen Werken mancherlei Beschäftigungen vorkommen, zu denen auch invalide Mitglieder verwendet werden können und tatsächlich verwendet werden. Vgl. des näheren KommBerAH. 1906 S. 37, 43f. und 56f.

10. Der Ausdruck „die Mitgliedschaft begründende Beschäftigung" umfaßt nach § 27 Abs. 1 und 2 in Verbindung mit § 9 Abs. 1 bis 3 und 5 nicht nur die beitrittspflichtigen, sondern auch die beitrittsberechtigten Pensionskassenmitglieder.

11. „Erdiente Steigerungssätze" im Sinne dieser Vorschrift sind auch die satzungsmäßigen Steigerungssätze für diejenige Zeit, während welcher ein solches Mitglied einer oder mehreren der beteiligten Pensionskassen lediglich vor Erfüllung der satzungsmäßigen Wartezeit angehört hat, sofern das von dem Mitglied erreichte Gesamtdienstalter die satzungsmäßige Wartezeit der betreffenden Pensionskasse übersteigt.

12. „Durch die Fassung des ersten Satzes von Abs. 2 hat insbesondere auch zum Ausdruck gebracht werden sollen, daß dem Knappschaftsmitglied ein besonderer Rechtsanspruch gegen jeden der beteiligten Knappschaftsvereine zusteht und daß daher der Knappschaftsverein, welcher die Berechnung, Festsetzung und Auszahlung der Unterstützungen vornimmt (vgl. Abs. 3), hierdurch Geschäfte der anderen Knappschaftsvereine mitbesorgt. Das Rechtsverhältnis deutlich in dieser Weise zu gestalten, erscheint namentlich mit Rücksicht auf die den Knappschaftsvereinen durch § 52 IVG. und § 25 GUVG. gewährten Befugnisse angezeigt. Daß nach der vorgesehenen Fassung die Knappschaftsvereine befugt erscheinen, im Falle des gleichzeitigen Bezuges einer Reichsinvalidenrente ihre Anteilleistungen entsprechend den auf § 52 IVG. be-

ruhenden Bestimmungen ihrer Satzungen zu kürzen, kann keinem Zweifel unterliegen. Auch liegt es in der Natur der Sache, daß diese Kürzung nur im Verhältnis der Teilleistung zu der Gesamtunterstützung erfolgen darf. Beispielsweise kann also ein Verein, dessen Satzung die Anrechnung der halben Invalidenrente auf die Knappschaftspension vorsieht, wenn er zu der — aus der Summe der Steigerungssätze sich zusammensetzenden — Gesamtunterstützung nur ein Viertel beiträgt, auf seine Leistung nicht die Hälfte, sondern nur ein Achtel der Reichsinvalidenrente anrechnen. In gleicher Weise ist der Ersatzanspruch aus § 25 GUVG. für jeden einzelnen Knappschaftsverein, und zwar im Verhältnis seiner Teilleistung zur Gesamtunterstützung begründet." Begr. 1906 S. 24.

13. Die Bestimmungen im Satz 2 und 3 des Abs. 2 bezwecken den Schutz der Mitglieder gegen Verluste, welche bei mehrfachem Wechsel zwischen Vereinen mit jährlichen Steigerungssätzen eintreten könnten, wenn bei diesen Vereinen ausnahmslos nur die vollen Mitgliedjahre in Anrechnung kämen. Vgl. des näheren Begr. 1906 S. 25, wo zur Erläuterung noch ein Beispiel angeführt ist.

14. Vgl. § 44 Abs. 1 und Anm. 3 zu § 44.

15. Die Entscheidung etwaiger Streitigkeiten zwischen den beteiligten Knappschaftsvereinen über die Anteile an der Aufbringung der Leistungen sind unter Ausschluß des Rechtsweges der Aufsichtsbehörde übertragen worden, weil diese stets in der Lage sein wird, die für die Entscheidung maßgebenden Tatsachen festzustellen, beim Feststehen dieser Tatsachen aber die Entscheidung selbst kaum zweifelhaft sein kann. Begr. 1906 S. 25.

16. „Die im Abs. 2 vorgesehene Regelung der Ansprüche von Mitgliedern, welche mehreren Pensionskassen angehört haben, erstreckt sich nach dem ausdrücklichen Wortlaut der Vorschrift nur auf die im § 172a — jetzt § 30 — Abs. 1 Nr. 1 und 2 bezeichneten Leistungen. Die daselbst unter Nr. 3 und 4 bezeichneten Pensionskassenleistungen werden dagegen lediglich nach der Satzung derjenigen Pensionskasse bemessen, welcher das Mitglied bei Eintritt des Unterstützungsfalles angehört hat, und fallen ausschließlich dieser Pensionskasse zur Last. Insoweit indessen diese Leistungen satzungsmäßig von dem Dienstalter des Verstorbenen abhängig sind, ist das Dienstalter selbstredend nach der im Abs. 1 getroffenen

Bestimmung zu berechnen.“ Begr. 1906 S. 25. Vgl. auch Anm. 4 und 12 zu § 31.

§ 33 [1, 2].

Mitglieder der Pensionskassen, welche, ohne arbeitsunfähig zu sein, aus der die Mitgliedschaft begründenden oder zu derselben berechtigenden Beschäftigung ausscheiden [3] und nicht Mitglieder einer anderen Knappschaftspensionskasse werden, sind bei einem Dienstalter [4] von wenigstens fünf Jahren berechtigt [5, 6, 7], sich die bis dahin erworbenen Ansprüche auf die Pensionskassenleistungen durch Zahlung einer in der Satzung festzusetzenden Anerkennungsgebühr zu erhalten, deren monatlicher Betrag eine Mark nicht übersteigen darf.

Der Verlust der erworbenen Ansprüche tritt in diesem Falle erst ein, wenn die Zahlung der Anerkennungsgebühr für sechs aufeinander folgende Monate unterlassen ist [8].

Durch die Satzungen kann bestimmt werden, daß und unter welchen Bedingungen eine Steigerung der Ansprüche auch nach Ausscheiden aus der Beschäftigung eintreten kann [9].

1. Der § 33 entspricht dem § 172d des Ges. v. 19. 6. 06.

2. Vgl. Anm. 2 zu § 31.

3. Wird ein Mitglied ohne Aufkündigung entlassen, so scheidet es mit dem Zeitpunkte, wo es die Werksarbeit tatsächlich einstellt, aus der die Mitgliedschaft begründenden Beschäftigung aus, gleichgültig, ob die Entlassung mit Recht erfolgt ist oder nicht. Entsch. des ObSchG. v. 24. 11. 09, R L. 75/09, Kompaß 1910 S. 51, Z. f. B. Bd. 51 S. 334.

4. Der Begriff „Dienstalter“ ist hier in demselben Sinne gebraucht wie im § 32 Abs. 1; vgl. Anm. 7 zu § 32. „Das Dienstalter zählt nicht nach der Dauer des Dienstverhältnisses als Arbeiter oder Beamter, sondern nach der Dauer der Zugehörigkeit zu einer Pensionskasse.“ Begr. 1906 S. 25. Doch hat diese Stelle der Begr. nur Bedeutung für das Verhältnis der Dauer des Dienstverhältnisses als Arbeiter oder Beamter und der Dauer der Be-

ziehungen zur Pensionskasse. Das „Dienstalter“ im Sinne des § 33 Abs. 1 bezeichnet die Summe der für die Bemessung der Invaliden- und Witwenpension nach Steigerungssätzen gemäß § 31 des Gesetzes in Betracht zu ziehenden Beitragszeiten und ist nicht notwendig gleich der Dauer der Pensionskassenmitgliedschaft eines Pensionskassenmitgliedes. Entsch. des ObSchG. v. 16. 2. 10, R. L. 198/09, Kompaß 1910 S. 83, Z. f. B. 51 S. 508.

5. Die Berechtigung zur Aufrechterhaltung der Ansprüche ist zunächst an die beiden aus der Natur der Sache sich ergebenden Voraussetzungen geknüpft, daß das ausscheidende Mitglied nicht bereits arbeitsunfähig ist und nicht Mitglied einer anderen Knappschaftspensionskasse wird. Die weitere Voraussetzung für die aus dem Gesetz sich ergebende Berechtigung zur Aufrechterhaltung der Ansprüche besteht in der Forderung, daß für wenigstens fünf Jahre Pensionskassenbeiträge geleistet sein sollen. „Diese Forderung entspricht der im § 172a — jetzt § 30 — Abs. 3 erfolgten Festsetzung des Höchstmaßes der Wartezeit auf fünf Jahre. Durch die Aufstellung dieser Voraussetzung für die unmittelbar aus dem Gesetze sich ergebende Berechtigung soll die Möglichkeit nicht ausgeschlossen werden, durch die Satzung diese Berechtigung bereits bei Zurücklegung eines geringeren Dienstalters zu gewähren, eine Möglichkeit, die vorzugsweise bei Knappschaftsvereinen in Frage kommen wird, welche die Wartezeit nicht auf das Höchstmaß von fünf Jahren bemessen haben.“ Begr. 1906 S. 25.

6. Das fünfjährige Dienstalter braucht nicht ohne Unterbrechung zurückgelegt zu sein. Die Zeiten der Unterbrechung werden indessen selbstverständlich in den fünfjährigen Zeitraum nicht eingerechnet. Vgl. KommBerAH. 1906 S. 64.

7. „Mitglieder, welche mit einem in anderen Vereinen bereits erworbenen Dienstalter in die Pensionskasse aufgenommen sind, aus der sie nunmehr ausscheiden, wahren sich durch die Zahlung der Anerkennungsgebühr an den letzten Verein auch dieses frühere Dienstalter.“ Begr. 1906 S. 25. Über eine weitere Wirkung der Zahlung der Anerkennungsgebühr vgl Anm. 6 zu § 32.

8. „Der Verlust der erworbenen Ansprüche kann nach den vorliegenden Erfahrungen nur an die Tatsache der Unterlassung der Monatszahlungen geknüpft werden. Insbesondere hat sich als unausführbar erwiesen, die Verlusterklärung von einer vorgängigen

Mahnung abhängig zu machen, und zwar, weil in vielen Fällen der Aufenthalt des früheren Mitgliedes dem Knappschaftsverein nicht bekannt oder von ihm überhaupt nicht oder nicht ohne weiteres zu ermitteln ist." Begr. 1906 S. 25f. Für die im § 33 bezeichneten ausscheidenden Mitglieder können andere Gründe des Verlustes der erworbenen Ansprüche, als sie im § 33 Abs. 2 vorgeschrieben sind, durch die Satzung rechtswirksam nicht festgesetzt werden. Entsch. des ObSchG. v. 20. 4. 10, R. L. 34/10, Z. f. B. Bd. 51 S. 644, Kompaß 1910 S. 156/7.

9. Macht die Satzung eines Knappschaftsvereins von der im Abs. 3 gegebenen Befugnis Gebrauch, so haben die betreffenden bisherigen Mitglieder nicht die Anerkennungsgebühr, sondern die vollen Mitgliederbeiträge und die vollen Werksbesitzerbeiträge zu entrichten. KommBerAH. 1906 S. 63.

§ 34 [1].

Insoweit die Voraussetzungen der §§ 32 und 33 nicht vorliegen, verlieren Mitglieder, welche aus der ihre Mitgliedschaft bei der Pensionskasse begründenden Beschäftigung freiwillig oder infolge Kündigung oder Entlassung durch den Werksbesitzer ausscheiden [2], ihre Ansprüche auf die Leistungen der Pensionskasse [3, 4].

Nichtbeitrittspflichtige Mitglieder verlieren außerdem ihre Ansprüche auf die Leistungen der Pensionskasse, wenn sie dem Vorstand ihren Austritt anzeigen oder die Beiträge an sechs aufeinander folgenden Zahlungsterminen nicht geleistet haben [3].

Tritt ein früheres Pensionskassenmitglied wieder in eine Knappschaftspensionskasse als Mitglied ein, so leben seine früheren Pensionskassenansprüche nach einjähriger Mitgliedschaft wieder auf [4, 5].

1. Der § 34 entspricht dem § 172e des Ges. v. 19. 6. 06.

2. Vgl. § 16. Ein Ausscheiden aus der die Mitgliedschaft bei der Pensionskasse begründenden Beschäftigung tritt im Falle der Beurlaubung eines Kassenmitgliedes aus der Werks-

arbeit für einen kürzeren, fest begrenzten Zeitraum nicht ein. Entsch. des ObSchG. v. 20. 4. 10, R. L. 29/10, Z. f. B. Bd. 51 S. 641, Kompaß 1910 S. 177. Ein Ausscheiden aus der die Mitgliedschaft bei der Pensionskasse begründenden Beschäftigung liegt nur vor, wenn mit dem Aufhören der tatsächlichen Arbeitsausübung auch das zugrunde liegende Lohnarbeitsverhältnis tatsächlich oder rechtlich gelöst wird. Entsch. des ObSchG. v. 24. 11. 10, R. L. 220/10, Kompaß 1911 S. 42, Z. f. B. Bd. 52 S. 286.

3. Vgl. § 18. Der Verlust der Ansprüche nicht beitrittspflichtiger Mitglieder ist hier indessen schon mit Rücksicht auf § 33 Abs. 2 erst an die sechsmalige Unterlassung der Monatszahlung geknüpft. Vgl. Begr. 1906 S. 26.

4. Abs. 3 ist durch die Kommission des AH. in Anlehnung an JVG. § 46 Abs. 4 dem Gesetz von 1906 eingefügt worden, um zu verhindern, daß Mitglieder, die nur vorübergehend aus ihrer Beschäftigung ausscheiden, ohne die Anerkennungsgebühr zu entrichten, ihre Ansprüche verlieren. Vgl. KommBerAH. 1906 S. 64f. Die Satzungen der Knappschaftsvereine boten früher bereits meist die Möglichkeit, den Mitgliedern eine erloschene frühere Pensionskassenmitgliedschaft anzurechnen. Seit Inkrafttreten des Gesetzes von 1906 haben die Pensionskassenmitglieder nach einjähriger Mitgliedschaft den gesetzlichen Anspruch auf Anrechnung einer früheren, inzwischen erloschenen Pensionskassenmitgliedschaft.

5. Die Vorschrift im Abs. 3 findet auf diejenigen Fälle keine Anwendung, in denen bereits vor dem 1. 1. 08 Knappschaftsmitglieder Ansprüche auf Pensionskassenleistungen verloren hatten. Dagegen findet die Vorschrift auf alle diejenigen Fälle, in denen nach dem 1. 1. 08 ein Verlust von Pensionskassenansprüchen eingetreten ist, in der Weise Anwendung, daß in diesen Fällen nach einjähriger erneuter knappschaftlicher Pensionskassenmitgliedschaft die früheren Pensionskassenansprüche in demselben Umfange wieder aufleben, in dem sie nach dem 1. 1. 08 im Augenblicke des Verlustes der Pensionskassenmitgliedschaft bestanden hatten. Vgl. MinErl. v. 17. 1. 07 Nr. 3 im Anhang A und in der Z. f. B. Bd. 48 S. 177.

§ 35 [1].

[2]Die Unterstützungsansprüche auf Grund dieses Gesetzes verjähren in zwei Jahren vom Tage ihrer Entstehung an.

[3]Die Ansprüche des Unterstützungsberechtigten auf die Leistungen der Knappschaftsvereine und Krankenkassen können mit rechtlicher Wirkung übertragen, verpfändet und gepfändet werden nur wegen:

1. eines Vorschusses, den der Berechtigte auf seine Ansprüche vor Anweisung der Leistungen vom Arbeitgeber oder von einem Organe des Knappschaftsvereins oder der Krankenkasse oder einem seiner Mitglieder erhalten hat;
2. der im § 850 Abs. 4 der Zivilprozeßordnung bezeichneten Forderungen[4];
3. der Forderungen der nach § 1531 der Reichsversicherungsordnung ersatzberechtigten Gemeinden und Armenverbände sowie Arbeitgeber und Kassen, die an ihre Stelle getreten sind; die Übertragung, Verpfändung und Pfändung ist nur in Höhe der gesetzlichen Ersatzansprüche zulässig;
4. rückständiger Beiträge, die nicht seit länger als drei Monaten fällig sind.

Ausnahmsweise darf der Berechtigte auch in anderen Fällen den Anspruch mit Genehmigung der zuständigen Behörde ganz oder zum Teil auf andere übertragen. Welche Behörde zuständig ist, bestimmt der Minister für Handel und Gewerbe[5].

[3]Die Ansprüche dürfen nur aufgerechnet werden auf:

1. Ersatzforderungen für Beträge, die der Berechtigte in den Fällen des § 1542 der Reichsversicherungsordnung oder aus der reichsgesetzlichen Unfallversicherung bezog, aber an den Knappschaftsverein oder die Krankenkasse zu erstatten hat[6];
2. geschuldete Beiträge[7];
3. gezahlte Vorschüsse;

4. zu Unrecht gezahlte Kassenleistungen;
5. Kosten des Verfahrens, die der Berechtigte zu erstatten hat;
6. Geldstrafen, welche die Kassenleitung verhängt hat[8].

Ansprüche auf Krankengeld dürfen nur bis zur Hälfte aufgerechnet werden[9].

1. Der § 35 entspricht dem § 173 ABG. in der Fassung des Ges. v. 19. 6. 06 und der Novelle v. 3. 6. 12 (Art. I Nr. 12).

2. Zu Abs. 1. Diese Vorschrift ist dem § 56 Abs. 1 KVG. nachgebildet (zu vgl. § 223 RVO.). Für ihre Anwendung kommen folgende Entscheidungen des ObSchG. in Betracht: Bestimmungen der Satzungen von Knappschaftsvereinen, die in der Zeit vor Inkrafttreten des Ges. v. 19. 6. 06 für die Verjährung von Unterstützungs- oder Pensionskassenansprüchen der Knappschaftsmitglieder an die Vereine kürzere Verjährungsfristen als die des bürgerlichen Rechts für gleichartige oder ähnliche Ansprüche vorschreiben, sind rechtswirksam. Entsch. vom 15. 6. 09, R. L. 73/09, Z. f. B. Bd. 50 S. 634, Kompaß 1909 S. 257. Die Verjährung eines solchen Anspruchs wird durch dessen Anmeldung oder sonstige Geltendmachung beim Vorstande des Knappschaftsvereins unterbrochen. Die Unterbrechung dauert fort, bis über den Anspruch im schiedsgerichtlichen Verfahren rechtskräftig entschieden oder der Anspruch anderweitig erledigt ist. Entsch. v. 20. 4. 10, R. L. 195/09, Kompaß 1910 S. 183, Z. f. B. Bd. 51 S. 640.

3. Zu Abs. 2 und 3. Diese Absätze sind nach den §§ 119 und 223 RVO. unter Berücksichtigung des Umstandes gefaßt, daß diese Paragraphen nach § 499 Abs. 1 RVO. für alle Leistungen gelten, „die den Knappschaftsvereinen oder Knappschaftskassen nach der Reichsversicherungsordnung oder nach den Landesgesetzen obliegen". Begr. 1912 S. 26. Es handelt sich also nicht nur um Leistungen der Krankenkasse, sondern um alle gesetzlichen Leistungen der Knappschaftsvereine, also auch um die der Pensionskasse.

4. Der § 850 Abs. 4 der Zivilprozeßordnung lautet:

„In den Fällen der beiden vorhergehenden Absätze ist die Pfändung ohne Rücksicht auf den Betrag zulässig, wenn sie wegen der den Verwandten, dem Ehegatten und dem früheren Ehegatten für die Zeit nach Erhebung der Klage und für das diesem Zeitpunkte vorausgehende letzte Vierteljahr kraft Gesetzes zu entrichtenden Unterhaltsbeiträge beantragt wird. Das gleiche gilt in Ansehung der zugunsten eines unehelichen Kindes von dem Vater für den bezeichneten Zeitraum kraft Gesetzes zu entrichtenden Unterhaltsbeiträge; diese Vorschrift findet jedoch insoweit keine Anwendung, als der Schuldner zur Bestreitung seines notdürftigen Unterhalts und zur Erfüllung der ihm seinen Verwandten, seiner Ehefrau oder seiner früheren Ehefrau gegenüber gesetzlich obliegenden Unterhaltspflicht der Bezüge bedarf. Hierbei werden ausschließlich die Leistungen berücksichtigt, welche vermöge einer solchen Unterhaltspflicht für den nämlichen Zeitraum oder, falls die Klage zugunsten des unehelichen Kindes nach der Klage eines Unterhaltsberechtigten erhoben ist, für die Zeit von dem Beginne des der Klage dieses Berechtigten vorausgehenden letzten Vierteljahres ab zu entrichten sind."

5. Diese Vorschrift enthält gegenüber dem bisherigen Abs. 4 die Abweichung, daß die Bestimmung der Behörde, welche die Übertragung der Ansprüche zu genehmigen hat, entsprechend dem § 499 Abs. 2 RVO. dem Minister für Handel und Gewerbe überlassen ist. Dieser allgemeine Vorbehalt empfiehlt sich, weil die Entscheidung wegen Übertragung der fraglichen Ansprüche regelmäßig eine genaue Kenntnis insbesondere der Familienverhältnisse des Berechtigten verlangt, wie sie in räumlich weit ausgedehnten Bergrevieren den Revierbeamten nur selten beiwohnt. Zudem gehören zu den Knappschaftsvereinen auch Hütten und andere der Aufsicht des Revierbeamten nicht unterstellte Gewerbebetriebe, so daß es nicht angeht, den Revierbeamten für alle Fälle gleichmäßig mit der Entscheidung zu betrauen. Begr. 1912 S. 26.

In dem von der Aufrechnung handelnden Abs. 3 sind abweichend von dem bisherigen Abs. 3 die Eintrittsgelder nach dem Vorgange des § 223 RVO. nicht berücksichtigt (vgl. Begr. zu § 233 des Entwurfs der Reichsversicherungsordnung S. 165).

6. Hier kommen also namentlich die Fälle in Betracht, in denen der Knappschaftsverein nach §§ 1528, 1501 Abs. 2 RVO. als Ersatz für gewährte Unterstützungen Entschädigung verlangen kann oder in denen nach § 1542 RVO. Ansprüche auf den Verein übergegangen sind. Vgl. hierzu Entsch. des ObSchG. v. 22. 4. 09, R. L. 32/09, Z. f. B. Bd. 50 S. 618, Kompaß 1909 S. 223.

7. Daß nur solche Beiträge aufrechenbar sind, welche vom Unterstützungsberechtigten selbst einzuzahlen waren, ist bereits in der Begründung zu § 56 Abs. 3 KVG. in der Fassung der Novelle vom 25. 5. 03 (Drucksache des Reichstages Session 1900/03 Nr. 870, 8. Anlageband S. 5829) ausdrücklich, wie folgt, klargelegt:

„Im § 56 Abs. 2 des jetzt geltenden Krankenversicherungsgesetzes ist ausdrücklich ausgesprochen, daß nur noch solche Beiträge aufgerechnet werden können, ‚welche von dem Unterstützungsberechtigten selbst einzuzahlen waren'. Dieser letztere Zusatz ist im Abs. 3 des Entwurfs nicht wieder aufgenommen worden. Eine materielle Änderung enthält indessen der Fortfall dieses Zusatzes nicht. Die Streichung erfolgt vielmehr um deswillen, weil nach der ausdrücklichen Vorschrift des § 387 des Bürgerlichen Gesetzbuchs nur solche gleichartigen Leistungen aufrechenbar sind, welche zwei Personen einander schulden. Für die Aufrechnung können daher nur die vom Unterstützungsberechtigten geschuldeten Beiträge, d. h. nur die Beiträge, welche von dem Unterstützungsberechtigten selbst einzuzahlen waren, in Betracht kommen. Es erscheint überflüssig, diese sich aus der Sache ergebende Beschränkung noch besonders auszusprechen. Im § 55 Abs. 2 des Invalidenversicherungsgesetzes ist gleichfalls nur von ‚geschuldeten Beiträgen' ohne weiteren Zusatz die Rede." Diese Ausführungen haben auch für den § 223 RVO. und damit den § 35 des Knappschaftsgesetzes ihre Bedeutung behalten; nach § 387 BGB. können die Ansprüche des Berechtigten nur auf solche Beiträge, Unterstützungsbeträge und Geldstrafen aufgerechnet werden, die er selbst der Kasse schuldet.

8. Der Abs. 3 in der Fassung des Ges. v. 19. 6. 06 enthielt hinsichtlich der für aufrechenbar erklärten Geldstrafen den Zusatz, daß diese Strafen nach näherer Vorschrift der Satzungen von den Organen der Knappschaftsvereine oder der Krankenkassen verhängt sein müssen. Es sollte dadurch zum Ausdruck gebracht werden, daß die Befugnis der erwähnten Organe zur Verhängung von Geldstrafen nur insoweit bestehe, als sie durch ausdrückliche Vorschrift der vom Oberbergamt bestätigten Satzungen ihnen beigelegt sei (Begr. 1906 S. 26 f.). Dieser Grundsatz wird auch nach Wegfall des bezeichneten Zusatzes weitere Geltung zu beanspruchen haben;

nur wenn und soweit die Satzung ein Vereinsorgan zur Verhängung von Geldstrafen (Ordnungsstrafen, zu vgl. § 13 Abs. 7) ausdrücklich ermächtigt, ist das Vereinsorgan dazu befugt.

9. Diese Beschränkung gilt demnach für alle im Abs. 3 aufgeführten Forderungen, bleibt also nicht, wie nach dem früheren Abs. 3 des § 173, auf die im Satz 2 dortselbst bezeichneten Ersatzforderungen beschränkt.

§ 36 [1].

Sowohl die Mitglieder als auch die Werksbesitzer haben zu den Krankenkassen und den Pensionskassen Beiträge [2] zu leisten. Die Beiträge der Werksbesitzer für beitrittspflichtige Mitglieder dürfen nicht geringer als die Beiträge dieser Mitglieder sein [3].

Bei Arbeitsunfähigkeit sind für die Dauer der Krankenhilfe keine Beiträge zu den Krankenkassen zu entrichten. Das gleiche gilt während des Bezugs des Wochen- und des Schwangerengeldes [4].

Zur Beitragsleistung für nichtbeitrittspflichtige Mitglieder sind die Werksbesitzer nicht verpflichtet [5]. Soweit eine Beitragsleistung für ein nichtbeitrittspflichtiges Mitglied durch den Werksbesitzer nicht erfolgt, hat das nichtbeitrittspflichtige Mitglied neben dem Mitgliedsbeitrag auch den auf den Werksbesitzer entfallenden Beitrag seinerseits zu entrichten [6].

1. Der § 36 entspricht dem § 174 ABG. in der Fassung des Ges. v. 19. 6. 06 und der Novelle v. 3. 6. 12 (Art. I Nr. 13). Durch letztere ist der Abs. 2 eingeschoben worden, der seinerseits den § 383 RVO. (§ 498 Abs. 1 ebenda) wiedergibt.

2. Neben der Verpflichtung der Mitglieder und Werksbesitzer zur Entrichtung von Beiträgen kann durch die Satzung auch die Verpflichtung neu eintretender Mitglieder zur Entrichtung eines Eintrittsgeldes festgesetzt werden (vgl. § 8 Abs. 1 Nr. 4, § 43 Abs. 1, § 44 Abs. 1). Ein bei der Beratung des Ges. von 1906 in der Kommission des AH. gestellter Antrag, welcher die Befugnis der

Knappschaftsvereine zur Erhebung eines Eintrittsgeldes dahin beschränken wollte, daß ein Eintrittsgeld nicht von dem beitrittspflichtigen, sondern nur von den beitrittsberechtigten Mitgliedern erhoben werden dürfe, wurde von der Kommission des AH. abgelehnt. Ein durch die Satzung festgesetztes Eintrittsgeld wird nur von den Mitgliedern erhoben; die Werksbesitzer sind an der Entrichtung des Eintrittsgeldes nicht beteiligt. Vgl. KommBerAH. 1906 S. 65 bis 69.

Die Erhebung eines Eintrittsgeldes von Krankenkassenmitgliedern ist durch die §§ 12 und 13 bestimmten Beschränkungen unterworfen. Vgl. Anm. 1 zu § 12 und Anm. 9 zu § 13.

3. Nach dem § 175 Abs. 2 ABG. mußten die Beiträge der Werksbesitzer mindestens die Hälfte der Beiträge der Arbeiter ausmachen. Die Knappschaftsvereine hatten vielfach bereits vor dem Ges. von 1906 die Beitragspflicht der Werksbesitzer durch die Satzungen wesentlich höher bemessen. Eine größere Zahl von Vereinen verpflichtete die Werksbesitzer bereits damals zu den gleichen Beiträgen wie die Arbeiter. Die durch das Ges. von 1906 getroffene Vorschrift im Satz 2 entspricht somit dem in vielen Knappschaftsvereinen bereits vor Erlaß dieses Gesetzes bestehenden Zustand. „Sie beruht auf Billigkeitserwägungen, die schon wegen der gleichen Vertretung der Mitglieder und der Werksbesitzer in den Vorständen nicht abzulehnen sind." Begr. 1906 S. 27.

4. Die nach § 174 des Ges. v. 19. 6. 06 zulässige Erhebung von Beiträgen auch während der Dauer der Krankenunterstützung — vgl. 2. Aufl. Anm. 2 zu § 174 — ist hiernach in dem Umfange des neuen Abs. 2 ausgeschlossen.

5. „Eine gesetzliche Verpflichtung der Werksbesitzer zur Beitragsleistung ist auch bisher nur hinsichtlich der beitrittspflichtigen Mitglieder angenommen worden." Begr. 1906 S. 27. Eine gewisse Abweichung hiervon sieht § 28 Abs. 2 Nr. 1 vor.

6. Satz 2 des Abs. 3 ist durch die Redaktionskommission der Kommission des AH. im Interesse größerer Klarheit in das Gesetz von 1906 eingefügt worden. Vgl. KommBerAH. 1906 S. 70.

§ 37 [1, 2].

Die Beiträge der Mitglieder zur Krankenkasse sind in einem Bruchteil ihres Arbeitslohns oder Gehalts oder in einem festen Satze[3] so zu bemessen, daß sie unter Hinzurechnung der Beiträge der Werksbesitzer und der etwaigen sonstigen Einnahmen der Kasse ausreichen, um deren gesetzliche und satzungsmäßige Ausgaben zu decken und außerdem einen Reservefonds im Mindestbetrage der durchschnittlichen Jahresausgabe der letzten drei Jahre anzusammeln und erforderlichenfalls den Reservefonds bis zu dieser Höhe zu ergänzen[4, 5, 6].

1. Der § 37 entspricht dem § 175 ABG. in der Fassung des Ges. v. 19. 6. 06.

2. Zu §§ 37 und 40. Die im § 4 Abs. 2 vorgeschriebene getrennte Rechnungsführung der Knappschaftsvereine nach Krankenkasse und Pensionskasse hat insbesondere auch die besondere Feststellung der Beiträge für jeden der beiden Kassenzweige zur Folge. Diese vollständige Trennung der Beiträge nach den beiden Kassenzweigen ist in den §§ 175 ff. des Ges. von 1906 (jetzt §§ 37 ff.) durchgeführt und wird der früher öfters vermißten Übersichtlichkeit in der Finanzlage der Knappschaftsvereine förderlich sein. Ist von der Vorschrift der getrennten Rechnungsführung nach § 4 Abs. 2 eine Ausnahme zugelassen worden, so finden die Bestimmungen der §§ 37 ff. selbstredend insoweit, aber auch nur insoweit keine Anwendung, als für ihre Anwendung die Trennung der Rechnungsführung notwendige Voraussetzung ist. Begr. 1906 S. 27.

3. Die Vorschrift im § 175 des Ges. von 1906 (jetzt § 37) über die Beiträge zur Krankenkasse weicht von den Vorschriften des § 175 Abs. 1 ABG. dadurch ab, daß darin auch Bestimmung getroffen wird über die Art der Bemessung dieser Beiträge. Diese Abweichung ist erfolgt, um die dauernde Erfüllbarkeit der Krankenkassenleistungen tunlichst sicherzustellen (vgl. auch Anm. 9 zu § 6). Zu diesem Zwecke lehnen sich die Vorschriften an die den gleichen Zweck verfolgenden Vorschriften im § 22 Abs. 1 KVG. an. Vgl. auch Anm. 4. Die Vorschriften der RVO. über die Beiträge für die Krankenversicherung, insbesondere die §§ 385 bis 389 finden auf die Knappschaftsvereine keine Anwendung.

Während § 22 Abs. 1 KVG. die Bemessung der Beiträge nur nach Prozenten des durchschnittlichen Tagelohns zuläßt, ist hier wie im § 175 Abs. 1 ABG. auch zugelassen, die Beiträge nach festen Sätzen festzusetzen.

4. Die Vorschriften über die Ansammlung und Ergänzung des Reservefonds lehnen sich an die entsprechenden Vorschriften im § 22 Abs. 1 und § 32 Abs. 1 KVG. an (Begr. 1906 S. 27). In der Kommission des AH. zur Beratung des Ges. von 1906 wurden Anträge gestellt, welche eine Ermäßigung der Anforderungen über die Höhe des anzusammelnden Reservefonds bezweckten. Diese Anträge wurden indessen von der Kommission abgelehnt. Vgl. KommBerAH. 1906 S. 70 bis 73. Auch die Kommission des HH. bezeichnete die im § 37 enthaltenen Vorschriften über die Bildung und Bemessung des Reservefonds ausdrücklich als notwendig. KommBerHH. 1906 S. 10.

5. Wo ein Reservefonds in der gesetzlichen Höhe bereits angesammelt ist, braucht eine weitere Ansammlung nicht stattzufinden. Vgl. auch KommBerAH. 1906 S. 70 und 73.

6. Wegen Anlegung der Gelder des Reservefonds vgl. § 55 Abs. 3 Nr. 3 und Abs. 4 sowie Anm. 12 und 13 zu § 55.

§ 38 [1, 2].

Reichen die Mittel einer besonderen Krankenkasse (§ 5) zur Deckung der laufenden Ausgaben nicht aus, so sind die Werksbesitzer zur Leistung der erforderlichen Vorschüsse verpflichtet [3].

1. Der § 38 entspricht dem § 175a des Ges. v. 19. 6. 06.

2. Zu §§ 38 und 39.

Die Vorschriften in den §§ 38 und 39 gelten nach ihrem ausdrücklichen Wortlaut nur für die besonderen Krankenkassen. Für diejenigen Knappschaftsvereine, welche eine besondere Krankenkasse nicht errichtet haben, sind die Vorschriften daher von keiner Bedeutung.

3. Für die Betriebs- (Fabrik-) Krankenkassen gilt nach § 64 Nr. 4 KVG. die gleiche Vorschrift. Diese Vorschrift ist als für die besonderen Krankenkassen der Knappschaftsvereine in gleicher Weise sachgemäß durch das Ges. von 1906 hierhin übernommen. Begr. 1906 S. 27 f. Zu vgl. § 390 RVO.

§ 39 [1, 2].

[3] Werden die gesetzlichen Regelleistungen (§ 13)[4] einer besonderen Krankenkasse (§ 5) durch die Beiträge, nachdem diese für die Mitglieder vier Prozent des durchschnittlichen Arbeitslohns oder Gehalts erreicht haben, nicht gedeckt, so haben die Werksbesitzer die zur Deckung der gesetzlichen Regelleistungen erforderlichen Zuschüsse aus eigenen Mitteln zu leisten.

1. Der § 39 entspricht dem § 175b des Ges. v. 19. 6. 06.
2. Vgl. Anm. 2 zu § 38.
3. Für die Betriebs- (Fabrik-) Krankenkassen gilt nach § 65 Abs. 2 KVG. die gleiche Vorschrift. Diese Vorschrift ist als für die besonderen Krankenkassen der Knappschaftsvereine in gleicher Weise sachgemäß durch das Ges. von 1906 hierhin übernommen. Begr. 1906 S. 27f. Vgl. auch § 390 RVO.
4. Vgl. Anm. 3 zu § 13.

§ 40 [1, 2, 3].

Die Beiträge der Mitglieder zur Pensionskasse sind in einem Bruchteil ihres Arbeitslohns oder Gehalts oder in einem festen Satze zu bestimmen.

[4] Die Höhe der Beiträge ist derart zu bemessen, daß sie unter Hinzurechnung der etwaigen weiteren Einnahmen der Kasse und unter Berücksichtigung aller sonstigen für die Leistungsfähigkeit des Knappschaftsvereins in Betracht kommenden Umstände die dauernde Erfüllbarkeit der Pensionskassenleistungen ermöglichen [5, 6, 7, 8].

In den verschiedenen Mitgliederklassen sind die Beiträge für die einzelnen Mitglieder gleich zu bemessen und lediglich nach der durchschnittlichen Höhe der in denselben zu gegewährenden Invaliden- und Witwenunterstützungen abzustufen [9, 10, 11].

1. Der § 40 entspricht dem § 175c des Ges. v. 19. 6. 06 in der Fassung der Novelle v. 3. 6. 12 (Art. II Nr. 3).

2. Vgl. Anm. 2 zu § 37.

3. Der § 175c des Ges. v. 19. 6. 06 (jetzt § 40) enthält eine der bedeutsamsten Vorschriften des Gesetzes von 1906, indem seine Vorschriften im Abs. 2 die Unterlage bieten sollen für die vom Gesetz angestrebte sog. Sanierung der bisher vielfach nicht dauernd leistungsfähigen preußischen Knappschaftsvereine. Auf die Notwendigkeit des Erlasses derartiger Vorschriften ist bereits in der Einleitung (S. 11 ff.) hingewiesen. Die Begründung zum Regierungsentwurf (von 1906) spricht sich in dieser Beziehung, wie folgt, aus:

„Wie oben zu § 169 (jetzt § 6) bereits hervorgehoben ist, verlangt der Entwurf, daß die Leistungen der Knappschaftsvereine und besonderen Krankenkassen dauernd erfüllbar sein müssen. Diesem schon aus dem Wesen und dem Zweck der Knappschaftsvereine als notwendig sich ergebenden Erfordernis ist hinsichtlich der Pensionskassenleistungen durch die Vorschrift im Abs. 2 Rechnung getragen. An einer solchen ausdrücklichen Vorschrift fehlte es im bisherigen Gesetz. Wenn es auch den Aufsichtsbehörden in den meisten Fällen bisher gelungen ist, Vereine, deren dauernde Leistungsfähigkeit in offenkundiger Weise in Frage gestellt erschien, zur Vornahme sachgemäßer Maßnahmen behufs Anbahnung einer Gesundung ihrer Finanzverhältnisse zu bewegen, so hat sich doch das Fehlen einer solchen ausdrücklichen Vorschrift bei diesen Verhandlungen als eine offenbare Lücke im bisherigen Gesetz bemerkbar gemacht, die unter allen Umständen jetzt ausgefüllt werden muß.

Überdies sind inzwischen im KVG. für die diesem Gesetz unterliegenden Krankenkassen weitgehende Vorschriften getroffen, um die dauernde Leistungsfähigkeit dieser Kassen tunlichst sicherzustellen (vgl. u. a. §§ 22, 30, 33, 47 a. a. O.). Ferner ist auch im JVG., und zwar im § 32, verlangt, daß die Beiträge so bemessen sein müssen, daß die dauernde Erfüllbarkeit der vorgesehenen Leistungen gewährleistet ist. Insbesondere ist auch für die zur selbständigen Durchführung der Reichsinvalidenversicherung zugelassenen Knappschaftsvereine im § 174 JVG. vorgeschrieben, daß für die anteilige Belastung an den nach diesem Gesetz zu gewährenden Renten die nach obiger Vorschrift zu erhebenden Beiträge maßgebend sein sollen. Ebenso ist in dem Reichsgesetz über die privaten Versicherungsanstalten v. 12. 5. 01 (RGBl. S. 139) für alle diesem Gesetz unterliegenden privaten Versicherungsunternehmungen, und damit selbst für die kleinsten Sterbekassen, die dauernde Erfüllbarkeit der Kassenleistungen zum gesetzlichen Erfordernis gemacht und durch entsprechende gesetzliche Vorschriften tunlichst gesichert worden (vgl. u. a. §§ 4, 7, 23, 24, 37, 53, 124 a. a. O.). Die Notwendigkeit und Zweckmäßigkeit analoger Bestimmungen für die knappschaftlichen Pensionskassen wird hiernach einem begründeten Zweifel nicht unterliegen können." Begr. 1906 S. 28.

Die Aufbringung der Pensionskassenleistungen durch die Beiträge ist bei den preußischen Knappschaftsvereinen früher ausschließlich nach dem sog. Umlageverfahren erfolgt und erfolgte auch zur Zeit des Erlasses des Ges. v. 19. 6. 06 noch vielfach nach diesem Verfahren. Für Pensionskassen ist dieses Verfahren, wie sowohl die inzwischen gewonnenen Erfahrungen als auch die Versicherungswissenschaft lehren, für die Aufbringung der Mittel im allgemeinen nicht sachgemäß. Wenn man allein den versicherungstechnischen Standpunkt in Betracht zieht, so erscheint es jedenfalls richtiger, der Aufbringung der Mittel bei diesen Kassen das Prämiendurchschnittsverfahren oder wenigstens das Kapital deckungsverfahren nach Perioden zugrunde zu legen.

Die genannten drei Verfahren unterscheiden sich voneinander ihrem Wesen nach, wie folgt: Bei dem Umlageverfahren wird der Betrag der in einem abgelaufenen Zeitraum, z. B. einem Jahre, erwachsenen Ausgaben auf die Beitragspflichtigen umgelegt; es wird also in jedem Jahre lediglich die auf dieses Jahr fallende Rate der bereits bewilligten Pensionen aufgebracht. Bei dem Kapitaldeckungsverfahren nach Perioden werden die Beiträge für eine bestimmte Reihe von Jahren im voraus berechnet, und zwar unter Zugrundelegung der rechnungsmäßigen Kapitalwerte derjenigen Pensionen, die in dieser Periode voraussichtlich zu bewilligen sein werden; es wird also durch die Beiträge eines jeden Jahres das Kapital aufgebracht, das ausreicht, aus seinen Zinsen und durch seine allmähliche Aufzehrung die im Laufe dieses Jahres neu entstehenden Pensionen bis zum Fortfall der letzten Pensionsrate zu entrichten. Bei dem Prämiendurchschnittsverfahren werden die Beiträge auf der Grundlage bemessen, daß der Gesamtwert aller zu erwartenden Beiträge gleichkommt dem Gesamtwert aller zu erwartenden Pensionen; es wird also durch die Beiträge das Kapital aufgebracht, das ausreicht, um aus seinen Zinsen und durch seine allmähliche Aufzehrung alle durch die jeweiligen Beitragszahlungen entstehenden Anwartschaften auf Pensionskassenleistungen zu realisieren.

Die verschiedene Grundlage der vorgenannten drei Verfahren tritt zunächst bei der Beitragserhebung in die Erscheinung: Zur Bestreitung der gleichbleibenden Pensionskassenleistungen werden beim Umlageverfahren anfänglich geringe Beiträge erhoben, die indessen dem Anschwellen der tatsächlichen Ausgaben entsprechend rasch und stark steigen. Beim Kapitaldeckungsverfahren werden zunächst mäßig hohe Beiträge erhoben, die später dem Steigen des Kapitalwerts der zu bewilligenden Pensionen entsprechend langsam und mäßig steigen. Beim Prämiendurchschnittsverfahren werden die Beiträge in dauernd gleichbleibender Höhe erhoben; sie gehen anfänglich über die nach dem Kapitaldeckungsverfahren und namentlich nach dem Umlageverfahren zu erhebenden Beiträge erheblich hinaus, bleiben indessen später in entsprechendem Maße hinter den nach diesen Verfahren zu erhebenden Beiträgen zurück. Weiter tritt die verschiedene Grundlage der drei Verfahren im Falle der Aufhebung einer Pensionskasse in die Erscheinung. In einem solchen Falle würden beim Prämiendurchschnittsverfahren sowohl das zur Deckung der bereits bewilligten Pensionen erforderliche Kapital (Deckungskapital), als auch ein weiteres Kapital vorhanden sein, das ausreichen würde, die bis zum Tage der Aufhebung der Pensionskasse erwachsenen Anwartschaften auf künftige Pensionskassenleistungen seinerzeit zu realisieren (Prämienreserve). Beim Kapitaldeckungsverfahren nach Perioden würde nur das zur Deckung der bereits bewilligten Pensionen erforderliche Kapital vorhanden sein, die Anwartschaften auf künftige Pensionskassenleistungen dagegen würden ausfallen. Bei dem Umlageverfahren wäre überhaupt nichts vorhanden, so daß nicht nur die Anwartschaften auf künftige Pensionskassenleistungen, sondern auch die bereits bewilligten Pensionen völlig ausfallen müßten.

Die vorgenannten drei Verfahren können übrigens dadurch ineinander übergehen, daß beim Umlageverfahren wie beim Kapitaldeckungsverfahren nach Perioden außer den nach diesen Verfahren aufzubringenden Beiträgen noch Zuschläge erhoben werden zur Ansammlung eines Reservefonds behufs völliger oder teilweiser Deckung der nach den genannten beiden Verfahren sonst ungedeckt bleibenden Pensionskassenleistungen. So sah das alte Unfallversicherungsgesetz v. 6. 7. 84 (RGBl. S. 69) für die Aufbringung der Mittel durch die Berufsgenossenschaften das Umlageverfahren mit Ansammlung eines Reservefonds bis zum doppelten Betrage des laufenden Jahresbedarfs vor. Die meisten Knappschaftsvereine, welche ihre Beiträge nach dem Umlageverfahren bemaßen, schrieben gleichfalls die Ansammlung eines Reservefonds vor. Vielfach war dieser Reservefonds indessen nicht ausreichend bemessen. Außerdem war diese Bemessung meist auf ein Vielfaches der laufenden Jahresausgabe erfolgt. Eine derartige Bemessung erscheint indessen nur unter der Voraussetzung sachgemäß, daß in dem betreffenden Knappschaftsverein die Verhältnisse im wesentlichen gleichbleiben, daß insbesondere nicht eine erhebliche Zunahme der Mitgliederzahl und vor allem keine erhebliche Abnahme der Mitgliederzahl zu erwarten ist. Mit dem Augenblicke, wo im Betriebe der Vereinswerke und damit in der Zahl der Vereinsmitglieder ein erheblicher Rückgang eintritt, schwillt naturgemäß die Zahl der Invaliden erheblich an. Die notwendigen Leistungen wachsen damit bedeutend, die Zahl der aktiven Vereinsmitglieder, welche in Gemeinschaft mit den Werksbesitzern diese Leistungen umzulegen haben, sinkt dagegen beträchtlich. Zur Aufbringung der Umlage müssen daher die Beiträge erhöht und der Reservefonds angegriffen werden. Bei längerer Dauer dieses Zustandes ist der auf den mehrfachen Betrag der früheren Jahresausgabe bemessene Reservefonds vorzeitig erschöpft, und es muß zum letzten Mittel, der Herabsetzung der satzungsmäßigen Leistungen, gegriffen werden, um den Verein vor völligem Zusammenbruch zu bewahren, wie dies in den letzten Jahrzehnten leider bei einer Anzahl von Knappschaftsvereinen notwendig geworden ist. Auf Grund dieser Erfahrungen sind daher bereits vor Erlaß des Gesetzes v. 19. 6. 06 mehrere Knappschaftsvereine von dem früher auch bei ihnen geübten Umlageverfahren mit Ansammlung eines mäßigen, nach dem gegenwärtigen Jahresbedarf bemessenen Reservefonds aus eigener Entschließung abgegangen.

4. Zu Abs. 2. Die Reichsgesetzgebung schreibt für die Aufbringung der Mittel für die Zwecke der Krankenversicherung, Unfallversicherung und Invalidenversicherung je ein bestimmtes System vor, hat indessen auf dem Gebiete der Unfallversicherung und der Invalidenversicherung das früher vorgeschriebene System bereits vor Erlaß der RVO. gewechselt. Auf dem Gebiete der Krankenversicherung ist das für diesen Versicherungszweig durchaus geeignete Umlageverfahren früher wie jetzt vorgeschrieben. Auf dem Gebiete der Unfallversicherung wurde — wie in Anm. 2 bereits hervorgehoben — im alten Unfallversicherungsgesetz v. 6. 7. 84 gleichfalls noch das Umlageverfahren mit Ansammlung eines mäßigen Reservefonds vorgesehen, während die spätere Unfallversicherungsgesetzgebung zu einem Verfahren überleitet, das im Laufe der Zeit zum Wesen des Prämiendurchschnittsverfahrens hinüberführt. Das Invaliditäts- und Altersversicherungsgesetz v. 22. 6. 89 hatte die Kapitaldeckung nach Perioden vorgesehen; das IVG. v. 19. 7. 99 hat indessen das Prämiendurchschnittsverfahren eingeführt und die Reichsversicherungsordnung hat dieses Verfahren beibehalten (§ 1389).

Das Ges. v. 19. 6. 06 hat wie der ihm zugrunde liegende Regierungsentwurf für die Krankenkassen der Knappschaftsvereine, dem KVG. folgend, das Umlageverfahren vorgesehen, für die Pensionskassen der Knappschaftsvereine indessen davon abgesehen, ein bestimmtes System vorzuschreiben, sondern im § 175c (dem jetzigen § 40) Abs. 2 sich auf die Festlegung des Grundsatzes beschränkt, daß die Beiträge unter Hinzurechnung der etwaigen weiteren Einnahmen der Kasse und unter Berücksichtigung aller sonstigen für die Leistungsfähigkeit des Knappschaftsvereins in Betracht kommenden Umstände die dauernde Erfüllbarkeit der Pensionskassenleistungen ermöglichen müssen. Bei den Verhandlungen im Landtage ist der Grundsatz, daß die dauernde Erfüllbarkeit der Pensionskassenleistungen fortan für die Beitragsbemessung ein gesetzliches Erfordernis darstellen soll, von keiner Seite angegriffen worden. Dagegen wurde in der Kommission des AH. durch den Abgeordneten Dr. Wagner angeregt, den im Abs. 2 niedergelegten allgemeinen Grundsatz durch weitere Bestimmungen zu ergänzen, welche allen Knappschaftsvereinen ein bestimmtes System für die Beitragsbemessung vorschreiben und damit die sog. Sanierung der Knappschaftsvereine auf einheitlicher Grundlage herbeiführen sollten. Daneben bezweckte der Antrag Wagner noch — wie oben in Anm. 2 zu § 31 bereits hervorgehoben —, die Beibehaltung des bisher meist üblichen Systems in der Bemessung der Invaliden- und Witwenpensionen nach Grundbeträgen und Steigerungssätzen zu ermöglichen. In seinen Grundzügen ging der Antrag dahin: Es soll unterschieden werden zwischen der Last, welche die Knappschaftsvereine im Augenblick des Inkrafttretens des Gesetzes bereits hätten, und der Last, die ihnen später zuwachse. Danach sollen die Beiträge sich zusammensetzen aus einem Betrage, der nach den für den einzelnen Knappschaftsverein maßgebenden besonderen Verhältnissen zur allmählichen Tilgung der beim Inkrafttreten des Gesetzes laufenden Unterstützungen ausreiche, und aus einem weiteren Betrage, der unter Zugrundelegung des Kapitaldeckungsverfahrens mit zehnjährigen Perioden die Kapitalwerte der künftig zu bewilligenden Unterstützungen aufbringe. Um die Beibehaltung der Pensionsbemessung nach Grundbeträgen und Steigerungssätzen zu ermöglichen und gleichzeitig bei Vereinswechsel der Mitglieder das Abrechnungsverfahren zwischen den einzelnen Knappschaftsvereinen zu erleichtern, soll von sämtlichen Knappschaftsvereinen ein allgemeiner Knappschaftsfonds gebildet werden. In diesen allgemeinen Knappschaftsfonds soll derjenige Teil der für die künftige Last nach dem Kapitaldeckungsverfahren aufzubringenden Beiträge fließen, welcher von den einzelnen Knappschaftsvereinen zur Deckung der Grundbeträge der künftigen Invaliden- und Witwenpensionen erhoben würde. Dagegen soll dieser allgemeine Knappschaftsfonds die Auszahlung dieser künftigen Grundbeträge übernehmen und insoweit die einzelnen Knappschaftsvereine entlasten.

Der Antrag Wagner ist in einer von der Kommission des AH. gebildeten Subkommission eingehend beraten und von dieser Subkommission angenommen worden. Bei der Beratung der Anträge der Subkommission in der Kommission des AH. wurde der Antrag Wagner indessen lebhaft angegriffen. Die Stellung der Regierung zu diesem Antrage ist für die Beurteilung der schwierigen Materie von Interesse; es sei daher der Inhalt einer von dem Handelsminister in der Kommission des AH. zu diesem Antrag abgegebenen Erklärung nach dem KommBerAH. 1906 S. 108 f. hier, wie folgt, wiedergegeben:

„Die Schwierigkeit, den in Rede stehenden Antrag richtig zu würdigen, liege nach seiner Ansicht darin, daß er für den Nichttechniker in seinen Konsequenzen sehr undurchsichtig sei. Demgegenüber habe die Regierungsvorlage den Vorteil, daß die formalen Bestimmungen klar und übersichtlich seien, jeder Knappschaftsverein könne sich ein ungefähres Bild machen, wie sich die Dinge für ihn stellen würden, und infolgedessen sei natürlich bei allen, die versicherungstechnisch nicht gebildet seien, eine berechtigte Neigung vorhanden, der Regierungsvorlage vor dem Antrag den Vorzug zu geben.

Nun glaube er, daß man in einem Punkte die Entfernung zwischen dem Antrag und der Regierungsvorlage überschätze. Man dürfe sich darüber nicht täuschen, daß man, wenn man an eine Sanierung der einzelnen Knappschaftsvereine herangehen würde, auch wenn der Antrag Wagner nicht angenommen werde, doch zu einer Erhöhung der Beiträge kommen werde. Der Unterschied in der Ausführung des Gesetzes in den beiden Fällen beruhe nur darin, daß der Antrag eine gewisse feste Grundlage für diese Sanierung allgemein gebe, ohne indessen die Knappschaftsvereine in ihrer Freiheit zu beschränken, während die Regierungsvorlage eine sehr weite Latitüde lasse, aber den Nachteil habe, daß die Aufsichtsbehörde sich ziemlich umfänglich in die Regulierung der Verhältnisse der einzelnen Knappschaftsvereine einmischen müsse und natürlich auch ein hohes Maß von Verantwortung übernehme, das ihr genommen würde, wenn der Antrag angenommen werde.

Was die weitere Frage anbetreffe, ob gegen die Gründung des allgemeinen Knappschaftsfonds Bedenken zu erheben seien, so glaube er, daß der Antrag auch hier von seinen Gegnern wohl überschätzt oder in bezug auf sein Verhältnis zu den Intentionen der Regierung nicht ganz richtig beurteilt werde. Die Knappschaftsvereine würden, wenn man an die Reform der Knappschaftskassen heranginge, voraussichtlich vielfach selbst auf einen ähnlichen Weg kommen, wie ihn der Antrag hierin als gesetzliche Regel vorsehe.

Endlich käme die Kommission mit dem in Rede stehenden Antrag über alle die Schwierigkeiten und Bedenken hinweg, die sie in der ersten Lesung bei der Beratung der in Betracht kommenden Paragraphen hier beschäftigt hätten. Überdies werde das Abrechnungsverfahren zwischen den einzelnen Knappschaftskassen außerordentlich vereinfacht resp. falle in der Hauptsache ganz weg, und man habe, alles in allem genommen, die Sicherheit, daß die Knappschaftsvereine den an sie zu stellenden Anforderungen in Zukunft würden genügen können.

Unter diesen Umständen habe er, wenn die Kommission in ihrer Mehrheit sich für den vorliegenden Antrag entscheiden sollte, keine Bedenken, sich damit einverstanden zu erklären. Er habe aber auch absolut keine Veranlassung, die Regierungsvorlage etwa gegenüber dem Antrage fallen zu lassen. Man könne den Zweck auf beide Weisen erreichen. Gewicht lege er nur darauf, daß an den grundsätzlichen Bestimmungen der Regierungsvorlage wesentliche Änderungen nicht vorgenommen würden."

Nach eingehender Besprechung des Antrages Wagner gab die Kommission des AH. mit überwältigender Mehrheit dem unveränderten Regierungsentwurf den Vorzug vor dem Antrag Wagner zu § 175c und lehnte diesen Antrag ab. Das Plenum des AH. wie das HH. nahmen den § 175c des Regierungsentwurfs gleichfalls unverändert an.

Vgl. des näheren wegen der sehr eingehenden Verhandlungen in der Kommission und Subkommission des AH. KommBerAH. 1906 S. 104 bis 117 sowie Anlage I und II des KommBer. und wegen der Verhandlungen des HH. KommBerHH. 1906 S. 4f. und 10.

5. Nach der in Anm. 4 erörterten Entstehungsgeschichte des § 175c (jetzt § 40) Abs. 2, welche zu einer völligen Billigung der Vorschriften des Regierungsentwurfs und der zu ihnen gegebenen Erläuterung geführt hat, gewinnt für die Auslegung der Vorschriften der Inhalt der nachstehenden Ausführungen in der Begr. 1906 zu § 175c Abs. 2 besondere Bedeutung:

„Was den Inhalt der über die Beitragshöhe in den Entwurf einzustellenden Vorschriften anlangt, so konnte nur in Frage kommen, ob der Entwurf sich lediglich auf die Festlegung des für die Beitragsbemessung maßgebenden Grundsatzes beschränken oder nach dieser Richtung noch speziellere Vorschriften treffen soll. Bei der ungemein verschieden gestalteten Lage, in der sich die für die Beurteilung der dauernden Leistungsfähigkeit maßgebenden Verhältnisse bei den verschiedenen Knappschaftsvereinen befinden, erschien es ratsam und sogar notwendig, über die Festlegung des maßgebenden Gesichtspunktes nicht hinauszugehen, zumal andernfalls den bei den einzelnen Knappschaftsvereinen bestehenden tatsächlichen Verhältnissen nicht ausreichend Rechnung getragen werden könnte.

Nach dem im Abs. 2 niedergelegten Grundsatz sollen für die Prüfung der Frage, ob die Beiträge einer Pensionskasse die dauernde Erfüllbarkeit der dieser Kasse obliegenden Leistungen ermöglichen, nicht nur die Höhe dieser Beiträge und die der Kasse zufließenden weiteren Einnahmen in Betracht gezogen, sondern auch alle sonstigen für die Leistungsfähigkeit des Knappschaftsvereins in Betracht kommenden Umstände berücksichtigt werden. Als solche Umstände werden unter anderen in Frage kommen müssen: die größere oder geringere Nachhaltigkeit der Vereinswerke, die größere oder geringere Bedeutung und Ausdehnung der Betriebe, für welche der Knappschaftsverein errichtet ist, Zahl und Lebensalter der aktiven Mitglieder und der Unterstützungsempfänger überhaupt sowie der erfahrungsgemäß in Zugang und in Abgang kommenden aktiven Mitglieder und Unterstützungsempfänger.

Im übrigen verlangt der im Abs. 2 aufgestellte Grundsatz nicht unbedingt und unter allen Umständen die Bemessung der Beiträge nach dem Kapitaldeckungsverfahren oder einem sonstigen Deckungsverfahren. Insbesondere erscheint es zulässig, den Übergang zu einem Deckungsverfahren allmählich zu bewerkstelligen. Auch wird unter Umständen bei genügend breiter Unterlage, wie z. B. bei Bildung eines Rückversicherungsverbandes für alle preußischen Knappschaftsvereine, auch das Umlageverfahren mit Ansammlung eines hohen Reservefonds für die Bemessung der Beiträge in Frage kommen können.

Endlich ist nicht außer acht zu lassen, daß bei der überwiegenden Mehrzahl der preußischen Knappschaftsvereine die Bemessung der Beiträge bisher nicht nach dem im Abs. 2 aufgestellten Grundsatz erfolgt ist und daß in diesen Fällen das der Vorschrift im Abs. 2 vorschwebende Ziel, die dauernde Sicherstellung der Pensionskassenleistungen, nicht sofort, sondern erst in einer unter Umständen weit gesteckten Frist tatsächlich erreichbar sein wird. Die Vorschrift im Abs. 2 verlangt indessen auch nicht die sofortige Erreichung dieses Zieles; vielmehr ist dieser Vorschrift auch dann entsprochen, wenn durch die Satzung ein Plan festgelegt wird, der in einer den Umständen des einzelnen Falles angemessenen Frist zu der tatsächlichen Ermöglichung der dauernden Erfüllbarkeit und damit zu der dauernden Sicherstellung der Pensionskassenleistungen führt. Im übrigen vgl. hinsichtlich der Überleitung der jetzt tatsächlich bestehenden in die der Vorschrift des Abs. 2 entsprechenden Verhältnisse den Art. IV des Entwurfs und die Begründung zu diesem Art. IV." Begr. 1906 S. 28 f.

6. Die Vorschrift, wonach die dauernde Erfüllbarkeit der Pensionskassenleistungen ermöglicht werden muß, schließt jedenfalls aus, die Beiträge fortan in einer Weise zu bemessen, daß ein bereits vorhandenes Defizit der Pensionskasse eine weitere Zunahme erfahren muß. Vielmehr kann das in der Vorschrift aufgestellte Ziel überhaupt nur erreicht oder seine Erreichung auch nur angebahnt werden, wenn zum mindesten fortan zu dem vorhandenen kein neues Defizit mehr hinzutritt und das vorhandene Defizit verzinst und allmählich getilgt wird. Hiernach wird bei den einzelnen Pensionskassen, jedenfalls dann, wenn sie nicht einem großen Rückversicherungsverband angehören, davon ausgegangen werden müssen, daß die vom Gesetz verlangte Ermöglichung der dauernden Erfüllbarkeit der Pensionskassenleistungen zum mindesten die Forderung in sich schließt, einmal die bereits vorhandene ungedeckte Last zu verzinsen und in einem jedenfalls noch innerhalb der mutmaßlichen Lebensdauer der betreffenden Pensionskasse liegenden Zeitraum zu tilgen und sodann die neu entstehende Last zum mindesten auf der Grundlage des Kapitaldeckungsverfahrens zu sichern. Vgl. MinErl. v. 17. 1. 07 Nr. 4 im Anhang A und in der Z. f. B. Bd. 48 S. 178.

7. Die zur Ermittelung der dauernden Erfüllbarkeit der Pensionskassenleistungen anzustellenden versicherungstechnischen Berechnungen sind für die Beitragsbemessung unmittelbar nur dann verwendbar, wenn die Zahl der aktiven Mitglieder und der Unterstützungsempfänger eine so große ist, daß das Gesetz der großen Zahlen zur Anwendung gelangt. Bei niedrigeren Zahlen müssen dagegen in diese Berechnungen noch entsprechende Sicherheitszuschläge zum Ausgleich der bei kleineren Zahlen unvermeidlichen Schwankungen eingestellt werden. Selbst bei dem größten preußischen Knappschaftsverein, dem Allgemeinen Knappschaftsverein in Bochum mit mehr als 300000 Pensionskassenmitgliedern (Ende 1910), sind die Zahlen noch nicht so groß, daß von einem Sicherheitszuschlag ab-

gesehen werden könnte. In Erkenntnis dieser Tatsache hat der Allgemeine Deutsche Knappschaftsverband, dem fast sämtliche preußischen Knappschaftsvereine als Mitglieder angehören, die Bildung eines Rückversicherungsverbandes für die Pensionskassen aller preußischen Knappschaftsvereine in die Wege geleitet. Das Ergebnis dieser Bestrebungen war die Bildung der „Knappschaftlichen Rückversicherungsanstalt a. G. in Berlin", deren neueste, am 28. 6. 12 beschlossene Satzung im Anhang K mitgeteilt ist. Vgl. im übrigen Anm. 4 zu § 46.

8. Für die praktische Durchführung des im Abs. 2 aufgestellten Grundsatzes kommt einmal die Aufstellung und Abänderung der Satzung (§§ 6, 7) und sodann der Fall in Betracht, daß nachträglich sich herausstellt, daß die Beitragsfestsetzung dem § 40 Abs. 2 nicht genügt (41). In beiden Fällen unterliegen die in dieser Beziehung von den Organen des Knappschaftsvereins getroffenen Maßnahmen zunächst der Prüfung durch das Oberbergamt. An Stelle des im Regierungsentwurf (von 1906) auch für diese Fälle vorgesehenen Rekurses an den Handelsminister hat der Landtag indessen die Beschwerde an das Oberschiedsgericht in Knappschaftsangelegenheiten treten lassen. Vgl. § 6 Abs. 3 und § 41 Abs. 2 sowie Anm. 13 bis 16 zu § 6 und Anm. 6 bis 8 zu § 41.

9. Zu Abs. 3 bemerkte die zweite Auflage dieses Werkes folgendes: „Der Abs. 3 ist durch die Kommission des AH. in das Gesetz eingefügt worden. Er ist dem § 32 Abs. 3 JVG. nachgebildet und bezweckt, ausdrücklich auszusprechen, daß die Beitrags- und Leistungssätze für jede einzelne Mitgliederklasse so bemessen werden müssen, daß die Leistungen dieser Mitgliederklasse gewährleistet sind, so daß also der bisher zuweilen beobachtete Übelstand vermieden wird, wonach die Beiträge einer Mitgliederklasse zur Deckung der Leistungen dieser Mitgliederklasse nicht ausreichten und daher die Beiträge anderer Mitgliederklassen zur Deckung mit herangezogen werden mußten. Insoweit enthält Abs. 3 eine sachlich neue Vorschrift gegenüber dem Regierungsentwurf indessen nicht; vielmehr mußte auch nach der Absicht des Regierungsentwurfs die Beitragsbemessung innerhalb der einzelnen Mitgliederklassen diesem Grundsatz entsprechen (vgl. KommBerAH. 1906 S. 26 bis 28, 106 und 112). Neu indessen gegenüber dem Regierungsentwurf ist die Sondervorschrift im Abs. 3, wonach der Abstufung der Beiträge

für die einzelnen Mitgliederklassen lediglich die durchschnittliche Höhe der in den einzelnen Mitgliederklassen zu gewährenden Invalidenpensionen zugrunde gelegt werden soll. Diese Vorschrift ist im Interesse der Vereinfachung der Berechnung getroffen. Insbesondere bedarf es somit einer Berücksichtigung der Witwenpensionen bei dieser Berechnung nicht. Diese Vorschrift rechtfertigt sich ohne weiteres durch den Umstand, daß die Witwenpensionen durchweg auf einen Bruchteil der Invalidenpensionen bemessen werden, und daß es daher einer besonderen Einstellung der Witwenpensionen in diese Berechnung nicht bedarf.“ Hierin ist durch die Novelle v. 3. 6. 12 insofern eine Änderung eingetreten, als nunmehr auch die Witwenunterstützungen zur Berechnung mit herangezogen werden müssen. Diese Änderung trägt dem Umstande Rechnung, daß bei der Prüfung der Gleichwertigkeit der Leistungen eines Knappschaftsvereins behufs Zulassung als Ersatzkasse neben den Invalidenunterstützungen auch die Unterstützungen an die Hinterbliebenen in Betracht kommen werden. Die Berücksichtigung auch der Erziehungsbeihilfen neben den Witwenpensionen ist nicht vorgesehen, um die Berechnung der Beiträge nicht zu sehr zu erschweren; sie erscheint auch nicht notwendig, weil die Belastung aus Erziehungsbeihilfen im Verhältnis zu der aus Invaliden- und Witwenpensionen nur sehr gering ist. Begr. 1912 S. 38. Die Vorschrift bezieht sich übrigens auf jede der beiden nach § 28 etwa gebildeten Abteilungen der Pensionskasse; es soll dadurch verhütet werden, daß die Vermögensentwicklung der einen Abteilung auf die andere irgendwie übergreift. Vgl. KommBerAH. 1912 S. 35. Es sind also, falls innerhalb der Abteilungen verschiedene Mitgliederklassen bestehen, die Beiträge für die einzelnen Mitglieder dieser Klassen gleich zu bemessen und lediglich nach der durchschnittlichen Höhe der in den Klassen zu gewährenden Invaliden- und Witwenunterstützungen abzustufen. Zu vgl. auch KommBer. AH. 1912 S. 12/13.

10. Die Vorschrift im Abs. 3 ist nicht dahin zu verstehen, daß die dauernde Erfüllbarkeit der Pensionskassenleistungen für jede einzelne Mitgliederklasse, insbesondere also auch unter Zugrundelegung der Zahl der ihr angehörenden Mitglieder, getrennt ermittelt werden müsse. Vielmehr ist die dauernde Erfüllbarkeit der Pensionskassenleistungen, soweit dabei die Mitgliederzahl in Frage kommt, für die Gesamtheit der Mitglieder einer Pensionskasse und nicht getrennt für die einzelnen Mitgliederklassen zu ermitteln. Vgl. MinErl. v. 17. 1. 07 Nr. 5 im Anhang A und in der Z. f. V. Bd. 48 S. 179.

11. Die Beitragsabstufung für die verschiedenen Mitgliederklassen muß auf Grund der von versicherungstechnischen Sachverständigen ermittelten ungeteilten Gesamtbelastung der Pensionskasse, und zwar lediglich nach der durchschnittlichen Höhe der in den verschiedenen Mitgliederklassen zu gewährenden Invalidenpensionen bewirkt werden. RekBesch. v. 28. 10. 07, Z. f. V. Bd. 49 S. 188. Vgl. jedoch die neue Fassung des Abs. 3 des Gesetzes, nach der auch die Witwenpensionen in Rechnung zu stellen sind. Einfluß auf die Beitragsabstufung wird die vorgeschriebene Mitberücksichtigung der Witwenpensionen nur in den Fällen ausüben, in denen nicht, wie es zumeist geschieht, die Witwenpensionen in festen Teilbeträgen der Invalidenpensionen gewährt, sondern nach besonderen Steigerungssätzen bemessen werden, die in einem anderen Verhältnis zueinander stehen als die Steigerungssätze der Invalidenpensionen.

Zur Erläuterung möge das folgende bereits in der 2. Aufl. dieses Werkes gegebene Beispiel dienen, das, wie leicht ersichtlich, trotz des Zusatzes im Abs. 3 des Gesetzes überall da seine Gültigkeit behält, wo als Witwenunterstützungen in den einzelnen Klassen dieselben Teilbeträge — beispielsweise 50 v. H. — der in diesen zur Bewilligung gelangenden Invalidenunterstützungen gewährt werden, da die für die Beitragsabstufung maßgebenden Verhältniszahlen sich nicht ändern.

Angenommen: eine Pensionskasse habe vier Mitgliederklassen; die Zahl der Mitglieder betrage in Klasse I 1500, in Klasse II 2300, in Klasse III 1800 und in Klasse IV 750, zusammen 6350; die Kasse gewähre Invalidenpensionen, die sich aus Steigerungssätzen in Klasse I von wöchentlich 15 Pf. oder jährlich 7,50 M., in Klasse II von wöchentlich 20 Pf. oder jährlich 10 M., in Klasse III von wöchentlich 25 Pf. oder jährlich 12,50 M., in Klasse IV von wöchentlich 30 Pf. oder jährlich 15 M. zusammensetzen; die Witwenpensionen sollen in Höhe von 50 v. H. der Invalidenpensionen gewährt werden; aus den Erfahrungen der Kasse sei festgestellt, daß durchschnittlich bis zum Eintritt der Pensionierung 25 Jahre verfließen, die mittlere Aktivitätsdauer somit 25 Jahre beträgt. Die durchschnittlichen Invalidenpensionen berechnen sich dann in Klasse I auf $25 \times 7{,}50 = 187{,}50$ M.; in Klasse II auf $25 \times 10 = 250$ M.; in Klasse III auf $25 \times 12{,}50 = 312{,}50$ M.; in Klasse IV auf $25 \times 15 = 375$ M. Die durchschnittlichen Witwenpensionen machen die Hälfte dieser Beträge aus.

Es mögen nun die gesamten Verpflichtungen der Kasse auf 508 000 M. festgestellt sein; dieselben sollen Deckung finden bei Erhebung eines Durchschnittsbeitrags von pro Kopf und Jahr 80 M., so daß die jährliche Beitragseinnahme $80 \times 6350 = 508000$ M. beträgt. Es fragt sich, wie die Beiträge zur Deckung der Verpflichtungen in den einzelnen Mitgliederklassen zu bemessen sind?

Zu diesem Zwecke hat man zunächst die durchschnittliche Invalidenpension für den Durchschnitt der vier Mitgliederklassen — wenn es sich um gleichbleibende Steigerungssätze handelt, kann man bei den Berechnungen auch von diesen ausgehen — festzustellen. Dieselbe berechnet sich aus

$$\frac{1500 \cdot 187{,}50 + 2300 \cdot 250 + 1800 \cdot 312{,}50 + 750 \cdot 375}{1500 + 2300 + 1800 + 750} = \frac{1\,700\,000}{6350} =$$

267,7166 M. (abgerundet 267,72 M.).

Dann ergibt sich der Beitrag für Klasse I aus:

$$267{,}7166 : 187{,}50 = 80 : x \text{ oder } x = 187{,}50 \cdot \frac{80}{267{,}7166} = \mathbf{56{,}03 \text{ M.}};$$

für Klasse II aus: $250 \cdot \frac{80}{267{,}7166} = \mathbf{74{,}71 \text{ M.}}$;

für Klasse III aus: $312{,}50 \cdot \frac{80}{267{,}7166} = \mathbf{93{,}38 \text{ M.}}$;

für Klasse IV aus: $375 \cdot \frac{80}{267{,}7166} = \mathbf{112{,}06 \text{ M.}}$

Die jährliche Gesamteinnahme aus Beiträgen beträgt dann, wie oben angegeben

$$1500 \cdot 56{,}03 + 2300 \cdot 74{,}71 + 1800 \cdot 93{,}38 + 750 \cdot 112{,}06 = 508007 \text{ M.}$$

Der Mehrbetrag von 7 M. ist auf die Abrundungen der Pfennigbruchteile zurückzuführen.

Etwas komplizierter gestaltet sich die Berechnung, wenn für die Witwenpensionen Steigerungssätze für die einzelnen Klassen in

Frage kommen, die nicht in demselben Verhältnis zueinander stehen wie die der Invalidenpensionen.

Angenommen: die als Beispiel vorhin genannte Pensionskasse gewähre die Witwenpensionen nicht in festen Prozentsätzen der Invalidenpensionen, sondern bemesse sie nach Steigerungssätzen, die in den Klassen I und II wöchentlich 10 Pf. oder jährlich 5 M., in Klasse III wöchentlich 15 Pf. oder jährlich 7,50 M. und in Klasse IV, wöchentlich 20 Pf. oder jährlich 10 M. betragen. Die durchschnittlichen Witwenpensionen berechnen sich dann in Klasse I und II auf $25 \times 5 = 125$ M., in Klasse III auf $25 \times 7{,}50 = 187{,}50$ M. und in Klasse IV auf $25 \times 10 = 250$ M.

Verpflichtungen und Durchschnittsbeitrag mögen unverändert bleiben, also 508 000 M. und 80 M. betragen.

Zunächst muß festgestellt werden, welcher Teil des Durchschnittsbeitrags pro Kopf und Jahr zur Deckung nur der Invalidenpensionslast und welcher Teil nur zur Deckung der Witwenpensionslast erforderlich ist. Die Rechnungen mögen ergeben haben, daß von den 80 M. Durchschnittsbeitrag 40 M. zur Deckung der Verpflichtungen aus Invalidenpensionen und 30 M. zur Deckung der Verpflichtungen aus Witwenpensionen verbraucht werden, so daß zur Deckung aller übrigen Verpflichtungen (Waisenpensionen, Sterbegelder, Unterstützungen, Verwaltungskosten u. a. m.) noch 10 M. vom Durchschnittsbeitrag zur Verfügung stehen.

Zunächst werden aus dem durchschnittlichen Invalidenpensionsbeitrag von 40 M. genau nach dem vorher ausgeführten Verfahren die Klassenbeiträge abgeleitet. Sie berechnen sich, wie leicht ersichtlich:

für Klasse I auf **28,02 M.**,
für Klasse II auf **37,35 M.**,
für Klasse III auf **46,69 M.**,
für Klasse IV auf **56,03 M.**

In derselben Weise werden die Witwenpensionsklassenbeiträge ermittelt. Die durchschnittliche Witwenpension berechnet sich aus

$$\frac{1500 \cdot 125 + 2300 \cdot 125 + 1800 \cdot 187{,}50 + 750 \cdot 250}{1500 + 2300 + 1800 + 750} = \frac{1000000}{6350}$$

auf 157,4803 M. (abgerundet 157,48 M.)

und hiernach die Witwenpensionsbeiträge:

$$\text{für Klasse I und II auf je } 125 \cdot \frac{30}{157{,}4803} = 23{,}81 \text{ M.,}$$

$$\text{für Klasse III auf } 187{,}50 \cdot \frac{30}{157{,}4803} = 35{,}72 \text{ M.,}$$

$$\text{für Klasse IV auf } 250 \cdot \frac{30}{157{,}4803} = 47{,}63 \text{ M.}$$

Für Aufbringung der Invaliden- und Witwenpensionskasse zusammen sind also zu erheben

in Klasse I: 28,02 + 23,81 = **51,83 M.**,
in Klasse II: 37,35 + 23,81 = **61,16 M.**,
in Klasse III: 46,69 + 35,72 = **82,41 M.**,
in Klasse IV: 56,03 + 47,63 = **103,66 M.**

Im Verhältnis dieser Klassenbeiträge bleibt nun noch der zur Deckung der übrigen Belastung erforderliche Durchschnittsbeitrag von 10 M. abzustufen. Da 10 M. der siebente Teil des für Deckung der Invaliden- und Witwenpensionslast erforderlichen Durchschnittsbeitrags von 70 M. sind, hat man also den vorher berechneten Klassenbeiträgen jeweils den siebenten Teil ihres Betrages zuzusetzen, und man erhält alsdann die für Aufbringung der Gesamtlast erforderlichen Beiträge:

in Klasse I zu 51,83 + 7,41 = **59,24 M.**,
in Klasse II zu 61,16 + 8,74 = **69,90 M.**,
in Klasse III zu 82,41 + 11,77 = **94,18 M.**,
in Klasse IV zu 103,66 + 14,81 = **118,47 M.**,

und die jährliche Gesamteinnahme aus Beiträgen beträgt dann 1500 · 59,24 + 2300 · 69,90 + 1800 · 94,18 + 750 · 118,47 = 508006,50 M., wobei der Mehrbetrag von 6,50 M. ebenfalls auf die Abrundungen der Pfennigbruchteile zurückzuführen ist.

§ 41 [1, 2].

Ergibt sich, daß die Beiträge zur Krankenkasse oder zur Pensionskasse den Bestimmungen des § 37 oder des § 40 Abs. 2 nicht genügen [3], so ist eine entsprechende Erhöhung der Beiträge oder eine entsprechende Minderung der Kassenleistungen herbeizuführen [4]. Die Minderung kann sich auch auf die bereits bewilligten oder rechtskräftig festgestellten Pensionskassenleistungen erstrecken, soweit letztere nicht bereits vor Inkrafttreten der Minderung fällig geworden sind [4].

[5] Unterläßt der Knappschaftsverein oder die besondere Krankenkasse (§ 5), diese Abänderungen zu beschließen, so hat das Oberbergamt die Beschlußfassung anzuordnen. Die Anordnung erfolgt durch Beschluß. Gegen diesen Beschluß findet binnen einer Frist von einem Monate vom Tage der Zustellung an den Vorstand ab die Beschwerde an das Oberschiedsgericht statt (§ 83) [6, 7, 8]. Wird der Anordnung nachdem sie unanfechtbar geworden ist [9], keine Folge gegeben, so hat das Oberbergamt seinerseits die erforderliche Abänderung der Satzung von Amts wegen mit rechtsverbindlicher Wirkung zu vollziehen [10].

[11] Wird zur Aufrechterhaltung oder Wiederherstellung der Leistungsfähigkeit eines Knappschaftsvereins oder einer besonderen Krankenkasse (§ 5) eine schleunige Vermehrung ihrer Einnahmen oder Verminderung ihrer Ausgaben erforderlich, so kann das Oberbergamt, vorbehaltlich des vorstehend vorgeschriebenen Verfahrens [12], eine sofortige vorläufige Erhöhung der Beiträge oder Herabsetzung der Leistungen verfügen. Der Rekurs [13] gegen diese Verfügung hat keine aufschiebende Wirkung.

1. Der § 41 entspricht dem § 175d des Ges. v. 19. 6. 06.

2. Die Bestimmungen in § 37 und § 40 Abs. 2 bedürfen zur tatsächlichen Sicherstellung der dauernden Leistungsfähigkeit der Knappschaftsvereine für den Fall einer Ergänzung, daß die tatsächlich erfolgte Bemessung der Beiträge sich als diesen Bestimmungen nicht ausreichend Rechnung tragend erweist. Die Bestimmungen lehnen sich an die entsprechenden Bestimmungen des § 33 Abs. 1, 3 und 4 KVG tunlichst eng an. Begr. 1906 S. 29.

3. „Die weittragende Bedeutung namentlich des im § 175c (jetzt § 40) Abs. 2 anfgestellten Erfordernisses und die Schwierigkeit seiner Feststellung läßt es jedenfalls im eigenen Interesse der Knapp-

schaftsvereine und ihrer Vorstände dringend ratsam erscheinen, in angemessenen Zeiträumen eine sachverständige Prüfung darüber herbeizuführen, ob die Beitragsbemessung bei der Pensionskasse tatsächlich dem gesetzlichen Erfordernis entsprechend erfolgt ist. Die Vornahme dieser Prüfung innerhalb bestimmt abgegrenzter Zeiträume den Knappschaftsvereinen zur gesetzlichen Pflicht zu machen, erschien namentlich um deswillen nicht als angezeigt, weil bei der Verschiedenartigkeit der in Betracht kommenden tatsächlichen Verhältnisse eine gleichmäßige Bemessung dieses Zeitraums für alle Knappschaftsvereine nicht sachgemäß sein würde. Im übrigen kann es nach dem Inhalt des Abs. 1 in Verbindung mit den Vorschriften im § 183 Abs. 1 und 2 des Entwurfs (von 1906, jetzt § 65 Abs. 1 und 2 des Knappschaftsgesetzes) keinem Zweifel unterliegen, daß die Knappschaftsvereine und besonderen Krankenkassen zur Prüfung der Frage, ob die Voraussetzungen des § 175 d (jetzt § 41) Abs. 1 vorliegen, erforderlichenfalls auch durch die Aufsichtsbehörde angehalten werden können, so daß die Aufsichtsbehörde auch in der Lage ist, die einzelnen Vereine zur Vornahme einer sachverständigen Prüfung in den für den einzelnen Verein zweckmäßigen Zeiträumen nötigenfalls anzuhalten." Begr. 1906 S. 30.

4. „Steht fest, daß die Bemessung der Beiträge den gesetzlichen Erfordernissen nicht entspricht, so kommt naturgemäß zunächst in Frage, die Beiträge auf die dem Gesetz entsprechenden Sätze zu erhöhen. Eine solche Erhöhung wird aber nicht immer ausführbar sein; vielmehr kann unter Umständen der Fall eintreten, daß die Beiträge in einem Maße erhöht werden müßten, welches die Leistungsfähigkeit der Beitragspflichtigen übersteigen würde. In einem solchen Falle bleibt nichts übrig, als die Leistungen entsprechend zu mindern. Neben der Erhöhung der Beiträge mußte daher auch die erforderliche Minderung der Leistungen zugelassen werden.

Diese Minderung ist hinsichtlich der Krankenkassenleistungen genau im Rahmen des § 33 Abs. 1 und 4 KVG. zugelassen. Daß bei diesen Leistungen die Minderung in den durch § 74 KVG. und § 171 b (jetzt § 13) Abs. 1 gesetzlich festgelegten Mindestleistungen sowie in der hinsichtlich der zur Zeit der Minderung schwebenden Unterstützungsansprüche im § 171 b Abs. 3 getroffenen Vorschrift ihre Grenze findet, bedarf im Wortlaut des § 175 d (jetzt § 41) nicht der besonderen Erwähnung.

Was sodann die Minderung der Pensionskassenleistungen anlangt, so steht auch diese Minderung mit der rechtlichen Natur und der bisherigen Entwicklung der Knappschaftsvereine nicht in Widerspruch. Danach sind diese Vereine keine reinen Versicherungsanstalten, sondern ihre Aufgabe ist die Unterstützung ihrer Mitglieder nach Maßgabe der verfügbaren Mittel. Es steht sonach dem einzelnen Mitgliede nicht ein gegen den Knappschaftsverein unter allen Umständen zu verwirklichender Anspruch — ein wohlerworbenes Recht — auf das bei seinem Eintritt in den Verein oder während seiner Mitgliedschaft in der Satzung vorgesehene Maß der Unterstützungen zu. Vielmehr unterliegen die Unterstützungsansprüche an den Verein — und zwar auch hinsichtlich der bereits in den Genuß der Unterstützungen getretenen Mitglieder und Angehörigen verstorbener Mitglieder (Invaliden, Witwen und Waisen) — der etwaigen Herabsetzung im Wege nachträglicher Änderung der Satzung. Dieser aus dem Wesen und den Existenzbedingungen der Knappschaftsvereine sich ergebende wichtige Grundsatz ist in der Praxis der Aufsichtsbehörden stets festgehalten und wenigstens hinsichtlich der Invalidenunterstützungen auch durch die Rechtsprechung des Reichsgerichts ausdrücklich anerkannt worden. An diesem Grundsatz mußte hier um so mehr festgehalten werden, als bei manchen Knappschaftsvereinen die Beiträge zurzeit tatsächlich nicht derart bemessen sind, daß die dauernde Erfüllbarkeit der gegenwärtigen satzungsmäßigen Pensionskassenleistungen durch sie auch nur annähernd ermöglicht erscheint, so daß die Überführung der im Entwurf aufgestellten Erfordernisse in die Praxis voraussichtlich mehrfach ohne Minderung dieser Leistungen überhaupt nicht würde erfolgen können. Um in dieser Beziehung jeden Zweifel auszuschließen, spricht der Entwurf ausdrücklich aus, daß die Minderung der Pensionskassenleistungen erforderlichenfalls auch auf die bereits bewilligten oder rechtskräftig festgestellten Leistungen sich erstrecken kann, und zwar mit der selbstverständlichen Einschränkung, daß diese Leistungen nicht bereits vor Inkrafttreten der Minderung fällig geworden sind.

Endlich sei noch hervorgehoben, daß die Fassung des Entwurfs nicht ausschließt, beide Maßnahmen — Erhöhung der Beiträge und Minderung der Leistungen — miteinander zu verbinden, und zwar gilt dies sowohl für die Krankenkasse wie für die Pensionskasse.“ Begr. 1906 S. 30 f.

Inwieweit die nach Abs. 1 zulässigen Minderungen der Krankenkassenleistungen eine Grenze finden, ergibt sich aus den Vorschriften der §§ 13 Abs. 1 und 14 Abs. 1.

5. Zu Abs. 2. Die Vorschrift ist im Satz 1 und 4 dem KVG. § 33 Abs. 3 nachgebildet. Zu vgl. § 391 RVO.

6. Satz 2 und 3 im Abs. 2 sind durch die Kommission des AH. dem Gesetz eingefügt worden, während der Regierungsentwurf gegen die Anordnung des Oberbergamts den Rekurs an den Handelsminister vorsah. Vgl. oben Anm. 13 zu § 6 und KommBerAH. 1906 S. 114 bis 119 und Anlage II des KommBer. S. 34 f. sowie KommBerHH. 1906 S. 10.

7. Wegen der Ausschlußfrist von einem Monat vgl. Anm. 15 zu § 6.

8. Das Oberschiedsgericht entscheidet in diesem Falle in der Besetzung von fünf Mitgliedern, nämlich dem Vorsitzenden, einem Vertreter der Werksbesitzer, einem Vertreter der Knappschaftsmitglieder, einem Versicherungsverständigen und einem Bergbauverständigen. Vgl. § 83 Abs. 2 Nr. 3 Buchst. b. Das vom Oberschiedsgericht in diesem Falle zu beobachtende Verfahren ist durch §§ 6 ff. der Verord. über das Verfahren vor dem Oberschiedsgericht geregelt. Vgl. Anhang J.

9. Die Anordnung wird unanfechtbar durch unbenutzten Ablauf der Ausschlußfrist zur Einlegung der Beschwerde oder durch Abweisung der Beschwerde durch das Oberschiedsgericht.

10. Gegen die Maßnahmen des Oberbergamts aus Satz 4 des Abs. 2 ist nur der Rekurs an den Handelsminister zulässig.

11. Zu Abs. 3. Die Vorschrift ist dem KVG. § 33 Abs. 4 nachgebildet. Eine ähnliche Vorschrift enthält § 391 RVO., der indes auf Knappschaftsvereine keine Anwendung findet.

12. Es handelt sich im Abs. 3 nur um vorläufige Maßnahmen des Oberbergamts, denen das im Abs. 2 geordnete Verfahren alsbald nachzufolgen hat. Ergeht in diesem letzteren Verfahren eine von den vorläufigen Maßnahmen des Oberbergamts abweichende Entscheidung, so hat diese rückwirkende Kraft.

13. Gegen die vorläufigen Maßnahmen des Oberbergamts aus Abs. 3 ist nur der Rekurs an den Handelsminister zulässig.

§ 42 [1].

Die Werksbesitzer haben jede von ihnen beschäftigte Person, für welche gemäß den §§ 9 und 27 die Zugehörigkeit zu dem Knappschaftsvereine begründet ist, an den durch die Satzungen festzusetzenden Zeitpunkten und auf dem darin bezeichneten Wege (§ 8 Abs. 1 Nr. 3) bei dem Knappschaftsvorstand und, wo besondere Krankenkassen (§ 5) bestehen, auch bei dem Vorstande der zuständigen Krankenkasse anzumelden und nach Beendigung des Arbeits- oder Dienstverhältnisses wieder abzumelden.

[2] Unterbleibt die Anmeldung [3], so sind die Vorstände befugt, die Zahl der Personen, für welche die Beiträge zur Knappschaftskasse oder zur Krankenkasse eingezogen werden sollen, nach ihrem Ermessen [4] zu bestimmen.

Werksbesitzer, die ihrer Anmeldepflicht vorsätzlich oder fahrlässigerweise nicht genügen, haben außerdem alle Aufwendungen zu erstatten, welche der Knappschaftsverein oder die Krankenkasse auf Grund gesetzlicher oder satzungsmäßiger Vorschrift in einem vor der Anmeldung durch die nichtangemeldete Person veranlaßten Unterstützungsfalle gemacht hat [5]. Auch ist zulässig, die Unterlassung [6] der Anmeldepflicht wie der Abmeldepflicht durch die Satzung mit einer Geldstrafe bis zu zwanzig Mark zu belegen.

1. Der § 42 entspricht dem § 176 des Ges. v. 19. 6. 06. Der § 176 Abs. 1 ABG. ist in den Abs. 1 des § 176a (jetzt § 43) übernommen.

2. Zu Abs. 2. Die Vorschrift entspricht dem § 176 Abs. 3 ABG. Indessen ist die bisherige Befugnis des Vorstandes, bei dem Oberbergamt den Erlaß eines Strafbefehls gegen den säumigen Werksbesitzer zu beantragen, in die Vorschrift im Abs. 2 nicht wieder aufgenommen, weil Abs. 3 Satz 2 jetzt die Befugnis gewährt, den säumigen Werksbesitzer durch die Satzung mit einer Geldstrafe zu belegen. Begr. 1906 S. 31.

3. Der Wortlaut deckt wie bisher auch den Fall der unvollständigen Anmeldung. Vgl. Brassert S. 469; Klostermann-Fürst Anm. 1 zu § 176; RekBesch. v. 29. 6. 78, Z. f. B. Bd. 19 S. 399.

4. Der Ausdruck „nach ihrem Ermessen“ ist nicht gleichbedeutend mit „willkürlich“; vgl. RekBesch. v. 29. 6. 78, Z. f. B. Bd. 19 S. 399 und Brassert S. 469.

5. Satz 1 des Abs. 3 entspricht dem § 50 KVG.

6. Der Ausdruck „Unterlassung“ ist wie der Ausdruck „unterbleiben“ im Abs. 2 dahin zu verstehen, daß nicht nur die gänzliche Nichtbeachtung, sondern auch die unvollständige Erfüllung der Meldepflicht in dem Ausdruck einbegriffen ist. Vgl. oben Anm. 3.

§ 43 [1, 2].

Die Werksbesitzer sind verpflichtet, die Mitgliederbeiträge, etwa vorgeschriebene Eintrittsgelder [3] und auf Grund der Satzung verhängte Ordnungsstrafen von den bei ihnen beschäftigten Personen [4] einzuziehen und zugleich mit ihren eigenen Beiträgen zu den in der Satzung bestimmten Zeitpunkten an die vorgeschriebenen Stellen abzuführen. Sie haften für die Einziehung und Abführung der Beiträge, Eintrittsgelder [3] und Ordnungsstrafen der beitrittspflichtigen Mitglieder wie für eine eigene Schuld [4, 5, 6].

Die Mitglieder sind verpflichtet, sich ihre Beiträge, etwaige Eintrittsgelder [3] und auf Grund der Satzung verhängte Ordnungsstrafen bei den Lohnzahlungen einbehalten zu lassen. Die Einbehaltungen für die Beiträge sind auf die Lohnzahlungszeiträume, auf welche sie entfallen, möglichst gleichmäßig zu verteilen.

1. Der § 43 entspricht dem § 176a des Ges. v. 19. 6. 06. Vgl. auch Anm. 1 zu § 42.

2. Im § 43 wird der Abs. 1 des § 176 ABG. mit mehrfachen Änderungen, die sich durch die Praxis als zweckmäßig erwiesen haben, wiedergegeben. Insbesondere erscheint erwünscht, die Verpflichtung der Werksbesitzer, neben den Beiträgen aller bei ihnen beschäftigten Mitglieder auch Eintrittsgelder und Ordnungsstrafen derselben für die Knappschaftsvereine und Krankenkassen einzuziehen, und die entsprechende Verpflichtung der Mitglieder, die Einziehung durch Einbehaltung bei den Lohnzahlungen zuzulassen, mit Rück-

sicht auf das Reichsgesetz v. 21. 6. 69, betreffend die Beschlagnahme des Arbeits- und Dienstlohns (BGBl. 1869 S. 242, RGBl. 1897 S. 159), und auf § 394 BGB. ausdrücklich hervorzuheben. Vgl. auch § 53 Abs. 1 KVG. und Begr. 1906 S. 31.

3. Wegen des Eintrittgeldes vgl. §§ 8 Nr. 4 und 13 Abs. 4 sowie Anm. 2 zu § 36.

4. Die Werksbesitzer haben zwar die Verpflichtung, die Mitgliederbeiträge usw. von allen bei ihnen beschäftigten Knappschaftsmitgliedern einzuziehen und abzuführen; wie für eine eigene Schuld haften sie indessen nur für die Einziehung und Abführung der von den beitrittspflichtigen, dagegen nicht der von den beitrittsberechtigten Mitgliedern zu entrichtenden Beiträge usw.

5. Die im Abs. 1 Satz 2 festgesetzte Haftung der Werksbesitzer für die Einziehung der Beiträge, Eintrittsgelder und Ordnungsstrafen der bei ihnen beschäftigten beitrittspflichtigen Mitglieder besteht wie für eine eigene Schuld der Werksbesitzer nur bis zu dem Betrage des von dem Werksbesitzer jeweils zu zahlenden verdienten Lohnes des Mitglieds. Entsch. des ObSchG. v. 25. 10. 11, R. L. 235/11, Kompaß 1912 S. 49, Z. f. B. Bd. 53 S. 272.

Aus einer ungenügenden Erfüllung der Verpflichtung des Werksbesitzers, die Knappschaftskassenbeiträge der bei ihm beschäftigten Vereinsmitglieder einzuziehen und an den Verein abzuführen, entstehen nach allgemeinen Rechtsgrundsätzen keine Rechte der Mitglieder gegen den Knappschaftsverein. Entsch. des ObSchG. v. 24. 8. 08, R. L. 20/08.

6. Die rechtliche Stellung der von dem Werksbesitzer nach Abs. 1 Satz 2 abzuführenden Knappschaftsbeiträge (also der Werksbesitzerbeiträge uud der Beiträge der beitrittspflichtigen Mitglieder) bei der Zwangsvollstreckung in das unbewegliche Vermögen und im Konkurse ist die folgende:

a) Nach Art. 17 Abs. 2 des Ausführungsgesetzes v. 23. 9. 99 (GS. S. 291) zum Reichsgesetz über die Zwangsversteigerung und die Zwangsverwaltung v. 24. 3. 97 in der Fassung der Bekanntmachung v. 20. 5. 98 (RGBl. S. 713) gelten die Beiträge, die der Werksbesitzer nach § 174, § 175 Abs. 2 und § 176 Abs. 1 ABG. — d. i. § 174 Abs. 1 und § 176a in der Fassung des Ges. v. 19. 6. 06, § 36 Abs. 1 und § 43 in der jetzigen Fassung — zur Knappschafts- und Krankenkasse zu leisten hat, als gemeine Lasten im Sinne des Art. 1 Abs. 1 Nr. 2 des erstgenannten Gesetzes. Als solche sind sie nach dieser letzteren Bestimmung öffentliche Lasten im Sinne des § 10 Abs. 1 Nr. 3 und des § 156 Abs. 1 des Reichsgesetzes über die Zwangsversteigerung und die Zwangsverwaltung, gewähren also ein Recht auf Befriedigung in der dritten Klasse. Dies gilt jedoch, wie aus Art. 15ff. des erwähnten Ausführungsgesetzes hervorgeht, nur für die Fälle der Zwangsversteigerung und Zwangsverwaltung eines Bergwerkseigentums, eines unbeweglichen Bergwerksanteils und einer selbständigen Kohlenabbaugerechtigkeit, wozu nach § 4 des Gesetzes über die Bestellung von Salzabbaugerechtigkeiten in der Provinz Hannover vom 4. 8. 04 (GS. S. 235) noch die Fälle der Zwangsversteigerung und Zwangsverwaltung einer auf Grund dieses Gesetzes bestellten Salzabbaugerechtigkeit gekommen sind. Demnach genießen Knappschaftsbeiträge den gedachten Vorzug bei der Zwangsversteigerung oder Zwangsverwaltung dann **nicht**, wenn die betreffenden Mitglieder in solchen Betrieben beschäftigt sind, welche der rechtlichen Grundlage eines Bergwerkseigentums oder einer Kohlen- oder Salzabbaugerechtigkeit entbehren. Hier kommen in Betracht einmal diejenigen knappschaftspflichtigen Betriebe, in denen — von der Begründung einer Kohlen- oder Salzabbaugerechtigkeit abgesehen — ein nach örtlichem Sonderrecht der Verleihung durch die Bergbehörden entzogenes Mineral abgebaut wird, sowie diejenigen Hüttenwerke, dem ABG. nicht unterworfenen Aufbereitungsanstalten und nicht unter bergpolizeilicher Aufsicht stehenden Gewerbsanlagen, welche nach § 2, § 1 Abs. 3 einem Knappschaftsvereine angehören.

b) Nach § 61 der Konkursordnung in der Fassung der Bekanntmachung v. 20. 5. 98 (RGBl. S. 612) rangieren „die Forderungen der öffentlichen Verbände . . . wegen der nach Gesetz oder Verfassung zu entrichtenden Abgaben und Leistungen aus dem letzten Jahre vor der Eröffnung des Verfahrens“ in der dritten Klasse. Zu den öffentlichen Verbänden im Sinne dieser Vorschrift gehören unzweifelhaft die Knappschaftsvereine. Vgl. RGUrt. v. 31. 3. 86, Z. f. B. Bd. 27 S. 367; Brassert S. 468; Klostermann-Fürst Anm. 17 zu § 169; Arndt Anm. 2 zu § 176.

Die Konkursordnung spricht diesen Rang den Forderungen der Knappschaftsvereine „wegen der nach Gesetz oder Verfassung zu entrichtenden Abgaben und Leistungen" zu. Außer den Beiträgen haben daher die Forderungen der Knappschaftsvereine an die Werksbesitzer auf Einziehung und Abführung der Eintrittsgelder und Ordnungsstrafen der beitrittspflichtigen Mitglieder den gleichen Rang.

§ 44 [1].

Die im § 43 Abs. 1 Satz 1 bezeichneten Leistungen zu den Knappschaftskassen und zu den besonderen Krankenkassen (§ 5) [2] können auf vorgängige Festsetzung durch das Oberbergamt im Wege des Verwaltungszwangsverfahrens eingezogen werden [3].

Durch Einlegung der nach § 70 Abs. 2 und 3 zulässigen Rechtsmittel [4] wird die Zwangsvollstreckung nicht aufgehalten.

Rückständige Beiträge, Eintrittsgelder und Ordnungsstrafen verjähren binnen zwei Jahren nach der Fälligkeit [5, 6, 7, 8].

1. Der § 44 entspricht dem § 177 ABG. in der Fassung des Ges. v. 19. 6. 06.

2. Über die Bedeutung des früheren Wortlauts des § 177 Abs. 1 ABG. welcher „alle Beiträge" zur Knappschaftskasse usw. der Verwaltungsexekution unterwarf, bestand eine Streitfrage. Durch den jetzigen Wortlaut findet diese Streitfrage dahin ihre Erledigung, daß zu den Beiträgen im Sinne des § 177 (jetzt § 44) auch die Eintrittsgelder und auf Grund der Satzung verhängten Ordnungsstrafen gehören, daß sonstige Ansprüche der Knappschaftsvereine und Krankenkassen gegen die Werksbesitzer dagegen der im Abs. 1 vorgesehenen Festsetzung und Zwangsvollstreckung nicht unterliegen. Vgl. Begr. 1906 S. 32.

3. Das Verfahren richtet sich nach den Königlichen Verordnungen v. 15. 11. 99 und 18. 3. 04, betreffend das Verwaltungszwangsverfahren wegen Beitreibung von Geldbeträgen (GS. 1899 S. 545, 1904 S. 36), sowie den dazu ergangenen Ausführungsanweisungen v. 28. 11. 99 (v. Brauchitsch, Die neuen preußischen Verwaltungs-

gesetze, 1. Bd. 20. Aufl. 7. Bearbeitung 1906 S. 697) und v. 4. 7. 04 (Minist.-Blatt d. inneren Verwaltung S. 257).

4. Die hier zulässigen Rechtsmittel sind nach der zweifelsfreien Absicht des Gesetzgebers:

a) hinsichtlich der Eintrittsgelder und Beiträge zur Krankenkasse und zur Pensionskasse die Berufung auf schiedsgerichtliche Entscheidung (§ 70 Abs. 2 in Verbindung mit §§ 56 und 57), und dagegen die Revision nach Vorschrift des § 82 Abs. 1, die indessen, soweit es sich um die Krankenkasse handelt, ausgeschlossen ist (§ 82 Abs. 2);

b) hinsichtlich der Ordnungsstrafen die Beschwerde an das Oberbergamt und in weiterer Instanz an den Handelsminister unter Ausschluß des Rechtsweges (§ 70 Abs. 1 und 3).

Die vorstehend dargelegte Absicht des Gesetzgebers hat infolge eines Redaktionsfehlers hinsichtlich der zur Pensionskasse zu entrichtenden Eintrittsgelder und Beiträge im Wortlaut des Gesetzes keinen zutreffenden Ausdruck gefunden. Vgl. des näheren Anm. 7 zu § 70.

5. Die Vorschrift über die Verjährung entspricht dem § 55 Abs. 1 KVG. und § 103 Abs. 2 GUVG.; nur ist der Beginn der Verjährung etwas abweichend bemessen.

6. Für die Verjährung der Knappschaftskassenbeiträge gelten für die Zeit bis zum 1. 1. 00 die Vorschriften der §§ 2 Nr. 5 und 5 Nr. 3 des preußischen Ges. v. 31. 3. 38 (GS. S. 249 ff.) in dessen Geltungsbereich, für die Zeit bis zum 1. 1. 08 die Vorschriften der §§ 197, 198 und 201 des BGB. Für die Berechnung und den Ablauf der am 1. 1. 00 und am 1. 1. 08 noch nicht abgelaufenen Fristen gelten die Grundsätze des Art. 169 des Einführungsgesetzes zum BGB. Entsch. des ObSchG. v. 17. 3. 09, R. L. 105/08, Z. f. B. Bd. 50 S. 395, Kompaß 1909 S. 140.

7. Die Zustellung des die Einziehung von Mitgliederbeiträgen anordnenden Bescheides des Knappschaftsvorstandes unterbricht die Verjährung wie die Klageerhebung nach § 209 BGB. Entsch. des ObSchG. v. 17. 3. 09, s. Anm. 6.

8. Etwa zu Unrecht erhobene Beiträge hat der Knappschaftsverein dem zum Rückzahlungsanspruche Berechtigten nur dann zu verzinsen, wenn der Berechtigte dies nach den Vorschriften der Satzung oder mangels solcher nach denen des bürgerlichen Rechts beanspruchen kann. Entsch. des ObSchG. v. 7. 7. 09, R. L. 79/09, Kompaß 1909 S. 271.

§ 45 [1, 2, 3].

Erscheint die dauernde Leistungsfähigkeit eines Knappschaftsvereins oder einer besonderen Krankenkasse (§ 5) durch andauerndes Sinken auf eine für diese Leistungsfähigkeit nicht ausreichende Mitgliederzahl oder aus anderen Gründen derart gefährdet, daß im Wege des § 41 eine dauernde Abhilfe nicht mehr zu erwarten ist, so kann die Aufsichtsbehörde den Knappschaftsverein oder die Krankenkasse auflösen [4, 5] und die Mitglieder einem anderen Knappschaftsverein oder einer anderen Krankenkasse [6] mit der Maßgabe überweisen, daß gegen den letzteren Verein [8] aus der bei dem aufgelösten Vereine [8] verbrachten Beitragszeit Ansprüche nicht geltend gemacht werden können [7] und daß die bisherigen Pensionskassenmitglieder im übrigen mit ihrem bisherigen Dienstalter [8] auch der Pensionskasse angehören, sofern sie den im § 32 Abs. 1 für die Aufnahme aufgestellten Erfordnissen genügen [9]. Dabei werden diejenigen bisherigen Pensionskassenmitglieder, welche in dem Zeitpunkte der Überweisung hinsichtlich des Lebensalters und der Gesundheit den durch die Satzung des neuen Knappschaftsvereins für die Aufnahme in die Pensionskasse aufgestellten Erforderníssen genügen, sofern sie bei der Übernahme auf eine Berücksichtigung ihres bisherigen Dienstalters für ihre Ansprüche an den neuen Knappschaftsverein ausdrücklich verzichten, ohne Berücksichtigung ihres bisherigen Dienstalters in die Pensionskasse des neuen Knappschaftsvereins übernommen [10].

Außerdem hat die Aufsichtsbehörde einen Knappschaftsverein oder eine besondere Krankenkasse (§ 5) aufzulösen [11, 12]:

1. wenn der Betrieb oder die Betriebe, für welche der Verein [8] errichtet ist, aufgelöst werden [13];

2. wenn dem Knappschaftsvereine lediglich Werke der im § 2 Abs. 2 bezeichneten Art angehören und die Besitzer dieser Werke sowie die auf diesen Werken beschäftigten Mitglieder die Auflösung gemeinschaftlich beantragen [14];
3. wenn einer besonderen Krankenkasse (§ 5) lediglich Werke der im § 2 Abs. 2 bezeichneten Art angehören und das Ausscheiden dieser Werke aus dem Knappschaftsvereine nach § 2 Abs. 2 und 4 mit Wirksamkeit erfolgt ist.

[15] Die den bisherigen Mitgliedern bis zur Auflösung des Knappschaftsvereins oder der Krankenkasse erwachsenen Ansprüche bleiben gegen den aufgelösten Verein [3] bestehen, können aber über den Zeitpunkt der Auflösung hinaus sich nicht erhöhen.

[15] Das vorhandene Vermögen ist von der Aufsichtsbehörde in Verwahrung zu nehmen, zu verwalten und zur tunlichst gleichmäßigen Befriedigung der vorhandenen Ansprüche zu verwenden.

[15] Bei Befriedigung der Ansprüche gegen die Pensionskasse eines aufgelösten Knappschaftsvereins sind die Ansprüche derjenigen Personen vorweg zu befriedigen, die sich zur Zeit der Auflösung bereits im Genuß einer Pension befanden. Später eintretende Ansprüche sind nach Maßgabe des vorhandenen Vermögensrestes zu befriedigen. Die Aufsichtsbehörde hat in diesen Fällen einen Liquidationsplan aufzustellen [16].

[15] Werden nach Wegfall aller Berechtigten Ansprüche nicht mehr erhoben, so fällt ein etwa vorhandener Vermögensrest demjenigen Vereine [3] zu, welchem die dem aufgelösten Verein [3] angehörig gewesenen Mitglieder überwiesen worden sind. Hat eine solche Überweisung nicht statt-

gefunden, so ist ein etwa vorhandener Vermögensrest in der dem bisherigen Zwecke am meisten entsprechenden Weise zu verwenden.

1. Der § 45 entspricht dem § 177a des Ges. v. 19. 6. 06.

2. Im § 45, der im ABG. nicht enthalten war, sind diejenigen Fälle geregelt, in denen die Auflösung eines Knappschaftsvereins oder einer besonderen Krankenkasse zulässig ist oder zu erfolgen hat. Die Regelung ist erfolgt in Anlehnung an die §§ 47 und 68 KVG. Vgl. Begr. 1906 S. 32.

3. Der im § 45 wiederholt gebrauchte Ausdruck „Verein" soll sowohl den Knappschaftsverein wie auch die besonderen Krankenkassen umfassen. Vgl. Begr. 1906 S. 32 und oben Anm. 4 zu § 8.

4. Gegen den diese Auflösung aussprechenden Beschluß des Oberbergamts findet nach § 47 die Beschwerde an das Oberschiedsgericht statt. Vgl. auch Anm. 2 bis 4 zu § 47.

5. Im Abs. 1 ist die Auflösung zugelassen für den Fall, daß die dauernde Leistungsfähigkeit eines Knappschaftsvereins oder einer besonderen Krankenkasse derart gefährdet erscheint, daß auch im Wege des § 41 eine dauernde Abhilfe nicht zu erwarten ist. Ein solcher Fall wird namentlich dann eintreten können, wenn die Mitgliederzahl dauernd derart niedrig bleibt, daß sie die dauernde Erfüllbarkeit der Leistungen nicht mehr ermöglicht. Aus den in der Begr. 1906 S. 32 und in Anm. 7 zu § 5 dargelegten Gründen ist auch hier von der gesetzlichen Festlegung einer Mindestmitgliederzahl abgesehen worden. Vgl. Begr. 1906 S. 32.

6. Die Überweisung der Mitglieder an einen anderen Verein mußte vorgesehen werden, damit die Mitglieder des aufgelösten Vereins der gesetzlichen Knappschaftspflicht genügen können. Begr. 1906 S. 32.

Die Überweisung schließt zugleich eine entsprechende Erweiterung des satzungsmäßig festgesetzten Vereinsbezirks für denjenigen Verein in sich, zu dem die Überweisung erfolgt. Begr. 1906 S. 32.

7. Durch die Vorschrift, daß gegen den neuen Verein aus der Beitragszeit bei dem früheren Verein Ansprüche nicht erhoben werden können, erscheint eine Schädigung des neuen Vereins ausgeschlossen. Begr. 1906 S. 32.

8. Wegen der Bedeutung des Begriffs „Dienstalter" vgl. Anm. 7 zu § 32 und Anm. 4 zu § 33.

9. Diese Erfordernisse sind einmal, daß das betreffende Mitglied nicht erst zu einem Zeitpunkt überhaupt Pensionskassenmitglied geworden ist, zu welchem es das in der Satzung des neuen Vereins als Erfordernis für die Aufnahme in die Pensionskasse aufgestellte Höchstlebensalter bereits überschritten hatte, und ferner, daß das betreffende Mitglied nicht bereits unfähig zur Berufsarbeit ist. Vgl. auch Anm. 8 und 9 zu § 32.

10. Erfüllt ein Mitglied alle satzungsmäßigen Anforderungen des neuen Vereins hinsichtlich der Aufnahme neu eintretender Mitglieder in die Pensionskasse und verzichtet es ausdrücklich auf seine Ansprüche an den aufgelösten Knappschaftsverein, so wird es ohne Berücksichtigung seines bisherigen Dienstalters in die Pensionskasse des neuen Knappschaftsvereins übernommen. Diese Vorschrift ist aufgenommen, weil deratige Personen andernfalls durch die Überweisung in die Pensionskasse eines Knappschaftsvereins, welcher für die ersten Dienstjahre wesentlich höhere Steigerungssätze festgesetzt hat als für die späteren Dienstjahre, erheblich ungünstiger gestellt sein würden als die in diesen Knappschaftsverein unter sonst gleichen Verhältnissen neu eintretenden Mitglieder. Begr. 1906 S. 33.

11. In den im Abs. 2 geregelten Fällen ist die Auflösung notwendig. Die Auflösung ist daher für diese Fälle der Aufsichtsbehörde zur Pflicht gemacht. Vgl. Begr. 1906 S. 33.

12. Gegen die die Auflösung aus Abs. 2 aussprechenden Verfügungen des Oberbergamts findet der Rekurs an den Handelsminister statt. Die Beschwerde an das Oberschiedsgericht ist im § 47 nur für die aus Abs. 1 erfolgte Auflösung vorgesehen.

13. „Werden die sämtlichen Betriebe, für welche der Verein errichtet ist, gänzlich aufgelöst, so ist dem Fortbestand des Vereins die erforderliche Unterlage entzogen und somit die Auflösung zur Notwendigkeit geworden (vgl. auch § 68 KVG.).“ Begr. 1906 S. 33.

14. „Gehören die im § 166 (jetzt § 2) Abs. 2 bezeichneten Werke mit anderen Werken zusammen einem Knappschaftsverein an, so können sie unter Erfüllung der im Abs. 2 und 4 des § 166 angegebenen Voraussetzungen aus dem Knappschaftsverein ausscheiden. Es erscheint nur folgerichtig, diesen Werken die Möglichkeit der Beseitigung ihrer im Gesetz lediglich ausnahmsweise aufrecht er-

haltenen Knappschaftspflicht auch dann zu gewähren, wenn der Bezirk eines Knappschaftsvereins nur diese Werke umfaßt. Wird ein solcher Knappschaftsverein aufgelöst, so ist damit naturgemäß auch die Auflösung der zu diesem Knappschaftsverein etwa gehörenden besonderen Krankenkassen verbunden (im übrigen vgl. auch § 68 KVG.)." Begr. 1906 S. 33.

15. Zu Abs. 3 bis 6. Die hier getroffenen Vorschriften regeln die im Falle der Auflösung eines Knappschaftsvereins oder einer besonderen Krankenkasse erfolgende Liquidation des Vereins, und zwar in Anlehnung an § 47 Abs. 5 KVG. und unter tunlichster Berücksichtigung der Billigkeit hinsichtlich der Art der Verwendung des Vereinsvermögens. Vgl. Begr. 1906 S. 34.

16. Der von dem Oberbergamt aufgestellte Liquidationsplan gelangt nur so lange und insoweit zur Ausführung, als noch Vereinsvermögen vorhanden ist. Ist das Vereinsvermögen aufgezehrt, so ist die Liquidation beendet und die nicht befriedigten Ansprüche fallen aus. Begr. 1906 S. 34.

§ 46 [1].

Nach Anhörung der Generalversammlungen der beteiligten Knappschaftsvereine kann die Aufsichtsbehörde im Interesse der dauernden Sicherstellung der Ansprüche der Mitglieder die Vereinigung von zwei oder mehreren Pensionskassen in der Weise anordnen [2], daß entweder die vollständige Vereinigung [3] der Pensionskassen erfolgt oder daß sie ihre Selbständigkeit behalten und sich zu einem Rückversicherungsverbande [4] vereinigen [5, 6].

1. Der § 46 entspricht dem § 177 b des Ges. v. 19. 6. 06 in der Fassung der Novelle v. 3. 6. 12 (Art. II Nr. 4).

2. Die Vorschriften im § 46 sollen eine Handhabe bieten, einen der wesentlichsten Mißstände im preußischen Knappschaftswesen zur Zeit des Erlasses des Ges. v. 19. 6. 06, die Zersplitterung in eine übergroße Zahl meist wenig leistungsfähiger Vereine, wirksam zu bekämpfen. Die Vorschriften erteilen der Aufsichtsbehörde die Ermächtigung, die Vereinigung mehrerer Pensionskassen anzuordnen. Sie knüpfen diese Aordnung in formeller Beziehung an die vorgängige Anhörung der Generalversammlungen der

beteiligten Knappschaftsvereine und in materieller Beziehung an die Voraussetzung, daß die Vereinigung „im Interesse der dauernden Sicherstellung der Ansprüche der Mitglieder“ erfolgt. Diese materielle Voraussetzung ist nicht nur dann erfüllt, wenn die Anordnung notwendig ist, um die Leistungsfähigkeit einer oder mehrerer Kassen herzustellen, sondern auch dann, wenn die dauernde Sicherstellung der Mitgliederansprüche durch die Vereinigung eine sachgemäße Förderung erfährt.

3. Bei der Anordnung der Vereinigung „ist selbstverständlich ausgeschlossen, das vorhandene Vermögen der vereinigten Vereine nach den gleichen Grundsätzen — unter völliger Zusammenschlagung ohne Rücksicht auf den in dem einzelnen Verein auf das Mitglied entfallenden Vermögensanteil — zu behandeln. Eine gesonderte Behandlung muß auch im Falle der vollständigen Vereinigung hinsichtlich derjenigen Personen, welche bereits im Genuß von Leistungen der Pensionskasse stehen, eintreten und kann auch hinsichtlich aller derjenigen Personen erfolgen, die im Zeitpunkte der Vereinigung bereits Eventualansprüche gegen einen der beteiligten Vereine erworben hatten.“ Begr. 1906 S. 34.

4. Die Vereinigung mehrerer Knappschaftsvereine zu einem Rückversicherungsverband kann auch durch freiwillige Vereinbarung der beteiligten Vereine erfolgen. Das ist jetzt durch § 48 ausdrücklich bestimmt, war aber auch schon vorher zulässig. Demgemäß sind alsbald nach Erlaß des Ges. v. 19. 6. 06 innerhalb des Allgemeinen Deutschen Knappschaftsverbandes Bestrebungen aufgetreten, die preußischen Knappschaftspensionskassen zur Erleichterung der Durchführung der neuen gesetzlichen Vorschriften zu einem Rückversicherungsverband zu vereinigen. Diese vom Allgemeinen Deutschen Knappschaftsverband eifrig geförderten und von der Staatsregierung nach Kräften unterstützten Bestrebungen haben im Oktober 1907 zur Bildung der „Knappschaftlichen Rückversicherungsanstalt a. G. in Berlin“ geführt, der eine größere Zahl von Knappschaftsvereinen sofort beigetreten ist und der im Jahre 1911 38 Knappschaftsvereine angehörten, die Ende 1909 insgesamt 473756 Pensionskassenmitglieder hatten. Die von den zuständigen Ministern im November 1907 genehmigte Satzung dieser Rückversicherungsanstalt ist in ihrer neuesten, unter dem 28. 6. 12 beschlossenen Fassung unten im Anhang K mitgeteilt.

Die rechtliche Unterlage dieser Rückversicherungsanstalt bildete bisher nicht § 177 b des Ges. von 1906 (jetzt § 46 des Knappschaftsgesetzes), sondern die Allerhöchste Kabinettsordre vom 29. 9. 33 wegen Erteilung der landesherrlichen Genehmigung, welche zur Errichtung gemeinschaftlicher Witwen-, Sterbe- und Aussteuerkassen erforderlich ist (GS. S. 121). Nachdem indessen die Novelle v. 3. 6. 12 die in den §§ 48 und 49 enthaltenen Vorschriften getroffen und gleichzeitig durch Art. IV Nr. 3 der bestehenden Knappschaftlichen Rückversicherungsanstalt a. G. die Möglichkeit eröffnet hatte, sich diesen Vorschriften durch ihre Satzung zu unterwerfen, hat die Anstalt durch die Satzung v. 28. 6. 12 von dieser Möglichkeit Gebrauch gemacht und sich ausdrücklich den bezeichneten Vorschriften unterworfen. Nach Genehmigung der Satzung durch den Minister für Handel und Gewerbe und dem Minister des Innern unterliegt demnach auch diese Rückversicherungsanstalt den Vorschriften der §§ 48 und 49 des Knappschaftsgesetzes. Vgl. auch Anm. 2 zu § 48. Nach § 4 ihrer genehmigten Satzung besitzt auch diese Rückversicherungsanstalt die Rechtsfähigkeit. Vgl. auch Anm. 7 zu § 40.

5. Es liegt im Wesen dieser Vereinigung, daß sie erst in Wirksamkeit treten kann, wenn alle Modalitäten der Vereinigung, insbesondere die Behandlung des Vermögens der einzelnen beteiligten Knappschaftsvereine entweder im Wege der Vereinbarung unter den beteiligten Knappschaftsvereinen oder durch die Anordnung der Aufsichtsbehörde festgestellt sind. Vgl. KommBerAH. 1906 S. 75 bis 77.

6. Zuständig für die Anordnung ist das Oberbergamt. Vgl. im übrigen wegen der Zuständigkeit bei Beteiligung verschiedener Oberbergämter und wegen der Rechtsmittel § 47.

7. Die Sätze 2 und 3 des § 177b des Ges. v. 19. 6. 06 sind durch die Novelle v. 3. 6. 12 (Art. II Nr. 4) an dieser Stelle in Wegfall gekommen. Das Nähere vgl. §§ 48 und 49 sowie Anm. 2 zu § 48.

§ 47 [1].

Die Auflösung im Falle des § 45 Abs. 1 und die Anordnung der Vereinigung im Falle des § 46 erfolgt durch Beschluß [2]. Handelt es sich um die Vereinigung von Pensionskassen, über welche verschiedene Oberbergämter die Aufsicht führen, so erfolgt die Anordnung durch gemeinschaftlichen Beschluß der beteiligten Oberbergämter. Gegen den Beschluß findet binnen einer Frist von einem Monate[3] vom Tage der Zustellung an den Vorstand ab die Beschwerde an das Oberschiedsgericht[4] statt (§ 83)[2].

1. Der § 47 entspricht dem § 177c des Ges. v. 19. 6. 06.

2. Satz 1 und 3 des § 47 ist durch die Kommission des AH. dem Gesetz eingefügt worden, während der Regierungsentwurf gegen die Anordnungen des Oberbergamts aus § 45 Abs. 1 und aus § 46 den Rekurs an den Handelsminister vorsah. Vgl. oben Anm. 13 zu § 6 und KommBerAH. 1906 S. 75 bis 78, 114 bis 119 und Anlage II des KommBer. S. 34f. sowie KommBerHH. 1906 S. 10.

3. Wegen der Ausschlußfrist von einem Monat vgl. Anm. 15 zu § 6.

4. Das Oberschiedsgericht entscheidet in diesem Falle in der Besetzung von fünf Mitgliedern, nämlich dem Vorsitzenden, einem Vertreter der Werksbesitzer, einem Vertreter der Knappschaftsmitglieder, einem Versicherungsverständigen und einem Bergbauverständigen. Vgl. § 83 Abs. 2 Nr. 3 Buchst. b. Das vom Oberschiedsgericht in diesem Falle zu beobachtende Verfahren ist durch §§ 6 ff. der Verord. über das Verfahren vor dem Oberschiedsgericht geregelt. Vgl. Anhang J.

§ 48[1, 2, 3].

Knappschaftsvereine können sich auch freiwillig zu einem Rückversicherungsverbande vereinigen. Über diese Vereinigung beschließen die Vorstände der beteiligten Vereine, soweit in der Satzung der einzelnen Vereine diese Befugnis dem Vorstand übertragen ist, sonst die Generalversammlungen. Der Beschluß jedes einzelnen Vereins bedarf der Zustimmung des Oberbergamts.

1. Der § 48 entspricht dem § 177ca der Novelle v. 3. 6. 12 (Art. II Nr. 5).

2. Zu §§ 48 und 49. „Die hier vorgesehenen Erweiterungen

des bisherigen Gesetzes haben den Zweck, die Vereinigung von Knappschaftsvereinen zur gemeinschaftlichen Durchführung der Angestelltenversicherung, die im § 388 Abs. 1 und 2 des Angestelltenversicherungsgesetzes v. 20. 12. 11 zugelassen ist, zu erleichtern und namentlich die freiwillige Bildung von Rückversicherungsverbänden im Hinblick auf die Vorschrift des § 388 Abs. 2 a. a. O. zu fördern. Die bisherigen §§ 177b und 177c (jetzt §§ 46 und 47) des Knappschaftsgesetzes beziehen sich nur auf den Fall, daß mehrere Pensionskassen zwangsweise durch Anordnung der Aufsichtsbehörde zu einem Rückversicherungsverbande vereinigt werden. Über die Bildung von Verbänden durch freie Vereinbarung der Beteiligten enthält das Gesetz keine Vorschriften. Solche Vorschriften werden nunmehr im Entwurf im Anschluß an die §§ 177b und 177c in den §§ 177ca und 177cb (jetzt §§ 48 und 49) vorgeschlagen. Daß auch freiwillig gebildete Rückversicherungsverbände der Aufsicht der Bergbehörde unterstehen, ist aus der Verweisung auf § 169 (jetzt § 6) im § 177cb Abs. 1 zu entnehmen. Der Zusammenhang mit den Knappschaftsvereinen, deren öffentlich-rechtlicher Charakter anerkannt ist (vgl. auch Überschrift zu den §§ 387 bis 389 des Angestelltenversicherungsgesetzes), nötigt überdies zu dem Schluß, daß die freiwillig gebildeten Rückversicherungsverbände gleichfalls als öffentlich-rechtliche Versicherungseinrichtungen anzusehen sind, die nicht unter das Gesetz über die privaten Versicherungsunternehmungen v. 12. 5. 01 (RGBl. S. 139) fallen und daher der Aufsicht der Behörden dieses Gesetzes nicht unterstellt sind.

Erstreckt sich ein solcher Rückversicherungsverband über den Bezirk mehrerer Oberbergämter, so findet § 177d (jetzt § 50) Anwendung." Begr. 1912 S. 38.

3. Da die neuen Vorschriften der §§ 48 und 49 erst in Zukunft Geltung erlangen, können sie auf die bestehende knappschaftliche Rückversicherungsanstalt auf Gegenseitigkeit in Berlin, die durch freiwillige Vereinbarung einer großen Anzahl preußischer Knappschaftsvereine gebildet ist (vgl. Anm. 4 zu § 46), keine Anwendung finden. Es erschien zweckmäßig, der Anstalt die Möglichkeit zu eröffnen, die berggesetzlichen Vorschriften über Rückversicherungsverbände zu ihrer rechtlichen Grundlage zu machen, indem sie sich durch Beschluß ihrer Hauptversammlung den §§ 177ca und 177cb (jetzt §§ 48 und 49) unterwirft. Dies ist durch Art. IV Nr. 3 der

Novelle v. 3. 6. 12 geschehen. Vgl. Anm. 4 zu § 46 und Art. IV Nr. 3 unten unter II.

§ 49 [1, 2].

Für die Aufstellung der Satzungen in den Fällen der §§ 46 und 48 gelten die §§ 6 bis 8 entsprechend.

Die Rückversicherungsverbände erlangen durch die Bestätigung ihrer Satzungen die Rechtsfähigkeit.

1. Der § 49 entspricht dem § 177cb der Novelle v. 3. 6. 12 (Art. II Nr. 5).

2. Vgl. Anm. 2 und 3 zu § 48.

§ 50 [1].

Erstreckt sich ein Knappschaftsverein oder ein Rückversicherungsverband über den Bezirk mehrerer Oberbergämter, so bestimmt der Minister für Handel und Gewerbe die Behörde, durch welche die den Oberbergämtern zugewiesenen Befugnisse hinsichtlich dieses Knappschaftsvereins oder Rückversicherungsverbandes wahrzunehmen sind [2].

1. Der § 50 entspricht dem § 177d des Ges. v. 19. 6. 06.

2. Im § 47 „ist für die zwangsweise Vereinigung mehrerer Pensionskassen die Möglichkeit ausdrücklich vorgesehen, daß auch solche Pensionskassen vereinigt werden können, die verschiedenen Oberbergamtsbezirken angehören. Auch sonst wird die gedeihliche Weiterentwicklung der Knappschaftsvereine unter Umständen die Zuweisung von Betrieben zu einem und demselben Knappschaftsverein oder die Vereinigung von Knappschaftsvereinen auch dann als angezeigt erscheinen lassen, wenn die Betriebe bzw. die Knappschaftsvereine verschiedenen Oberbergamtsbezirken angehören. Insbesondere wird die Bildung eines Rückversicherungsverbandes nicht an die Grenzen eines Oberbergamtsbezirks gebunden werden dürfen. Hiernach erscheint die Aufnahme einer Bestimmung darüber angezeigt, durch welche Behörde in den in Rede stehenden Fällen die den Oberbergämtern zugewiesenen Befugnisse wahrzunehmen sind. Die zu diesem Zweck in den Entwurf aufgenommene Bestimmung bietet die Möglichkeit, der Vielgestaltigkeit der in Betracht kommenden Fälle sachgemäß Rechnung zu tragen." Begr. 1906 S. 34f.

§ 51 [1].

Die Verwaltung eines jeden Knappschaftsvereins erfolgt unter Beteiligung von Knappschaftsältesten durch den Knappschaftsvorstand und die Generalversammlung [2].

Wo besondere Krankenkassen (§ 5) errichtet sind, muß für diese auch ein besonderer Vorstand bestehen [3].

1. Der § 51 entspricht dem § 178 ABG. in der Fassung des Ges. v. 19. 6. 06.

2. Der Abs. 1 gibt den § 178 ABG. wieder unter Einfügung des durch §§ 181a und 182b (jetzt §§ 60 und 64) allen Knappschaftsvereinen und besonderen Krankenkassen vorgeschriebenen Organs der Generalversammlung. Begr. 1906 S. 35. Danach ist das bei den meisten Knappschaftsvereinen bereits bisher durch die Satzung eingeführte Organ der Generalversammlung für alle Knappschaftsvereine zwingend vorgeschrieben. Vgl. Anm. 3 zu § 60.

3. „Die Vorschrift im Abs. 2 ist eine selbstverständliche Folge der Errichtung besonderer Krankenkassen; sie war im bisherigen Gesetz nicht ausdrücklich enthalten. Ihre Aufnahme erscheint indessen angezeigt." Begr. 1906 S. 35.

§ 52 [1, 2].

Die Knappschaftsältesten werden von den beitragzahlenden [3], männlichen [4], volljährigen [4] Vereinsmitgliedern, welche sich im Besitze der bürgerlichen Ehrenrechte befinden [4], in einer durch die Satzung bestimmten Zahl [5] und unter den in der Satzung hinsichtlich der Wählbarkeit bestimmten besonderen Voraussetzungen [6] auf Grund geheimer und unmittelbarer Abstimmung [8] aus ihrer Mitte [6, 7] gewählt. Sie müssen die deutsche Reichsangehörigkeit besitzen und der deutschen Sprache in Wort und Schrift mächtig sein [6]. Insoweit innerhalb eines Knappschaftsvereins besondere Krankenkassen (§ 5) eingerichtet sind, kann durch die Satzung des Knappschaftsvereins bestimmt werden, daß die Wahl der Knappschaftsältesten bei den besonderen Krankenkassen erfolgt [9].

Knappschaftsinvaliden können als Älteste gewählt werden, wenn sie als beitrittspflichtige oder als freiwillige Mitglieder Beiträge zur Krankenkasse eines Knappschaftsvereins oder zu einer besonderen Krankenkasse (§ 5) zahlen [7].

[10] Die Verhältniswahl [11] ist zulässig; dabei kann die Stimmabgabe auf Vorschlagslisten beschränkt werden, die bis zu einem in der Satzung festgesetzten Zeitpunkte vor der Wahl einzureichen sind [12].

Die Knappschaftsältesten haben im allgemeinen das Recht und die Pflicht, einerseits die Befolgung der Satzung durch die Knappschaftsmitglieder zu überwachen und andererseits die Rechte der letzteren gegenüber dem Vorstande wahrzunehmen. Die Knappschaftsältesten oder von ihnen gewählte Abgeordnete vertreten die Knappschaftsmitglieder in den Generalversammlungen [13].

Die Satzung oder eine besondere Dienstanweisung (§ 55) [14] regelt ihre Dienstobliegenheiten.

1. Der § 52 entspricht dem § 179 ABG. in der Fassung des Ges. v. 19. 6. 06 und der Novelle v. 3. 6. 12 (Art. I Nr. 14).

2. Der § 52 gilt auch für die besonderen Krankenkassen. Vgl. § 64.

3. Die invaliden Mitglieder sind somit, soweit sie nicht etwa zu den beitragzahlenden Mitgliedern der Krankenkasse gehören, nicht wahlberechtigt. Durch Aufnahme dieser ausdrücklichen Vorschrift in das Gesetz ist lediglich dem bisherigen Rechtszustand Rechnung getragen. Nach dem Zusammenhang der Vorschriften im Abs. 1 und 2 des § 179 ABG. konnte es keinem begründeten Zweifel unterliegen, daß auch bisher invaliden Mitgliedern das aktive Wahlrecht durch die Satzung nicht beigelegt werden konnte.

4. Die Beschränkung des aktiven Wahlrechts auf die volljährigen, d. h. über 21 Jahre alten (vgl. BGB. § 2) Mitglieder, die sich im Besitz der bürgerlichen Ehrenrechte befinden, entspricht dem § 37 Abs. 1 KVG. Die weitere Beschränkung des aktiven Wahlrechts auf die männlichen Mitglieder entspricht der bei den Knappschaftsvereinen früher durchweg geübten Praxis, die durch ausdrückliche

Aufnahme der Vorschrift in das Gesetz außer Zweifel gestellt wird. Diese Beschränkung ist zudem um so unbedenklicher, als die weiblichen Mitglieder den Pensionskassen durchweg nicht angehören (vgl. auch § 172 Abs. 4, jetzt § 27 Abs. 3). Begr. 1906 S. 35. Unter den „Vereinsmitgliedern" im Sinne des Abs. 1 sind sowohl die Pensionskassenmitglieder als auch die Krankenkassenmitglieder zu verstehen, sofern sie den im Abs. 1 bezeichneten Erfordernissen für die Wahlberechtigung genügen; es sind also beide Kategorien von Mitgliedern aktiv wahlberechtigt. RekBesch. v. 21. 11. 08, Z. f. B. Bd. 50 S. 140.

5. Daß die Zahl der für jeden Knappschaftsverein zu wählenden Knappschaftsältesten durch die Satzung zu bestimmen ist, entspricht der Vorschrift im § 179 ABG.

6. Die Voraussetzungen der Wählbarkeit zum Knappschaftsältesten sind somit die folgenden:

a) Besitz des aktiven Wahlrechts (vgl. Anm. 3 und 4), jedoch mit der Maßgabe, daß auch die im Abs. 2 bezeichneten Knappschaftsinvaliden wählbar sind;
b) Besitz der deutschen Reichsangehörigkeit;
c) Mächtigsein der deutschen Sprache in Wort und Schrift;
d) Erfüllung der in der Satzung für die Wählbarkeit bestimmten besonderen Voraussetzungen.

Als solche besonderen Voraussetzungen, deren Aufstellung wie bisher der Satzung überlassen ist, kommen namentlich in Betracht: Erreichung eines höheren Lebensalters als die Volljährigkeit, unbescholtener Lebenswandel, hinreichende Elementarkenntnisse im Lesen, Schreiben und Rechnen. Vgl. Begr. 1906 S. 35 sowie RekBesch. v. 21. 11. 08, Z. f. B. Bd. 50 S. 140, in dem dargelegt wird, daß die Wählbarkeit zum Knappschaftsältesten durch die Satzung von weitergehenden Voraussetzungen, insbesondere also auch von der Pensionskassenmitgliedschaft abhängig gemacht werden kann. Die Vorschrift des § 501 RVO. wird indes, da sie zwingendes Reichsrecht enthält, von diesem Satze nicht betroffen; vgl. unten Anm. 7.

7. Was die Wählbarkeit der Invaliden betrifft, so war sie im § 179 Abs. 2 ABG. zugelassen, im § 179 des Ges. v. 19. 6. 06 infolge eines Beschlusses der Kommission des AH. beseitigt worden. Nur für die zur Zeit des Inkrafttretens des Ges. von 1906 im Amt befindlichen Invalidenältesten war durch Art. III Abs. 3 des Ges.

von 1906 deren Belassung im Amte bis zum Ablauf der satzungsmäßigen Wahlperiode zugelassen. Vgl. Begr. 1906 S. 35; Komm. BerAH. 1906 S. 79f., 92 bis 94; Verhandlungen des AH. Session 1905/06 Spalte 4911 bis 4943, 4952 bis 4976, 5011 bis 5017; KommBerHH. 1906 S. 12 bis 14. Der Abs. 2 des gegenwärtigen § 52 läßt in dem hier angegebenen Maße die Wählbarkeit der Invaliden wieder zu, und zwar auf Grund des § 501 Abs. 2 RVO.; die wählbaren Invaliden müssen jedoch der Krankenkasse des Vereins oder einer besonderen Knappschaftskasse als Mitglieder, sei es als beitrittspflichtige, sei es als beitrittsberechtigte (§§ 9 und 17), angehören. Inwieweit diese Invalidenältesten an der Verwaltung der Knappschaftsvereine teilnahmeberechtigt sind, ergeben die §§ 53 und 64.

8. Hinsichtlich des Wahlverfahrens verlangte das Gesetz von 1906 zunächst, daß die Wahl auf Grund unmittelbarer Abstimmung erfolgt. Danach ist die früher in einzelnen Knappschaftsvereinen geübte indirekte Wahl der Knappschaftsältesten nicht mehr zulässig, wonach die Mitglieder lediglich Wahlmänner und diese alsdann ihrerseits die Knappschaftsältesten wählten, oder wonach die Mitglieder die mehrfache Zahl der nach der Satzung erforderlichen Knappschaftsältesten als Kandidaten für dieses Amt wählten und der Vorstand aus diesen von den Mitgliedern gewählten Kandidaten die Knappschaftsältesten ernannte.

Des weiteren verlangt jetzt das Gesetz, daß die Abstimmung geheim sei. Diese Vorschrift beruht auf der Novelle v. 3. 6. 12, in deren Art. I Nr. 14 die Einschaltung der Worte „geheimer und" vor den Worten „unmittelbarer Abstimmung" vorgeschrieben wird. Es war dies eine Folge des § 501 Abs. 1 RVO. Die geheime Abstimmung, die früher bereits für die als besondere Kasseneinrichtungen zugelassenen Knappschaftsvereine infolge der Vorschriften im § 8 Abs. 1 Nr. 2 und § 10 JVG. vorgeschrieben und durch die Satzungen zahlreicher Knappschaftsvereine freiwillig eingeführt war, ist danach für sämtliche Knappschaftsvereine obligatorisch geworden.

Wegen der Zulässigkeit der Verhältniswahl vgl. § 52 Abs. 3 und unten Anm. 11.

9. Sind besondere Krankenkassen in einem Knappschaftsverein eingerichtet, so müssen nach § 64 auch für die besonderen Krankenkassen Knappschaftsälteste bestehen. Durch die Vorschrift im § 52

Abs. 1 Satz 3 in Verbindung mit der Vorschrift im § 64 Nr. 1 ist Vorsorge getroffen, daß die Knappschaftsältesten für die besonderen Krankenkassen und für den Knappschaftsverein stets dieselben Personen sind. Vgl. Begr. 1906 S. 39 und Anm. 2 zu § 64.

10. Zu Abs. 3. Die Vorschrift ist durch die Kommission des AH. in das Gesetz aufgenommen worden, um die Möglichkeit zu bieten, daß bei den Wahlen auch eine Minderheit eine gewisse Vertretung erhalten könne. Vgl. KommBerAH. 1906 S. 79 und 82.

11. Die Verhältniswahl bezweckt eine Verteilung der zu Wählenden auf die innerhalb der Wähler bestehenden Parteien usw. nach dem Verhältnis der Zahl der von einer einzelnen Partei usw. an der Wahl teilnehmenden Wähler zur Gesamtzahl aller an der Wahl teilnehmenden Wähler. Z. B. 1000 zur Wahl erschienene Wähler haben fünf Beisitzer zu wählen, die 1000 Wähler spalten sich in zwei Gruppen von 600 und 400, so haben die 600 Wähler Anspruch auf drei Gewählte und die 400 Wähler Anspruch auf zwei Gewählte, während bei Mehrheitswahlen alle fünf Gewählten auf die 600 Wähler entfallen würden.

Voraussetzung der Verhältniswahl ist demnach, daß auf ein und denselben Wahlkörper mehrere zu wählende Personen, und zwar jedenfalls mehr als die Zahl der zu berücksichtigenden Parteien entfallen. Als Mindestzahl der von demselben Wahlkörper zu wählenden Personen nimmt man erfahrungsgemäß drei bis fünf an. Diese Voraussetzung trifft auf die Knappschaftsältestenwahlen in der Regel nicht zu, weil dort regelmäßig von den Mitgliedern jedes Sprengels nur ein Ältester zu wählen ist. Bei örtlich abgegrenzten Sprengeln trifft letzteres ausnahmslos zu, bei Werkssprengeln in der Regel; drei Älteste werden aber jedenfalls nur selten bei irgendeinem Werkssprengel zu wählen sein. Dagegen wird die Verhältniswahl unter Umständen bei der Wahl der von den Ältesten zu wählenden Vorstandsmitglieder praktisch werden können. Vgl. § 53 Abs. 3 und unten Anm. 8 zu § 53.

Das System der Verhältniswahl ist folgendes:

a) es wird nach Listen gewählt;

b) dann wird ermittelt, auf wieviel Wähler ein Gewählter zu entfallen hat;

c) darauf werden jeder Liste so viel Gewählte (nach der Reihenfolge ihrer Aufführung in der betreffenden Liste) zugewiesen, als die nach b ermittelte Zahl in der Zahl der für die betreffende Liste abgegebenen Stimmen enthalten ist.

Vgl. hierzu „Vorschläge zur Regelung des Wahlverfahrens bei den Gewerbegerichten nach den Grundsätzen der Verhältniswahl" im Ministerialblatt der Handels- und Gewerbe-Verwaltung 1902 S. 165 sowie das Muster zur Aufstellung von Ortsstatuten für Kaufmannsgerichte, a. a. O. 1904 S. 417, insbesondere S. 421 ff.

12. Sowohl im § 15 Abs. 1 des Gewerbegerichtsgesetzes in der Fassung der Bekanntmachung v. 29. 9. 01 (RGBl. S. 353), welcher für die Wahlen der Beisitzer die Verhältniswahl fakultativ zuläßt, als auch im § 12 Abs. 2 des Ges., betr. die Kaufmannsgerichte, v. 6. 7. 04 (RGBl. S. 266), welcher für die Beisitzerwahlen die Verhältniswahl zwingend vorschreibt, ist das System der sogenannten „geschlossenen Listen" zugelassen. Nach diesem Vorgang ist das gleiche System auch hier für zulässig erklärt. Vgl. KommBerAH. 1906 S. 82.

13. Die Vorschriften im Abs. 4 über die Aufgaben der Knappschaftsältesten entsprechen im allgemeinen den Vorschriften im früheren § 179 Abs. 3. Die Änderungen gegenüber diesem Wortlaut sind lediglich eine Folge der in §§ 60 und 61 enthaltenen neuen Vorschriften über die Generalversammlung. Vgl. Begr. 1906 S. 35 f. und unten Anm. 4 zu § 61. Kraft ihrer Stellung als Vertrauensleute des Knappschaftsvereins sowie der Mitglieder sind die Knappschaftsältesten verpflichtet, den Verkehr unter beiden zu vermitteln. Sie haben zwar die Anträge aufzunehmen, die für diesen Verkehr notwendig sind, auch soweit es sich um die Durchsetzung der satzungsmäßigen Ansprüche der Mitglieder gegenüber dem Verein handelt. Dieser vermittelnde Verkehr ist aber im einzelnen Falle beendet, sobald der Verein eine Entscheidung trifft, wodurch er dem Mitgliede seine Rechtsstellung zu dessen Ansprüchen kund tut. Ficht das Mitglied eine solche Entscheidung an, so verkehrt es nicht mehr mit dem Verein, sondern verfolgt seinen Anspruch bei den übergeordneten Behörden. Die Herstellung der hierzu erforderlichen Schriften ist nicht Aufgabe der Ältesten. Entsch. des ObSchG. v. 22. 3. 11, R. L. 268/10, Z. f. B. Bd. 53 S. 129, Kompaß 1911 S. 163.

14. Für den Erlaß der Dienstanweisung ist nach § 55 Abs. 3 Nr. 1 der Knappschaftsvorstand zuständig. Daß diese Dienst-

anweisung keine Vorschriften enthalten darf, welche mit den entsprechenden Vorschriften der Satzung in Widerspruch stehen, ergibt sich ohne weiteres aus dem Umstande, daß dem Knappschaftsvorstand nicht die Befugnis zusteht, die Vorschriften der Satzung abzuändern. Vgl. auch Klostermann-Fürst Anm. 11 zu § 179.

§ 53 [1, 2].

[3] Die Mitglieder des Knappschaftsvorstandes werden zur einen Hälfte aus den Werksbesitzern oder aus deren Vertretern[4] (§§ 117, 127, 134 des Allgemeinen Berggesetzes), zur anderen Hälfte in geheimer Wahl aus den nach § 52 Abs. 1 und 2 gewählten und nach § 9 Abs. 1 bis 3 beitrittspflichtigen Knappschaftsältesten[5] gewählt[6, 7].

[3] Bei Knappschaftsvereinen mit besonderen Krankenkassen für alle Vereinswerke (§ 5) werden die Vertreter der Mitglieder im Knappschaftsvorstande nur aus den nach § 52 Abs. 1 gewählten und nach § 9 Abs. 1 bis 3 beitrittspflichtigen Knappschaftsältesten[5] gewählt.

Die Verhältniswahl ist zulässig; dabei kann die Stimmabgabe auf Vorschlagslisten beschränkt werden, die bis zu einem in der Satzung festgesetzten Zeitpunkte vor der Wahl einzureichen sind[8].

Wählbar als Vertreter der Werksbesitzer sind auch solche Personen, welche mit der Leitung der zum Vereine gehörigen Betriebe betraut oder in der Verwaltung dieser Betriebe angestellt sind[9].

Der Knappschaftsvorstand wählt seinen Vorsitzenden und dessen Stellvertreter aus der Zahl seiner aus den Werksbesitzern oder deren Vertretern gewählten Mitglieder[10].

1. Der § 53 entspricht dem § 180 ABG. in der Fassung des Ges. v. 19. 6. 06 und der Novelle v. 3. 6. 12 (Art. I Nr. 15).

2. Der § 53 gilt auch für die besonderen Krankenkassen. Vgl. § 64.

3. Zu Abs. 1 und 2. Diese beiden Absätze haben ihre gegenwärtige Fassung durch die Novelle von 1912 erhalten; sie sind an

die Stelle des früheren Abs. 1 getreten. Materiell enthalten sie zunächst insofern eine Änderung der früheren Vorschriften, als sie ganz allgemein die geheime Wahl der Mitglieder des Knappschaftsvorstandes vorschreiben, was eine Folge des § 501 Abs. 1 RVO. ist. Der neue Abs. 2 stellt für die im § 5 bezeichneten Knappschaftsvereine mit besonderen Krankenkassen für alle Vereinswerke entsprechend dem § 501 Abs. 2 RVO. fest, daß die Invalidenältesten (§ 52 Abs. 2) von der Wahl als Mitglieder des Knappschaftsvorstandes, dem ausschließlich die Verwaltung der Pensionskasse obliegt, ausgeschlossen bleiben. Begr. 1912 S. 27 und KommBerAH. 1912 S. 26/27, wo auch die gegen den Regierungsentwurf veränderten Zitate ihre nähere Begründung finden. Durch die in Abs. 1 und 2 schärfer betonte Unterscheidung zwischen den nach § 52 Abs. 1 gewählten Ältesten, also den Ältesten unter Ausschluß der Invaliden, und den nach § 52 Abs. 2 gewählten Invalidenältesten soll zum Ausdruck gebracht werden, daß die Invaliden bei Pensionskassen mit besonderer Verwaltung zur Wahl als Knappschaftsälteste nicht zugelassen werden sollen. Auch soll für den Fall, daß Beamte durch Satzungsvorschrift nach § 28 Abs. 2 Nr. 1 zum Beitritt zur Pensionskasse verpflichtet werden, durch die Verweisung auf den § 9 Abs. 1 bis 3 festgestellt werden, daß nur diejenigen Ältesten, die nach dem Gesetz Pflichtmitglieder der Krankenkassen sind, als Vorstandsmitglieder gewählt werden können. Zu vgl. auch KommBerAH. 1912 S. 15ff.

4. Der im ABG. enthaltene Ausdruck „Repräsentanten" der Werksbesitzer ist durch den allgemeineren und damit auch für die Besitzer derjenigen Werke, welche nicht Bergwerke sind, passenderen Ausdruck „Vertreter" ersetzt worden. Durch die Anziehung der §§ 117, 127, 134 ABG. ist zum Ausdruck gebracht, welche Arten von Vertretern hier in Betracht kommen. Begr. 1906 S. 36.

Wählbar auf Seiten der Werksbesitzer sind hiernach diejenigen Personen, welche nach § 61 Abs. 1 Satz 1 als Werksbesitzer und deren Vertreter zur Teilnahme an der Generalversammlung berechtigt und somit gemäß § 60 Abs. 2 Nr. 2, § 61 Abs. 2 zugleich aktiv wahlberechtigt sind, außerdem die im § 53 Abs. 4 bezeichneten Personen. Vgl. unten Anm. 9.

5. Die nach dem früheren Wortlaut des § 180 ABG. gegebene Möglichkeit, als Mitgliedervertreter auch Königliche oder Privat-

bergbeamte in den Knappschaftsvorstand zu wählen, ist durch das Gesetz von 1906 weggefallen, weil ein Bedürfnis für eine solche Vorschrift nicht mehr vorliegt. Vgl. Begr. 1906 S. 36.

6. Die Wahl des Vorstandes erfolgt nach § 60 Abs. 2 Nr. 2 durch die Generalversammlung, und zwar nach § 61 Abs. 2 getrennt für die Werksbesitzer und für die Knappschaftsältesten. Dabei hat jeder Teil — sowohl die Werksbesitzer als die Knappschaftsältesten — aus seiner Mitte die auf ihn entfallenden Vorstandsmitglieder zu wählen; eine Mitwirkung der Werksbesitzer bei der Wahl der aus den Knappschaftsältesten zu wählenden Vorstandsmitglieder findet ebensowenig statt wie eine Mitwirkung der Knappschaftsältesten bei der Wahl der aus den Werksbesitzern zu wählenden Vorstandsmitglieder. RekBesch. v. 27. 12. 11, I. 7854. Ein bei der Beratung des Gesetzes von 1906 in der Kommission des AH. gestellter Antrag, für die Vorstandswahlen das geheime Wahlverfahren gesetzlich vorzuschreiben, ist von der Kommission abgelehnt worden. Vgl. KommBerAH. 1906 S. 87f., 92 und 94. Im übrigen vgl. wegen dieser Wahl § 61 Abs. 2 und Anm. 8 zu § 61.

7. Durch die vorübergehende Einstellung des Betriebes eines Vereinswerks geht der zum Mitglied des Knappschaftsvorstandes gewählte Werksbesitzer nicht ohne weiteres der Mitgliedschaft zum Vorstand verlustig. Vgl. RekBesch. v. 8. 12. 80, Z. f. B. Bd. 22 S. 138, Brassert S. 471, Klostermann-Fürst Anm. 2 zu § 180.

8. Abs. 3 ist durch die Kommission des AH. in das Gesetz von 1906 aufgenommen worden, um die Möglichkeit zu bieten, daß bei den Wahlen auch eine Minderheit eine gewisse Vertretung erhalten könne. Vgl. KommBerAH. 1906 S. 79 und 82 sowie 87f. Die Verhältniswahl wird bei den Vorstandswahlen unter Umständen zweckmäßig sein können. Die Vorschrift im Abs. 3 ist wörtlich gleichlautend mit § 52 Abs. 3. Vgl. daher die näheren Ausführungen in Anm. 11 und 12 zu § 52.

9. Die Vorschrift im Abs. 4 entspricht dem bereits vor dem Gesetze von 1906 bestehenden Zustand, der allerdings weder durch die frühere Fassung des Gesetzes noch durch den Wortlaut zahlreicher Satzungen unmittelbar begründet war. Vgl. Begr. 1906 S. 36.

Der Regierungsentwurf (von 1906) enthielt hier die Einschränkung, daß der als Vertreter des Werksbesitzers in den Vorstand Gewählte nicht selbst Mitglied des Knappschaftsvereins sein darf. In der Kommission des AH. ist diese Einschränkung ohne Widerspruch des Regierungsvertreters gestrichen worden, weil diese Einschränkung vielleicht bei kleinen Vereinen zu Schwierigkeiten führen könnte. Vgl. KommBerAH. 1906 S. 87 f.

10. Der Abs. 5 ist durch die Kommission des AH. in das Gesetz von 1906 eingefügt worden. Vgl. KommBerAH. 1906 S. 87 bis 90 und 92 bis 95; Verhandlungen des AH. Session 1905/06 Spalte 4910 bis 4926, 4943 bis 4946, 4952 bis 4976, 5011 bis 5017; KommBerHH. 1906 S. 13.

§ 54 [1, 2, 3].

Die Beschlußfassungen im Vorstand erfolgen, vorbehaltlich des Abs. 4, mit einfacher Stimmenmehrheit. Ergibt die Abstimmung über einen Antrag Stimmengleichheit, so ist [4] der Antrag innerhalb eines Monats zur nochmaligen Beschlußfassung zu bringen.

Ergibt auch die wiederholte Abstimmung Stimmengleichheit und erscheinen durch Nichtannahme des Antrags erhebliche Interessen des Vereins gefährdet [6], so kann [5] die Entscheidung des Oberbergamts über Annahme oder Ablehnung des Antrags [7] angerufen werden. Diese Entscheidung kann nur von mindestens einem Dritteile der Mitgliedervertreter oder der Vertreter der Werksbesitzer im Vorstand und nur innerhalb eines Monats vom Tage der wiederholten Abstimmung ab beantragt werden.

Die Entscheidung des Oberbergamts [7] erfolgt durch Beschluß. Gegen diesen Beschluß findet binnen einer Frist von einem Monate vom Tage der Zustellung an den Vorstand ab die Beschwerde an das Oberschiedsgericht statt (§ 83) [8].

[9] Der Antrag auf Befreiung von dem Beitrittszwange zur Krankenkasse (§ 10) bedarf der Zustimmung der Mehr-

heit der Stimmen sowohl aus der Gruppe der Arbeitgeber als auch der Mitglieder im Vorstande.

1. Der § 54 entspricht dem § 180a des Ges. v. 19. 6. 06 in der Fassung der Novelle v. 3. 6. 12 (Art. I Nr. 16).

2. Der § 54 gilt auch für die besonderen Krankenkassen. Vgl. § 64.

3. Der § 54 ist durch die Kommission des AH. in das Gesetz von 1906 eingefügt worden. Vgl. KommBerAH. 1906 S. 87 bis 90 und 92 bis 95; Verhandlungen des AH. Session 1905/06 Sp. 4910 bis 4926, 4943 bis 4946, 4952 bis 4976, 5011 bis 5017; KommBerHH. 1906 S. 13.

4. Die Vorschrift, daß bei Stimmengleichheit der Antrag vor Ablauf eines Monats zur nochmaligen Beschlußfassung im Vorstand gebracht werden muß, ist zwingendes Recht.

5. Bei wiederholt erzielter Stimmengleichheit steht es somit den Mitgliedervertretern sowie den Werksbesitzervertretern frei, die Entscheidung des Oberbergamts anzurufen.

6. Die Entscheidung des Oberbergamts kann nur dann erfolgen, wenn durch Nichtannahme des Antrags erhebliche Interessen des Vereins gefährdet erscheinen. Verneint das Oberbergamt das Vorliegen dieser Voraussetzung, so hat es die beantragte Entscheidung abzulehnen.

7. Die Entscheidung des Oberbergamts kann nur dahin gehen, daß der Antrag angenommen oder abgelehnt sei. Zu einer Abänderung des Antrags ist das Oberbergamt nicht befugt.

8. Das Oberschiedsgericht entscheidet in diesem Falle in der Besetzung von drei Mitgliedern, nämlich dem Vorsitzenden und je einem Vertreter der Werksbesitzer und der Knappschaftsmitglieder. Vgl. § 83 Abs. 2 Nr. 3. Das vom Oberschiedsgericht in diesem Falle zu beobachtende Verfahren ist durch §§ 6 ff. der Verord. über das Verfahren vor dem Oberschiedsgericht geregelt. Vgl. Anhang J.

9. Der Abs. 4 ist durch die Novelle von 1912 in das Gesetz eingefügt worden. Er trägt der Vorschrift des § 497 RVO. Rechnung.

§ 55 [1, 2, 3].

Der Knappschaftsvorstand vertritt den Verein gerichtlich und außergerichtlich. Durch die Satzung kann einem Mitglied oder mehreren Mitgliedern des Vorstandes die Vertretung nach außen übertragen werden.

Zum Nachweise seiner Vertretungsmacht erhält der Vorstand eine Bescheinigung der Aufsichtsbehörde über die den Vorstand bildenden Personen[4].

Zu den Obliegenheiten des Vorstandes gehört insbesondere:

1. die Leitung[5] der Wahlen der Knappschaftsältesten, soweit diese nicht bei den besonderen Krankenkassen (§ 5) stattfinden[6], und erforderlichenfalls der Erlaß einer Dienstanweisung für die Knappschaftsältesten[7];
2. die Auswahl der Beamten[8] und der Ärzte des Vereins und der Abschluß der Verträge mit ihnen sowie mit den Apothekern;
3. die Verwaltung des Vereinsvermögens[9] und die Anlegung verfügbarer Gelder[10];
4. die Aufsicht über die Geschäftsführung der etwa bestehenden besonderen Krankenkassen (§ 5)[11].

Für die Anlegung verfügbarer Gelder gelten die für die Anlegung von Mündelgeldern bestehenden Vorschriften[12], soweit nicht im einzelnen Falle auf Antrag des Vorstandes durch die Aufsichtsbehörde eine andere Anlegung zugelassen ist[13].

1. Der § 55 entspricht dem § 181 ABG. in der Fassung des Ges. v. 19. 6. 06 und der Novelle v. 3. 6. 12 (Art. I Nr. 17). Durch die Novelle sind die Sätze 3 bis 6 des bisherigen Abs. 1 in den neuen § 56 verwiesen worden.

2. Zu §§ 55 bis 57. „Die hier getroffenen Bestimmungen über die Organe des Vereins (Verwaltung, Ausschuß, Vorstand) und die ihnen zugewiesenen Entscheidungen stehen in engem Zusammenhange einerseits mit den Vorschriften der RVO., andrerseits mit den in § 70 neu geordneten Rechtsmitteln. Für die nach dem Vorbilde der RVO. einzuführende schiedsgerichtliche Entscheidung in

Krankenkassenstreitigkeiten (vgl. Anm. 5 zu § 70) stehen in der oberen und in der höchsten Instanz geeignete Einrichtungen in den Knappschaftsschiedsgerichten bzw. besonderen Oberversicherungsämtern und in dem Oberschiedsgericht in Knappschaftsangelegenheiten zur Verfügung. An dieser Stelle bedarf noch der Erörterung, wie die erste instanzielle Feststellung der Krankenkassenleistungen zu gestalten ist. Nach der Reichsversicherungsordnung (§ 1636) entscheidet bei Streit über die Leistungen aus der Krankenversicherung auf Antrag in erster Instanz der Spruchausschuß des Versicherungsamts in der Besetzung mit dem Vorsitzenden des Versicherungsamts und je einem Versicherungsvertreter der Arbeitgeber und der Versicherten (§ 56 Abs. 2 RVO.). Eine diesem Spruchausschuß genau entsprechende Instanz ist bei den Knappschaftsvereinen innerhalb der landesgesetzlich geordneten Organisation nicht vorhanden. Seinem Vorbilde kommen aber der Knappschaftsvorstand und die Ausschüsse, denen nach der jetzigen Bestimmung des § 181 Abs. 1 Satz 4 (jetzt § 56 Abs. 1 Satz 3) des Knappschaftsgesetzes die Entscheidung über Anträge auf Invaliditätserklärung sowie die Festsetzung der aus der Pensionskasse zu gewährenden Unterstützungen vorzubehalten ist, ziemlich nahe. Die Mitglieder des Vorstandes und der Ausschüsse werden nach § 180 (jetzt § 53) Abs. 1 zur einen Hälfte aus den Werksbesitzern oder aus deren Vertretern, zur anderen Hälfte aus den beitrittspflichtigen Knappschaftsältesten gewählt. Durch diese paritätische Zusammensetzung der Vereinsorgane, denen neben der sonstigen Verwaltung insbesondere auch die Entscheidung über die Gewährung der Kassenleistungen obliegt, genügen die Knappschaftsvereine der grundsätzlichen Forderung der RVO., die in den Motiven mehrfach zum Ausdruck gebracht ist (vgl. z. B. S. 15/16 der Begründung zum Gesamtentwurfe), daß bei der Entscheidung über die Ansprüche aus der Versicherung Standesgenossen des Versicherten mitwirken sollen. Das hat auch die RVO. anerkannt, indem im § 112 die Übertragung von Aufgaben des Versicherungsamts (unter Ausschluß der Spruchbefugnisse) an paritätisch zusammengesetzte Knappschaftsorgane — das sind für Preußen der Vorstand und die erwähnten Ausschüsse — zugelassen ist.

Da nach den gegenwärtigen Bestimmungen des Berggesetzes die genannten Organe schon über die Pensionskassenleistungen zu entscheiden haben, da von ihnen ferner bei der überwiegenden Mehrzahl der Knappschaftsvereine auf Grund des § 112 RVO. wichtige Aufgaben der Reichsversicherung, insbesondere die Vorbereitung und Begutachtung der Anträge aus der reichsgesetzlichen Invaliden- und Hinterbliebenenversicherung nach den §§ 1613 ff. wahrgenommen werden, so erscheint es natürlich, sie auch für die erste instanzielle Feststellung der Krankenkassenleistungen zuständig zu machen. Aus dem Umstande, daß infolge der paritätischen Zusammensetzung die Möglichkeit der Mehrheitsbildung in Fällen, in denen die Vertreter der Werksbesitzer und die Knappschaftsältesten gegeneinander stimmen, nicht gegeben ist, sind grundsätzliche Bedenken nicht herzuleiten. Nach den gemachten Erfahrungen ist die bisherige Tätigkeit der Ausschüsse in Pensionskassensachen dadurch, daß sich bei der Abstimmung Stimmengleichheit ergeben kann, nicht merklich erschwert oder beeinträchtigt worden; vielmehr haben sich die Ausschüsse durchaus bewährt und sie genießen das volle Vertrauen der Knappschaftsmitglieder. Auch die RVO. hat nicht Anstand genommen, die paritätisch zusammengesetzten Knappschaftsorgane mit solchen Aufgaben zu betrauen, bei denen das Zustandekommen eines Mehrheitsbeschlusses von Wichtigkeit sein kann (vgl. z. B. § 1623: Abgabe eines Gutachtens in dem vorbereitenden Verfahren in Sachen der Invaliden- und Hinterbliebenenversicherung; § 1635 Abs. 2: Entscheidung über vorzeitig wiederholte Anträge auf Invalidenrente oder auf Zahlung der Witwenrente). Es ist daher auch kein genügender Grund ersichtlich, bei Übertragung der Feststellung der Krankenkassenleistungen an den Vorstand oder Ausschuß die Bestellung eines besonderen außerhalb dieser Organe stehenden Vorsitzenden lediglich zu dem Zwecke anzuordnen, um die Mehrheitsbildung zu ermöglichen. Eine solche Anordnung würde von den Knappschaftsmitgliedern nicht verstanden werden, weil über die wichtigeren Pensionskassenangelegenheiten von den Ausschüssen ohne besonderen Vorsitzenden entschieden wird; sie würde außerdem den Übelstand nach sich ziehen, daß in Krankenkassensachen und Pensionskassensachen verschieden zu verfahren wäre und nicht in einer Ausschußsitzung mit der nämlichen Besetzung Sachen beiderlei Art erledigt werden könnten. Es kommt hinzu, daß als besonderer Vorsitzender füglich nur ein öffentlicher Beamter bestellt werden könnte. Durch die Hinzuziehung eines solchen würde dem Vorstand oder Ausschuß eine behördenähnliche Stellung beigelegt werden und man käme so zu einer Regelung, die aus dem Rahmen der bewährten bisherigen Organisation der Knappschaftsvereine völlig herausfiele und einen bedenklichen Eingriff in die Selbstverwaltung bedeutete.

Der Forderung, daß ein paritätisch zusammengesetztes Knappschaftsorgan die erste instanzielle Feststellung der Leistungen aus der Krankenversicherung vorzunehmen hat, kann auf zweifache Weise entsprochen werden. Es ist denkbar und schon nach dem gegenwärtigen Rechtszustande zulässig, daß die Satzung die Entscheidung über die Krankenkassenleistungen von vornherein dem Vorstand oder einem nach näherer Bestimmung des § 180 Abs. 1 bestellten Ausschusse zuweist. Alsdann wirkt diese Entscheidung unmittelbar instanziell und sie ist sofort mit der Berufung auf schiedsgerichtliche Entscheidung angreifbar. Bei der großen Mehrzahl der Vereine, insbesondere bei Vereinen von größerem Geschäftsumfang, ist es indessen die Regel, daß neben der sonstigen laufenden Verwaltung auch die Festsetzung der Krankenkassenleistungen beauftragten Vorstandsmitgliedern oder besonderen Beamten, „der Verwaltung", übertragen ist. Einer Änderung dieses Zustandes bedarf es nicht für die zahlreichen Fälle, in denen die erhobenen Ansprüche von der Knappschaftsverwaltung anerkannt werden. Wird dagegen ein Anspruch ganz oder teilweise abgelehnt, so muß Vorsorge getroffen werden, daß der Bescheid der Verwaltung einer Nachprüfung unter Beteiligung von Vertretern der Werksbesitzer und der Knappschaftsältesten unterzogen wird; den Mitgliedern, die sich durch den Bescheid der Verwaltung beschwert fühlen, ist daher das Recht einzuräumen, die Entscheidung des Vorstandes oder Ausschusses anzurufen. Gegen die hierauf ergehende Entscheidung der zuletzt genannten Organe ist sodann das Rechtsmittel der Berufung gegeben.

Wird das Verfahren in Krankenkassensachen nach den vorstehenden Grundsätzen geregelt, so läßt sich im Interesse der dringend erwünschten Gleichförmigkeit und Einheitlichkeit des Verfahrens für sämtliche knappschaftliche Angelegenheiten die Bestimmung des jetzigen § 181 Abs. 1 Satz 4 nicht aufrechterhalten, daß die Entscheidung über die Pensionskassenangelegenheiten in allen Fällen dem Vorstand oder einem Ausschuß vorzubehalten ist. Folgerichtig ist vielmehr, nur die Entscheidung über streitige Pensionskassenansprüche dem Vorstand oder Ausschuß zu belassen und die erste Entscheidung der Verwaltung zu übertragen. Gegen eine solche Änderung des gegenwärtigen Rechtszustandes sind jedenfalls vom Standpunkt der Versicherten keine Bedenken geltend zu machen. Auch ist wiederum auf das Vorbild der RVO. hinzuweisen, die in dem vorbereitenden Verfahren in Sachen der Invaliden- und Hinterbliebenenversicherung eine mündliche Verhandlung vor dem Versicherungsamt nicht für erforderlich hält, wenn der Versicherungsträger und der Berechtigte einig sind (§ 1624)." Begr. 1912 S. 27 bis 29.

Der Vorschlag des Regierungsentwurfs, für die Entscheidungen in Pensionskassenangelegenheiten das gleiche Verfahren einzuführen, wie für die Entscheidungen in Krankenkassenangelegenheiten, ist indessen nicht angenommen worden. Vielmehr hat hinsichtlich der Pensionskassenangelegenheiten die Kommission des AH. die Entscheidung der Verwaltung gänzlich beseitigt und die Entscheidung von vornherein den Ausschüssen (oder dem Vorstande) vorbehalten, so daß in dieser Beziehung der dem Gesetz von 1906 entsprechende Rechtszustand wiederhergestellt ist. Verhandlungen der Kommission des AH. 1912 S. 27 bis 33, 36, 37. Eine Folge dieser Änderung der Vorlage ist die wesentlich veränderte Fassung der §§ 55, 56 und 57 (§§ 181 und 181a der Vorlage) sowie der Wegfall der im § 181a Abs. 5 der Vorlage vorgeschlagenen Vorschrift, daß der Antragsteller vor dem Vorstand oder dem Ausschuß erscheinen könne und zu hören sei. KommVerAH. 1912 a. a. O. Vgl. auch Anm. 7 zu § 70.

3. Der § 55 gilt auch für die besonderen Krankenkassen. Vgl. § 64.

4. Die Vorschrift im Abs. 2 ist durch das Ges. v. 19. 6. 06 getroffen und entspricht dem damals bereits bestehenden Zustand. Die Bescheinigung ist nach § 69 gebühren- und stempelfrei.

5. Die „Leitung" der Wahlen ist nicht gleichbedeutend mit ihrer „Abhaltung". Die Befugnis zur Leitung der Wahlen schließt die Befugnis des Knappschaftsvorstandes in sich, mit der Abhaltung der Wahlen eine dritte Person, insbesondere ein Vorstandsmitglied oder einen Beamten zu beauftragen. Sie schließt auch die Befugnis in sich, die näheren Bestimmungen zur Ausführung der satzungs-

mäßigen Vorschriften über das Wahlverfahren zu treffen. Eine vom Vorstande zu diesem Zwecke erlassene Wahlordnung ist jedenfalls insoweit rechtsgültig, als die in ihr getroffenen Bestimmungen mit den Vorschriften des Knappschaftsgesetzes und der Satzung über die Wahl der Knappschaftsältesten in Einklang stehen. Dagegen sind Vorschriften der Wahlordnung dann ungültig und von der Aufsichtsbehörde aufzuheben, wenn sie mit den Vorschriften des Gesetzes oder der Satzung in Widerspruch stehen. RekBesch. v. 7. 10. 09, Z. f. B. Bd. 51 S. 183.

6. Vgl. Anm. 9 zu § 52.

7. Vgl. Anm. 14 zu § 52.

8. Die Beamten der Knappschaftsvereine sind lediglich Privatbeamte und nicht mittelbare Staatsbeamte. Die den Staatsbeamten in Beziehung auf die Heranziehung zu den Gemeindelasten gewährten Begünstigungen stehen somit den Knappschaftsbeamten nicht zu. Beschl. des Oberbergamts Breslau, Z. f. B. Bd. 8 S. 139; OVGUrt. v. 4. 11. 90, Z. f. B. Bd. 32 S. 398; Brassert S. 472; Klostermann-Fürst Anm. 5 zu § 181.

9. Die Frage, ob die Knappschaftsvereine zur Erwerbung, Veräußerung und Verpfändung unbeweglicher Sachen der Genehmigung des Oberbergamts bedürfen, war schon nach dem Rechtszustand vor Inkrafttreten des BGB. streitig. Brassert und Arndt verneinten die Frage, während Klostermann und Fürst sie bejahten. Vgl. des näheren Brassert S. 471 f.; Klostermann-Fürst Anm. 16 zu § 169; Z. f. B. Bd. 8 S. 137, Bd. 24 S. 336 und 344; Beschl. des Oberbergamts Clausthal v. 6. 11. 82, Z. f. B. Bd. 24 S. 538; Verfg. des Oberbergamts Breslau v. 5. 11. 83, Z. f. B. Bd. 25 S. 410.

In dem früheren Rechtszustand ist mit Inkrafttreten des BGB. nur insofern eine Änderung eingetreten, als das Ausführungsgesetz zum BGB. v. 20. 9. 99 (GS. S. 177) im Art. 7 § 1 Abs. 1 und 2 folgendes bestimmt:

„Art. 7.

§ 1. Juristische Personen, die in Preußen ihren Sitz haben, bedürfen zum Erwerbe von Grundstücken im Werte von mehr als 5000 Mark der Genehmigung der staatlichen Aufsichtsbehörde.

Dies gilt nicht für Familienstiftungen, für juristische Personen, deren Rechtsfähigkeit auf einem neben dem Bürgerlichen Gesetzbuche bestehenden Reichsgesetze beruht, sowie für solche juristische Personen des öffentlichen Rechtes, welche nach den für sie geltenden Gesetzen ohne die im Abs. 1 bezeichnete Genehmigung Grundeigentum erwerben können."

Neuerdings sind zwei Entscheidungen des Kammergerichts ergangen, welche die Stellung dieses Gerichts zu der vorliegenden Streitfrage klarstellen, nämlich die Beschlüsse v. 28. 3. 04 und v. 17. 5. 06 (Z. f. B. Bd. 45 S. 486, Bd. 47 S. 556). Nach diesen beiden Entscheidungen des für die vorliegende Streitfrage zuständigen obersten Gerichtshofes bedürfen die Knappschaftsvereine im früheren Gebiete des gemeinen Rechts und des rheinischen Rechts weder zur Erwerbung noch zur Veräußerung oder Verpfändung unbeweglicher Sachen einer staatlichen Genehmigung; dagegen bedürfen die Knappschaftsvereine im früheren Gebiete des preußischen Landrechts der Genehmigung des Oberbergamts zu jeder Veräußerung und Verpfändung unbeweglicher Sachen sowie zum Erwerbe von Grundstücken im Werte von mehr als 5000 Mark. Vgl. auch Anm. 23 zu § 6.

10. Vgl. § 55 Abs. 4 und unten Anm. 12.

11. Vgl. Anm. 8 zu § 5.

12. Die in Rede stehenden Vorschriften sind in erster Linie die §§ 1807 und 1808 BGB. Sie lauten:

„§ 1807.

Die im § 1806 vorgeschriebene Anlegung von Mündelgeld soll nur erfolgen:

1. in Forderungen, für die eine sichere Hypothek an einem inländischen Grundstücke besteht, oder in sicheren Grundschulden oder Rentenschulden an inländischen Grundstücken;
2. in verbrieften Forderungen gegen das Reich oder einen Bundesstaat sowie in Forderungen, die in das Reichsschuldbuch oder in das Staatsschuldbuch eines Bundesstaats eingetragen sind;
3. in verbrieften Forderungen, deren Verzinsung von dem Reiche oder einem Bundesstaate gewährleistet ist;
4. in Wertpapieren, insbesondere Pfandbriefen, sowie in verbrieften Forderungen jeder Art gegen eine inländische kommunale Körperschaft oder die Kreditanstalt einer solchen Körperschaft, sofern

die Wertpapiere oder die Forderungen von dem Bundesrate zur Anlegung von Mündelgeld für geeignet erklärt sind;

5. bei einer inländischen öffentlichen Sparkasse, wenn sie von der zuständigen Behörde des Bundesstaats, in welchem sie ihren Sitz hat, zur Anlegung von Mündelgeld für geeignet erklärt ist.

Die Landesgesetze können für die innerhalb ihres Geltungsbereichs belegenen Grundstücke die Grundsätze bestimmen, nach denen die Sicherheit einer Hypothek, einer Grundschuld oder einer Rentenschuld festzustellen ist.

§ 1808.

Kann die Anlegung den Umständen nach nicht in der im § 1807 bezeichneten Weise erfolgen, so ist das Geld bei der Reichsbank, bei einer Staatsbank oder bei einer anderen durch Landesgesetz dazu für geeignet erklärten inländischen Bank oder bei einer Hinterlegungsstelle anzulegen."

Zur Ausführung dieser reichsgesetzlichen Vorschriften sind in Art. 73 bis 76 des Ausführungsgesetzes zum BGB. vom 20. 9. 99 (GS. S. 177) die folgenden landesgesetzlichen Vorschriften getroffen:

„Art. 73.

§ 1. Eine Hypothek, eine Grundschuld oder eine Rentenschuld an einem in Preußen belegenen Grundstück ist für die Anlegung von Mündelgeld als sicher anzusehen, wenn sie innerhalb des Fünfzehnfachen oder, sofern ihr kein anderes der Eintragung bedürfendes Recht im Range vorgeht oder gleichsteht, innerhalb des Zwanzigfachen des staatlich ermittelten Grundsteuerreinertrags oder bei einem ländlichen Grundstück innerhalb der ersten zwei Drittel, bei einem städtischen Grundstück innerhalb der ersten Hälfte des Wertes zu stehen kommt.

Der Wert ist bei ländlichen Grundstücken durch Taxe einer preußischen öffentlichen Kreditanstalt, die durch Vereinigung von Grundbesitzern gebildet ist und durch staatliche Verleihung Rechtsfähigkeit erlangt hat, oder durch Taxe einer preußischen provinzial-(kommunal-)ständischen öffentlichen Grundkreditanstalt oder durch gerichtliche Taxe, bei städtischen Grundstücken in gleicher Weise oder durch Taxe einer öffentlichen Feuerversicherungsanstalt festzustellen.

§ 2. Statt des Zwanzigfachen des Grundsteuerreinertrags ist bei Grundstücken, die von einer Kreditanstalt der im § 1 Abs. 2

bezeichneten Art satzungsgemäß ohne besondere Ermittelungen bis zu einem größeren Vielfachen beliehen werden können, das größere Vielfache, sofern es jedoch den dreißigfachen Betrag übersteigt, dieser Betrag maßgebend.

Für einzelne Bezirke kann durch Königliche Verordnung statt des Zwanzigfachen des Grundsteuerreinertrags ein das Vierzigfache nicht übersteigendes größeres Vielfaches bestimmt werden.

Art. 74.

Zur Anlegung von Mündelgeld sind außer den im § 1807 des Bürgerlichen Gesetzbuchs bezeichneten Forderungen und Wertpapieren geeignet:

1. die Rentenbriefe der zur Vermittelung der Ablösung von Renten in Preußen bestehenden Rentenbanken;
2. die Schuldverschreibungen, welche von einer deutschen kommunalen Körperschaft oder von der Kreditanstalt einer solchen Körperschaft oder mit Genehmigung der staatlichen Aufsichtsbehörde von einer Kirchengemeinde oder einem kirchlichen Verband ausgestellt und entweder von Seiten der Inhaber kündbar sind oder einer regelmäßigen Tilgung unterliegen;
3. die mit staatlicher Genehmigung ausgegebenen Pfandbriefe und gleichartigen Schuldverschreibungen einer Kreditanstalt der im Art. 73 § 1 Abs. 2 bezeichneten Art;
4. die auf den Inhaber lautenden Schuldverschreibungen, welche von einer preußischen Hypothekenaktienbank auf Grund von Darlehen an preußische Körperschaften des öffentlichen Rechts oder von Darlehen, für welche eine solche Körperschaft die Gewährleistung übernommen hat, ausgegeben sind.

Art. 75.

§ 1. Eine in Preußen bestehende öffentliche Sparkasse kann durch den Regierungspräsidenten im Einvernehmen mit dem Landgerichtspräsidenten zur Anlegung von Mündelgeld für geeignet erklärt werden. Die Erklärung kann zurückgenommen werden.

Die Erklärung und die Rücknahme sind durch das Amtsblatt bekannt zu machen.

§ 2. Ist vor dem Inkrafttreten des Bürgerlichen Gesetzbuchs ein Sparkassenbuch außer Kurs gesetzt, so ist zur Erhebung des Geldes die Genehmigung des Gegenvormundes oder des Vormundschaftsgerichts erforderlich.

Art. 76.

Im Falle des § 1808 des Bürgerlichen Gesetzbuchs kann die Anlegung von Mündelgeld bei der Preußischen Zentral-Genossenschaftskasse oder einer sonstigen preußischen öffentlichen Bankanstalt (Landesbank, landschaftlichen, ritterschaftlichen Darlehnskasse usw.) und, wenn die von einer preußischen Privatbank ausgestellten Wertpapiere durch den Bundesrat zur Anlegung von Mündelgeld für geeignet erklärt sind oder eine preußische Privatbank nach Maßgabe des Art. 85 für die Hinterlegung von Wertpapieren als Hinterlegungsstelle bestimmt ist, bei einer solchen Privatbank erfolgen.

Die Anlegung bei den ordentlichen Hinterlegungsstellen (Hinterlegungsordnung v. 14. 3. 79, GS. S. 249) findet nicht statt."

Die früher bei den Knappschaftsvereinen vielfach übliche Sicherungsmaßregel der Außerkurssetzung der Inhaberpapiere ist seit dem Inkrafttreten des BGB. nicht mehr zulässig. Eine vorher erfolgte Außerkurssetzung hat mit dem Inkrafttreten des BGB. ihre Wirkung verloren. Vgl. Einführungsgesetz zum BGB. vom 18. 8. 96 (RGBl. S. 604) Art. 176.

13. Die Bedürfnisse der Praxis werden unter Umständen auch eine andere als die im ersten Teile des Abs. 4 vorgeschriebene Anlegung als zweckmäßig und unter Umständen notwendig erscheinen lassen. Diesen Bedürfnissen wird durch den zweiten Teil des Abs. 4 dahin Rechnung getragen, daß die Aufsichtsbehörde im einzelnen Falle auf Antrag des Vorstandes eine andere Anlegung zulassen kann (vgl. auch § 40 Abs. 5 KVG.). Beispielsweise ist dadurch die Möglichkeit gegeben, wo ein Bedürfnis dazu vorhanden ist, mit Bankinstituten in ein Kontokorrentverhältnis einzutreten oder in sonst zweckmäßiger Weise zeitweilig verfügbare Betriebsgelder zinsbar anzulegen oder einen Teil der dauernd verfügbaren Gelder in ähnlicher Weise anzulegen, wie dies für die Berufsgenossenschaften durch § 110 GUVG. und für die Invalidenversicherungsanstalten durch § 164 Abs. 3 IVG. zugelassen ist. Begr. 1906 S. 37. Vgl. auch §§ 26, 27 RVO.

§ 56 [1].

[2] Die laufende Verwaltung kann durch die Satzung einem oder mehreren Vorstandsmitgliedern oder Beamten

(der Verwaltung) übertragen werden. Die Verwaltung entscheidet[6] über alle aus der Satzung sich ergebenden Rechte und Pflichten der Mitglieder, sofern nicht der Vorstand die Entscheidung sich selbst vorbehalten oder einem nach näherer Bestimmung der Satzung bestellten Ausschuß übertragen hat. Die Entscheidung über Anträge auf Invaliditätserklärung sowie die Festsetzung der aus der Pensionskasse zu gewährenden Unterstützungen bleibt indessen stets dem Vorstand oder dem Ausschusse vorbehalten[7]. Auf die Zusammensetzung solcher Ausschüsse findet § 53 Anwendung[3]. Ihre Wahl erfolgt durch den Vorstand, sofern diese Wahl nicht durch die Satzung der Generalversammlung vorbehalten ist[4]. Für die Wahl durch den Vorstand gilt § 61 Abs. 2 entsprechend.

[5]Der Vorstand oder Ausschuß entscheidet[6] über Ansprüche[5] auf Leistungen der Krankenkasse und der Pensionskasse sowie über das Mitgliedverhältnis und die zu entrichtenden Eintrittsgelder und Beiträge nach Stimmenmehrheit. Bei Stimmengleichheit gilt ein Antrag als abgelehnt[5].

1. Der § 56 entspricht dem § 181a der Novelle v. 3. 6. 12 (Art. I Nr. 18).

2. Die Begründung der Novelle von 1912 führt auf S. 29 zu dem Abs. 1 folgendes aus: „Hierher ist zunächst die fortfallende Vorschrift des § 181 Abs. 1 Satz 3 übernommen, daß die laufende Verwaltung durch die Satzung einem oder mehreren Vorstandsmitgliedern oder Beamten übertragen werden kann. Da der Ausdruck ‚die Verwaltung' in der Praxis allgemein Anwendung findet und seine Bedeutung nicht zweifelhaft sein kann, empfiehlt sich die Übernahme auch in das Gesetz, zumal es an einer kurzen Bezeichnung der neben dem Vorstand vorhandenen Stelle, die nach den maßgebenden Satzungsbestimmungen die laufende Verwaltung führt, bisher gefehlt hat. Nach Satz 2 entscheidet die Verwaltung über alle aus der Satzung sich ergebenden Rechte und

Pflichten der Mitglieder, sofern nicht die Entscheidung dem Vorstand oder einem Ausschuß vorbehalten ist. Die Entscheidung durch die Verwaltung bildet hiernach die gesetzliche Regel, und zwar hinsichtlich der Pensionskassenleistungen abweichend von der bisherigen Vorschrift des § 181 Abs. 1 Satz 3. Eine Satzungsbestimmung, die den Inhalt des bisherigen § 181 Abs. 1 Satz 3 wiederholt, wird daher nach Inkrafttreten der neuen Vorschriften ohne weiteres hinfällig werden, während es eines Generalversammlungsbeschlusses bedürfen wird, wenn die Entscheidung auch fernerhin — abweichend von der neuen gesetzlichen Regel — durch die Satzung dem Vorstand oder einem Ausschuß vorbehalten bleiben soll. Satz 3 und 4 (in der Fassung des Regierungsentwurfs, jetzt Satz 4 und 5) sind aus dem bisherigen § 181 Abs. 1 übernommen mit der Abweichung, die der bestehenden tatsächlichen Übung entspricht, daß — mangels einer abweichenden Satzungsvorschrift — die Ausschußmitglieder von dem Vorstande gewählt werden. Das Nähere über die Errichtung der Ausschüsse, namentlich auch über ihre Zahl, wird die Satzung zu bestimmen haben." Die Regierungsvorlage hat indessen, wie bereits oben in Anm. 2 zu § 55 bemerkt, im Abgeordnetenhause insofern eine Änderung erfahren, als durch Einfügung des Satzes 3 in den Abs. 1 die Entscheidung über Anträge auf Invaliditätserklärung sowie die Festsetzung der aus der Pensionskasse zu gewährenden Unterstützungen stets dem Vorstand oder dem Ausschusse vorbehalten worden ist. Vgl. KommBerAH. 1912 S. 27 bis 33 und 36. Damit fällt für diese Angelegenheiten die Entscheidung der Verwaltung weg, es bleibt hinsichtlich dieser Angelegenheiten bei dem durch den bisherigen § 181 Abs. 1 Satz 4 vorgeschriebenen Verfahren; vgl. jedoch Abs. 2 des § 56 und Anm. 5 zu § 56. Vgl. auch Anm. 7 sowie Anm. 7 zu § 70.

3. Es setzen sich also die Ausschüsse genau so zusammen wie der Knappschaftsvorstand, d. h. sie bestehen zur einen Hälfte aus Werksbesitzern oder deren Vertretern (vgl. § 53 Abs. 1 und 4 und Anm. 4 zu § 53) und zur anderen Hälfte aus Knappschaftsältesten, die nach § 52 Abs. 1 und 2 gewählt und nach § 9 Abs. 1 bis 3 beitrittspflichtig sind. Bei Knappschaftsvereinen mit besonderen Krankenkassen für alle Vereinswerke (§ 5) ist § 53 Abs. 2 maßgebend. Der Vorsitzende des Ausschusses und sein Stellvertreter

werden vom Ausschusse selbst gewählt, und zwar aus der Zahl seiner aus den Werksbesitzern oder deren Vertretern gewählten Mitglieder (§ 53 Abs. 5). Einen besonderen Vorsitzenden hat der Ausschuß ebensowenig wie der Vorstand. Vgl. dazu Begründung 1912 S. 28 und KommBerAH. 1912 S. 18/19.

4. Die Wahl des Ausschusses erfolgt nunmehr, abweichend von der früheren Vorschrift des § 181 Abs. 1 Satz 6, grundsätzlich durch den Vorstand und nur, wenn die Satzung es ausdrücklich vorschreibt, durch die Generalversammlung. Für die Wahlen sowohl durch den Vorstand als auch die Generalversammlung gilt die Vorschrift des § 61 Abs. 2: sie erfolgen also für jeden der beiden Teile besonders, und zwar nach einem durch die Satzung zu regelnden Stimmverhältnis. Es wird also in getrennter Wahlhandlung von jeder der beiden Seiten — also ohne Mitwirkung von der anderen Seite — gewählt. Vgl. RekBesch. v. 27. 12. 11, Anm. 6 zu § 53. Für die Wahlen der Generalversammlung folgt dies unmittelbar aus § 61 Abs. 2, für die Wahlen des Vorstandes aus dem neuen Satz 6 des Abs. 1 im § 56. Dieser Satz ist durch die Kommission des AH. dem § 56 Abs. 1 hinzugefügt worden. KommBerAH. 1912 S. 19, 33. Gegenüber dieser Vorschrift ist es nicht mehr zulässig, eine andere Art der Wahl durch die Satzung vorzuschreiben.

5. Zu Abs. 2. Dieser Absatz bezieht sich nur auf die „Entscheidungen" des Vorstandes oder Ausschusses über Ansprüche auf Leistungen der Krankenkasse und der Pensionskasse sowie über das Mitgliedverhältnis und die zu entrichtenden Eintrittsgelder und Beiträge, also auf „Entscheidungen" über „Ansprüche". Für diese Entscheidungen gilt der Satz 2 des Abs. 2, daß bei Stimmengleichheit der Antrag als abgelehnt gilt. Eine solche Vorschrift war notwendig, um hinsichtlich der hier in Betracht kommenden Entscheidungen des Vorstandes die Anwendung der allgemeinen Vorschriften des § 180a (jetzt § 54) auszuschließen und bezüglich der Ausschüsse festzustellen, daß nicht, wie zahlreiche Satzungen vorsehen, bei Stimmengleichheit innerhalb des Ausschusses die streitige Angelegenheit an den Vorstand zu verweisen ist. Gegen den ablehnenden Bescheid ist vielmehr nach § 186 (jetzt § 70) die Berufung auf schiedsgerichtliche Entscheidung gegeben. Begr. 1912 S. 30. Vgl. aber Anm. 7 zu § 70. Ferner ist zu beachten, daß die Vorschrift des § 66 Abs. 2,

nach welcher der oberbergamtliche Kommissar gesetz- oder satzungswidrige Beschlüsse des Vorstandes oder Ausschusses beanstanden kann, für die „Entscheidungen“ nach § 56 nicht gilt. Vgl. Erklärung des Regierungsvertreters im KommBerAH. 1912 S. 33. Bei den Entscheidungen handelt es sich immer um „Ansprüche“. Dieses Wort wird hier ebenso wie im § 186 des Ges. von 1906 in der Bedeutung gebraucht, die diesem Rechtsbegriff im § 194 Abs. 1 BGB. beigelegt ist. Es wird dadurch insbesondere zum Ausdruck gebracht, daß Leistungen der Knappschaftsvereine, auf deren Bewilligung das betreffende Mitglied keinen Rechtsanspruch hat, sondern die lediglich in das Ermessen des Vorstandes oder Ausschusses gestellt sind, nicht Gegenstand der unter § 56 Abs. 2 fallenden „Entscheidungen“ sind, sondern daß die Entscheidungen über derartige in das Ermessen der Knappschaftsorgane gestellte Leistungen den übrigen Vorschriften des Gesetzes, namentlich aber nach § 70 Abs. 3 nur der Beschwerde an die Aufsichtsbehörde unterliegen. Begr. 1906 S. 42, Begr. 1912 S. 30, Entsch. des ObSchG. v. 16. 2. 09, R. L. 127/08, Z. f. B. Bd. 50 S. 394, Kompaß 1909 S. 118, v. 16. 2. 09, R. L. 114/08, Z. f. B. Bd. 50 S. 613, Kompaß 1909 S. 118, v. 22. 9. 09, R. L. 106/09, Kompaß 1909 S. 309 u. a.

6. Über die Form der Entscheidungen vgl. § 70 Abs. 2, über diejenige der Entscheidungen der Verwaltung vgl. § 59.

7. Über die rechtliche Bedeutung der Entscheidungen des Vorstandes oder des Ausschusses über Pensionskassenansprüche (§ 181 Abs. 1 Satz 4 des Ges. von 1906, § 181a Abs. 1 Satz 3 der Novelle von 1912, § 56 Abs. 1 Satz 3 des „Knappschaftsgesetzes“) sprechen sich die nachstehenden Entscheidungen des Oberschiedsgerichts in Knappschaftsangelegenheiten folgendermaßen aus:

a) Die „Entscheidungen“ sind wie Urteile der ordentlichen Gerichte erster Instanz in bürgerlichen Rechtsstreitigkeiten nach § 186 (jetzt § 70) mit dem Rechtsmittel der Berufung anfechtbar, werden aber, wie diese, ohne die rechtzeitige Anfechtung rechtskräftig. Sie stehen auch in ihrer *sachlichen* Bedeutung den Urteilen der ordentlichen Gerichte erster Instanz gleich. Entsch. d. ObSchG. v. 25. 5. 10, R. L. 197/09, Z. f. B. 52 S. 150, Kompaß 1910 S. 197, v. 15. 11. 11, R. L. 230/11, Kompaß 1912 S. 18.

b) Nach einer anderen Entscheidung des ObSchG. v. 15. 11. 11, R. L. 239/11, Kompaß 1912 S. 19, werden die Entscheidungen des Ausschusses oder des Vorstandes „relativ“ rechtskräftig, d. h. die Vereinsorgane sind nicht befugt, ihre Bescheide über die unter § 56 Abs. 2 fallenden Angelegenheiten nach ihrer Bekanntgabe an die Beteiligten noch einseitig zu deren Nachteil zu ändern. Eine solche Änderung ist auch dann unzulässig, wenn die Rechtsmittelfrist noch nicht verstrichen ist. Es gilt also der gleiche Rechtszustand wie für die Feststellungsbescheide der Unfallberufsgenossenschaften. Handb. der Unfallvers. Bd. 1 S. 496 Anm. 6.

c) Ist über einen Pensionsanspruch durch rechtskräftigen Bescheid entschieden, so kann das betreffende Mitglied nicht beanspruchen, daß die Pension aufs neue festgestellt werde, weil bei Erlassung des rechtskräftigen Bescheides ein Teil der Dienstzeit nicht berücksichtigt sei. Denn der Pensionsanspruch ist, wie sich aus den früheren §§ 168 Abs. 1 Nr. 2, 172a, 186 Abs. 2 Nr. 2 (jetzt §§ 4 Abs. 1 Nr. 2, 30, 70 Abs. 2) ergibt, ein einheitlicher; dem Grunde nach wird er erzeugt durch die Tatsachen der Mitgliedschaft und der Bergfertigkeit, dem Umfange (Betrage) nach durch das Dienstalter. Auf Grund der vorgebrachten Tatsachen und Beweismittel wird einheitlich entschieden, die Höhe der Pension festgestellt. Die Dienstalterszeiten eines Mitgliedes erzeugen also keine selbständigen Einzelansprüche oder Teile des Gesamtanspruchs, sie bilden vielmehr in ihrem Zusammenhange die tatsächliche rechtserzeugende Grundlage des einen Pensionsanspruchs, der nur einheitlich verfolgt werden kann. Entsch. des ObSchG. v. 25. 5. 10, R. L. 197/09, Z. f. B. 52 S. 150, Kompaß 1910 S. 197.

§ 57 [1, 2].

Gegen Entscheidungen der Verwaltung über Ansprüche auf Leistungen der Krankenkasse sowie über das Mitgliedverhältnis zur Krankenkasse und die zu dieser zu entrichtenden Eintrittsgelder und Beiträge kann die Entscheidung des Vorstandes oder eines nach § 56 Abs. 1 zu bestellenden Ausschusses angerufen werden.

Der Antrag auf Entscheidung [3] des Vorstandes oder Ausschusses ist binnen einem Monate [4] nach Bekanntgabe [5] des Bescheids der Verwaltung schriftlich bei dieser anzubringen.

Minderjährige, die das sechzehnte Lebensjahr vollendet haben, können selbständig den Antrag für sich stellen und ihn selbständig verfolgen[6].

Der § 56 Abs. 2 gilt entsprechend.

1. Der § 57 entspricht dem § 181 aa der Novelle v. 3. 6. 12 (Art. I Nr. 18). Er beruht auf den Beschlüssen der Kommission des AH., durch welche die Entscheidung der „Verwaltung" auf Krankenkassenangelegenheiten beschränkt wurde (vgl. Anm. 2 zu § 55 und Anm. 2 zu § 56). Diese Beschlüsse machten es erforderlich, die Vorschriften über die Anfechtung der Entscheidungen der Verwaltung in einem besonderen Paragraphen, dem § 181 aa, zusammenzustellen sowie die §§ 181 b und 181 c der Novelle von 1912 (jetzt §§ 58 und 59) der veränderten Rechtslage anzupassen. Vgl. KommBerAH. 1912 S. 36 und 37 sowie Anm. 7 zu § 70.

2. Der § 57 gilt nur für das Verfahren in Krankenkassenangelegenheiten, für die „der Verwaltung" nach § 56 Abs. 1 Satz 2 die Entscheidung zusteht. Diese Entscheidung ist nach Maßgabe des § 57 durch Anrufung der Entscheidung des Vorstandes oder Ausschusses anfechtbar, sofern nicht die Entscheidung nach § 58 an Stelle des Vorstandes oder Ausschusses dem Versicherungsamt übertragen ist. Für die Entscheidung des Vorstandes oder Ausschusses gilt nach Abs. 4 der § 56 Abs. 2 entsprechend. Zu vgl. die Anm. 5 zu § 56.

3. Wegen der Form der Entscheidungen des Vorstandes und des Ausschusses vgl. § 70 Abs. 2.

4. Wegen Berechnung der Frist vgl. § 242 ABG. und Anm. 15 zu § 70, Anm. 6 zu § 82.

5. Die „Bekanntgabe" hat nach dem Erlasse v. 12. 12. 07 (Anhang B) durch Zustellung eines schriftlichen Bescheides zu erfolgen. Damit ist indessen nicht vorgeschrieben, daß diese Zustellung eine beurkundete Übergabe im Sinne des § 166 ZPO. sein müsse; sie wird vielmehr durch jede zur Bekanntgabe des Inhalts geeignete und überzeugend nachgewiesene Übergabe der Urschrift oder einer Ausfertigung oder einer beglaubigten Abschrift des betreffenden Schriftstückes bewirkt. Entsch. des ObSchG. v. 28. 10. 08, R. L. 41/08, Z. f. V. Bd. 50 S. 114. Neben dem Krankenschein bedarf es einer besonderen schriftlichen Bescheides nicht, es gilt

vielmehr der von dem zuständigen Knappschaftsorgan auf den Krankenschein gesetzte, datierte und unterzeichnete Vermerk als Bescheid, dessen Bekanntgabe durch die Übergabe des Krankenscheins erfolgt. Vgl. Anhang B und Begr. 1906 S. 43.

6. Zu Abs. 3. Durch die RVO. ist den Minderjährigen, die das sechzehnte Lebensjahr — die Grenze für den Beginn der reichsgesetzlichen Invaliden- und Hinterbliebenenversicherungspflicht — zurückgelegt haben, allgemein die selbständige Vertretung ihrer Rechte in den Versicherungsangelegenheiten eingeräumt; insbesondere können sie selbständig Rechtsmittel einlegen. (Vgl. § 184 Abs. 2 und §§ 1591 Abs. 3, 1650 Abs. 3, 1658 Abs. 2 in Verbindung mit §§ 1679, 1698.) Es empfiehlt sich, entsprechende Vorschriften auch im Landesgesetz, und zwar ohne Unterschied für die knappschaftliche Kranken- und die knappschaftliche Invaliden- und Hinterbliebenenversicherung zu treffen, zumal nach den Erfahrungen der Knappschaftsvereine der bisherige Rechtszustand, namentlich die mangelnde Möglichkeit, Minderjährigen rechtswirksam Bescheide zustellen zu können, zu Unzuträglichkeiten geführt hat. Begr. 1912 S. 19.

§ 58 [1, 2].

Für einen einzelnen Knappschaftsverein oder eine besondere Krankenkasse (§ 5) kann die Entscheidung der im § 57 Abs. 1 bezeichneten Angelegenheiten durch den Minister für Handel und Gewerbe nach Anhörung des Vereins dem Versicherungsamte (§ 36 der Reichsversicherungsordnung) an Stelle des Vorstandes oder Ausschusses übertragen werden. In diesem Falle regelt sich das Verfahren entsprechend nach den für das Versicherungsamt geltenden Bestimmungen.

1. Der § 58 entspricht dem § 181b der Novelle v. 3. 6. 12 (Art. I Nr. 18).

2. Die Bestimmung ist eine subsidiäre, von der voraussichtlich nur selten Gebrauch gemacht werden wird. Nach § 37 Abs. 3 der RVO. wäre es zulässig, die Entscheidung der knappschaftlichen Krankenkassenstreitigkeiten in erster Instanz schlechthin dem Versicherungsamt zu übertragen. Eine solche Regelung allgemein zu

treffen, kann aber nicht empfohlen werden, weil die Versicherungsämter, insbesondere ihre Vorsitzenden, dem Bergbau und dem Knappschaftswesen durchweg fernstehen und mit der Eigenart der in Betracht kommenden Verhältnisse nicht vertraut sind. Zudem würde es zu einer großen Zersplitterung der Rechtsprechung in erster Instanz führen, wenn ein großer Verein, wie z. B. der Allgemeine Knappschaftsverein in Bochum, der sich über vier Regierungsbezirke erstreckt, vor den jeweils örtlich zuständigen Versicherungsämtern Recht zu nehmen hätte. Für gewisse Ausnahmefälle erscheint es jedoch ratsam, die Übertragung der erstinstanzlichen Entscheidung der Krankenkassenstreitigkeiten an das Versicherungsamt durch Anordnung des Ministers für Handel und Gewerbe vorzubehalten, namentlich für Knappschaftsvereine mit weit ausgedehnten Bezirken, deren Mitglieder das örtlich zuständige Versicherungsamt leichter erreichen können als den unter Umständen weit abgelegenen Ort, an dem die Sitzungen des Vorstandes oder Ausschusses stattfinden. Begr. 1912 S. 30.

§ 59 [1, 2, 3].

Entscheidungen der Verwaltung über die im § 57 Abs. 1 bezeichneten Angelegenheiten müssen den Vermerk enthalten, daß sie unanfechtbar werden, wenn nicht rechtzeitig die Entscheidung des Vorstandes oder Ausschusses oder des Versicherungsamts angerufen wird. Insoweit Entscheidungen auf Grund von Krankenscheinen erfolgen, genügt es, daß der Krankenschein den bezeichneten Vermerk enthält.

1. Der § 59 entspricht dem § 181 c der Novelle v. 3. 6. 12 (Art. I Nr. 18).

2. Eine Belehrung darüber, daß gegen Bescheide der Knappschaftsverwaltung der Antrag auf Entscheidung des Vorstandes oder Ausschusses oder in den Fällen des § 58 des Versicherungsamts gegeben ist, erscheint im Interesse der Rechtssicherheit notwendig. Wegen der Sondervorschrift für die Fälle, in denen Entscheidungen über Krankenkassenleistungen auf Grund von Krankenscheinen getroffen werden, ist auf die Begründung (S. 43) zu § 186 Abs. 3 des Gesetzes von 1906 zu verweisen. Begr. 1912 S. 31. Vgl. auch Anm. 5 zu § 57.

3. Das Fehlen der Rechtsmittelbelehrung in einem Bescheide der Verwaltung macht den Antrag auf Entscheidung des Vorstandes oder Ausschusses nicht unzulässig. Vgl. Entsch. des ObSchG. v. 15. 12. 09, R. L. 166/09, Z. f. B. Bd. 51 S. 499, Kompaß 1910 S 31.

§ 60 [1, 2].

Soweit die Wahrnehmung der Vereinsverwaltung nicht nach Vorschrift des Gesetzes oder auf Grund der Satzung dem Knappschaftsvorstand obliegt, steht die Beschlußfassung der Generalversammlung zu[3].

Der Generalversammlung muß vorbehalten bleiben[4]:

1. die Abänderung der Satzung;
2. die Wahl des Vorstandes;
3. die Wahl eines Ausschusses[5]:
   a) zur Prüfung und Abnahme der Jahresrechnung;
   b) zur Ausübung der Befugnis, Ansprüche des Knappschaftsvereins gegen Vorstandsmitglieder oder Beamte aus deren Geschäftsführung[6] durch besondere Beauftragte zu verfolgen.

1. Der § 60 entspricht dem § 181 a des Ges. v. 19. 6. 06, der durch die Novelle v. 3. 6. 12 (Art. I Nr. 19) die Bezeichnung § 181 d erhalten hat.

2. Der § 60 gilt auch für die besonderen Krankenkassen. Vgl. § 64.

3. Die Einführung des Organs der Generalversammlung und die Zuweisung der Aufgaben an dieses Organ sind durch das Ges. v. 19. 6. 06 erfolgt. Diese Regelung entsprach dem tatsächlichen Zustande, der damals bei den meisten Knappschaftsvereinen bestand, und dem § 36 KVG. Vgl. auch Begr. 1906 S. 37 f. sowie Anm. 2 zu § 51.

4. Die im § 60 Abs. 2 bezeichneten Aufgaben können der Generalversammlung nicht entzogen werden; dagegen können durch die Satzung der Generalversammlung noch weitere Aufgaben überwiesen werden. Vgl. Begr. 1906 S. 38.

5. Die unter Nr. 3 a und b aufgeführten Aufgaben sollen nicht durch die Generalversammlung selbst wahrgenommen werden, weil diese in der Regel wegen der großen Zahl der Teilnehmer dazu

ungeeignet sein würde, sondern durch einen von der Generalversammlung zu wählenden Ausschuß. Für jede der unter a und b der Nr. 3 aufgeführten Aufgaben kann ein besonderer Ausschuß gewählt werden. Vgl. Begr. 1906 S. 38.

6. Vgl. § 63.

§ 61 [1, 2].

Die Generalversammlung besteht aus den Werksbesitzern oder ihren Vertretern [3] (§ 53 Abs. 1) und aus Knappschaftsältesten oder aus Abgeordneten [4] der Knappschaftsältesten, welche nach näherer Bestimmung der Satzung von den Knappschaftsältesten in geheimer Wahl aus ihrer Mitte gewählt werden; teilnahmeberechtigt sind bei den Knappschaftsvereinen mit besonderen Krankenkassen für alle Vereinswerke (§ 5) die nach § 52 Abs. 1, bei den übrigen Knappschaftsvereinen die nach § 52 Abs. 1 und 2 gewählten Knappschaftsältesten. Sowohl die Werksbesitzer als auch die Knappschaftsältesten können sich in der Generalversammlung durch besonders hierzu bevollmächtigte [5] Personen vertreten lassen [6]. Als Vertreter eines Knappschaftsältesten kann indessen nur wiederum ein Knappschaftsältester bevollmächtigt werden [7].

Die Beschlußfassungen und die Wahlen erfolgen für jeden der beiden Teile besonders und zwar nach einem durch die Satzung zu regelnden Stimmverhältnisse [8, 9]. Anträge, welchen nicht von beiden Teilen zugestimmt wird, gelten als abgelehnt.

1. Der § 61 entspricht dem § 181 b des Ges. v. 19. 6. 06 in der Fassung des § 181 e der Novelle v. 3. 6. 12 (Art. I Nr. 20). Durch letztere Novelle hat der Abs. 1 eine andere Fassung erhalten. Es ist nämlich das Wort „den" vor „Knappschaftsältesten" im Satz 1 gestrichen mit Rücksicht auf die neue Bestimmung im zweiten Halbsatz; die Einschaltung der Worte „in geheimer Wahl" vor „aus ihrer Mitte" folgt aus § 501 Abs. 1 RVO. Durch den neu hinzugefügten Halbsatz wird die Teilnahme an der General-

versammlung dahin geregelt, daß an der Generalversammlung nicht nur die beitrittspflichtigen Knappschaftsältesten, sondern stets alle Ältesten, also einschließlich der beitrittsberechtigten Beamten teilnehmen können. Nur bei den Knappschaftsvereinen mit besonderen Krankenkassen für alle Vereinswerke sind die Invalidenältesten von der Teilnahme an der Generalversammlung der Pensionskasse ausgeschlossen, während das Teilnahmerecht der Beitrittsberechtigten unberührt bleibt. Vgl. KommBerAH. 1912 S. 34.

2. Der § 61 gilt auch für die besonderen Krankenkassen. Vgl. § 64.

3. Hierhin gehören auf Seiten der Werksbesitzer außer den Alleinbesitzern die nach §§ 117, 127 ABG. bestellten Repräsentanten und Grubenvorstände der Gewerkschaften, die nach § 134 ABG. bestellten Repräsentanten der sonstigen Mitbeteiligten eines Bergwerks, deren Vertretung nicht bereits durch die allgemeinen Gesetze geordnet ist, sowie des im Auslande wohnenden Alleineigentümers, endlich die gesetzlichen Vertreter der sonstigen Gesellschaften mit gesetzlich geregelter Vertretung nach den für diese Gesellschaften maßgebenden gesetzlichen Bestimmungen. Weitere Voraussetzung der Mitgliedschaft zur Generalversammlung ist naturgemäß, daß auf dem betreffenden Vereinswerk aktive Knappschaftsmitglieder beschäftigt sind, daß also das Werk sich in Betrieb befindet.

4. „Die Einberufung sämtlicher Knappschaftsältesten zur Generalversammlung würde in Vereinen mit zahlreichen Ältesten zu Versammlungen von mehreren hundert Personen führen und zudem einen unverhältnismäßigen Kostenaufwand verursachen. Ferner ist zu beachten, daß es für die laufenden Geschäfte der Knappschaftsältesten wünschenswert ist, wenn zahlreiche Knappschaftsälteste vorhanden sind, damit dieselben von den Mitgliedern leicht erreicht werden können und nicht mit Knappschaftsgeschäften zu sehr in Anspruch genommen werden. Es wäre unzweckmäßig, die Knappschaftsvereine behufs Verhütung eines übermäßigen Umfanges der Generalversammlungen zu nötigen, die Anzahl der Knappschaftsältesten einzuschränken. Vielmehr empfiehlt es sich, den in Betracht kommenden Knappschaftsvereinen die auch zur Zeit schon bestehende Möglichkeit zu belassen, im Wege der Satzung zu bestimmen, daß die Knappschaftsältesten zur Teilnahme an der Generalversammlung Abgeordnete aus ihrer Mitte wählen. Vgl. auch § 37 KVG." Begr. 1906 S. 38.

5. Die zu diesem Zweck erteilten **privatschriftlichen** Vollmachten sind gebühren- und stempelfrei. Vgl. § 69.

6. Die Gewährung der Möglichkeit zur Vertretung der an der Teilnahme zur Generalversammlung berechtigten Personen durch Bevollmächtigte entspricht dem bestehenden Bedürfnis und der bereits früher vielfach gehandhabten Praxis. Nähere Vorschriften über den Nachweis der Bevollmächtigung überläßt das Gesetz der Satzung. Begr. 1906 S. 38.

7. Auch die Vorschrift im Satz 3 des Abs. 1 entspricht der bereits früher vielfach gehandhabten Praxis; sie empfiehlt sich außerdem, um die Interessen der Mitglieder tunlichst sicherzustellen. Begr. 1906 S. 38.

8. „Die (zur Zeit des Erlasses des Gesetzes von 1906) bestehenden Satzungen sehen vielfach vor, daß die Abstimmungen innerhalb der Werksvertreter bzw. der Knappschaftsältesten nicht nach Köpfen, sondern nach einem Stimmverhältnis zu erfolgen haben, das nach der Zahl der auf den einzelnen Werken beschäftigten bzw. den einzelnen Ältestensprengeln angehörenden Mitglieder verschieden abgestuft ist. Durch die Vorschrift im Abs. 2, daß das Stimmverhältnis für die Beschlußfassung und die Wahlen durch die Satzung zu regeln ist, wird die Möglichkeit geboten, die vorerwähnte Art der Abstimmung, welche sich durchweg bewährt hat, beizubehalten oder das Stimmverhältnis in einer sonstigen als sachgemäß erscheinenden Weise zu regeln." Begr. 1906 S. 38f.

Wegen der Verhältniswahl vgl. § 52 Abs. 3 und Anm. 10 bis 12 zu § 52 sowie § 53 Abs. 3 und Anm. 8 zu § 53.

9. Wegen der Abstimmung vgl. Anm. 6 zu § 53.

§ 62 [1,2].

Den Kassenbeamten darf die Entlastung für die Jahresrechnung erst nach deren Prüfung und Abnahme (§ 60 Abs. 2 Nr. 3a) erteilt werden [3].

1. Der § 62 entspricht dem § 182 des Ges. v. 19. 6. 06.

2. Der § 62 gilt auch für die besonderen Krankenkassen. Vgl. § 64.

3. Der § 62 gibt den Rest des § 182 des ABG. von 1865 wieder, nachdem die Befugnisse der Generalversammlung besonders — durch § 60 — geordnet worden sind. Begr. 1906 S. 39.

§ 63[1].

Die Mitglieder des Vorstandes sowie die Verwaltungs-, Rechnungs- und Kassenbeamten des Knappschaftsvereins haften für getreue Geschäftsführung wie Vormünder ihren Mündeln[3].

1. Der § 63 entspricht dem § 182a des Ges. v. 19. 6. 06.

2. Der § 63 gilt auch für die besonderen Krankenkassen. Vgl. § 64.

3. Die Haftung der Vormünder ist durch § 1833 BGB., wie folgt, geregelt:

„§ 1833.

Der Vormund ist dem Mündel für den aus einer Pflichtverletzung entstehenden Schaden verantwortlich, wenn ihm ein Verschulden zur Last fällt. Das gleiche gilt von dem Gegenvormunde.

Sind für den Schaden mehrere nebeneinander verantwortlich, so haften sie als Gesamtschuldner. Ist neben dem Vormunde für den von diesem verursachten Schaden der Gegenvormund oder ein Mitvormund nur wegen Verletzung seiner Aufsichtspflicht verantwortlich, so ist in ihrem Verhältnisse zueinander der Vormund allein verpflichtet."

§ 64[1].

Die Bestimmungen der §§ 52 bis 63 finden für besondere Krankenkassen (§ 5) mit folgender Maßgabe Anwendung:

1. Sind die Wahlen der Knappschaftsältesten nicht durch die Satzung des Knappschaftsvereins den besonderen Krankenkassen übertragen, so finden besondere Wahlen der Knappschaftsältesten nicht statt, vielmehr gilt die in dem Knappschaftsverein erfolgte Wahl auch für die Krankenkasse[2].
2. Die Vertreter der Mitglieder im Krankenkassenvorstande werden aus den im § 53 Abs. 1 bezeichneten Knappschaftsältesten gewählt.
3. Teilnahmeberechtigt an der Generalversammlung sind die nach § 52 Abs. 1 und 2 gewählten Knappschaftsältesten.

4. Durch die Satzung kann bestimmt werden, daß an Stelle der Knappschaftsältesten sämtliche Kassenmitglieder, welche großjährig und im Besitze der bürgerlichen Ehrenrechte sind, an der Generalversammlung teilnehmen[3].

1. Der § 64 entspricht dem § 182b des Ges. v. 19. 6. 06 in der Fassung der Novelle v. 3. 6. 12 (Art. I Nr. 21). Die durch letztere vorgesehenen Ergänzungen (jetzige Nummern 2 und 3) waren notwendig, um gegenüber den neuen Vorschriften in den §§ 53 Abs. 2 und 61 Abs. 1 klarzustellen, daß bei besonderen Krankenkassen auch die Knappschaftsinvaliden in den Vorstand gewählt werden können und zur Teilnahme an der Generalversammlung berechtigt sind. Begr. 1912 S. 31.

2. Vgl. Begr. 1906 S. 39 und Anm. 9 zu § 52.

3. Bei kleinen Krankenkassen mit geringer Mitgliederzahl und nur einem oder nur wenigen Ältesten wird die Generalversammlung zweckmäßiger aus sämtlichen Kassenmitgliedern bestehen, welche volljährig und im Besitz der bürgerlichen Ehrenrechte sind. Vgl. auch § 37 Abs. 1 KVG. und Begr. 1906 S. 39.

§ 65[1].

Die Oberbergämter haben die Beobachtung der für die Tätigkeit der Knappschaftsvereine in Betracht kommenden Gesetze[2] und der Satzungen zu überwachen. Sie können die Befolgung dieser Vorschriften[3] durch Androhung, Festsetzung und Vollstreckung von Ordnungsstrafen gegen die Vorstandsmitglieder erzwingen[4, 5].

Sie überwachen insbesondere die dauernde Leistungsfähigkeit der Vereine und die satzungsmäßige Verwaltung des Vermögens[6].

Sie sind befugt, Ansprüche, die den Vereinen etwa gegen Vorstandsmitglieder oder Beamte aus deren Geschäftsführung erwachsen, in Vertretung des Vereins selbst oder durch einen Beauftragten geltend zu machen[7].

1. Der § 65 entspricht dem § 183 des ABG. in der Fassung des Ges. v. 19. 6. 06.

2. Nach der ausdrücklichen Vorschrift im Abs. 1 erstreckt sich das Aufsichtsrecht der Oberbergämter auch auf die Beobachtung der Gesetze. Der nach der Fassung des § 183 ABG. in dieser Beziehung obwaltende Zweifel ist damit beseitigt. Vgl. Begr. 1906 S. 39. Zu vgl. auch Anm. 9 zu § 55.

3. Der Knappschaftsvorstand kann vom Oberbergamt auch zu positivem Handeln angehalten werden, wenn er die Erfüllung der ihm satzungsmäßig obliegenden Verpflichtungen versäumt. Klostermann-Fürst Anm. 2 zu § 183.

4. Die hier erwähnten exekutivischen Zwangsbefugnisse standen der Aufsichtsbehörde gegenüber den Vorstandsmitgliedern nach § 190 Abs. 6 ABG. in Verbindung mit § 11 der Instruktion zur Geschäftsführung der Regierungen vom 23. Oktober 1817 (GS. S. 248) und § 48 der Verord. wegen verbesserter Einrichtung der Provinzial-, Polizei- und Finanzbehörden vom 26. Dezember 1808 (GS. 1817 S. 282) bereits früher zu. Nach dem Vorgang im § 45 Abs. 1 KVG. ist dies durch das Gesetz von 1906 ausdrücklich hier ausgesprochen. Begr. 1906 S. 39.

Nach den vorangezogenen gesetzlichen Bestimmungen bestehen die zulässigen Ordnungsstrafen in Geldstrafen bis zu 300 Mark oder vierwöchentlichem Gefängnis, an dessen Stelle jetzt die Haft getreten ist. Vgl. KommBerAH. 1906 S. 96.

Die verhängten Ordnungsstrafen treffen die Vorstandsmitglieder persönlich.

5. Gegen die Androhung, Festsetzung und Vollstreckung der Ordnungsstrafen ist nach §§ 191, 192 ABG. nur der Rekurs an den Handelsminister zulässig, und zwar binnen einer Ausschlußfrist von vier Wochen vom Tage der Zustellung an. Vgl. auch Klostermann-Fürst Anm. 2 zu § 183.

6. Die Überwachung der dauernden Leistungsfähigkeit der Vereine ist neben der im ABG. von 1865 bereits erwähnten Überwachung der satzungsmäßigen Verwaltung des Vermögens als eine der wichtigsten, der Aufsichtsbehörde durch das Ges. v. 19. 6. 06 zugewiesenen Aufgaben hier besonders erwähnt. Vgl. Begr. 1906 S. 39.

7. Die Vorschrift im Abs. 3 entspricht der für die Betriebs- (Fabrik-) Krankenkassen im § 66 Abs. 2 KVG. getroffenen Vorschrift; zu vgl. auch § 378 RVO.

Von der im Abs. 3 gegebenen Befugnis „werden die Oberbergämter selbstredend nur im Bedürfnisfalle Gebrauch zu machen haben, also beispielsweise dann, wenn etwa der zuständige Ausschuß (§ 181a [jetzt § 60] Abs. 2 Nr. 3b) ungerechtfertigterweise die Verfolgung der Ansprüche ablehnen sollte oder wenn — wie bei der nach § 177a (jetzt § 45) erfolgten Auflösung — ein solcher Ausschuß nicht mehr vorhanden ist". Begr. 1906 S. 40.

§ 66[1].

Zur Ausübung dieses Aufsichtsrechts ernennt das Oberbergamt für jeden Knappschaftsverein einen Kommissar.

Der Kommissar ist befugt, allen Generalversammlungen und Sitzungen der Vorstände[2] und Ausschüsse[3], welche ihm zu diesem Zwecke mindestens drei Tage vorher anzuzeigen sind[4], beizuwohnen und jeden gesetz- oder satzungswidrigen Beschluß[5] zu beanstanden. Von einer solchen Beanstandung muß er dem Oberbergamte sofort Anzeige machen.

Das Oberbergamt entscheidet, ob der beanstandete Beschluß als gesetz- oder satzungswidrig aufzuheben oder die Beanstandung zurückzunehmen ist[6, 7].

1. Der § 66 entspricht dem § 184 ABG. in der Fassung des Ges. v. 19. 6. 06.

2. Der Ausdruck „Vorstände" ist hier gewählt, um außer Zweifel zu stellen, daß die Vorschrift sich nicht nur auf die Sitzungen der Knappschaftsvorstände, sondern auch auf diejenigen des Vorstandes der besonderen Krankenkassen bezieht. Begr. 1906 S. 40.

3. Vgl. § 56 Abs. 1 und § 60 Abs. 2 Nr. 3.

4. Ist die rechtzeitige Anzeige unterblieben, so sind zwar die gefaßten Beschlüsse deshalb an sich nicht ungültig; indessen ist der Kommissar befugt, gesetz- oder satzungswidrige Beschlüsse nachträglich zu beanstanden. Vgl. Brassert S. 473; Klostermann-Fürst Anm. 2 zu § 184.

5. Das Recht zur Beanstandung erstreckt sich nicht auf die „Entscheidungen", die in den Fällen der §§ 56 und 57 ergehen; gegen diese sind nur die im § 70 bezeichneten Rechtsmittel zulässig. Vgl. Anm. 5 zu § 56.

6. Die Vorschrift im Abs. 3 war im ABG. nicht enthalten, entspricht jedoch der bereits vor Erlaß des Gesetzes von 1906 geübten Praxis. Begr. 1906 S. 40.

7. Gegen die Entscheidung des Oberbergamts ist nach §§ 191, 192 ABG. binnen einer Ausschlußfrist von vier Wochen vom Tage der Zustellung ab der Rekurs an den Handelsminister zulässig.

§ 67 [1, 2].

Das Oberbergamt kann die Berufung der Vorstände[3], Ausschüsse[4] und Generalversammlungen zu Sitzungen verlangen und, falls diesem Verlangen nicht entsprochen wird, die Sitzungen selbst anberaumen.

In den durch das Oberbergamt[5] anberaumten Sitzungen kann dessen Kommissar die Leitung der Verhandlungen übernehmen.

Solange die Wahl des Vorstandes oder der Ausschüsse oder die Generalversammlung nicht zustande kommt oder die Organe des Vereins[6] gesetzliche oder satzungsmäßige Obliegenheiten nicht erfüllen[7], kann das Oberbergamt die Befugnisse und Obliegenheiten dieser Organe selbst oder durch Beauftragte auf Kosten des Vereins wahrnehmen[8].

1. Der § 67 entspricht dem § 184a des Ges. v. 19. 6. 06.

2. Der § 67 war im ABG. nicht enthalten. Er ist zur wirksameren Ausgestaltung des Aufsichtsrechts in das Gesetz von 1906 eingefügt und dem § 45 Abs. 3 bis 5 KVG. nachgebildet. Vgl. Begr. 1906 S. 40.

3. Vgl. Anm. 1 zu § 66.

4. Vgl. § 56 Abs. 1 und § 60 Abs. 2 Nr. 3.

5. Der Regierungsentwurf von 1906 enthielt an Stelle der Worte „durch das Oberbergamt" die Worte „auf Veranlassung des Oberbergamts". Die Änderung des Wortlauts ist durch die Kommission des AH. erfolgt. Vgl. KommBerAH. 1906 S. 96 f. Der Kommissar kann hiernach die Leitung der Verhandlungen nur in denjenigen Sitzungen übernehmen, die das Oberbergamt selbst anberaumt hat.

6 Der Ausdruck „Verein" soll hier wie an den anderen Stellen,

wo er im Gesetz gebraucht ist, sowohl den Knappschaftsverein als auch die besonderen Krankenkassen umfassen. Vgl. Begr. 1906 S. 32 und Anm. 4 zu § 8 sowie Anm. 3 zu § 45.

7. Die Fassung des Abs. 3 weicht vom Wortlaute des § 45 Abs. 5 KVG. in etwa ab und bringt damit bereits durch den Wortlaut der Vorschrift zum unzweideutigen Ausdruck, daß jedes tatsächliche Nichterfüllen einer gesetzlichen oder satzungsmäßigen Obliegenheit durch das betreffende Vereinsorgan das Oberbergamt zur Wahrnehmung der betreffenden Obliegenheit an Stelle des Vereinsorgans ermächtigt.

8. Gegen die auf Grund des Abs. 3 vom Oberbergamt getroffenen Verfügungen ist nach §§ 191, 192 ABG. der Rekurs an den Handelsminister zulässig.

§ 68[1].

Der Vorstand[2] ist jederzeit verpflichtet, dem Oberbergamt und dessen Kommissar auf Verlangen die Einsicht der über seine Verhandlungen sowie über die Verhandlungen der Ausschüsse und Generalversammlungen aufzunehmenden Niederschriften[3], der Kassenbücher und der gelegten Rechnungen sowie die Revision der Kasse zu gestatten.

Auch hat der Vorstand[2] dem Oberbergamt innerhalb der vorzuschreibenden Fristen und nach den bestimmten Vordrucken die zur Statistik des Knappschaftswesens erforderlichen Nachrichten zu geben sowie alljährlich einen Rechnungsabschluß einzureichen[4].

Die Vorstände[2] sind ferner verpflichtet, den Anordnungen des Oberbergamts über Art und Form der Rechnungsführung zu genügen[4].

1. Der § 68 entspricht dem § 185 ABG. in der Fassung des Ges. v. 19. 6. 06.

2. Der Ausdruck „Vorstand" umfaßt sowohl den Knappschaftsvorstand als auch die Vorstände der besonderen Krankenkassen. Vgl Begr. 1906 S. 40.

3. Hiernach müssen wie bisher über die Verhandlungen der Vor=

stände (vgl. Anm. 2), der Ausschüsse (vgl. § 56 Abs. 1 und § 60 Abs. 2 Nr. 3) und der Generalversammlungen stets Niederschriften aufgenommen werden.

4. Abs. 2 und 3 waren — abgesehen von der Vorschrift der Einreichung statistischer Nachrichten — im ABG. nicht enthalten. Ihre Vorschriften entsprechen indessen im wesentlichen der bereits vor Erlaß des Gesetzes von 1906 gehandhabten Übung. Vgl. Begr. 1906 S. 40 und KVG. § 41.

§ 69 [1, 2].

Alle schiedsgerichtlichen und außergerichtlichen Verhandlungen und Urkunden, die zur Begründung und Abwicklung der Rechtsverhältnisse zwischen den Knappschaftsvereinen oder besonderen Krankenkassen (§ 5) einerseits und den Werksbesitzern oder Mitgliedern und den Angehörigen der letzteren andererseits erforderlich werden [3], sind gebühren- und stempelfrei. Dasselbe gilt für die den Vorständen zum Nachweis ihrer Vertretungsmacht zu erteilenden amtlichen Bescheinigungen (§ 55 Abs. 2 und § 64) und für die von Werksbesitzern oder Knappschaftsältesten zu ihrer Vertretung in den Generalversammlungen erteilten privatschriftlichen Vollmachten (§ 61 Abs. 1 und § 64).

1. Der § 69 entspricht dem § 185a des Ges. v. 19. 6. 06.

2. Der § 69 war im ABG. nicht enthalten. Seine Vorschriften entsprechen den Bestimmungen im § 145 GUVG. und § 171 IVG. Vgl. auch § 78 Abs. 2 KVG. und Begr. 1906 S. 40.

3. Zu diesen Urkunden gehören insbesondere auch die erforderlichen Auszüge aus den Standesamtsregistern und den Kirchenbüchern. Vgl. auch Begr. 1906 S. 40.

§ 70 [1, 2].

Beschwerden über die Verwaltung des Vorstandes sind bei dem Oberbergamt und in der weiteren Instanz bei dem Minister für Handel und Gewerbe anzubringen, insoweit nachstehend nichts anderes bestimmt ist [3, 15].

[4, 5, 11] Gegen Entscheidungen[6, 7] des Vorstandes oder Ausschusses oder des Versicherungsamts über die in den §§ 56 Abs. 1 Satz 3 und 57 Abs. 1 bezeichneten Angelegenheiten findet unter Ausschluß des ordentlichen Rechtswegs die Berufung auf schiedsgerichtliche[8] Entscheidung statt. Die Berufung muß bei Vermeidung des Ausschlusses binnen einem Monate[9, 15] nach Bekanntgabe[10] der Entscheidungen eingelegt werden. Diese müssen die Bezeichnung des Rechtsmittels, der Rechtsmittelfrist und der für das Rechtsmittel zuständigen Behörde enthalten[12, 18].

[13] Im übrigen ist gegen alle Entscheidungen[14, 15] der zuständigen Knappschaftsorgane[16] die im Abs. 1 bezeichnete Beschwerde[17] unter Ausschluß des Rechtswegs zulässig. Die Vorschriften im Abs. 2 Satz 2 und 3 gelten entsprechend.

Minderjährige, die das sechzehnte Lebensjahr vollendet haben, können die Rechtsmittel selbständig einlegen[19].

1. Der § 70 entspricht dem § 186 des Ges. v. 19. 6. 06 in der Fassung der Novelle v. 3. 6. 12 (Art. I Nr. 22).

2. Vgl. Anm. 2 zu § 55.

3. Nach dem ABG. war gegen alle Entscheidungen des Knappschaftsvorstandes die Beschwerde an das Oberbergamt und in weiterer Instanz die Beschwerde an den Minister für Handel und Gewerbe zugelassen. Daneben stand aber hinsichtlich aller Entscheidungen über solche Ansprüche, für welche an und für sich der Rechtsweg zulässig sein würde, auch der Rechtsweg offen. Zur Vermeidung der hieraus in der Praxis recht empfindlich zutage getretenen Unzuträglichkeiten sah das Ges. v. 19 6. 06 vor, daß über die Ansprüche der Mitglieder und ihrer Angehörigen fortan nicht mehr Beschwerdeweg und Rechtsweg nebeneinander zulässig, sondern für eine bestimmte Entscheidung stets nur eine Behörde zuständig ist. Hiernach war zwar als Regel an den im früheren § 186 ausgesprochenen Grundsatz festgehalten worden, daß über die Verwaltung des Knappschaftsvorstandes die Be-

schwerde bei dem Oberbergamt und in weiterer Instanz bei dem Handelsminister zulässig ist. Indessen hatte dieser Grundsatz durch den Zusatz: „insoweit nachstehend nichts anderes bestimmt ist", die erforderliche Einschränkung erfahren. Begr. 1906 S. 40 f. — Hieran hat auch die Novelle v. 3. 6. 12 festgehalten; sie hat indessen die Rechtsmittel selbst wesentlich anders gestaltet, als es in dem Ges. v. 19. 6. 06 geschehen war, insbesondere im Anschluß an die Vorschriften der §§ 55 bis 59 die Verschiedenheit des Rechtsweges in Krankenkassen- und Pensionskassenangelegenheiten beseitigt.

4. Zu Abs. 2. Da die bisherige Verschiedenheit des Rechtsmittelverfahrens in Krankenkassensachen und Pensionskassensachen wegfällt (vgl. oben Anm. 2 zu § 55), ist hier unter Zusammenziehung der Nummern 1 und 2 des bisherigen Abs. 2 lediglich zu bestimmen, daß gegen Entscheidungen des Vorstandes oder Ausschusses oder in den Fällen des § 181 b (jetzt § 58) des Versicherungsamtes über die in § 181 a Abs. 1 und § 181 aa Abs. 1 (jetzt § 56 Abs. 1 und § 57 Abs. 1) bezeichneten Angelegenheiten die Berufung auf schiedsgerichtliche Entscheidung gegeben ist. Die Einzelheiten über die Berufungseinlegung, Rechtsmittelbelehrung usw. sind aus dem bisherigen Abs. 3 des § 186 übernommen. Begr. 1912 S. 31.

5. „Für das Rechtsmittelverfahren in Sachen der knappschaftlichen Krankenversicherung gelten gegenwärtig die Bestimmungen des § 186 Abs. 2 Nr. 1 des Berggesetzes, wonach gegen die dort bezeichneten Entscheidungen der zuständigen Knappschaftsorgane die Beschwerde an das Oberbergamt und gegen die Entscheidung des Oberbergamts binnen einer Ausschlußfrist von einem Monat der ordentliche Rechtsweg gegeben ist. Diese Regelung ist durch das Knappschaftsgesetz v. 19. 6. 06 aus der reichsgesetzlichen Krankenversicherung (§ 58 Abs. 1 KVG.) übernommen worden. Nunmehr hat die RVO. unter Aufhebung der Zuständigkeit der Verwaltungsbehörden, der ordentlichen Gerichte usw. die Entscheidung wie in allen anderen Versicherungsangelegenheiten so auch in denen der Krankenversicherung den neu geschaffenen öffentlichen Behörden der Reichsversicherung (§ 35 RVO.) übertragen. Der Instanzenzug in Sachen der Krankenversicherung ist im einzelnen in der Weise geordnet, daß bei Streit in erster Instanz das Versicherungsamt, als Berufungsinstanz das Oberversicherungsamt und als Revisionsinstanz in dem Umfange des § 1695 RVO. das Reichsversicherungs-

amt entscheidet (vgl. §§ 1636, 1675, 1694). Gewichtige Gründe sprechen dafür, auch jetzt die landesgesetzlichen Vorschriften über das Verfahren, die mit den materiell-rechtlichen Bestimmungen in engem Zusammenhang stehen, wiederum dem Muster der RVO. nachzubilden. Bei Beibehaltung des gegenwärtigen Zustandes würden für die Knappschaftsvereine fernerhin die ordentlichen Gerichte über die Anwendung der reichsgesetzlichen Vorschriften über die Krankenversicherung, soweit ihnen die Knappschaftsvereine unterworfen sind, namentlich über die Leistungen zu entscheiden haben. Damit würde der Grundsatz der RVO., wonach die Zuständigkeit der ordentlichen Gerichte in den Angelegenheiten der Arbeiterversicherung überall ausgeschaltet und die gesamte Rechtsprechung auf diesem Gebiete bei den reichsgesetzlichen Versicherungsbehörden einheitlich zusammengefaßt ist, durch eine für die Mitglieder der Knappschaftsvereine unerwünsche Ausnahme durchbrochen. Gegen das Fortbestehen der Zuständigkeit der Gerichte ist namentlich aber das Bedenken geltend zu machen, daß die Einheitlichkeit der Rechtsprechung auf dem Gebiete der Krankenversicherung beeinträchtigt würde; denn in den verschiedenen Bergbaubezirken würde eine verhältnismäßig große Zahl von Amts- und Landgerichten mit der Entscheidung von Fragen des Krankenversicherungsrechts befaßt sein, ohne daß es möglich wäre, eine gemeinsame obere Instanz anzurufen, weil in der überwiegenden Mehrzahl der Fälle die Landgerichte endgültig entscheiden würden. Dieses Bedenken wiegt besonders schwer im Hinblick darauf, daß durch die RVO. die Revision gerade in Krankenkassensachen neu eingeführt ist, um eine einheitliche Rechtsanwendung zu sichern. Der Mangel einer solchen wird auch von den Knappschaftsvereinen als nachteilig empfunden, zumal von den größeren Vereinen, innerhalb deren Bezirken mehrere Gerichte für die Entscheidung zuständig sind. Gegen die Beibehaltung des Rechtswegs spricht endlich noch, daß nach den Erfahrungen der Knappschaftsvereine das ordentliche Gerichtsverfahren mit mehreren Instanzen schleppend ist, während es gerade bei Streit über Krankenpflegeleistungen auf eine schleunige Entscheidung ankommt.

Empfiehlt sich hiernach die grundsätzliche Ausschließung des Rechtswegs, so wird ferner nach dem Vorbilde der RVO. auch die Verwaltungsentscheidung des Oberbergamts in der Beschwerdeinstanz beseitigt werden müssen. Gegenwärtig entscheidet das Oberbergamt über Krankenkassenansprüche auf Grund der von ihm angestellten Ermittelungen ohne mündliche Verhandlung mit dem Beschwerdeführer und ohne Beteiligung von Vertretern der Werksbesitzer und der Knappschaftsmitglieder. Vor diesem Verfahren verdient das schiedsgerichtliche Verfahren den Vorzug, wie es durch die RVO. für alle Versicherungsangelegenheiten eingeführt ist und nach den Bestimmungen des Knappschaftsgesetzes v. 19. 6. 06 (§§ 186 Abs. 2 Nr. 2, 186a ff., 186l bis 186n) bereits gegenwärtig für die knappschaftlichen Pensionskassenangelegenheiten besteht. Die Ausdehnung dieses Verfahrens, das sich durchaus bewährt hat, auf die Krankenkassenangelegenheiten ist im Hinblick auf den Vorgang der Reichsgesetzgebung natürlich und bietet außerdem den Vorteil, daß das Verfahren in Krankenkassen- und Pensionskassensachen vereinheitlicht wird." Begr. 1912 S. 19/21.

6. Unter die Bestimmungen des Abs. 2 fallen nur die in den §§ 56 und 57 bezeichneten „Entscheidungen" des Vorstands oder Ausschusses, weil nur bei diesen der Rechtsweg überhaupt in Frage kommen kann. Sonstige Maßnahmen — wie beispielsweise die Art der Geschäftsführung des Knappschaftsvorstandes — werden zwar zu Beschwerden nach Abs. 1 Anlaß bieten, aber nicht zum Gegenstand einer Klage gemacht werden können. Zu vgl. Begr. 1906 S. 41.

7. Der Kreis der unter Abs. 2 fallenden „Entscheidungen" bestimmt sich nach den §§ 56 Abs. 1 Satz 3 und 57 Abs. 1. Es fallen also darunter die dem Vorstande oder dem Ausschusse vorbehaltenen Entscheidungen über Anträge auf Invaliditätserklärung sowie die Festsetzung der aus der Pensionskasse zu gewährenden Unterstützungen (§ 56 Abs. 1 Satz 3) und die Entscheidungen über Ansprüche auf Leistungen der Krankenkasse sowie über das Mitgliedverhältnis zur Krankenkasse und die zu dieser zu entrichtenden Eintrittsgelder und Beiträge (§ 57 Abs. 1). Dagegen fallen nach dem Wortlaut des § 70 Abs. 2 nicht darunter die im § 56 Abs. 2 bezeichneten Entscheidungen über das Mitgliedverhältnis zur Pensionskasse und die zu dieser zu entrichtenden Eintrittsgelder und Beiträge; diese Entscheidungen fallen vielmehr nach dem Wortlaut des § 70 unter dessen Vorschrift im Abs. 3. Nach den Bestimmungen des Ges. v. 19. 6. 06 (§ 186 Abs. 2 Nr. 2) war auch

gegen letztere Entscheidungen das Rechtsmittel der Berufung auf schiedsgerichtliche Entscheidung gegeben; ebenso war nach der im Entwurf der Novelle v. 3. 6. 12 vorgeschlagenen Fassung des § 186 Abs. 2 (Art. I Nr. 22) gegen alle Entscheidungen des Vorstandes oder Ausschusses oder des Versicherungsamts über die „im § 181a Abs. 2" bezeichneten Angelegenheiten, also auch über das Mitgliedverhältnis zur Pensionskasse und die zu ihr zu entrichtenden Beiträge und Eintrittsgelder die Berufung auf schiedsgerichtliche Entscheidung zulässig. Die im Regierungsentwurf vorgeschlagene Fassung des § 181a hat aber, wie bereits oben in Anm. 2 zu § 55 und Anm. 2 zu § 56 erwähnt, in der Kommission des AH. eine erhebliche Änderung erfahren, die u. a. zu einer Zerlegung des § 181a in die beiden §§ 181a und 181aa geführt hat. Die genannte Kommission hat schließlich in ihrer dritten Lesung diese Paragraphen in der Fassung beschlossen, die in die Novelle v. 3. 6. 12 übergegangen ist und deren Auslegung zu dem oben angegebenen Ergebnisse führt. Dieses Ergebnis steht nicht nur mit dem Ges. v. 19. 6. 06 und dem Entwurf der Novelle v. 3. 6. 12, sondern auch mit der ganzen, im Gesetz geordneten Regelung der Rechtsmittelfrage in Widerspruch; es ist schlechterdings kein Grund dafür anzuführen, daß die Entscheidungen über das Mitgliedverhältnis zur Pensionskasse und die zu ihr zu entrichtenden Eintrittsgelder und Beiträge in bezug auf die Rechtsmittel ganz anders gestellt werden sollen als die Entscheidungen über die Anträge auf Invaliditätserklärung und über die Ansprüche auf die Leistungen der Pensionskasse oder als die Entscheidungen über das Mitgliedverhältnis zur Krankenkasse und die zu ihr zu entrichtenden Eintrittsgelder und Beiträge. Auch in den Verhandlungen der Kommission des AH. ist in dieser Hinsicht mit keinem Worte eine Änderung der bisherigen Rechtslage gewünscht worden; die Wünsche der Kommission hatten vielmehr den einzigen Zweck, die Entscheidungen über Anträge auf Invaliditätserklärung und über die Ansprüche auf Unterstützungen aus der Pensionskasse dem Vorstande oder dem Ausschusse vorzubehalten und in dieser Beziehung unter Ablehnung der abweichenden Vorschläge des Regierungsentwurfs den früheren Rechtszustand wiederherzustellen (vgl. KommBerAH. 1912 S. 27 bis 32, 36). Es kann deshalb mit Bestimmtheit gesagt werden, daß das oben erwähnte, aus dem

Wortlaute des Gesetzes folgende Ergebnis der Absicht des Gesetzgebers nicht entspricht, sondern lediglich auf einem Redaktionsfehler beruht. Ob dies aber gegenüber dem Wortlaute des Gesetzes genügen wird, um die Zulässigkeit des schiedsgerichtlichen Verfahrens auch für die im § 56 Abs. 2 bezeichneten Entscheidungen über das Mitgliedverhältnis zur Pensionskasse und die zu ihr zu entrichtenden Eintrittsgelder und Beiträge anzunehmen, ist mindestens zweifelhaft.

8. Wegen der Errichtung der Schiedsgerichte und der Knappschafts-Oberversicherungsämter sowie wegen der Verordnungen über das Verfahren vor ihnen vgl. Anhänge C, G und H.

9. Wegen Berechnung der Frist vgl. § 242 ABG. Die Rechtzeitigkeit einer Berufung ist von Amts wegen zu prüfen. Mängel der Berufungseinlegung und folglich auch Versäumung der Berufungsfrist sind deshalb durch Zustimmung des Prozeßgegners nicht zu heilen. Entsch. des ObSchG. v. 28. 10. 08, R. L. 41/08, Z. f. B. Bd. 50 S. 114.

10. Wegen der „Bekanntgabe" vgl. Anm. 5 zu § 57.

11. Die auf Grund des § 186 ABG. in seiner bis zum 1. 1. 08 geltenden Fassung ergangenen Entscheidungen der Beschwerdeinstanzen waren an sich der Rechtskraft nicht fähig. Diese Entscheidungen erlangten daher keine Rechtskraft, wenn die Satzung keine Bestimmungen über den Ausschluß des Rechtswegs enthielt. Entsch. des ObSchG. v. 22. 4. 09, R. L. 38/09, Z. f. B. Bd. 50 S. 622, Kompaß 1909 S. 224. Unzulässig ist es, die Feststellung der Invalidität oder Nichtinvalidität eines Mitgliedes, die in einem durch das alte Berggesetz und die Vereinssatzung unter Ausschluß des Rechtswegs geregelten Verfahren getroffen und mit den dort geordneten Rechtsbehelfen nicht mehr anfechtbar ist, in einem neuen Verfahren auch für die Zeit bis zum Abschluß jenes ersten Verfahrens noch einmal zum Gegenstand einer Untersuchung und Feststellung zu machen. Entsch. des ObSchG. v. 17. 2. 09, R. L. 100/08, Z. f. B. Bd. 51 S. 179, Kompaß 1909 S. 119.

12. Das Fehlen der Rechtsmittelbelehrung in der Entscheidung macht die Berufung gegen den Bescheid nicht unzulässig. Entsch. des ObSchG. v. 15. 12. 09, R. L. 166/09, Z. f. B. Bd. 51 S. 499, Kompaß 1910 S. 31. Beim Fehlen der Rechtsmittelbelehrung in

einer Entscheidung wird durch die Zustellung der letzteren die Rechtsmittelfrist nicht in Lauf gesetzt. Entsch. des ObSchG. v. 15. 6. 09, R. L. 68/09, Z. f. B. Bd. 50 S. 631, Kompaß 1909 S. 226.

13. Zu Abs. 3. Dieser Absatz tritt an Stelle der Nr. 3 des bisherigen Abs. 2 und bringt zum Ausdruck, daß es bezüglich der nicht unter Abs. 2 fallenden Entscheidungen bei dem bisherigen Beschwerdeverfahren (nach Abs. 1) verbleibt. In der Begr. (1906 S. 42) zu § 186 Abs. 2 Nr. 3 des bisherigen Gesetzes sind Beispiele von Entscheidungen aufgeführt, die mit der Beschwerde anfechtbar sind. Diese Entscheidungen fallen nunmehr unter den neuen Abs. 3. Hierher gehört namentlich die Entscheidung über Anträge auf Kassenleistungen, deren Gewährung lediglich in das Ermessen des Vorstandes gestellt ist. Begr. 1912 S. 31. Vgl. Anm. 14.

14. Als Beispiele der unter Abs. 3 fallenden Entscheidungen führt die Begründung zum Regierungsentwurf von 1906 die folgenden an: die Entscheidungen über Anträge auf Kassenleistungen, deren Gewährung lediglich in das Ermessen des Vorstandes gestellt ist, ferner die Verhängung von Ordnungsstrafen auf Grund der Satzung und weiter die Entscheidungen, welche der Vorstand auf Grund des § 181 (jetzt § 55) bei der ihm zugewiesenen Leitung der Wahlen der Knappschaftsältesten oder der Handhabung der von ihm erlassenen Dienstanweisungen für die Knappschaftsältesten trifft. Begr. 1906 S. 42.

15. Die Anfechtung der im Abs. 2 bezeichneten Entscheidungen der zuständigen Knappschaftsorgane ist im Interesse der Rechtssicherheit nach Vorgang von § 76 Abs. 2 GUVG. und § 114 Abs. 2 JVG. an eine Ausschlußfrist von einem Monat gebunden. Begr. 1906 S. 42. Das gleiche gilt von den im Abs. 3 bezeichneten Entscheidungen der zuständigen Organe, während für die Anbringung von Beschwerden über die sonstige Verwaltung der Vorstände keine Ausschlußfrist besteht. Begr. 1906 S. 43.

16 Ist das zur Entscheidung zuständige Knappschaftsorgan nicht der Vorstand, so kann die Beschwerde gleichwohl zur Vermeidung ihres Ausschlusses innerhalb der gesetzlichen Frist nur bei dem Oberbergamt erhoben werden. Das Oberbergamt hat indessen in diesen Fällen — wie in dem MinErl. vom 12. 12. 07 unter Nr. 4 ausdrücklich bestimmt worden ist — seine Entscheidung erst zu treffen, nachdem es den Vorstand angehört und damit diesem

Gelegenheit gegeben hat, bereits seinerseits der Beschwerde Folge zu geben. Vgl. Anhang B und Begr. 1906 S. 43.

17. Wegen Wahrung der Berufungsfrist bei Einlegung der Berufung bei einer nicht zuständigen Behörde vgl. § 81 Abs. 2 und Anm. 5 zu § 81.

18. Für die lediglich auf Grund sog. Krankenscheine erfolgenden Entscheidungen kann die geforderte Belehrung nur dadurch erteilt werden, daß sie auf dem Krankenscheine selbst enthalten ist. Damit der Krankenschein indessen als Kassenbeleg an den Knappschaftsverein zurückgegeben werden kann, empfiehlt es sich, den im Abs. 2 Satz 3 geforderten Vermerk auf einen abtrennbaren Abschnitt des Krankenscheins, der vom Mitglied zurückbehalten wird, anzubringen. Vgl. Begr. 1906 S. 43, KommBerAH. 1906 S. 98 und MinErl. vom 12. 12. 07 Nr. 3 (Anhang B).

19. Zu Abs. 4. Die Aufnahme dieser Vorschrift entspricht der grundsätzlichen Erweiterung der Geschäftsfähigkeit der Minderjährigen über 16 Jahre. Vgl. § 57 Abs. 3 und die Anm. 6 zu § 57.

§ 71[1].

Für den Bezirk jedes Oberbergamts werden nach dem jeweiligen Bedürfnis ein Schiedsgericht oder mehrere Schiedsgerichte gebildet[2].

Die Zahl, der Sitz und der Bezirk der Schiedsgerichte wird vom Minister für Handel und Gewerbe bestimmt[2,3].

Die Bildung besonderer Schiedsgerichte unterbleibt insoweit, als die nach diesem Gesetze den Schiedsgerichten obliegenden Entscheidungen nach § 80 einem besonderen Oberversicherungsamte (§ 63 der Reichsversicherungsordnung) übertragen sind[4].

1. Der § 71 entspricht dem § 186a des Ges. v. 19. 6. 06 in der Fassung der Novelle v. 3. 6. 12 (Art. I Nr. 23).

2. Die Einrichtung der Schiedsgerichte regelt das Gesetz in den §§ 71 bis 84 in tunlichster Anlehnung an die entsprechenden Vorschriften des JVG. Vgl. Begr. 1906 S. 43.

3. Vgl. Anhang C.

4. Im § 80 ist die Möglichkeit vorgesehen, die schiedsgerichtliche

Entscheidung der im § 70 Abs. 2 bezeichneten Streitigkeiten einem besonderen Oberversicherungsamte zu übertragen. Derartige besondere Oberversicherungsämter sind unter der Bezeichnung „Knappschafts-Oberversicherungsamt" nach den Vorschriften der §§ 63 bis 65, 113 RVO. für die Oberbergamtsbezirke Halle a. S., Clausthal, Dortmund und Bonn errichtet worden (vgl. Anhang C). Ihnen ist auf Grund des § 61 Abs. 2 RVO., der §§ 186a Abs. 3, 186i Abs. 1 ABG. in der Fassung des Ges. v. 19. 6. 06 und des Art. 104 des Einführungsgesetzes zur RVO. die schiedsgerichtliche Entscheidung über die Streitigkeiten übertragen worden, die im § 186a Abs. 2 Nr. 2 des Ges. v. 19. 6. 06 näher bezeichnet sind. Das Verfahren regelt sich nach den Vorschriften der im Anhang H abgedruckten Kaiserlichen Verordnung v. 24. 12. 11, die bereits jetzt nach Art. 104 des Einführungsgesetzes zur RVO. an die Stelle der früheren Vorschriften über das Verfahren getreten ist. Vgl. auch § 80 Abs. 3.

Ein besonderes Schiedsgericht nach den Vorschriften der §§ 71 ff. besteht nur noch für den Oberbergamtsbezirk Breslau. (Anhang C).

§ 72[1].

Jedes Schiedsgericht besteht aus einem ständigen Vorsitzenden und aus Beisitzern. Die Zahl der Beisitzer muß mindestens zwölf[2] betragen und wird im übrigen für jedes Schiedsgericht durch den Minister für Handel und Gewerbe bestimmt[3].

Der Vorsitzende wird vom Minister für Handel und Gewerbe aus der Zahl der öffentlichen Beamten des Bezirkes, für welchen das Schiedsgericht gebildet ist, ernannt. Für den Vorsitzenden ist in gleicher Weise mindestens ein Stellvertreter zu ernennen.

Die Beisitzer werden von der Generalversammlung[4] der Knappschaftsvereine zu gleichen Teilen in getrennter Wahlhandlung von den Werksbesitzern oder deren Vertretern (§ 53 Abs. 1) und von den Knappschaftsältesten nach einfacher Stimmenmehrheit aus ihrer Mitte gewählt[5]. Als

Vertreter der Werksbesitzer sind auch solche Personen wählbar, welche mit der Leitung der zum Vereine gehörigen Betriebe betraut oder in der Verwaltung dieser Betriebe angestellt, indessen nicht selbst Mitglieder des Vereins sind[5]. Die Wahlen erfolgen in geheimer Abstimmung. Mitglieder des Knappschaftsvorstandes und der in den §§ 56, 57 Abs. 1 bezeichneten Ausschüsse sind nicht wählbar[5].

[6]Erstreckt sich ein Schiedsgericht über den Bezirk mehrerer Knappschaftsvereine, so erfolgt die Wahl der Beisitzer durch die Generalversammlungen der beteiligten Knappschaftsvereine nach einer von der Aufsichtsbehörde[7] zu erlassenden Wahlordnung. Ergibt eine solche Wahl keine Stimmenmehrheit, so ist die Aufsichtsbehörde[7] befugt, die Beisitzer aus der Zahl derjenigen Personen, welche Stimmen erhalten haben[8], zu bestimmen.

Die Beisitzer werden auf fünf Jahre gewählt. Die Gewählten bleiben nach Ablauf dieser Zeit so lange im Amte, bis ihre Nachfolger das Amt angetreten haben. Ausscheidende Beisitzer sind wieder wählbar.

Kommt eine Wahl nicht zustande, so ernennt das Oberbergamt die Beisitzer aus der Zahl der wählbaren Personen. Das gleiche gilt, wenn ein Beisitzer während der Wahlperiode ausscheidet[9]; die Ernennung erfolgt alsdann für den Rest der Wahlperiode[10].

1. Der § 72 entspricht dem § 186b des Ges. v. 19. 6. 06 in der Fassung der Novelle v. 3. 6. 12 (Art. I Nr. 24). Er ist im wesentlichen dem § 104 JVG. nachgebildet.

2. Die Mindestzahl der Beisitzer eines Schiedsgerichts ist auf das Dreifache der nach § 78 Abs. 4 für die Besetzung des erkennenden Schiedsgerichts erforderlichen Beisitzerzahl bemessen. Bei dieser Einrichtung brauchte die besondere Bestellung von Stellvertretern der Beisitzer nicht vorgesehen zu werden. Vgl. Komm.-BerAH. 1906 S. 98.

3. Maßgebend für die Bestimmung der Beisitzerzahl des Schiedsgerichts ist der mutmaßliche Geschäftsumfang des betreffenden Schiedsgerichts. Vgl. Begr. 1906 S. 44. Diese Bestimmung ist durch den MinErl. vom 29. 10. 07 getroffen. Vgl. Anhang C.

4. Vgl. § 61.

5. Hiernach sind die Voraussetzungen für die Wählbarkeit als Beisitzer — von den sogleich hervorzuhebenden drei Abweichungen abgesehen — im allgemeinen die gleichen, wie sie im § 53 für die Wählbarkeit als Vorstandsmitglied gefordert werden. Vgl. daher § 53 und Anm. 4, 7, 9 zu § 53. Abweichungen bestehen indessen in folgenden drei Punkten:

a) Die im § 53 Abs. 1 vorgesehene Einschränkung der Wählbarkeit der Knappschaftsältesten auf die beitrittspflichtigen und die nach § 52 Abs. 1 und 2 gewählten Knappschaftsältesten ist hier nicht vorgesehen. Es sind daher zu Beisitzern auch solche Knappschaftsälteste wählbar, die zu den beitrittsberechtigten Mitgliedern gehören. Vgl. im übrigen Anm. 3 zu § 53.

b) Die nach § 53 Abs. 4 als Vertreter der Werksbesitzer in den Vorstand wählbaren Personen sind als Vertreter der Werksbesitzer zu Beisitzern nur wählbar, wenn sie nicht selbst Mitglieder des Knappschaftsvereins sind.

c) Mitglieder des Knappschaftsvorstandes und der im § 56 Abs. 1 bezeichneten Ausschüsse sind zu Beisitzern nicht wählbar.

6. Zu Abs. 4. Die hier getroffenen Vorschriften „sind eine notwendige Folge des Umstandes, daß nur in wenigen Einzelfällen der Umfang der Vereine gestatten wird, Schiedsgerichte für je einen Verein zu errichten, daß vielmehr in der Regel für zahlreiche Vereine zusammen nur ein Schiedsgericht zu errichten sein wird. Der Erlaß der Wahlordnung wird Gelegenheit bieten, in geeigneten Fällen die zu wählenden Beisitzer auf einzelne Vereine oder Gruppen von Vereinen zu verteilen. Da es möglicherweise schwierig sein wird, daß die beteiligten Kreise sich vor Abhaltung der einzelnen Generalversammlungen über die Personen der gemeinschaftlich zu wählenden Beisitzer einigen, so erscheint es unumgänglich, der Aufsichtsbehörde die im zweiten Satz des Abs. 4 bezeichneten Befugnisse einzuräumen". Begr. 1906 S. 44.

7. Aufsichtsbehörde ist das Oberbergamt. Vgl. Verord. über das Verfahren vor den Schiedsgerichten § 30 (Anhang G).

8. Bei dieser Bestimmung der Beisitzer durch die Aufsichtsbehörde werden diejenigen Personen in erster Linie in Betracht kommen müssen, welche die meisten Stimmen erhalten haben. Vgl. KommBerAH. 1906 S. 99.

9. Von dem Ausscheiden eines Beisitzers während der Wahlperiode durch Tod oder Wegfall der Voraussetzungen der Wählbarkeit hat der Vorsitzende des Schiedsgerichts dem Oberbergamt Anzeige zu erstatten. Verord. über das Verfahren vor den Schiedsgerichten § 1 Abs. 4 und 5 (Anhang G). Für die gleichartigen Fälle beim Oberschiedsgericht ist im § 1 Abs. 4 und 5 der Verord. über das Verfahren vor dem Oberschiedsgericht eine entsprechende Vorschrift getroffen (Anhang J).

Das Ausscheiden eines Beisitzers bei Wegfall der Voraussetzungen seiner Wählbarkeit erfolgt durch den die Amtsenthebung aussprechenden Beschluß des Oberbergamts. Vgl. § 75 Abs. 3. Für die gleichartigen Fälle beim Oberschiedsgericht ergeht der Beschluß durch den Handelsminister. Vgl. § 83 Abs. 2 Nr. 2. Vgl. im übrigen Anm. 8 zu § 75.

10. Bei dieser Ernennung der Beisitzer durch das Oberbergamt werden diejenigen Personen besonders in Betracht kommen müssen, welche bei der früheren Wahl Stimmen erhalten haben. Vgl. KommBerAH. 1906 S. 99.

§ 73[1].

[2] Wählbar zu Beisitzern sind nur männliche, im Bezirke der beteiligten Knappschaftsvereine wohnende Personen, welche die deutsche Reichsangehörigkeit besitzen, das dreißigste Lebensjahr zurückgelegt haben und der deutschen Sprache in Wort und Schrift mächtig sind. Nicht wählbar ist, wer zum Amte eines Schöffen unfähig ist (§ 32 des Gerichtsverfassungsgesetzes)[3].

[4] Die Ablehnung der Wahl ist nur aus denselben Gründen zulässig, aus welchen gemäß § 1786 Abs. 1 Nr. 2 bis 4 und 8 des Bürgerlichen Gesetzbuchs[5] das Amt eines Vormundes abgelehnt werden kann[6].

[4]Die Wiederwahl kann für eine Wahlperiode[7] ohne weiteres abgelehnt werden.

1. Der § 73 entspricht dem § 186c des Ges. v. 19. 6. 06.

2. Zu Abs. 1. Die Vorschriften im Abs. 1 decken sich mit den entsprechenden Bestimmungen in § 104 Abs. 5, § 88 Abs. 1 JVG. Nur wird nach Vorgang von § 33 Nr. 1 des Gerichtsverfassungsgesetzes in der Fassung der Bekanntmachung vom 20. 5. 98 (RGBl. S. 371) und § 11 des Gewerbegerichtsgesetzes in der Fassung der Bekanntmachung vom 29. 9. 01 (RGBl. S. 353) zur Wählbarkeit als Beisitzer die Zurücklegung des dreißigsten Lebensjahres verlangt. Außerdem wird verlangt, daß die Beisitzer der deutschen Sprache in Wort und Schrift mächtig sind, weil andernfalls die Teilnahme an der Gerichtsverhandlung als Beisitzer nicht möglich sein würde. Vgl. Begr. 1906 S. 45 und KommBerAH. 1906 S. 99.

3. Der § 32 des Gerichtsverfassungsgesetzes in der Fassung der Bekanntmachung v. 20. 5. 98 (RGBl. S. 371) lautet, wie folgt:

„§ 32.

Unfähig zu dem Amte eines Schöffen sind:

1. Personen, welche die Befähigung infolge strafgerichtlicher Verurteilung verloren haben;
2. Personen, gegen welche das Hauptverfahren wegen eines Verbrechens oder Vergehens eröffnet ist, das die Aberkennung der bürgerlichen Ehrenrechte oder der Fähigkeit zur Bekleidung öffentlicher Ämter zur Folge haben kann;
3. Personen, welche infolge gerichtlicher Anordnung in der Verfügung über ihr Vermögen beschränkt sind."

4. Zu Abs. 2 und 3. Die Vorschriften in Abs. 2 und 3 decken sich mit den entsprechenden Bestimmungen in § 104 Abs. 5, § 94 JVG.

5. Der § 1786 Abs. 1 Nr. 2 bis 4 und 8 BGB. lautet, wie folgt:

„§ 1786.

Die Übernahme der Vormundschaft kann ablehnen:

. . . .

2. wer das sechzigste Lebensjahr vollendet hat;
3. wer mehr als vier minderjährige eheliche Kinder hat; ein von einem anderen an Kindes Statt angenommenes Kind wird nicht gerechnet;

4. wer durch Krankheit oder durch Gebrechen verhindert ist, die Vormundschaft ordnungsmäßig zu führen;

. . . .

8. wer mehr als eine Vormundschaft oder Pflegschaft führt; die Vormundschaft oder Pflegschaft über mehrere Geschwister gilt nur als eine; die Führung von zwei Gegenvormundschaften steht der Führung einer Vormundschaft gleich."

6. Die unbegründete Ablehnung der Wahl kann nach § 75 Abs. 2 mit Geldstrafe bis zu 500 Mark bestraft werden.

7. Die Wahlperiode beträgt nach § 72 Abs. 5 fünf Jahre.

§ 74[1].

Der Vorsitzende und dessen Stellvertreter sowie die Beisitzer sind auf die gewissenhafte Erfüllung der Obliegenheiten ihres Amtes eidlich zu verpflichten[2].

[3]Der Vorsitzende und dessen Stellvertreter werden durch einen vom Minister für Handel und Gewerbe beauftragten Beamten, die Beisitzer durch den Vorsitzenden beeidigt.

[3]Die Beeidigung der Beisitzer erfolgt bei ihrer ersten Dienstleistung in öffentlicher Sitzung; sie gilt für die Dauer der Wahlperiode[4]. Im Falle der Wiederwahl genügt die Verweisung auf die frühere Beeidigung.

[3]Im übrigen finden auf die Beeidigung die Vorschriften im § 51 des Gerichtsverfassungsgesetzes[5] entsprechende Anwendung.

1. Der § 74 entspricht dem § 186 d des Ges. v. 19. 6. 06.

2. Die Vorschrift im Abs. 1 deckt sich mit der entsprechenden Bestimmung in § 104 Abs. 5, § 83 Abs. 1 JVG.

3. Zu Abs. 2 bis 4. Die Vorschriften in Abs. 2 bis 4 decken sich mit den entsprechenden Bestimmungen im § 1 der Kaiserlichen Verord., betreffend das Verfahren vor den Schiedsgerichten für Arbeiterversicherung, v. 22. 11. 00 (RGBl. S. 1017).

4. Die Wahlperiode beträgt nach § 72 Abs. 5 fünf Jahre.

5. Der § 51 des Gerichtsverfassungsgesetzes in der Fassung der Bekanntmachung v. 20. 5. 98 (RGBl. S. 371) lautet wie folgt:

„§ 51.

Die Beeidigung der Schöffen erfolgt bei ihrer ersten Dienstleistung in öffentlicher Sitzung. Sie gilt für die Dauer des Geschäftsjahres.

Der Vorsitzende richtet an die zu Beeidigenden die Worte:

‚Sie schwören bei Gott dem Allmächtigen und Allwissenden, die Pflichten eines Schöffen getreulich zu erfüllen und Ihre Stimmen nach bestem Wissen und Gewissen abzugeben.'

Die Schöffen leisten den Eid, indem jeder einzeln die Worte spricht:

‚Ich schwöre es, so wahr mir Gott helfe.'

Der Schwörende soll bei der Eidesleistung die rechte Hand erheben.

Ist ein Schöffe Mitglied einer Religionsgesellschaft, welcher das Gesetz den Gebrauch gewisser Beteuerungsformeln an Stelle des Eides gestattet, so wird die Abgabe einer Erklärung unter der Beteuerungsformel dieser Religionsgesellschaft der Eidesleistung gleich geachtet.

Über die Beeidigung wird von dem Gerichtsschreiber ein Protokoll aufgenommen."

§ 75[1].

[2]Die Beisitzer erhalten Ersatz für die ihnen durch die Teilnahme an den Sitzungen des Schiedsgerichts erwachsenden Reisekosten und sonstige bare Auslagen, die Vertreter der Mitglieder außerdem Ersatz für einen ihnen entgangenen Arbeitsverdienst[3]. Die Festsetzung der Reisekosten, baren Auslagen und des entgangenen Arbeitsverdienstes erfolgt durch den Vorsitzenden.

[4]Die Oberbergämter sind befugt, Personen, welche die Wahl zu Beisitzern ohne zulässigen Grund (§ 73) ablehnen, ohne genügende Entschuldigung zu den Sitzungen sich nicht rechtzeitig einfinden oder ihren Obliegenheiten in anderer Weise sich entziehen, mit Geldstrafe bis zu fünfhundert Mark zu belegen[5]. Die Geldstrafen fließen zu derjenigen Knappschaftskasse, von deren Generalversammlung der Bei-

sitzer gewählt ist. Ist die Wahl durch die Generalversammlungen mehrerer Knappschaftsvereine erfolgt, so wird der Betrag der Geldstrafe unter diese nach einem von dem Oberbergamte zu bestimmenden Verhältnisse verteilt.

[6]Verweigert ein Beisitzer dauernd seine Dienstleistung oder werden hinsichtlich eines Beisitzers Tatsachen bekannt, welche dessen Wählbarkeit auf Grund dieses Gesetzes ausschließen[7] oder welche sich als grobe Verletzungen der Amtspflicht darstellen, so ist er, nachdem ihm Gelegenheit zur Äußerung gegeben worden ist, durch Beschluß des Oberbergamts seines Amtes zu entheben[8, 9]. Der nachträgliche Fortfall des Amtes als Knappschaftsältester hat die Amtsenthebung so lange nicht zur Folge, als die Voraussetzungen für die Wählbarkeit zum Knappschaftsältesten noch vorliegen[10]. Der Rekurs gegen den Beschluß des Oberbergamts hat keine aufschiebende Wirkung[11].

1. Der § 75 entspricht dem § 186 e des Ges. v. 19. 6. 06.

2. Zu Abs. 1. Diese Vorschriften sind den entsprechenden Bestimmungen in § 104 Abs. 5, § 92 JVG. und im § 49 Abs. 2 des alten Unfallversicherungsgesetzes v. 6. 7. 84 (RGBl. S. 69) nachgebildet.

3. Die Vertreter der Werksbesitzer erhalten also nur Ersatz für bare Auslagen, die Vertreter der Mitglieder außerdem Ersatz für einen ihnen entgangenen Arbeitsverdienst.

4. Zu Abs. 2. Diese Vorschriften sind den entsprechenden Bestimmungen in § 104 Abs. 5, § 90 Abs. 2 JVG. und im § 49 Abs. 3 des alten Unfallversicherungsgesetzes v. 6. 7. 84 (RGBl. S. 69) nachgebildet.

5. Wenn ein Beisitzer ohne genügende Entschuldigung zu den Sitzungen sich nicht rechtzeitig einfindet oder seinen Obliegenheiten in anderer Weise sich entzieht, so hat der Vorsitzende des Schiedsgerichts die Festsetzung einer Geldstrafe bei dem Oberbergamt zu beantragen. Verord. über das Verfahren vor den Schiedsgerichten § 1 Abs. 5 (Anhang G). Für die gleichartigen Fälle beim Ober-

schiedsgericht ist im § 1 Abs. 5 der Verord. über das Verfahren vor dem Oberschiedsgericht eine entsprechende Vorschrift getroffen (Anhang J).

6. Zu Abs. 3 Satz 1. Diese Vorschrift ist der entsprechenden Bestimmung in § 104 Abs. 5, § 91 JVG. mit der Maßgabe nachgebildet, daß auch bei dauernder Verweigerung der Dienstleistung als Beisitzer das Amt als Beisitzer in gleicher Weise durch Amtsenthebung zum Erlöschen zu bringen ist.

7. Die gesetzlichen Voraussetzungen der Wählbarkeit sind im § 72 Abs. 3 und § 73 Abs. 1 enthalten. Vgl. auch Anm. 5 zu § 72 und Anm. 3 zu § 73.

8. Beim Vorliegen einer der im Satz 1 des Abs. 3 aufgeführten Voraussetzungen hat der Vorsitzende des Schiedsgerichts den betreffenden Beisitzer zu den Sitzungen einstweilen nicht einzuberufen und bei dem Oberbergamt die Enthebung des Beisitzers vom Amte zu beantragen. Verord. über das Verfahren vor den Schiedsgerichten § 1 Abs. 5 (Anhang G). Für die gleichartigen Fälle beim Oberschiedsgericht ist im § 1 Abs. 5 der Verord. über das Verfahren vor dem Oberschiedsgericht eine entsprechende Vorschrift getroffen (Anhang J).

9. „Die Amtsenthebung bewirkt das Ausscheiden eines Beisitzers während der Wahlperiode. Für die Regelung des Ersatzes ist daher § 72 Abs. 6 maßgebend.“ Begr. 1906 S. 45. Vgl. auch Anm. 9 zu § 72.

10. Nach § 72 Abs. 3 bildet unter anderem die Eigenschaft als Knappschaftsältester eine Voraussetzung der Wählbarkeit für die von den Knappschaftsältesten zu wählenden Beisitzer. Es liegt indessen kein Bedürfnis vor, mit jedem Fortfall des Amtes als Knappschaftsältester auch das Amt als Beisitzer erlöschen zu lassen, und dies um so weniger, als unter Umständen die Vereinigung beider Ämter auf eine Person eine unverhältnismäßige Inanspruchnahme des betreffenden Knappschaftsmitgliedes herbeiführen und daher begründeten Anlaß zur Niederlegung des Amtes als Knappschaftsältester bieten könnte. Es empfiehlt sich vielmehr, bei dem nachträglichen Fortfall des Amtes als Knappschaftsältester das Amt als Beisitzer nur dann erlöschen zu lassen, wenn die Voraussetzungen für die Wählbarkeit als Knappschaftsältester nicht mehr vorliegen. Begr. 1906 S. 45.

11. Gegen den die Amtsenthebung aussprechenden Beschluß des Oberbergamts ist nach §§ 191 f., 193 ABG. der Rekurs an den Handelsminister gegeben. Wie auch im § 91 JBG. vorgesehen ist, darf dem Rekurs gegen diesen Beschluß aufschiebende Wirkung nicht innewohnen. Begr. 1906 S. 45.

§ 76[1].

Name und Wohnort der Vorsitzenden und ihrer Stellvertreter sowie der Schiedsgerichtsbeisitzer sind vom Minister für Handel und Gewerbe regelmäßig öffentlich bekannt zu machen. Die Bekanntmachung ist auf allen Vereinswerken zum Aushang zu bringen[2].

1. Der § 76 entspricht dem § 186f des Ges. v. 19. 6. 06.

2. Die Bekanntmachung durch Aushang auf den Vereinswerken entspricht dem bei Bekanntmachungen an die Belegschaften üblichen Verfahren. Vgl. auch § 200 Abs. 3 ABG.

§ 77[1].

Der Vorsitzende des Schiedsgerichts kann in allen Sachen ohne mündliche Verhandlung eine Vorentscheidung treffen.

Gegen die Vorentscheidung kann entweder die Revision an das Oberschiedsgericht in Knappschaftsangelegenheiten eingelegt oder binnen der gleichen Frist (§ 82 Abs. 3) der Antrag auf mündliche Verhandlung gestellt werden. Die Vorentscheidung muß hierauf unter Angabe der Frist hinweisen[2].

Minderjährige, die das sechzehnte Lebensjahr vollendet haben, können selbständig den Antrag auf mündliche Verhandlung stellen[3].

Ist der Antrag auf mündliche Verhandlung verspätet gestellt, so wird er als unzulässig verworfen.

1. Der § 77 entspricht dem § 186fa der Novelle v. 3. 6. 12 (Art. I Nr. 25). Die Vorschrift ist den §§ 1657 und 1658 RVO. über den Erlaß einer Vorentscheidung in dem Verfahren vor dem Versicherungsamt nachgebildet. Diese Vorschriften gelten nach

§ 1679 RVO. auch für das Verfahren über die Berufung vor dem Oberversicherungsamt und sind daher bei der Entscheidung knappschaftlicher Streitigkeiten anwendbar, soweit die Entscheidung nach § 80 einem besonderen Oberversicherungsamt übertragen wird. Es erschien zweckmäßig, ihre Anwendung auf das Verfahren vor dem Knappschaftsschiedsgericht auszudehnen. Begr. 1912 S. 32.

2. Die Vorentscheidung steht für die Rechtsmittel und die Wiederaufnahme des Verfahrens einem Urteile gleich, wenn mündliche Verhandlung nicht beantragt worden ist (§ 1659 Abs. 2 RVO.).

3. Vgl. § 57 Abs. 3 und Anm. 6 zu § 57 sowie § 70 Abs. 4.

§ 78 [1].

[2] Der Vorsitzende beruft das Schiedsgericht und leitet dessen Verhandlungen.

[3] Das Schiedsgericht ist befugt, Zeugen und Sachverständige zu vernehmen und ihre Aussagen eidlich erhärten zu lassen [4].

[5] Das Schiedsgericht hat unter Berücksichtigung des gesamten Inhalts der Verhandlungen und des Ergebnisses einer etwaigen Beweisaufnahme sowie unter Würdigung aller Umstände nach freier Überzeugung über den Anspruch zu entscheiden.

[6] Das Schiedsgericht entscheidet in der Besetzung von fünf [7] Mitgliedern, unter denen sich je zwei Vertreter der Werksbesitzer und der Knappschaftsmitglieder befinden müssen.

[8] Die Entscheidungen des Schiedsgerichts erfolgen nach Stimmenmehrheit und sollen spätestens innerhalb drei Wochen nach ihrer Verkündung den Parteien zugestellt werden.

[9] Die Zuziehung der Beisitzer erfolgt in der Regel nach einer von dem Vorsitzenden im voraus aufgestellten Reihenfolge [10]. Will der Vorsitzende aus besonderen Gründen von dieser Reihenfolge abweichen, so sind diese aktenkundig zu machen.

1. Der § 78 entspricht dem § 186g des Ges. v. 19. 6. 06.

2. Zu Abs. 1. Vgl. § 106 Abs. 1 JVG. Zu dieser „Leitung" der Verhandlungen gehört insbesondere die Ausübung des Fragerechts (§ 139 ZPO.). Die Verpflichtung zur Aufklärung schließt jedoch nicht die Verpflichtung ein, die Parteien auf vielleicht mögliche Einreden, insbesondere auf die vielleicht gegebene Möglichkeit der Einrede der Verjährung, aufmerksam zu machen. Entsch. des ObSchG. v. 14. 12. 11, R. L. 306/11.

3. Zu Abs. 2. Vgl. § 106 Abs. 2 JVG. Das Schiedsgericht ist demnach bei Entscheidungen über Tatfragen, die ärztlicher Feststellung bedürfen, erst dann verpflichtet, Ärzte als Sachverständige oder sachverständige Zeugen zu vernehmen, wenn die in den Akten vorhandenen Erkenntnismittel, wie ärztliche Zeugnisse und Gutachten, zur zuverlässigen Bildung der Überzeugung von der Wahrheit oder Unwahrheit einer Tatsache nicht ausreichen. Entsch. des ObSchG. v. 16. 12. 08, R. L. 78/08, Z. f. B. Bd. 50 S 275, Kompaß 1909 S. 94. Im besonderen gilt die freie Beweiswürdigung, wenn die Einwirkung eines von den Ärzten festgestellten Zustandes auf die Arbeitsfähigkeit zu beurteilen ist. Entsch. des ObSchG. v. 28. 10. 08, R. L. 35/08. Übrigens rechtfertigt die Tatsache, daß Ärzte im Vertragsverhältnis mit dem Knappschaftsvereine stehen, keine Folgerungen gegen ihre Unparteilichkeit. Entsch. des ObSchG. v. 25. 11. 08, R. L. 69/08, und vom 7. 7. 09, R. L. 77/09. Das gleiche gilt von Krankenhäusern. Entsch. des ObSchG. v. 27. 10. 08, R. L. 34/08.

4. Die Fassung des Abs. 2 stellt außer Zweifel, daß die Zeugen und Sachverständigen erst nach ihrer Vernehmung zu vereidigen sind.

5. Zu Abs. 3. Vgl. §§ 286 und 287 ZPO. in der vom 1. 6. 10 geltenden Fassung (RGBl. 1909 S. 475 und 1910 S. 767). Aus dem Grundsatze der freien Beweiswürdigung folgt, daß das Schiedsgericht (besondere Oberversicherungsamt) selbst bei schlüssiger Beantwortung der Beweisfragen durch die vom Knappschaftsvorstande gehörten Sachverständigen an einer erneuten Beweiserhebung nicht gehindert ist und sich nach deren Ergebnis unter Abwägung aller vorhandenen Gutachten seine Überzeugung über die festzustellenden Tatsachen zu bilden hat. Entsch. des ObSchG. v. 24. 8. 08, R. L. 10/08, Z. f. B. Bd. 49 S. 540.

6. Zu Abs. 4. Vgl. § 106 Abs. 3 JVG.

7. Der Regierungsentwurf von 1906 sah eine Besetzung des erkennenden Schiedsgerichts mit drei Mitgliedern vor. Vgl. Begr. 1906 S. 46. In der Kommission des AH. wurde die Besetzung mit fünf Mitgliedern wie bei den Schiedsgerichten für Arbeiterversicherung beschlossen. Vgl. KommBerAH. 1906 S. 100.

8. Zu Abs. 5. Vgl. § 106 Abs. 4 JVG.

9. Zu Abs. 6. Vgl. § 106 Abs. 5 JVG.

10. Ist ein Beisitzer durch Krankheit oder durch sonstige, nicht zu beseitigende Umstände verhindert, einer Verhandlung beizuwohnen oder sich der Wahrnehmung der ihm sonst obliegenden Geschäfte zu unterziehen, so hat er dies sofort dem Vorsitzenden anzuzeigen. Verord. über das Verfahren vor den Schiedsgerichten § 2 Abs. 2 (Anhang G). Für die gleichartigen Fälle beim Oberschiedsgericht ist im § 2 Abs. 2 der Verord. über das Verfahren vor dem Oberschiedsgericht eine entsprechende Vorschrift getroffen (Anhang J).

§ 79[1].

[2]Die Kosten des Schiedsgerichts trägt derjenige Knappschaftsverein, für dessen Bezirk das Schiedsgericht gebildet ist[3].

[4]Erstreckt sich das Schiedsgericht über den Bezirk mehrerer Knappschaftsvereine, so werden die Kosten durch den Vorsitzenden des Schiedsgerichts auf die beteiligten Knappschaftsvereine alljährlich in dem Verhältnisse der auf jeden von ihnen entfallenden, im abgelaufenen Geschäftsjahr erledigten Berufungen verteilt.

[2]Die Kosten des Verfahrens, welche durch die einzelnen Streitfälle erwachsen[5], sind von demjenigen Knappschaftsvereine zu zahlen, dessen Entscheidung angefochten ist. Das Schiedsgericht ist indessen befugt, den Beteiligten solche Kosten des Verfahrens zur Last zu legen, welche durch Mutwillen oder durch ein auf Verschleppung oder Irreführung berechnetes Verhalten derselben veranlaßt worden sind[6, 7].

1. Der § 79 entspricht dem § 186 h des Ges. v. 19. 6. 06 in der Fassung der Novelle v. 3. 6. 12 (Art. I Nr. 26).

2. Zu Abs. 1 und 3. Abs. 1 regelt die Aufbringung der allgemeinen Kosten des Schiedsgerichts; Abs. 3 regelt die Kosten des Verfahrens, welche durch die einzelnen Streitfälle vor dem Schiedsgerichte erwachsen.

3. „Der Ausdruck ‚die Kosten des Schiedsgerichts‘ ist hier in demselben Sinne gebraucht wie im § 10 Abs. 1 des Ges., betreffend die Abänderung der Unfallversicherungsgesetze, v. 5. 7. 00 (RGBl. S. 573). Danach gehören zu den Kosten des Schiedsgerichts die Bezüge der Hilfsbeamten des Schiedsgerichts, ferner die Kosten der Gerichtshaltung, z. B. die Bezüge der Beisitzer, die Tagegelder und Reisekosten, welche den Vorsitzenden für Abhaltung der Lokaltermine außerhalb des Sitzes des Schiedsgerichts zustehen, endlich die sonstigen Kosten, z. B. die Auslagen für die Geschäftsräume und Geschäftsbedürfnisse des Schiedsgerichts (vgl. Bericht der Reichstagskommission, Drucksachen des Reichstags 1898 bis 1900 Anlageband VI S. 4423).“ Begr. 1906 S. 46. Vgl. auch die „Bestimmungen des Reichs-Versicherungsamts über die Kosten der Schiedsgerichte für Arbeiterversicherung v. 29. 1. 02“ in den „Amtlichen Nachrichten des Reichs-Versicherungsamts“ 1902 S. 246.

Die bei den Schiedsgerichten entstehenden Portokosten gehören gleichfalls zu den Kosten des Schiedsgerichts. MinErl. v. 16. 12. 07 — I. 11689 —. Vgl. auch Nr. I unter 4 der vorangezogenen Bestimmungen des Reichsversicherungsamts v. 29. 1. 02.

„Daß dem Vorsitzenden und seinem Stellvertreter von den beteiligten Knappschaftsvereinen keine Vergütung gewährt werden darf (vgl. § 107 Abs. 2 JVG., § 50 Abs. 6 des Unfallversicherungsgesetzes v. 6. 7. 84), bedarf hier nicht einer ausdrücklichen Bestimmung.“ Begr. 1906 S. 46.

4. Der Abs. 2 ist gegen die entsprechende Vorschrift des früheren § 186h Abs. 2 wesentlich verändert worden. In dem Falle des Abs. 2 werden die Kosten auf die einzelnen Knappschaftsvereine nicht mehr im Verhältnis ihrer Mitgliederzahl, sondern in dem Verhältnis der auf jeden Verein entfallenden, im abgelaufenen Geschäftsjahre erledigten Berufungen verteilt. Diese Änderung ist in der Kommission des AH. beschlossen worden, nachdem sie mit einem Hinweise auf den § 10 Abs. 1 des Ges., betr. die Abänderung der Unfallversicherungsgesetze, v. 5. 7. 00 (RGBl. S. 573)

und auf § 80 Abs. 2 RVO. begründet worden war. Vgl. KommBerAH. 1912 S. 21/22.

5. Die Kosten des Verfahrens, welche durch die einzelnen Streitfälle erwachsen, setzen sich zusammen aus gerichtlichen und außergerichtlichen Kosten.

Die Festsetzung der gerichtlichen Kosten erfolgt durch den Vorsitzenden des Schiedsgerichts. Wird seine Festsetzung angefochten, so ist die Entscheidung des Schiedsgerichts herbeizuführen. Gegen diese Entscheidung ist die Beschwerde an das Oberschiedsgericht zulässig, die binnen einem Monat nach der Zustellung des Festsetzungsbescheides beim Schiedsgericht eingelegt werden muß. Vgl. § 19 der Verord. über das Verfahren vor den Schiedsgerichten (Anhang G). Zu den gerichtlichen Kosten des Verfahrens gehören eintretendenfalls auch die Reiseentschädigungen, die das Schiedsgericht nach seinem Ermessen einem Berufungskläger, dessen persönliches Erscheinen als erforderlich bezeichnet ist oder angesehen wird oder dessen ärztliche Untersuchung durch das Schiedsgericht angeordnet wird, zuzubilligen befugt ist. Beschl. des ObSchG. v. 21. 10. 09, B.L. 4/09, Z. f. B. Bd. 51 S. 496, Kompaß 1910 S. 11.

Anlangend die außergerichtlichen Kosten, so hat das Schiedsgericht, ohne daß es eines Antrags bedarf, zugleich mit der Entscheidung in der Hauptsache zu prüfen, ob und in welchem Betrage die unterliegende Partei dem Gegner die ihm in dem Verfahren vor dem Schiedsgericht erwachsenen Kosten einschließlich der etwaigen Vergütung an Rechtsanwälte sowie an sonstige Vertreter und Beistände zu erstatten hat. Die Festsetzung des etwa zu erstattenden Betrages erfolgt durch das Schiedsgericht nach freiem Ermessen. Vgl. § 20 der Verord. über das Verfahren vor den Schiedsgerichten (Anhang G). Die dem obsiegenden Knappschaftsverein erwachsenen außergerichtlichen Kosten werden dessen Gegner jedoch nur insoweit auferlegt werden können, als die Voraussetzungen des § 79 Abs. 3 Satz 2 vorliegen.

6. Die Bestimmungen im Satz 1 wie im Satz 2 des Abs. 3 sind aus § 10 Abs. 2 und 4 des Ges., betreffend die Abänderung der Unfallversicherungsgesetze, v. 5. 7. 00 (RGBl. S. 573) entnommen. Der Satz 1 hat durch die Novelle v. 3. 6. 12 insofern eine Änderung erfahren, als an Stelle der früheren Worte: „gegen dessen Entscheidung die Berufung eingelegt ist“ die Worte gesetzt

sind: „dessen Entscheidung angefochten ist". Diese Änderung war notwendig, weil die Schiedsgerichte nicht nur über Berufungen gegen Entscheidungen der Knappschaftsvereine, sondern in den Fällen des § 58 auch über Berufungen gegen Urteile der Versicherungsämter zu entscheiden haben. Begr. 1912 S. 32. Die im Satz 2 des Abs. 3 vorgesehene Befugnis zur Auferlegung von Kosten des Verfahrens auf Beteiligte ist unter den gleichen Voraussetzungen auch in § 104 Abs. 5, § 64 Abs. 5 JVG. vorgesehen. Vgl. Begr. 1906 S. 46.

Der Vorschlag der Regierungsvorlage, in einem neuen Abs. 4 zu § 79 eine dem § 1803 RVO. nachgebildete Vorschrift aufzunehmen, nach der in Sachen der Krankenversicherung dem unterliegenden Teile eine Gebühr aufzuerlegen war, ist in der Kommission des AH. abgelehnt worden. Vgl. KommBerAH. 1912 S. 34, 35.

§ 80[1].

[2]Die schiedsgerichtliche Entscheidung der Streitigkeiten nach § 70 Abs. 2 kann durch den Minister für Handel und Gewerbe einem besonderen Oberversicherungsamte (§ 63 der Reichsversicherungsordnung) übertragen werden[3, 4].

[2]Auf die besonderen Oberversicherungsämter, welchen die schiedsgerichtliche Entscheidung von Knappschaftsangelegenheiten übertragen ist, finden die Vorschriften in §§ 72 bis 76, 78 bis 79 Abs. 2 keine Anwendung.

[2]Das Verfahren in Knappschaftsangelegenheiten vor den besonderen Oberversicherungsämtern regelt sich nach den für diese geltenden Bestimmungen[5].

[6, 7, 8]Zu den Kosten des besonderen Oberversicherungsamts haben die beteiligten Knappschaftsvereine angemessene Beiträge zu leisten. Die Bemessung der Beiträge erfolgt nach dem Verhältnis, in welchem die Zahl der auf Grund dieses Gesetzes eingelegten, im Geschäftsjahr erledigten Berufungen zur Gesamtzahl der vor dem besonderen Oberversicherungsamt in demselben Zeitraum erledigten Be-

rufungen steht. Eine Verordnung des Ministers für Handel und Gewerbe regelt das Nähere. Die Festsetzung der Beiträge erfolgt durch den Minister für Handel und Gewerbe oder die von ihm dazu ermächtigte Behörde.

1. Der § 80 entspricht dem § 186i der Novelle v. 3. 6. 12 (Art. I Nr. 27), der an die Stelle des § 186i des Ges. v. 19. 6. 06 getreten ist.

2. Die Absätze 1 bis 3 sind mit Rücksicht auf die Bestimmungen der RVO. (§ 63) über die besonderen Oberversicherungsämter neu gefaßt. Im Abs. 1 ist berücksichtigt, daß besondere Oberversicherungsämter für knappschaftspflichtige Betriebe schlechthin errichtet werden können und die Errichtung nicht auf knappschaftliche Sonderanstalten — die bisherigen zugelassenen Kasseneinrichtungen — beschränkt ist. Ferner ist durch die Bezugnahme auf § 70 Abs. 2 zum Ausdruck gebracht, daß auch die Entscheidung knappschaftlicher Krankenkassenstreitigkeiten den besonderen Oberversicherungsämtern übertragen werden kann. Begr. 1912 S. 32.

3. Vgl. Anhang C.

4. Daß die nach Abs. 1 erfolgende Übertragung der schiedsgerichtlichen Entscheidung auf ein Sonder-Oberversicherungsamt unter Umständen wieder aufgehoben werden kann und daß die Aufhebung alsdann auf demselben Wege zu erfolgen hat wie die Übertragung, ist als selbstverständlich im Entwurf nicht ausdrücklich ausgesprochen worden. Vgl. Begr. 1906 S. 48.

5. Zu Abs. 3. Aus dem Wortlaut und der Stellung der §§ 80 und 84 im Gesetz ergibt sich, daß im Abs. 3 des § 80 das Verfahren in Knappschaftsangelegenheiten vor den besonderen Oberversicherungsämtern nur in dem Umfang hat geregelt werden sollen, in welchem eine Regelung für die nach § 71 gebildeten Schiedsgerichte in den §§ 72 bis 79 Abs. 2 und den zu diesen gesetzlichen Vorschriften erlassenen Ausführungsbestimmungen erfolgt ist, daß dagegen die §§ 81 bis 84 auch auf das Verfahren in Knappschaftsangelegenheiten vor den besonderen Oberversicherungsämtern Anwendung finden und daß daher eine über den vorerörterten Rahmen hinausgehende Regelung des Verfahrens auch für diese Behörden nach § 84 zu erfolgen hat. Vgl. MinErl. v. 29. 6. 07 — I. 6102 —. Diese Regelung ist bisher nur durch

§ 34 der Verord. über das Verfahren vor den Schiedsgerichten (Anhang G) erfolgt.

6. Abs. 4 ist entsprechend den Vorschriften der §§ 80 bis 82 RVO. über die Kostentragung bei den Oberversicherungsämtern abgeändert. Die Verteilung der Kosten auf die beteiligten Knappschaftsvereine muß nach § 82 RVO. dem Minister für Handel und Gewerbe vorbehalten bleiben; dieser ist jedoch nach der allgemeinen Vorschrift im § 110 RVO. befugt, eine andere Behörde mit der bezeichneten Aufgabe zu betrauen. Begr. 1912 S. 32.

7. Zu Abs. 4. Die bei Anwendung der Bestimmungen im Abs. 1 eintretende Erweiterung des Geschäftskreises des betreffenden besonderen Oberversicherungsamtes wird eine Erhöhung der allgemeinen Kosten dieser Behörde zur Folge haben. Selbstverständlich müssen die beteiligten Knappschaftsvereine zur Aufbringung dieser Kosten in angemessenem Verhältnis herangezogen werden. Vgl. Anm. 6.

8. Der Ausdruck „die Kosten des besonderen Oberversicherungsamts" ist hier in demselben Sinne gebraucht wie im § 79 Abs. 1 der Ausdruck „die Kosten des Schiedsgerichts". Begr. 1906 S. 48. Vgl. auch Anm. 2 und 3 zu § 79.

§ 81 [1, 2].

Die Berufung auf schiedsgerichtliche Entscheidung[3] ist bei dem zuständigen[4] Schiedsgericht oder besonderen Oberversicherungsamte zu erheben.

Die Berufungsfrist[5, 6, 7] gilt auch dann als gewahrt, wenn innerhalb derselben die Berufung bei einer anderen amtlichen Stelle oder einem Knappschaftsorgan eingegangen ist; diese haben die Berufungsschrift unverzüglich an das zuständige Schiedsgericht oder besondere Oberversicherungsamt abzugeben.

Die Berufung hat keine aufschiebende Wirkung.

Die Entscheidung des Schiedsgerichts oder besonderen Oberversicherungsamts ist dem Berufenden sowie dem Vorstande des beteiligten Knappschaftsvereins in Ausfertigung zuzustellen.

1. Der § 81 entspricht dem § 186k des Ges. v. 19. 6. 06 in der Fassung der Novelle v. 3. 6. 12 (Art. I Nr. 28).

„Nach dem Sprachgebrauche des Knappschaftsgesetzes von 1906 sind unter dem Ausdruck ‚Schiedsgericht' sowohl die Knappschaftsschiedsgerichte als auch die Schiedsgerichte für Arbeiterversicherung zu verstehen, denen nach § 186i die Entscheidung knappschaftlicher Streitigkeiten übertragen ist. Da an Stelle der Schiedsgerichte für Arbeiterversicherung nunmehr die besonderen Oberversicherungsämter treten, sind diese neben dem Schiedsgericht ausdrücklich zu erwähnen." Begr. 1912 S. 32.

2. Die im § 81 getroffenen Bestimmungen entsprechen den Vorschriften im § 114 JVG. und im § 76 GUVG. Die in den beiden letztgenannten Gesetzesvorschriften noch weiter enthaltenen Bestimmungen über die Berufungsfrist und über die Aufnahme einer Rechtsbelehrung in jedem durch Berufung anfechtbaren Bescheid sind bereits im § 70 Abs. 2 und 3 vorgesehen. Begr. 1906 S. 49.

3. Die Berufung kann schriftlich oder zu Protokoll des Schiedsgerichts oder besonderen Oberversicherungsamts, einer anderen amtlichen Stelle oder eines Knappschaftsorgans erhoben werden. In der Berufung sollen der Gegenstand des Anspruchs bezeichnet und die für die Entscheidung maßgebenden Tatsachen unter Angabe der Beweismittel angeführt werden; auch ist der Knappschaftsverein zu benennen, welcher den angefochtenen Bescheid erteilt hat. Vgl. Verord. über das Verfahren vor den Schiedsgerichten § 4 Abs. 2 und 3 (Anhang G). In der Berufungsinstanz vor dem Schiedsgericht können die Kläger nicht nur neue Tatsachen und Beweismittel vorbringen, sondern auch neue Ansprüche geltend machen, sofern ihre Geltendmachung sich nicht als Klageänderung erweist oder der Gegner ihrer Zulassung zur Verhandlung und Entscheidung wenigstens nicht widersprochen hat. Entsch. des ObSchG. v. 19. 1. 11, R. L. 260/10, Z. f. B. Bd. 52 S. 294, Kompaß 1911 S. 76. Als Klageänderung ist die Erhebung eines Anspruchs angesehen worden, durch den für den Fall, daß die vom Knappschaftsverein abgelehnte Erstattung von Pensionskassenbeiträgen abgewiesen werden sollte, erst im schiedsgerichtlichen Verfahren die Gewährung der satzungsmäßigen Invalidenpension verlangt wurde. Seine Zulassung hängt von der

Zustimmung des Beklagten ab. Entsch. d. ObSchG. v. 20. 1. 11, R. L. 272/10, Z. f. B. Bd. 52 S. 556, Kompaß 1911 S. 90.

4. Vgl. Anhang C.

5. Die Berufungsfrist beträgt einen Monat. Sie läuft von der Bekanntgabe der Entscheidung des Knappschaftsvorstandes an. Vgl. § 70 Abs. 2 sowie Anm. 9 und 10 zu § 70.

6. Ist ein Nachweis über die Aushändigung der Entscheidung nicht vorhanden, ergibt sich aber, wann die Entscheidung zur Absendung gelangt ist, so ist bei Berechnung der Rechtsmittelfrist davon auszugehen, daß die Entscheidung in einer den örtlichen Verhältnissen, der Dauer der Postbeförderung und den sonstigen Umständen entsprechenden Frist der Partei ausgehändigt worden ist. Entsch. d. ObSchG. v. 15. 6. 09, R. L. 70/09.

7. Wenn die Zustellung der Entscheidung des Schiedsgerichts in den von der ZPO. vorgeschriebenen Formen erfolgt, so finden für den Nachweis der Zustellung die Vorschriften dieses Gesetzes Anwendung. Die Postzustellungsurkunde begründet gemäß § 148 a. a. O. vollen Beweis der darin bezeugten Tatsachen. Der Gegenbeweis ist zulässig. Entsch. des ObSchG. v. 24. 11. 09, R. L. 113/09, Z. f. B. Bd. 51 S. 336, Kompaß 1910 S. 50.

§ 82 [1, 2].

Gegen die Entscheidungen der Schiedsgerichte oder besonderen Oberversicherungsämter steht beiden Teilen die Revision [3] an das Oberschiedsgericht in Knappschaftsangelegenheiten [4] zu. Die Revision der Knappschaftsvorstände hat aufschiebende Wirkung insoweit, als es sich um Beträge handelt, die für die Zeit vor dem Erlasse der angefochtenen Entscheidung nachträglich gezahlt werden sollen. Im übrigen hat die Revision keine aufschiebende Wirkung.

[5] Die Revision findet nicht statt gegen Entscheidungen der Schiedsgerichte oder besonderen Oberversicherungsämter, welche das Mitgliedverhältnis zur Krankenkasse oder die zu dieser Kasse zu entrichtenden Eintrittsgelder und Beiträge betreffen. Außerdem ist bei Ansprüchen auf Leistungen

der Krankenkasse die Revision ausgeschlossen, wenn es sich handelt um:

1. die Höhe des Kranken-, Haus- oder Sterbegeldes;
2. Unterstützungsfälle, in denen der Kranke nicht oder weniger als acht Wochen arbeitsunfähig war;
3. Wochenhilfe;
4. Familienhilfe;
5. Abfindung;
6. Kosten des Verfahrens.

Die Revision ist bei dem Oberschiedsgerichte zur Vermeidung des Ausschlusses innerhalb eines Monats[6] nach der Zustellung der Entscheidung des Berufungsgerichts einzulegen[7]. Die Vorschrift des § 81 Abs. 2 findet entsprechende Anwendung[7].

§ 70 Abs. 4 gilt entsprechend[8].

Die Revision kann nur darauf gestützt werden:

1. daß die angefochtene Entscheidung auf der Nichtanwendung oder der unrichtigen Anwendung des bestehenden Rechtes oder auf einem Verstoße wider den klaren Inhalt der Akten beruhe;
2. daß das Verfahren an wesentlichen Mängeln leide[9—13].

Bei Einlegung der Revision ist anzugeben, worin die Nichtanwendung oder die unrichtige Anwendung des bestehenden Rechtes oder der Verstoß wider den klaren Inhalt der Akten oder worin die behaupteten Mängel des Verfahrens gefunden werden. Das Oberschiedsgericht ist bei seiner Entscheidung an diejenigen Gründe nicht gebunden, welche zur Rechtfertigung der gestellten Anträge geltend gemacht worden sind.

Wird das angefochtene Urteil aufgehoben, so kann das Oberschiedsgericht zugleich in der Sache selbst entscheiden oder dieselbe an das Berufungsgericht oder an den Vorstand oder Ausschuß oder das Versicherungsamt zurückverweisen. Dabei kann das Oberschiedsgericht bestimmen, daß dem Unterstützungsbewerber eine ihrem Betrage nach bestimmte Unterstützung vorläufig zu zahlen ist[14]. Im Falle der Zurückverweisung ist die rechtliche Beurteilung, auf welche das Oberschiedsgericht die Aufhebung gestützt hat, den weiteren Entscheidungen zugrunde zu legen[15, 16].

1. Der § 82 entspricht dem § 186 l des Ges. v. 19. 6. 06 in der Fassung der Novelle v. 3. 6. 12 (Art. I Nr. 29).

2. Die Bestimmungen des früheren § 186 l sind in ihren Einzelheiten den §§ 116 und 117 JVG. nachgebildet. Dabei ist der Abs. 2 des § 117 nicht mit übernommen worden. Für ähnliche Fälle, wie sie dort behandelt sind, ist im § 8 der Verord. über das Verfahren vor dem Oberschiedsgericht (Anhang J) eine Vorschrift enthalten.

3. In der Kommission des AH. war bei Beratung des Gesetzes von 1906 ein Antrag gestellt worden, an Stelle des Rechtsmittels der Revision, d. h. der bloß rechtlichen Nachprüfung, den Rekurs und damit auch die tatsächliche Nachprüfung der Entscheidungen der Schiedsgerichte durch das Oberschiedsgericht zuzulassen. Der Antrag wurde indessen auf Grund der Verhandlungen vom Antragsteller zurückgezogen. Vgl. KommBerAH. 1906 S. 101 f.

4. Wegen der Einrichtung des Oberschiedsgerichts und des Verfahrens vor diesem Gericht vgl. §§ 83 und 84 sowie die Verord. über das Verfahren vor dem Oberschiedsgericht in Knappschaftsangelegenheiten vom 30. 11. 07 (GS. S. 312 und unten Anhang J). Das vom Oberschiedsgericht insbesondere bei Revisionen zu beobachtende Verfahren ist durch §§ 5 ff. dieser Verord. über das Verfahren vor dem Oberschiedsgericht geregelt.

5. Der Abs. 2 entspricht den §§ 405 Abs. 2 und 1695 RVO.

6. Wegen Berechnung der Frist vgl. § 242 ABG. Fällt das Ende der Revisionsfrist auf einen Sonntag oder allgemeinen Feiertag, so endet die Frist am nächstfolgenden Werktage. Entsch. des ObSchG. v. 23. 9. 08, R. L. 32/08, Z. f. B. Bd. 50 S. 107, Kompaß 1909 S. 21. Die Revisionsfrist gilt dann als gewahrt, wenn innerhalb derselben die Revision bei einer amtlichen Stelle

oder einem Knappschaftsorgan eingeht. Entsch. des ObSchG. v. 20. 1. 10, R. L. 190/09; sie ist insbesondere auch dann gewahrt, wenn die Revisionsschrift am letzten Tage der Frist erst nach Schluß der regelmäßigen Dienststunden in den Geschäftsräumen des Oberschiedsgerichts einläuft. Entsch. des ObSchG. v. 19. 1. 09, R. L. 72/08, Z. f. B. Bd. 51 S. 175, Kompaß 1909 S. 117. Die Einlegung der Anschlußrevision ist auch nach Ablauf der Revisionsfrist zulässig. Entsch. des ObSchG. v. 15. 6. 09, R. L. 70/09, Z. f. B Bd. 50 S. 632, Kompaß 1909 S. 257. Vgl. auch Anm. 6 und 7 zu § 81. Durch Erhebung einer Klage bei den ordentlichen Gerichten kann die Revisionsfrist nicht gewahrt werden. Entsch. des ObSchG. v. 24. 11. 10, R. L. 179/10, Z. f. B. Bd. 52 S. 433, Kompaß 1911 S. 57.

7. Die Einlegung der Revision erfolgt durch Einreichung einer Revisionsschrift. Vgl. Verord. über das Verfahren vor dem Oberschiedsgericht §§ 5, 7 Abs. 1 (Anhang J). Die Revision kann auch zu Protokoll des Oberschiedsgerichts, des Schiedsgerichts oder besonderen Oberversicherungsamts, einer anderen amtlichen Stelle oder eines Knappschaftsorgans erhoben werden. Die Einlegung der Revision eines Knappschaftsvereins bei sich selbst ist unzulässig. Vgl. die in Anm. 6 erwähnte Entsch. des ObSchG. v. 15. 6. 09, R. L. 70/09. Die Revision kann vor Zustellung des Schiedsgerichtsurteils eingelegt werden. Entsch. des ObSchG. v. 15. 6. 09, R. L. 48/09, Z. f. B. Bd. 50 S. 629, Kompaß 1909 S. 256. Sie kann auch telegraphisch übermittelt werden. Entsch. des ObSchG. v. 15. 11. 11, R. L. 283/11, Kompaß 1912 S. 51.

8. Der Abs. 4 ist durch die Novelle von 1912 (Art. I Nr. 29) eingeschaltet worden.

9. Der Nachprüfung des Oberschiedsgerichts unterliegt nur die Gesamtheit der dem Schiedsgericht zur Zeit seiner Entscheidung vorgelegten und vor ihm erörterten Tatsachen innerhalb der durch die Natur des Rechtsmittels der Revision nach § 82 Abs. 5 und 6 des Gesetzes gezogenen Grenzen. Entsch. des ObSchG. v. 27. 10. 08, R. L. 34/08. — Aus § 82 Abs. 5 folgt, daß eine nach Erlaß des Urteils in der Berufungsinstanz eingetretene Verschlimmerung im Gesundheitszustande des auf Invalidisierung Antragenden in der Revisionsinstanz Berücksichtigung nicht finden, sondern nur die Grundlage für einen neuen, beim Knappschaftsverein anzubringenden

Invalidisierungsantrag bilden kann. Entsch. des ObSchG. v. 26. 11. 08, R. L. 61/08. — Aus der Natur des Rechtsmittels der Revision folgt, daß in der Revisionsinstanz der Antrag (Anspruch) in der Hauptsache nicht erweitert werden kann. Entsch. des ObSchG. v. 16. 12. 08, R. L. 78/08, Z. f. B. Bd. 50 S. 275, Kompaß 1909 S. 94.

10. Die Erhebung der Einrede der Verjährung erst in der Revisionsinstanz ist unzulässig. Entsch. des ObSchG. v. 14. 12. 11, R. L. 306/11.

11. Eine in den Grenzen der freien Beweiswürdigung (§ 286 Abs. 1 Satz 2 der ZPO., § 186g [jetzt § 78] Abs. 3 des Knappschaftsgesetzes) sich haltende, ausreichend begründete tatsächliche Würdigung des Schiedsgerichts ist von dem Oberschiedsgericht als Revisionsgericht nicht nachzuprüfen. Entsch. des ObSchG. v. 28. 10. 08, R. L. 35/08. In der Beweiswürdigung des Schiedsgerichts als solcher kann ein Revisionsgrund nur gefunden werden, wenn die Beweiserhebung die Grundsätze einer vernunftgemäßen Tatsachenwürdigung verletzt und damit als ein Verstoß gegen den klaren Inhalt der Akten erscheint oder — bei Übergehung erheblicher Beweisergebnisse — sich zugleich auch als ein wesentlicher Mangel des Verfahrens darstellt. Entsch. des ObSchG. v. 14. 12. 11, R. L. 288/11, Kompaß 1912 S. 104. Vgl. auch Entsch. des ObSchG. v. 20. 10. 09, R. L. 89/09, Z. f. B. Bd. 51 S. 330, Kompaß 1910 S. 32.

12. Da die Wirkungen der Rechtskraft einer früheren in der Sache ergangenen Entscheidung im schiedsgerichtlichen Verfahren auch dann zu berücksichtigen sind, wenn eine Einrede der rechtskräftig entschiedenen Sache von dem Beteiligten nicht erhoben ist, unterliegen Entscheidungen des Schiedsgerichts, die hiergegen verstoßen, als wider den klaren Inhalt der Akten verstoßend der Aufhebung. Entsch. des ObSchG. v. 25. 10. 11, R. L. 204/11, Z. f. B. Bd. 53 S. 270, Kompaß 1911 S. 346.

13. Der Rechtssatz des § 99 Abs. 1 ZPO., daß die Anfechtung der Entscheidung über den Kostenpunkt unzulässig ist, wenn nicht gegen die Entscheidung in der Hauptsache ein Rechtsmittel eingelegt wird, gilt auch für das Verfahren vor den Knappschaftsschiedsgerichten. Entsch. des ObSchG. v. 23. 11. 10, R. L. 212/10, Z. f. B. Bd. 52 S. 281, Kompaß 1911 S. 56.

14. Von dieser Befugnis wird dann Gebrauch zu machen sein, wenn das Oberschiedsgericht zwar noch nicht endgültig entscheiden kann, gleichwohl aber der Ansicht ist, daß die Bewilligung der Unterstützung mit Wahrscheinlichkeit erwartet werden kann. Dabei kommen namentlich die Fälle in Betracht, in denen die Sache selbst klar liegt, aber ein wesentlicher Mangel des Verfahrens, z. B. die Mitwirkung eines ungeeigneten Beisitzers, die Aufhebung der Vorentscheidung notwendig macht. Vgl. oben Anm. 2 und die Begr. zu § 117 JVG., Verhandlungen des Reichstages Session 1898/1900, erster Anlageband, Drucksache Nr. 93 S. 730 (zu § 81).

15. Ist im Falle der Zurückverweisung einer Sache an das Schiedsgericht oder den Knappschaftsvorstand (Ausschuß) der Entscheidung des Oberschiedsgerichts ein unzutreffender Sachverhalt zugrunde gelegt worden, so sind die Vorinstanzen an die durch § 82 Abs. 7 Satz 3 geschaffene Pflicht, die rechtliche Beurteilung des Oberschiedsgerichts ihren weiteren Entscheidungen zugrunde zu legen, insoweit nicht gebunden, als durch die Richtigstellung des vom Oberschiedsgericht seiner Entscheidung zugrunde gelegten Sachverhalts die rechtliche Beurteilung dieser Entscheidung ihr tatsächliches Anwendungsgebiet verloren hat. Entsch. des ObSchG. v. 22. 4. 09, R. L. 38/09, Z. f. B. Bd. 50 S. 622, Kompaß 1909 S. 224.

16. Ein durch rechtskräftiges Urteil eines knappschaftlichen Schiedsgerichts oder des Oberschiedsgerichts geschlossenes Verfahren kann in den Fällen des § 580 Nr. 2 bis 7 ZPO. durch Restitutionsklage wieder aufgenommen werden. Wird ein in der Revisionsinstanz erlassenes Urteil angefochten, so ist das Oberschiedsgericht ausschließlich zuständig, darüber zu entscheiden, ob die Restitutionsklage zulässig ist, d. h. ob nach dem Inhalte der Klage einer der Fälle des § 580 Nr. 2 bis 7 a. a. O. vorliegt. Für das weitere Verfahren ist in den Fällen des § 580 Nr. 2, 3, 6 und 7 a. a. O. das Schiedsgericht als Berufungsgericht und in den Fällen des § 580 Nr. 4 und 5 das Oberschiedsgericht als Revisionsgericht ausschließlich zuständig. Das Oberschiedsgericht hat die Sache in den Fällen des § 580 Nr. 2, 3, 6 und 7 bei Zulässigkeit der Restitutionsklage zur Verhandlung und Entscheidung an das Schiedsgericht zu verweisen. Das Oberschiedsgericht kann die nach § 589 Abs. 1 a. a. O. zu fällende Entscheidung über die Zulässigkeit der Restitutionsklage ohne vorgängige mündliche Verhandlung durch Beschluß erlassen. Diese Grundsätze sind angenommen in der Entsch. des ObSchG. v. 20. 1. 09, R. L. 27/08, Z. f. B. Bd. 50 S. 407, Kompaß 1909 S. 175.

§ 83[1].

Das Oberschiedsgericht hat seinen Sitz in Berlin.

[2] Für die Einrichtung des Oberschiedsgerichts und das Verfahren vor demselben finden die §§ 72 bis 76, 78, 79 entsprechende Anwendung mit folgenden Ausnahmen:

1. Die Beisitzer werden von den Generalversammlungen sämtlicher Knappschaftsvereine nach einer von dem Minister für Handel und Gewerbe zu erlassenden Wahlordnung[3] gewählt.
2. Die den Oberbergämtern zugewiesenen Befugnisse werden von dem Minister für Handel und Gewerbe wahrgenommen.

[4] 3. Das Oberschiedsgericht entscheidet über die Beschwerden aus § 54 Abs. 3 in der Besetzung von drei Mitgliedern, nämlich dem Vorsitzenden und je einem Vertreter der Werksbesitzer und der Knappschaftsmitglieder. Im übrigen entscheidet das Oberschiedsgericht in der Besetzung von fünf Mitgliedern einschließlich des Vorsitzenden und je eines Vertreters der Werksbesitzer und der Knappschaftsmitglieder. Die weiter zuzuziehenden zwei Mitglieder sind:
   a) bei den im § 2 Abs. 4 bezeichneten Streitigkeiten ein richterlicher Beamter und ein Versicherungsverständiger;
   b) bei Beschwerden aus § 6 Abs. 3, § 41 Abs. 2 und § 47 ein Versicherungsverständiger und ein Bergbauverständiger[5];
   c) bei Revisionen (§ 82) zwei richterliche Beamte.

   Die unter a bis c bezeichneten Mitglieder und ihre Stellvertreter werden von dem Minister für Handel und Gewerbe ernannt.

4. Die Kosten des Oberschiedsgerichts[6, 7] trägt der Staat.

1. Der § 83 entspricht dem § 186m des Ges. v. 19. 6. 06 in der Fassung der Novelle v. 3. 6. 12 (Art. I Nr. 30).

2. Zu Abs. 2. Durch die Anführung der im Eingange des Absatzes genannten Paragraphen wird klargestellt, daß der § 84 in dem Verfahren vor dem Oberschiedsgericht keine Anwendung findet. Seine Anwendung ist auszuschließen, weil auch die entsprechenden Paragraphen der RVO. für das Verfahren vor dem Reichsversicherungsamte nicht gelten, was sich für die §§ 1657 und 1658 aus § 1698 Abs. 2 a. a. O. ergibt. Begr. 1912 S. 33 und Komm.-BerAH. 1912 S. 34/35.

3. Die Wahlordnung ist im Anhang D mitgeteilt. Ein in der Kommission des AH. 1912 gestellter Antrag, die Beisitzer des Oberschiedsgerichts von den Beisitzern der Schiedsgerichte und der besonderen Oberversicherungsämter wählen zu lassen, ist nach längerer Erörterung vom Antragsteller zurückgezogen worden. Vgl. KommBerAH. 1912 S. 22.

4 Zu Abs. 2 Nr. 3. Nach Nr. 3 des Regierungsentwurfs von 1906 beschränkte sich die Zuständigkeit des Oberschiedsgerichts auf die Entscheidung der aus § 82 gegen die Entscheidungen der Schiedsgerichte eingelegten Revisionen. Die Kommission des AH. hat die Zuständigkeit des Oberschiedsgerichts ausgedehnt auf die Streitigkeiten aus § 2 Abs. 4 und die Beschwerden aus § 6 Abs. 3, § 41 Abs. 2, § 47 und § 54 Abs. 3. Für diese erst durch Beschluß der Kommission des AH. der Zuständigkeit des Oberschiedsgerichts unterworfenen Fälle hat die Kommission die Nr. 3 des Regierungsentwurfs ergänzt. Danach entscheidet das Oberschiedsgericht über die Beschwerden aus § 54 Abs. 3 in der dort angegebenen Besetzung von drei Mitgliedern. Dagegen werden bei der Entscheidung über die Streitigkeiten aus § 2 Abs. 4 und die Beschwerden aus § 6 Abs. 3, § 41 Abs. 2 und § 47 auch weitere Besitzer, und zwar teils mit richterlicher Qualifikation, teils Versicherungs- oder Bergbautechniker zugezogen, um so nach jeder Richtung hin die weitgehendste Garantie für Berücksichtigung aller bei den Streitsachen in Frage kommenden technischen Fragen und für eine sachgemäße Entscheidung derselben zu geben. Vgl. KommBerAH. 1906 S. 102, 117 bis 119; KommBerHH. 1906 S. 14.

5. Der Ausdruck „Bergbauverständiger" ist im weitesten Sinne

zu verstehen, so daß er das gesamte Berg-, Hütten- und Salinenwesen umfaßt. KommBerAH. 1906 S. 118 f.

6. Der Ausdruck „die Kosten des Oberschiedsgerichts" ist in demselben Sinne gebraucht wie der Ausdruck „die Kosten des Schiedsgerichts" im § 79 Abs. 1. Begr. 1906 S. 50. Vgl. Anm. 2 und 3 zu § 79.

7. Hinsichtlich der Kosten des Verfahrens vor dem Oberschiedsgericht findet nach den Eingangsworten im § 83 Abs. 2 der Abs. 3 des § 79 entsprechende Anwendung. Begr. 1906 S. 50. Vgl. Anm. 5 und 6 zu § 79.

Die Festsetzung der gerichtlichen Kosten des Verfahrens erfolgt durch den Vorsitzenden des Oberschiedsgerichts. Wird seine Entscheidung angefochten, so ist die Entscheidung des Oberschiedsgerichts herbeizuführen. Vgl. § 18 der Verord. über das Verfahren vor dem Oberschiedsgericht (Anhang J).

Anlangend die außergerichtlichen Kosten des Verfahrens, so hat das Oberschiedsgericht nach denselben Grundsätzen zu verfahren, wie dies in Anm. 5 zu § 79 hinsichtlich dieser Kosten für das Verfahren vor den Schiedsgerichten ausgeführt ist. Vgl. § 19 der Verord. über das Verfahren vor dem Oberschiedsgericht (Anhang J) und Anm. 5 zu § 79.

§ 84[1].

Im übrigen wird das Verfahren vor den Schiedsgerichten und vor dem Oberschiedsgerichte durch Königliche Verordnung geregelt[2, 3].

1. Der § 84 entspricht dem § 186n des Ges. v. 19. 6. 06.

2. Über die Regelung des Verfahrens vor den Schiedsgerichten und dem Oberschiedsgericht enthalten die §§ 78 bis 83 Vorschriften. Insoweit eine weitere Regelung des Verfahrens angezeigt erscheint, erfolgt diese Regelung durch Königliche Verordnung. Diese Regelung ist erfolgt durch die Verord. über das Verfahren vor den Schiedsgerichten zur Entscheidung von Knappschaftsangelegenheiten v. 29. 11. 07 (GS. S. 301), vgl. Anhang G, und durch die Verord. über das Verfahren vor dem Oberschiedsgericht in Knappschaftsangelegenheiten v. 30. 11. 07 (GS. S. 312), vgl. Anhang J. Soweit die angeführten Bestimmungen keine ausdrücklichen Vorschriften über das Verfahren enthalten, sind in dem

Verfahren vor den Schiedsgerichten und dem Oberschiedsgericht die Vorschriften der ZPO. entsprechend anzuwenden. Entsch. des ObSchG. v. 11. 7. 08, R. L. 6/08, Z. f. B. Bd. 49 S. 533, Kompaß 1908 S. 251. Wegen der Restitutionsklage vgl. Anm. 16 zu § 82.

3. Vgl. auch Anm. 5 zu § 80.

§ 85[1, 2].

Die öffentlichen Behörden sind verpflichtet, den im Vollzuge dieses Gesetzes an sie ergehenden Ersuchen[3] des Oberschiedsgerichts, der Schiedsgerichte und besonderen Oberversicherungsämter, anderer öffentlicher Behörden, der Vorstände der Knappschaftsvereine und besonderen Krankenkassen (§ 5) sowie der Ausschüsse[4] (§ 56, § 57 Abs. 1 und § 60 Abs. 2 Nr. 3) und der Versicherungsämter (§ 58) zu entsprechen und den Organen der Knappschaftsvereine auch unaufgefordert alle Mitteilungen zukommen zu lassen, welche für deren Geschäftsbetrieb von Wichtigkeit sind. Die gleiche Verpflichtung liegt den Organen der Knappschaftsvereine gegeneinander und gegenüber den Behörden sowie den Organen der Träger der reichsgesetzlichen Versicherung ob.

Die durch die Erfüllung dieser Verpflichtungen entstehenden Kosten sind von den Knappschaftsvereinen als eigene Verwaltungskosten insoweit zu erstatten, als sie in Tagegeldern und Reisekosten sowie in Gebühren für Zeugen und Sachverständige oder in sonstigen baren Auslagen bestehen.

1. Der § 85 entspricht dem § 186o des Ges. v. 19. 6. 06 in der Fassung der Novelle v. 3. 6. 12 (Art. I Nr. 31).

2. „Die Aufnahme dieser dem § 144 GUVG. und dem § 172 IVG. nachgebildeten Vorschriften entspricht dem lebhaften Verlangen der Knappschaftsvereine. Zudem sichert das den Knappschaftsvorständen beigelegte Requisitionsrecht den Knappschafts-

vereinen die Möglichkeit, für die Entscheidungen des Knappschaftsvorstandes und der Geschäftsausschüsse eine sichere tatsächliche Unterlage zu schaffen.“ Begr. 1906 S. 50. Der Abs. 1 ist neu gefaßt worden, weil zahlreiche redaktionelle Änderungen vorzunehmen waren, die sich zum Teil aus früheren Änderungen ergaben, zum Teil eine Anpassung an den Sprachgebrauch der RVO. enthalten. Begr. 1912 S. 33. Weitere Änderungen hat der § 85 in der Kommission des AH. erfahren, die indes nur redaktioneller Natur sind. KommBer. AH. 1912 S. 37.

3. Die Rechtshilfe aus § 85 ist auf Ersuchen beschränkt, welche sich im Vollzuge des Gesetzes bewegen und eine Rechtshilfe fordern. Vgl. auch Handb. der Unfallvers. Bd. 1 S. 639 Anm. 8.

4. Von den Organen der Knappschaftsvereine haben nur die hier erwähnten Vorstände und Ausschüsse, nicht auch die sonstigen Organe, wie z. B. die Verwaltungsbeamten, die Befugnis zu Ersuchen um die Rechtshilfe. Vgl. auch Handb. d. Unfallvers. Bd. 1 S. 641 Anm. 14.

§ 86[1, 2].

Den Werksbesitzern ist untersagt, die Anwendung der Bestimmungen dieses Gesetzes zum Nachteile der Arbeiter oder der beitrittspflichtigen Beamten durch Verträge (mittels Reglements, Arbeitsordnungen oder besonderer Übereinkunft) auszuschließen oder zu beschränken.

Vertragsbestimmungen, welche diesem Verbote zuwiderlaufen, haben keine rechtliche Wirkung[3].

1. Der § 86 entspricht dem § 186p des Ges. v. 19. 6. 06.

2. Die Vorschriften im § 86 sind aus § 80 KVG. entnommen. Begr. 1906 S. 50.

3. Die Übertretung des Verbots im Abs. 1 noch mit einer Strafe zu bedrohen, wie dies im § 82 KVG. geschehen ist, erschien nicht erforderlich. Begr. 1906 S. 50.

II. Die in den Text des „Knappschaftsgesetzes“ nicht übernommenen Vorschriften der Gesetze vom 19. Juni 1906 und 3. Juni 1912.

1. Vorschriften des Gesetzes vom 19. Juni 1906.

Artikel II.

Soweit die Gesetze Hinweisungen auf die Vorschriften des Siebenten Titels im Allgemeinen Berggesetze vom 24. Juni 1865 enthalten, treten an deren Stelle die Bestimmungen des Artikels I[1].

1. „Nach Erlaß des ABG. v. 24. 6. 65 ist durch eine Reihe besonderer Gesetze einmal das ABG. in neu erworbene Landesteile eingeführt und ferner der Siebente Titel des ABG. auf Betriebe ausgedehnt worden, für welche dieser Titel ohne solche ausdrückliche Gesetzesvorschrift keine Gültigkeit haben würde. Vgl. die Verord., betreffend die Einführung des ABG. v. 24. 6. 65

a) in das Gebiet des vormaligen Herzogtums Nassau, v. 22. 2. 67 (GS. S. 237);

b) in die mit der preußischen Monarchie vereinigten Landesteile der Großherzoglich Hessischen Provinz Oberhessen sowie in das Gebiet der vormaligen Landgrafschaft Hessen-Homburg, einschließlich des Oberamtsbezirkes Meisenheim, v. 22. 2. 67 (GS. S. 242);

c) in das Gebiet des vormaligen Königreichs Hannover, v. 8. 5. 67 (GS. S. 601);

d) in das Gebiet des vormaligen Kurfürstentums Hessen und der vormaligen freien Stadt Frankfurt sowie der vormals Königlich Bayerischen Landesteile, v. 1. 6. 67 (GS. S. 770);

das Ges., betreffend die Einführung des ABG. v. 24. 6. 65 in das Gebiet der Herzogtümer Schleswig und Holstein, v. 12. 3. 69 (GS. S. 453);

das Ges., betreffend die Ausdehnung verschiedener Bestimmungen des ABG. v. 24. 6. 65 auf den Stein- und Kalisalzbergbau in der Provinz Hannover, v. 14. 7. 95 (GS. S. 295).

Außerdem finden sich in verschiedenen anderen späteren Gesetzen Hinweisungen auf Vorschriften des Siebenten Titels im ABG. v. 24. 6. 65. Vgl. z. B.

§ 9 Buchst. e des Ges., betreffend die Rechtsverhältnisse des Stein- und Braunkohlenbergbaues in denjenigen Landesteilen, in welchen das Kurfürstlich Sächsische Mandat vom 19. 8. 1743 Gesetzeskraft hat, vom 22. 2. 69 (GS. S. 401);

Art. I § 89 Abs. 2 des Ges. v. 24. 6. 92, betreffend die Abänderung einzelner Bestimmungen des ABG. v. 24. 6. 65 (GS. S. 131); Art. II § 214a des Ges. v. 7. 7. 02, betreffend die Abänderung einzelner Bestimmungen des ABG. v. 24. 6. 65 (GS. S. 255); Art. 17 Abs. 2 des Ausführungsgesetzes zum Reichsgesetz über die Zwangsversteigerung und die Zwangsverwaltung v. 23. 9. 99 (GS. S. 291).

Durch die ausdrückliche Vorschrift im Art. II stellt der Entwurf außer Zweifel, daß in allen derartigen Fällen mit dem Inkrafttreten des Entwurfs die Bestimmungen des Art. I an die Stelle der bisherigen Bestimmungen im Siebenten Titel des ABG. vom 24. 6. 65 treten." Begr. 1906 S. 50f.

Artikel III.

Dieses Gesetz tritt am 1. Januar 1908 in Kraft[1].

Auf diejenigen Fälle, in denen bereits vor Inkrafttreten dieses Gesetzes Knappschaftsmitglieder den Knappschaftsvereinsbezirk, in welchem ihre Beschäftigung stattfand, gewechselt haben, finden die Vorschriften im § 172c keine Anwendung[2, 3, 4, 5].

Das Oberbergamt ist ermächtigt, auf Antrag der Mehrheit der Knappschaftsältesten eines Knappschaftsvereins, in welchem bisher auch invalide Mitglieder zu Knappschaftsältesten wählbar waren, zu genehmigen, daß die auf Grund der bisherigen Satzung gewählten Knappschaftsältesten und die aus diesen Knappschaftsältesten gewählten Vorstandsmitglieder bis zum Ablauf ihrer Wahlperiode im Amte bleiben, auch wenn die im § 179 für die Wahlen der Knappschaftsältesten aufgestellten Erfordernisse bei ihnen nicht sämtlich erfüllt sind[6].

Mit der Ausführung dieses Gesetzes ist der Minister für Handel und Gewerbe beauftragt.

1. „Die Durchführung dieses Gesetzes erfordert bei sämtlichen Knappschaftsvereinen umfassende Satzungsänderungen, so daß ein früherer Zeitpunkt als der 1. 1. 08 für das Inkrafttreten dieser Bestimmungen nicht in Frage kommen kann, zumal die durch dieses Gesetz notwendig werdenden, einschneidenden Änderungen sachgemäß nur mit dem Beginn eines Rechnungsjahres — das bei den preußischen Knappschaftsvereinen mit dem Kalenderjahr zusammenfällt — ins Leben treten können." Begr. 1906 S. 51.

2. „Die hier vorgesehene Vorschrift stellt ausdrücklich außer Zweifel, daß die Bestimmungen des Entwurfs im § 172c über die knappschaftliche Freizügigkeit zwar auf alle diejenigen Fälle Anwendung finden, in denen nach Inkrafttreten dieses Gesetzes ein Vereinswechsel eintritt, dagegen auf die vor Inkrafttreten dieses Gesetzes eingetretenen Fälle von Vereinswechsel nicht anwendbar sind. Für diese vor Inkrafttreten dieses Gesetzes eingetretenen Fälle von Vereinswechsel sind daher die bisherigen Satzungsvorschriften bzw. die zwischen einzelnen Knappschaftsvereinen zur Regelung eines Gegenseitigkeitsverhältnisses etwa erfolgten vertraglichen Abmachungen auch ferner maßgebend. Die Ausdehnung der Vorschriften im § 172c auf die früheren Fälle von Vereinswechsel erschien schon um deswillen nicht angängig, weil die Ausdehnung dieser Vorschriften eine neue Belastung der Knappschaftsvereine in sich schließen würde, deren Höhe und Tragweite sich nicht übersehen läßt." Begr. 1906 S. 51.

3. „In dem Entwurf sind keine Übergangsbestimmungen aufgenommen über die Anpassung der gegenwärtigen Ansprüche der aktiven Mitglieder an die neuen Vorschriften im § 172b über die Bemessung der Invaliden- und Witwenunterstützungen. Hier können bei denjenigen Knappschaftsvereinen Schwierigkeiten entstehen, welche mehrere Mitgliederklassen haben und bisher diese Pensionskassenleistungen für ein einzelnes Mitglied nicht nach den in den verschiedenen Mitgliederklassen zurückgelegten Beitragszeiten, sondern lediglich nach den Sätzen der letzten Mitgliederklasse, der das einzelne Mitglied angehört hat, berechnet haben. Da hierfür keine Übergangsbestimmungen durch das Gesetz getroffen sind, muß die Satzung dies regeln. Die Vereine haben alsdann die Möglichkeit,

entweder nach den wirklichen Mitgliedzeiten in den einzelnen Klassen oder lediglich nach der letzten Mitgliederklasse diese Regelung vorzunehmen. Die durch die Satzung erfolgte Regelung ist natürlich auch bei später erfolgendem Vereinswechsel für die Regelung der Ansprüche aus § 172c bindend." Begr. 1906 S. 52. Die Regelung, daß bei dem Bestehen verschiedener Mitgliederklassen lediglich die Sätze der letzten Mitgliederklasse, der das Mitglied angehört hat, angerechnet werden sollen, darf sich nur auf die vor dem 1. 1. 08 liegende Mitgliedzeit erstrecken. Für die nach dem 1. 1. 08 liegende Mitgliedzeit muß nach der zwingenden Vorschrift im § 172b Abs. 1 die zu gewährende Pension sich lediglich auf die Summe der von dem betreffenden Mitglied in den einzelnen Mitgliederklassen erdienten Steigerungssätze bemessen. Vgl. MinErl. v. 17. 1. 07 Nr. 6 (Anhang A).

4. Die Bestimmung des Abs. 2 enthält kein Verbot, durch Satzungsbestimmung auch in den Fällen des Art. III Abs. 2 die Grundsätze des § 172c für anwendbar zu erklären. Die Vorschrift gilt nur da, wo die Satzung eines Knappschaftsvereins für solche Fälle nichts anderes bestimmt. Entsch. des ObSchG. v. 24. 8. 08, R. L. 24/08, Z. f. B. Bd. 49 S. 544, Kompaß 1908 S. 307.

5. Für die Zeit bis 1. 1. 08 ist grundsätzlich davon auszugehen, daß für die Berechnung der pensionsfähigen Dienstzeit eines Vereinsmitgliedes nur die auf Werken des betreffenden Vereins verbrachten Arbeitszeiten in Betracht kommen. Entsch. des ObSchG. v. 7. 7. 09, R. L. 81/09, Kompaß 1909 S. 287.

6. Der Abs. 3 ist durch das AH. bei der zweiten Lesung des Gesetzentwurfs in das Gesetz aufgenommen worden, um für die Knappschaftsvereine mit invaliden Ältesten die Möglichkeit zu bieten, die zur Zeit des Inkrafttretens des Gesetzes im Amt befindlichen Knappschaftsältesten bis zum Ablauf ihrer satzungsmäßigen Wahlperiode in diesem Amte zu belassen. Vgl. Verhandlungen des AH. Session 1905/06, Spalte 4937 bis 4943; KommBer. HH. 1906 S. 12 bis 14.

Artikel IV.

Sofern bis zum 1. Januar 1908 die Satzung eines Knappschaftsvereins oder einer besonderen Krankenkasse die nach dem gegenwärtigen Gesetz erforderlichen Änderungen nicht erfahren haben sollte, werden diese Änderungen durch das zuständige Oberbergamt mit rechtsverbindlicher Wirkung von Aufsichts wegen vollzogen[1]. Die Vorschriften im Abs. 2 finden hierbei entsprechende Anwendung[2].

[3]Das Oberbergamt ist ermächtigt, zu den behufs Durchführung dieses Gesetzes erstmalig erfolgenden Satzungsänderungen die Bestätigung zu erteilen, auch wenn den Vorschriften im § 169 Abs. 2 nicht entsprochen oder die dauernde Erfüllbarkeit der Pensionskassenleistungen nicht festgestellt ist, sofern die neuen Sätze für die Pensionskassenleistungen die finanzielle Lage des Vereins im allgemeinen nicht ungünstiger erscheinen lassen als bisher. In diesen Fällen hat der Knappschaftsvorstand unverzüglich eine Prüfung der Vermögenslage durch einen Sachverständigen dahin vornehmen zu lassen, ob der Vorschrift im § 175c Abs. 2 genügt ist, und den Prüfungsbericht nebst seinen Unterlagen dem Oberbergamte binnen einer von diesem zu bestimmenden Frist einzureichen. Der Ablauf dieser Frist darf nur mit Genehmigung des Ministers für Handel und Gewerbe auf einen späteren Zeitpunkt als den 31. Dezember 1908 festgesetzt werden.

[4]Der Minister für Handel und Gewerbe ist ermächtigt, den einzelnen Knappschaftsvereinen Fristen zu gewähren, innerhalb deren den Vorschriften im § 175c Abs. 2 durch die Satzung Rechnung getragen sein muß. Über den 31. Dezember 1912 hinaus darf diese Frist nicht erstreckt werden.

1. Die im Satz 1 des Abs. 1 „vorgesehene Bestimmung ist zur Sicherung der rechtzeitigen Durchführung des Gesetzes notwendig und entspricht den Vorschriften in § 194 Abs. 2 JVG., § 26 des Ges., betreffend die Abänderung der Unfallversicherungsgesetze, v. 5. 7. 00 (RGBl. S. 573) und Art. IV Abs. 3 des Ges., betreffend weitere Abänderungen des KVG., v. 25. 5. 03 (RGBl. S. 233)." Begr. 1906 S. 52. Bei derartigen, durch das Oberbergamt vor-

genommenen Änderungen steht dem Richter das Recht der Nachprüfung zu, ob die fragliche Änderung nach dem Knappschaftsgesetz erforderlich gewesen ist. Dies ist zu bejahen, wenn die Beibehaltung der früheren Satzungsvorschrift mit der Durchführung des Knappschaftsgesetzes unverträglich gewesen wäre und wenn die vom Oberbergamt getroffene Neuordnung an sich geeignet ist, die Satzung mit dem Knappschaftsgesetze in Übereinstimmung zu bringen. Entsch. des ObSchG. v. 18. 3. 09, R. L. 12/09, Z. f. B. Bd. 50 S. 402, Kompaß 1909 S. 173.

2. „Dieselben Schwierigkeiten, welche zur Aufnahme des Abs. 2 in den Entwurf Anlaß gegeben haben, können auch dann vorliegen, wenn die Organe eines Knappschaftsvereins der Aufsichtsbehörde bis zum Inkrafttreten dieses Gesetzes die zur Durchführung dieses Gesetzes erforderlichen Satzungsänderungen nicht vorgelegt haben und das Oberbergamt alsdann von Aufsichts wegen für den betreffenden Knappschaftsverein die erforderlichen Änderungen der Satzung vollziehen muß. Nach der ausdrücklichen Vorschrift am Schlusse von Abs. 1 kommen alsdann die Vorschriften des Abs. 2 zur entsprechenden Anwendung." Begr. 1906 S. 53. Vgl. unten Anm. 3.

3. Zu Abs. 2. „Die Beschaffung der Unterlagen für die Ermittelung der dauernden Erfüllbarkeit der Pensionskassenleistungen wird unter Umständen, und zwar insbesondere für diejenigen Knappschaftsvereine, welche eine solche Ermittelung bisher nicht vorgenommen hatten, mit Schwierigkeiten verbunden sein. Des weiteren erfordert die Ermittelung der dauernden Leistungsfähigkeit selbst beim Vorhandensein der erforderlicheu Unterlagen eine vorgängige sachverständige Prüfung, die unter Umständen zeitraubend sein wird. Diese Aufgabe wird zudem noch dadurch erschwert, daß die Knappschaftsvereine nach § 172b des Entwurfs durchweg genötigt sind, ihre Invaliden- und Witwenunterstützungen nach einem neuen System zu bemessen, das von dem bisherigen System durchaus verschieden ist. Endlich ist es für diejenigen Knappschaftsvereine, deren bisherige Pensionskassenleistungen nicht als dauernd erfüllbar angesehen werden können, keine leichte Aufgabe, die Beiträge und Leistungen *sachgemäß* derart zu bemessen, daß der Vorschrift im § 175c Abs. 2 genügt ist. Einzelne Knappschaftsvereine werden voraussichtlich sogar dazu für sich allein überhaupt nicht imstande sein, sondern nur nach vorgängiger Vereinigung mit anderen Knappschaftsvereinen (§ 177b).

Hiernach läßt sich schon jetzt voraussehen, daß in der verhältnismäßig kurzen Zeit zwischen der Verabschiedung und dem Inkrafttreten dieses Gesetzes nicht bei sämtlichen, mehr als siebzig preußischen Knappschaftsvereinen neben den zahlreichen und zum Teil einschneidenden sonstigen Satzungsänderungen, welche der vorliegende Gesetzentwurf mit sich bringt, auch die weitere schwierige Frage nach der dauernden Erfüllbarkeit der Pensionskassenleistungen ihre Erledigung wird finden können, sowie ferner, daß bei einzelnen Knappschaftsvereinen in diesem Zeitraum vielleicht nicht einmal die vollständige Beschaffung der Unterlagen für die Prüfung dieser Frage zu ermöglichen sein wird, und endlich, daß bei einzelnen, und zwar namentlich bei zur Zeit leistungsunfähigen Knappschaftsvereinen die Verwirklichung der im § 175c Abs. 2 aufgestellten Forderung sachgemäß nur in einer längeren Frist zu erreichen sein wird. Zur Beseitigung der hieraus erwachsenden Schwierigkeiten sind in Abs. 2 und 3 die erforderlichen Übergangsbestimmungen vorgesehen.

Zunächst ermächtigt Abs. 2 die Oberbergämter, zu den behufs Durchführung dieses Gesetzes erstmalig erfolgenden Satzungsänderungen die Bestätigung zu erteilen, auch wenn die dauernde Erfüllbarkeit der Pensionskassenleistungen nicht festgestellt oder gar die Einreichung der Unterlagen für die Prüfung der Frage nach der dauernden Erfüllbarkeit der Pensionskassenleistungen noch nicht erfolgt sein sollte. Diese Ermächtigung mußte indessen naturgemäß an die Voraussetzung geknüpft werden, daß die neuen Sätze für die Pensionskassenleistungen die finanzielle Lage des Vereins im allgemeinen nicht ungünstiger erscheinen lassen als bisher. Insoweit diese Sätze eine Erhöhung der Belastung in sich schließen, wird daher gleichzeitig eine entsprechende Erhöhung der Beiträge vorgesehen sein müssen. Des weiteren war dafür Sorge zu tragen, daß die etwa noch ausstehende Einreichung der Unterlagen für die Prüfung der dauernden Erfüllbarkeit der Pensionskassenleistungen und diese Prüfung selbst durch diese Ermächtigung nicht länger hinausgeschoben wird, als dies nach den Verhältnissen des einzelnen Falles sachlich geboten erscheint. Der Entwurf macht daher in diesen Fällen dem Knappschaftsvorstand die Auflage, unverzüglich eine Prüfung der Vermögenslage durch einen Sachverständigen vornehmen zu lassen und dessen Gutachten nebst den Unterlagen binnen einer vom Oberbergamt in jedem einzelnen Falle zu bestimmenden Frist der Aufsichtsbehörde einzureichen. Zugleich trifft der Entwurf Vorsorge, daß diese Frist nicht weiter erstreckt wird, als es die Verhältnisse des einzelnen Falles erfordern. Unter diesen Einschränkungen wird die in Rede stehende Ermächtigung dem Oberbergamt unbedenklich erteilt werden können. Das Oberbergamt wird in entsprechender Anwendung von § 169 Abs. 2 Satz 2 eine Nachprüfung des Gutachtens herbeizuführen haben. Ergibt sich alsdann, daß durch die bestätigte Satzungsänderung den Bestimmungen im § 175c Abs. 2 nicht genügt ist, so bietet § 175d die erforderlichen Handhaben, um die Beseitigung dieses Mangels tunlichst bald herbeizuführen." Begr. 1906 S. 52f.

4. Zu Abs. 3. „Die Vorschrift im Abs. 3, welche den Minister für Handel und Gewerbe ermächtigt, zur Durchführung der Vorschrift im § 175c Abs. 2 den einzelnen Knappschaftsvereinen Fristen zu gewähren, bezweckt, auch bei besonders schwierig gestalteten Verhältnissen, insbesondere bei feststehender Leistungsunfähigkeit eines einzelnen Knappschaftsvereins, eine sachgemäße Lösung der obwaltenden Schwierigkeiten zu ermöglichen. Durch die weitere Vorschrift, daß diese Fristen auf einen längeren Zeitraum als fünf Jahre nach Inkrafttreten dieses Gesetzes nicht erstreckt werden dürfen, ist Vorsorge getroffen, daß in nicht allzu ferner Zeit bei sämtlichen Knappschaftsvereinen die Vorschriften des Entwurfs über die dauernde Erfüllbarkeit der Pensionskassenleistungen zur uneingeschränkten Geltung kommen müssen." Begr. 1906 S. 53. Vgl. auch oben Anm. 3.

2. Vorschriften des Gesetzes vom 3. Juni 1912.

Artikel III.

Soweit in Gesetzen auf Vorschriften verwiesen ist, die durch dieses Gesetz abgeändert werden, treten an deren Stelle die entsprechenden neuen Vorschriften[1].

1. Vgl. oben (S. 291) Anm. 1 zu Art. II des Ges. v. 19. 6. 06.

Artikel IV.

[1] 1. Die Vorschriften im Artikel I dieses Gesetzes treten zu dem Zeitpunkt in Kraft, der für das Inkrafttreten der Vorschriften der Reichsversicherungsordnung vom 19. Juli 1911

(Reichs-Gesetzbl. S. 509) über die Krankenversicherung nach Artikel 4 des Einführungsgesetzes zur Reichsversicherungsordnung von demselben Tage (Reichs-Gesetzbl. S. 839) durch Kaiserliche Verordnung festgesetzt wird.

[2]Jedoch treten die §§ 171 Abs. 2 und 5 und 172 Abs. 1 und 2 für die Werksbeamten vom Tage der Verkündung dieses Gesetzes an mit der Maßgabe in Kraft, daß sich die Höhe des für ihre Versicherungspflicht bei der Krankenkasse maßgebenden regelmäßigen Jahresarbeitsverdienstes bis zu dem im Abs. 1 bezeichneten Zeitpunkte nach den bisherigen Bestimmungen richtet.

[3]Vertragsverhältnisse, die zu dem im Abs. 1 bezeichneten Zeitpunkte zwischen Knappschaftsvereinen, soweit sie Krankenkassenleistungen gewähren. und Krankenhäusern bestehen, enden spätestens zwei Jahre nach diesem Zeitpunkte, soweit sie der Anwendung des § 171g Abs. 2 entgegenstehen.

[4]Ist zu dem im Abs. 1 bezeichneten Zeitpunkt ein Verfahren über die im § 181aa Abs. 1 erwähnten Angelegenheiten bereits anhängig, so wird es nach den bisher geltenden Vorschriften erledigt.

[5]2. Die Vorschriften im Artikel II dieses Gesetzes treten zu dem Zeitpunkt in Kraft, der für das Inkrafttreten des Versicherungsgesetzes für Angestellte vom 20. Dezember 1911 (Reichs-Gesetzbl. S. 989) nach § 399 Abs. 2 durch Kaiserliche Verordnung bestimmt wird.

Innerhalb der ersten zehn Jahre nach dem im vorstehenden Absatze bezeichneten Zeitpunkte sind im Falle des § 172β die Beamten, die bisher Mitglieder der Pensionskasse waren, berechtigt, die Mitgliedschaft fortzusetzen.

[6]3. Die Vorschriften der §§ 177ca und 177cb finden auf die bestehende knappschaftliche Rückversicherungsanstalt auf Gegenseitigkeit zu Berlin dann Anwendung, wenn sich

die Anstalt durch ihre Satzung diesen Vorschriften unterwirft. Den Beschluß über die Satzungsänderung faßt die Hauptversammlung. Der Beschluß bedarf der Bestätigung durch den Minister für Handel und Gewerbe und den Minister des Innern.

4. Mit der Ausführung dieses Gesetzes ist der Minister für Handel und Gewerbe beauftragt.

1. Zu Nr. 1 Abs. 1. Die im Art. I enthaltenen Änderungen müssen, soweit sie sich aus zwingenden Vorschriften der RVO. ergeben, gleichzeitig mit diesen in Kraft treten, nämlich an dem nach Art. 4 des Einführungsgesetzes zur RVO. durch Kaiserliche Verordnung zu bestimmenden Tage. Derselbe Zeitpunkt ist wegen des Zusammenhanges mit den bezeichneten Änderungen auch für die sonstigen neuen Vorschriften, namentlich für diejenigen über das Verfahren, zu bestimmen. Begr. 1912 S. 38.

2. Zu Nr. 1 Abs. 2. Der Abs. 2 ist der Novelle v. 3. 6. 12 durch die Kommission des AH. eingefügt worden. Wie oben Anm. 10 zu § 9 ausgeführt ist, hatte diese Kommission eine neue Fassung des § 9 Abs. 2 beschlossen, durch die der Kreis der „Werksbeamten" näher beschrieben und den nachteiligen Folgen des RGUrt. v. 22. 12. 10 (Z. f. B. Bd. 52 S. 422) entgegengetreten werden sollte. Eine Folge dieses Beschlusses war die Aufnahme der Nr. 1 Abs. 2 im Art. IV, weil sonst die in Betracht kommenden Beamten bis zum Inkrafttreten des Gesetzes noch aus der Knappschaft ausgeschlossen werden könnten. KommBerAH. 1912 S. 24/25. — Die §§ 171 und 172 führen im Knappschaftsgesetz die Bezeichnung §§ 9 und 27. — Tag der Verkündung des Gesetzes ist der 14. 6. 12.

3. Nr. 1 Abs. 3 gibt den Inhalt des Art. 41 des Einführungsgesetzes zur RVO. wieder, dessen Anwendung auf knappschaftliche Krankenkassen aus § 502 Abs. 1 RVO. zu folgern ist. — Der § 171g führt im Knappschaftsgesetz die Bezeichnung § 21.

4. Nr. 1 Abs. 4 stellt zur Vermeidung von Zweifeln entsprechend dem Art. 85 des Einführungsgesetzes zur RVO. klar, daß ein bei Inkrafttreten der neuen Vorschriften bereits anhängiges Verfahren nach den bisher geltenden Bestimmungen zu erledigen ist. — Der § 181aa führt im Knappschaftsgesetz die Bezeichnung § 57.

5. Zu Nr. 2 Abs. 1. Das Inkrafttreten der Vorschriften im Art. II

muß mit dem Inkrafttreten des Versicherungsgesetzes für Angestellte zusammenfallen, damit die Knappschaftsvereine in der Lage sind, die neue Versicherung vom Beginn ihrer Geltung ab in sachgemäßer Weise durchzuführen.

Zu Nr. 2 Abs. 2. In dem Falle, daß nach § 29 (§ 172β des Regierungsentwurfs) die knappschaftliche Versicherung der Beamten aufgehoben wird, ist durch die Satzung, wie bereits § 29 (s. vorstehend) Abs. 1 bestimmt, Vorsorge zu treffen, daß die erworbenen Ansprüche erhalten bleiben. Darüber hinaus empfiehlt es sich, für die ersten zehn Jahre nach dem Inkrafttreten des Angestelltenversicherungsgesetzes den Beamten die freiwillige Fortsetzung der Mitgliedschaft bei den Knappschaftspensionskassen zu gestatten, womit ihnen die Möglichkeit eröffnet wird, die erworbenen Ansprüche durch weitere Beitragszahlung noch zu steigern. Eine solche Übergangsbestimmung scheint namentlich im Interesse älterer Beamten geboten, die mit dem baldigen Eintritt eines Versicherungsfalls rechnen müssen, beim Übergang zur Reichsversicherungsanstalt Ansprüche auf deren Leistungen aber erst nach Ablauf der im § 48 des Angestelltenversicherungsgesetzes vorgeschriebenen zehnjährigen Wartezeit erwerben. Für die Beitragsentrichtung gelten im Falle der freiwilligen Fortsetzung der Mitgliedschaft die allgemeinen Vorschriften des § 174 Abs. 2 des Ges. v. 19. 6. 06 (jetzt § 36 Abs. 3 des Knappschaftsgesetzes). Den Werksbesitzern kann eine Verpflichtung, zur Knappschaftspensionskasse weiterhin Beiträge zu leisten, nicht auferlegt werden, weil sie in den hier in Betracht kommenden Fällen entweder zu der Reichsversicherungsanstalt oder, wenn die Beamten bei einer privaten Ersatzkasse beteiligt sind, zu dieser die reichsgesetzlichen Arbeitgeberbeiträge zu entrichten haben. Begr. 1912 S. 39.

6. Zu Nr. 3. Die §§ 177ca und 177cb führen im Knappschaftsgesetz die Bezeichnung §§ 48 und 49. — Die Knappschaftliche Rückversicherungsanstalt auf Gegenseitigkeit in Charlottenburg hat sich diesen Vorschriften unterworfen. Vgl. Anm. 4 zu § 46 und Anm. 3 zu § 48.

Artikel V[1].

Sofern bis zu dem im Artikel IV Abs. 1 bezeichneten Tage die Satzung eines Knappschaftsvereins oder einer besonderen Krankenkasse (§ 168a) die nach Artikel I des gegenwärtigen Gesetzes erforderlichen Änderungen nicht erfahren haben sollte, werden diese Änderungen durch das zuständige Oberbergamt mit rechtsverbindlicher Wirkung von Aufsichts wegen vollzogen.

1. Die hier vorgesehene Bestimmung ist zur Sicherung der rechtzeitigen Durchführung der neuen Vorschriften über die Krankenversicherung notwendig und entspricht ähnlichen Bestimmungen der RVO. Begr. 1912 S. 39. — Der § 168a führt im Knappschaftsgesetz die Bezeichnung § 5.

Artikel VI[1].

Der Minister für Handel und Gewerbe wird ermächtigt, den Text des Siebenten Titels im Allgemeinen Berggesetze vom 24. Juni 1865, wie er sich aus den Änderungen durch das Gesetz vom 19. Juni 1906 und durch das gegenwärtige Gesetz ergibt, mit der Überschrift: „Knappschaftsgesetz" unter selbständiger fortlaufender Nummernfolge der Paragraphen durch die Gesetzsammlung bekannt zu machen.

1. Der Art. VI ist durch die Kommission des HH. der Regierungsvorlage hinzugefügt worden. Es wurde geltend gemacht, daß es notwendig sei, da der Siebente Titel des Berggesetzes in den vorhandenen §§ 165 bis 186 für die Aufnahme der zahlreichen neuen Vorschriften keinen Raum biete, dessen Inhalt als besonderes Knappschaftsgesetz zu bezeichnen und den Paragraphen eine selbständige fortlaufende Nummernfolge, mit § 1 beginnend, zu geben. Dadurch wird, wie allseitig anerkannt wurde, natürlich der organische Zusammenhang dieses künftig als „Knappschaftsgesetz" zu bezeichnenden besonderen Titels des Berggesetzes mit dem Berggesetz im übrigen in keiner Weise berührt. KomBerHH. 1912 S. 5, 8 und 9, Verhandlungen des HH. Session 1912 Sp. 68, 72, KommBerAH. 1912 S. 12.

Anhang.

A. Erlaß des Ministers für Handel und Gewerbe vom 17. Januar 1907 — I. 468 —, betreffend Erläuterungen zum Gesetze vom 19. Juni 1906 sowie die Aufstellung und Prüfung von Knappschaftssatzungen.

(An die Oberbergämter.)

Nachdem vom Allgemeinen Deutschen Knappschaftsverband behufs Anpassung der Satzungen der bestehenden Knappschaftsvereine an das Gesetz vom 19. Juni 1906, betreffend die Abänderung des 7. Titels im Allgemeinen Berggesetz, der Entwurf einer Mustersatzung aufgestellt und den Verbandsvereinen mitgeteilt worden ist, nehme ich an, daß die einzelnen Vereine in die ihnen obliegenden Vorarbeiten zur Ausführung der Novelle sämtlich eingetreten sind und diese Arbeiten mit allem Nachdruck fördern werden, damit dieselben vor Inkrafttreten der Novelle rechtzeitig beendigt sind. Die neuen Vorschriften des Gesetzes in der Form einer in die wesentlichsten Einzelheiten eingehenden Ausführungsanweisung zu erläutern, habe ich Abstand genommen, zumal in dem alsbald nach der Publikation der Novelle im Buchhandel erschienenen, von dem Referenten in meinem Ministerium, Geheimem Oberbergrat Steinbrinck herausgegebenen Kommentar bei den neuen Vorschriften des Gesetzes die Gesetzesmaterialien ausführlich mitgeteilt und die Aufsichtsbehörden wie die Knappschaftsvereine damit in die Lage versetzt sind, sich in einfacher Weise über die Tragweite der einzelnen Vorschriften zu unterrichten, soweit die Gesetzesmaterialien darüber Aufschluß geben.

Dagegen erachte ich im Interesse der rechtzeitigen Durchführung und tunlichst gleichmäßigen Handhabung der neuen Vorschriften für angezeigt, im folgenden einige Bestimmungen zu treffen und einige Punkte zu erörtern, welche für die Aufstellung und Prüfung der neuen Satzungen von besonderer Bedeutung sind.

1. Die Genehmigung von Ausnahmen von der Vorschrift über die getrennte Rechnungsführung der Knappschaftsvereine nach Krankenkasse

und Pensionskasse ist nach § 168 Abs. 2 und der Begründung zu § 168 des Regierungsentwurfs nur bei kleinen Knappschaftsvereinen von besonders geringem Geschäftsumfang, und zwar nur dann statthaft, wenn diese rechnungsmäßige Trennung nicht notwendig sein und eine dennoch erfolgende Trennung sich als nicht zweckmäßig erweisen würde. Diese Voraussetzungen werden für die bestehenden Knappschaftsvereine, wenn überhaupt, nur in ganz vereinzelten Ausnahmefällen zutreffen. Sollte die Genehmigung beantragt werden und das zuständige Oberbergamt in einem einzelnen Falle der Ansicht sein, daß die Voraussetzung für die Erteilung der Genehmigung vorliegt, so ist vor Erteilung der Genehmigung der Fall zu meiner Kenntnis zu bringen.

2. Die sachverständige Prüfung der Unterlagen zur Beurteilung der dauernden Erfüllbarkeit der Leistungen der Pensionskasse, welche im § 169 Abs. 2 von dem Oberbergamt vor der Entscheidung über die Bestätigung einer Satzung herbeizuführen ist, wird — wie bereits in der Begründung zu § 169 des Regierungsentwurfs in Aussicht genommen ist — für alle Oberbergämter durch einen bei der Zentralstelle hierfür bestellten Sachverständigen erfolgen. Die Oberbergämter haben daher diese Unterlagen alsbald nach ihrem Eingang zur Herbeiführung der sachverständigen Prüfung mir vorzulegen*).

3. Bereits bei den Beratungen der Kommission des Allgemeinen Deutschen Knappschaftsverbandes zur Aufstellung einer Mustersatzung, an denen der Referent meines Ministeriums teilgenommen hat, ist die zeitliche Tragweite des § 172e Abs. 3 zur Erörterung gelangt. Dabei ist in allseitigem Einverständnis anerkannt worden, daß diese Vorschrift auf diejenigen Fälle, in denen bereits vor Inkrafttreten der Novelle Knappschaftsmitglieder Ansprüche auf Pensionskassenleistungen verloren

*) Durch Erlaß des Ministers für Handel und Gewerbe vom 2. März 1907 — I. 2056 — ist angeordnet worden, daß die in Rede stehenden Unterlagen nicht dem Minister, sondern der mit dem 1. März 1907 zur Vornahme der sachverständigen Prüfung errichteten „Versicherungstechnischen Prüfungsstelle im Ministerium für Handel und Gewerbe" zu übersenden sind. In einem weiteren Erlasse vom 7. März 1907 — I. 2190 — ist versuchsweise zugelassen worden, daß Knappschaftsvereine mit weniger als 1000 Mitgliedern einstweilen von der Beibringung eines versicherungstechnischen Gutachtens absehen. Für diese Vereine soll die Versicherungstechnische Prüfungsstelle die Prüfung der dauernden Erfüllbarkeit der Pensionskassenleistungen ohne ein solches Gutachten lediglich auf Grund des einzusendenden sonstigen Materials vornehmen.

hatten, keine Anwendung finden kann. Die in Rede stehende Vorschrift ist in der Kommission des Abgeordnetenhauses dem Gesetzentwurf eingefügt worden. Die zeitliche Tragweite der Vorschrift ist dabei überhaupt nicht zur Erörterung gelangt. Gegen eine unbeschränkte Rückwirkung der Vorschrift spricht die gleiche schwerwiegende Erwägung, welche zu der Aufnahme des Art. III Abs. 2 in den Regierungsentwurf geführt (vgl. Begründung S. 51) und die dort unbestrittene Billigung des Landtags gefunden hat. Aus der gleichen Erwägung heraus sind von der Kommission des Abgeordnetenhauses Anträge, bei denen feststand, daß sie eine erhebliche oder in ihrer Höhe und Tragweite nicht übersehbare Neubelastung der Knappschaftsvereine in sich schließen würden, als dem Hauptzweck des Gesetzentwurfs, der Sanierung der Knappschaftsvereine, widerstreitend stets abgelehnt worden. Hiernach wird bei der Prüfung der neuen Knappschaftssatzungen davon auszugehen sein, daß die zeitliche Tragweite der Vorschrift im § 172e Abs. 3 nach denselben Grundsätzen abzugrenzen ist, wie dies im Art. III Abs. 2 hinsichtlich der Vorschriften im § 172c ausdrücklich vorgesehen ist, und dies um so mehr, als diese Handhabung auch den allgemeinen Regeln über die zeitliche Tragweite neuer Gesetzesvorschriften nicht widerstreitet. Nach dieser Auslegung wird die Vorschrift im § 172e Abs. 3 — wie oben erwähnt — auf diejenigen Fälle keine Anwendung finden können, in denen bereits vor Inkrafttreten der Novelle Knappschaftsmitglieder Ansprüche auf Pensionskassenleistungen verloren haben. Dagegen wird die Vorschrift auf alle diejenigen Fälle, in denen nach Inkrafttreteu der Novelle ein Verlust von Pensionskassenansprüchen eingetreten ist, in der Weise Anwendung zu finden haben, daß in diesen Fällen nach einjähriger erneuter knappschaftlicher Pensionskassenmitgliedschaft die früheren Pensionskassenansprüche in demselben Umfang wieder aufleben, in dem sie nach Inkrafttreten der Novelle im Augenblick des Verlustes der früheren Pensionskassenmitgliedschaft bestanden hatten.

4. Von besonderer Tragweite für sämtliche Knappschaftsvereine ist die Vorschrift im § 175c Abs. 2, wonach fortan die dauernde Erfüllbarkeit der Pensionskassenleistungen für die Beitragsbemessung ein gesetzliches Erfordernis bildet. Der Grundsatz selbst ist im Landtag von keiner Seite angegriffen worden. Dagegen haben in der Kommission des Abgeordnetenhauses sehr eingehende Verhandlungen darüber stattgefunden, in welcher Ausgestaltung dieser Grundsatz in das Gesetz aufzunehmen sei. Die Verhandlungen führten indessen zu dem Ergebnis, daß die Fassung

der Regierungsvorlage unter völliger Billigung der Vorschriften im § 175c Abs. 2 des Regierungsentwurfs und der zu ihnen gegebenen Erläuterungen zur unveränderten Annahme gelangte (vgl. des näheren Steinbrinck a. a. O. Anm. 2 bis 4 zu § 175c). Hiernach gewinnen für die Auslegung des § 175c Abs. 2 die Ausführungen der Begründung zum Gesetzentwurf auf S. 28f. besondere Bedeutung. Ich mache daher auf diese Ausführungen ausdrücklich aufmerksam.

Bei dem weiten Spielraum, welchen die allgemeine Fassung der Vorschrift im § 175c Abs. 2 gewährt und gewähren mußte, um den gerade in dieser Beziehung außerordentlich verschieden gestalteten Verhältnissen der bestehenden Knappschaftsvereine sachgemäß Rechnung tragen zu können, erachte ich es für angezeigt, auf folgendes hinzuweisen:

Die Vorschrift, wonach die dauernde Erfüllbarkeit der Pensionskassenleistungen ermöglicht werden muß, schließt jedenfalls aus, die Beiträge fortan in einer Weise zu bemessen, daß ein bereits vorhandenes Defizit der Pensionskasse eine weitere Zunahme erfahren muß. Vielmehr kann das in der Vorschrift aufgestellte Ziel überhaupt nur erreicht oder seine Erreichung auch nur angebahnt werden, wenn zum mindesten fortan keine neue Schulden mehr gemacht und die vorhandenen Schulden verzinst und allmählich getilgt werden. Hiernach wird bei den einzelnen Pensionskassen, jedenfalls dann, wenn sie nicht einem großen Rückversicherungsverband angehören, davon ausgegangen werden müssen, daß die vom Gesetz verlangte Ermöglichung der dauernden Erfüllbarkeit der Pensionskassenleistungen zum mindesten die Forderung in sich schließt, einmal die bereits vorhandene ungedeckte Last zu verzinsen und in einem innerhalb der mutmaßlichen Lebensdauer der betreffenden Pensionskasse liegenden Zeitraum zu tilgen und sodann die neu entstehende Last zum mindesten auf der Grundlage des Kapitaldeckungsverfahrens zu sichern.

Auf dieser Grundlage wird jeder einzelne Knappschaftsverein vor allem zu prüfen haben, ob er überhaupt in der Lage ist, für sich allein dem im § 175c Abs. 2 aufgestellten Erfordernis Rechnung zu tragen. Diese Prüfung kann nur unter Zuziehung eines auf dem Gebiet des Pensionskassenwesens erfahrenen versicherungstechnischen Sachverständigen sachgemäß erfolgen . . .

Die Beschaffung des für die Begutachtung durch die Sachverständigen erforderlichen Materials und die Prüfung dieses Materials erfordert naturgemäß Zeit. Den einzelnen Knappschaftsvereinen kann daher nur dringend empfohlen werden, sich mit einem der vorbezeichneten oder einem ihnen sonst als geeignet bekannten Sachverständigen ohne Verzug in Verbindung zu setzen, sofern dies nicht bereits geschehen sein sollte.

5. Die Vorschrift im § 175c Abs. 3 ist durch die Kommission des Abgeordnetenhauses dem Gesetzentwurf eingefügt worden. Hinsichtlich der Bedeutung dieser Vorschrift ist der Zweifel laut geworden, ob aus der Vorschrift zu entnehmen sei, daß die dauernde Erfüllbarkeit der Pensionskassenleistungen für jede einzelne Mitgliederklasse, insbesondere also auch unter Zugrundelegung der Zahl der ihr angehörenden Mitglieder, getrennt ermittelt werden müsse. Dieser Zweifel ist nicht durch den Wortlaut der Vorschrift, sondern durch einzelne Äußerungen in den Verhandlungen der Kommission des Abgeordnetenhauses veranlaßt worden. Nach meiner Auffassung beruht dieser Zweifel auf einer mißverständlichen Auslegung der in Rede stehenden Äußerungen. Bei den Kommissionsverhandlungen ist weder von den Regierungsvertretern die Vorschrift in diesem Sinne verstanden, noch sind Äußerungen der Kommissionsmitglieder von den Regierungsvertretern in diesem Sinne aufgefaßt worden. Zudem würde der Wortlaut der Vorschrift, wonach die Beiträge in den verschiedenen Mitgliederklassen lediglich nach der durchschnittlichen Höhe der in denselben zu gewährenden Invalidenpensionen abzustufen sind, meines Erachtens mit einer solchen Auslegung nicht vereinbar sein. Bei der Prüfung der neuen Knappschaftssatzungen wird hiernach davon auszugehen sein, daß die dauernde Erfüllbarkeit der Pensionskassenleistungen, soweit dabei die Mitgliederzahl in Frage kommt, für die Gesamtheit der Mitglieder einer Pensionskasse und nicht getrennt für deren einzelne Mitgliederklassen zu ermitteln ist.

6. Wie in der Begründung zu Art. III des Regierungsentwurfs ausdrücklich hervorgehoben ist, sind in das Gesetz keine Übergangsbestimmungen aufgenommen worden über die Anpassung der gegenwärtigen Ansprüche der aktiven Mitglieder an die Vorschrift im § 172b Abs. 1 über die Bemessung der Invaliden- und Witwenpensionen; vielmehr ist diese Regelung den Satzungen der einzelnen Vereine überlassen worden. Auch bei Aufstellung der Mustersatzung durch den Allgemeinen Deutschen Knappschaftsverband ist bei der außerordentlichen Verschiedenheit der für den Erlaß solcher Übergangsbestimmungen bei den einzelnen Knappschaftsvereinen in Betracht zu ziehenden Verhältnisse von der Aufnahme derartiger Übergangsbestimmnngen abgesehen worden. Ich weise daher ausdrücklich darauf hin, daß jeder Knappschaftsverein derartige Übergangsbestimmungen in seiner neuen Satzung zu treffen hat. Bei

dem Erlaß dieser Übergangsbestimmungen darf insbesondere der Umstand nicht unbeachtet gelassen werden, daß nach § 172b fortan unzulässig ist, bei dem Bestehen verschiedener Klassen von Pensionskassenmitgliedern die Pensionskassenleistungen für ein Mitglied, das verschiedenen Mitgliederklassen angehört hat, lediglich nach den Sätzen einer dieser Mitgliederklassen zu bemessen.

7. Die rechtzeitige Durchführung der Novelle wird sich nur ermöglichen lassen, wenn sowohl die einzelnen Knappschaftsvereine wie die Oberbergämter die ihnen obliegenden Arbeiten mit allem Nachdruck in Angriff nehmen und ihre tunlichste Förderung sich ernstlich angelegen sein lassen. Daß die Oberbergämter etwaigen Wünschen der Knappschaftsvereine auf sachkundige Beratung bei den ihnen obliegenden Arbeiten nach Möglichkeit entsprechen werden, erachte ich für selbstverständlich. Insbesondere bezeichne ich es als Aufgabe der knappschaftlichen Dezernenten der Oberbergämter, sich über die von den einzelnen Knappschaftsvereinen in Angriff genommenen Maßnahmen und deren Fortschreiten auf dem Laufenden zu erhalten und zu diesem Zweck mit den einzelnen Knappschaftsvereinen in ständiger Fühlung zu bleiben. Über den Stand der Arbeiten bei den einzelnen Knappschaftsvereinen ist mir von den Oberbergämtern zunächst zum 1. Mai d. J. Bericht zu erstatten.

Ich überlasse den Oberbergämtern, den einzelnen Knappschaftsvereinen ihres Bezirks von dem Inhalt dieses Erlasses Kenntnis zu geben . . .

B. Erlaß des Ministers für Handel und Gewerbe vom 12. Dezember 1907 — I. 11598 — zur Ausführung des § 186 des Gesetzes vom 19. Juni 1906.

(An die Oberbergämter.)

Nach § 186 Abs. 2 des Gesetzes vom 19. Juni 1906, betreffend die Abänderung des Siebenten Titels im Allgemeinen Berggesetz, finden gegen die vom 1. Januar 1908 ab ergehenden, in Ziff. 1 bis 3 daselbst näher bezeichneten Entscheidungen der zuständigen Knappschaftsorgane, abweichend vom bisherigen Rechtszustand, die daselbst angegebenen Rechtsmittel statt. Ferner müssen diese Entscheidungen nach § 186 Abs. 3 Satz 2 a. a. O. vom 1. Januar 1908 ab die Bezeichnung des zulässigen

Rechtsmittels, der Rechtsmittelfrist und der für das Rechtsmittel zuständigen Behörde enthalten. Insoweit Entscheidungen über Krankenkassenleistungen auf Grund von Krankenscheinen erfolgen, genügt es indessen nach Abs. 3 Satz 3 a. a. O., daß die Bezeichnung des zulässigen Rechtsmittels, der Rechtsmittelfrist und der für das Rechtsmittel zuständigen Behörde auf dem Krankenschein enthalten ist. Endlich müssen vom 1. Januar 1908 ab nach § 186 Abs. 3 Satz 1 a. a. O. die im Abs. 2 daselbst aufgeführten Rechtsmittel bei Vermeidung des Ausschlusses innerhalb eines Monats nach der Bekanntgabe der Entscheidung des zuständigen Knappschaftsorgans eingelegt werden.

In Ausführung dieser Vorschriften bestimme ich hiermit, was folgt:

1. Die Bekanntgabe der Entscheidung des zuständigen Knappschaftsorgans hat durch Zustellung eines schriftlichen Bescheides zu erfolgen.

2. Insoweit Entscheidungen über Krankenkassenleistungen auf Grund eines sog. Krankenscheins erfolgen, bedarf es der Zustellung eines besonderen schriftlichen Bescheides neben dem Krankenschein nicht. In diesen Fällen gilt der von dem zuständigen Knappschaftsorgan auf den Krankenschein gesetzte, datierte und unterzeichnete Vermerk als Bescheid, und es gilt die Bekanntgabe der Entscheidung als durch Übergabe des Krankenscheines bewirkt.

3. Damit der Krankenschein als Kassenbeleg an den Knappschaftsverein zurückgegeben werden kann, ist den Knappschaftsvereinen zu empfehlen, den gesetzlich vorgeschriebenen Vermerk über das zulässige Rechtsmittel, die Rechtsmittelfrist und die für das Rechtsmittel zuständige Behörde auf einem abtrennbaren Abschnitt des Krankenscheins anzubringen, der vom Mitglied zurückbehalten werden kann.

4. Ist für eine mit der Beschwerde bei dem Oberbergamt anfechtbare Entscheidung nicht der Knappschaftsvorstand, sondern ein anderes Knappschaftsorgan zuständig, so hat das Oberbergamt vor der Entscheidung über eine solche Beschwerde den Knappschaftsvorstand anzuhören und letzterem damit Gelegenheit zu geben, bereits seinerseits der Beschwerde Folge zu geben.

Ich überlasse den Oberbergämtern, den einzelnen Knappschaftsvereinen und Schiedsgerichten ihres Bezirks von dem Inhalt dieses Erlasses Kenntnis zu geben . . .

C. Die für die Entscheidung von Knappschaftsangelegenheiten bis zum 1. Juli 1912 vorhanden gewesenen und seit diesem Zeitpunkte bestehenden Schiedsgerichte und Knappschafts-Oberversicherungsämter.

I. Vom 1. Januar 1908 ab waren durch die Bestimmungen des Ministers für Handel und Gewerbe vom 29. Oktober 1907 — I. 9234 — auf Grund des § 186a Abs. 1 und 2 und des § 186b Abs. 1 des preußischen Allgemeinen Berggesetzes vom 24. Juni 1865 in der Fassung des Gesetzes vom 19. Juni 1906 (GS. S. 199) zur Entscheidung von Knappschaftsangelegenheiten gebildet worden:

a) das Knappschafts-Schiedsgericht in Breslau für die von dem Königlichen Oberbergamt in Breslau beaufsichtigten Knappschaftsvereine;

b) das Knappschafts-Schiedsgericht in Bonn für die von dem Königlichen Oberbergamt in Bonn beaufsichtigten Knappschaftsvereine mit Ausnahme des Saarbrücker Knappschaftsvereins in St. Johann-Saarbrücken und des Hostenbacher Knappschaftsvereins in Hostenbach; dieses Schiedsgericht war später durch den Erlaß des Ministers für Handel und Gewerbe vom 29. März 1911 — I. 877 — auf Grund des Art. IV § 186a des Gesetzes für die Fürstentümer Waldeck und Pyrmont vom 5. Januar 1911, betreffend die Abänderung des Allgemeinen Berggesetzes vom 1. Januar 1869/11. Dezember 1899, (Reg.-Bl. S. 21) zugleich als das zuständige Schiedsgericht für die schiedsgerichtliche Entscheidung der im Art. IV § 186 Abs. 2 Nr. 2 a. a. O. bezeichneten knappschaftlichen Streitigkeiten bestimmt worden.

Ferner war vom 1. Januar 1908 ab durch die oben genannten Bestimmungen vom 29. Oktober 1907 und den Nachtrag hierzu vom 2. April 1909 — I. 2614 — auf Grund des § 186a Abs. 3 und des § 186i Abs. 1 des preußischen Allgemeinen Berggesetzes die Entscheidung von Knappschaftsangelegenheiten übertragen worden:

c) dem in Halle a. S. bestehenden Schiedsgerichte für Arbeiterversicherung der Norddeutschen Knappschafts-Pensionskasse in Halle a. S. für die Bezirke der von dem Königlichen Oberbergamt in Halle a. S. beaufsichtigten Knappschaftsvereine und des Wernigeröder Knappschaftsvereins in Ilsenburg;

d) dem in Clausthal bestehenden Schiedsgerichte für Arbeiterversicherung der Norddeutschen Knappschafts-Pensionskasse in Halle a. S. für die

Bezirke der von dem Königlichen Oberbergamt in Clausthal beaufsichtigten Knappschaftsvereine;

e) dem in Bochum bestehenden Schiedsgerichte für Arbeiterversicherung des Allgemeinen Knappschaftsvereins in Bochum für die Bezirke der von dem Königlichen Oberbergamt in Dortmund beaufsichtigten Knappschaftsvereine;

f) dem in St. Johann-Saarbrücken bestehenden Schiedsgerichte für Arbeiterversicherung des Saarbrücker Knappschaftsvereins in St. Johann-Saarbrücken für die Bezirke dieses Knappschaftsvereins und des Hostenbacher Knappschaftsvereins in Hostenbach.

II. Zum 1. Juli 1912 sind auf Grund der §§ 63 bis 65 und des § 113 der Reichsversicherungsordnung vom 11. Juli 1911 (RGBl. S. 509) durch Bekanntmachungen des Ministers für Handel und Gewerbe bzw. dieses Ministers und des Ministers des Innern vom 19. Juni 1912 in Halle a. S., Clausthal, Dortmund und Bonn in Angliederung an die Königlichen Oberbergämter daselbst Knappschafts-Oberversicherungsämter für die Wahrnehmung der Geschäfte der Reichsversicherung errichtet und außerhalb des Knappschafts-Oberversicherungsamts in Bonn auf Grund des § 10 der Verordnung über Geschäftsgang und Verfahren der Oberversicherungsämter vom 24. Dezember 1911 (RGBl. S. 1095) eine Spruchkammer in Saarbrücken für die Betriebe des Saarbrücker Knappschaftsvereins in Saarbrücken und des Hostenbacher Knappschaftsvereins in Hostenbach gebildet worden. Diesen Knappschafts-Oberversicherungsämtern, welche die Rechtsprechung der Schiedsgerichte für Arbeiterversicherung unter Erweiterung ihrer Zuständigkeit auf die Hinterbliebenenversicherung übernommen haben, ist nach Anhörung der Vorstände der beteiligten Knappschaftsvereine und der Norddeutschen Knappschafts-Pensionskasse in Halle a. S. vom 1. Juli 1912 ab in Angelegenheiten der unten unter III angegebenen Knappschaftsvereine auf Grund des § 61 Abs. 2 der Reichsversicherungsordnung, der §§ 186a Abs. 3, 186i Abs. 1 des preußischen Allgemeinen Berggesetzes vom 24. Juni 1865 in der Fassung des Gesetzes vom 19. Juni 1906 (GS. S. 199) und des Art. 104 des Einführungsgesetzes zur Reichsversicherungsordnung vom 19. Juli 1911 (RGBl. S. 839) die schiedsgerichtliche Entscheidung der im § 186 Abs. 2 Nr. 2 des Gesetzes vom 19. Juni 1906 näher bezeichneten Streitigkeiten übertragen worden. Nach dem zum 1. Januar 1914 zu erwartenden Inkrafttreten des preußischen Knappschaftsgesetzes in der Fassung der Bekanntmachung vom

17. Juni 1912 (GS. S. 137) wird ihnen auch die schiedsgerichtliche Entscheidung knappschaftlicher Krankenkassenstreitigkeiten (§ 70 Abs. 2 a. a. O.) auf Grund des § 80 a. a. O. zu übertragen sein. Das oben unter Ib aufgeführte Knappschafts-Schiedsgericht in Bonn ist durch Bekanntmachung des Ministers für Handel und Gewerbe und des Ministers des Innern vom 19. Juni 1912 — I. 4589, III. 4407 M. f. H., Ic. 2239 M. d. J. — zum 1. Juli 1912 mit der Maßgabe aufgehoben worden, daß die bei dem Schiedsgerichte schwebenden Streitigkeiten in der Lage, in der sie sich befinden, auf das Knappschafts-Oberversicherungsamt in Bonn übergehen und von diesem zu erledigen sind. Letzterem Oberversicherungsamt ist durch Erlaß des Ministers für Handel und Gewerbe vom 1. Juli 1912 — I. 5158 — vom 1. Juli 1912 ab zugleich die schiedsgerichtliche Entscheidung der knappschaftlichen Streitigkeiten übertragen worden, die im Art. IV § 186 Abs. 2 Nr. 2 des oben unter Ib genannten Gesetzes für die Fürstentümer Waldeck und Pyrmont näher bezeichnet sind.

III. Hiernach bestehen vom 1. Juli 1912 ab für die Entscheidung von Knappschaftsangelegenheiten folgende Stellen:

Lfd. Nr.	Bezeichnung (Bei lfd. Nr. 1 auch Zahl der Beisitzer)	Sitz	Bezirk	Maßgebende Anordnung
1.	Knappschafts-Schiedsgericht (Zahl der Beisitzer 24)	Breslau	Die von dem Königl. Oberbergamt in Breslau beaufsichtigten Knappschaftsvereine.	Bestimmungen des Ministers für Handel und Gewerbe v. 29. Oktober 1907 — I. 9234 —.
2.	Knappschafts-Oberversicherungsamt	Halle a. S.	Die von dem Königl. Oberbergamt in Halle a. S. beaufsichtigten Knappschaftsvereine und der Wernigeröder Knappschaftsverein in Ilsenburg.	Bekanntmachung d. Ministers für Handel und Gewerbe vom 19. Juni 1912 — I. 4633, III. 4430 —.
3.	Knappschafts-Oberversicherungsamt	Clausthal	Die von dem Königl. Oberbergamt in Clausthal beaufsichtigten Knappschaftsvereine einschl. des Unterharzer Knappschaftsvereins i. Goslar.	Bekanntmachung d. Ministers f. Handel und Gewerbe vom 19. Juni 1912 — I. 4632, III. 4429 —.

Lfd. Nr.	Bezeichnung (Bei lfd. Nr. 1 auch Zahl der Beisitzer.)	Sitz	Bezirk	Maßgebende Anordnung
4.	Knappschafts-Oberversicherungsamt	Dortmund	Die von dem Königl. Oberbergamt in Dortmund beaufsichtigten Knappschaftsvereine.	Bekanntmachung d. Ministers f. Handel und Gewerbe vom 19. Juni 1912 — I. 4607, III. 4431 —.
5.	Knappschafts-Oberversicherungsamt	Bonn	Die von dem Königl. Oberbergamt in Bonn beaufsichtigten Knappschaftsvereine und der Allgem. Knappschaftsverein Waldeck i. Arolsen.	Bekanntmachung d. Ministers f. Handel und Gewerbe und des Ministers des Innern vom 19. Juni 1912 — I. 4589, III. 4407 M. f. H., I c. 2239 M. d. J. — und Erlaß des Ministers f. Handel und Gewerbe vom 1. Juli 1912 — I. 5158 —.
	a) Spruchkammer	Bonn	Die bei lfd. Nr. 5 angegebenen Knappschaftsvereine mit Ausnahme des Saarbrücker Knappschaftsvereins in Saarbrücken und des Hostenbacher Knappschaftsvereins in Hostenbach.	
	b) Spruchkammer	Saarbrücken	Saarbrücker Knappschaftsverein in Saarbrücken und Hostenbacher Knappschaftsverein in Hostenbach.	

D. Wahlordnung für die Wahlen der Beisitzer des Oberschiedsgerichts in Knappschaftsangelegenheiten zu Berlin vom 11. November 1907 in der Fassung der Nachträge vom 2. April 1909 und vom 29. März 1911.

(Erlassen durch den Minister für Handel und Gewerbe. — I. 10733/07, I. 2614/09 und I. 877/11.)

Auf Grund des § 186 m Abs. 2 Nr. 1 des Allgemeinen Berggesetzes vom 24. Juni 1865 in der Fassung des Gesetzes vom 19. Juni 1906 (Gesetzsamml. S. 199) wird für die Wahlen der Beisitzer des Oberschiedsgerichts in Knappschaftsangelegenheiten zu Berlin die nachstehende Wahlordnung erlassen:

§ 1. Die Zahl der zu wählenden Beisitzer beträgt zwölf, wovon sechs auf die Werksbesitzer bzw. deren Vertreter und sechs auf die Knappschaftsältesten entfallen.

§ 2. Die erste Wahlperiode der Beisitzer läuft vom 1. Januar 1908 ab. Die späteren Neuwahlen der Beisitzer finden regelmäßig in der Zeit vom 1. Oktober bis zum 15. November des letzten Jahres der Wahlperiode statt.

§ 3. Gewählt wird nach Gruppen. Für jeden Oberbergamtsbezirk wird eine Gruppe gebildet, und zwar aus denjenigen Knappschaftsvereinen, welche unter der Aufsicht des in Betracht kommenden Oberbergamts stehen. Der Wernigeröder Knappschaftsverein in Ilsenburg wird der Gruppe für den Oberbergamtsbezirk Halle mit der Maßgabe zugeteilt, daß hinsichtlich dieses Vereins die dem Oberbergamte zugewiesenen Befugnisse und Obliegenheiten von dem Oberbergamt in Halle a. S. wahrgenommen werden. Der Allgemeine Knappschaftsverein Waldeck in Arolsen wird der Gruppe für den Oberbergamtsbezirk Bonn zugeteilt.

Die Gruppe für den Oberbergamtsbezirk Dortmund wählt je zwei Beisitzer aus den Werksbesitzern bzw. deren Vertretern und aus den Knappschaftsältesten. Jede der Gruppen für die übrigen Oberbergamtsbezirke wählt je einen Beisitzer aus den Werksbesitzern bzw. deren Vertretern und aus den Knappschaftsältesten.

§ 4. Die Wahlen erfolgen innerhalb der Generalversammlungen der einzelnen Knappschaftsvereine in getrennter Wahlhandlung für die Seite der Werksbesitzer und der Knappschaftsältesten nach dem in den Satzungen geregelten Stimmverhältnis in geheimer Abstimmung nach einfacher Stimmenmehrheit.

Ist eine solche Stimmenmehrheit im ersten Wahlgange nicht erreicht, so findet zwischen denjenigen zwei Personen, welche die meisten Stimmen erhalten haben, eine engere Wahl statt. Haben mehr als zwei Personen die meisten und gleich viel Stimmen erhalten, so entscheidet das von dem Leiter der Generalversammlung zu ziehende Los darüber, wer in die engere Wahl zu bringen ist.

Bei der engeren Wahl entscheidet die Mehrheit der Stimmen. Bei Stimmengleichheit entscheidet das von dem Leiter der Generalversammlung zu ziehende Los.

Über die Wahlhandlung ist eine Niederschrift aufzunehmen und von dem Leiter der Generalversammlung zu vollziehen.

§ 5. Die Knappschaftsvorstände haben das Wahlergebnis unter Beifügung der Verhandlungsniederschrift binnen einer Woche dem Oberbergamt anzuzeigen. Dieses stellt die Wahlergebnisse aller Knappschaftsvereine seines Verwaltungsbezirks zusammen und ermittelt die Zahl der Stimmen, welche die von den Generalversammlungen der einzelnen Knappschaftsvereine gewählten Personen jeder wahlberechtigten Seite erhalten haben. Hierbei werden die Stimmen in der Weise berechnet, daß auf Generalversammlungen solcher Knappschaftsvereine, welche bis zu 1000 Mitgliedern zählen, auf jede wahlberechtigte Seite eine Stimme, auf Generalversammlungen von Knappschaftsvereinen mit mehr als 1000 Mitgliedern für je volle 1000 Mitglieder auf jede wahlberechtigte Seite eine Stimme entfällt.

Als Beisitzer ist gewählt, wer die einfache Mehrheit aller Stimmen der wahlberechtigten Seite einer Gruppe erhalten hat.

Über die Zusammenstellung der Wahlergebnisse und die Ermittelung der Stimmen ist eine Niederschrift aufzunehmen und durch das von dem Oberbergamte hiermit beauftragte Oberbergamtsmitglied zu vollziehen.

§ 6. Die als Beisitzer gewählten Personen werden von dem Oberbergamt hiervon mittels eingeschriebenen Briefes mit der Aufforderung in Kenntnis gesetzt, etwaige Ablehnungsgründe binnen einer Woche nach Empfang des Briefes anzuzeigen, widrigenfalls die Wahl als angenommen gelte.

§ 7. Hinsichtlich der Voraussetzungen für die Wahlberechtigung und die Wählbarkeit, der Dauer der Wahlperiode, der Ernennung von Beisitzern, der Ablehnung der Wahl und der Wiederwahl gelten gemäß § 186 m Abs. 2 a. a. O. die Bestimmungen im § 186 b Abs. 3 bis 6 und im § 186 c a. a. O. mit der Maßgabe, daß gegebenenfalls die Befugnisse des Oberbergamts von mir wahrgenommen werden.

E. Bestimmungen des Ministers für Handel und Gewerbe vom 29. Dezember 1911 — I. 8530, III. 8581 —, betreffend die Ausführung der Reichsversicherungsordnung im Bereiche der Bergverwaltung.

(An die Oberbergämter in Halle, Clausthal, Dortmund und Bonn.)

Auf Grund der §§ 112, 110, 1628, 1627 der Reichsversicherungsordnung und der Übergangsbestimmung des Bundesrats, betreffend die Anwendung des § 112 in Fällen, in denen die Versichertenvertreter in öffentlicher Wahl gewählt sind, vom 23. Dezember 1911 (RGBl. S. 1133) bestimme ich:

1. Die Oberbergämter in Halle (Saale), Clausthal, Dortmund und Bonn werden ermächtigt, die nachbezeichneten Aufgaben des Versicherungsamts aus der Invaliden- und Hinterbliebenenversicherung an Organe von Knappschaftsvereinen ihres Bezirks zu übertragen, die den Voraussetzungen des § 112 der Reichsversicherungsordnung oder der oben bezeichneten Übergangsbestimmung des Bundesrats entsprechen:

Entgegennahme der Anträge auf die Leistungen der Invaliden- und Hinterbliebenenversicherung nach § 1613;

Vorbereitung und Begutachtung dieser Anträge nach den §§ 1617 bis 1628;

Benachrichtigung der Versicherungsträger nach den §§ 1629 und 1550;

Stellung des Antrags auf Kostenbelastung eines Beteiligten nach § 1634;

Entscheidung über vorzeitig wiederholte Anträge nach § 1635;

Einforderung der eidesstattlichen Erklärung von den Hinterbliebenen eines Verschollenen nach § 1265 Abs. 2;

Bestimmung der zum Bezuge der Waisenaussteuer berechtigten Person nach § 1303 Abs. 2.

Bei Wahrnehmung dieser Aufgaben tritt das beauftragte Knappschaftsorgan überall an Stelle des Versicherungsamts mit Ausnahme der Benachrichtigung der Versicherungsträger nach den §§ 1629 und 1550, die dem Knappschaftsorgane neben dem Versicherungsamt obliegt.

2. Für das Verfahren vor dem beauftragten Knappschaftsorgan gelten die Vorschriften der Kaiserlichen Verordnung über Geschäftsgang und Verfahren der Versicherungsämter vom 24. Dezember 1911 (RGBl. S. 1107ff.), insbesondere die §§ 73 bis 95, soweit sich nicht notwendige Abweichungen aus der Art der Zusammensetzung des beauftragten Organs ergeben.

Die Anträge auf die Leistungen der Invaliden- und Hinterbliebenenversicherung können durch die zuständigen Knappschaftskassen angebracht werden.

Die Beibringung der in den §§ 74ff. der Kaiserlichen Verordnung bezeichneten Urkunden kann durch die Bezugnahme auf bereits beim Knappschaftsvereine vorhandene Urkunden gleicher Art ersetzt werden.

F. Verordnung über Geschäftsgang und Verfahren der Versicherungsämter vom 24. Dezember 1911.

(RGBl. S. 1107.)

Wir Wilhelm, von Gottes Gnaden Deutscher Kaiser, König von Preußen rc. verordnen auf Grund des § 35 Abs. 2 der Reichsversicherungsordnung im Namen des Reichs, nach erfolgter Zustimmung des Bundesrats, was folgt:

A. Einleitende Bestimmungen.

Vorsitzende, Versicherungsvertreter und Hilfskräfte des Versicherungsamts.

§ 1. Die ständigen Stellvertreter des Vorsitzenden des Versicherungsamts (§ 39 der Reichsversicherungsordnung) werden, soweit sie nicht bereits einen Diensteid geleistet haben, durch einen Beauftragten der obersten Verwaltungsbehörde, in deren Bezirke das Versicherungsamt seinen Sitz hat, vor dem Antritt ihres Amtes auf die gewissenhafte Erfüllung der Amtspflichten eidlich verpflichtet. Das gleiche gilt für den Vorsitzenden eines als selbständige Behörde errichteten Versicherungsamts (§ 38 der Reichsversicherungsordnung).

Die Versicherungsvertreter werden spätestens in der ersten Verhandlung, zu der sie zugezogen werden, von dem Vorsitzenden des Versicherungsamts auf die gewissenhafte Erfüllung ihrer Amtspflichten eidlich verpflichtet (§ 53 Abs. 1 der Reichsversicherungsordnung). § 51 Abs. 5 des Gerichtsverfassungsgesetzes gilt entsprechend. Die Verpflichtung gilt für die Dauer der Wahlzeit. Im Falle der Wiederwahl genügt die Verweisung auf die frühere Verpflichtung.

Der Vorsitzende verpflichtet die Hilfskräfte des Versicherungsamts, soweit sie nicht bereits einen Diensteid geleistet haben, eidlich auf die gewissenhafte Erfüllung der Amtspflichten.

Über die Verpflichtung ist eine Niederschrift aufzunehmen.

§ 2. Name und Wohnort des Vorsitzenden und seiner ständigen Stellvertreter sind in der Weise zu veröffentlichen, wie sie im Bezirke des Versicherungsamts für amtliche Bekanntmachungen der Verwaltungsbehörde üblich ist.

§ 3. Der Vorsitzende übt die unmittelbare Dienstaufsicht über die Hilfskräfte aus.

§ 4. Die Versicherungsvertreter haben dem Vorsitzenden anzuzeigen, wenn durch eine Änderung in ihren persönlichen Verhältnissen die Voraussetzungen ihrer Wählbarkeit (§ 47 der Reichsversicherungsordnung) wegfallen.

Werden dem Vorsitzenden von einem Versicherungsvertreter Tatsachen bekannt, die seine Wählbarkeit ausschließen oder eine grobe Verletzung seiner Amtspflicht darstellen (§ 52 der Reichsversicherungsordnung), so hat der Vorsitzende den Versicherungsvertreter zu den Sitzungen einstweilen nicht zuzuziehen. Vor der Enthebung vom Amte ist dem Versicherungsvertreter Gelegenheit zur Äußerung zu geben.

Spruchausschüsse und Beschlußausschuß.

§ 5. Der Vorsitzende bildet die Spruchausschüsse und den Beschlußausschuß (§§ 56, 57 der Reichsversicherungsordnung).

Die Versicherungsvertreter für den Beschlußausschuß (§ 57 Abs. 2 der Reichsversicherungsordnung) werden schriftlich (durch einzusendende oder verdeckt abzugebende Stimmzettel) oder — sofern kein Widerspruch erfolgt — auf andere Weise (durch mündliche Abstimmung, Zuruf oder Handerheben) gewählt. Der Vorsitzende des Versicherungsamts leitet die Wahl. Bei Stimmengleichheit entscheidet das vom Vorsitzenden zu ziehende Los.

Über den Hergang der Wahl ist eine Niederschrift aufzunehmen. Bei Streit über die Wahl entscheidet das Oberversicherungsamt endgültig.

§ 6. Der Vorsitzende des Versicherungsamts setzt im voraus für jedes Kalenderhalbjahr, zum ersten Male für die Zeit bis zum 31. Dezember 1912, die Reihenfolge fest, in der die Versicherungsvertreter und ihre Stellvertreter (§§ 40, 46 der Reichsversicherungsordnung) zu den Erörterungen über Einsprüche gegen Änderungen von Unfalldauerrenten (§§ 1602, 1603 a. a. O.), zu den Verhandlungen über Invaliden- und Hinterbliebenenansprüche (§§ 1618, 1620, 1626, 1632 a. a. O.) sowie zu den Verhandlungen der Spruchausschüsse (§§ 1656, 1771 a. a. O.) zugezogen werden. Dabei sind die allgemeinen Bestimmungen zu beachten, die das Oberversicherungsamt getroffen hat.

Versicherungsvertreter, die im Beschlußausschusse mitwirken, sind entsprechend seltener zu den Verhandlungen der Spruchausschüsse sowie zu den sonstigen in Abs. 1 bezeichneten Verhandlungen zuzuziehen.

In Sachen der Unfallversicherung sollen — nötigenfalls außer der Reihe — möglichst Angehörige solcher Betriebe zugezogen werden, welche dem Unfallbetriebe technisch und wirtschaftlich nahestehen.

Die Gründe, aus denen in Ausnahmefällen von der im Abs. 1 festgesetzten Reihenfolge abgewichen wird oder Versicherungsvertreter, wie sie Abs. 3 bezeichnet, nicht zugezogen werden, sind in den Akten zu vermerken.

Innerer Geschäftsgang.

§ 7. Alle Entscheidungen, Beschlüsse, Anordnungen, Verfügungen, Ersuchen, Berichte usw. ergehen unter dem Namen des Versicherungsamts, und zwar, sofern sie von einem Spruchausschuß oder vom Beschlußausschuß ausgehen, unter zusätzlicher Bezeichnung des betreffenden Ausschusses.

§ 8. Der Vorsitzende führt die Geschäfte und Verhandlungen des Versicherungsamts, zeichnet die Verfügungen und Entscheidungen und vollzieht die Reinschriften — vorbehaltlich des § 10 dieser Verordnung. Er regelt, leitet und beaufsichtigt den Geschäftsgang bei dem Versicherungsamte.

Der Tag des Eingangs ist auf den eingehenden Schriftstücken zu vermerken.

§ 9. Im Falle der Behinderung des Vorsitzenden tritt an seine Stelle, vorbehaltlich des § 54 dieser Verordnung, der ständige Stellvertreter (§ 39 der Reichsversicherungsordnung).

Im übrigen bestimmt die oberste Verwaltungsbehörde das Nähere über die Vertretung des Vorsitzenden durch die ständigen Stellvertreter. Dabei ist dem Vorsitzenden die Befugnis vorzubehalten, im einzelnen Falle eine Amtshandlung selbst zu übernehmen.

Ausfertigungen und Abschriften. Vereinfachung des Geschäftsganges.

§ 10. Ausfertigungen und Abschriften sind als solche zu bezeichnen

Die Ausfertigungen werden am Schlusse mit dem Siegel des Versicherungsamts (§ 11 dieser Verordnung) versehen und entweder vom Vorsitzenden unterzeichnet oder, sofern dies von der obersten Verwaltungsbehörde zugelassen ist, von einem Bureau- oder Kanzleibeamten des Versicherungsamts in der Weise vollzogen, daß unter die einschließlich der Unterschrift gefertigte Abschrift gesetzt wird:

„Die Übereinstimmung dieser Ausfertigung mit der Urschrift wird hierdurch beglaubigt",

und daß der Beamte diesen Zusatz unter Bezeichnung seiner Amtseigenschaft unterschreibt.

Die oberste Verwaltungsbehörde kann, soweit es sich nicht um Verfügungen mit entscheidendem Inhalt (§ 34 dieser Verordnung) handelt, anordnen oder genehmigen, daß und in welcher Form der Erlaß einfacher Verfügungen, insbesondere vorbereitender, prozeßleitender und ähnlicher Art, sowie die Vollziehung der Reinschriften durch einen Bureau- oder Kanzleibeamten geschehen darf.

Siegel. Geschäftssprache.

§ 11. Das Versicherungsamt führt ein Siegel, das die Bezeichnung des Versicherungsamts unter Angabe seines Sitzes zu enthalten hat und im übrigen durch die für den Sitz des Versicherungsamts zuständige oberste Verwaltungsbehörde bestimmt wird.

Für die Geschäftssprache vor dem Versicherungsamte gelten die §§ 186 bis 193 des Gerichtsverfassungsgesetzes entsprechend. Schriftstücke, die nicht in deutscher Sprache abgefaßt sind, brauchen nicht berücksichtigt zu werden.

Besondere Bestimmungen.

§ 12. Für Versicherungsämter, die bei unteren Verwaltungsbehörden errichtet sind, gelten die §§ 2, 8, 9, 10 dieser Verordnung nicht. Die oberste Verwaltungsbehörde bestimmt das Nähere.

B. Ordnung des Verfahrens.

I. Allgemeiner Teil.

Antrag.

§ 13. Die Anträge sind schriftlich oder mündlich zu stellen.

Wird ein Antrag mündlich gestellt, so ist darüber eine Niederschrift zu fertigen.

Die Anträge sollen den Anspruch bestimmt bezeichnen, insbesondere den in Anspruch genommenen Träger der Versicherung oder den beteiligten sonstigen Verpflichteten und den etwa erteilten Bescheid sowie die Tatsachen und Beweismittel angeben, die zur Begründung des Anspruchs dienen.

§ 14. Ist den im § 13 dieser Verordnung bezeichneten Erfordernissen nicht vollständig genügt, insbesondere der Antrag nicht hinreichend bestimmt, so hat das Versicherungsamt die Ergänzung zu veranlassen. Es hat auch dahin zu wirken, daß die Parteien die angemessenen und sachdienlichen Anträge stellen.

Vertretung der Parteien.

§ 15. Die Schriftsätze müssen entweder von dem Antragsteller selbst oder seinem gesetzlichen Vertreter oder von einem Bevollmächtigten unterzeichnet sein.

§ 16. Die Beistände prozeßfähiger Personen, die mit diesen erschienen sind, sind neben den Parteien auf deren Verlangen zu hören.

§ 17. Die Prozeßfähigkeit der Parteien, die Vertretungsbefugnisse sowie die Vollmachten sind von Amts wegen zu prüfen. Der Vorsitzende hat darauf hinzuwirken, daß etwaige Mängel beseitigt werden.

§ 18. Für nicht prozeßfähige Parteien ohne gesetzlichen Vertreter hat der Vorsitzende die Bestellung eines solchen (Vormundes oder Pflegers) zu veranlassen. Bis zu dessen Eintritt kann der Vorsitzende der Partei für das Verfahren einen besonderen Vertreter bestellen. Diesem stehen in dem Verfahren alle Parteirechte außer der Empfangnahme von Zahlungen zu.

Das gleiche gilt, wenn der Aufenthaltsort der Partei oder ihres gesetzlichen Vertreters unbekannt oder vom Sitze des Versicherungsamts weit entfernt ist.

Die nicht prozeßfähige Partei ist auf ihr Verlangen selbst zu hören.

Die Kosten des besonderen Vertreters gelten als Parteikosten (§ 1670 der Reichsversicherungsordnung, § 35 dieser Verordnung).

§ 19. Die Vollmacht muß schriftlich erteilt werden. Ehegatten, Verwandte oder Verschwägerte der aufsteigenden Linie und volljährige Verwandte oder Verschwägerte der absteigenden Linie können auch ohne den Nachweis einer schriftlichen Vollmacht zur Vertretung zugelassen werden. Dasselbe gilt von den im § 1663 Abs. 2 der Reichsversicherungsordnung bezeichneten Personen; indessen ist diesen die Nachbringung einer schriftlichen Vollmacht aufzugeben. Die Partei muß die Prozeßführung gegen sich gelten lassen, wenn sie auch nur mündlich Vollmacht erteilt oder wenn sie die Prozeßführung ausdrücklich oder stillschweigend genehmigt hat.

Die Vorschriften der Reichsversicherungsordnung über die Zurückweisung von Bevollmächtigten und Beiständen (§ 1663) gelten für das Verfahren vor dem Versicherungsamt auch außerhalb der Fälle, für die jene Vorschriften getroffen sind.

Beifügung von Abschriften.

§ 20. In Streitsachen über Ansprüche, die das Versicherungsamt zu entscheiden hat, ist von den eingereichten Schriftstücken für jeden Gegner eine Abschrift beizufügen. Das Versicherungsamt kann jedoch die Einreichung von Abschriften der Schriftstücke erlassen. Wird eine

Abschrift nicht eingereicht, so kann das Versicherungsamt die erforderlichen Abschriften anfertigen lassen und die Kosten dafür vom Antragsteller einziehen.

Mitteilung des Antrags an die Beteiligten.

§ 21. In den im § 20 dieser Verordnung bezeichneten Streitsachen wird jedem Beteiligten der Antrag oder der wesentliche Inhalt des Antrages mit dem Anheimgeben mitgeteilt, binnen einer bestimmten Frist, die in der Regel nicht länger als zwei Wochen zu bemessen ist, eine Gegenerklärung abzugeben. Dabei ist darauf hinzuweisen, daß auch verhandelt und entschieden werden kann, wenn die Gegenerklärung nicht innerhalb der Frist abgegeben sei.

Die Frist zur Gegenerklärung kann auf Antrag verlängert werden.

Akteneinforderung.

§ 22. Wenn der Versicherungsträger oder der sonst Verpflichtete dem Versicherungsamte die Verhandlungen nicht gleichzeitig mit dem Antrag auf Entscheidung oder mit der Gegenerklärung eingereicht hat, so hat das Versicherungsamt sie unverzüglich einzufordern.

Die Vorverhandlungen umfassen die sämtlichen Schriftstücke über den Anspruch, die bei dem Versicherungsträger oder dessen Organen oder bei dem sonst Verpflichteten vorhanden sind, einschließlich derjenigen, die sich in Vorakten befinden oder etwa im Laufe des Verfahrens neu entstanden sind. Die neuen Schriftstücke sind auch ohne Auffordern unverzüglich nachzureichen.

Zuziehung Dritter.

§ 23. Dritte, die an dem Ausgang des Verfahrens ein berechtigtes Interesse haben, können vom Versicherungsamt auf Antrag oder von Amts wegen zum Verfahren zugezogen werden.

Solche Dritte sind auch ohne Zuziehung jederzeit berechtigt, dem Verfahren beizutreten, Ausführungen zu machen und Anträge zu stellen.

Sie sind im Falle der Zuziehung oder des Beitritts von dem Gange und dem Ausgang des Verfahrens in Kenntnis zu setzen.

Klarstellung des Sachverhalts.

§ 24. Für die Vorbereitung der Entscheidung und für die Klarstellung des Sachverhalts gilt § 1652 der Reichsversicherungsordnung auch in anderen als den dort vorgesehenen Fällen entsprechend.

§ 25. Sollen in oder außerhalb einer mündlichen Verhandlung Beweise erhoben, insbesondere Zeugen oder Sachverständige vernommen werden, so ist den Beteiligten eine Nachricht über Zeit, Ort und Gegenstand der Beweisverhandlung mit dem Bemerken zuzustellen, daß ihnen die Anwesenheit bei der Vernehmung auf ihre Kosten freistehe.

Zwischen der Benachrichtigung und dem Tage der Beweisverhandlung soll in der Regel ein Zeitraum von mindestens drei Tagen liegen.

Die Beteiligten sind berechtigt, den Zeugen oder Sachverständigen oder einem anderen Beteiligten diejenigen Fragen vorlegen zu lassen, welche sie zur Aufklärung der Sache für dienlich halten. Der Vorsitzende kann ihnen gestatten, selbst Fragen zu stellen. Zweifel über die Zulässigkeit einer Frage entscheidet der Vorsitzende.

§ 26. Der Vorsitzende kann das persönliche Erscheinen einer Partei zu einer Beweiserhebung oder zum Zwecke einer solchen anordnen. In diesem Falle ist ihr zu eröffnen, daß ihr auf Verlangen dafür bare Auslagen und Zeitverlust vergütet werden und daß aus dem Nichterscheinen ungünstige Schlüsse für ihren Anspruch gezogen werden können.

§ 27. Den Zeugen und Sachverständigen ist mit der Ladung der Gegenstand ihrer Vernehmung mitzuteilen. Aus besonderen Gründen, namentlich zur Herbeiführung einer unbeeinflußten, wahren Aussage, kann hiervon abgesehen werden. Die Gründe sind in den Akten zu vermerken.

§ 28. Über die Beweisaufnahme ist unter Zuziehung eines vereidigten oder durch Handschlag verpflichteten Schriftführers eine Niederschrift aufzunehmen.

Den Zeugen und Sachverständigen ist ihre niedergeschriebene Aussage unmittelbar nach der Vernehmung vorzulesen oder zur Durchsicht vorzulegen und Gelegenheit zur Berichtigung und Ergänzung zu geben. In der Niederschrift ist zu bemerken, daß sie vorgelesen oder vorgelegt und daß sie genehmigt ist oder welche Einwendungen erhoben sind.

§ 46 Abs. 2, § 47 Abs. 2 dieser Verordnung sind anzuwenden.

Über das Ergebnis eines Augenscheins außerhalb der mündlichen Verhandlung kann in einfacheren Fällen der Vorsitzende oder der von ihm beauftragte Versicherungsvertreter (§ 55 der Reichsversicherungsordnung) allein eine Feststellung zu den Akten bringen.

Abs. 1 bis 3 und § 25 gelten nicht für eine lediglich vorbereitende Befragung von Auskunftspersonen.

Unterbrechung des Verfahrens.

§ 29. Die Vorschriften des § 239 Abs. 1, 2 und der §§ 241, 249 der Zivilprozeßordnung über die Unterbrechung des Verfahrens gelten entsprechend.

Mitteilung neuen Vorbringens und der Beweisergebnisse.

§ 30. Vor der Entscheidung über zulässige und rechtzeitige Anträge soll den Beteiligten von erheblichem neuen tatsächlichen Vorbringen der Gegner und von Beweiserhebungen, die ohne ihre rechtzeitige (§ 25 Abs. 2 dieser Verordnung) Benachrichtigung in ihrer Abwesenheit stattgefunden haben, Kenntnis und Gelegenheit zur Äußerung binnen angemessener Frist gegeben werden.

Entscheidung.

§ 31. Das Versicherungsamt entscheidet innerhalb der erhobenen Ansprüche nach freiem Ermessen.

§ 32. In der Entscheidung werden die nach § 1802 der Reichsversicherungsordnung einem Beteiligten etwa auferlegten Kosten festgesetzt.

§ 33. Am Schlusse der Entscheidung, die über einen Anspruch ergeht — einschließlich der nach § 1657 der Reichsversicherungsordnung erlassenen Vorentscheidung —, ist darauf hinzuweisen, ob ein Rechtsmittel und zutreffendenfalls welches Rechtsmittel gegen sie gegeben und innerhalb welcher Frist und wo es einzulegen ist (§§ 128, 129, 1675, 1680, 1792, 1797 der Reichsversicherungsordnung). In Spruchsachen der Krankenversicherung ist ferner darauf hinzuweisen, daß das Oberversicherungsamt dem unterliegenden Teile eine Gebühr auflegt (§ 1803 der Reichsversicherungsordnung).

§ 34. Entscheidungen, die durch ein Rechtsmittel anfechtbar sind, sind schriftlich niederzulegen und mit Gründen zu versehen; den Beteiligten sind sie mit den Gründen in Ausfertigung (§ 10 Abs. 2 dieser Verordnung) zuzustellen (§§ 135, 136 der Reichsversicherungsordnung).

§ 35. Für die Kostenentscheidung sowie für die Berichtigung und Ergänzung der Entscheidung sind die Vorschriften der Reichsversicherungsordnung (§§ 1670, 1673, 1674) auch außerhalb der darin vorgesehenen Fälle entsprechend anzuwenden.

Akteneinsicht.

§ 36. Die Beteiligten können — vorbehaltlich der Vorschriften im § 1607 Abs. 2, § 1631 Abs. 2, § 1653 Abs. 2 der Reichsversicherungsordnung — Einsicht in die Akten nehmen und sich daraus gegen Erstattung der Kosten Ausfertigungen, Auszüge und Abschriften erteilen lassen. Der Vorsitzende kann aus besonderen Gründen die Akteneinsicht versagen oder beschränken.

Dritten Personen kann der Vorsitzende des Versicherungsamts ohne Einwilligung der Parteien die Einsicht der Akten nur gestatten, wenn ein rechtliches Interesse glaubhaft gemacht wird.

Die Entwürfe zu Entscheidungen sowie Schriftstücke, die Abstimmungen betreffen, werden weder vorgelegt noch abschriftlich mitgeteilt.

II. Besonderer Teil.

I. Verfahren mit mündlicher Verhandlung.

(§§ 1602, 1604, 1618, 1626, 1632, 1660 bis 1674, 1771 bis 1775, 1781 Abs. 4 der Reichsversicherungsordnung, § 61 dieser Verordnung.)

1. Gemeinsame Vorschriften.

Verhandlungsort.

§ 37. Die mündliche Verhandlung findet in der Regel am Sitze des Versicherungsamts statt. Der Vorsitzende ist jedoch befugt, die Verhandlung an einem anderen Orte des Bezirkes des Versicherungsamts anzuberaumen; die oberste Verwaltungsbehörde kann Näheres bestimmen.

Verhandlungszeit.

§ 38. Von Ort und Zeit der mündlichen Verhandlung sind die Parteien und die etwa zugezogenen oder einer Partei beigetretenen Beteiligten, soweit sie ein Recht zum Erscheinen haben, zu benachrichtigen, und zwar in der Regel durch eingeschriebenen Brief oder gegen Postzustellungsurkunde. Wird einer der Bezeichneten durch einen Bevollmächtigten vertreten, so wird dieser benachrichtigt; beide werden benachrichtigt, wenn das persönliche Erscheinen eines der Bezeichneten angeordnet ist. Sind mehrere Bevollmächtigte einer Partei vorhanden, so genügt die Zustellung an einen Bevollmächtigten. Ein Ausweis über die Zustellung soll zu den Akten gebracht werden.

§ 39. Zwischen der Mitteilung der Verhandlungszeit und dieser selbst soll regelmäßig im Spruchausschuß- und Beschlußausschußverfahren ein Zeitraum von mindestens einer Woche, im übrigen von mindestens drei Tagen liegen. Die Gründe für eine Abweichung von der Regel sind aktenkundig zu machen.

§ 40. Die Parteien sind in der Mitteilung von der Verhandlungszeit darauf hinzuweisen, daß ihre Ansprüche von Amts wegen geprüft werden, daß ihr persönliches Erscheinen oder das Erscheinen eines Vertreters nicht erforderlich ist und daß auch im Falle ihres Ausbleibens verhandelt und entschieden werden kann. In den Fällen der Begutachtung durch das Versicherungsamt (§§ 1605, 1623, 1626 Abs. 1 der Reichsversicherungsordnung) ist darauf hinzuweisen, daß das Gutachten nach Lage der Akten werde erstattet werden. Bei der Anordnung des persönlichen Erscheinens einer Partei ist ihr zu eröffnen, daß ihr auf Verlangen bare Auslagen und Versäumnis vergütet werden (§ 1669 Abs. 1, § 1789 der Reichsversicherungsordnung) und daß aus dem Nichterscheinen ungünstige Schlüsse für ihren Anspruch gezogen werden können.

§ 41. Die Reihenfolge der Sachen, die zur mündlichen Verhandlung gelangen, wird durch den Vorsitzenden bestimmt und durch Aushang vor dem Sitzungszimmer bekannt gemacht; die Sachen werden nach Aufruf in der Regel in der Reihenfolge erledigt, wie sie der Aushang ergibt.

Verhandlung.

§ 42. Gegen Personen, die auf Grund des § 1664 der Reichsversicherungsordnung aus dem Sitzungszimmer entfernt worden sind, wird in gleicher Weise verfahren, wie wenn sie sich freiwillig entfernt hätten.

§ 43. Wird bei der Verhandlung ein Bevollmächtigter oder Beistand zurückgewiesen (§ 1604 Abs. 2, § 1622 Abs. 2, § 1663 der Reichsversicherungsordnung), ohne daß dies der Partei vorher rechtzeitig angedroht worden ist, so ist, falls die Partei nicht erschienen ist oder falls sie es beim Erscheinen auf Befragen beantragt, die Verhandlung auszusetzen und eine neue Verhandlungszeit anzuberaumen.

§ 44. Die mündliche Verhandlung wird vom Vorsitzenden geleitet und beginnt mit der Darstellung des Sachverhalts durch ihn oder durch eine andere von ihm hierzu bestimmte, beim Versicherungsamte beschäftigte Person.

Demnächst sind die erschienenen Beteiligten zu hören. Der Vorsitzende hat das Sach- und Streitverhältnis mit ihnen zu erörtern und dahin zu wirken, daß sie über alle erheblichen Tatsachen sich vollständig erklären sowie die angemessenen und sachdienlichen Anträge stellen.

Die Anträge können ergänzt, berichtigt oder geändert werden.

Der Vorsitzende hat den Versicherungsvertretern auf Verlangen zu gestatten, Fragen an die erschienenen Parteien, Parteivertreter, Beistände,

Zeugen und Sachverständigen zu stellen. Zweifel über die Zulässigkeit der Fragen entscheidet der Vorsitzende.

Beschließt das Versicherungsamt eine Beweiserhebung, so soll die Aufnahme des Beweises, soweit dies tunlich ist, sofort erfolgen; insbesondere sollen Zeugen und Sachverständige, deren Vernehmung zweckdienlich erscheint, sofort vernommen werden, falls sie zur Stelle sind oder ihre unverzügliche Gestellung möglich ist.

Niederschrift.

§ 45. Über die mündliche Verhandlung ist auch außerhalb der im Gesetze vorgesehenen Fälle (§ 1604 Abs. 1 in Verbindung mit § 1594, § 1622 Abs. 2, §§ 1626, 1672 der Reichsversicherungsordnung) durch einen vereidigten Schriftführer eine Niederschrift aufzunehmen.

Sie enthält Ort und Tag der Verhandlung, die Bezeichnung der verhandelten Sache, gegebenenfalls die Bezeichnung des tagenden Spruch- oder Beschlußausschusses, ferner den Namen und Beruf des Vorsitzenden, des Vertreters der Arbeitgeber, des Vertreters der Versicherten und des Schriftführers sowie des etwa zugezogenen Dolmetschers unter Bezeichnung der Eigenschaft, in der sie mitwirken, schließlich die Namen der erschienenen Beteiligten, Vertreter und Beistände sowie die Angabe, daß öffentlich verhandelt oder die Öffentlichkeit ausgeschlossen ist.

§ 46. Die Niederschrift hat den Gang der Verhandlung im allgemeinen wiederzugeben. Insbesondere sind aufzunehmen:

1. Erklärungen der Beteiligten, welche die Zurücknahme eines Antrags bezwecken, Anerkenntnisse, Verzichtleistungen und Vergleiche sowie andere Parteierklärungen, namentlich Geständnisse, deren Feststellung das Versicherungsamt beim Schlusse der mündlichen Verhandlung für angemessen erachtet;
2. solche Anträge und erheblichen Erklärungen der Beteiligten, die von dem Inhalt der Schriftsätze abweichen;
3. die Aussagen der Zeugen und Sachverständigen und die Feststellung, ob sie beeidigt sind oder nicht;
4. das Ergebnis eines Augenscheins;
5. die Entscheidungen des Versicherungsamts (Urteils- oder Beschlußformel, Inhalt der Verfügungen) und die Gutachten, die nach §§ 1605, 1623, § 1626 Abs. 1 der Reichsversicherungsordnung zu erstatten sind;
6. die Verkündung der Entscheidungen, soweit dies vorgeschrieben ist (§ 1671 Abs. 1 der Reichsversicherungsordnung und § 51 dieser Verordnung).

Der Aufnahme in die Niederschrift steht die Aufnahme in eine Schrift gleich, die der Niederschrift als Anlage beigefügt, als solche vom Vorsitzenden und Schriftführer gekennzeichnet und in der Niederschrift aufgeführt ist.

§ 47. Die Niederschrift ist, soweit sie die Nummern 1 bis 3 des § 46 betrifft, den Beteiligten vorzulesen oder zur Durchsicht vorzulegen. In der Niederschrift ist zu bemerken, daß dies geschehen und die Genehmigung erfolgt ist oder welche Einwendungen erhoben sind.

Die Niederschrift ist von dem Vorsitzenden und dem Schriftführer zu unterzeichnen. Ist der Vorsitzende verhindert, so genügt die Unterschrift des Schriftführers. Die Tatsache der Verhinderung des Vorsitzenden ist in der Niederschrift zu vermerken.

2. Sonderbestimmungen für das Verfahren vor den Spruchausschüssen, vor dem Vorsitzenden im Falle des § 1661 der Reichsversicherungsordnung und vor dem Beschlußausschusse.

a) Gemeinsames.

Verhandlung ohne vorausgegangenen Schriftwechsel.

§ 48. In einfachen Fällen, namentlich dann, wenn das tatsächliche Verhältnis aus den Akten und Urkunden sich sofort feststellen läßt, kann alsbald Termin zur mündlichen Verhandlung anberaumt werden. Dem Gegner sind dann gleichzeitig mit der Terminsnachricht Abschriften des Antrags und der ihm noch nicht bekannten Beweisstücke mitzuteilen oder es ist ihm von dem wesentlichen Inhalt des Antrags und der Beweisstücke Kenntnis zu geben.

Mitwirkende an den Entscheidungen.

§ 49. Bei den Entscheidungen dürfen nur Mitglieder mitwirken, vor denen die mündliche Verhandlung stattgefunden hat.

Beratung und Abstimmung.

§ 50. Die Beratung und Beschlußfassung schließen sich unmittelbar an die mündliche Verhandlung an. Sie sind nicht öffentlich. Außer den zur Entscheidung Berufenen und dem Schriftführer dürfen nur die bei dem Versicherungsamte beschäftigten Personen zugegen sein, welchen der Vorsitzende des Versicherungsamts die Anwesenheit zu ihrer Ausbildung gestattet hat.

Bei der Abstimmung (§§ 1667, 1771, § 1790 Abs. 1 der Reichsversicherungsordnung) stimmen zunächst die Versicherungsvertreter, und zwar zuerst der dem Lebensalter nach jüngere. Die §§ 196, 197 des Gerichtsverfassungsgesetzes gelten entsprechend.

Die Abstimmung der einzelnen Mitglieder darf keinen schriftlichen Ausdruck finden.

Über den Hergang bei der Beratung und über das Stimmenverhältnis ist zu schweigen.

Verkündung.

§ 51. Die Entscheidungen (Urteile — § 1661, § 1671 Abs. 1 der Reichsversicherungsordnung —, Beschlüsse und Verfügungen), die auf Grund mündlicher Verhandlung ergehen, sind zu verkünden. Die Gründe werden verkündet, soweit dies für erforderlich gehalten wird.

§ 52. Die Verkündung der Entscheidung kann auf eine spätere Sitzung vertagt werden, die in der Regel sofort anzuberaumen ist und binnen einer Woche stattfinden soll.

Schriftliche Abfassung der Entscheidung.

§ 53. Die Entscheidung wird schriftlich abgefaßt. Sie enthält eine gedrängte Darstellung des Sachverhalts unter Hervorhebung der Anträge (Tatbestand) und die Entscheidungsgründe (§ 34 dieser Verordnung); äußerlich davon zu sondern ist die Entscheidungsformel.

Im Eingang der Entscheidung sind die Beteiligten und ihre gesetzlichen Vertreter, das Versicherungsamt, der entscheidende Ausschuß, der Vorsitzende und — in der im § 45 Abs. 2 dieser Verordnung bezeichneten Reihenfolge — die Versicherungsvertreter, die an der Entscheidung teilgenommen haben, aufzuführen. Auch ist der Sitzungstag, an dem die Entscheidung ergangen ist, zu bezeichnen und anzugeben, ob mündlich verhandelt ist.

§ 54. Die Urschrift der Entscheidung wird von dem Vorsitzenden, sofern er aber behindert ist, für ihn von dem an Lebensjahren ältesten Beisitzer unterzeichnet.

Erteilung von Ausfertigungen und Abschriften.

§ 55. Die Ausfertigung der Entscheidung soll binnen zwei Wochen nach der Entscheidung den Beteiligten oder ihren gesetzlichen Vertretern zugestellt werden.

Ist ein Beteiligter durch einen Bevollmächtigten vertreten, so ist diesem die Ausfertigung zuzustellen. Sind mehrere Bevollmächtigte einer Partei vorhanden, so genügt die Zustellung an einen Bevollmächtigten.

b) Verhandlung vor den Spruchausschüssen und vor dem Vorsitzenden im Falle des § 1661 der Reichsversicherungsordnung.

Verfahren beim Ausschlusse der Öffentlichkeit.

§ 56. Das Verfahren beim Ausschlusse der Öffentlichkeit (§ 1660 Abs. 2, § 1671 Abs. 1 der Reichsversicherungsordnung) richtet sich nach den §§ 174 Abs. 2, 175 Abs. 1 des Gerichtsverfassungsgesetzes.

Verhandlungen außerhalb der Sitzung.

§ 57. Verhandlungen außerhalb der Sitzung — insbesondere Beweisaufnahmen (§§ 25 bis 28 dieser Verordnung) — sind nicht öffentlich.

Form der Ausfertigungen der Urteile.

§ 58. Die Ausfertigungen der Urteile (§ 55 dieser Verordnung) erhalten die Überschrift, die für die gerichtlichen Urteile vorgeschrieben (z. B. „Im Namen des Königs") oder im Falle des § 36 Abs. 2 der Reichsversicherungsordnung von den beteiligten Landesregierungen vereinbart ist.

c) Verfahren in Sachen, die dem Beschlußausschusse überwiesen sind.

Entscheidungen des Vorsitzenden ohne die Versicherungsvertreter.

§ 59. Verspätete und unzulässige Anträge können ohne Verhandlung des Beschlußausschusses durch eine mit Gründen versehene Verfügung des Vorsitzenden verworfen werden.

Der Antragsteller kann binnen einer Woche nach der Zustellung die Entscheidung des Beschlußausschusses anrufen. Die Verfügung muß darauf hinweisen.

§ 60. In anderen Fällen kann der Vorsitzende ohne Verhandlung des Beschlußausschusses eine Vorentscheidung treffen. Die §§ 1657 und 1658 der Reichsversicherungsordnung sind entsprechend anzuwenden.

Mündliche Verhandlung.

§ 61. Soweit in einer Beschlußsache vor dem Beschlußausschusse zu verhandeln ist, kann der Vorsitzende mündliche Verhandlung anordnen.

Mitteilung an die Versicherungsvertreter.

§ 62. Den Versicherungsvertretern, die an der Verhandlung mitwirken, ist abgesehen von eiligen Fällen mitzuteilen, welche Sachen verhandelt werden sollen.

II. Verfahren bei Entlassung eines der Dienstordnung unterstehenden Angestellten einer Krankenkasse oder eines Kassenverbandes (§ 358 Abs. 1 Satz 3, § 413 Abs. 2 Satz 1 der Reichsversicherungsordnung).

§ 63. Für das Verfahren bei Entlassung eines Angestellten einer Krankenkasse oder eines Kassenverbandes, welcher der Dienstordnung untersteht, gelten die Vorschriften über das Verfahren vor dem Beschlußausschusse sowie die §§ 13 bis 55, 59 bis 62 dieser Verordnung, soweit die §§ 64 bis 72 nichts anderes bestimmen.

Staatsanwaltschaft.

§ 64. Nach Eingang des Antrags auf Entscheidung des Versicherungsamts (Beschlußausschusses) überreicht der Vorsitzende des Versicherungsamts die Akten der höheren Verwaltungsbehörde. Diese ernennt einen oder mehrere Beamte, die im Verfahren die Verrichtungen der Staatsanwaltschaft wahrzunehmen haben. Den Beamten der Staatsanwaltschaft sind die Akten, die auf das Verfahren Bezug haben, auf Verlangen jederzeit vorzulegen.

Vernehmung des Angestellten und Beweiserhebungen.

§ 65. Der entlassene Angestellte ist unter Mitteilung der Anschuldigung vor den Vorsitzenden des Versicherungsamts zur Vernehmung vorzuladen und zu befragen, ob und zutreffendenfalls welche Beweiserhebungen (§§ 24 bis 28 dieser Verordnung) er vor der mündlichen Verhandlung beantragt.

Der Beamte der Staatsanwaltschaft und die Krankenkasse sind von den Zeiten der Vernehmung des Angestellten und der Beweiserhebungen zu benachrichtigen und befugt, ihnen beizuwohnen oder sich dabei vertreten zu lassen.

Die Zeugen sind auf Antrag des Beamten der Staatsanwaltschaft oder des Angestellten oder der Krankenkasse in der mündlichen Verhandlung zu vernehmen, wenn die Tatsachen, über die sie vernommen werden sollen, erheblich sind und das Versicherungsamt nicht die Überzeugung gewinnt, daß der Antrag nur auf Verschleppung der Sache abzielt. Der Antrag kann abgelehnt werden, wenn dem Erscheinen des Zeugen Krankheit, große Entfernung oder andere erhebliche Hindernisse entgegenstehen. Als große Entfernung im Sinne dieser Verordnung gilt es nicht, wenn der Zeuge sich im Bezirke des dem Versicherungsamt übergeordneten Oberversicherungsamts befindet.

Anschuldigungsschrift.

§ 66. Der Beamte der Staatsanwaltschaft fertigt eine Anschuldigungsschrift an, sobald die Sache vorbereitet ist. Die Anschuldigungsschrift muß außer der Anschuldigung die ihr zugrunde liegenden Tatsachen und die Beweismittel enthalten. Der Beamte der Staatsanwaltschaft ist an die Auffassung der Krankenkasse und des Versicherungsamts nicht gebunden. Hält er die Anschuldigung nicht für begründet und wird die Entlassung nicht zurückgenommen (§ 70 Abs. 1 dieser Verordnung), so bringt er seine Auffassung in der Anschuldigungsschrift zum Ausdruck.

Mündliche Verhandlung.

§ 67. Der Angestellte und die Krankenkasse werden unter Mitteilung einer Abschrift der Anschuldigungsschrift zur mündlichen Verhandlung in einer vom Vorsitzenden zu bestimmenden Sitzung des Versicherungsamts (Beschlußausschuß) geladen. Die Verhandlung ist nicht öffentlich (§ 1790 Abs. 1 der Reichsversicherungsordnung).

Der Beamte der Staatsanwaltschaft wird von der Sitzung benachrichtigt.

Auch in Abwesenheit der Beteiligten wird mündlich verhandelt.

§ 68. In der Ladung ist dem Angeschuldigten und der Krankenkasse mitzuteilen, daß und wie sie sich vertreten lassen können und daß auch im Falle des Ausbleibens des Angestellten oder der Parteivertreter die Sache verhandelt und entschieden werde.

Ist nachgewiesen, daß ein Vertreter bestellt ist, so ist dieser in der gleichen Weise von der Sitzung zu benachrichtigen.

Ist das persönliche Erscheinen des Angeschuldigten angeordnet, so müssen die Ladung an ihn und die Nachricht an seinen Vertreter die Verwarnung enthalten, daß bei seinem Ausbleiben ein Vertreter zur Verteidigung nicht werde zugelassen werden.

§ 69. In der mündlichen Verhandlung wird der wesentliche Inhalt der Anschuldigung vom Beamten der Staatsanwaltschaft mündlich vorgetragen.

Demnächst wird der Angeschuldigte vernommen.

Der Vorsitzende gibt, wenn dies nach den Erklärungen des Angeschuldigten noch erforderlich ist, auf Grund der Verhandlungen eine Darstellung der Beweisaufnahme, soweit sie sich auf die Anschuldigung bezieht.

Soweit der Beschlußausschuß es für erforderlich hält, werden sodann die anwesenden Zeugen und Sachverständigen vernommen.

Nach Abschluß der Beweisaufnahme werden der Beamte der Staatsanwaltschaft und der Vertreter der Krankenkasse mit ihren Anträgen, der Angeschuldigte und sein Vertreter mit der Verteidigung gehört.

Dem Angeschuldigten steht das letzte Wort zu.

Zurücknahme der Entlassung oder des Antrags.

§ 70. Die Krankenkasse kann mit Genehmigung des Versicherungsamts sowie unter Zustimmung des Beamten der Staatsanwaltschaft und mit Einwilligung des Angeschuldigten die Entlassung jederzeit zurücknehmen.

Der entlassene Angestellte kann bis zur Verkündung der Entscheidung den Antrag auf Entscheidung über die gegen ihn verhängte Entlassung zurücknehmen.

Die Zurücknahme der Entlassung oder des Antrags hat die Einstellung des Verfahrens zur Folge. Dabei gilt § 1802 der Reichsversicherungsordnung.

Entscheidung.

§ 71. Bei der Entscheidung hat das Versicherungsamt (Beschlußausschuß) nach seinem freien, aus dem Inbegriffe der Verhandlungen und Beweise geschöpften Überzeugung zu beurteilen, inwieweit die Anschuldigung für begründet zu erachten ist.

Ist die Anschuldigung nicht begründet, so hebt der Beschlußausschuß die Verfügung der Krankenkasse, welche die Entlassung ausspricht, auf und erklärt die Entlassung für unzulässig.

Ist die Anschuldigung begründet, so kann die Entscheidung auf Abweisung des Antrags oder unter Aufhebung der von der Krankenkasse ausgesprochenen Entlassung auf eine Ordnungsstrafe lauten, wie sie in der Dienstordnung vorgesehen ist.

Beschwerde.

§ 72. Gegen die Entscheidung steht neben den Parteien auch dem Beamten der Staatsanwaltschaft das Rechtsmittel der Beschwerde zu; für die Berechnung der Beschwerdefrist gilt § 128 der Reichsversicherungsordnung.

III. Mitwirkung des Versicherungsamts im Verfahren der Invaliden- und Hinterbliebenenversicherung (§§ 1613 bis 1629 der Reichsversicherungsordnung).

Entgegennahme, Vorbereitung und Begutachtung der Anträge.

§ 73. Den Anträgen auf die Leistungen der Invaliden- und Hinterbliebenenversicherung (§§ 1613, 1743, 1250ff. der Reichsversicherungsordnung), die an das Versicherungsamt zu richten sind, sind die zu ihrer Begründung dienenden Beweisstücke beizufügen, und zwar insbesondere die in den §§ 74 bis 80 dieser Verordnung bezeichneten Urkunden. Für die Gebühren- und Stempelfreiheit dieser Urkunden gelten die §§ 137, 138 der Reichsversicherungsordnung.

An Stelle der danach erforderlichen Sterbeurkunde des Versicherten ist gegebenenfalls eine Erklärung der Gemeindebehörde über seine Verschollenheit beizubringen (§ 1265 der Reichsversicherungsordnung).

§ 74. Beim Anspruch auf Invalidenrente sind vorzulegen die letzte Quittungskarte (bei Seeleuten das Seefahrtsbuch und etwa vorhandene Nachweisungen), die Bescheinigungen über Aufrechnung der früheren Quittungskarten, über Krankheitszeiten und militärische Dienstleistungen, soweit diese nicht in den Quittungskarten aufgerechnet sind, sowie zutreffendenfalls die Bescheinigungen über die vorgesetzliche Wartezeit (Artikel 64, 66 des Einführungsgesetzes zur Reichsversicherungsordnung) und die Bescheinigungen der Sonderanstalten (§ 1370 der Reichsversicherungsordnung).

Beizufügen ist auch eine ärztliche, behördliche oder andere zuverlässige Bescheinigung über Ursache und Dauer der Invalidität.

Wird Erhöhung der Invalidenrente nach § 1291 der Reichsversicherungsordnung beantragt, so sind außerdem die Geburtsurkunden der Kinder vorzulegen.

§ 75. Beim Anspruch auf Altersrente sind außer den im § 74 Abs. 1 dieser Verordnung bezeichneten Urkunden der Geburtsschein und gegebenenfalls die Bescheinigungen über die vorgesetzliche Wartezeit (Artikel 65, 66 des Einführungsgesetzes zur Reichsversicherungsordnung) vorzulegen.

§ 76. Beim Anspruch auf Witwenrente sind, soweit der Verstorbene nicht bereits Invalidenrente bezogen hat, dessen letzte Quittungskarte und die im § 74 Abs. 1 dieser Verordnung bezeichneten Bescheinigungen sowie die Heirats- und Sterbeurkunde vorzulegen.

§ 74 Abs. 2 gilt, abgesehen von dem Fall des § 1743 der Reichsversicherungsordnung, entsprechend.

§ 77. Beim Anspruch auf Witwerrente sind vorzulegen die letzte Quittungskarte sowie die Bescheinigungen über Aufrechnung der früheren Quittungskarten und über nicht schon aufgerechnete Krankheitszeiten der Verstorbenen, ferner die Heirats- und Sterbeurkunde, eine Bescheinigung der Gemeindebehörde über die Bedürftigkeit des Witwers, endlich auch eine Bescheinigung der Gemeindebehörde des letzten Wohnorts der Verstorbenen darüber, daß diese wegen Erwerbsunfähigkeit ihres Ehemanns die Ernährerin ihrer Familie gewesen ist.

§ 78. Beim Anspruch auf Witwengeld sind außer den im § 76 Abs. 1 dieser Verordnung bezeichneten Beweisstücken die letzte Quittungskarte der Antragstellerin selbst sowie die Bescheinigungen über die Aufrechnung ihrer früheren Quittungskarten und über ihre Krankheitszeiten vorzulegen.

§ 79. Beim Anspruch auf Waisenrente sind vorzulegen die Geburtsurkunden der Waisen, die etwa vorhandenen Bestallungen der Pfleger oder Vormünder, ferner die zur Begründung des Anspruchs erforderlichen Heirats- und Sterbeurkunden, die letzte Quittungskarte des Verstorbenen und die im § 74 Abs. 1 dieser Verordnung bezeichneten, den Verstorbenen betreffenden Bescheinigungen.

Außerdem sind beizufügen:

1. bei einem Anspruch nach §§ 1260, 1262 der Reichsversicherungsordnung eine Bescheinigung der Gemeindebehörde über die Bedürftigkeit der Waisen sowie die am Schlusse des § 77 dieser Verordnung bezeichnete Bescheinigung der Gemeindebehörde;
2. bei einem Anspruch nach § 1261 Abs. 1 der Reichsversicherungsordnung eine Bescheinigung der Gemeindebehörde des Wohnorts der Verstorbenen darüber, daß, seit wann und aus welchem Grunde sich der Ehemann von der häuslichen Gemeinschaft ferngehalten und seiner väterlichen Unterhaltspflicht entzogen hat, sowie eine Bescheinigung der Gemeindebehörde über die Bedürftigkeit der Waisen;
3. bei einem Anspruch nach § 1261 Abs. 2 der Reichsversicherungsordnung eine Bescheinigung der in Nr. 2 bezeichneten Gemeindebehörde darüber, daß und seit wann der Vater sich seiner Unterhaltspflicht entzogen

hat, sowie eine Bescheinigung der Gemeindebehörde über die Bedürftigkeit der Waisen.

§ 80. Beim Anspruch auf Waisenaussteuer sind die Geburtsurkunden der Waisen, etwa vorhandene Bestallungen der Pfleger oder Vormünder und die im § 78 dieser Verordnung bezeichneten Urkunden vorzulegen.

§ 81. Das Versicherungsamt hat die Vollständigkeit der vorgelegten Beweisstücke zu prüfen und dahin zu wirken, daß fehlende Beweisstücke nachgeliefert werden. Dabei sind die Vorschriften über Gebühren- und Stempelfreiheit (§§ 137, 138 der Reichsversicherungsordnung) zu beachten. Die nicht offensichtlich begründeten oder unbegründeten Anträge sind tunlichst in persönlicher Verhandlung mit dem Antragsteller zu erörtern.

§ 82. Das Versicherungsamt hat festzustellen, ob der Antragsteller bereits früher Anträge auf Gewährung von Leistungen der Unfall-, Invaliden- und Hinterbliebenenversicherung gestellt hat und welche Bescheide ihm erteilt worden sind.

Das Versicherungsamt hat von den betreffenden Versicherungsträgern die Akten und Belege einzufordern (die Quittungskarten, die etwa vorhandenen Verhandlungen über Streit wegen der Versicherungspflicht, über Beitragsüberwachung, über Heilbehandlung, über frühere Invalidenrenten-, Altersrenten- und Hinterbliebenenansprüche sowie die etwa vorhandenen Unfall- und Krankenkassenakten usw.).

§ 83. Die Aufklärung des Sachverhalts (§ 1617 der Reichsversicherungsordnung) hat sich bei Bedenken über die Versicherungspflicht insbesondere auf folgendes zu erstrecken:

1. ob und gegebenenfalls welche Familienbeziehungen zwischen dem Arbeitgeber und dem Versicherten bestehen oder bestanden haben;
2. ob der Versicherte erst im vorgeschrittenen Alter in die Versicherung eingetreten ist oder nur verhältnismäßig wenig Beiträge geleistet sind, aus welchen Gründen dies geschehen ist und wie seine wirtschaftlichen Verhältnisse vor und während der Versicherungszeit gewesen sind. Hierbei ist zum Ausdruck zu bringen, ob die Feststellung über die wirtschaftlichen Verhältnisse auf den eigenen Angaben des Antragstellers, auf der Kenntnis und den Wahrnehmungen des Versicherungsamts oder auf welchen anderen Erhebungen beruht.

§ 84. Bei der Frage nach der Erwerbsunfähigkeit (§ 1255 Abs. 2, 3, § 1258 Abs. 2, 3 der Reichsversicherungsordnung) ist der Beginn der Erwerbsunfähigkeit tunlichst genau zu ermitteln, namentlich dann, wenn davon die Erfüllung der Wartezeit abhängt oder wenn sich die Erwerbsunfähigkeit infolge von Alterserscheinungen oder schleppenden Krankheiten allmählich herausgebildet hat.

Dabei ist unter Berücksichtigung des Schlußsatzes im § 83 dieser Verordnung festzustellen, ob der Versicherte in den letzten Jahren die Arbeit wegen Krankheit hat aussetzen müssen, ob er das Arbeiten freiwillig aufgegeben oder ob der Arbeitgeber ihn wegen mangelnder Arbeitsfähigkeit entlassen hat, ob, unter welchen Verhältnissen und namentlich gegen welche Vergütung er etwa noch Arbeiten verrichtet.

§ 85. Bei der Frage nach der Bedürftigkeit (§§ 1260 bis 1262, 1617 Abs. 2 der Reichsversicherungsordnung) ist unter Berücksichtigung des Schlußsatzes im § 83 dieser Verordnung festzustellen, wie die Lebens- und Wirtschafts-, die Erwerbs- und die sonstigen Einkommensverhältnisse des Rentenbewerbers sind, insbesondere, ob und zutreffendenfalls welche unterstützungspflichtige Personen vorhanden sind und ihrer Unterstützungspflicht ausreichend nachkommen.

§ 86. Bei Invaliden-, Witwen- und Witwerrentenansprüchen ist von einer ärztlichen Untersuchung und Begutachtung des Rentenbewerbers (§ 1617 Abs. 3, § 1619, § 1622 Abs. 2 der Reichsversicherungsordnung) dann abzusehen, wenn sich klar ergibt, daß

1. die Wartezeit nicht erfüllt oder die Anwartschaft erloschen ist;
2. weder eine Versicherungspflicht noch eine Versicherungsberechtigung vorgelegen hat;
3. ein Antrag auf Invaliden- oder Witwenrente ohne die nach § 1635 der Reichsversicherungsordnung erforderliche Bescheinigung wiederholt wird;
4. der Witwer nicht bedürftig ist (§ 1260 Abs. 1 der Reichsversicherungsordnung).

§ 87. Von einer ärztlichen Untersuchung und Begutachtung (§ 1617 Abs. 3, § 1619, § 1622 Abs. 2 der Reichsversicherungsordnung) kann in der Regel abgesehen werden, wenn

1. die Erwerbsunfähigkeit durch einen Unfall herbeigeführt ist und der Verletzte eine Unfallrente erhält (§ 1522 der Reichsversicherungsordnung);
2. ein Antrag auf Invalidenrente, der bei Anerkennung der Erwerbsunfähigkeit wegen Nichterfüllung der Wartezeit zurückgewiesen worden war, wiederholt wird, ohne daß ein Anhalt dafür vorliegt, daß der Rentenbewerber seit der letzten Ablehnung infolge Besserung seines Körperzustandes wieder erwerbsfähig gewesen ist;

3. der Antragsteller eine Altersrente bezieht und schon auf andere Weise als durch ärztliche Begutachtung die Erwerbsunfähigkeit glaubhaft festgestellt ist;
4. augenscheinlich erkennbar oder in einem Heilverfahren oder in anderer Weise glaubhaft nachgewiesen ist, daß Erwerbsunfähigkeit nicht vorliegt oder daß und seit wann dauernde Erwerbsunfähigkeit eingetreten ist.

§ 88. Außer den im § 1624 Abs. 1 der Reichsversicherungsordnung bezeichneten Fällen findet eine mündliche Verhandlung nicht statt, wenn
1. es sich lediglich um den Beginn oder die Höhe der Rente (Invaliden-, Witwen-, Zusatzrenten) handelt;
2. es sich um die Erfüllung der Wartezeit handelt, es sei denn, daß die Entscheidung von der Feststellung der Versicherungspflicht oder der Versicherungsberechtigung oder des Beginns der Invalidität abhängt.

§ 89. Kommt der Vorsitzende des Versicherungsamts auf Grund der Ermittelungen zur Ansicht, daß der erhobene Anspruch begründet ist, so hat er zunächst von einer mündlichen Verhandlung abzusehen und die Akten mit seinem Gutachten an die Versicherungsanstalt zur Äußerung darüber zu senden, ob sie den Anspruch anerkennt und sich mit dem Berechtigten einigt (§ 1624 Abs. 1, 3 der Reichsversicherungsordnung).

§ 90. Auf Antrag der Versicherungsanstalt ist zur mündlichen Verhandlung ihr Vertrauensarzt zuzuziehen und zu hören.

Den Versicherungsvertretern sind, abgesehen von eiligen Fällen, die Namen der Antragsteller, deren Anträge zur Verhandlung kommen, sowie die Art ihrer Ansprüche mitzuteilen.

§ 91. Die Akten und das Gutachten, das gemeinsam von dem Vorsitzenden und den Vertretern abgegeben (§ 1623 der Reichsversicherungsordnung) und in die Niederschrift aufgenommen (§ 46 Abs. 1 Nr. 5 dieser Verordnung) oder das vom Vorsitzenden allein erstattet worden ist (§ 1624 Abs. 3 der Reichsversicherungsordnung), werden mit tunlicher Beschleunigung an den Versicherungsträger (§ 1625 der Reichsversicherungsordnung) übersendet.

Begutachtung der Entziehung und Einstellung von Renten.

§ 92. Das Versicherungsamt hat, sobald der Vorstand der Versicherungsanstalt ihm das Ersuchen um Abgabe eines Gutachtens über Entziehung oder Einstellung einer Rente (§ 1626 der Reichsversicherungsordnung) zugehen läßt, die etwa noch erforderlichen Erhebungen über die wirtschaftlichen Verhältnisse und über die körperliche Leistungsfähigkeit des Rentenempfängers anzustellen und sodann, sofern es sich nicht um eine Einstellung der Renten handelt (§ 1626 Abs. 3 der Reichsversicherungsordnung), tunlichst bald die mündliche Verhandlung zur Abgabe des Gutachtens anzuberaumen.

Die §§ 81, 83 Nr. 2 letzter Satz, §§ 84, 85, § 86 Nr. 4, § 87 Nr. 1, 4, §§ 90, 91 dieser Verordnung sind entsprechend anzuwenden.

§ 93. Eine mündliche Verhandlung findet außer den in den §§ 1624 und 1626 Abs. 3 der Reichsversicherungsordnung bezeichneten Fällen nicht statt, wenn

1. der Rentenempfänger ausdrücklich erklärt hat, keinen Anspruch auf Weitergewährung der Rente zu haben, und der Akteninhalt diese Erklärung rechtfertigt;
2. lediglich der Zeitpunkt des Wegfalls der Rente in Frage steht;
3. die Rentenzahlung infolge des Nachweises eingestellt werden soll, daß ein Versicherter, der als verschollen galt, noch lebt (§ 1310 der Reichsversicherungsordnung).

§ 94. Soll wegen Gewährung einer Unfallrente die gewährte Invalidenrente ganz oder teilweise wegfallen, so sind § 1626 Abs. 1, 2 der Reichsversicherungsordnung sowie die §§ 92, 93 dieser Verordnung entsprechend anzuwenden.

§ 95. Wird die Einstellung einer Rentenzahlung deshalb erforderlich, weil der Berechtigte eine Freiheitsstrafe von mehr als einem Monat verbüßt oder in einem Arbeitshaus oder in einer Besserungsanstalt untergebracht ist (§ 1312 der Reichsversicherungsordnung), so ist durch Anfrage bei der Gemeindebehörde festzustellen, ob der Berechtigte im Inland Angehörige hat, die er ganz oder überwiegend aus seinem Arbeitsverdienst unterhalten hat.

C. Schlußbestimmungen.

Erstattung der Barauslagen des Versicherungsamts.

§ 96. Die Versicherungsträger haben zur Bestreitung der von ihnen zu erstattenden Barauslagen (§ 59 Abs. 2 der Reichsversicherungsordnung) dem Versicherungsamt auf dessen Erfordern Vorschüsse zu leisten. Die oberste Verwaltungsbehörde kann Näheres bestimmen. Gegen die Vorschußforderung ist Beschwerde nach § 97 Abs. 2, 3 dieser Verordnung zulässig.

§ 97. Die vom Versicherungsamte gezahlten Barauslagen werden zu Lasten des erstattungspflichtigen Versicherungsträgers gebucht und, falls nicht ein anderer Zeitpunkt vereinbart ist, am Schlusse eines jeden Geschäftsjahrs unter Aufführung der Vorschüsse (§ 96 dieser Verordnung) für die einzelnen Versicherungsträger zusammengestellt. Das Versicherungsamt übersendet diese Zusammenstellung nebst den Kassenbelegen dem Verpflichteten mit dem Ersuchen, die noch ungedeckten Auslagen binnen einer bestimmten Frist an das Versicherungsamt postgeldfrei zu erstatten.

Die Zusammenstellung gilt als Festsetzung der zu erstattenden Auslagen, gegen die binnen einem Monat Beschwerde an das Oberversicherungsamt zulässig ist; die Beschwerde ist beim Versicherungsamt einzulegen.

Das Versicherungsamt kann der Beschwerde abhelfen, wenn es sie für begründet erachtet. Andernfalls legt es die Beschwerde mit einer gutachtlichen Äußerung dem Oberversicherungsamte vor. Dieses entscheidet endgültig. Die §§ 1794 bis 1796 der Reichsversicherungsordnung gelten entsprechend.

Geschäftsbericht.

§ 98. Der Vorsitzende des Versicherungsamts erstattet einen Geschäftsbericht; das Nähere bestimmt der Bundesrat.

Inkrafttreten der Verordnung.

§ 99. Diese Verordnung tritt für die Invaliden- und Hinterbliebenenversicherung am 1. Januar 1912, für die anderen Zweige der Reichsversicherung an den Tagen in Kraft, von denen an für diese die Vorschriften der Reichsversicherungsordnung über das Verfahren in Kraft gesetzt werden.

Urkundlich unter Unserer Höchsteigenhändigen Unterschrift und beigedrucktem Kaiserlichen Insiegel.

Gegeben Neues Palais, den 24. Dezember 1911.

(L. S.) Wilhelm

von Bethmann Hollweg.

G. Verordnung über das Verfahren vor den Schiedsgerichten zur Entscheidung von Knappschaftsangelegenheiten vom 29. November 1907.

(GS. S. 301.)

Wir Wilhelm, von Gottes Gnaden König von Preußen ꝛc., verordnen auf Grund des § 186n des Allgemeinen Berggesetzes vom 24. Juni 1865 in der Fassung des Gesetzes vom 19. Juni 1906 (Gesetzsamml. S. 199), was folgt:

A. Vorschriften für die auf Grund des § 186a des Allgemeinen Berggesetzes gebildeten Knappschafts-Schiedsgerichte.

I. Allgemeine Bestimmungen.

Befugnisse und Obliegenheiten des Vorsitzenden.

§ 1. Die Leitung und Beaufsichtigung des Geschäftsganges bei dem Schiedsgerichte liegt dem Vorsitzenden und im Falle der Behinderung seinem Stellvertreter ob.

Der Vorsitzende öffnet die eingehenden Sendungen und vermerkt auf den Schriftstücken den Tag des Einganges, sofern von ihm mit diesen Geschäften nicht ein vereidigter Beamter des Schiedsgerichts betraut wird. Er verteilt weiter die Dienstgeschäfte, bestimmt die Sitzungen, zeichnet die Urschriften der Verfügungen, Vorladungen, Berichte usw. und vollzieht die Reinschriften, soweit nicht etwa durch anderweite Grundsätze, welche die Aufsichtsbehörde (Oberbergamt) über die Verteilung der Prozeßsachen auf den Vorsitzenden und den stellvertretenden Vorsitzenden festzustellen befugt ist, eine Abweichung von dieser Regel herbeigeführt ist; in diesem Falle bearbeitet der stellvertretende Vorsitzende die ihm überwiesenen Prozeßsachen selbstständig und unter eigener Verantwortung.

Der Vorsitzende trifft in Beziehung auf die Führung der Geschäftskontrollen die erforderlichen Anordnungen. Er verpflichtet eidlich die Beamten des Schiedsgerichts, soweit sie nicht den Staatsdienereid geleistet haben, und übt über sie die unmittelbare Dienstaufsicht aus. Disziplinarstrafen gegen dieselben verhängt, sofern sie bei dem Schiedsgericht im Hauptamt angestellt sind, der Vorsitzende, im übrigen die ihnen im Hauptamte vorgesetzte Dienstbehörde.

Die Beisitzer haben dem Vorsitzenden Anzeige zu machen, wenn durch Änderung in ihren persönlichen Verhältnissen die Voraussetzungen ihrer Wählbarkeit auf Grund des Allgemeinen Berggesetzes nachträglich wegfallen. Hiervon ist seitens des Vorsitzenden dem Oberbergamte wegen Ernennung eines Beisitzers für den Rest der Wahlperiode Anzeige zu erstatten (§ 186 b Abs. 6 Satz 2 a. a. O.). Das gleiche gilt, wenn ein Beisitzer während der Wahlperiode durch Tod ausscheidet.

Verweigert ein Beisitzer dauernd seine Dienstleistung oder werden dem Vorsitzenden Tatsachen bekannt, welche die Wählbarkeit eines Beisitzers auf Grund des Allgemeinen Berggesetzes ausschließen oder sich als grobe Verletzungen seiner Amtspflicht darstellen, so hat der Vorsitzende diesen Beisitzer zu den Sitzungen einstweilen nicht einzuberufen und bei dem Oberbergamte die Enthebung des Beisitzers vom Amte zu beantragen (§ 186e Abs. 3 a. a. O.). Er hat ferner, wenn ein Beisitzer ohne genügende Entschuldigung zu den Sitzungen sich nicht rechtzeitig einfindet oder seinen Obliegenheiten in anderer Weise sich entzieht, bei dem Oberbergamte den Antrag auf Festsetzung einer Geldstrafe zu stellen (§ 186e Abs. 2 a. a. O.).

Zuziehung der Beisitzer.

§ 2. Die Reihenfolge, in welcher die Beisitzer in der Regel zu den Verhandlungen zuzuziehen sind, bestimmt der Vorsitzende im voraus. Die Beisitzer werden in dieser Reihenfolge zu den Verhandlungen unter Hinweis auf die gesetzlichen Folgen des Ausbleibens eingeladen. Abweichungen von der festgesetzten Reihenfolge sind unter Angabe der Gründe aktenkundig zu machen.

Ein Beisitzer, welcher durch Krankheit oder durch sonstige, nicht zu beseitigende Umstände verhindert ist, einer Verhandlung beizuwohnen oder sich der Wahrnehmung der ihm sonst obliegenden Geschäfte zu unterziehen, hat dies sofort dem Vorsitzenden anzuzeigen.

Ablehnung der Mitglieder des Schiedsgerichts.

§ 3. Die Bestimmungen in den §§ 41 ff. der Zivilprozeßordnung über die Ausschließung und Ablehnung der Richter finden auf die Mitglieder des Schiedsgerichts entsprechende Anwendung. Jedoch beschließt über ein Ablehnungsgesuch in betreff des Vorsitzenden das Schiedsgericht, in betreff der Beisitzer der Vorsitzende.

Bei dem Beschluß über ein Ablehnungsgesuch in betreff des Vorsitzenden hat dieser nicht mitzuwirken. An seiner Stelle führt dabei der dem Lebensalterr nach älteste Beisitzer den Vorsitz. Ergibt sich bei der Abstimmung über das Gesuch Stimmengleichheit, so gilt dasselbe als abgelehnt.

Der Beschluß kann, wenn das Ablehnungsgesuch für unbegründet erklärt wird, nicht für sich allein, sondern nur mit der Entscheidung in der Hauptsache angefochten werden.

II. Vorschriften über das Verfahren.

Erhebung der Berufung.

§ 4. Die Berufung auf schiedsgerichtliche Entscheidung muß innerhalb eines Monats nach der Bekanntgabe der Entscheidung des zuständigen Knappschaftsorgans bei dem zuständigen Schiedsgericht eingegangen sein (§ 186 Abs. 3 des Allgemeinen Berggesetzes). Die Berufungsfrist gilt auch dann als gewahrt, wenn innerhalb derselben die Berufung bei einer anderen amtlichen Stelle oder einem Knappschaftsorgan eingegangen ist; diese haben die Berufungsschrift unverzüglich an das zuständige Schiedsgericht abzugeben.

In der Berufung sollen der Gegenstand des Anspruchs bezeichnet und die für die Entscheidung maßgebenden Tatsachen unter Angabe der Beweismittel angeführt werden; auch ist der Knappschaftsverein, welcher den angefochtenen Bescheid erteilt hat, zu benennen.

Die Berufung kann schriftlich oder zu Protokoll des Schiedsgerichts, einer anderen amtlichen Stelle oder eines Knappschaftsorgans erhoben werden. Bei schriftlicher Erhebung soll dem Schriftsatz eine Abschrift beigefügt werden.

Streit über die Zuständigkeit.

§ 5. Entsteht unter mehreren Schiedsgerichten Streit über die Zuständigkeit, so entscheidet darüber das Oberschiedsgericht in Knappschaftsangelegenheiten.

Verfahren bei Eingang der Berufung.

§ 6. Der Zeitpunkt des Einganges der Berufung ist sofort sowohl auf der Berufungsschrift wie auf der beigefügten Abschrift zu vermerken. Ist der Berufung eine Abschrift nicht beigefügt (§ 4 Abs. 3), so ist seitens des Schiedsgerichts eine solche zu fertigen und auf diese der Vermerk des Einganges zu übertragen; die Kosten dieser Abschrift können von dem Berufenden eingezogen werden.

Der Vorsitzende des Schiedsgerichts hat dem Vorstande des Knappschaftsvereins die Abschrift der Berufung mit dem Ersuchen mitzuteilen, die Vorverhandlungen einzusenden.

Die einzusendenden Vorverhandlungen müssen sämtliche bei dem Knappschaftsvereine vorhandenen Schriftstücke, die sich auf den geltend gemachten Anspruch beziehen, enthalten, einschließlich derjenigen, welche sich in Vorakten befinden.

Abweisung durch Bescheid.

§ 7. Ist die Berufung nicht rechtzeitig eingelegt oder ist das Schiedsgericht gesetzlich zur Entscheidung über die der Berufung zugrunde liegenden Beschwerdepunkte nicht zuständig, so kann der Vorsitzende die Berufung durch einen mit Gründen zu versehenden Bescheid zurückweisen. Die Anfertigung einer Abschrift der Berufung seitens des Schiedsgerichts (§ 6 Abs. 1 Satz 2) kann in diesen Fällen einstweilen unterbleiben.

Der Berufende ist befugt, innerhalb zwei Wochen vom Tage der Zustellung des Bescheides ab bei dem Schiedsgerichte die Anberaumung eines Termins zur mündlichen Verhandlung zu beantragen.

Die vorstehende Befugnis ist dem Berufenden in dem Bescheide zu eröffnen.

Die Ablehnung von Anträgen auf mündliche Verhandlung kann nur durch Entscheidung des Schiedsgerichts erfolgen.

Beantwortung der Berufung.

§ 8. Dem Vorstande des Knappschaftsvereins ist bei Übersendung der Abschrift der Berufung anheimzustellen, eine Gegenschrift einzureichen.

Die Frist zur Einreichung der Gegenschrift ist in der Regel auf nicht länger als zwei Wochen zu bemessen. Zugleich ist darauf hinzuweisen, daß, wenn die Gegenschrift innerhalb der Frist nicht eingeht, die Entscheidung nach Lage der Akten erfolgen werde. Die Frist kann auf Antrag aus wichtigen Gründen verlängert werden.

Der Gegenschrift und etwaigen weiteren Schriftsätzen sollen zur Zustellung an den Gegner Abschriften beigefügt werden. Die Bestimmungen des § 6 Abs. 1 Satz 2 finden entsprechende Anwendung.

In einfachen Fällen sowie dann, wenn das tatsächliche Verhältnis aus vorliegenden Akten und Urkunden sich sofort feststellen läßt, kann ohne vorgängigen Schriftwechsel Termin zur mündlichen Verhandlung anberaumt werden. Dem Knappschaftsvorstand ist in diesem Falle gleichzeitig mit der Benachrichtigung vom Termine die Abschrift der Berufung mitzuteilen.

Unterzeichnung der Schriftsätze. — Vertretung der Parteien.

§ 9. Berufungen und Gegenschriften müssen entweder von den Beteiligten selbst oder von ihren gesetzlichen Vertretern oder von ihren Bevollmächtigten unterzeichnet sein. Die Vollmacht muß schriftlich erteilt werden. Ehegatten, Verwandte der aufsteigenden Linie und großjährige Verwandte der absteigenden Linie können auch ohne schriftliche Vollmacht zur Vertretung zugelassen werden.

Das Schiedsgericht kann Bevollmächtigte und Beistände, welche das mündliche Verhandeln vor Gericht geschäftsmäßig betreiben, zurückweisen. Diese Vorschrift findet keine Anwendung auf Rechtsanwälte und auf Personen, denen das mündliche Verhandeln vor Gericht durch Anordnung der Justizverwaltung gestattet ist.

Die Prozeßfähigkeit einer Partei sowie die Legitimation eines Vertreters sind von Amts wegen zu prüfen.

Nichtprozeßfähigen Parteien, welche ohne gesetzlichen Vertreter sind, kann bis zum Eintritte des gesetzlichen Vertreters von dem Vorsitzenden ein besonderer Vertreter bestellt werden. Derselbe ist befugt, alle Parteirechte zum Zwecke der Durchführung des Feststellungsverfahrens wahrzunehmen. Eine Befugnis zur Empfangnahme von Zahlungen steht demselben nicht zu. Das gleiche gilt, wenn der Aufenthaltsort des gesetzlichen Vertreters unbekannt oder vom Sitze des Schiedsgerichts weit entfernt ist. Die nichtprozeßfähige Partei ist auf ihr Verlangen selbst zu hören. Die Kosten des besonderen Vertreters gelten als außergerichtliche Kosten.

Mündliche Verhandlung.

§ 10. Die Entscheidung erfolgt, von den in den §§ 7, 27 und 28 bezeichneten Ausnahmen abgesehen, auf Grund mündlicher Verhandlung vor dem Schiedsgerichte. Der Termin hierzu wird von dem Vorsitzenden anberaumt.

Die Beteiligten werden von dem Termin, in der Regel mittels eingeschriebenen Briefes, mit dem Bemerken in Kenntnis gesetzt, daß im Falle ihres Ausbleibens nach Lage der Akten werde entschieden werden. Ein Ausweis hierüber muß zu den Akten gebracht werden.

Hält das Schiedsgericht das persönliche Erscheinen eines Beteiligten für angemessen, so hat es demselben zu eröffnen, daß aus seinem Nichterscheinen ungünstige Schlüsse für seinen Anspruch gezogen werden können.

Das Schiedsgericht ist befugt, den Berufungsklägern, deren Erscheinen bei der Verhandlung als erforderlich bezeichnet ist oder angesehen wird, eine Reiseentschädigung zuzubilligen.

Ort der Verhandlung.

§ 11. Die mündliche Verhandlung findet in der Regel am Sitze des Schiedsgerichts statt. Der Vorsitzende ist jedoch befugt, das Schiedsgericht zu einer Sitzung an einen anderen Ort seines Bezirkes zu berufen, wenn dies zur Ersparung an Kosten oder Reisen, zur Aufklärung des Sachverhalts oder zur Erleichterung der Beweisaufnahme zweckmäßig erscheint. Auch kann das Schiedsgericht aus denselben Gründen beschließen, daß die mündliche Verhandlung an einem anderen Ort als am Sitze des Schiedsgerichts stattfindet.

Öffentlichkeit des Verfahrens. — Sitzungspolizei.

§ 12. Die mündliche Verhandlung erfolgt in öffentlicher Sitzung. Die Öffentlichkeit kann durch einen öffentlich zu verkündenden Beschluß ausgeschlossen werden, wenn das Schiedsgericht dies aus Gründen des öffentlichen Wohles oder der Sittlichkeit für angemessen erachtet. Die zur Verhandlung gelangenden Sachen werden der Regel nach in der durch Aushang vor dem Sitzungszimmer bekannt zu machenden Reihenfolge erledigt.

Die Vorschriften der §§ 176 bis 182, 184 des Gerichtsverfassungsgesetzes über die Aufrechterhaltung der Ordnung finden entsprechende Anwendung. Über die Beschwerde gegen Ordnungsstrafen entscheidet endgültig das Oberbergamt, in dessen Bezirke sich der Sitz des Schiedsgerichts befindet. Die Beschwerde ist binnen zwei Wochen nach der Zustellung der Strafverfügung bei dem Oberbergamt einzulegen.

Die vom Schiedsgerichte festgesetzten Geldstrafen fließen zur Kasse desjenigen Knappschaftsvereins, dessen Streitsache den Anlaß zu der Straffestsetzung gegeben hat.

Haftstrafen sind unter Ersuchen desjenigen Amtsgerichts zu vollstrecken, in dessen Bezirke das Schiedsgericht seinen Sitz oder der Beteiligte seinen Wohnsitz oder in Ermangelung eines solchen seinen Aufenthalt hat.

Gang der mündlichen Verhandlung.

§ 13. Die mündliche Verhandlung beginnt mit der Darstellung des Sachverhalts durch den Vorsitzenden oder durch einen von diesem ernannten Berichterstatter; demnächst sind die erschienenen Beteiligten zu hören.

Der Vorsitzende hat jedem Beisitzer auf Verlangen zu gestatten, Fragen zu stellen.

Erledigung der Berufung durch Vergleich.

§ 14. Eine Berufung kann durch Vergleich erledigt werden, wenn dieser sich auf den streitigen Anspruch selbst und auf die etwaigen außergerichtlichen Kosten erstreckt.

Verhandlungsniederschrift.

§ 15. Die mündliche Verhandlung erfolgt unter Zuziehung eines vereidigten Schriftführers. Von demselben ist eine Niederschrift aufzunehmen, welche die Namen des Vorsitzenden und der mitwirkenden Beisitzer, deren Eigenschaft als Vorsitzender und als Vertreter der Werksbesitzer oder der Knappschaftsmitglieder sowie die Bezeichnung des Berufs des Vorsitzenden und der Beisitzer enthält und den Gang der Verhandlung im allgemeinen angibt.

Außerdem sind durch Aufnahme in die Niederschrift festzustellen:

1. Erklärungen der Parteien, welche die Zurücknahme einer Berufung bezwecken, ferner Anerkenntnisse, Verzichtleistungen, Vergleiche;
2. solche Anträge und Erklärungen der Parteien, welche von den Schriftsätzen abweichen;
3. die Aussagen der Zeugen und Sachverständigen, soweit dieselben früher nicht abgehört waren oder von ihrer früheren Aussage abweichen;
4. die Ergebnisse eines Augenscheins;
5. Beschlüsse des Schiedsgerichts und die Entscheidungsformel.

Die Niederschrift ist, soweit in derselben Vergleiche, Anerkenntnisse oder Verzichtleistungen festgestellt worden sind, den Beteiligten vorzulesen. Ebenso ist ein in die Niederschrift aufgenommenes ärztliches Gutachten dem Sachverständigen zur Prüfung auf seine richtige Wiedergabe vorzulegen. In der Niederschrift ist zu bemerken, daß die Vorlesung bzw. Vorlegung stattgefunden hat und die Genehmigung erfolgt ist oder welche Einwendungen erhoben worden sind.

Die Niederschrift ist von dem Vorsitzenden und dem Schriftführer zu unterzeichnen.

Beweisaufnahme.

§ 16. Das Schiedsgericht hat den zur Klarstellung des Sachverhalts erforderlichen Beweis in vollem Umfange zu erheben, ohne Rücksicht darauf, ob dieser Beweis von den Parteien angetreten worden ist oder nicht.

Der Vorsitzende ist befugt, zur mündlichen Verhandlung auch ohne vorausgehenden Beschluß des Schiedsgerichts Zeugen und Sachverständige vorzuladen sowie das persönliche Erscheinen eines Beteiligten anzuordnen (§ 10 Abs. 3 und 4).

Die Beweiserhebung erfolgt in der Regel in der mündlichen Verhandlung. Das Schiedsgericht ist jedoch befugt, den Beweis an Ort und Stelle zu erheben oder durch ein Mitglied oder gemäß § 186o des Allgemeinen Berggesetzes durch eine öffentliche Behörde erheben zu lassen. Geeignetenfalls steht die Befugnis der Beweiserhebung auch dem Vorsitzenden schon vor Anberaumung des Termins zur mündlichen Verhandlung zu.

Die Beweisverhandlungen sind unter Zuziehung eines vereidigten oder durch Handschlag zu verpflichtenden Schriftführers aufzunehmen; die Beteiligten sind zu benachrichtigen.

§ 17. Hinsichtlich der Verpflichtung, sich als Zeuge oder Sachverständiger vernehmen zu lassen und die Aussagen eidlich zu erhärten, finden die Bestimmungen der Zivilprozeßordnung entsprechende Anwendung. Insbesondere ist das Schiedsgericht befugt, gegen Zeugen und Sachverständige, welche sich nicht oder nicht rechtzeitig zu den Sitzungen einfinden oder ihre Aussage oder die Eidesleistung ohne Angabe eines Grundes oder, nachdem der vorgeschützte Grund rechtskräftig für unerheblich erklärt ist, verweigern, eine Geldstrafe bis zu dreihundert Mark festzusetzen. Kommt die Verhängung oder Vollstreckung von Zwangsmaßregeln in Frage, so ist um diese das Amtsgericht zu ersuchen, in dessen Bezirke die Zeugen oder Sachverständigen ihren Wohnsitz oder in Ermangelung eines solchen ihren Aufenthalt haben. Auf Militärpersonen, welche dem aktiven Heere oder der aktiven Marine angehören, finden die Vorschriften des § 380 Abs. 4, § 390 Abs. 4, § 409 Abs. 3 der Zivilprozeßordnung Anwendung.

Gegen die Beschlüsse des Schiedsgerichts findet binnen einer Frist von zwei Wochen nach deren Zustellung die Beschwerde an das Oberschiedsgericht in Knappschaftsangelegenheiten statt; die Beschwerde ist schriftlich beim Schiedsgericht einzulegen.

Erfolgt nachträglich eine genügende Entschuldigung für das Verhalten des Zeugen oder Sachverständigen, so sind die getroffenen Anordnungen wieder aufzuheben.

Die gegen Zeugen und Sachverständige festgesetzten Geldstrafen fließen zur Kasse desjenigen Knappschaftsvereins, dessen Streitsache den Anlaß zu der Straffestsetzung gegeben hat.

Die Zeugen und Sachverständigen erhalten Gebühren nach Maßgabe der Gebührenordnung für Zeugen und Sachverständige (Reichs-Gesetzbl. 1898 S. 689).

Entscheidung.

§ 18. Das Schiedsgericht entscheidet innerhalb der erhobenen Ansprüche unter Berücksichtigung des gesamten Inhalts der Verhandlungen und des Ergebnisses einer etwaigen Beweisaufnahme sowie unter Würdigung aller Umstände nach freier Überzeugung.

Die Entscheidungen des Schiedsgerichts erfolgen nach Stimmenmehrheit. Bilden sich bei der Entscheidung über Geldbeträge mehr als zwei Meinungen, von welchen keine die Mehrheit für sich hat, so werden die für den größten Betrag abgegebenen Stimmen so lange den Stimmen für den zunächst geringeren Betrag hinzugerechnet, bis sich eine Mehrheit ergibt.

Die Beratung und Beschlußfassung erfolgt in nichtöffentlicher Sitzung; hierbei dürfen nur Mitglieder mitwirken, vor welchen die mündliche Verhandlung stattgefunden hat.

Gerichtliche Kosten.

§ 19. Die Festsetzung der gerichtlichen Kosten des Verfahrens, welche durch die einzelnen Streitfälle erwachsen und nach § 186h Abs. 3 des Allgemeinen Berggesetzes von demjenigen Knappschaftsvereine zu zahlen sind, gegen dessen Entscheidung die Berufung eingelegt ist, erfolgt durch den Vorsitzenden des Schiedsgerichts. Wird seine Festsetzung angefochten, so ist die Entscheidung des Schiedsgerichts herbeizuführen.

Gegen diese Entscheidung findet Beschwerde an das Oberschiedsgericht in Knappschaftsangelegenheiten statt. Die Beschwerde ist binnen einem Monate nach der Zustellung des Festsetzungsbescheides schriftlich beim Schiedsgericht einzureichen, das, wenn es die Beschwerde für begründet erachtet, ihr stattgeben kann. Anderenfalls ist die Beschwerde mit einer gutachtlichen Äußerung unter Beifügung der Verhandlungen dem Oberschiedsgericht einzureichen.

Außergerichtliche Kosten.

§ 20. Das Schiedsgericht hat, auch ohne daß es eines Antrages bedarf, zugleich mit der Entscheidung über die Hauptsache zu prüfen, ob und in welchem Betrage die unterliegende Partei dem Gegner die ihm in dem Verfahren vor dem Schiedsgericht erwachsenen Kosten zu erstatten hat. Die Festsetzung des Betrages erfolgt nach freiem Ermessen.

Dasselbe gilt unter Berücksichtigung der zweckentsprechend aufgewendeten Zeit und Mühewaltung auch für Rechtsanwälte sowie sonstige Vertreter und Beistände der Parteien.

Nähere Ausführungsbestimmungen über die Kosten.

§ 21. Der Minister für Handel und Gewerbe ist befugt, über die Kosten des Schiedsgericht und des schiedsgerichtlichen Verfahrens nähere Ausführungsbestimmungen zu erlassen.

Abstimmung.

§ 22. Bei der Abstimmung stimmt der etwa ernannte Berichterstatter (§ 13) zuerst. Im übrigen richtet sich bei der Abstimmung der Beisitzer die Reihenfolge nach dem Lebensalter dergestalt, daß der jüngste zuerst stimmt. Der Vorsitzende stimmt in allen Fällen zuletzt.

Verkündung.

§ 23. Der Vorsitzende verkündet den Beschluß oder die Entscheidung in öffentlicher Sitzung. Die Verkündung kann auf eine sofort anzuberaumende spätere Sitzung vertagt werden, welche in der Regel binnen einer Woche stattfinden soll.

Wird die Verkündung der Gründe für angemessen gehalten, so erfolgt sie durch mündliche Mitteilung des wesentlichen Inhalts.

Form der Entscheidung.

§ 24. Die Entscheidungen enthalten eine gedrängte Darstellung des Sach- und Streitstandes auf Grund der gesamten Verhandlungen unter Hervorhebung der in der Sache gestellten Anträge (Tatbestand), ferner die Entscheidungsgründe und die von der Darstellung des Tatbestandes und der Entscheidungsgründe äußerlich zu sondernde Entscheidungsformel. Die Entscheidungen sind in der Urschrift von dem Vorsitzenden zu unterschreiben; im Falle seiner Behinderung unterschreibt der dem Lebensalter nach älteste mitwirkende Beisitzer.

Ausfertigung der Entscheidung.

§ 25. Bei den Ausfertigungen der Entscheidungen sind im Eingange die Mitglieder des Schiedsgerichts, welche an der Entscheidung teilgenommen haben, nach Maßgabe des § 15 Abs. 1 namentlich aufzuführen und der Sitzungstag, an welchem die Entscheidung erfolgt ist, zu bezeichnen.

Die Ausfertigungen enthalten neben dem Siegel des Schiedsgerichts (§ 26) die Schlußformel:

„Urkundlich unter Siegel und Unterschrift."

„Das Knappschafts-Schiedsgericht in . . . ."

Die Vollziehung erfolgt durch den Vorsitzenden oder im Falle seiner Behinderung in Vertretung durch dessen Stellvertreter.

Siegel.

§ 26. Das Schiedsgericht führt ein Siegel, welches durch den Minister für Handel und Gewerbe bestimmt wird.

Berichtigungsbeschluß.

§ 27. Schreibfehler, Rechnungsfehler und ähnliche offenbare Unrichtigkeiten, die in der Entscheidung vorkommen, sind jederzeit auch von Amts wegen zu berichtigen.

Über die Berichtigung kann ohne vorgängige mündliche Verhandlung entschieden werden. Die Entscheidung trifft der Vorsitzende durch Beschluß. Der Berichtigungsbeschluß wird auf der Urschrift der Entscheidung und den Ausfertigungen vermerkt.

Ergänzungsbeschluß.

§ 28. Wenn ein von einer Partei geltend gemachter Haupt- oder Nebenanspruch oder der Kostenpunkt bei der Entscheidung ganz oder teilweise übergangen ist, so ist die Entscheidung auf Antrag nachträglich durch Beschluß zu ergänzen.

Über diesen Antrag kann ohne vorgängige mündliche Verhandlung entschieden werden, soweit es sich um einen Nebenanspruch oder um den Kostenpunkt handelt. Der Ergänzungsbeschluß wird auf der Urschrift der Entscheidung und den Ausfertigungen vermerkt.

Beitreibung von Geldstrafen und Kosten.

§ 29. Die Beitreibung der festgesetzten Geldstrafen (§ 1 Abs. 5 Schlußsatz, § 12 Abs. 2 und § 17 Abs. 1) sowie der gerichtlichen und außergerichtlichen Kosten (§ 19 und § 20) erfolgt im Wege des Verwaltungszwangsverfahrens.

III. Schlußbestimmungen.

Aufsicht. — Geschäftsbetrieb.

§ 30. Das Schiedsgericht unterliegt der Beaufsichtigung durch dasjenige Oberbergamt, in dessen Bezirk es seinen Sitz hat, und durch den Minister für Handel und Gewerbe.

Über Beschwerden der Parteien, die die Prozeßführung betreffen, entscheidet das Oberschiedsgericht in Knappschaftsangelegenheiten.

Auf die Beseitigung von Verzögerungen oder sonstigen Unregelmäßigkeiten in der Prozeßführung hat das Oberschiedsgericht, auch ohne daß Beschwerden der Parteien vorliegen, hinzuwirken. Bleiben die aus diesem Anlaß ergangenen Weisungen ohne Erfolg, so ist der Minister für Handel und Gewerbe um Abhilfe zu ersuchen.

Geschäftssprache.

§ 31. In betreff der Geschäftssprache vor dem Schiedsgerichte finden die Bestimmungen in den §§ 186 ff. des Gerichtsverfassungsgesetzes entsprechende Anwendung. Eingaben, welche nicht in deutscher Sprache abgefaßt sind, werden nicht berücksichtigt.

Beglaubigungen.

§ 32. Vorladungen und sonstige, nur dem Geschäftsbetriebe dienende formularmäßige Schreiben können auf Anordnung des Vorsitzenden durch die Unterschrift eines dazu bestimmten Beamten und unter Beifügung des Siegels (§ 26) beglaubigt werden.

Geschäftsbericht.

§ 33. Am Schlusse eines jeden Jahres hat der Vorsitzende des Schiedsgerichts dem Minister für Handel und Gewerbe zu dem von diesem zu bestimmenden Zeitpunkt und nach dem von demselben vorzuschreibenden Muster einen Geschäftsbericht einzureichen. Eine Abschrift dieses Geschäftsberichts hat der Vorsitzende dem Oberbergamte vorzulegen.

B. Vorschriften für die auf Grund des § 186i des Allgemeinen Berggesetzes zur Entscheidung von Knappschaftsangelegenheiten bestellten Schiedsgerichte für Arbeiterversicherung.

§ 34. Auf das Verfahren in Knappschaftsangelegenheiten vor den Schiedsgerichten für Arbeiterversicherung finden § 1 Abs. 2, § 4, § 5,

§ 6 Abs. 2 und 3, § 8 Abs. 1, § 10 Abs. 1 und 4, § 11, § 12 Abs. 3 und 4, § 16 Abs. 3, § 17 Abs. 2 und 4, § 19, § 20, § 21, § 27, § 28, § 29, § 30 Abs. 2 und 3, § 32 und § 33 entsprechende Anwendung. Im übrigen regelt sich das Verfahren nach den für diese Gerichte geltenden Bestimmungen.

C. Inkrafttreten der Verordnung.

§ 35. Diese Verordnung tritt am 1. Januar 1908 in Kraft.

Urkundlich unter Unserer Höchsteigenhändigen Unterschrift und beigedrucktem Königlichen Insiegel.

Gegeben Schloß Highcliffe, den 29. November 1907.

(L. S.) Wilhelm.

Fürst v. Bülow. v. Bethmann Hollweg. v. Tirpitz.
Frhr. v. Rheinbaben. v. Einem. Delbrück. Beseler.
Breitenbach. v. Arnim. v. Moltke. Holle.

H. Verordnung über Geschäftsgang und Verfahren der Oberversicherungsämter vom 24. Dezember 1911.

(RGBl. S. 1095.)

Wir Wilhelm, von Gottes Gnaden Deutscher Kaiser, König von Preußen ꝛc. verordnen auf Grund des § 35 Abs. 2 der Reichsversicherungsordnung im Namen des Reichs nach erfolgter Zustimmung des Bundesrats, was folgt:

I. Allgemeines.

§ 1. Die Mitglieder des Oberversicherungsamts und ihre Stellvertreter werden, soweit sie nicht bereits einen Diensteid geleistet haben, durch einen Beauftragten der obersten Verwaltungsbehörde, in deren Bezirk es seinen Sitz hat, auf die gewissenhafte Erfüllung ihrer Amtspflichten eidlich verpflichtet.

Die Beisitzer werden spätestens in der ersten Verhandlung, in der sie zugezogen werden, von dem Vorsitzenden auf die gewissenhafte Erfüllung ihrer Amtspflichten eidlich verpflichtet (§ 76 in Verbindung mit § 53 Abs. 1 der Reichsversicherungsordnung). § 51 Abs. 5 des Gerichtsverfassungsgesetzes gilt entsprechend. Die Verpflichtung gilt für die Dauer der Wahlzeit. Im Falle der Wiederwahl genügt die Verweisung auf die frühere Verpflichtung.

Der Vorsitzende verpflichtet die Hilfskräfte des Oberversicherungsamts, soweit sie nicht bereits einen Diensteid geleistet haben, eidlich auf die gewissenhafte Erfüllung der Amtspflichten.

Über die Verpflichtung ist eine Niederschrift aufzunehmen.

§ 2. Der Vorsitzende leitet und beaufsichtigt die Geschäfte beim Oberversicherungsamte. Er zeichnet die Verfügungen und Entscheidungen und vollzieht die Reinschriften, soweit nicht diese Verordnung etwas anderes bestimmt.

In den Sachen, die im Spruchverfahren oder durch die Beschlußkammern zu erledigen sind, zeichnet der Vorsitzende der Kammer die Verfügungen und Entscheidungen und vollzieht die Reinschriften. In den übrigen Sachen kann die oberste Verwaltungsbehörde neben dem Vorsitzenden des Oberversicherungsamts auch andere Mitglieder damit betrauen oder die Regelung dem Vorsitzenden überlassen. Sie kann auch die Geschäfte zwischen dem Vorsitzenden und diesen Mitgliedern verteilen, unbeschadet des Rechtes des Vorsitzenden, im einzelnen Falle die endgültige Zeichnung und Vollziehung für sich zu beanspruchen.

Die oberste Verwaltungsbehörde kann die Vollziehung der Reinschriften durch Beglaubigungsvermerk eines Bureau- oder Kanzleibeamten zulassen.

Der Vorsitzende des Oberversicherungsamts übt die unmittelbare Dienstaufsicht über die Hilfskräfte aus.

§ 3. Der Vorsitzende des Oberversicherungsamts bildet die Spruch- und Beschlußkammern und zieht die Beisitzer zu den Kammern zu.

§ 4. Die Beisitzer für die Beschlußkammern und ihre Stellvertreter werden schriftlich gewählt. Der Vorsitzende des Oberversicherungsamts leitet die Wahl, über deren Hergang unter Zuziehung eines vereidigten Schriftführers eine Niederschrift aufzunehmen ist. Bei Stimmengleichheit entscheidet das Los, bei Streit über die Wahl das Reichsversicherungsamt.

Die Beisitzer haben den Vorsitzenden Tatsachen, die ihre Wählbarkeit ausschließen (§ 76 in Verbindung mit § 47 der Reichsversicherungsordnung), anzuzeigen. Werden dem Vorsitzenden von einem Beisitzer Tatsachen bekannt, die seine Wählbarkeit ausschließen oder eine grobe Verletzung seiner Amtspflicht darstellen, so hat er ihn zu den Sitzungen einstweilen nicht zuzuziehen. Vor der Enthebung vom Amte ist dem Beisitzer Gelegenheit zur Äußerung zu geben.

§ 5. Zu den Verhandlungen der Beschlußkammern in Sachen der Unfallversicherung kann der Vorsitzende statt der Beisitzer Stellvertreter zuziehen, die in dem entsprechenden Bereiche der Unfallversicherung besondere Sachkunde besitzen.

§ 6. Liegt weder dem Vorsitzenden noch dem zweiten Mitglied der Beschlußkammer in erster Linie die Bearbeitung der Sache ob, die von der Beschlußkammer zu entscheiden ist, so tritt an die Stelle des zweiten Mitglieds dasjenige Mitglied des Oberversicherungsamts, das nach der Geschäftsverteilung in erster Linie mit der Bearbeitung der Sache betraut ist.

§ 7. Die Beschlußsachen, die nicht durch die Beschlußkammer zu entscheiden sind, werden nach einer im voraus aufgestellten Geschäftsverteilung durch ein Mitglied des Oberversicherungsamts erledigt.

§ 8. Der Vorsitzende des Oberversicherungsamts erstattet einen Geschäftsbericht; das Nähere bestimmt der Bundesrat.

§ 9. Für die Geschäftssprache vor dem Oberversicherungsamte gelten die §§ 186 bis 193 des Gerichtsverfassungsgesetzes entsprechend. Schriftstücke, die nicht in deutscher Sprache abgefaßt sind, brauchen nicht berücksichtigt zu werden.

§ 10. Die Vorschriften, die für die Spruch- und Beschlußkammern am Sitze des Oberversicherungsamts gelten, sind für Spruch- und Beschlußkammern entsprechend anzuwenden, welche die oberste Verwaltungsbehörde außerhalb dieses Sitzes für den Bezirk eines oder mehrerer Versicherungsämter bildet.

§ 11. Das Oberversicherungsamt führt ein Siegel, das die Bezeichnung des Oberversicherungsamts unter Angabe seines Sitzes zu enthalten hat und im übrigen durch die für den Sitz des Oberversicherungsamts zuständige oberste Verwaltungsbehörde bestimmt wird.

§ 12. Für Oberversicherungsämter, die an höhere Reichs- oder Staatsbehörden angegliedert sind, gelten die §§ 2, 6, 7 dieser Verordnung nicht. Die oberste Verwaltungsbehörde bestimmt das Nähere.

II. Verfahren in Spruchsachen.

§ 13. Die Berufung ist schriftlich einzulegen. Sie kann auch zu Protokoll einer inländischen Behörde oder eines Organes der Versicherungsträger, in Streitsachen aus der See-Unfallversicherung auch eines deutschen Seemannsamts des Auslandes erklärt werden.

In der Berufung sollen die Parteien, der Gegenstand des Anspruchs, der Bescheid oder Endbescheid des Versicherungsträgers oder das Urteil des Versicherungsamts, die angefochten werden, bezeichnet, ein bestimmter Antrag gestellt und die zur Begründung erforderlichen Tatsachen und Beweismittel angegeben werden.

Wird ein Schriftsatz eingereicht, so ist für jede Gegenpartei eine Abschrift beizufügen.

§ 14. Die Berufung muß entweder von dem Beteiligten selbst oder von seinem gesetzlichen Vertreter oder von einem Bevollmächtigten unterzeichnet sein. Das gleiche gilt für die übrigen Schriftsätze.

Die Vollmacht muß schriftlich erteilt werden. Ehegatten, Verwandte oder Verschwägerte der aufsteigenden Linie und volljährige Verwandte oder Verschwägerte der absteigenden Linie können auch ohne den Nachweis der Vollmacht zur Vertretung zugelassen werden. Dasselbe gilt von den im § 1663 Abs. 2 der Reichsversicherungsordnung bezeichneten Personen; indessen ist diesen die Nachbringung einer schriftlichen Vollmacht aufzugeben. Die Partei muß die Prozeßführung gegen sich gelten lassen, wenn sie auch nur mündlich Vollmacht erteilt oder wenn sie die Prozeßführung ausdrücklich oder stillschweigend genehmigt hat.

Die Prozeßfähigkeit einer Partei, die Vertretungsbefugnis eines gesetzlichen Vertreters und die Vollmachten sind von Amts wegen zu prüfen.

§ 15. Für nicht prozeßfähige Parteien ohne gesetzlichen Vertreter hat der Vorsitzende die Bestellung eines solchen (Vormundes oder Pflegers) zu veranlassen. Bis zu dessen Eintritt kann der Vorsitzende der Partei für das Verfahren einen besonderen Vertreter bestellen. Diesem stehen in dem Verfahren alle Parteirechte außer der Empfangnahme von Zahlungen zu.

Die Bestellung eines besonderen Vertreters ist auch zulässig, wenn der Aufenthaltsort der Partei oder ihres gesetzlichen Vertreters unbekannt oder vom Sitze des Oberversicherungsamts weit entfernt ist.

Die nicht prozeßfähige Partei ist auf ihr Verlangen selbst zu hören.

Die Kosten des besonderen Vertreters gelten als Parteikosten.

§ 16. Der Tag des Einganges der Berufung ist sofort auf der Urschrift und den Abschriften zu vermerken. Fehlen die Abschriften, so hat sie das Oberversicherungsamt anzufertigen und den Vermerk des Einganges auf sie zu übertragen. Die Kosten können von dem Antragsteller eingezogen werden.

Der Vorsitzende der Kammer teilt jeder Gegenpartei eine Abschrift der Berufung mit dem Anheimgeben mit, binnen einer bestimmten Frist, die in der Regel nicht über zwei Wochen zu bemessen ist, eine Gegenschrift einzureichen. Dabei ist zu vermerken, daß auch verhandelt und entschieden werden kann, wenn die Gegenschrift innerhalb der Frist nicht eingeht. Die Frist kann auf Antrag verlängert werden.

Der Gegenschrift und etwaigen weiteren Schriftsätzen sind für jede Gegenpartei die erforderlichen Abschriften beizufügen. Ist eine Abschrift der Gegenschrift nicht eingereicht, so fordert sie das Oberversicherungsamt nachträglich ein oder fertigt sie selbst an. Das gleiche gilt von weiteren Schriftsätzen, falls sie neue und wesentliche Anführungen enthalten. Dabei ist Abs. 1 Satz 3 anzuwenden.

§ 17. Die Vorverhandlungen sind, soweit sie nicht von dem Versicherungsträger oder von dem Versicherungsamte gleichzeitig mit der Berufung eingereicht werden, unverzüglich einzufordern.

Sie umfassen die sämtlichen Schriftstücke über den Anspruch, die bei dem Versicherungsträger oder dessen Organen oder dem Versicherungsamte vorhanden sind, einschließlich derjenigen, welche sich in Vorakten befinden oder etwa im Laufe des Verfahrens neu entstanden sind. Die neuen Schriftstücke sind auch ohne Auffordern unverzüglich nachzureichen.

Das Versicherungsamt hat auf Erfordern des Oberversicherungsamts eine Abschrift des angefochtenen Urteils einzureichen.

Der Vorsitzende der Kammer kann in geeigneten Fällen einen Beisitzer zum Berichterstatter ernennen.

§ 18. Dritte, die an dem Ausgang des Verfahrens ein berechtigtes Interesse haben, können vom Oberversicherungsamt auf Antrag oder von Amts wegen zum Verfahren zugezogen werden.

Solche Dritte sind auch ohne Zuziehung jederzeit berechtigt, dem Verfahren beizutreten, Ausführungen zu machen und Anträge zu stellen.

Sie sind im Falle der Zuziehung oder des Beitritts von dem Gange und dem Ausgang des Verfahrens in Kenntnis zu setzen. Die §§ 13 bis 16 gelten entsprechend.

§ 19. Die Beteiligten sind berechtigt, den Zeugen und Sachverständigen diejenigen Fragen vorlegen zu lassen, welche sie zur Aufklärung der Sache oder der Verhältnisse des Befragten für dienlich halten. Der Vorsitzende kann ihnen die unmittelbare Fragestellung gestatten. Zweifel über die Zulässigkeit einer Frage entscheidet die Spruchkammer. Findet die Vernehmung nicht vor der Spruchkammer statt, so entscheidet vorläufig der Leiter der Verhandlung.

§ 20. Den Zeugen und Sachverständigen ist mit der Ladung der Gegenstand ihrer Vernehmung mitzuteilen. Aus besonderen Gründen, namentlich zur Herbeiführung einer unbeeinflußten, wahren Aussage, kann hiervon abgesehen werden. Die Gründe sind in den Akten zu vermerken.

§ 21. Die Vorschriften des § 239 Abs. 1, 2 und der §§ 241, 249 der Zivilprozeßordnung über die Unterbrechung des Verfahrens gelten entsprechend.

§ 22. Die Beteiligten können — vorbehaltlich der Vorschriften im § 1607 Abs. 2, § 1631 Abs. 2, § 1653 Abs. 2 der Reichsversicherungsordnung — Einsicht in die Akten nehmen und sich daraus gegen Erstattung der Kosten Ausfertigungen, Auszüge und Abschriften erteilen lassen. Der Vorsitzende kann aus besonderen Gründen die Akteneinsicht versagen oder beschränken.

Dritten Personen kann der Vorsitzende ohne Einwilligung der Parteien die Einsicht der Akten nur gestatten, wenn ein rechtliches Interesse glaubhaft gemacht wird.

Die Entwürfe zu Entscheidungen sowie Schriftstücke, die Abstimmungen betreffen, werden weder vorgelegt noch abschriftlich mitgeteilt.

§ 23. Die Sitzungen der Kammer finden, unbeschadet des § 10, in der Regel am Sitze des Oberversicherungsamts statt.

Der Vorsitzende der Kammer kann sie zu Sitzungen an andere Orte des Bezirkes berufen. Das Nähere bestimmt der Vorsitzende des Oberversicherungsamts, sofern die oberste Verwalungsbehörde nichts anderes anordnet.

Die Sachen, die verhandelt werden sollen, werden durch Aushang vor dem Sitzungszimmer bekannt gemacht und in der Regel in der Reihenfolge erledigt, wie sie der Aushang ergibt.

§ 24. Von Ort und Zeit der mündlichen Verhandlung sind die Beteiligten, ihre gesetzlichen Vertreter oder, falls sie Bevollmächtigte bestellt haben, diese, und zwar in der Regel durch eingeschriebenen Brief oder gegen Postzustellungsurkunde zu benachrichtigen. Außer dem Bevollmächtigten ist der Beteiligte selbst zu benachrichtigen, wenn sein persönliches Erscheinen angeordnet ist. Sind mehrere Bevollmächtigte einer Partei vorhanden, so genügt die Benachrichtigung eines Bevollmächtigten. Ein Ausweis über die Benachrichtigung soll zu den Akten gebracht werden.

Die Beteiligten sind darauf hinzuweisen, daß auch im Falle ihres Ausbleibens verhandelt und entschieden werden kann. Wird das persönliche Erscheinen des Antragstellers angeordnet, so ist ihm dabei zugleich zu eröffnen, daß aus seinem Nichterscheinen ungünstige Schlüsse für seinen Anspruch gezogen werden können.

Das persönliche Erscheinen des Antragstellers kann auch angeordnet werden, wenn außerhalb der mündlichen Verhandlung Beweis erhoben wird. Dabei gilt Abs. 2 Satz 2.

§ 25. Zwischen der Mitteilung der Verhandlungszeit und dieser selbst soll in der Regel ein Zeitraum von mindestens einer Woche liegen. Die Gründe für eine Abweichung von der Regel sind aktenkundig zu machen.

Dies gilt auch für die Beweiserhebung außerhalb der mündlichen Verhandlung.

§ 26. Wird bei der Verhandlung ein Bevollmächtigter oder Beistand zurückgewiesen, ohne daß dies dem Beteiligten vorher rechtzeitig angedroht worden ist, so ist, falls der Beteiligte nicht erschienen ist oder falls er es beim Erscheinen auf Befragen beantragt, die Verhandlung auszusetzen und eine neue Verhandlungszeit anzuberaumen.

Gegen Personen, die auf Grund des § 1664 der Reichsversicherungsordnung aus dem Sitzungszimmer entfernt worden sind, wird in der gleichen Weise verfahren, wie wenn sie sich freiwillig entfernt hätten.

§ 27. Das Verfahren beim Ausschluß der Öffentlichkeit richtet sich nach § 174 Abs. 2, § 175 Abs. 1 des Gerichtsverfassungsgesetzes.

§ 28. Die mündliche Verhandlnng wird vom Vorsitzenden geleitet und beginnt mit der Darstellung des Sachverhalts durch diesen oder den Berichterstatter.

Demnächst sind die erschienenen Beteiligten zu hören. Der Vorsitzende hat das Sach- und Streitverhältnis mit ihnen zu erörtern und dahin zu wirken, daß sie über alle erheblichen Tatsachen sich vollständig erklären sowie die angemessenen und sachdienlichen Anträge stellen.

Die Anträge können ergänzt, berichtigt oder geändert werden.

Der Vorsitzende hat den Beisitzern auf Verlangen zu gestatten, Fragen an die erschienenen Beteiligten, Bevollmächtigten, Beistände, Zeugen und Sachverständigen zu stellen. Zweifel über die Zulässigkeit der Fragen entscheidet die Spruchkammer.

Beschließt die Spruchkammer eine Beweiserhebung, so soll der Beweis, soweit dies tunlich ist, sofort erhoben werden; insbesondere sollen Zeugen und Sachverständige sofort vernommen werden, falls sie zur Stelle sind oder ihre unverzügliche Gestellung möglich ist. Ist ein Beteiligter bei der Beweiserhebung nicht zugegen und nicht vertreten, so darf in diesem Termin ein ihm ungünstiges Urteil nicht erlassen werden.

§ 29. Zu den Sitzungen der Kammer ist ein vereidigter Schriftführer zuzuziehen.

Die Niederschrift enthält Ort und Tag der Verhandlung, die Bezeichnung der tagenden Spruchkammer, Namen und Beruf des Vorsitzenden, der Beisitzer und des Schriftführers unter Bezeichnung der Eigenschaft, in der sie mitwirken, den Namen des etwa zugezogenen Dolmetschers, die Bezeichnung der Streitsache, die Namen der erschienenen Beteiligten, gesetzlichen Vertreter, Bevollmächtigten und Beistände sowie die Angabe, daß öffentlich verhandelt oder die Öffentlichkeit ausgeschlossen ist.

§ 30. Der Gang der Verhandlung ist im allgemeinen anzugeben.

In die Niederschrift sind aufzunehmen:

1. Erklärungen der Parteien, welche die Zurücknahme einer Berufung bezwecken, Anerkenntnisse, Verzichtleistungen und Vergleiche sowie andere Parteierklärungen, namentlich Geständnisse, deren Feststellung beim Schlusse der mündlichen Verhandlung für angemessen erachtet wird;
2. solche Anträge und erheblichen Erklärungen der Beteiligten, die von dem Inhalt der Schriftsätze abweichen;
3. die Aussagen der Zeugen und Sachverständigen und die Feststellung, ob sie beeidigt sind oder nicht;
4. das Ergebnis eines Augenscheins;
5. Beschlüsse des Oberversicherungsamts, die Urteilsformel und deren Verkündung.

Der Aufnahme in die Niederschrift steht die Aufnahme in eine Schrift gleich, die der Niederschrift als Anlage beigefügt, als solche vom Vorsitzenden und Schriftführer gekennzeichnet und in der Niederschrift aufgeführt ist.

§ 31. Die Niederschrift ist, soweit sie die Nummern 1 bis 3 des § 30 Abs. 2 betrifft, den Beteiligten vorzulesen. In der Niederschrift ist zu bemerken, daß dies geschehen und die Genehmigung erfolgt ist oder welche Einwendungen erhoben sind.

Die Niederschrift ist von dem Vorsitzenden und dem Schriftführer zu unterzeichnen. Ist der Vorsitzende verhindert, so genügt die Unterschrift des Schriftführers. Die Tatsache der Verhinderung des Vorsitzenden ist in der Niederschrift zu vermerken.

§ 32. Auch über das Ergebnis von Beweisverhandlungen außerhalb der Sitzungen der Kammer ist unter Zuziehung eines vereidigten oder durch Handschlag verpflichteten Schriftführers eine Niederschrift aufzunehmen. § 29 Abs. 2, §§ 30, 31 geltend entsprechend. Jedoch kann in einfacheren Fällen der Vorsitzende allein über das Ergebnis eines Augenscheins außerhalb der mündlichen Verhandlung eine Feststellung zu den Akten bringen.

§ 33. Das Oberversicherungsamt entscheidet innerhalb der erhobenen Ansprüche nach freiem Ermessen.

§ 34. Die Beratung und Beschlußfassung schließen sich unmittelbar an die mündliche Verhandlung an. Sie sind nicht öffentlich. Außer den zur Entscheidung Berufenen und dem Schriftführer dürfen nur die beim Oberversicherungsamte beschäftigten Personen zugegen sein, welchen der Vorsitzende des Oberversicherungsamts die Anwesenheit zu ihrer Ausbildung gestattet hat.

Die Entscheidung darf nur von den Mitgliedern der Kammer getroffen werden, die an der Verhandlung der Sache teilgenommen haben.

Bei der Abstimmung stimmt der Berichterstatter (§ 17 Abs. 4) zuerst. Die übrigen Mitglieder der Kammer stimmen nach der Reihenfolge ihres Lebensalters, und zwar das jüngste zuerst. Der Vorsitzende stimmt in allen Fällen zuletzt. Die §§ 196, 197 des Gerichtsverfassungsgesetzes gelten entsprechend.

Die Abstimmung der einzelnen Mitglieder der Kammer darf keinen schriftlichen Ausdruck finden.

Über den Hergang bei der Beratung und über das Stimmenverhältnis ist zu schweigen.

§ 35. Bei der Verkündung des Urteils werden die Gründe mitgeteilt, soweit dies für erforderlich gehalten wird. Die Verkündung des Urteils kann auf eine spätere Sitzung vertagt werden, die in der Regel sofort anzuberaumen ist und binnen einer Woche stattfinden soll.

§ 36. Das Urteil enthält außer den Gründen eine gedrängte Darstellung des Sach- und Streitstandes auf Grund der gesamten Verhandlungen unter Hervorhebung der in der Sache gestellten Anträge (Tatbestand) und die hiervon und von den Gründen äußerlich zu sondernde Urteilsformel. Bei endgültigen Urteilen genügt neben der Urteilsformel die Angabe der Gründe.

Im Eingang des Urteils sind die Beteiligten und ihre gesetzlichen Vertreter, die Spruchkammer, welche die Entscheidung gefällt, und die Mitglieder der Kammer, die bei ihr mitgewirkt haben, die letzteren nach § 29 Abs. 2, aufzuführen. Auch ist der Sitzungstag, an dem die Entscheidung ergangen ist, zu bezeichnen und anzugeben, daß mündlich verhandelt ist.

Im Falle der Behinderung des Vorsitzenden unterzeichnet für ihn der an Lebensjahren älteste Beisitzer das Urteil.

Für die Vorentscheidung (§ 1679 Abs. 1 in Verbindung mit § 1657 der Reichsversicherungsordnung) gelten Abs. 1 bis 3 entsprechend.

§ 37. Eine Ausfertigung des Urteils soll spätestens binnen drei Wochen nach der Verkündung den Beteiligten oder ihren gesetzlichen Vertretern zugestellt werden. Sind die Beteiligten durch Bevollmächtigte vertreten, so ist die Ausfertigung diesen zuzustellen. Sind mehrere Bevollmächtigte einer Partei vorhanden, so genügt die Zustellung an einen Bevollmächtigten.

§ 38. Ausfertigungen und Abschriften sind als solche zu bezeichnen. Die Ausfertigung erhält die Überschrift, die für gerichtliche Urteile vorgeschrieben (z. B. „Im Namen des Königs") oder im Falle des § 62 Abs. 3 der Reichsversicherungsordnung von den beteiligten Landesregierungen vereinbart ist.

Am Schlusse wird die Ausfertigung mit dem Siegel des Oberversicherungsamts versehen und von dem Vorsitzenden der Kammer, im Falle seiner Behinderung von seinem Stellvertreter unterzeichnet.

Hat die oberste Verwaltungsbehörde bestimmt, daß die Ausfertigungen von einem Bureau- oder Kanzleibeamten des Oberversicherungsamts unterzeichnet werden, so ist unter die einschließlich der Unterschrift gefertigte Abschrift zu setzen:

„Die Übereinstimmung dieser Ausfertigung mit der Urschrift wird hierdurch beglaubigt."

Der Beamte unterschreibt diesen Zusatz unter Beifügung seiner Amtseigenschaft.

§ 39. Das Versicherungsamt, dessen Entscheidung angefochten war, erhält eine Abschrift des Urteils.

III. Verfahren in Beschlußsachen.

§ 40. Für das Beschlußverfahren gelten die Bestimmungen über die Einleitung des Verfahrens und die Vertretung der Parteien (§§ 13 bis 16, § 17 Abs. 1 bis 3, § 18), über die Beweiserhebung, die Unterbrechung des Verfahrens und die Akteneinsicht (§§ 19 bis 22, § 24 Abs. 3, § 25 Abs. 2, § 32) entsprechend.

Das Oberversicherungsamt kann jedoch die Einreichung von Abschriften der Schriftsätze erlassen und von der Anfertigung von solchen und ihrer Mitteilung an die übrigen Beteiligten absehen.

§ 41. Die §§ 1673, 1674 der Reichsversicherungsordnung gelten entsprechend.

§ 42. Für das Verfahren vor der Beschlußkammer gilt außerdem folgendes:

Berichterstatter ist das Mitglied, dem die Bearbeitung der Sache nach der Geschäftsverteilung in erster Linie obliegt.

Soweit in einer Beschlußsache vor der Beschlußkammer zu verhandeln ist, kann der Vorsitzende der Beschlußkammer mündliche Verhandlung anordnen; dies muß geschehen, wenn es die Kammer beschließt oder wenn in den Fällen des § 24 Abs. 3, des § 51 Abs. 3, des § 52 Abs. 2 und des § 53 Abs. 3 der Reichsversicherungsordnung ein Beteiligter es beantragt. Für die mündliche Verhandlung gelten die Bestimmungen über die Verhandlungszeit, die Vertagung bei Zurückweisung eines Bevollmächtigten oder Beistandes, den Gang der mündlichen Verhandlung und die Verkündung der Entscheidung (§ 24 Abs. 1, 2, § 25 Abs. 1, §§ 26, 28, 35) entsprechend.

Im übrigen sind die Bestimmungen über Ort und Niederschrift der Verhandlung, über Beratung und Beschlußfassung sowie über die Urteile und ihre Zustellung (§§ 23, 29 bis 31, 34, 36 bis 39) entsprechend anzuwenden, auch wenn nicht mündlich verhandelt wird.

Jedoch stimmt das zweite Mitglied (§ 78 Abs. 2 der Reichsversicherungsordnung) erst nach den Beisitzern, sofern es nicht Berichterstatter ist. Ist der Vorsitzende an der Unterzeichnung der Entscheidung behindert, so tritt an seine Stelle zunächst das zweite Mitglied.

§ 43. In dem Verfahren bei Entlassung eines Angestellten wegen Vergehens gegen die Dienstordnung oder im Falle des § 354 Abs. 6 der Reichsversicherungsordnung (§ 358 Abs. 1, § 413 Abs. 2 a. a. O.) sind die Beschwerdeschriften des Angeschuldigten und der Krankenkasse sowie deren spätere Schriftsätze dem Beamten der Staatsanwaltschaft (§ 64 der Verordnung über Geschäftsgang und Verfahren der Versicherungsämter) in Urschrift vorzulegen.

Neue Tatsachen, welche die Grundlage einer anderen Beschuldigung bilden, dürfen vor dem Oberversicherungsamte nicht vorgebracht werden.

Eine mündliche Verhandlung findet in jedem Falle statt.

Für die Vernehmung des Angestellten, die Beweisaufnahme, die mündliche Verhandlung, die Zurücknahme der Entlassung oder des Antrags und für die Entscheidung gelten § 65 Abs. 2, 3, §§ 67, 68, § 69

Abs. 4 bis 6, §§ 70, 71 der Verordnung über Geschäftsgang und Verfahren der Versicherungsämter entsprechend.

IV. Kosten des Verfahrens.

§ 44. Die Kosten des Verfahrens werden vorbehaltlich der Vorschrift des § 1679 in Verbindung mit § 1670 der Reichsversicherungsordnung durch Verfügung des Oberversicherungsamts festgesetzt, und zwar in Sachen, die von der Spruch- oder Beschlußkammer zu erledigen sind, durch Verfügung des Vorsitzenden der Kammer. Gegen die Verfügung kann binnen einer Woche nach Zustellung Beschwerde bei dem Oberversicherungsamt eingelegt werden. Hält der Vorsitzende die Beschwerde für begründet, so kann er ihr abhelfen. Anderenfalls ist die Beschwerde mit einer gutachtlichen Äußerung unter Beifügung der Verhandlungen dem Reichsversicherungsamte vorzulegen. An dessen Stelle tritt das Landesversicherungsamt, sofern es in der Sache selbst zuständig ist.

§ 45. § 1670 der Reichsversicherungsordnung gilt entsprechend für das Beschlußverfahren.

In den Fällen des § 358 Abs. 1 (§ 413 Abs. 2) der Reichsversicherungsordnung gilt als Partei der Bundesstaat, wenn der Beamte der Staatsanwaltschaft (§ 43 Abs. 1 dieser Verordnung) Beschwerde eingelegt hat.

§ 46. Die gemäß § 1802 der Reichsversicherungsordnung einem Beteiligten auferlegten Kosten werden in der Entscheidung festgesetzt; sie werden wie Gemeindeabgaben beigetrieben.

§ 47. In Spruchsachen der Krankenversicherung beträgt die dem unterliegenden Teile aufzuerlegende Gebühr (§ 1803 der Reichsversicherungsordnung) für je einhundert Mark des Streitgegenstandes zwei Mark bis zum Höchstbetrage von zwanzig Mark. Angefangene Wertbeträge werden voll gerechnet.

Vorstehende Sätze können auf die Hälfte ermäßigt werden, wenn die Sache durch Anerkenntnis, Vergleich oder Zurücknahme des Rechtsmittels erledigt wird. Sie können bis auf den doppelten Betrag, jedoch nicht über den Betrag von zwanzig Mark hinaus, erhöht werden, wenn eine Beweisaufnahme stattgefunden hat oder sonst umfangreichere Erhebungen oder Verhandlungen notwendig waren.

Der Wert wiederkehrender Leistungen, deren Dauer noch nicht feststeht, ist nach freiem Ermessen zu schätzen. Das gleiche gilt für solche Leistungen, die keine Geldleistungen sind.

§ 48. Diese Verordnung tritt für die Invaliden- und Hinterbliebenenversicherung am 1. Januar 1912, für die anderen Zweige der Reichsversicherung an den Tagen in Kraft, von denen an für diese die Vorschriften der Reichsversicherungsordnung über das Verfahren in Kraft gesetzt werden.

Mit denselben Tagen tritt für die einzelnen Zweige der Reichsversicherung die Verordnung, betreffend das Verfahren vor den Schiedsgerichten für Arbeiterversicherung, vom 22. November 1900 (Reichs-Gesetzbl. S. 1017) außer Kraft.

Urkundlich unter Unserer Höchsteigenhändigen Unterschrift und beigedrucktem Kaiserlichen Insiegel.

Gegeben Neues Palais, den 24. Dezember 1911.

(L. S.) Wilhelm.

v. Bethmann Hollweg.

J. Verordnung über das Verfahren vor dem Oberschiedsgericht in Knappschaftsangelegenheiten vom 30. November 1907.

(GS. S. 312.)

Wir Wilhelm, von Gottes Gnaden König von Preußen 2c., verordnen auf Grund des § 186n des Allgemeinen Berggesetzes vom 24. Juni 1865 in der Fassung des Gesetzes vom 19. Juni 1906 (GS. S. 199), was folgt:

I. Allgemeine Bestimmungen.

Befugnisse und Obliegenheiten des Vorsitzenden.

§ 1. Die Leitung und Beaufsichtigung des Geschäftsganges bei dem Oberschiedsgerichte liegt dem Vorsitzenden und im Falle der Behinderung seinem Stellvertreter ob.

Der Vorsitzende öffnet die eingehenden Sendungen und vermerkt auf den Schriftstücken den Tag des Einganges, sofern von ihm mit diesen Geschäften nicht ein vereidigter Beamter des Oberschiedsgerichts betraut wird. Er verteilt weiter die Dienstgeschäfte, bestimmt die Sitzungen, zeichnet die Urschriften der Verfügungen, Vorladungen, Berichte usw. und vollzieht die Reinschriften, soweit nicht etwa durch anderweite Grundsätze, welche die Aufsichtsbehörde (Minister für Handel und Gewerbe) über die Verteilung der Prozeßsachen auf den Vorsitzenden und den stellvertretenden Vorsitzenden festzustellen befugt ist, eine Abweichung von dieser Regel herbeigeführt ist; in diesem Falle bearbeitet der stellvertretende Vorsitzende die ihm überwiesenen Prozeßsachen selbständig und unter eigener Verantwortung.

Der Vorsitzende trifft in Beziehung auf die Führung der Geschäftskontrollen die erforderlichen Anordnungen. Er verpflichtet eidlich die Beamten des Oberschiedsgerichts, soweit sie nicht den Staatsdienereid geleistet haben, und übt über sie die unmittelbare Dienstaufsicht aus. Disziplinarstrafen gegen dieselben verhängt, sofern sie bei dem Oberschiedsgericht im Hauptamt angestellt sind, der Vorsitzende, im übrigen die ihnen im Hauptamte vorgesetzte Dienstbehörde.

Die Beisitzer haben dem Vorsitzenden Anzeige zu machen, wenn durch Änderung in ihren persönlichen Verhältnissen die Voraussetzungen ihrer Wählbarkeit auf Grund des Allgemeinen Berggesetzes nachträglich wegfallen. Hiervon ist seitens des Vorsitzenden dem Minister für Handel und Gewerbe wegen Ernennung eines Beisitzers für den Rest der Wahlperiode Anzeige zu erstatten (§ 186m Abs. 2, § 186b Abs. 6 Satz 2 a. a. O.). Das gleiche gilt, wenn ein Beisitzer während der Wahlperiode durch Tod ausscheidet.

Verweigert ein Beisitzer dauernd seine Dienstleistung oder werden dem Vorsitzenden Tatsachen bekannt, welche die Wählbarkeit eines Beisitzers auf Grund des Allgemeinen Berggesetzes ausschließen oder sich als grobe Verletzung seiner Amtspflicht darstellen, so hat der Vorsitzende diesen Beisitzer zu den Sitzungen einstweilen nicht einzuberufen und bei dem Minister für Handel und Gewerbe die Enthebung des Beisitzers vom Amte zu beantragen (§ 186m Abs. 2, § 186e Abs. 3 a. a. O.). Er hat ferner, wenn ein Beisitzer ohne genügende Entschuldigung zu den Sitzungen sich nicht rechtzeitig einfindet oder seinen Obliegenheiten in anderer Weise sich entzieht, bei dem genannten Minister den Antrag auf Festsetzung einer Geldstrafe zu stellen (§ 186m Abs. 2, § 186e Abs. 2 a. a. O.).

Zuziehung der Beisitzer.

§ 2. Die Reihenfolge, in welcher die Beisitzer in der Regel zu den Verhandlungen zuzuziehen sind, bestimmt der Vorsitzende im voraus. Die Beisitzer werden in dieser Reihenfolge zu den Verhandlungen unter Hinweis auf die gesetzlichen Folgen des Ausbleibens eingeladen. Abweichungen von der festgesetzten Reihenfolge sind unter Angabe der Gründe aktenkundig zu machen.

Ein Beisitzer, welcher durch Krankheit oder durch sonstige, nicht zu beseitigende Umstände verhindert ist, einer Verhandlung beizuwohnen oder sich der Wahrnehmung der ihm sonst obliegenden Geschäfte zu unterziehen, hat dies sofort dem Vorsitzenden anzuzeigen.

Besetzung des Oberschiedsgerichts.

§ 3. Für die Besetzung des Oberschiedsgerichts mit Mitgliedern gelten die Vorschriften des § 186m des Allgemeinen Berggesetzes.

Die Vorschrift des § 186m Abs. 2 Nr. 3c a. a. O. findet entsprechende Anwendung auf die Entscheidungen des Oberschiedsgerichts in den Fällen der §§ 5, 17 Abs. 2, 19 Abs. 2 und 30 Abs. 2 der Verordnung über das Verfahren vor den Schiedsgerichten zur Entscheidung von Knappschaftsangelegenheiten vom 29. November 1907.

Die zu den Entscheidungen des Oberschiedsgerichts zuzuziehenden richterlichen Beamten, Versicherungsverständigen und Bergbauverständigen werden bei ihrer ersten Dienstleistung in öffentlicher Sitzung durch den Vorsitzenden beeidigt.

Auf die Beeidigung finden die Vorschriften im § 51 des Gerichtsverfassungsgesetzes entsprechende Anwendung.

Ablehnung der Mitglieder des Oberschiedsgerichts.

§ 4. Die Bestimmungen in den §§ 41 ff. der Zivilprozeßordnung über die Ausschließung und Ablehnung der Richter finden auf die Mitglieder des Oberschiedsgerichts entsprechende Anwendung. Jedoch beschließt über ein Ablehnungsgesuch in betreff des Vorsitzenden das Oberschiedsgericht, in betreff der übrigen Mitglieder der Vorsitzende.

Bei dem Beschluß über ein Ablehnungsgesuch in betreff des Vorsitzenden hat dieser nicht mitzuwirken. An seiner Stelle führt dabei der dem Lebensalter nach älteste Beisitzer den Vorsitz. Ergibt sich bei der Abstimmung über das Gesuch Stimmengleichheit, so gilt dasselbe als abgelehnt.

II. Vorschriften über das Verfahren.

A. Die Revision.

Einlegung der Revision.

§ 5. Die Revision ist zur Vermeidung des Ausschlusses innerhalb eines Monats nach der Zustellung der Entscheidung des Schiedsgerichts bei dem Oberschiedsgerichte schriftlich einzulegen. Die Revisionsfrist gilt auch dann als gewahrt, wenn innerhalb derselben die Revision bei dem

Schiedsgericht oder bei einer anderen amtlichen Stelle oder einem Knappschaftsorgan eingegangen ist; diese haben die Revisionsschrift unverzüglich an das Oberschiedsgericht abzugeben.

B. Die Beschwerde.

Einlegung der Beschwerde.

§ 6. Die Beschwerde ist schriftlich einzulegen, und zwar:

1. bei dem Oberbergamt in den Fällen der §§ 169 Abs. 3, 175d Abs. 2, 177c und 180a Abs. 3 des Allgemeinen Berggesetzes binnen einer Frist von einem Monate vom Tage der Zustellung des Beschlusses an den Knappschaftsvorstand ab;
2. bei den Schiedsgericht, und zwar in den Fällen:
   a) des § 17 Abs. 2 der Verordnung über das Verfahren vor den Schiedsgerichten zur Entscheidung von Knappschaftsangelegenheiten vom 29. November 1907 binnen einer Frist von zwei Wochen nach Zustellung des Beschlusses;
   b) des § 19 Abs. 2 derselben Verordnung binnen einer Frist von einem Monate nach Zustellung des Festsetzungsbescheides;
   c) des § 30 Abs. 2 derselben Verordnung.

Die Bestimmungen des § 5 Satz 2 dieser Verordnung finden auf die Einlegung der Beschwerde entsprechende Anwendung.

C. Gemeinsame Bestimmungen für Revision und Beschwerde.

Einreichung der Schriftsätze und Verhandlungen.

§ 7. In dem Schriftsatze soll der Anspruch bezeichnet und begründet sein; bei Revisionen sollen insbesondere auch die Gesichtspunkte, aus welchen die Nichtanwendung oder die unrichtige Anwendung des bestehenden Rechts oder ein Verstoß wider den klaren Inhalt der Akten oder Mängel des Verfahrens sich ergeben sollen (§ 186*l* Abs. 4 des Allgemeinen Berggesetzes), bei Beschwerden insbesondere auch die etwa vorzubringenden neuen Tatsachen und Beweismittel angeführt werden. Bei Revisionen soll für den Gegner eine Abschrift beigefügt werden. Das gleiche gilt bei Beschwerden, soweit ein Gegner vorhanden ist. Ist die Beifügung einer Abschrift unterblieben, so ist seitens des Oberschiedsgerichts eine Abschrift zu fertigen; ihre Kosten können von dem das Rechtsmittel Einlegenden eingezogen werden.

Die Vorverhandlungen sind von dem Knappschaftsvereine, sofern das Rechtsmittel von diesem ausgeht, gleichzeitig mit den Schriftsätzen, im übrigen, sobald sie entbehrlich sind, auch ohne besondere Aufforderung einzureichen. Die Einreichung erstreckt sich auf alle bei dem Knappschaftsverein und dessen Organen vorhandenen, auf den Gegenstand sich beziehenden Schriftstücke, einschließlich derjenigen, welche sich in Vorakten befinden. Eine entsprechende Verpflichtung liegt dem Oberbergamt und dem Schiedsgerichte hinsichtlich sämtlicher erwachsenen Vorverhandlungen ob.

Abweisung durch Bescheid.

§ 8. Ist das Rechtsmittel nicht rechtzeitig eingelegt oder ist das Oberschiedsgericht gesetzlich zur Entscheidung über die dem Rechtsmittel zugrunde liegenden Beschwerdepunkte nicht zuständig, so kann der Vorsitzende das Rechtsmittel durch einen mit Gründen zu versehenden Bescheid zurückweisen. Die Anfertigung einer Abschrift der Rechtsmittelschrift seitens des Oberschiedsgerichts (§ 7 Abs. 1 Satz 4) kann in diesen Fällen einstweilen unterbleiben.

Der das Rechtsmittel Einlegende ist befugt, innerhalb zwei Wochen vom Tage der Zustellung des Bescheides ab bei dem Oberschiedsgericht im Falle der Revision die Anberaumung eines Termins zur mündlichen Verhandlung, im Falle der Beschwerde die Entscheidung des Oberschiedsgerichts zu beantrageu.

Die vorstehende Befugnis ist dem Antragsteller in dem Bescheide zu eröffnen.

Die Ablehnung der im Abs. 2 bezeichneten Anträge kann nur durch Entscheidung des Oberschiedsgerichts erfolgen.

Beantwortung der Revision und der Beschwerde.

§ 9. Das Oberschiedsgericht hat die Abschrift der Revisions- oder Beschwerdeschrift dem Gegner, soweit ein solcher vorhanden ist, zur Einreichung einer Gegenschrift binnen einer bestimmten, von einer Woche bis zu einem Monate zu bemessenden Frist mitzuteilen. In den Fällen des § 8 kann hiervon abgesehen werden. In der Aufforderung ist zugleich auszusprechen, daß, wenn die Gegenschrift innerhalb der Frist nicht eingeht, die Entscheidung nach Lage der Akten erfolgen werde. Die Frist kann auf Antrag aus wichtigen Gründen verlängert werden.

Der Gegenschrift und den etwaigen weiteren Schriftsätzen sollen Abschriften beigefügt werden, die dem Gegner von dem Oberschiedsgerichte zuzustellen sind. Die Bestimmung des § 7 Abs. 1 Satz 4 findet entsprechende Anwendung.

Unterzeichnung der Schriftsätze. — Vertretung der Parteien.

§ 10. Die Schriftsätze müssen entweder von den Beteiligten selbst oder von ihren gesetzlichen Vertretern oder von ihren Bevollmächtigten unterzeichnet sein. Die Vollmacht muß schriftlich erteilt werden. Ehegatten, Verwandte der aufsteigenden Linie und großjährige Verwandte der absteigenden Linie können auch ohne schriftliche Vollmacht zur Vertretung zugelassen werden.

Das Oberschiedsgericht kann Bevollmächtigte und Beistände, welche das mündliche Verhandeln vor Gericht geschäftsmäßig betreiben, zurückweisen. Diese Vorschrift findet keine Anwendung auf Rechtsanwälte und auf Personen, denen das mündliche Verhandeln vor Gericht durch Anordnung der Justizverwaltung gestattet ist.

Die Prozeßfähigkeit einer Partei sowie die Legitimation eines Vertreters sind von Amts wegen zu prüfen.

Nichtprozeßfähigen Personen, welche ohne gesetzlichen Vertreter sind kann bis zum Eintritte des gesetzlichen Vertreters von dem Vorsitzenden ein besonderer Vertreter bestellt werden. Derselbe ist befugt, alle Parteirechte zum Zwecke der Durchführung des Verfahrens wahrzunehmen. Eine Befugnis zur Empfangnahme von Zahlungen steht demselben nicht zu. Das gleiche gilt, wenn der Aufenthaltsort des gesetzlichen Vertreters unbekannt oder vom Sitze des Oberschiedsgerichts weit entfernt ist. Die nichtprozeßfähige Partei ist auf ihr Verlangen selbst zu hören. Die Kosten des besonderen Vertreters gelten als außergerichtliche Kosten.

Art der Verhandlung bei Revisionen und Beschwerden.

§ 11. Die Entscheidung auf Revisionen erfolgt, von den in den §§ 8, 26 und 27 bezeichneten Ausnahmen abgesehen, auf Grund mündlicher Verhandlung vor dem Oberschiedsgerichte.

Die Entscheidung auf Beschwerden erfolgt auf Grund der Akten. Das Oberschiedsgericht ist jedoch befugt, die Beteiligten behufs Aufklärung des Sachverhalts zur mündlichen Verhandlung vorzuladen.

Mündliche Verhandlung.

§ 12. Der Termin zur mündlichen Verhandlung wird von dem Vorsitzenden anberaumt. Die Beteiligten werden von dem Termin, in der Regel mittels eingeschriebenen Briefes, mit dem Bemerken in Kenntnis gesetzt, daß im Falle ihres Ausbleibens nach Lage der Akten werde entschieden werden. Ein Ausweis hierüber muß zu den Akten gebracht werden.

Der Vorsitzende ernennt für die mündliche Verhandlung einen Berichterstatter. Auf Anordnung des Vorsitzenden hat der Berichterstatter vor dem Termin einen schriftlichen Bericht nebst Gutachten vorzulegen.

Die mündliche Verhandlung beginnt mit der Darstellung des Sachverhältnisses durch den Berichterstatter; demnächst sind die erschienenen Beteiligten zu hören.

Der Vorsitzende hat jedem Beisitzer auf Verlangen zu gestatten, Fragen zu stellen.

Öffentlichkeit des Verfahrens. — Sitzungspolizei.

§ 13. Die mündliche Verhandlung erfolgt in öffentlicher Sitzung. Die Öffentlichkeit kann durch einen öffentlich zu verkündenden Beschluß ausgeschlossen werden, wenn dies aus Gründen des öffentlichen Wohles oder der Sittlichkeit für angemessen erachtet wird. Die zur Verhandlung gelangenden Sachen werden der Regel nach in der durch Aushang vor dem Sitzungszimmer bekannt zu machenden Reihenfolge erledigt.

Die Vorschriften der §§ 176 bis 182, 184 des Gerichtsverfassungsgesetzes über die Aufrechterhaltung der Ordnung finden entsprechende Anwendung. Über die Beschwerde gegen Ordnungsstrafen entscheidet endgültig der Minister für Handel und Gewerbe. Die Beschwerde ist binnen zwei Wochen nach der Zustellung der Strafverfügung bei diesem Minister einzulegen.

Die vom Oberschiedsgerichte festgesetzten Geldstrafen fließen in die Staatskasse.

Haftstrafen sind unter Ersuchen desjenigen Amtsgerichts zu vollstrecken, in dessen Bezirke das Oberschiedsgericht seinen Sitz oder der Beteiligte seinen Wohnsitz oder in Ermangelung eines solchen seinen Aufenthalt hat.

Verhandlungsniederschrift.

§ 14. Die mündliche Verhandlung erfolgt unter Zuziehung eines vereidigten Schriftführers. Von demselben ist eine Niederschrift aufzunehmen, welche die Namen des Vorsitzenden und der mitwirkenden Beisitzer, deren Eigenschaft als Vorsitzender und als Vertreter der Werksbesitzer oder der Knappschaftsmitglieder sowie als richterlicher Beamter, Versicherungsverständiger oder Bergbauverständiger und die Bezeichnung des Berufs des Vorsitzenden und der Beisitzer enthält und den Gang der Verhandlung im allgemeinen angibt. Anerkenntnisse, Verzichtleistungen, Vergleiche und solche Anträge und Erklärungen der Beteiligten, welche von den Schriftsätzen abweichen, sowie Beschlüsse und die Entscheidungsformel sind in die Niederschrift aufzunehmen.

Die Niederschriften sind von dem Vorsitzenden und dem Schriftführer und, sofern die Niederschrift die Wiedergabe einer Entscheidung enthält, auch von dem Berichterstatter zu vollziehen.

Beweisaufnahme.

§ 15. Der Vorsitzende ist befugt, auch ohne vorausgehenden Beschluß des Oberschiedsgerichts Zeugen und Sachverständige vorzuladen sowie das persönliche Erscheinen eines Beteiligten anzuordnen.

Die Beweiserhebung erfolgt in der Regel vor dem Oberschiedsgerichte. Das Oberschiedsgericht ist jedoch befugt, den Beweis an Ort und Stelle zu erheben oder durch ein Mitglied oder gemäß § 186o des Allgemeinen Berggesetzes durch eine öffentliche Behörde erheben zu lassen. Geeignetenfalls steht die Befugnis der Beweiserhebung auch dem Vorsitzenden schon vor Anberaumung des Termins zur Verhandlung über das Rechtsmittel zu.

Die Beweisverhandlungen sind unter Zuziehung eines vereidigten oder durch Handschlag zu verpflichtenden Schriftführers aufzunehmen; die Beteiligten sind zu benachrichtigen.

§ 16. Hinsichtlich der Verpflichtung, sich als Zeuge oder Sachverständiger vernehmen zu lassen und die Aussagen eidlich zu erhärten, finden die Bestimmungen der Zivilprozeßordnung entsprechende Anwendung. Insbesondere ist das Oberschiedsgericht befugt, gegen Zeugen und Sachverständige, welche sich nicht oder nicht rechtzeitig zu den Sitzungen einfinden oder ihre Aussage oder die Eidesleistung ohne Angabe eines Grundes oder, nachdem der vorgeschützte Grund rechtskräftig für unerheblich erklärt ist, verweigern, eine Geldstrafe bis zu dreihundert Mark festzusetzen. Kommt die Verhängung oder Vollstreckung von Zwangsmaßregeln in Frage, so ist um diese das Amtsgericht zu ersuchen, in dessen Bezirke die Zeugen oder Sachverständigen ihren Wohnsitz oder in Ermangelung eines solchen ihren Aufenthalt haben. Auf Militärpersonen, welche dem aktiven Heere oder der aktiven Marine angehören, finden die Vorschriften des § 380 Abs. 4, § 390 Abs. 4, § 409 Abs. 3 der Zivilprozeßordnung Anwendung.

Erfolgt nachträglich eine genügende Entschuldigung für das Verhalten des Zeugen oder Sachverständigen, so sind die getroffenen Anordnungen wieder aufzuheben.

Die gegen Zeugen und Sachverständige festgesetzten Geldstrafen fließen in die Staatskasse.

Die Zeugen und Sachverständigen erhalten Gebühren nach Maßgabe der Gebührenordnung für Zeugen und Sachverständige (Reichsgesetzbl. 1898 S. 689).

Entscheidung.

§ 17. Das Oberschiedsgericht entscheidet innerhalb der erhobenen Ansprüche unter Berücksichtigung des gesamten Inhalts der Verhandlungen und des Ergebnisses einer etwaigen Beweisaufnahme sowie unter Würdigung aller Umstände nach freier Überzeugung.

Die Entscheidungen des Oberschiedsgerichts erfolgen nach Stimmenmehrheit. Bilden sich bei der Entscheidung über Geldbeträge mehr als zwei Meinungen, von welchen keine die Mehrheit für sich hat, so werden die für den größten Betrag abgegebenen Stimmen so lange den Stimmen für den zunächst geringeren Betrag hinzugerechnet, bis sich eine Mehrheit ergibt.

Die Beratung und Beschlußfassung erfolgt in nichtöffentlicher Sitzung; hierbei dürfen nur Mitglieder mitwirken, welche als solche an der Verhandlung über das Rechtsmittel teilgenommen haben.

Gerichtliche Kosten.

§ 18. Die Festsetzung der gerichtlichen Kosten des Verfahrens, welche durch die einzelnen Streitfälle erwachsen und nach § 186 m Abs. 2, § 186 h Abs. 3 des Allgemeinen Berggesetzes von demjenigen Knappschaftsvereine zu zahlen sind, gegen dessen Entscheidung das Rechtsmittel eingelegt ist, erfolgt durch den Vorsitzenden des Oberschiedsgerichts. Wird seine Festsetzung angefochten, so ist die Entscheidung des Oberschiedsgerichts herbeizuführen.

Außergerichtliche Kosten.

§ 19. Das Oberschiedsgericht hat, auch ohne daß es eines Antrages bedarf, zu prüfen, ob und in welchem Betrage die unterliegende Partei dem Gegner die ihm in dem Verfahren erwachsenen Kosten zu erstatten hat. Wird die Erstattung solcher außergerichtlicher Kosten angeordnet, so ist deren Höhe in der Entscheidung festzusetzen.

Dasselbe gilt unter Berücksichtigung der zweckentsprechend aufgewendeten Zeit und Mühewaltung auch für Rechtsanwälte sowie sonstige Vertreter und Beistände der Parteien.

Nähere Ausführungsbestimmungen über die Kosten.

§ 20. Der Minister für Handel und Gewerbe ist befugt, über die Kosten des oberschiedsgerichtlichen Verfahrens nähere Ausführungsbestimmungen zu erlassen.

Abstimmung.

§ 21. Bei der Abstimmung stimmt der ernannte Berichterstatter (§ 12 Abs. 2) zuerst. Im übrigen richtet sich bei der Abstimmung der Mitglieder die Reihenfolge nach dem Lebensalter dergestalt, daß das jüngste zuerst stimmt. Der Vorsitzende stimmt in allen Fällen zuletzt.

Verkündung.

§ 22. Sofern eine mündliche Verhandlung stattgefunden hat, verkündet der Vorsitzende den Beschluß oder die Entscheidung in öffentlicher Sitzung. Die Verkündung kann auf eine spätere Sitzung vertagt werden, welche in der Regel binnen einer Woche stattfinden soll.

Wird die Verkündung der Gründe für angemessen gehalten, so erfolgt sie durch mündliche Mitteilung ihres wesentlichen Inhalts.

Der Behörde, gegen deren Entscheidung das Rechtsmittel eingelegt war, ist Abschrift der Entscheidung zu erteilen.

Form der Entscheidung.

§ 23. Die Entscheidungen werden nebst Gründen von dem Berichterstatter (§ 12) entworfen und in der Urschrift von dem Vorsitzenden, dem Berichterstatter und einem anderen Mitgliede, das an der Entscheidung teilgenommen hat, unterzeichnet. Im Falle der Behinderung des Vorsitzenden erfolgt die Unterzeichnung durch dasjenige mitwirkende Mitglied, welches als solches dem Dienstalter nach beziehungsweise bei gleichem Dienstalter dem Lebensalter nach das älteste ist.

Ausfertigung der Entscheidung.

§ 24. Bei den Ausfertigungen der Entscheidungen sind im Eingange die Mitglieder, welche an der Entscheidung teilgenommen haben, nach Maßgabe des § 14 Abs. 1 namentlich aufzuführen und der Sitzungstag, an welchem die Entscheidung erfolgt ist, zu bezeichnen.

Die Vollziehung erfolgt durch den Vorsitzenden, im Falle seiner Behinderung durch dasjenige mitwirkende Mitglied, welches als solches dem Dienstalter nach beziehungsweise bei gleichem Dienstalter dem Lebensalter nach das älteste ist.

Die Ausfertigungen in Revisionssachen werden mit der Überschrift:

„Im Namen des Königs“

versehen und enthalten neben dem Siegel des Oberschiedsgerichts (§ 25) die Schlußformel:

„Urkundlich unter Siegel und Unterschrift.“

„Das Oberschiedsgericht in Knappschaftsangelegenheiten.“

Die Ausfertigungen in Beschwerdesachen enthalten lediglich die Schlußformel:

„Das Oberschiedsgericht in Knappschaftsangelegenheiten.“

Siegel.

§ 25. Das Oberschiedsgericht führt ein Siegel, welches durch den Minister für Handel und Gewerbe bestimmt wird.

Berichtigungsbeschluß.

§ 26. Schreibfehler, Rechnungsfehler und ähnliche offenbare Unrichtigkeiten, die in der Entscheidung vorkommen, sind jederzeit auch von Amts wegen zu berichtigen.

Über die Berichtigung kann ohne vorgängige mündliche Verhandlung entschieden werden. Die Entscheidung trifft der Vorsitzende durch Beschluß. Der Berichtigungsbeschluß wird auf der Urschrift der Entscheidung und den Ausfertigungen vermerkt.

Ergänzungsbeschluß.

§ 27. Wenn ein von einer Partei geltend gemachter Haupt- oder Nebenanspruch oder der Kostenpunkt bei der Entscheidung ganz oder teilweise übergangen ist, so ist die Entscheidung auf Antrag nachträglich durch Beschluß zu ergänzen.

Über diesen Antrag kann ohne vorgängige mündliche Verhandlung entschieden werden, soweit es sich um einen Nebenanspruch oder um den Kostenpunkt handelt. Der Ergänzungsbeschluß wird auf der Urschrift der Entscheidung und den Ausfertigungen vermerkt.

Beitreibung von Geldstrafen und Kosten.

§ 28. Die Beitreibung der festgesetzten Geldstrafen (§ 1 Abs. 5 Schlußsatz, § 13 Abs. 2 und § 16 Abs. 1) sowie der gerichtlichen und außergerichtlichen Kosten (§ 18 und § 19) erfolgt im Wege des Verwaltungszwangsverfahrens.

D. Entscheidung des Oberschiedsgerichts in den Fällen des § 166 Abs. 4 des Allgemeinen Berggesetzes und des § 5 der Verordnung; über das Verfahren vor den Schiedsgerichten zur Entscheidung von Knappschaftsangelegenheiten.

§ 29. Auf die Entscheidungen des Oberschiedsgerichts über die im § 166 Abs. 4 des Allgemeinen Berggesetzes und im § 5 der Verordnung über das Verfahren vor den Schiedsgerichten zur Entscheidung von Knappschaftsangelegenheiten vom 29. November 1907 bezeichneten Streitigkeiten finden die Vorschriften der §§ 7, 9 bis 28 dieser Verordnung, soweit sie sich auf die Beschwerde beziehen, entsprechende Anwendung. Indessen kann das Oberschiedsgericht im Falle des § 5 der vorgenannten Verordnung auch ohne vorgängige Anhörung des etwaigen Gegners entscheiden.

III. Schlußbestimmungen.

Aufsicht.

§ 30. Das Oberschiedsgericht unterliegt der Beaufsichtigung durch den Minister für Handel und Gewerbe.

Geschäftssprache.

§ 31. In betreff der Geschäftssprache vor dem Oberschiedsgerichte finden die Bestimmungen der §§ 186ff. des Gerichtsverfassungsgesetzes entsprechende Anwendung. Eingaben, welche nicht in deutscher Sprache abgefaßt sind, werden nicht berücksichtigt.

Beglaubigungen.

§ 32. Vorladungen und sonstige, nur dem Geschäftsbetriebe dienende formularmäßige Schreiben können auf Anordnung des Vorsitzenden durch die Unterschrift eines dazu bestimmten Beamten und unter Beifügung des Siegels des Oberschiedsgerichts (§ 25) beglaubigt werden.

Ausfertigungen. — Reinschriften.

§ 33. Die Ausfertigungen und Reinschriften ergehen unter der Unterschrift: „Das Oberschiedsgericht in Knappschaftsangelegenheiten."

Geschäftsbericht.

§ 34. Am Schlusse eines jeden Jahres hat der Vorsitzende des Oberschiedsgerichts dem Minister für Handel und Gewerbe zu dem von diesem zu bestimmenden Zeitpunkt und nach dem von demselben vorzuschreibenden Muster einen Geschäftsbericht einzureichen.

IV. Inkrafttreten der Verordnung.

§ 35. Diese Verordnung tritt am 1. Januar 1908 in Kraft.

Urkundlich unter Unserer Höchsteigenhändigen Unterschrift und beigedrucktem Königlichen Insiegel.

Gegeben Schloß Highcliffe, den 30. November 1907.

(L. S.) Wilhelm.

Fürst v. Bülow. v. Bethmann Hollweg. v. Tirpitz.
Frhr. v. Rheinbaben. v. Einem. Delbrück. Beseler.
Breitenbach. v. Arnim. v. Moltke. Holle.

K. Satzung für die Knappschaftliche Rückversicherungsanstalt a. G. in Charlottenburg.

(Beschlossen in der Hauptversammlung vom 28. Juni 1912.)

I. Name, Sitz und Zweck der Anstalt.

§ 1. Mit dem 1. Januar 1908 ist eine Rückversicherungsanstalt auf Gegenseitigkeit für die preußischen Knappschaftsvereine gegründet. Die Anstalt führt den Namen „Knappschaftliche Rückversicherungsanstalt a. G." und hat ihren Sitz in Charlottenburg.

Die Anstalt unterwirft sich den Vorschriften der §§ 48, 49 des Knappschaftsgesetzes vom 17. Juni 1912.

§ 2. Der Zweck der Anstalt ist, den ihr als Mitglieder angehörenden Knappschaftsvereinen (Verbandsvereinen) nach Maßgabe dieser Satzung Rückversicherung für die Pensionskassenleistungen zu gewähren, welche sie auf Grund ihrer Satzungen an die Vereins-Invaliden, -Witwen und -Waisen zu zahlen haben.

II. Beginn und Ende der Mitgliedschaft.

§ 3. Mitglied der Anstalt ist jeder Knappschaftsverein, welcher durch Abschluß eines Vertrages bei ihr Rückversicherung genommen hat oder nehmen wird.

Die Mitgliedschaft beginnt mit dem Tage, an welchem der Rückversicherungsvertrag in Kraft tritt.

Die Mitgliedschaft erlischt mit dem Erlöschen des Rückversicherungsvertrages.

III. Verfassung und Verwaltung der Anstalt.

§ 4. Die Rückversicherungsanstalt kann unter ihrem Namen Rechte erwerben und Verbindlichkeiten eingehen, vor Gericht klagen und verklagt werden. Für ihre Verbindlichkeiten haftet den Gläubigern das Anstaltsvermögen. Sämtliche durch diese Satzung für die Reichsversicherungsanstalt für Angestellte begründeten Ansprüche sind vor den Ansprüchen der Verbandsvereine zu befriedigen.

Die Mittel der Anstalt dürfen für andere als die in dieser Satzung vorgesehenen Zwecke nicht verwendet werden; auch darf die Anstalt andere als die in dieser Satzung ihr übertragenen Geschäfte nicht übernehmen.

§ 5. Die Verwaltung der Anstalt erfolgt durch:

a) den Vorstand,
b) den Aufsichtsrat,
c) den Rechnungsausschuß,
d) die Hauptversammlung.

Vorstand.

§ 6. Der Vorstand besteht aus einem oder mehreren Mitgliedern, die nicht gleichzeitig dem Vorstand eines Verbandsvereins angehören dürfen.

Der Vorstand führt die gesamte Verwaltung und ist für eine geordnete Geschäftsführung verantwortlich. Er vertritt die Anstalt gerichtlich und außergerichtlich in allen Geschäften und Rechtsangelegenheiten einschließlich derjenigen, welche nach den Gesetzen eine besondere Vollmacht erfordern.

Sämtliche die Anstalt verbindenden Schriftstücke sind unter Angabe des Namens der Anstalt nach näherer Bestimmung des Aufsichtsrats von einem oder mehreren Vorstandsmitgliedern oder von zwei vom Vorstand unter Zustimmung des Aufsichtsrats dazu bevollmächtigten Personen oder von einem Vorstandsmitglied und einer dieser bevollmächtigten Personen zu unterzeichnen.

§ 7. Die Verbandsvereine stellen nach näherer Anweisung des Anstaltsvorstandes die Abrechnungen mit der Anstalt auf und machen alle für die Verwaltung der Anstalt erforderlichen Angaben. Insbesondere haben die Vereine alle Unterlagen zu beschaffen, deren der Vorstand zur Aufmachung der Rechnungsgrundlagen für die Prüfung der Beiträge und zur Aufstellung der Rechnungsabschlüsse bedarf.

Versäumt ein Verbandsverein trotz Erinnerung die Einreichung dieser Abrechnung oder die Vorlage der erforderlichen Unterlagen, so ist der Anstaltsvorstand berechtigt, auf Kosten des säumigen Vereins sich die Abrechnung oder die Unterlagen selbst zu beschaffen sowie die Höhe der von dem Vereine zu zahlenden Beiträge nach seinem Ermessen festzusetzen. Diese Festsetzung kann auch dann maßgebend bleiben, wenn der säumige Verein die Abrechnung oder die Unterlagen später beschafft.

Die Verbandsvereine können auch die Anlegung der bei der Anstalt anzusammelnden Kapitalien vermitteln und sind verpflichtet, den Anstaltsvorstand auf sein Verlangen bei Anlegung der Kapitalien zu unterstützen.

Bei Zuwiderhandlungen gegen die satzungsmäßigen Obliegenheiten und die im Vollzuge der Satzung ergehenden Anordnungen der Organe der Anstalt ist der Aufsichtsrat berechtigt, Vertragsstrafen bis zu 200 Mark für jeden einzelnen Fall festzusetzen. Gegen diese Festsetzung ist Berufung an die Hauptversammlung zulässig, welche endgültig unter Ausschluß des Rechtsweges entscheidet.

Aufsichtsrat.

§ 8. Der Aufsichtsrat besteht aus mindestens 21 Mitgliedern. Für jedes Mitglied muß ein Ersatzmann vorhanden sein, der bei Behinderung des Mitgliedes an dessen Stelle zu den Sitzungen einzuladen ist. Die Amtsdauer der Aufsichtsratsmitglieder und Ersatzmänner beträgt 3 Jahre. Die Mitglieder des Aufsichtsrats und die Ersatzmänner werden durch die Hauptversammlung aus den Vorstandsmitgliedern oder den leitenden Beamten der Verbandsvereine mit der Maßgabe gewählt, daß Verbandsvereine mit mehr als 10000 Pensionskassenmitgliedern mit wenigstens einem Aufsichtsratsmitglied und einem Ersatzmann, Vereine mit mehr als 50000 Pensionskassenmitgliedern auf je volle 50000 Mitglieder mit wenigstens einem Aufsichtsratsmitglied und einem Ersatzmann vertreten sein müssen.

Alljährlich scheidet ein Drittel der Mitglieder und der Ersatzmänner aus. Die ausgeschiedenen Mitglieder und Ersatzmänner sind wieder wählbar.

Das Amt als Mitglied des Aufsichtsrats oder als Ersatzmann kann noch vor Ablauf der Wahlperiode durch Beschluß der Hauptversammlung widerrufen werden. Dieser Beschluß muß mit drei Vierteln der abgegebenen Stimmen gefaßt sein.

Der Aufsichtsrat wählt mit einfacher Stimmenmehrheit aus seiner Mitte einen Vorsitzenden und wenigstens einen Stellvertreter. Bei Stimmengleichheit entscheidet das Los.

§ 9. Die Schriftstücke und Bekanntmachungen des Aufsichtsrats werden vom Vorsitzenden vollzogen und tragen die Bezeichnung:

„Aufsichtsrat der Knappschaftlichen Rückversicherungsanstalt a. G."

Dem Aufsichtsrate liegt insbesondere ob:

a) den Vorstand zu bestellen und die Verträge mit den Vorstandsmitgliedern abzuschließen;
b) die Geschäftsordnung für den Vorstand aufzustellen und die Bedingungen für die Annahme und Besoldung der Beamten der Anstalt festzusetzen, auch über die Genehmigung der vom Vorstande vorgenommenen Bevollmächtigung von Personen zur Unterzeichnung von Schriftstücken zu beschließen;
c) die gesamte Geschäftsführung des Vorstandes zu überwachen und den Voranschlag zu genehmigen;
d) über die Vermögensbelegung Anweisung zu erteilen und die Belegung fortlaufend zu prüfen und zu genehmigen, wofür ein ständiger Ausschuß niedergesetzt werden kann;
e) auf Berufungen über die Nichtaufnahme von Vereinen, über Beitragsfestsetzungen und über Kündigungen der Rückversicherung zu entscheiden;
f) etwa für unzweckmäßig befundene Verwaltungsmaßregeln des Vorstandes aufzuheben, wogegen dem letzteren die Berufung an die Hauptversammlung zusteht;
g) für die Ausführung der Beschlüsse der Hauptversammlung Sorge zu tragen;
h) auf Beschwerden über den Vorstand zu entscheiden;
i) über die Aufnahme nichtpreußischer deutscher Knappschaftsvereine zu entscheiden oder diese Entscheidung einem Ausschusse zu übertragen;
k) in jedem Einzelfall den Zeitraum zu bestimmen, innerhalb dessen die in § 27 Abs. 1, § 31 Abs. 4 und § 32 Abs. 2 bezeichneten Nachschüsse und Zuschläge aufzubringen sind.

Zur Beschlußfassung genügt die Mitwirkung von mehr als der Hälfte der Mitglieder einschließlich des Vorsitzenden oder seines Stellvertreters.

Im übrigen wird die Geschäftsführung des Aufsichtsrats durch eine von diesem zu erlassende Geschäftsordnung geregelt.

Die Mitglieder des Aufsichtsrats verwalten ihr Amt unentgeltlich. Für die Teilnahme an den Sitzungen des Aufsichtsrats oder der Hauptversammlung sowie für Reisen, welche etwa im Interesse der Anstalt erforderlich werden, steht ihnen außer dem Ersatz der Reisekosten eine angemessene Entschädigung zu. Die Grundsätze, nach welchen die Entschädigungen gezahlt werden, hat die Hauptversammlung festzusetzen.

Rechnungsausschuß.

§ 10. Der Rechnungsausschuß besteht aus fünf Personen, welche nebst fünf Stellvertretern von der Hauptversammlung alljährlich zu wählen sind.

Der Rechnungsausschuß hat die Jahresrechnung zu prüfen und über das Ergebnis der Prüfung dem Aufsichtsrate Bericht zu erstatten. Zu diesem Zwecke hat der Vorstand dem Rechnungsausschusse die Jahresrechnung spätestens bis zum 1. Juli des folgenden Jahres zuzustellen und ihm Einsicht in sämtliche Bücher und Belege zu gestatten.

Die Entschädigung der Mitglieder des Rechnungsausschusses erfolgt in derselben Weise wie die des Aufsichtsrats.

Hauptversammlung.

§ 11. Oberstes Organ der Anstalt ist die Hauptversammlung. Die Berufung erfolgt durch den Aufsichtsrat.

Eine ordentliche Hauptversammlung findet alljährlich einmal, spätestens im Monat September statt.

Auf Beschluß des Vorstandes oder des Aufsichtsrats kann eine außerordentliche Hauptversammlung berufen werden. Die Berufung muß erfolgen, wenn sie vom Vorstand oder von mindestens einem Zwanzigstel der Stimmen der Verbandsvereine unter Angabe der Gründe schriftlich beantragt wird.

Die Berufung erfolgt durch Bekanntmachung (§ 34) unter Angabe der Beratungsgegenstände. Die Bekanntmachung muß mindestens 2 Wochen vor dem Tage der Versammlung ergehen. Gleichzeitig soll jeder einzelne Verbandsverein unter Angabe der ihm zustehenden Stimmenzahl schriftlich eingeladen werden.

Die Hauptversammlungen können außer am Sitze der Anstalt auch an anderen Orten abgehalten werden.

Zur Teilnahme an der Hauptversammlung sind berechtigt:

a) die stimmberechtigten Verbandsvereine, und zwar durch die von den einzelnen Knappschaftsvorständen zu bezeichnenden Mitglieder ihres Vorstandes oder ihrer Vereinsverwaltung;

b) die Mitglieder des Vorstandes und des Aufsichtsrats der Anstalt, jedoch nur mit beratender Stimme, soweit nicht ein Aufsichtsratsmitglied gleichzeitig stimmberechtigter Vertreter eines Verbandsvereins ist.

Stimmberechtigt mit je einer Stimme ist jeder Verbandsverein. Je volle 400000 Mark Beiträge, welche nach der letzten Jahresrechnung (§ 28 Abs. 1) an die Anstalt zu zahlen waren und bis zum Tage der Hauptversammlung gezahlt sind, berechtigen zu einer weiteren Stimme. Solange der Abschluß der ersten Jahresrechnung nicht vorliegt, wird für je volle 5000 Pensionskassenmitglieder eine Stimme gewährt. Kein Verein darf mehr Vertreter entsenden, als er Stimmen führt.

Die Vertretung eines Verbandsvereins kann auch durch einen anderen Verbandsverein erfolgen. Als Ausweis der Stellvertretung genügt die Vorlegung einer von dem Auftraggeber vollzogenen Vollmacht.

Die Teilnehmer an der Hauptversammlung sollen dem Vorstande spätestens eine Woche vor dem Versammlungstag unter Angabe des Stimmführers schriftlich angezeigt werden.

Über die Berechtigung zur Teilnahme entscheidet im Zweifel die Hauptversammlung.

Anträge für die ordentliche Hauptversammlung müssen mindestens 10 Tage vor der Hauptversammlung dem Vorstande schriftlich zugestellt und von diesem wenigstens eine Woche vor der Hauptversammlung den Verbandsvereinen schriftlich mitgeteilt sein. Über die Zulassung später eingehender Anträge entscheidet der Aufsichtsrat. Anträge auf Änderung der Satzung müssen von mindestens einem Zwanzigstel der Stimmen der Verbandsvereine unterstützt sein.

§ 12. Der Hauptversammlung liegt insbesondere ob:

a) den Geschäftsbericht des Vorstandes und den Bericht des Aufsichtsrats über die Rechnungsprüfung entgegenzunehmen, über die Bilanz, die Höhe der Sicherheitsfonds (§ 30), über die Verteilung des Überschusses an die Mitglieder (§ 31) sowie über die Entlastung zu beschließen;

b) die Mitglieder des Aufsichtsrats und des Rechnungsausschusses sowie deren Ersatzmänner und Stellvertreter zu wählen;

c) auf Berufungen des Vorstandes gegen Beschlüsse des Aufsichtsrats gemäß § 9 Abs. 2 f zu entscheiden;
d) auf Berufungen der Verbandsvereine gegen Entscheidungen des Aufsichtsrats über die Kündigung der Rückversicherung zu entscheiden;
e) über Anträge auf Änderung der Satzung oder auf Auflösung der Anstalt zu beschließen.

Den Vorsitz in der Hauptversammlung führt der Vorsitzende des Aufsichtsrats oder dessen Stellvertreter. Er ernennt aus der Mitte der Teilnehmer zwei Stimmzähler.

Die Versammlung ist beschlußfähig, wenn mindestens 15 Verbandsvereine vertreten sind. Bei einem Mitgliederstande von weniger als 30 Verbandsvereinen ist die Beschlußfähigkeit vorhanden, wenn mehr als die Hälfte der Verbandsvereine vertreten ist. Eine wegen Beschlußunfähigkeit der früheren anberaumte weitere Hauptversammlung unterliegt, soweit es sich um die auf die Tagesordnung der früheren gesetzten Gegenstände handelt, dieser Beschränkung nicht, sofern in der Einladung auf die Folge ausdrücklich hingewiesen worden ist.

Die Beschlüsse werden durch einfache Stimmenmehrheit gefaßt. Zu Änderungen der Satzung und zum Beschluß über die Auflösung der Anstalt ist indessen die Zustimmung von wenigstens drei Vierteln der vertretenen Stimmen erforderlich.

Die Wahlen werden durch Stimmzettel vollzogen, sofern nicht sämtliche Teilnehmer an der Hauptversammlung sich über ein anderes Abstimmungsverfahren einigen. Ergibt die erste Abstimmung keine absolute Stimmenmehrheit, so kommen diejenigen, welche die meisten Stimmen erhalten haben, mit einer gleichen Anzahl derjenigen Personen zur engeren Wahl, die nächst ihnen die meisten Stimmen erhalten haben. Bei der engeren Wahl entscheidet Stimmenmehrheit; bei Stimmengleichheit entscheidet das vom Vorsitzenden zu ziehende Los.

Über die Verhandlungen ist eine Niederschrift aufzunehmen, welche nach Vorlesung und Genehmigung von dem Vorsitzenden und den Stimmenzählern zu unterschreiben ist.

IV. Versicherungsbedingungen.

§ 13. Die Anstalt gewährt den Verbandsvereinen Rückversicherung für deren satzungsmäßige Leistungen an Invaliden-, Witwen- und Waisenpensionen, deren Beginn in die Zeit nach Inkrafttreten der Rückversicherung fällt. Von der Rückversicherungsanstalt werden in Rückversicherung genommen:

a) die jedem Verbandsverein erwachsenden Verpflichtungen an Witwen- und Waisenpensionen in vollem Umfange;

b) die jedem als Ersatzkasse nach § 388 des Versicherungsgesetzes für Angestellte zugelassenen Verbandsvereine erwachsenden Verpflichtungen an Invalidenpensionen seiner als Angestellte versicherten Mitglieder in vollem Umfange;

c) die Hälfte der übrigen Invalidenpensionen;

d) der nach c nicht versicherte Restbetrag in allen den Fällen, in welchen mehrere Verbandsvereine an der Aufbringung einer Invalidenpension beteiligt sind.

In dem vorbezeichneten Umfange leistet die Anstalt den Verbandsvereinen Ersatz für die ihnen zur Last fallenden Leistungen bis zu deren Wegfall.

Insoweit Verbandsvereine als Ersatzkassen auf Grund der §§ 388, 382 des Versicherungsgesetzes für Angestellte an der Aufbringung reichsgesetzlicher Leistungen beteiligt sind, zu denen die Reichsversicherungsanstalt für Angestellte den Berechtigten gegenüber verpflichtet ist, überweist die Rückversicherungsanstalt für Rechnung der Verbandsvereine das Deckungskapital für den ihnen zur Last fallenden Anteil an den reichsgesetzlichen Leistungen nach näherer Vorschrift der §§ 384, 385 des erwähnten Gesetzes an die Reichsversicherungsanstalt. Die Reichsversicherungsanstalt erwirbt unmittelbar das Recht, dieses Deckungskapital von der Rückversicherungsanstalt zu fordern.

Werden durch die Satzung eines Verbandsvereins oder durch die Aufsichtsbehörde bereits bewilligte Pensionsbezüge erhöht oder herabgesetzt, so hat dieses keinen Einfluß auf die Höhe der von der Anstalt an den betreffenden Verbandsverein zu leistenden Ersatzzahlungen. Diese richten sich vielmehr stets nach der Höhe derjenigen satzungsmäßigen Sätze, welche zu der Zeit der ersten Bewilligung eines Pensionsbezuges Geltung haben.

Bei Abfindungen von Invaliden oder Hinterbliebenen wird als Ersatz der Betrag geleistet, welcher satzungsmäßig auf die in Rückdeckung gegebene Pension entfällt.

§ 14. Von jeder Bewilligung einer unter § 13 fallenden Pension haben die Verbandsvereine nach näherer Bestimmung des Anstaltsvorstandes zu den von diesem angesetzten Terminen der Anstalt Nachricht zu geben.

Die von den Verbandsvereinen vorgenommenen Pensionsfestsetzungen werden von der Anstalt anerkannt.

Die Verbandsvereine bevollmächtigen die Rückversicherungsanstalt, ihre Rechte aus § 382 des Versicherungsgesetzes für Angestellte sowie den Verkehr mit der Reichsversicherungsanstalt wahrzunehmen. Die Rückversicherungsanstalt hat die beteiligten Verbandsvereine fortgesetzt über die Verhandlungen zu unterrichten und ihnen von den Terminen stets sofort Mitteilung zu machen.

§ 15. Scheidet ein als Angestellter versichertes Mitglied aus einem als Ersatzkasse nach § 388 des Versicherungsgesetzes für Angestellte zugelassenen Verbandsverein aus, so hat dieser Verein innerhalb dreier Wochen nach dem Austritt des Mitgliedes der Rückversicherungsanstalt in doppelter Ausfertigung eine Bescheinigung zu übersenden, die über die Dauer der Mitgliedschaft nach dem Inkrafttreten des erwähnten Gesetzes und über die Gehaltsklassen Auskunft gibt, in die das Mitglied während dieser Mitgliedschaft bei Versicherung durch die Reichsversicherungsanstalt einzureihen gewesen wäre. Eine gleiche Bescheinigung in doppelter Ausfertigung hat ein Verbandsverein zu übersenden, wenn ein Mitglied berufsunfähig wird oder stirbt, das als Angestellter nicht lediglich bei ihm versichert gewesen ist. Eine Ausfertigung der Bescheinigung ist von der Rückversicherungsanstalt der Reichsversicherungsanstalt innerhalb eines Monats nach dem Austritt des Mitgliedes zu übersenden.

Im Falle der Auflösung des Rückversicherungsvertrages nach § 23 oder 24 dieser Satzung gilt Abs. 1 Satz 1 und 3 entsprechend für sämtliche zur Zeit der Auflösung vorhandenen, als Angestellte versicherten Mitglieder.

§ 16. Die Beiträge jedes Verbandsvereins sind so zu bemessen, daß durch sie gedeckt werden die Kapitalwerte der von der Rückversicherungsanstalt im Laufe der Beitragsperiode voraussichtlich in Rückversicherung zu nehmenden Anteile an den von ihm bewilligten Pensionen und die sonstigen Aufwendungen der Anstalt.

Die Beiträge sind für Zeiträume von je fünf Jahren, zunächst für die Zeit vom 1. Januar 1913 bis zum 31. Dezember 1917 festzusetzen. Sie sind in vierteljährlichen Teilbeträgen nachträglich und unter Verrechnung zu entrichten.

§ 17. Neben den nach § 16 zu entrichtenden Beiträgen hat jeder als Ersatzkasse auf Grund des § 388 des Versicherungsgesetzes für Angestellte zugelassene Verbandsverein zur Deckung der von der Rückversicherungsanstalt gemäß § 13 Abs. 3 übernommenen Verpflichtungen für die nach § 15 Abs. 1 ausgeschiedenen Mitglieder spätestens am Schluß des nächsten Kalendervierteljahres und in den Fällen des § 15 Abs. 2 für die sämtlichen als Angestellte versicherten Mitglieder sofort die Nettobeiträge zu zahlen, die bei Versicherung durch die Reichsversicherungsanstalt für Angestellte dieser Anstalt zugeflossen wären, zuzüglich der rechnungsmäßigen Zinsen und Zinseszinsen in Höhe von dreiundeinhalb v. H.

Außerdem hat jeder als Ersatzkasse zugelassene Verbandsverein für seine als Angestellte versicherten Mitglieder zur Ansammlung einer neben dem Sicherheitsfonds (§ 30 Abs. 1) bestehenden besonderen Rücklage eins v. H. der reichsgesetzlichen Nettobeiträge, welche für diese Mitglieder im Falle der Versicherung bei der Reichsversicherungsanstalt an diese Anstalt hätten entrichtet werden müssen, an die Rückversicherungsanstalt abzuführen. Erstmalig für den 31. Dezember 1916, sodann in Zeiträumen von fünf zu fünf Jahren findet eine Nachprüfung der Höhe des Prozentsatzes dahin statt, ob dieser zu erhöhen ist oder herabgesetzt werden kann. Das Prüfungsergebnis ist dem Reichskanzler mitzuteilen, der über die Erhöhung oder Herabsetzung entscheidet.

§ 18. Die zur Berechnung des Zeitwerts der Einzelbezüge erforderlichen Ausscheidewahrscheinlichkeiten aus dem Pensionsgenusse sind nach Maßgabe der eigenen Erfahrungen der Anstalt abzuleiten und bei den Berechnungen der Beiträge vom 1. Januar 1913 ab für alle Verbandsvereine einheitlich zu verwenden.

Als Zinsfuß für diese Berechnungen ist der von der Anstalt für ihre Kapitalanlagen voraussichtlich zu erzielende Zinsfuß zugrunde zu legen; den hiernach in die Berechnung einzustellenden Zinsfuß bestimmt der Aufsichtsrat.

Die Nettobeiträge gemäß § 17 werden nach den Rechnungsgrundlagen der Reichsversicherungsanstalt für Angestellte berechnet.

§ 19. Die Beitragsfestsetzung hat durch den Vorstand der Anstalt zu erfolgen. Die Verpflichtung zur Zahlung der Beiträge wird durch die Einlegung eines Rechtsmittels nicht gehemmt.

§ 20. Neue Anträge auf Übernahme der Rückversicherung sind beim Vorstand unter Beifügung der notwendigen Unterlagen einzureichen.

Der Vorstand entscheidet über die Annahme der Versicherung und setzt die erforderlichen Bedingungen fest.

Erfolgt die Annahme der Versicherung, so tritt sie mit dem Beginne des nächstfolgenden Kalenderjahres in Kraft.

§ 21. Knappschaftsvereine, welche der Anstalt erst nach der Gründung beitreten, haben eine entsprechende Einzahlung in die Sicherheitsfonds zu leisten; der Betrag und die Art der Einzahlung sind in den Annahmebedingungen festzusetzen.

§ 22. Über die Mitgliedschaft bei der Anstalt ist jedem Verbandsvereine vom Vorstand eine Bescheinigung zu erteilen, in welcher die wesentlichen Bestimmungen der Rückversicherung enthalten sind.

§ 23. Die Rückversicherung kann seitens eines jeden Verbandsvereins mit Schluß einer jeden Beitragsperiode gekündigt werden. Die Kündigung muß wenigstens ein Jahr vor Ablauf der Beitragsperiode dem Anstaltsvorstande schriftlich zugestellt sein.

Mit der gleichen Frist kann seitens des Anstaltsvorstandes der Vertrag gelöst werden. Gegen die Kündigung des Vorstandes steht dem Verbandsvereine die Berufung an den Aufsichtsrat und gegen dessen Entscheidung die Berufung an die Hauptversammlung offen.

§ 24. Die Auflösung eines Verbandsvereins oder die Verschmelzung eines Verbandsvereins mit anderen Verbands- oder Knappschaftsvereinen hat die sofortige Auflösung des Rückversicherungsvertrages zur Folge. Im Falle der Verschmelzung kann jedoch sofort eine neue Rückversicherung abgeschlossen werden.

§ 25. Die Auflösung des Rückversicherungsvertrages erfolgt vorbehaltlich der Abrechnung der beiderseitigen Ansprüche.

Die während der Dauer der Mitgliedschaft von der Anstalt gewährte Rückversicherung bleibt bis zum Wegfalle der bewilligten Bezüge bestehen.

Nach dem Zeitpunkte der Auflösung des Vertrages werden neue Ansprüche weder seitens des Verbandsvereins noch seitens der Anstalt begründet. Ansprüche an die Sicherheitsfonds (§ 30) stehen den ausscheidenden Verbandsvereinen nicht zu.

V. Vermögensverwaltung.

Kapitalbelegung.

§ 26. Sämtliche Einnahmen müssen, soweit sie nicht zur Bestreitung laufender Ausgaben verfügbar zu halten sind, sobald als möglich verzinsbar angelegt werden. Für die Anlegung gelten die für die Anlegung von Mündelgeldern bestehenden Vorschriften, soweit nicht im einzelnen Falle auf Antrag des Aufsichtsrats durch den Minister für Handel und Gewerbe eine andere Anlegung zugelassen wird. Die Beiträge der

Einzelvereine sollen auf Wunsch des einzelnen Vereins nach Möglichkeit im Bezirke dieses Vereins angelegt werden.

Rechnungslegung.

§ 27. Für den Zeitraum vom 1. Januar 1912 bis zum 31. Dezember 1916 und demnächst für je 5 weitere Jahre ist für jeden Verbandsverein, berechnet auf den Schluß dieses Zeitraums, eine Gegenüberstellung einerseits der von ihm gemäß § 16 eingezahlten Beiträge abzüglich der für die sonstigen Aufwendungen der Anstalt in den Beiträgen enthaltenen prozentualen Zuschläge und andererseits des Deckungskapitals der von der Anstalt gemäß § 13 Abs. 2 in Rückversicherung genommenen Verpflichtungen aufzumachen. Ergibt diese Gegenüberstellung eine Mindereinnahme an Beiträgen, so ist diese durch Nachschüsse auszugleichen. Die Entrichtung der Nachschüsse erfolgt durch Zuschläge zu den Beiträgen. Die Nachschußpflicht erstreckt sich auf alle Vereine, welche am Tage der Bilanz noch Mitglieder sind.

Die sich aus der Gegenüberstellung ergebenden Überschüsse werden den betreffenden Verbandsvereinen gutgeschrieben und auf die künftig zu leistenden Beiträge verrechnet.

§ 28. Als Rechnungsjahr gilt das Kalenderjahr. Für jedes Rechnungsjahr ist eine Jahresrechnung über die Einnahmen und Ausgaben nebst Erläuterungen vom Vorstand aufzustellen.

Über die gemäß § 17 eingegangenen Beiträge und die gemäß § 13 Abs. 3 an die Reichsversicherungsanstalt abgeführten Deckungskapitalien sind gesonderte Rechnungen zu legen. Den eingegangenen Beiträgen sind nach Abzug der geleisteten Zahlungen die rechnungsmäßigen Zinsen und Zinseszinsen in Höhe von dreiundeinhalb v. H. zuzuschreiben.

§ 29. Für den 31. Dezember 1916 und sodann nach Ablauf von je 5 weiteren Jahren ist eine versicherungstechnische Bilanz aufzumachen, bei welcher die nach § 27 Abs. 1 und Abs. 2 bestehenden Forderungen und Verbindlichkeiten zu berücksichtigen sind, aber die Verpflichtungen gemäß § 13 Abs. 3 und die hierfür gemäß § 17 entrichteten Beiträge unberücksichtigt bleiben.

Erstmalig für den 31. Dezember 1916 und sodann nach Ablauf von je 5 weiteren Jahren ist eine versicherungstechnische Bilanz aufzumachen für die gemäß § 13 Abs. 3 bestehenden Verpflichtungen. Hierbei bleiben die gemäß § 17 Abs. 2 eingegangenen Beiträge unberücksichtigt.

Für die Aufstellung der Bilanzen sind im übrigen die Bestimmungen des Handelsgesetzbuchs, § 261, maßgebend.

Durch mindestens einen mit versicherungstechnischen Berechnungen vertrauten Sachverständigen ist unbeschadet der eigenen Verantwortung des Vorstandes unter den Bilanzen zu bestätigen, daß die eingestellten Deckungskapitalien den Bestimmungen der Satzung entsprechend berechnet sind.

Sicherheitsfonds.

§ 30. Um die Verpflichtungen der Anstalt in außerordentlichen Bedarfsfällen zu decken, wird aus den sich aus der Bilanz gemäß § 29 Abs. 1 ergebenden Überschüssen ein Sicherheitsfonds bis zu zehn v. H. des am Bilanztage erforderlichen Deckungskapitals angesammelt.

Mit den gemäß § 17 Abs. 2 eingehenden Beiträgen und den von ihnen aufkommenden rechnungsmäßigen Zinsen wird eine besondere Rücklage zur Sicherstellung der Verpflichtungen gemäß § 13 Abs. 3 gebildet.

Auf Beschluß der Hauptversammlung können weitere Sicherheitsfonds für Kursschwankungen, Zinsverluste oder Kapitalverluste bei Zwangsversteigerungen angesammelt werden.

Verwendung der Überschüsse, Deckung der Fehlbeträge.

§ 31. Ergibt die gemäß § 29 Abs. 1 aufgestellte versicherungstechnische Bilanz einen Überschuß, so ist derselbe wie folgt zu verteilen:

Zunächst sind mindestens zehn v. H. des Überschusses dem Sicherheitsfonds (§ 30 Abs. 1) zuzuführen. Die Bemessung dieser Zuführung erfolgt durch die Hauptversammlung. Die Zuführung braucht nur in dem Betrage zu erfolgen, der erforderlich ist, um den Sicherheitsfonds auf die durch § 30 Abs. 1 vorgeschriebene Höhe zu bringen.

Der verbleibende Teil des Überschusses wird, soweit nicht Zuweisungen an die besonderen Sicherheitsfonds (§ 30 Abs. 3) beschlossen werden, an die Vereine verteilt, welche am Bilanztage noch Mitglieder der Anstalt sind. Die Verteilung erfolgt im Verhältnisse der diesen Vereinen in der Abrechnungsperiode gutgeschriebenen abzüglich der für verspätete Beitragsleistungen belasteten Zinsen. Die Verteilung geschieht durch Anrechnung auf die in der neuen Abrechnungsperiode zu entrichtenden Beiträge.

Ergibt die versicherungstechnische Bilanz einen Fehlbetrag, so ist dieser aus dem Sicherheitsfonds zu entnehmen. Reicht der Sicherheitsfonds zur Deckung des Fehlbetrages nicht aus, so ist der noch fehlende Betrag durch Nachschüsse zu decken. Hierzu haben alle Vereine beizutragen, die am Bilanztage noch Mitglieder waren. Die Verteilung des Nachschusses erfolgt in dem Verhältnisse der am Bilanztage erforderlichen Deckungskapitalien.

§ 32. Ergibt die gemäß § 29 Abs. 2 aufgestellte Bilanz einen Überschuß, so beschließt über dessen Verwendung die Hauptversammlung.

Ergibt diese Bilanz einen Fehlbetrag oder reichen zur Erfüllung der Verpflichtungen nach § 13 Abs. 3 die hierfür vorhandenen Mittel nicht aus, so ist der Fehlbetrag zunächst der besonderen Rücklage (§ 30 Abs. 2) zu entnehmen und durch Zuschläge zu den späteren, gemäß § 17 Abs. 2 zu entrichtenden Beiträgen aufzubringen. Reicht auch die besondere Rücklage (§ 30 Abs. 2) hierzu nicht aus, so sind die fehlenden Beträge zunächst einem der anderen Sicherheitsfonds (§ 30 Abs. 1 und Abs. 3) zu entnehmen und gleichfalls durch Zuschläge zu den späteren, gemäß § 17 Abs. 2 zu entrichtenden Beiträgen aufzubringen.

VI. Schiedsgericht.

§ 33. Streitigkeiten zwischen der Anstalt und einem Verbandsverein aus dem Versicherungsverhältnisse werden, soweit nicht die Organe der Anstalt nach dieser Satzung zur endgültigen Entscheidung berufen sind, unter Ausschluß des Rechtsweges durch ein Schiedsgericht entschieden.

Zu diesem Schiedsgerichte hat jede der Parteien einen Beisitzer zu ernennen, welche ihrerseits den Obmann ernennen. Einigen sich die Beisitzer nicht über einen Obmann, so soll der Minister für Handel und Gewerbe um Ernennung eines Obmanns gebeten werden. Im übrigen finden die Bestimmungen der Zivilprozeßordnung über das schiedsrichterliche Verfahren entsprechende Anwendung.

VII. Bekanntmachungen.

§ 34. Die Bekanntmachungen der Anstalt erfolgen durch den Reichsanzeiger sowie den Kompaß. Sollte eine dieser Zeitungen eingehen, so bestimmt der Aufsichtsrat bis zur nächsten Hauptversammlung eine andere Zeitung.

VIII. Liquidation.

§ 35. Die Anstalt ist aufzulösen, wenn die Zahl der Verbandsvereine weniger als zwei beträgt. Im Falle der Auflösung hat die Reichsversicherungsanstalt für Angestellte Anspruch auf sofortige Überweisung der rechnungsmäßigen Deckungsmittel gemäß § 13 Abs. 3 für die sämtlichen fällig gewordenen und in Zukunft noch zu erwartenden Rentenanteile der Verbandsvereine. Dieser Anspruch ist vor den Ansprüchen der Verbandsvereine zu befriedigen. Auf die Liquidation finden die Bestimmungen der §§ 48 bis 53 des Bürgerlichen Gesetzbuchs entsprechende Anwendung.

Das nach Abwickelung sämtlicher Lasten der Anstalt etwa verbleibende Vermögen wird unter die der Anstalt am Tage der Auflösung noch angehörenden Verbandsvereine verteilt, und zwar nach Verhältnis ihrer im letzten Jahre vor der Auflösung gezahlten Beiträge.

IX. Staatsaufsicht.

Eine Änderung der Satzung bedarf der Genehmigung der Minister für Handel und Gewerbe und des Innern. Vom Inkrafttreten des Knappschaftsgesetzes vom 17. Juni 1912 an gelten die Bestimmungen dieses Gesetzes.

Der Minister für Handel und Gewerbe ist befugt, jederzeit die Geschäftsführung und Vermögenslage der Anstalt auch nach der Richtung zu prüfen, ob die veröffentlichten Rechnungsabschlüsse und die Jahresberichte mit den Tatsachen und dem Inhalte der Bücher übereinstimmen und ob die vorschriftsmäßigen Reserven vorhanden und vorschriftsmäßig angelegt und verwaltet sind.

Die Anstalt hat innerhalb ihrer Geschäftsräume dem Minister für Handel und Gewerbe oder dessen Beauftragten auf Erfordern alle Bücher, Belege und diejenigen Schriften vorzulegen, welche für die Beurteilung des Geschäftsbetriebes und der Vermögenslage von Bedeutung sind, sowie jede von ihm erforderte Auskunft über den Geschäftsbetrieb und die Vermögenslage zu erteilen.

Der Minister für Handel und Gewerbe ist berechtigt, zu den Hauptversammlungen der Anstalt Vertreter zu entsenden; der Vertreter ist jederzeit zu hören. Der Minister ist ferner befugt, die Berufung von Versammlungen und Sitzungen sowie die Ankündigung von Gegenständen zur Beratung und Beschlußfassung zu verlangen und, wenn dem Verlangen nicht entsprocheu wird, die Berufung oder Ankündigung auf Kosten der Anstalt vorzunehmen. In den Versammlungen und Sitzungen, welche von dem Minister für Handel und Gewerbe berufen sind, führt ein Vertreter des letzteren den Vorsitz.

X. Inkrafttreten.

§ 37. Die Satzung in der vorstehenden Fassung tritt mit dem Zeitpunkt in Kraft, der für das Inkrafttreten des Versicherungsgesetzes für Angestellte nach § 399 Abs. 2 dieses Gesetzes durch Kaiserliche Verordnung bestimmt wird.

L. Auszug aus der Reichsversicherungsordnung vom 19. Juli 1911 (RGBl. S. 509), enthaltend diejenigen Bestimmungen, deren Kenntnis für die Knappschaftsvereine und deren Mitglieder von besonderem Interesse ist.

Erstes Buch.

Gemeinsame Vorschriften.

§ 35. Die öffentlichen Behörden der Reichsversicherung sind
die Versicherungsämter (§§ 36 bis 60),
die Oberversicherungsämter (§§ 61 bis 82),
das Reichsversicherungsamt und die Landesversicherungsämter (§§ 83 bis 109).

Soweit nicht dieses Gesetz den Geschäftsgang und das Verfahren der Versicherungsbehörden ordnet, geschieht es, vorbehaltlich des § 109 Abs. 1, durch Kaiserliche Verordnung mit Zustimmung des Bundesrats.

§ 36. Bei jeder unteren Verwaltungsbehörde wird eine Abteilung für Arbeiterversicherung (Versicherungsamt) errichtet. Die oberste Verwaltungsbehörde kann bestimmen, daß für die Bezirke mehrerer unterer Verwaltungsbehörden bei einer dieser Behörden ein gemeinsames Versicherungsamt errichtet wird.

Die Landesregierungen mehrerer Bundesstaaten können für ihre Gebiete oder Teile davon die Errichtung eines gemeinsamen Versicherungsamts bei einer unteren Verwaltungsbehörde vereinbaren.

§ 37. Die Versicherungsämter nehmen nach den Vorschriften dieses Gesetzes die Geschäfte der Reichsversicherung wahr und erteilen in Angelegenheiten der Reichsversicherung Auskunft.

Sie können nach den Vorschriften dieses Gesetzes die Versicherungsträger in deren Angelegenheiten unterstützen.

Die Landesregierung kann den Versicherungsämtern noch andere Aufgaben aus der knappschaftlichen Versicherung übertragen.

§ 39. Der Leiter der unteren Verwaltungsbehörde ist der Vorsitzende des Versicherungsamts. Es werden ein oder mehrere ständige Stellvertreter des Vorsitzenden bestellt. Zum Stellvertreter kann bestellt werden, wer durch Vorbilduug und Erfahrung auf dem Gebiete der Arbeiterversicherung geeignet ist.

Die Bestellung bedarf der Zustimmung des Oberversicherungsamts, soweit nicht die ständigen Stellvertreter nach Landesrecht wie die höheren Verwaltungsbeamten bestellt werden.

Ist das Versicherungsamt bei einer gemeindlichen Behörde errichtet, so bestellt die Stellvertreter des Vorsitzenden der Gemeindeverband, dessen Bezirk den des Versicherungsamts umfaßt. Wo das Landesgesetz für die Wahl höherer gemeindlicher Beamter eine Bestätigung vorschreibt, gilt es auch für die Bestellung der Stellvertreter des Vorsitzenden des Versicherungsamts.

§ 40. In den vom Gesetz bestimmten Fällen sind als Beisitzer des Versicherungsamts Versicherungsvertreter beizuziehen.

Sie werden je zur Hälfte aus Arbeitgebern und aus Versicherten entnommen.

§ 42. Die Versicherungsvertreter werden von den Vorstandsmitgliedern der Krankenkassen gewählt, die im Bezirke des Versicherungsamts mindestens fünfzig Mitglieder haben.

An der Wahl nehmen ferner teil die Vorstandsmitglieder der

1. knappschaftlichen Krankenkassen,
2. Ersatzkassen,
3. . . .

soweit sie im Bezirke des Versicherungsamts mindestens fünfzig Mitglieder haben, die Ersatzkassen und die außerhalb des Bezirks des Versicherungsamts seßhaften Kassen außerdem nur, wenn sie ihre Beteiligung an der Wahl dem Wahlleiter rechtzeitig anmelden und die Zahl ihrer Mitglieder in diesem Bezirke nachweisen.

An Stelle der Vertreter der Versicherten im Vorstande wählen

bei den knappschaftlichen Krankenkassen die für den Bezirk des Versicherungsamts zuständigen Knappschaftsältesten,

bei den Ersatzkassen, die örtliche Verwaltungsstellen haben, die Geschäftsleiter der für den Bezirk des Versicherungsamts zuständigen örtlichen Verwaltungsstellen.

§ 60. Sind einem Versicherungsamte nach § 37 Abs. 3 Aufgaben aus der knappschaftlichen Versicherung übertragen, so haben die an diesen Aufgaben beteiligten Knappschaftsvereine oder Knappschaftskassen angemessene Beiträge zu den Kosten des Versicherungsamts zu leisten.

Das Oberversicherungsamt setzt die Beiträge fest; gegen die Festsetzung ist die Beschwerde an die oberste Verwaltungsbehörde zulässig.

§ 61. Die Oberversicherungsämter nehmen nach den Vorschriften dieses Gesetzes die Geschäfte der Reichsversicherung als höhere Spruch-, Beschluß- und Aufsichtsbehörde wahr.

Die Landesregierung kann ihnen noch andere Aufgaben aus der knappschaftlichen Versicherung übertragen.

§ 62. Das Oberversicherungsamt wird in der Regel für den Bezirk einer höheren Verwaltungsbehörde errichtet.

Die oberste Verwaltungsbehörde kann den Bezirk anders abgrenzen.

Die Landesregierungen mehrerer Bundesstaaten können für ihre Gebiete oder Teile davon ein gemeinsames Oberversicherungsamt errichten.

§ 63. Oberversicherungsämter können von der obersten Verwaltungsbehörde auch errichtet werden für

1. Betriebsverwaltungen und Dienstbetriebe des Reichs oder der Bundesstaaten, die eigene Betriebskrankenkassen haben;
2. Gruppen von Betrieben, für deren Beschäftigte Sonderanstalten die Invaliden- und Hinterbliebenenversicherung besorgen;
3. Gruppen von Betrieben, die Knappschaftsvereinen oder Knappschaftskassen angehören.

Für diese besonderen Oberversicherungsämter gelten § 62 Abs. 1, §§ 72, 73, 80 nicht. Im übrigen gelten für sie die Vorschriften über die Oberversicherungsämter, soweit die §§ 70, 75, 81 nicht anderes vorschreiben.

Ihre Zuständigkeit bestimmt die oberste Verwaltungsbehörde.

§ 64. Die oberste Verwaltungsbehörde kann die Oberversicherungsämter an höhere Reichs- oder Staatsbehörden angliedern oder als selbständige Staatsbehörden errichten.

§ 65. Die oberste Verwaltungsbehörde bestimmt den Sitz des Oberversicherungsamts.

Bei einem gemeinsamen Oberversicherungsamt ist die Zustimmung der beteiligten Landesregierungen erforderlich.

§ 66. Die oberste Verwaltungsbehörde teilt Sitz und Bezirk aller Oberversicherungsämter ihres Bereichs binnen einem Monat nach deren Errichtung oder Änderung dem Reichsversicherungsamte zur Veröffentlichung mit.

§ 67. Wird das Oberversicherungsamt an eine höhere Reichs- oder Staatsbehörde angegliedert, so ist ihr Leiter zugleich der Vorsitzende. Als sein ständiger Stellvertreter wird ein Direktor des Oberversicherungsamts bestellt.

§ 68. Das Oberversicherungsamt besteht aus Mitgliedern und Beisitzern.

§ 69. Das Oberversicherungsamt hat außer dem Direktor mindestens noch ein Mitglied zugleich als dessen Stellvertreter.

Für jedes Mitglied wird mindestens ein Stellvertreter bestellt.

Die Mitglieder werden im Hauptamt oder für die Dauer des Hauptamts aus der Zahl der öffentlichen Beamten, der Direktor auf Lebenszeit oder nach Landesrecht unwiderruflich ernannt.

§ 70. Die oberste Verwaltungsbehörde kann bestimmen, daß dem Direktor noch andere Dienstgeschäfte übertragen werden und daß die übrigen Mitglieder sowie bei besonderen Oberversicherungsämtern auch der Direktor das Amt im Nebenberuf ausüben.

§ 71. Die Beisitzer werden je zur Hälfte aus Arbeitgebern und Versicherten gewählt.

Die Zahl der Beisitzer beträgt vierzig; sie kann von der obersten Verwaltungsbehörde erhöht oder vermindert werden.

Ein Beisitzer darf nicht zugleich nichtständiges Mitglied des Reichs- oder eines Landesversicherungsamts sein.

§ 72. Die gewerblichen Berufsgenossenschaften, die Seeberufsgenossenschaft und die Ausführungsbehörden bestimmen für jedes Oberversicherungsamt eine Berufsgenossenschaft oder Ausführungsbehörde, die ihr Wahlrecht (§ 73 Abs. 1) wahrnimmt. Kommt keine Übereinstimmung zustande, so bestimmt das Reichsversicherungsamt das Nähere.

Die Namen dieser Vertrauensberufsgenossenschaften und Vertrauensausführungsbehörden sind dem Reichsversicherungsamte mitzuteilen und von diesem zu veröffentlichen.

§ 73. Die Beisitzer aus den Arbeitgebern werden zur Hälfte von den Arbeitgebermitgliedern im Ausschuß der zuständigen Versicherungsanstalt und zur Hälfte von den Vorständen der zuständigen landwirtschaftlichen und Vertrauensberufsgenossenschaft gewählt; ist eine Vertrauensausführungsbehörde bestimmt, so wählt sie an Stelle des Vorstandes der Vertrauensberufsgenossenschaft. Das Reichsversicherungsamt erläßt eine Wahlordnung.

Die Beisitzer aus den Versicherten werden von den Versichertenvertretern bei den Versicherungsämtern des Bezirks des Oberversicherungsamts nach den Grundsätzen der Verhältniswahl gewählt. Die Stimmenzahl der Versichertenvertreter wird nach der Zahl der Krankenkassenmitglieder des Bezirks ihres Versicherungsamts (§ 43) von dem Oberversicherungsamte festgesetzt. Die oberste Verwaltungsbehörde erläßt eine Wahlordnung.

§ 74. Die Wahl geschieht schriftlich. Der Direktor des Oberversicherungsamts leitet die Wahl.

Bei Streit über die Wahl entscheidet das Oberversicherungsamt (Beschlußkammer) endgültig.

§ 75. Die Arbeitgeberbeisitzer für ein besonderes Oberversicherungsamt werden von den Arbeitgebervorstandsmitgliedern der Betriebskrankenkasse oder der Sonderanstalt oder der Knappschaftsvereine oder Knappschaftskassen gewählt; sind in einem Vorstand keine Arbeitgebervertreter vorhanden, so wählen die in einem anderen Verwaltungsorgan vorhandenen Arbeitgebervertreter.

Die Versichertenbeisitzer werden nach den Grundsätzen der Verhältniswahl von den Versichertenausschußmitgliedern der Betriebskrankenkasse oder der Sonderanstalt oder von den Knappschaftsältesten gewählt; soweit Knappschaftsvereine oder Knappschaftskassen als Sonderanstalt zugelassen sind oder zu einer Sonderanstalt gehören, wählen auch hier die Knappschaftsältesten; soweit eine Sonderanstalt keinen Ausschuß hat, wählen die in einem anderen Verwaltungsorgan vorhandenen Versichertenvertreter.

Die oberste Verwaltungsbehörde bestimmt das Nähere.

§ 77. Jedes Oberversicherungsamt bildet eine oder mehrere Spruchkammern für die Sachen, die dieses Gesetz dem Spruchverfahren überweist.

Die Spruchkammer besteht aus einem Mitgliede des Oberversicherungsamts als Vorsitzendem und je zwei Beisitzern der Arbeitgeber und der Versicherten.

§ 78. Jedes Oberversicherungsamt bildet eine oder mehrere Beschlußkammern für die Sachen, die dieses Gesetz dem Beschlußverfahren überweist.

Die Beschlußkammer besteht aus dem Vorsitzenden des Oberversicherungsamts, einem zweiten Mitglied und zwei Beisitzern. Von diesen wählen die Beisitzer der Arbeitgeber und der Versicherten je einen nebst mindestens je einem Stellvertreter aus ihrer Mitte in getrennter Wahl nach einfacher Stimmenmehrheit auf vier Jahre.

Bei Stimmengleichheit gibt der Vorsitzende den Ausschlag.

§ 79. Die oberste Verwaltungsbehörde führt die Aufsicht über das Oberversicherungsamt.

Sie gibt ihm die erforderlichen Hilfskräfte bei und beschafft seine Geschäftsräume.

Die Bureau-, Kanzlei- und Unterbeamten haben die Rechte und Pflichten der Reichs- oder Staatsbeamten, wenn sie im Hauptamt und nicht nur vorübergehend oder zur Vorbereitung beschäftigt werden; das Nähere bestimmt die Landesregierung.

Der Vorsitzende verpflichtet sie auf die gewissenhafte Erfüllung der Amtspflichten, soweit sie nicht bereits durch einen Diensteid verpflichtet sind.

§ 80. Sämtliche Kosten des Oberversicherungsamts trägt der Bundesstaat.

Die Versicherungsträger haben für jede Spruchsache, an der sie beteiligt sind, einen Pauschbetrag zu entrichten; wenn in einem Falle Kosten nach Abs. 4 zu erstatten sind, so vermindert sich der Pauschbetrag entsprechend.

Die Pauschbeträge werden vom Bundesrat für jedes Gebiet der Arbeiterversicherung einheitlich für das Reich festgesetzt und von vier zu vier Jahren nachgeprüft. Sie sollen die tatsächlichen Kosten der Oberversicherungsämter ohne die Bezüge der Mitglieder und ihrer Stellvertreter sowie ohne die Gebühren (§ 1803) zur Hälfte decken.

In die Kasse des Bundesstaats fließen die Gebühren nach § 1803, die Geldstrafen nach den §§ 76, 1679 sowie die besonders auferlegten Verfahrenskosten (§ 1802) und die Beiträge nach § 82.

§ 81. Alle Kosten der für Betriebe des Reichs oder Staates errichteten besonderen Oberversicherungsämter fallen den Verwaltungen der Betriebe zur Last. Diesen fließen die Einnahmen (§ 80 Abs. 4) zu.

Alle Kosten der übrigen besonderen Oberversicherungsämter erhält nach Abzug der Einnahmen (§ 80 Abs. 4) der Bundesstaat von den beteiligten Versicherungsträgern erstattet.

§ 82. Sind einem Oberversicherungsamte nach § 61 Abs. 2 Aufgaben aus der knappschaftlichen Versicherung übertragen, so haben die beteiligten Knappschaftsvereine oder Knappschaftskassen angemessene Beiträge zu seinen Kosten zu leisten. Die oberste Verwaltungsbehörde setzt die Beiträge fest.

§ 112. Die oberste Verwaltungsbehörde kann Aufgaben des Versicherungsamts Organen von

Knappschaftsvereinen oder Knappschaftskassen,

Betriebskrankenkassen für Betriebsverwaltungen und Dienstbetriebe des Reichs und der Bundesstaaten,

Sonderanstalten des Reichs und der Bundesstaaten .

übertragen, wenn die Organe mindestens zur Hälfte aus Versicherungsvertretern bestehen, die aus geheimer Wahl hervorgegangen sind. Spruchbefugnisse können nicht übertragen werden.

§ 119. Die Ansprüche des Berechtigten können, vorbehaltlich des § 1325, mit rechtlicher Wirkung übertragen, verpfändet und gepfändet werden nur wegen

1. eines Vorschusses, den der Berechtigte auf seine Ansprüche vor Anweisung der Leistungen vom Arbeitgeber oder von einem Organe des Versicherungsträgers oder einem seiner Mitglieder erhalten hat;
2. der im § 850 Abs. 4 der Zivilprozeßordnung bezeichneten Forderungen;
3. der Forderungen der nach § 1531 ersatzberechtigten Gemeinden und Armenverbände sowie Arbeitgeber und Kassen, die an ihre Stelle getreten sind; die Übertragung, Verpfändung und Pfändung ist nur in Höhe der gesetzlichen Ersatzansprüche zulässig;
4. rückständiger Beiträge, die nicht seit länger als drei Monaten fällig sind.

Ausnahmsweise darf der Berechtigte auch in anderen Fällen den Anspruch mit Genehmigung des Versicherungsamts ganz oder zum Teil auf andere übertragen.

§ 122. Die ärztliche Behandlung im Sinne dieses Gesetzes wird durch approbierte Ärzte, bei Zahnkrankheiten auch durch approbierte Zahnärzte (§ 29 der Gewerbeordnung) geleistet. Sie umfaßt Hilfeleistungen anderer Personen, wie Bader, Hebammen, Heildiener, Heilgehilfen, Krankenwärter, Masseure u. dgl. sowie Zahntechniker, nur dann, wenn der Arzt (Zahnarzt) sie anordnet oder wenn in dringenden Fällen kein approbierter Arzt (Zahnarzt) zugezogen werden kann.

Die oberste Verwaltungsbehörde kann bestimmen, wieweit auch sonst Hilfspersonen innerhalb der staatlich anerkannten Befugnisse selbständige Hilfe leisten können.

§ 123. Bei Zahnkrankheiten mit Ausschluß von Mund- und Kieferkrankheiten kann die Behandlung außer durch Zahnärzte mit Zustimmung des Versicherten auch durch Zahntechniker gewährt werden. Die oberste Verwaltungsbehörde bestimmt, wieweit auch sonst Zahntechniker bei solchen Zahnkrankheiten selbständige Hilfe leisten können. Sie kann bestimmen, wieweit dies auch Heildiener und Heilgehilfen tun können. Sie bestimmt ferner, wer als Zahntechniker im Sinne dieses Gesetzes anzusehen ist.

Zweites Buch.

Krankenversicherung.

§ 165. Für den Fall der Krankheit werden versichert:

1. Arbeiter, Gehilfen, Gesellen, Lehrlinge, Dienstboten;

2. Betriebsbeamte, Werkmeister und andere Angestellte in ähnlich gehobener Stellung, sämtlich, wenn diese Beschäftigung ihren Hauptberuf bildet;
3. bis 7. . . . . .

Voraussetzung der Versicherung ist für die im Abs. 1 unter Nr. 1 bis 5 . . . Bezeichneten . . ., daß sie gegen Entgelt (§ 160) beschäftigt werden, für die unter Nr. 2 bis 5 Bezeichneten . . . außerdem, daß nicht ihr regelmäßiger Jahresarbeitsverdienst zweitausendfünfhundert Mark an Entgelt übersteigt.

§ 166. Für die Versicherung der in der Landwirtschaft, als Dienstboten, unständig oder im Wandergewerbe Beschäftigten, der Hausgewerbetreibenden und ihrer hausgewerblich Beschäftigten sowie der ohne Entgelt beschäftigten Lehrlinge aller Art gelten die besonderen Vorschriften der §§ 416 bis 494.

§ 167. Sind in einem Bundesstaate beim Inkrafttreten dieses Gesetzes andere Gruppen von Beschäftigten verpflichtet, eine landesrechtliche Versicherung einzugehen, so kann die Landesregierung anordnen, daß sie nach diesem Gesetze für den Fall der Krankheit versichert sind, und näheres darüber bestimmen.

§ 168. Der Bundesrat bestimmt, wieweit vorübergehende Dienstleistungen versicherungsfrei bleiben.

§ 169. Versicherungsfrei sind die in den Betrieben oder im Dienste des Reichs, eines Bundesstaats, eines Gemeindeverbandes, einer Gemeinde oder eines Versicherungsträgers Beschäftigten, wenn ihnen gegen ihren Arbeitgeber ein Anspruch mindestens entweder auf Krankenhilfe in Höhe und Dauer der Regelleistungen der Krankenkassen (§ 179) oder für die gleiche Zeit auf Gehalt, Ruhegeld, Wartegeld oder ähnliche Bezüge im anderthalbfachen Betrage des Krankengeldes (§ 182) gewährleistet ist.

Das gleiche gilt für Lehrer und Erzieher an öffentlichen Schulen oder Anstalten.

§ 170. Die in Betrieben oder im Dienste anderer öffentlicher Verbände oder öffentlicher Körperschaften Beschäftigten werden auf Antrag des Arbeitgebers durch die oberste Verwaltungsbehörde von der Versicherungspflicht befreit, wenn ihnen gegen ihren Arbeitgeber einer der im § 169 bezeichneten Ansprüche gewährleistet ist oder sie lediglich für ihren Beruf ausgebildet werden.

Das gleiche gilt für Beamte und Bedienstete der landesherrlichen Hof-, Domanial-, Kameral-, Forst- und ähnlichen Verwaltungen, der

Herzoglich Braunschweigischen Landschaft und der Fürstlich Hohenzollernschen Fideikommißverwaltung.

§ 171. Die oberste Verwaltungsbehörde kann auf Antrag des Arbeitgebers bestimmen, wieweit auch die in Betrieben oder im Dienste nicht öffentlicher Köperschaften oder als Lehrer und Erzieher an nicht öffentlichen Schulen oder Anstalten Beschäftigten versicherungsfrei sind, wenn ihnen gegen ihren Arbeitgeber einer der im § 169 bezeichneten Ansprüche gewährleistet ist oder sie lediglich für ihren Beruf ausgebildet werden.

§ 172. Versicherungsfrei sind

1. Beamte des Reichs, der Bundesstaaten, der Gemeindeverbände, der Gemeinden und der Versicherungsträger, Lehrer und Erzieher an öffentlichen Schulen oder Anstalten, solange sie lediglich für ihren Beruf ausgebildet werden;
2. Personen des Soldatenstandes, die eine der im § 165 bezeichneten Tätigkeiten im Dienste oder während der Verbereitung zu einer bürgerlichen Beschäftigung ausüben, auf § 169 anzuwenden ist;
3. Personen, die während der wissenschaftlichen Ausbildung für ihren zukünftigen Beruf gegen Entgelt unterrichten;
4. Mitglieder geistlicher Genossenschaften, Diakonissen, Schulschwestern und ähnliche Personen, wenn sie sich aus religiösen oder sittlichen Beweggründen mit Krankenpflege, Unterricht oder anderen gemeinnützigen Tätigkeiten beschäftigen und als Entgelt nicht mehr als den freien Unterhalt beziehen.

§ 173. Auf seinen Antrag wird von der Versicherungspflicht befreit, wer auf die Dauer nur zu einem geringen Teile arbeitsfähig ist, solange der vorläufig unterstützungspflichtige Armenverband einverstanden ist.

§ 174. Auf Antrag des Arbeitgebers werden von der Versicherungspflicht befreit

1. Lehrlinge aller Art, solange sie im Betrieb ihrer Eltern beschäftigt sind;
2. Personen, die bei Arbeitslosigkeit in Arbeiterkolonien oder ähnlichen Wohltätigkeitsanstalten vorübergehend beschäftigt werden.

§ 175. Über den Antrag auf Befreiung (§§ 173, 174) entscheidet der Kassenvorstand. Die Befreiung wirkt vom Eingang des Antrags an.

Wird der Antrag abgelehnt, so entscheidet auf Beschwerde das Versicherungsamt endgültig.

§ 176. 1. Versicherungsfreie Beschäftigte der im § 165 Abs. 1 bezeichneten Art,

2. Familienangehörige des Arbeitgebers, die ohne eigentliches Arbeitsverhältnis und ohne Entgelt in seinem Betriebe tätig sind,
3. Gewerbetreibende und andere Betriebsunternehmer, die in ihren Betrieben regelmäßig keine oder höchstens zwei Versicherungspflichtige beschäftigen,

können der Versicherung freiwillig beitreten, wenn nicht ihr jährliches Gesamteinkommen zweitausendfünfhundert Mark übersteigt.

Der Bundesrat bestimmt, wieweit unter der gleichen Voraussetzung Personen, die nach § 168 versicherungsfrei sind, der Versicherung freiwillig beitreten können.

Die Satzung der Krankenkasse kann das Recht zum Beitritt von einer bestimmten Altersgrenze und von der Vorlegung eines ärztlichen Gesundheitszeugnisses abhängig machen. Die Festsetzung der Altersgrenze bedarf der Zustimmung des Oberversicherungsamts.

§ 177. Haben beim Inkrafttreten dieses Gesetzes in einem Bundesstaate nach Landesrecht noch andere Gruppen das Recht, der Versicherung freiwillig beizutreten, so bewendet es dabei nach näherer Bestimmung der obersten Verwaltungsbehörde.

§ 178. Die Versicherungsberechtigung erlischt in allen Fällen, wenn das regelmäßige jährliche Gesamteinkommen viertausend Mark übersteigt.

§ 179. Gegenstand der Versicherung sind die in diesem Buche vorgeschriebenen Leistungen der Krankenkassen (§ 225) an Krankenhilfe, Wochengeld und Sterbegeld.

Diese Leistungen gelten als Regelleistungen der Kassen, und zwar auch dann, wenn die Satzung von den Vorschriften der §§ 188, 192 Gebrauch macht.

Gegenstand der Versicherung sind auch die durch die Satzung bestimmten Mehrleistungen; sie sind nur soweit zulässig, wie es dieses Buch vorsieht.

§ 180. Die baren Leistungen der Kassen werden nach einem Grundlohn bemessen. Als solchen setzt die Satzung den durchschnittlichen Tagesentgelt derjenigen Klassen Versicherter, für welche die Kasse errichtet ist, bis fünf Mark für den Arbeitstag fest.

Die Satzung kann den durchschnittlichen Tagesentgelt auch nach der verschiedenen Lohnhöhe der Versicherten stufenweise bis sechs Mark festsetzen.

Die Festsetzung bedarf der Zustimmung des Oberversicherungsamts (Beschlußkammer).

Die Satzung kann statt des durchschnittlichen Tagesentgelts den wirklichen Arbeitsverdienst der einzelnen Versicherten bis sechs Mark für den Arbeitstag als Grundlohn bestimmen.

Für freiwillig beitretende, für die sich hiernach kein Grundlohn ermitteln läßt, bestimmt ihn die Satzung.

§ 181. Bei Landkrankenkassen kann die Satzung den Ortslohn als Grundlohn bestimmen.

Dabei ist jedoch für Betriebsbeamte, Werkmeister und andere Angestellte in ähnlich gehobener Stellung sowie für Facharbeiter der Grundlohn nach § 180 festzusetzen. Das gleiche gilt in Bezirken ohne allgemeine Ortskrankenkassen für die Versicherten, die einer solchen nach der Art ihrer Beschäftigung anzugehören hätten.

In Bezirken ohne Landkrankenkassen kann die Satzung der allgemeinen Ortskrankenkasse den Ortslohn als Grundlohn für die Versicherten bestimmen, die nach der Art ihrer Beschäftigung einer Landkrankenkasse anzugehören hätten; dabei gilt Abs. 2 Satz 1 entsprechend. Das Oberversicherungsamt kann die Aufnahme einer solchen Bestimmung anordnen.

Für Versicherte, deren Grundlohn hiernach abweichend vom regelmäßigen Grundlohn der Kasse bestimmt ist, hat diese die Beiträge und Leistungen gesondert zu buchen, soweit die oberste Verwaltungsbehörde nichts anderes bestimmt.

§ 182. Als Krankenhilfe wird gewährt:

1. Krankenpflege von Beginn der Krankheit an; sie umfaßt ärztliche Behandlung und Versorgung mit Arznei sowie Brillen, Bruchbändern und anderen kleineren Heilmitteln; und
2. Krankengeld in Höhe des halben Grundlohns für jeden Arbeitstag, wenn die Krankheit den Versicherten arbeitsunfähig macht; es wird vom vierten Krankheitstage an, wenn aber die Arbeitsunfähigkeit erst später eintritt, vom Tage ihres Eintritts an gewährt.

§ 183. Die Krankenhilfe endet spätestens mit Ablauf der sechsundzwanzigsten Woche nach Beginn der Krankheit, wird jedoch Krankengeld erst von einem späteren Tag an bezogen, nach diesem. Fällt in den Krankengeldbezug eine Zeit, in der nur Krankenpflege gewährt wird, so wird diese Zeit auf die Dauer des Krankengeldbezuges bis zu dreizehn Wochen nicht angerechnet.

Ist Krankengeld über die sechsundzwanzigste Woche nach Beginn der Krankheit hinaus zu zahlen, so endet mit seinen Bezug auch der Anspruch auf Krankenpflege.

§ 184. An Stelle der Krankenpflege und des Krankengeldes kann die Kasse Kur und Verpflegung in einem Krankenhause (Krankenhauspflege) gewähren. Hat der Kranke einen eigenen Haushalt oder ist er Mitglied des Haushalts seiner Familie, so bedarf es seiner Zustimmung.

Bei einem Minderjährigen über sechzehn Jahre genügt seine Zustimmung.

Der Zustimmung bedarf es nicht, wenn

1. die Art der Krankheit eine Behandlung oder Pflege verlangt, die in der Familie des Erkrankten nicht möglich ist;
2. die Krankheit ansteckend ist;
3. der Erkrankte wiederholt der Krankenordnung (§ 347) oder den Anordnungen des behandelnden Arztes zuwidergehandelt hat;
4. sein Zustand oder Verhalten seine fortgesetzte Beobachtung erfordert.

In den Fällen des Abs. 3 Nr. 1, 2, 4 soll die Kasse möglichst Krankenhauspflege gewähren.

Wo mehrere geeignete Krankenhäuser zur Verfügung stehen, die bereit sind, die Krankenhauspflege zu gleichen Bedingungen zn übernehmen, soll die Krankenkasse dem Berechtigten, vorbehaltlich des § 371, die Auswahl unter ihnen überlassen.

§ 185. Die Kasse kann mit Zustimmung des Versicherten Hilfe und Wartung durch Krankenpfleger, Krankenschwestern oder andere Pfleger namentlich auch dann gewähren, wenn die Aufnahme des Kranken in ein Krankenhaus geboten, aber nicht ausführbar ist oder ein wichtiger Grund vorliegt, den Kranken in seinem Haushalt oder in seiner Familie zu belassen.

Die Satzung kann gestatten, dafür bis zu einem Viertel des Krankengeldes abzuziehen.

§ 186. Wird Krankenhauspflege einem Versicherten gewährt, der bisher von seinem Arbeitsverdienst Angehörige ganz oder überwiegend unterhalten hat, so ist daneben ein Hausgeld für die Angehörigen im Betrage des halben Krankengeldes zu zahlen. Das Hausgeld kann unmittelbar an die Angehörigen ausgezahlt werden.

§ 187. Die Satzung kann

1. die Dauer der Krankenhilfe bis auf ein Jahr erweitern;
2. Fürsorge für Genesende, namentlich durch Unterbringung in einem Genesungsheim, bis zur Dauer eines Jahres nach Ablauf der Krankenhilfe gestatten;
3. Hilfsmittel gegen Verunstaltung und Verkrüppelung zubilligen, die nach beendigtem Heilverfahren nötig sind, um die Arbeitsfähigkeit herzustellen oder zu erhalten.

§ 188. Die Satzung kann für Versicherte, die auf Grund der Reichsversicherung oder aus einer knappschaftlichen Krankenkasse oder aus einer Ersatzkasse binnen zwölf Monaten bereits für sechsundzwanzig Wochen hintereinander oder insgesamt Krankengeld oder die Ersatzleistungen dafür bezogen haben, in einem neuen Versicherungsfalle, der im Laufe der nächsten zwölf Monate eintritt, die Krankenhilfe auf die Regelleistungen und auf die Gesamtdauer von dreizehn Wochen beschränken. Dies gilt nur, wenn die Krankenhilfe durch dieselbe nicht gehobene Krankheitsursache veranlaßt wird.

§ 189. Erhält ein Versicherter Krankengeld gleichzeitig aus einer anderen Versicherung, so hat die Krankenkasse ihre Leistung soweit zu kürzen, daß das gesamte Krankengeld des Mitglieds den Durchschnittsbetrag seines täglichen Arbeitsverdienstes nicht übersteigt.

Die Satzung kann die Kürzung ganz oder teilweise ausschließen.

§ 190. Die Satzung kann die Mitglieder verpflichten, dem Vorstand, wenn sie Krankengeld oder die Ersatzleistungen dafür beanspruchen, die Höhe der Bezüge mitzuteilen, die sie gleichzeitig aus einer anderen Krankenversicherung erhalten. Die Frage, aus welcher Krankenversicherung die Bezüge herrühren, ist nicht gestattet.

§ 191. Die Satzung kann das Krankengeld bis auf drei Viertel des Grundlohns erhöhen und es allgemein für Sonn- und Feiertage zubilligen.

Sie kann es schon vom ersten Tage der Arbeitsunfähigkeit an zubilligen bei Krankheiten, die länger als eine Woche dauern, zum Tode führen oder durch Betriebsunfall verursacht worden sind, sowie mit Zustimmung des Oberversicherungsamts auch bei anderen Krankheiten.

§ 192. Die Satzung kann Mitgliedern das Krankengeld ganz oder teilweise versagen, wenn sie

1. die Kasse durch eine strafbare Handlung geschädigt haben, die mit Verlust der bürgerlichen Ehrenrechte bedroht ist, für die Dauer eines Jahres nach der Straftat;
2. sich eine Krankheit vorsätzlich oder durch schuldhafte Beteiligung bei Schlägereien oder Raufhändeln zugezogen haben, für die Dauer dieser Krankheit.

§ 193. Die Satzung kann mit Zustimmung des Oberversicherungsamts für kleinere Heilmittel einen Höchstbetrag festsetzen, auch bestimmen, daß die Kasse bis zu dieser Höhe einen Zuschuß für größere Heilmittel gewähren darf.

Sie kann bei der Krankenpflege noch andere als kleinere Heilmittel, insbesondere Krankenkost zubilligen.

Sie kann Versicherten, die freiwillig Mitglieder der Kasse bleiben (§ 313), statt der Krankenpflege den Betrag mindestens des halben Krankengeldes dann zubilligen, wenn sie sich nicht im Bezirke der Kasse oder des Versicherungsamts aufhalten.

§ 194. Die Satzung kann

1. das Hausgeld bis zum Betrage des gesetzlichen Krankengeldes erhöhen;
2. Versicherten, für die kein Hausgeld zu zahlen ist, neben der Krankenhauspflege ein Krankengeld bis zur Hälfte des gesetzlichen Betrags zubilligen.

§ 195. Wöchnerinnen, die im letzten Jahre vor der Niederkunft mindestens sechs Monate hindurch auf Grund der Reichsversicherung oder bei einer knappschaftlichen Krankenkasse gegen Krankheit versichert gewesen sind, erhalten ein Wochengeld in Höhe des Krankengeldes für acht Wochen, von denen mindestens sechs in die Zeit nach der Niederkunft fallen müssen.

Für Mitglieder der Landkrankenkassen, die nicht der Gewerbeordnung unterstehen, bestimmt die Satzung die Dauer des Wochengeldbezuges auf mindestens vier und höchstens acht Wochen.

Neben Wochengeld wird Krankengeld nicht gewährt; die Wochen nach der Niederkunft müssen zusammenhängen.

§ 196. Mit Zustimmung der Wöchnerin kann die Kasse

1. an Stelle des Wochengeldes Kur- und Verpflegung in einem Wöchnerinnenheim gewähren;
2. Hilfe und Wartung durch Hauspflegerinnen gewähren und dafür bis zur Hälfte des Wochengeldes abziehen.

Im Falle der Nr. 1 gilt § 186 entsprechend.

§ 197. Ist die Wöchnerin während des letzten Jahres bei mehreren Krankenkassen, knappschaftlichen Krankenkassen oder Ersatzkassen versichert gewesen, so haben die anderen der leistungspflichtigen Kasse für die Leistungen aus den §§ 195, 196 auf Verlangen den Betrag des Wochengeldes nach Verhältnis der Mitgliedzeit zu erstatten.

§ 198. Die Satzung kann versicherungspflichtigen Ehefrauen oder allen weiblichen Versicherungspflichtigen unter der Voraussetzung des § 195 Abs. 1 Hebammendienste und ärztliche Geburtshilfe, die bei der Niederkunft erforderlich werden, zubilligen.

§ 199. Die Satzung kann Schwangeren, die der Kasse mindestens sechs Monate angehören,

1. wenn sie infolge der Schwangerschaft arbeitsunfähig werden, ein Schwangerengeld in Höhe des Krankengeldes bis zur Gesamtdauer von sechs Wochen zubilligen;
2. auf die Dauer dieser Leistung die Zeit der Gewährung des Wochengeldes vor der Niederkunft anrechnen;
3. Hebammendienste und ärztliche Behandlung, die bei Schwangerschaftsbeschwerden erforderlich werden, zubilligen.

§ 200. Die Satzung kann Wöchnerinnen der im § 195 Abs. 1 bezeichneten Art, solange sie ihre Neugeborenen stillen, ein Stillgeld bis zur Höhe des halben Krankengeldes und bis zum Ablauf der zwölften Woche nach der Niederkunft zubilligen.

§ 201. Als Sterbegeld wird beim Tode eines Versicherten das Zwanzigfache des Grundlohns gezahlt.

§ 202. Stirbt ein als Mitglied der Kasse Erkrankter binnen einem Jahre nach Ablauf der Krankenhilfe an derselben Krankheit, so wird das Sterbegeld gezahlt, wenn er bis zum Tode arbeitsunfähig gewesen ist.

§ 203. Vom Sterbegeld werden zunächst die Kosten des Begräbnisses bestritten und an den gezahlt, der das Begräbnis besorgt hat. Bleibt ein Überschuß, so sind nacheinander der Ehegatte, die Kinder, der Vater, die Mutter, die Geschwister bezugsberechtigt, wenn sie mit dem Verstorbenen zur Zeit seines Todes in häuslicher Gemeinschaft gelebt haben. Fehlen solche Berechtigten, so verbleibt der Überschuß der Kasse.|

§ 204. Die Satzung kann das Sterbegeld bis zum Vierzigfachen des Grundlohns erhöhen, auch den Mindestbetrag auf fünfzig Mark festsetzen.

§ 205. Die Satzung kann zubilligen

1. Krankenpflege an versicherungsfreie Familienmitglieder der Versicherten;
2. Wochenhilfe an versicherungsfreie Ehefrauen der Versicherten;
3. Sterbegeld beim Tode des Ehegatten oder eines Kindes eines Versicherten. Es kann für den Ehegatten bis auf zwei Drittel, für ein Kind bis auf die Hälfte des Mitgliedersterbegeldes bemessen werden und ist um den Betrag des Sterbegeldes zu kürzen, auf das der Verstorbene selbst gesetzlich versichert war.

§ 206. Für die Versicherungspflichtigen entsteht der Anspruch auf die Regelleistungen mit ihrer Mitgliedschaft (§§ 306 bis 308).

§ 211. Für Versicherungsfälle, die bereits eingetreten sind, können durch Satzungsänderung die Leistungen erhöht, nicht aber herabgesetzt werden; Änderungen des Grundlohns haben keinen Einfluß.

§ 212. Tritt ein Versicherter, der Kassenleistungen bezieht, zu einer anderen Kasse über, so übernimmt sie die weitere Leistung nach ihrer Satzung. Die Zeit der bereits genossenen Leistung wird angerechnet.

Die Mehrleistungen erhält er nur, wenn er schon in seiner früheren Kasse Anspruch auf Mehrleistungen erworben hatte.

§ 213. Hat eine Kasse für eine Person nach vorschriftsmäßiger und nicht vorsätzlich unrichtiger Anmeldung drei Monate ununterbrochen und unbeanstandet die Beiträge angenommen und stellt sich nach Eintritt des Versicherungsfalles heraus, daß die Person nicht versicherungspflichtig und nicht versicherungsberechtigt gewesen ist, so muß ihr die Kasse gleichwohl die satzungsmäßigen Leistungen gewähren.

§ 214. Scheiden Versicherte wegen Erwerbslosigkeit aus, die in den vorangegangenen zwölf Monaten mindestens sechsundzwanzig Wochen oder unmittelbar vorher mindestens sechs Wochen versichert waren, so verbleibt ihnen der Anspruch auf die Regelleistungen der Kasse, wenn der Versicherungsfall während der Erwerbslosigkeit und binnen drei Wochen nach dem Ausscheiden eintritt. Die Kasse hat dem Berechtigten auf Antrag seinen Anspruch auf diese Leistungen zu bescheinigen.

Sterbegeld wird auch nach Ablauf der drei Wochen gewährt, wenn die Krankenhilfe bis zum Tode geleistet worden ist.

Der Anspruch fällt weg, wenn der Erwerbslose sich im Ausland aufhält und die Satzung nichts anderes bestimmt.

§ 219. Kranke, die außerhalb des Bezirkes ihrer Kasse wohnen, erhalten auf Erfordern ihrer Kasse die ihnen bei ihr zustehenden Leistungen von der allgemeinen Ortskrankenkasse des Wohnorts. Besteht dort für Versicherte ihrer Art eine besondere Ortskrankenkasse oder eine Landkrankenkasse, so hat diese die Leistungen zu gewähren.

Das gleiche gilt für berechtigte Familienmitglieder sowie für ausgeschiedene Erwerbslose (§ 214).

§ 220. Das gleiche gilt für einen Versicherten, der während eines vorübergehenden Aufenthalts außerhalb seines Kassenbereichs erkrankt, solange er seines Zustandes wegen nicht nach seinem Wohnort zurückkehren kann. Eines Antrags seiner Kasse bedarf es nicht. Die Kasse, welche die Leistungen gewährt, hat jedoch binnen einer Woche den Eintritt des Versicherungsfalls der Kasse des Versicherten mitzuteilen und soll deren Wünsche wegen der Art der Fürsorge tunlichst befolgen.

§ 221. Erkrankt ein Versicherter im Ausland, so erhält er, solange er seines Zustandes wegen nicht ins Inland zurückkehren kann, die ihm bei seiner Kasse zustehenden Leistungen vom Arbeitgeber. Dieser hat binnen einer Woche den Eintritt des Versicherungsfalls der Kasse mitzuteilen und soll deren Wünsche wegen der Art der Fürsorge tunlichst befolgen; die Kasse kann die Fürsorge selbst übernehmen.

§ 222. In den Fällen der §§ 219 bis 221 hat die Krankenkasse des Versicherten der anderen Kasse und dem Arbeitgeber die Kosten zu erstatten. Dabei gelten drei Achtel des Grundlohns als Ersatz der Kosten für die Krankenpflege.

§ 223. Ansprüche auf Kassenleistungen verjähren in zwei Jahren nach dem Tage der Entstehung.

Die Ansprüche des Berechtigten dürfen nur aufgerechnet werden auf

Ersatzforderungen für Beträge, die der Berechtigte in den Fällen des § 1542 oder aus der reichsgesetzlichen Unfallversicherung bezog, aber an die Kasse zu erstatten hat;

geschuldete Beiträge;

gezahlte Vorschüsse;

zu Unrecht gezahlte Kassenleistungen;

Kosten des Verfahrens, die der Berechtigte zu erstatten hat;

Geldstrafen, welche die Kassenleitung verhängt hat.

Ansprüche auf Krankengeld dürfen nur bis zur Hälfte aufgerechnet werden.

§ 224. Das Versicherungsamt entscheidet im Spruchverfahren bei Streit über

1. Erstattungsansprüche nach den §§ 197, 222;
2. Ersatz zu Unrecht gewährter Leistungen zwischen Kassen.

§ 225. Krankenkassen nach diesem Gesetze sind

die Ortskrankenkassen,

die Landkrankenkassen,

die Betriebskrankenkassen und

die Innungskrankenkassen.

Diesen Krankenkassen können die Mitglieder der nach landesgesetzlichen Vorschriften errichteten knappschaftlichen Krankenkassen nicht angehören.

§ 234. Versicherungspflichtige, die weder in eine knappschaftliche Krankenkasse noch in eine besondere Betriebs- oder eine Innungskrankenkasse gehören, sind Mitglieder der allgemeinen Orts- oder der Landkrankenkasse ihres Erwerbszweigs und Beschäftigungsorts.

§ 312. Die Mitgliedschaft erlischt, sobald der Versicherte Mitglied einer anderen Krankenkasse oder einer knappschaftlichen Krankenkasse wird.

§ 313. Scheidet ein Mitglied, das auf Grund der Reichsversicherung oder bei einer knappschaftlichen Krankenkasse in den vorangegangenen zwölf Monaten mindestens sechsundzwanzig Wochen oder unmittelbar vorher mindestens sechs Wochen versichert war, aus der versicherungspflichtigen Beschäftigung aus, so kann es in seiner Klasse oder Lohnstufe Mitglied bleiben, solange es sich regelmäßig im Inland aufhält und nicht nach § 312 ausscheidet. Es kann in eine niedere Klasse oder Lohnstufe übertreten.

Wer Mitglied bleiben will, muß es der Kasse binnen drei Wochen nach dem Ausscheiden oder im Falle des § 311 nach Beendigung der Kassenleistungen anzeigen. Wer jedoch in der zweiten oder dritten dieser Wochen erkrankt, hat für diese Krankheit, vorbehaltlich des § 214, Anspruch auf die Kassenleistungen nur, wenn er die Anzeige in der ersten Woche gemacht hat. Der Anzeige steht es gleich, wenn in der gleichen Frist die satzungsmäßigen Beiträge voll gezahlt werden. Mit Zustimmung des Oberversicherungsamts kann die Satzung längere Fristen bestimmen.

§ 314. Die Mitgliedschaft Versicherungsberechtigter erlischt, wenn sie zweimal nacheinander am Zahltage die Beiträge nicht entrichten und seit dem ersten dieser Tage mindestens vier Wochen vergangen sind. Die Satzung kann diese Frist bis zum nächstfolgenden Zahltage verlängern.

Erfährt der Vorstand der Kasse glaubhaft, daß das regelmäßige jährliche Gesamteinkommen eines versicherungsberechtigten Mitglieds viertausend Mark übersteigt, so hat er diesem Mitglied alsbald mitzuteilen, daß seine Mitgliedschaft erloschen sei. Die Mitgliedschaft erlischt mit der Zustellung der Mitteilung.

§ 368. Die Beziehungen zwischen Krankenkassen und Ärzten werden durch schriftlichen Vertrag geregelt; die Bezahlung anderer Ärzte kann die Kasse, von dringenden Fällen abgesehen, ablehnen.

§ 369. Soweit es die Kasse nicht erheblich mehr belastet, soll sie ihren Mitgliedern die Auswahl zwischen mindestens zwei Ärzten freilassen. Wenn der Versicherte die Mehrkosten selbst übernimmt, steht ihm die Auswahl unter den von der Kasse bestellten Ärzten frei. Die Satzung kann jedoch bestimmen, daß der Behandelte während desselben Versicherungsfalles oder Geschäftsjahres den Arzt nur mit Zustimmung des Vorstandes wechseln darf.

§ 370. Wird bei einer Krankenkasse die ärztliche Versorgung dadurch ernstlich gefährdet, daß die Kasse keinen Vertrag zu angemessenen Bedingungen mit einer ausreichenden Zahl von Ärzten schließen kann oder daß die Ärzte den Vertrag nicht einhalten, so ermächtigt das Oberversicherungsamt (Beschlußkammer) die Kasse auf ihren Antrag widerruflich, statt der Krankenpflege oder sonst erforderlichen ärztlichen Behandlung eine bare Leistung bis zu zwei Dritteln des Durchschnittsbetrages ihres gesetzlichen Krankengeldes zu gewähren.

Das Oberversicherungsamt (Beschlußkammer) kann zugleich bestimmen,

1. wie der Zustand dessen, der die Leistungen erhalten soll, anders als durch ärztliche Bescheinigungen nachgewiesen werden darf;
2. daß die Kasse ihre Leistungen so lange einstellen oder zurückbehalten darf, bis ein ausreichender Nachweis erbracht ist;
3. daß die Leistungspflicht der Kasse erlischt, wenn binnen einem Jahre nach Fälligkeit des Anspruchs kein ausreichender Nachweis erbracht ist;
4. daß die Kasse diejenigen, denen sie ärztliche Behandlung zu gewähren hat, in ein Krankenhaus verweisen darf, auch wenn die Voraussetzungen des § 184 Abs. 3 nicht vorliegen.

Gegen den Beschluß des Oberversicherungsamts (Abs. 1, 2) hat der Kassenvorstand die Beschwerde bei der obersten Verwaltungsbehörde.

§ 371. Die Satzung kann den Vorstand ermächtigen, die Krankenhausbehandlung nur durch bestimmte Krankenhäuser zu gewähren und, wo die Kasse Krankenhausbehandlung zu gewähren hat, die Bezahlung anderer Krankenhäuser, von dringenden Fällen abgesehen, abzulehnen.

Dabei dürfen Krankenhäuser, die lediglich zu wohltätigen oder gemeinnützigen Zwecken bestimmt oder von öffentlichen Verbänden oder Körperschaften errichtet und die bereit sind, die Krankenhauspflege zu den gleichen Bedingungen wie die im Abs. 1 bezeichneten Krankenhäuser zu leisten, nur aus einem wichtigen Grunde mit Zustimmung des Oberversicherungsamts ausgeschlossen werden.

§ 372. Genügt bei einer Krankenkasse die ärztliche Behandlung oder Krankenhauspflege nicht den berechtigten Anforderungen der Erkrankten, so kann, vorbehaltlich des § 370, das Oberversicherungsamt nach Anhören der Kasse jederzeit anordnen, daß diese Leistungen noch durch andere Ärzte oder Krankenhäuser zu gewähren sind.

Diese Anordnung soll nur auf so lange getroffen werden, wie es ihr Zweck fordert, und bedarf, wenn sie über ein Jahr gelten soll, der Genehmigung der obersten Verwaltungsbehörde.

§ 373. Wird die Anordnung nicht binnen der gesetzten Frist befolgt, so kann das Oberversicherungsamt selbst das Erforderliche auf Kosten der Kasse veranlassen. Verträge, welche die Kasse mit Ärzten oder Krankenhäusern bereits geschlossen hat, bleiben unberührt.

Die Kasse hat gegen diese Anordnungen und Maßnahmen binnen einer Woche die Beschwerde bei der obersten Verwaltungsbehörde.

§ 374. Für die Beziehungen zwischen den Krankenkassen und den Zahnärzten gelten die §§ 368, 372, 373 entsprechend.

§ 375. Die Satzung kann den Vorstand ermächtigen, innerhalb des Kassenbereichs oder mit Genehmigung des Versicherungsamts darüber hinaus wegen Lieferung der Arznei mit einzelnen Apothekenbesitzern oder -verwaltern oder, soweit es sich um die den freien Verkehr überlassenen Arzneimittel handelt, auch mit anderen Personen, die solche feilhalten, Vorzugsbedingungen zu vereinbaren. Alle Apothekenbesitzer und -verwalter im Bereiche der Kasse können solche Vereinbarungen beitreten. Der Vorstand kann dann, von dringenden Fällen abgesehen und vorbehaltlich des § 376 Abs. 3, die Bezahlung der von anderer Seite gelieferten Arznei ablehnen.

Genügt die Arzneiversorgung, die eine Kasse gewährt, nicht den berechtigten Anforderungen der Erkrankten, so gelten die §§ 372, 373 entsprechend.

§ 376. Die Apotheken haben den Krankenkassen für die Arzneien einen Abschlag von den Preisen der Arzneitaxe zu gewähren. Die oberste Verwaltungsbehörde bestimmt seine Höhe; sie kann ihn für die einzelnen Apotheken davon abhängig machen, daß die Kasse aus ihnen mindestens zu einem bestimmten Betrage bezieht.

Die höhere Verwaltungsbehörde setzt unter Rücksicht auf die örtlichen Verhältnisse und die im Handverkauf üblichen Preise die Höchstpreise von solchen einfachen Arzneimitteln fest, welche sonst ohne ärztliche Verschreibung (im Handverkauf) abgegeben zu werden pflegen. Diese Höchstpreise dürfen einen Betrag nicht überschreiten, der sich nach Abs. 1 ergibt. Die oberste Verwaltungsbehorde kann näheres anordnen.

Beziehen die Berechtigten die im Abs. 2 bezeichneten Arzneimittel zu einem Preise, der die Festsetzung nicht übersteigt, aus einer Apotheke, so kann die höhere Verwaltungsbehörde anordnen, daß die Kasse die Bezahlung nicht deshalb ablehnen darf, weil sie nach § 375 mit Personen, die nicht Apothekenbesitzer oder -verwalter sind, niedrigere Preise vereinbart hat.

§ 383. Bei Arbeitsunfähigkeit sind für die Dauer der Krankenhilfe keine Beiträge zu entrichten.

Das gleiche gilt während des Bezugs des Wochen- und des Schwangerengeldes.

§ 441. Unständig ist die Beschäftigung, die auf weniger als eine Woche entweder nach der Natur der Sache beschränkt zu sein pflegt oder im voraus durch den Arbeitsvertrag beschränkt ist.

§ 495. Die knappschaftlichen Krankenkassen müssen ihren Mitgliedern durch die Satzung mindestens die Regelleistungen der Ortskrankenkassen zubilligen.

Das Krankengeld können sie mit Genehmigung der Aufsichtsbehörde anders als wöchentlich, längstens jedoch halbmonatlich zahlen.

§ 496. Von Mitgliedern, die nachweislich bereits einer anderen Krankenkasse angehört haben, dürfen die knappschaftlichen Krankenkassen Eintrittsgeld nur erheben, wenn zwischen Ausscheiden und Beitritt mehr als sechsundzwanzig Wochen liegen.

§ 497. Ein Antrag auf Befreiung von der Versicherungspflicht nach § 173 bedarf der Zustimmung der Mehrheit der Stimmen sowohl aus der Gruppe der Arbeitgeber als auch der Versicherten im Vorstande.

§ 498. Für die Mitglieder gelten die §§ 206, 383.

Bestimmt die Satzung für den Anspruch auf Mehrleistungen eine Wartezeit, so können Mitglieder, die zur Erfüllung ihrer Dienstpflicht im Heere oder der Marine ausscheiden, diese Wartezeit auf die Dauer der Dienstzeit sowie noch auf höchstens sechsundzwanzig Wochen unterbrechen. In diesem Falle darf von ihnen kein neues Eintrittsgeld erhoben werden.

§ 499. Die Vorschriften der §§ 119, 223 Abs. 2, 3 wegen Übertragung, Verpfändung, Pfändung und Aufrechnung der Versicherungsansprüche gelten für alle Leistungen, die den Knappschaftsvereinen oder Knappschaftskassen nach diesem Gesetz oder nach den Landesgesetzen obliegen.

Die oberste Verwaltungsbehörde bestimmt, welche Behörde für die Genehmigung nach § 119 Abs. 2 zuständig ist.

§ 500. Die §§ 211 bis 214, 219 bis 222, 224, 313, 314 gelten entsprechend.

Gehört der Wohnort des Erkrankten zum Bereich einer knappschaftlichen Krankenkasse, so hat, von dringenden Fällen abgesehen, diese die vorläufige Hilfe zu bewilligen.

§ 501. Die Vertreter der Versicherten in der Generalversammlung (Knappschaftsälteste), im Vorstand der knappschaftlichen Krankenkassen,

Knappschaftsvereine und Knappschaftskassen müssen in geheimer Wahl gewählt werden. Die Wahl nach den Grundsätzen der Verhältniswahl ist zulässig.

In die Generalversammlung und den Vorstand einer knappschaftlichen Krankenkasse können Knappschaftsinvaliden gewählt werden, auch wenn sie als freiwillige Mitglieder Beiträge zur Krankenkasse zahlen.

§ 502. Die §§ 368 bis 376 gelten.

Im übrigen bleiben, soweit dieses Gesetz nichts anderes vorschreibt, landesgesetzliche Vorschriften über die Knappschaftsvereine und die Knappschaftskassen unberührt.

§ 529. Gegen einen Versicherten, der die Krankenordnung oder die Anordnungen des behandelnden Arztes übertritt oder die ihm nach § 190 obliegende Mitteilung unterläßt, kann der Vorstand der Kasse Strafen bis zum dreifachen Betrage des täglichen Krankengeldes für jeden Übertretungsfall festsetzen.

Die gleiche Befugnis hat der Vorstand einer knappschaftlichen Krankenkasse und einer Ersatzkasse gegen ein versicherungspflichtiges Mitglied, das die Krankenordnung oder die Anordnungen des behandelnden Arztes übertritt.

Auf Beschwerde entscheidet das Versicherungsamt endgültig.

Drittes Buch.

Unfallversicherung.

§ 537. Der Versicherung unterliegen

1. Bergwerke, Salinen, Aufbereitungsanstalten, Steinbrüche, Gräbereien (Gruben);
2. Fabriken, Werften, Hüttenwerke, Apotheken, gewerbliche Brauereien und Gerbereibetriebe;
3. bis 11. . . . . . .

§ 538. Als Fabriken im Sinne des § 537 Nr. 2 gelten Betriebe, die

1. gewerbsmäßig Gegenstände bearbeiten oder verarbeiten und hierzu mindestens zehn Arbeiter regelmäßig beschäftigen;
2. gewerbsmäßig Sprengstoffe oder explodierende Gegenstände erzeugen oder verarbeiten oder elektrische Kraft erzeugen oder weitergeben;
3. nicht bloß vorübergehend Dampfkessel oder von elementarer oder tierischer Kraft bewegte Triebwerke verwenden;
4. vom Reichsversicherungsamte den Fabriken gleichgestellt werden.

§ 539. Der Versicherung unterliegen auch andere Betriebe, wenn sie wesentliche Bestandteile oder Nebenbetriebe der in den §§ 537, 538 bezeichneten Betriebe sind.

§ 540. Der § 539 gilt nicht

1. für landwirtschaftliche Betriebe, die Nebenbetriebe sind;
2. . . . . .

§ 544. Gegen Unfälle bei Betrieben oder Tätigkeiten, die nach den §§ 537 bis 542 der Versicherung unterliegen (Betriebsunfälle), sind versichert

1. Arbeiter, Gehilfen, Gesellen, Lehrlinge,
2. Betriebsbeamte, deren Jahresarbeitsverdienst nicht fünftausend Mark an Entgelt übersteigt,

wenn sie in diesen Betrieben oder Tätigkeiten beschäftigt sind.

Verbotswidriges Handeln schließt die Annahme eines Betriebsunfalls nicht aus.

§ 545. Als Betriebsbeamte gelten auch Werkmeister und Techniker.

§ 548. Die Satzung kann die Versicherungspflicht erstrecken

1. auf Betriebsunternehmer, deren Jahresarbeitsverdienst nicht dreitausend Mark übersteigt oder die regelmäßig keine oder höchstens zwei Versicherungspflichtige gegen Entgelt beschäftigen;
2. ohne Rücksicht auf die Zahl der beschäftigten Versicherungspflichtigen auf Hausgewerbtreibende (§ 162), die Unternehmer eines in den §§ 537, 538 bezeichneten Betriebs sind;
3. auf Betriebsbeamte, deren Jahresarbeitsverdienst fünftausend Mark an Entgelt übersteigt.

§ 555. Gegenstand der Versicherung ist der in den folgenden Vorschriften bestimmte Ersatz des Schadens, der durch Körperverletzung oder Tötung entsteht.

§ 556. Dem Verletzten und seinen Hinterbliebenen steht kein Anspruch zu, wenn sie den Unfall vorsätzlich herbeigeführt haben.

§ 557. Hat der Verletzte sich den Unfall beim Begehen einer Handlung, die nach strafgerichtlichem Urteil ein Verbrechen oder vorsätzliches Vergehen ist, zugezogen, so kann der Schadenersatz ganz oder teilweise versagt werden.

Die Verletzung bergpolizeilicher Verordnungen gilt nicht als Vergehen im Sinne des vorstehenden Absatzes.

Die Rente kann den im Inland wohnenden Angehörigen des Verletzten ganz oder teilweise überwiesen werden, wenn sie im Falle seines

Todes Anspruch auf Rente haben würden. Deutsche Schutzgebiete gelten im Sinne dieser Vorschrift als Inland.

Der Schadenersatz kann auch versagt werden, wenn wegen des Todes, der Abwesenheit oder eines anderen in der Person des Verletzten liegenden Grundes kein strafgerichtliches Urteil ergeht.

§ 558. Bei Verletzung sind vom Beginne der vierzehnten Woche nach dem Unfall zu gewähren

1. Krankenbehandlung; sie umfaßt ärztliche Behandlung und Versorgung mit Arznei, anderen Heilmitteln sowie mit den Hilfsmitteln, die erforderlich sind, um den Erfolg des Heilverfahrens zu sichern oder die Folgen der Verletzung zu erleichtern (Krücken, Stützvorrichtungen u. dgl.);
2. eine Rente für die Dauer der Erwerbsunfähigkeit.

§ 559. Die Rente beträgt, solange der Verletzte infolge des Unfalls

1. völlig erwerbsunfähig ist, zwei Drittel des nach den §§ 563 bis 570 berechneten Jahresarbeitsverdienstes (Vollrente);
2. teilweise erwerbsunfähig ist, den Teil der Vollrente, der dem Maße der Einbuße an Erwerbsfähigkeit entspricht (Teilrente).

§ 560. Solange der Verletzte infolge des Unfalls so hilflos ist, daß er nicht ohne fremde Wartung und Pflege bestehen kann, ist die Rente entsprechend, jedoch höchstens bis zum vollen Jahresarbeitsverdienste, zu erhöhen.

§ 561. War der Verletzte schon zur Zeit des Unfalls dauernd völlig erwerbsunfähig, so ist nur Krankenbehandlung (§ 558 Nr. 1) zu gewähren.

Solange er infolge des Unfalls so hilflos ist, daß er nicht ohne fremde Wartung und Pflege bestehen kann, ist eine Rente bis zur Hälfte der Vollrente zu gewähren.

§ 562. Solange der Verletzte infolge des Unfalls unverschuldet arbeitslos ist, kann die Genossenschaft auf Zeit die Teilrente bis zur Vollrente erhöhen.

§ 563. Die Rente wird nach dem Entgelt berechnet, den der Verletzte während des letzten Jahres im Betriebe bezogen hat (Jahresarbeitsverdienst).

Soweit der Jahresarbeitsverdienst eintausendachthundert Mark übersteigt, wird er nur mit einem Drittel angerechnet.

§ 564. Als Jahresarbeitsverdienst gilt, wenn der Verletzte ein volles Jahr vor dem Unfall im Betriebe beschäftigt war, das Dreihundertfache des durchschnittlichen Verdienstes für den vollen Arbeitstag, vorbehaltlich des § 569.

Ergibt die übliche Betriebsweise eine höhere oder niedrigere Zahl von Arbeitstagen, so wird mit dieser Zahl statt mit dreihundert vervielfältigt.

§ 565. War der Verletzte noch kein volles Jahr vor dem Unfall im Betriebe beschäftigt, so wird der Jahresarbeitsverdienst in der Weise berechnet, daß die Zahl der Tage, an denen der Verletzte im Betriebe beschäftigt war, mit dem durchschnittlichen Verdienste für den vollen Arbeitstag vervielfältigt wird; zugezählt wird für die übrigen betriebsüblichen Arbeitstage des Jahres der durchschnittliche Verdienst, den während dieser Zeit Versicherte der gleichen Art und Erwerbsfähigkeit im Betriebe oder in einem benachbarten Betriebe gleicher Art für den vollen Arbeitstag bezogen haben.

§ 566. Läßt sich die Berechnung nach § 565 nicht ausführen, so wird der Jahresarbeitsverdienst durch Vervielfältigung der betriebsüblichen Zahl von Arbeitstagen im Jahre mit dem Entgelt berechnet, den der Verletzte während der Beschäftigung im Betriebe durchschnittlich für den vollen Arbeitstag bezogen hat.

§ 567. Ist die betriebsübliche Zahl der Arbeitstage im Jahre so gering, daß die im Betriebe Beschäftigten regelmäßig noch anderweit Arbeit gegen Entgelt verrichten, so wird in den Fällen der §§ 565, 566 für die an dreihundert fehlende Zahl von Arbeitstagen der Ortslohn für Erwachsene über einundzwanzig Jahre, der zur Zeit des Unfalls für den Beschäftigungsort des Versicherten festgesetzt ist (§§ 149 bis 152), dem nach § 565 oder § 566 berechneten Betrage zugezählt.

§ 568. War der Verletzte nur stundenweise beschäftigt, so darf der durchschnittliche Verdienst für den vollen Arbeitstag nicht höher bemessen werden als der durchschnittliche Verdienst eines gleichartigen Arbeiters, der während des ganzen Arbeitstags beschäftigt war.

§ 569. Die §§ 564 bis 568 sind entsprechend anzuwenden, wenn sich der Jahresarbeitsverdienst aus mindestens wochenweise bestimmten Beträgen zusammensetzt.

§ 570. Erreicht der Jahresarbeitsverdienst nicht das Dreihundertfache des Ortslohns für Erwachsene über einundzwanzig Jahre (§ 567), so gilt dieses Dreihundertfache als Jahresarbeitsverdienst.

§ 571. Von dem Ortslohn wird für Personen, die schon vor dem Unfall dauernd teilweise erwerbsunfähig waren, derjenige Teil zugrunde gelegt, welcher dem Maße der Erwerbsfähigkeit vor dem Unfall entspricht.

§ 572. Die §§ 563 bis 571 gelten entsprechend für Verletzte, die bei einer versicherten Tätigkeit beschäftigt waren, ohne einem versicherten Betrieb anzugehören.

§ 573. Ist der Verletzte auf Grund der Reichsversicherung oder bei einer knappschaftlichen Krankenkasse gegen Krankheit versichert, so sind ihm mindestens die Regelleistungen der Krankenkassen nach § 179 an Krankenhilfe zu gewähren. Dabei beträgt jedoch das Krankengeld vom Beginn der fünften Woche nach dem Unfall bis zum Ablauf der dreizehnten mindestens zwei Drittel des maßgebenden Grundlohns; es darf auch im Falle des § 192 nicht versagt werden, es sei denn, daß der Verletzte sich den Unfall beim Begehen eines Verbrechens oder vorsätzlichen Vergehens (§ 557 Abs. 1, 2) zugezogen hat. Das Entsprechende gilt für das Hausgeld.

Erhält ein Versicherter gleichzeitig aus einer anderen Versicherung Krankengeld, so gilt für die Kürzung des Krankengeldes aus Abs. 1 der § 189 entsprechend.

Maßgebend ist für Mitglieder von Ersatzkassen der Grundlohn ihrer Krankenkasse, für Mitglieder von knappschaftlichen Krankenkassen der Grundlohn, der nach § 180 bestimmt ist.

Ist der gegen Krankheit Versicherte infolge des Unfalls im Ausland erkrankt, so sind die §§ 221, 222 entsprechend anzuwenden.

§ 574. Als versichert gegen Krankheit im Sinne des § 573 gilt auch, wer

1. nach den §§ 418, 435 versicherungsfrei ist, soweit die Krankenkasse einzutreten hat (§ 422);
2. infolge Erwerbslosigkeit aus der Krankenkasse ausgeschieden ist, aber noch Anspruch an die Kasse hat (§ 214).

§ 576. Was die Krankenkasse, knappschaftliche Krankenkasse oder Ersatzkasse nach den §§ 573, 575 über die Pflicht hinaus, die sie sonst nach Gesetz oder Satzung hat, gewähren muß, hat, wenn dem Verletzten über die dreizehnte Woche hinaus eine Entschädigung zu leisten ist, die Genossenschaft, andernfalls der Unternehmer (§ 633) zu ersetzen. Die Satzung der Genossenschaft kann bestimmen, daß diese den Mehrbetrag in allen Fallen zu ersetzen hat.

Dies gilt entsprechend, wenn der Verletzte, der gegen Krankheit versichert ist, keinen Anspruch auf Krankenhilfe hat.

§ 577. Ist ein Verletzter, der zu den nach den §§ 544, 545 Versicherten gehört, nicht auf Grund der Reichsversicherung oder bei einer knappschaftlichen Krankenkasse gegen Krankheit versichert, so hat ihm, vorbehaltlich der Abs. 2, 3, der Unternehmer für die ersten dreizehn Wochen Krankenhilfe zu gewähren. Für das Maß der Leistungen und und für deren Ersatz gelten die §§ 573 bis 576 entsprechend. Der Unternehmer kann mit Zustimmung des Verletzten auch Pflege nach § 185 Abs. 1 gewähren und dafür bis zu einem Viertel des Krankengeldes abziehen. Als Grundlohn gilt der Ortslohn des Beschäftigungsorts (§§ 149 bis 152). Für Betriebsbeamte gelten diese Vorschriften nur, wenn deren Jahresarbeitsverdienst zweitausendfünfhundert Mark nicht übersteigt.

In den Fällen der §§ 169, 418, 435 hat der Arbeitgeber für die ersten dreizehn Wochen die Leistungen aus Abs. 1 dem Verletzten zu gewähren. Dabei gilt der Grundlohn, der für die Krankenkasse maßgebend ist. Auf diese Leistungen werden die aus den §§ 169, 418, 435 angerechnet. Darüber hinaus ist die Genossenschaft oder der Unternehmer dem Arbeitgeber ersatzpflichtig (§ 576). Das gleiche gilt im Falle der §§ 170, 171, wenn den dort Bezeichneten die Ansprüche aus § 169 gewährleistet sind.

Ist ein Dienstbote wegen anderer Fürsorge nach § 440 Abs. 1 versicherungsfrei, so gilt für ihn Abs. 2 Satz 1 bis 4 entsprechend, jedoch tritt an die Stelle des Arbeitgebers der Träger der anderen Fürsorge. Dieser hat den Ersatz für die Mehrleistnng, wenn nicht die Berufsgenossenschaft ersatzpflichtig ist, von dem Unternehmer zu beanspruchen.

§ 581. Die Genossenschaft kann innerhalb der ersten dreizehn Wochen nach dem Unfall den Verletzten, auch ohne ihm ein Heilverfahren zu gewähren, ärztlich untersuchen lassen und von der Krankenkasse, der knappschaftlichen Krankenkasse, der Ersatzkasse, dem behandelnden Arzte oder in den Fällen des § 577 dem Unternehmer Auskunft über die Behandlung und den Zustand des Verletzten verlangen.

Auf Antrag der Genossenschaft kann das Versicherungsamt den Unternehmer zu dieser Auskunft innerhalb einer bestimmten Frist durch Geldstrafen bis zu einhundert Mark anhalten.

Auf Beschwerde gegen die Festsetzung der Strafe entscheidet des Oberversicherungsamt endgültig.

§ 582. Wenn das Krankengeld vor Ablauf der dreizehn Wochen wegfällt, über diese hinaus aber die Erwerbsunfähigkeit fortdauert, so ist die Rente schon von dem Tage ab zu gewähren, mit dem das Krankengeld wegfällt.

Die Satzung kann die Rente auch zubilligen, wenn nach Wegfall des Krankengeldes eine Beschränkung der Erwerbsfähigkeit zwar verblieben ist, aber voraussichtlich vor Ablauf der dreizehn Wochen endigen wird.

§ 583. Hat die Krankenkasse, knappschaftliche Krankenkasse oder Ersatzkasse ihre Leistung vor Ablauf der dreizehn Wochen zu Unrecht eingestellt, so geht der Anspruch des Verletzten auf Krankengeld bis zur Höhe der Rente (§ 582) auf die Genossenschaft über.

Das gleiche gilt für die Leistung des Unternehmers (§ 577).

§ 584. Hat die Genossenschaft zu einer Zeit, für die sie nach § 558 entschädigungspflichtig ist, die Fürsorge für den Verletzten nicht übernommen und hat ihm für eine solche Zeit die Krankenkasse, knappschaftliche Krankenkasse oder Ersatzkasse nach den §§ 182, 184, 185 Krankengeld oder Krankenhauspflege gewährt, so gilt der Verletzte für diese Zeit als völlig erwerbsunfähig.

§ 586. Bei Tötung ist außerdem zu gewähren

1. als Sterbegeld der fünfzehnte Teil des Jahresarbeitsverdienstes, jedoch mindestens fünfzig Mark; § 203 ist entsprechend anzuwenden;
2. vom Todestage ab den Hinterbliebenen eine Rente; sie besteht in einem Bruchteil des Jahresarbeitsverdienstes nach Vorschrift der §§ 588 bis 595.

Der Jahresarbeitsverdienst wird in gleicher Weise berechnet wie im Falle der Körperverletzung, dabei gilt jedoch § 571 nicht.

§ 587. Ist dieser Jahresarbeitsverdienst infolge eines früheren Unfalls geringer als der vor ihm bezogene Entgelt, so ist dem Jahresarbeitsverdienste die frühere Rente zuzurechnen; dabei darf jedoch der Betrag nicht überschritten werden, welcher der früheren Rente als Jahresarbeitsverdienst zugrunde liegt.

§ 588. Hinterläßt der Verstorbene eine Witwe oder Kinder, so beträgt die Rente ein Fünftel des Jahresarbeitsverdienstes

für die Witwe bis zu ihrem Tode oder ihrer Wiederverheiratung;
für jedes Kind bis zum vollendeten fünfzehnten Lebensjahre, für ein uneheliches Kind jedoch nur, soweit der Verstorbene ihm nach gesetzlicher Pflicht Unterhalt gewährt hat.

§ 589. Heiratet die Witwe wieder, so erhält sie drei Fünftel des Jahresarbeitsverdienstes als Abfindung.

§ 590. Die Witwe hat keinen Anspruch, wenn die Ehe erst nach dem Unfall geschlossen worden ist.

27*

Die Genossenschaft kann unter besonderen Umständen auch dann eine Witwenrente gewähren.

§ 591. Die Vorschriften über die Renten der Kinder gelten auch für Kinder einer weiblichen Person, die nicht Ehefrau ist.

Das gleiche gilt für voreheliche Kinder einer Ehefrau oder für deren Kinder aus früherer Ehe, wenn sie nicht die rechtliche Stellung von ehelichen Kindern des hinterbliebenen Ehemanns haben.

§ 592. Bei Tötung einer Ehefrau, die wegen Erwerbsunfähigkeit des Ehemanns ihre Familie ganz oder überwiegend aus ihrem Arbeitsverdienst unterhalten hat, ist für die Dauer der Bedürftigkeit an Rente zu gewähren ein Fünftel des Jahresarbeitsverdienstes

dem Witwer bis zu seinem Tode oder seiner Wiederverheiratung;
jedem Kinde bis zum vollendeten fünfzehnten Lebensjahre.

Der Witwer hat keinen Anspruch, wenn die Ehe erst nach dem Unfall geschlossen worden ist.

Hat sich der Ehemann einer Getöteten ohne gesetzlichen Grund von der häuslichen Gemeinschaft ferngehalten und seiner Unterhaltspflicht gegen die Kinder entzogen, so kann die Genossenschaft diesen die Rente gewähren.

§ 593. Hinterläßt der Verstorbene Verwandte der aufsteigenden Linie, die er wesentlich aus seinem Arbeitsverdienst unterhalten hat, so ist ihnen für die Dauer der Bedürftigkeit eine Rente von zusammen einem Fünftel des Jahresarbeitsverdienstes zu gewähren.

Sind aus der aufsteigenden Linie Verwandte verschiedenen Grades vorhanden, so ist die Rente den Eltern vor den Großeltern zu gewähren.

§ 594. Hinterläßt der Verstorbene elternlose Enkel, die er ganz oder überwiegend aus seinem Arbeitsverdienst unterhalten hat, so ist ihnen für die Dauer der Bedürftigkeit bis zum vollendeten fünfzehnten Lebensjahr eine Rente von zusammen einem Fünftel des Jahresarbeitsverdienstes zu gewähren.

§ 595. Die Renten der Hinterbliebenen dürfen zusammen drei Fünftel des Jahresarbeitsverdienstes nicht übersteigen, sonst werden sie gekürzt, und zwar bei Ehegatten und Kindern gleichmäßig; Verwandte der aufsteigenden Linie haben nur Anspruch, soweit Ehegatten oder Kinder, Enkel nur, soweit die Vorgenannten den Höchstbetrag nicht erschöpfen.

Beim Ausscheiden eines Hinterbliebenen erhöhen sich die Renten der übrigen bis zum zulässigen Höchstbetrage.

§ 596. Die Hinterbliebenen eines Ausländers, die sich zur Zeit des

Unfalls nicht gewöhnlich im Inland aufhielten, haben keinen Anspruch auf die Rente.

Der Bundesrat kann dies für ausländische Grenzgebiete oder für Angehörige solcher auswärtiger Staaten ausschließen, deren Gesetzgebung eine entsprechende Fürsorge für die Hinterbliebenen durch Betriebsunfall getöteter Deutscher gewährleistet.

Deutsche Schutzgebiete gelten im Sinne des Abs. 1 als Inland.

§ 597. An Stelle der im § 558 vorgeschriebenen Leistungen kann die Genossenschaft freie Kur und Verpflegung in einer Heilanstalt (Heilanstaltpflege) gewähren.

Hat der Verletzte einen eigenen Haushalt oder ist er Mitglied des Haushalts seiner Familie, so bedarf es seiner Zustimmung.

Bei einem Minderjährigen über sechzehn Jahre genügt seine Zustimmung.

Der Zustimmung bedarf es nicht, wenn

1. die Art der Verletzung eine Behandlung oder Pflege verlangt, die in der Familie des Verletzten nicht möglich ist;
2. die Krankheit ansteckend ist;
3. der Verletzte wiederholt den Anordnungen des behandelnden Arztes zuwidergehandelt hat;
4. der Zustand oder das Verhalten des Verletzten eine fortgesetzte Beobachtung erfordert.

In den Fällen des Abs. 4 Nr. 1, 2, 4 soll die Genossenschaft möglichst Heilanstaltpflege gewähren.

§ 598. Gewährt die Genossenschaft die Heilanstaltpflege nach den ersten dreizehn Wochen oder wegen Wegfalls des Krankengeldes schon vorher, so ist den Angehörigen des Verletzten eine Rente zu gewähren, soweit sie ihnen bei seinem Tode zustehen würde (Angehörigenrente). Dieser Anspruch steht auch der Ehefrau zu, deren Ehe mit dem Verletzten erst nach dem Unfall geschlossen worden ist.

§ 599. Die Genossenschaft kann mit Zustimmung des Verletzten Hilfe und Wartung durch Krankenpfleger, Krankenschwestern oder andere Pfleger (Hauspflege) namentlich auch dann gewähren, wenn die Aufnahme des Verletzten in eine Heilanstalt geboten, aber nicht ausführbar ist oder ein wichtiger Grund vorliegt, den Verletzten in seinem Haushalt oder in seiner Familie zu belassen.

§ 604. Neben dem Verletzten kann auch die Krankenkasse, knappschaftliche Krankenkasse oder Ersatzkasse, der er angehört, die Wiederaufnahme des Heilverfahrens beantragen.

§ 605. Haben Krankenkassen, knappschaftliche Krankenkassen, Ersatzkassen oder Träger der Unfallversicherung einen Verletzten in einer Anstalt mit genügenden Heileinrichtungen untergebracht, so darf er während des Heilverfahrens ohne seine Zustimmung in keine andere Anstalt gebracht werden.

Das Versicherungsamt des Aufenthaltsorts kann die Zustimmung ersetzen.

§ 607. Der Vorstand der Genossenschaft kann einem Rentenempfänger auf Antrag statt der Rente Aufnahme in ein Invalidenhaus, ein Waisenhaus oder eine ähnliche Anstalt gewähren.

Solche Anstalten gelten als Kranken-, Bewahr- und Heilanstalten im Sinne des § 11 Abs. 2 und des § 23 Abs. 2 des Gesetzes über den Unterstützungswohnsitz (Reichs-Gesetzbl. 1908 S. 381).

Die Aufnahme verpflichtet den Rentenempfänger auf ein Vierteljahr und, wenn er nicht einen Monat vor Ablauf dieser Zeit widerspricht, jedesmal auf ein weiteres Vierteljahr zum Verzicht auf die Rente.

§ 608. Tritt in den Verhältnissen, die für die Feststellung der Entschädigung maßgebend gewesen sind, eine wesentliche Änderung ein, so kann eine neue Feststellung getroffen werden.

§ 609. In den ersten zwei Jahren nach dem Unfall darf wegen einer Änderung im Zustand des Verletzten eine neue Feststellung jederzeit vorgenommen oder beantragt werden. Ist jedoch innerhalb dieser Frist eine Dauerrente rechtskräftig festgestellt worden oder ist die Frist abgelaufen, so darf eine neue Feststellung nur in Zeiträumen von mindestens einem Jahre vorgenommen oder beantragt werden. Diese Fristen werden auch durch Einleitung eines neuen Heilverfahrens nicht berührt. Die Zeiträume können durch Übereinkommen gekürzt werden.

§ 610. Ein Bescheid oder Endbescheid, der die Rente herabsetzt oder entzieht, wird mit Ablauf des auf die Zustellung folgenden Monats wirksam.

§ 611. Erhöhung oder Wiedergewährung der Rente kann nur für die Zeit nach Anmeldung des Anspruchs verlangt werden.

§ 612. Kosten des Heilverfahrens und Sterbegelder sind binnen einer Woche nach ihrer Feststellung, Renten im voraus in Monatsbeträgen zu zahlen. Beträgt die Rente für das Jahr sechzig Mark oder weniger, so ist sie in vierteljährlichen Beträgen im voraus zu zahlen, soweit sie nicht voraussichtlich vor Ablauf des Vierteljahrs wegfällt.

Die Genossenschaft kann mit Zustimmung des Berechtigten die Rente in längeren Zeitabschnitten zahlen.

Die Rente wird auf volle fünf Pfennig für den Monat oder das Vierteljahr aufgerundet.

§ 613. Für den Sterbemonat, den Monat der Wiederverheiratung und den Monat, der das Ruhen der Rente bringt, wird die Rente noch gezahlt. Kommt für einen Monatsteil zur Rente des Verletzten noch die der Hinterbliebenen, so haben sie den höheren Betrag zu beanspruchen.

War die Rente für einen längeren Zeitabschnitt zu entrichten, so kann die Genossenschaft sie auch für diesen noch gewähren.

§ 614. Hat der Berechtigte bei seinem Tode die Entschädigung noch nicht erhalten, so sind nacheinander der Ehegatte, die Kinder, der Vater, die Mutter, die Geschwister bezugsberechtigt, wenn sie mit dem Berechtigten zur Zeit seines Todes in häuslicher Gemeinschaft gelebt haben.

§ 615. Die Rente ruht,

1. solange der Berechtigte eine Freiheitsstrafe von mehr als einem Monat verbüßt oder in einem Arbeitshaus oder einer Besserungsanstalt untergebracht ist.

   Hat er im Inland Angehörige, die bei seinem Tode Anspruch auf Rente haben würden, so ist ihnen die Rente bis zur Höhe seines Anspruchs zu überweisen;

2. solange sich der berechtigte Inländer im Ausland aufhält und es unterläßt,

   der Genossenschaft seinen Aufenthalt mitzuteilen,

   als Verletzter auf Verlangen der Genossenschaft sich von Zeit zu Zeit bei dem zuständigen Konsul oder einer ihm bezeichneten anderen deutschen Behörde vorzustellen.

   Das Nähere über Mitteilung und Vorstellung bestimmt das Reichsversicherungsamt.

   Weist der Berechtigte nach, daß er ohne sein Verschulden die vorgeschriebene Mitteilung und Vorstellung unterlassen hat, so lebt insoweit das Recht auf die Rente wieder auf;

3. solange sich der berechtigte Ausländer freiwillig gewöhnlich im Ausland aufhält;

4. solange der berechtigte Ausländer wegen Verurteilung in einem Strafverfahren aus dem Reichsgebiet ausgewiesen ist. Das gleiche gilt für einen berechtigten Ausländer, der aus Anlaß der Verurteilung in einem Strafverfahren aus dem Gebiet eines Bundesstaats ausgewiesen ist, solange er sich nicht in einem anderen Bundesstaat aufhält.

In den Fällen der Nummern 3, 4 kann der Bundesrat das Ruhen der Rente für ausländische Grenzgebiete oder für Angehörige solcher auswärtiger Staaten ausschließen, deren Gesetzgebung Deutschen und ihren Hinterbliebenen eine entsprechende Fürsorge gewährleistet.

Ist die Ausweisung des berechtigten Ausländers (Abs. 1 Nr. 4) nicht wegen Verurteilung oder aus Anlaß der Verurteilung in einem Strafverfahren angeordnet, so gilt für ihn Abs. 1 Nr. 2.

Deutsche Schutzgebiete gelten im Sinne dieser Vorschriften als Inland.

§ 616. Beträgt die Rente eines Verletzten ein Fünftel der Vollrente oder weniger, so kann ihn die Genossenschaft mit seiner Zustimmung nach Anhören des Versicherungsamts mit einem dem Werte seiner Jahresrente entsprechenden Kapital abfinden.

§ 617. Die Genossenschaft kann einen berechtigten Ausländer, der seinen gewöhnlichen Aufenthalt im Inland aufgibt oder sich gewöhnlich im Ausland aufhält, mit seiner Zustimmung mit dem dreifachen Betrag seiner Jahresrente, ohne seine Zustimmung mit einem dem Wert seiner Jahresrente entsprechenden Kapital abfinden.

Der Bundesrat kann dies für ausländische Grenzgebiete ausschließen.

§ 618. Für die Abfindung mit einem entsprechenden Kapital (§§ 616, 617) regelt der Bundesrat die Berechnung des Kapitalwerts.

§ 619. Überzeugt sich die Genossenschaft bei erneuter Prüfung, daß die Leistung zu Unrecht ganz oder teilweise abgelehnt, entzogen oder eingestellt worden ist, so kann sie diese neu feststellen.

§ 621. Die Entschädigungsansprüche können außer in den Fällen des § 119 mit rechtlicher Wirkung übertragen, verpfändet und gepfändet werden auch wegen Forderungen der Krankenkassen, Knappschaftsvereine, Knappschaftskassen, Ersatzkassen und Versicherungsanstalten, die nach den §§ 1501, 1522, 1578 ersatzberechtigt sind. Die Übertragung, Verpfändung und Pfändung ist nur in Höhe der gesetzlichen Ersatzansprüche zulässig.

§ 630. Die Berufsgenossenschaften werden nach örtlichen Bezirken gebildet; sie umfassen darin alle Betriebe der Gewerbszweige, für die sie errichtet sind. Von dieser Vorschrift kann bei Genossenschaften für Eisenbahnen oder die im § 537 Nr. 6, 7 bezeichneten Betriebe abgesehen werden.

Der Bundesrat kann die Vereinigung der Unternehmer von Betrieben, die Knappschaftsvereinen oder Knappschaftskassen angehören, zu Knappschafts-Berufsgenossenschaften genehmigen.

Genossenschaften, die nach den früheren Unfallversicherungsgesetzen errichtet sind, bleiben in ihrem Bestande, vorbehaltlich der nach den §§ 635 bis 648 zulässigen Änderungen, erhalten.

§ 687. In den Vorstand oder als Vertrauensmann der Genossenschaft oder als Vertreter in der Genossenschaftsversammlung (§ 678 Nr. 1) kann, vorbehaltlich der §§ 13, 14, gewählt werden, wer der Genossenschaft als Mitglied angehört oder den Mitgliedern gleichsteht (§ 13 Abs. 2).

Wählbar zu Mitgliedern des Vorstandes sind auch solche Mitglieder einer Innung oder des Aufsichtsrats einer der Genossenschaft angehörigen Aktiengesellschaft, Kommanditgesellschaft auf Aktien oder Gesellschaft mit beschränkter Haftung, die mindestens fünf Jahre lang Unternehmer oder bevollmächtigte Betriebsleiter eines der Genossenschaft angehörigen Betriebs gewesen sind.

Sind in einer Genossenschaft verschiedenartige Gewerbszweige oder Betriebsarten (große, mittlere, kleine Betriebe) vereinigt, so sollen diese im Vorstand möglichst vertreten sein. Die Satzung bestimmt das Nähere.

Die Satzung einer Genossenschaft kann bestimmen, daß Vertreter der Versicherten ihrem Vorstand oder, wenn die Genossenschaft in Sektionen geteilt ist, dem Sektionsvorstand mit Stimmrecht angehören. Die Knappschafts-Berufsgenossenschaft kann durch die Satzung bestimmen, daß die Vertreter der Versicherten Knappschaftsälteste sein müssen. Ihre Wahl erfolgt durch die nach § 858 gewählten Vertreter der Versicherten; für ihre Wählbarkeit gilt § 859.

§ 730. Die Knappschafts-Berufsgenossenschaften können durch die Satzung bestimmen, daß Knappschaftsvereine oder Knappschaftskassen statt der Post die Entschädigungen zahlen.

§ 848. Die Berufsgenossenschaften sind verpflichtet, die erforderlichen Vorschriften zu erlassen über

1. die Einrichtungen und Anordnungen, welche die Mitglieder zur Verhütung von Unfällen in ihren Betrieben zu treffen haben;
2. das Verhalten, das die Versicherten zur Verhütung von Unfällen in den Betrieben zu beobachten haben.

Unfallverhütungsvorschriften können auch für einzelne Bezirke, Gewerbszweige und Betriebsarten erlassen werden.

In den Vorschriften ist zu bestimmen, wie sie den Versicherten bekannt zu machen sind.

Wenn in einem Betriebe Arbeiter beschäftigt sind, welche des Deutschen nicht mächtig sind, so sind ihnen, wenn fünfundzwanzig gemeinsam eine andere Muttersprache sprechen, die Unfallverhütungsvorschriften und die diese ersetzenden bergpolizeilichen Verordnungen in dieser bekannt zu machen.

§ 852. Der Entwurf der Vorschriften ist dem Reichsversicherungsamt einzureichen. Ist die Genossenschaft in Sektionen eingeteilt, so haben ihn die Vorstände der beteiligten Sektionen vorher zu begutachten.

§ 853. Zur Beratung und zum Beschluß über die Vorschriften hat der Genossenschaftsvorstand Vertreter der Versicherten mit vollem Stimmrecht und in gleicher Zahl wie die beteiligten Vorstandsmitglieder zuzuziehen.

Dies gilt entsprechend für Gutachten über Schutzvorschriften auf Grund des § 120e Abs. 2 der Gewerbeordnung.

§ 858. Die Vertreter der Versicherten werden von den Beisitzern der Oberversicherungsämter gewählt, in deren Bezirke die Genossenschaft oder die Sektion Mitglieder hat. Wahlberechtigt sind jedoch nur solche Beisitzer der Oberversicherungsämter, welche als Vertreter der Versicherten berufen sind und nicht dem Bereiche der landwirtschaftlichen Unfallversicherung oder der Seeunfallversicherung angehören.

Die Knappschafts-Berufsgenossenschaft kann durch die Satzung bestimmen, daß die Vertreter der Versicherten Knappschaftsälteste sein müssen. Wird diese Bestimmung getroffen, so werden die Vertreter der Versicherten von den Knappschaftsältesten der beteiligten Knappschaftsvereine und Knappschaftskassen gewählt.

§ 859. Wählbar als Vertreter der Versicherten ist nur, wer selbst nach diesem Gesetze gegen Unfall versichert ist und in einem Betriebe, welcher der Berufsgenossenschaft angehört, beschäftigt wird. Im übrigen gilt § 12.

§ 860. Die Wahlordnung erläßt das Reichsversicherungsamt.

Ein Beauftragter dieses Amtes leitet die Wahl.

§ 861. Für jeden Vertreter der Versicherten wird ein erster und ein zweiter Ersatzmann gewählt. Sie vertreten ihn, wenn er verhindert ist, und ersetzen ihn für den Rest seiner Amtsdauer, wenn er vor der Zeit ausscheidet, nach der Reihe, die sich durch die Wahl ergibt.

§ 862. Bei Streit über die Gültigkeit der Wahlen entscheidet das Reichsversicherungsamt.

§ 863. Der Vorsitzende des Vorstandes setzt die Vergütung (§ 21) für die Vertreter der Versicherten fest.

§ 864. Die Unfallverhütungsvorschriften bedürfen der Genehmigung des Reichsversicherungsamts; der Beschlußsenat entscheidet darüber.

Dem Antrag auf Genehmigung sind die Niederschriften über die Verhandlungen der Vorstände beizufügen. Aus der Niederschrift muß sich ersehen lassen, wie die Vertreter der Versicherten gestimmt haben; sie muß ferner ein Gutachten der Vorstände der beteiligten Sektionen enthalten.

§ 865. Vor der Genehmigung wird den beteiligten obersten Verwaltungsbehörden Gelegenheit gegeben, sich zu äußern.

Unfallverhütungsvorschriften für Betriebe, die unter bergpolizeilicher Aufsicht stehen, dürfen nur genehmigt werden, wenn die oberste Verwaltungsbehörde zustimmt.

§ 889. Die Unternehmer sind verpflichtet, den vom Reichsversicherungsamt beauftragten ständigen Mitgliedern des Reichsversicherungsamts während der Betriebszeit den Zutritt zu ihren Betriebsstätten zu gestatten, um die Durchführung und Wirkung der erlassenen Unfallverhütungsvorschriften (§ 848) festzustellen. Zur Erfüllung dieser Pflicht kann sie das Reichsversicherungsamt durch Geldstrafen bis zu dreihundert Mark anhalten.

§ 903. Wird strafgerichtlich festgestellt, daß Unternehmer oder ihnen nach § 899 Gleichgestellte den Unfall vorsätzlich oder fahrlässig mit Außerachtlassung derjenigen Aufmerksamkeit herbeigeführt haben, zu welcher sie vermöge ihres Amtes, Berufs oder Gewerbes besonders verpflichtet sind, so haften sie für alles, was Gemeinden, Armenverbände, Krankenkassen, Knappschaftsvereine, Knappschaftskassen, Ersatzkassen, Sterbe- und andere Unterstützungskassen infolge des Unfalls nach Gesetz oder Satzung aufwenden müssen. Statt der Rente kann der Kapitalwert gefordert werden.

Sie haften auch,

wenn strafgerichtlich festgestellt worden ist, daß sie bei Leitung oder Ausführung eines Baues wider die allgemein anerkannten Regeln der Baukunst gehandelt haben, und

wenn durch diese Zuwiderhandlung der Unfall herbeigeführt worden ist.

Die Vorschrift des § 900 über die Haftung ohne strafgerichtliche Feststellung gilt auch für diese Ansprüche.

Unternehmer und ihnen nach § 899 Gleichgestellte haften der Genossenschaft für deren Aufwand auch ohne strafgerichtliche Feststellung.

§ 904. Als Unternehmer haften auch

1. eine Aktiengesellschaft, ein Versicherungsverein auf Gegenseitigkeit, eine eingetragene Genossenschaft, eine Innung oder andere juristische Person für die durch ein Mitglied des Vorstandes,
2. eine Gesellschaft mit beschränkter Haftung für die durch einen Geschäftsführer,
3. eine andere Handelsgesellschaft für die durch einen Gesellschafter, der zur Geschäftsführung berechtigt ist,
4. im Falle der Liquidation eine Handelsgesellschaft, ein Versicherungsverein auf Gegenseitigkeit, eine eingetragene Genossenschaft, eine Innung oder andere juristische Person für die durch einen der Liquidatoren

herbeigeführten Unfälle, wenn diese Personen dabei eine ihnen zustehende Verrichtung ausgeführt haben.

Diese Vorschrift gilt für das Reich, die Bundesstaaten, Gemeinden, Gemeindeverbände sowie andere Körperschaften, Stiftungen und Anstalten des öffentlichen Rechts entsprechend.

§ 905. Ist der Unfall fahrlässig mit Außerachtlassung derjenigen Aufmerksamkeit herbeigeführt, zu welcher der Unternehmer und die ihm Gleichgestellten (§ 899) vermöge ihres Amtes, Berufs oder Gewerbes besonders verpflichtet sind, so kann die Genossenschaftsversammlung auf den Anspruch der Genossenschaft verzichten.

Die Satzung kann dieses Recht auf den Vorstand übertragen.

§ 906. Will der Vorstand den Ersatzanspruch erheben, so hat er den Beschluß dem Ersatzpflichtigen schriftlich mitzuteilen. Dieser kann dagegen binnen einem Monat die Genossenschaftsversammlung anrufen.

Klage darf, wenn der Ersatzpflichtige binnen dieser Frist die Genossenschaftsversammlung anruft, erst nach deren Beschluß, andernfalls erst nach Ablauf eines Monats seit der Mitteilung angestellt werden.

§ 907. Die Ansprüche verjähren in achtzehn Monaten nach dem Tage, an dem das strafgerichtliche Urteil rechtskräftig geworden ist. In denjenigen Fällen, in denen kein strafgerichtliches Urteil erforderlich ist, verjähren sie in einem Jahre nach der ersten rechtskräftigen Feststellung der Entschädigungspflicht der Genossenschaft, spätestens aber in fünf Jahren nach dem Unfall. Wird die Genossenschaftsversammlnng angerufen, so unterbricht das die Verjährung. Eine neue Verjährung kann erst beginnen, wenn die Genossenschaftsversammlung Beschluß gefaßt hat oder die Anrufung anderweit erledigt ist.

Die Vorschrift des § 901 Abs. 1 über die Bindung des ordentlichen Gerichts gilt auch für diese Ansprüche.

Viertes Buch.

Invaliden- und Hinterbliebenenversicherung.

§ 1226. Für den Fall der Invalidität und des Alters sowie zugunsten der Hinterbliebenen werden vom vollendeten sechzehnten Lebensjahr an versichert

1. Arbeiter, Gehilfen, Gesellen, Lehrlinge, Dienstboten;
2. Betriebsbeamte, Werkmeister und andere Angestellte in ähnlich gehobener Stellung, sämtlich, wenn diese Beschäftigung ihren Hauptberuf bildet;

3 bis 6. . . . . .

Voraussetzung der Versicherung ist für alle diese Personen, daß sie gegen Entgelt (§ 160) beschäftigt werden, für die unter Nr. 2 bis 5 Bezeichneten . . . außerdem, daß nicht ihr regelmäßiger Jahresarbeitsverdienst zweitausend Mark an Entgelt übersteigt.

§ 1227. Eine Beschäftigung, für die als Entgelt nur freier Unterhalt gewährt wird, ist versicherungsfrei.

§ 1234. Versicherungsfrei sind die in den Betrieben oder im Dienste des Reichs, eines Bundesstaats, eines Gemeindeverbandes, einer Gemeinde oder eines Versicherungsträgers Beschäftigten, wenn ihnen Anwartschaft auf Ruhegeld im Mindestbetrage der Invalidenrente nach den Sätzen der ersten Lohnklasse sowie auf Witwenrente nach den Sätzen der gleichen Lohnklasse und auf Waisenrente gewährleistet ist.

Das gleiche gilt für Lehrer und Erzieher an öffentlichen Schulen oder Anstalten.

§ 1235. Versicherungsfrei sind

1. Beamte des Reichs, der Bundesstaaten, der Gemeindeverbände, der Gemeinden und der Versicherungsträger, Lehrer und Erzieher an öffentlichen Schulen oder Anstalten, solange sie lediglich für ihren Beruf ausgebildet werden;
2. Personen des Soldatenstandes, die eine der im § 1226 bezeichneten Tätigkeiten im Dienste oder während der Vorbereitung zu einer bürgerlichen Beschäftigung ausüben, auf die § 1234 anzuwenden ist;
3. Personen, die während der wissenschaftlichen Ausbildung für ihren zukünftigen Beruf gegen Entgelt unterrichten.

§ 1236. Versicherungsfrei ist, wer eine reichsgesetzliche Invaliden- oder Hinterbliebenenrente bezieht oder invalide ist (§§ 1255, 1258).

§ 1237. Auf seinen Antrag wird von der Versicherungspflicht befreit,

wem von dem Reiche, einem Bundesstaat, einem Gemeindeverband, einer Gemeinde oder einem Versicherungsträger, oder

wem auf Grund früherer Beschäftigung als Lehrer oder Erzieher an öffentlichen Schulen oder Anstalten

Ruhegeld, Wartegeld oder ähnliche Bezüge im Mindestbetrage der Invalidenrente nach den Sätzen der ersten Lohnklasse bewilligt sind und daneben Anwartschaft auf Hinterbliebenenfürsorge (§ 1234) gewährleistet ist.

§ 1238. Auf ihren Antrag werden von der Versicherungspflicht befreit Versicherungspflichtige, die während oder nach der Zeit eines Hochschulunterrichts zur Ausbildung für ihren künftigen Beruf oder in einer Stellung beschäftigt werden, die den Übergang zu einer der Hochschulbildung entsprechenden versicherungsfreien Beschäftigung bildet.

§ 1239. Auf seinen Antrag wird von der Versicherungspflicht befreit, wer im Laufe eines Kalenderjahrs Lohnarbeit nur in bestimmten Jahreszeiten für nicht mehr als zwölf Wochen oder überhaupt für nicht mehr als fünfzig Tage übernimmt, im übrigen aber seinen Unterhalt selbständig erwirbt oder ohne Entgelt tätig ist. Die Befreiung ist nur zulässig, solange nicht einhundert nach § 1279 anrechnungsfähige Wochenbeiträge entrichtet worden sind.

Der Bundesrat kann Näheres bestimmen.

§ 1243. Zum freiwilligen Eintritt in die Versicherung (Selbstversicherung) sind bis zum vollendeten vierzigsten Lebensjahre berechtigt

1. die im § 1226 unter Nr. 2 bis 5 Bezeichneten . . . ., wenn ihr regelmäßiger Jahresarbeitsverdienst mehr als zweitausend Mark, aber nicht über dreitausend Mark beträgt;

2. und 3. . . . . .

Die Berechtigten können die Selbstversicherung beim Ausscheiden aus dem Verhältnis, das die Berechtigung begründet hat, fortsetzen oder später nach § 1283 erneuern.

§ 1244. Wer aus einem versicherungspflichtigen Verhältnis ausscheidet, kann die Versicherung freiwillig fortsetzen oder später nach § 1283 erneuern (Weiterversicherung).

§ 1245. Nach der Höhe des Jahresarbeitsverdienstes werden für die Versicherten folgende Lohnklassen gebildet:

Klasse	I	bis zu 350 Mark,						
„	II	von	mehr	als	350	bis zu	550 Mark,	
„	III	„	„	„	550	„ „	850	„
„	IV	„	„	„	850	„ „	1150	„
„	V	„	„	„	1150 Mark.			

§ 1246. Soweit die folgenden Vorschriften nichts anderes bestimmen, ist für die Zugehörigkeit zu den Lohnklassen statt des tatsächlichen Jahresarbeitsverdienstes ein Durchschnittsbetrag maßgebend.

Im einzelnen gilt als Jahresarbeitsverdienst

1. für Mitglieder einer Krankenkasse oder knappschaftlichen Krankenkasse das Dreihundertfache des Grundlohns (§§ 180, 181);
2. . . . . .
3. im übrigen der dreihundertfache Betrag des Ortslohns, soweit das Oberversicherungsamt für einzelne Berufszweige nichts anderes bestimmt.

. . . . .

§ 1247. Wenn im voraus für Wochen, Monate, Vierteljahre oder Jahre eine feste bare Vergütung vereinbart ist, die den Durchschnittsbetrag übersteigt, so ist diese maßgebend.

§ 1248. Die Versicherung in einer höheren Lohnklasse ist erlaubt, der Arbeitgeber aber zum höheren Beitrag nur verpflichtet, wenn er sie mit dem Versicherten vereinbart hat.

§ 1249. Die Versicherungsanstalt veröffentlicht für die einzelnen Orte ihres Bezirks und für jede Gruppe der Versicherten die Lohnklassen und Beiträge.

§ 1250. Gegenstand der Versicherung sind Invaliden- oder Altersrenten sowie Renten, Witwengeld und Waisenaussteuer für Hinterbliebene.

§ 1251. Invaliden- oder Altersrente erhält, wer die Invalidität oder das gesetzliche Alter nachweist sowie die Wartezeit erfüllt und die Anwartschaft aufrecht erhalten hat.

§ 1252. Hinterbliebenenfürsorge wird gewährt, wenn der Verstorbene zur Zeit seines Todes die Wartezeit für die Invalidenrente erfüllt und die Anwartschaft aufrecht erhalten hat, Witwengeld und Waisenaussteuer nur, wenn außerdem die Witwe zur Zeit der Fälligkeit der Bezüge selbst die Wartezeit für die Invalidenrente erfüllt und die Anwartschaft aufrecht erhalten hat.

§ 1253. Länger als auf ein Jahr rückwärts, vom Eingang des Antrags gerechnet, wird keine Rente gezahlt, sofern nicht der Berechtigte durch Verhältnisse, die außerhalb seines Willens liegen, verhindert worden ist, den Antrag rechtzeitig zu stellen. Der Antrag ist in diesem Falle binnen drei Monaten zu stellen, nachdem das Hindernis weggefallen ist.

§ 1254. Wer sich vorsätzlich invalide macht, verliert den Anspruch auf die Rente.

Hat sich der Versicherte oder die Witwe die Invalidität beim Begehen einer Handlung, die nach strafgerichtlichem Urteil ein Verbrechen oder vorsätzliches Vergehen ist, zugezogen, so kann die Rente ganz oder teilweise versagt werden. Die Verletzung bergpolizeilicher Verordnungen oder des § 93 Abs. 2, 3 und der §§ 95 bis 97 der Seemannsordnung gilt nicht als Vergehen im Sinne des vorstehenden Satzes. Die Invaliden- oder Witwenrente kann den im Inland wohnenden Angehörigen ganz oder teilweise zugewiesen werden, wenn der Versicherte oder die Witwe sie bisher ganz oder überwiegend aus seinem Arbeitsverdienste unterhalten haben. Deutsche Schutzgebiete gelten im Sinne dieser Vorschrift als Inland.

Die Rente kann auch versagt werden, wenn wegen des Todes, der Abwesenheit oder eines anderen in der Person des Antragstellers liegenden Grundes kein strafgerichtliches Urteil ergeht.

§ 1255. Invalidenrente erhält ohne Rücksicht auf das Lebensalter der Versicherte, der infolge von Krankheit oder anderen Gebrechen dauernd invalide ist.

Als invalide gilt, wer nicht mehr imstande ist, durch eine Tätigkeit, die seinen Kräften und Fähigkeiten entspricht und ihm unter billiger Berücksichtigung seiner Ausbildung und seines bisherigen Berufs zugemutet werden kann, ein Drittel dessen zu erwerben, was körperlich und geistig gesunde Personen derselben Art mit ähnlicher Ausbildung in derselben Gegend durch Arbeit zu verdienen pflegen.

Invalidenrente erhält auch der Versicherte, der nicht dauernd invalide ist, aber während sechsundzwanzig Wochen ununterbrochen invalide gewesen ist oder der nach Wegfall des Krankengeldes invalide ist, für die weitere Dauer der Invalidität (Krankenrente).

§ 1256. Die Invalidenrente beginnt, unbeschadet des § 1253 und des § 1255 Abs. 3, mit dem Tage, an dem die Invalidität eingetreten ist. Als dieser gilt, wenn sich der Beginn der Invalidität nicht feststellen läßt, der Tag, an dem der Antrag auf Rente beim Versicherungsamt eingegangen ist.

§ 1257. Altersrente erhält der Versicherte vom vollendeten siebzigsten Lebensjahr an, auch wenn er noch nicht invalide ist.

§ 1258. Witwenrente erhält die dauernd invalide Witwe nach dem Tode ihres versicherten Mannes.

Als invalide gilt die Witwe, die nicht imstande ist, durch eine Tätigkeit, die ihren Kräften und Fähigkeiten entspricht und ihr unter billiger Berücksichtigung ihrer Ausbildung und bisherigen Lebensstellung zugemutet werden kann, ein Drittel dessen zu erwerben, was körperlich und geistig gesunde Frauen derselben Art mit ähnlicher Ausbildung in derselben Gegend durch Arbeit zu verdienen pflegen.

Witwenrente erhält auch die Witwe, die nicht dauernd invalide ist, aber während sechsundzwanzig Wochen ununterbrochen invalide gewesen ist oder die nach Wegfall des Krankengeldes invalide ist, für die weitere Dauer der Invalidität (Witwenkrankenrente).

§ 1259. Waisenrente erhalten nach dem Tode des versicherten Vaters seine ehelichen Kinder unter fünfzehn Jahren und nach dem Tode einer Versicherten ihre vaterlosen Kinder unter fünfzehn Jahren. Als vaterlos gelten auch uneheliche Kinder.

§ 1260. Nach dem Tode der versicherten Ehefrau eines erwerbsunfähigen Ehemannes, die den Lebensunterhalt ihrer Familie ganz oder überwiegend aus ihrem Arbeitsverdienste bestritten hat, steht den ehelichen Kindern unter fünfzehn Jahren Waisenrente und dem Manne Witwerrente zu, solange sie bedürftig sind.

Für die Waisenrente gilt dies auch, wenn zur Zeit des Todes der Versicherten die Ehe nicht mehr bestand.

§ 1261. Nach dem Tode einer versicherten Ehefrau, deren Ehemann sich ohne gesetzlichen Grund von der häuslichen Gemeinschaft ferngehalten und seiner väterlichen Unterhaltungspflicht entzogen hat, steht den ehelichen Kindern unter fünfzehn Jahren Waisenrente zu, solange sie bedürftig sind.

Dies gilt auch, wenn zur Zeit des Todes der Versicherten die Ehe nicht mehr bestand und der Ehemann sich seiner väterlichen Unterhalspflicht entzogen hat.

§ 1262. Hinterläßt der Versicherte elternlose Enkel unter fünfzehn Jahren, deren Unterhalt er ganz oder überwiegend bestritten hat, so steht ihnen Waisenrente zu, solange sie bedürftig sind.

§ 1263. Die Renten der Hinterbliebenen beginnen mit dem Todestage des Ernährers. War die Witwe an diesem Tage noch nicht invalide, so bestimmt sich der Beginn der Rente nach § 1256 oder § 1258 Abs. 3.

§ 1264. Das Witwengeld wird beim Tode des Ehemanns fällig, die Waisenaussteuer bei Vollendung des fünfzehnten Lebensjahrs der Kinder.

§ 1265. Die gesetzlichen Leistungen werden auch dann gewährt, wenn der Versicherte verschollen ist. Er gilt als verschollen, wenn während eines Jahres keine glaubhaften Nachrichten von ihm eingegangen sind und die Umstände seinen Tod wahrscheinlich machen.

Das Versicherungsamt kann von den Hinterbliebenen die eidesstattliche Erklärung verlangen, daß sie von dem Leben des Vermißten keine anderen als die angezeigten Nachrichten erhalten haben.

§ 1266. Den Todestag Verschollener stellt die Versicherungsanstalt nach billigem Ermessen fest. Für die auf See Verschollenen gilt § 1100 Abs. 1.

§ 1267. Hinterbliebene haben keinen Anspruch auf die Fürsorge, wenn sie den Tod des Versicherten vorsätzlich herbeigeführt haben.

§ 1268. Der Anspruch der Hinterbliebenen eines Ausländers, die sich zur Zeit seines Todes nicht gewöhnlich im Inland aufhielten, beschränkt sich auf die Hälfte der Bezüge ohne Reichszuschuß.

Der Bundesrat kann diese Beschränkung für ausländische Grenzgebiete oder für Angehörige solcher auswärtiger Staaten ausschließen, deren Gesetzgebung eine entsprechende Fürsorge gewährleistet.

Deutsche Schutzgebiete gelten im Sinne des Abs. 1 als Inland.

§ 1269. Um die infolge einer Erkrankung drohende Invalidität eines Versicherten oder einer Witwe abzuwenden, kann die Versicherungsanstalt ein Heilverfahren einleiten.

§ 1270. Die Versicherungsanstalt kann insbesondere den Erkrankten in einem Krankenhaus oder in einer Anstalt für Genesende unterbringen.

Ist er verheiratet und lebt er mit seiner Familie zusammen oder hat er einen eigenen Haushalt oder ist er Mitglied des Haushalts seiner Familie, so bedarf es seiner Zustimmung.

Bei einem Minderjährigen genügt seine Zustimmung.

§ 1271. Angehörige des Erkrankten, deren Unterhalt er ganz oder überwiegend aus seinem Arbeitsverdienste bestritten hat, erhalten während des Heilverfahrens (§ 1270) ein Hausgeld auch dann, wenn er an keine Krankenkasse, keine knappschaftliche Krankenkasse oder Ersatzkasse Ansprüche hat. Es beträgt ein Viertel des Ortslohns für erwachsene Tagearbeiter. Unterlag jedoch der Erkrankte bis zum Eingreifen der Versicherungsanstalt der Krankenversicherung, so richtet sich das Hausgeld auch für die Zeit, für welche die Verpflichtung der Krankenkasse nicht mehr besteht, nach den Vorschriften über Krankenversicherung. Eine Invaliden- oder Witwenrente kann für die Dauer des Heilverfahrens ganz oder teilweise versagt werden. Das Hausgeld fällt weg, solange und soweit Lohn oder Gehalt auf Grund eines Rechtsanspruchs gezahlt wird.

§ 1272. Entzieht sich ein Erkrankter ohne gesetzlichen oder sonst triftigen Grund dem Heilverfahren (§ 1269) und wäre die Invalidität durch das Heilverfahren voraussichtlich verhütet worden, so kann die Rente auf Zeit ganz oder teilweise versagt werden, wenn der Erkrankte auf diese Folge hingewiesen worden ist.

§ 1273. Über Streitigkeiten, die nicht bei der Rentenfeststellung erledigt werden, entscheidet auf Beschwerde das Oberversicherungsamt endgültig.

§ 1274. Die Versicherungsanstalt kann mit Genehmigung der Aufsichtsbehörde Mittel aufwenden, um allgemeine Maßnahmen zur Verhütung des Eintritts vorzeitiger Invalidität unter den Versicherten oder zur Hebung der gesundheitlichen Verhältnisse der versicherungspflichtigen Bevölkerung zu fördern oder durchzuführen. Die Genehmigung kann auch für Pauschbeträge erteilt werden.

§ 1278. Die Wartezeit dauert

1. bei der Invalidenrente, wenn für den Versicherten auf Grund der Versicherungspflicht mindestens hundert Beiträge geleistet worden sind, zweihundert, andernfalls fünfhundert Beitragswochen;
2. bei der Altersrente eintausendzweihundert Beitragswochen.

§ 1279. Die Beiträge für die freiwillige Versicherung werden auf die Wartezeit für die Invalidenrente nur dann angerechnet, wenn mindestens hundert Beiträge auf Grund der Versicherungspflicht oder der Selbstversicherung geleistet worden sind.

Dieses gilt nicht für Beiträge, die der Versicherte in den ersten vier Jahren freiwillig geleistet hat, nachdem sein Berufszweig versicherungspflichtig geworden ist.

§ 1280. Die Anwartschaft erlischt, wenn während zweier Jahre nach dem auf der Quittungskarte verzeichneten Ausstellungstag (§ 1416) weniger als zwanzig Wochenbeiträge auf Grund der Versicherungspflicht oder der Weiterversicherung entrichtet worden sind.

§ 1281. Als Wochenbeiträge im Sinne des § 1280 zählen auch

1. Militärdienst- und Krankheitszeiten (§§ 1393, 1394);
2. Zeiten ohne versicherungspflichtige Beschäftigung, während deren der Anwärter oder der Verstorbene Invaliden- oder Altersrente aus einer Kasse oder einer Sonderanstalt der in den §§ 1321, 1360, 1375 bezeichneten Art oder eine Unfallrente von mindestens einem Fünftel der Vollrente bezog.

§ 1282. Bei der Selbstversicherung und ihrer Fortsetzung müssen zur Aufrechterhaltung der Anwartschaft während der im § 1280 bezeichneten Frist mindestens vierzig Beiträge entrichtet werden. Dieses gilt nicht, wenn auf Grund der Versicherungspflicht mehr als sechzig Beiträge geleistet worden sind.

§ 1283. Die Anwartschaft lebt wieder auf, wenn der Versicherte wieder eine versicherungspflichtige Beschäftigung aufnimmt oder durch freiwillige Beitragsleistung das Versicherungsverhältnis erneuert und danach eine Wartezeit von zweihundert Beitragswochen zurücklegt.

Hat der Versicherte bei der Wiederaufnahme der versicherungspflichtigen Beschäftigung oder bei der Erneuerung des Versicherungsverhältnisses durch freiwillige Beitragsleistung das sechzigste Lebensjahr vollendet, so lebt die Anwartschaft nur auf, wenn er vor dem Erlöschen der Anwartschaft mindestens tausend Beitragsmarken verwendet hatte.

Hat der Versicherte das vierzigste Lebensjahr vollendet, so lebt die Anwartschaft durch freiwillige Beitragsleistung nur auf, wenn er vor dem Erlöschen der Anwartschaft mindestens fünfhundert Beitragsmarken verwendet hatte und danach eine Wartezeit von fünfhundert Beitragswochen zurücklegt.

§ 1284. Die Versicherungsleistungen bestehen aus einem festen Reichszuschuß und einem Anteil der Versicherungsanstalt.

Werden nicht die vollen Rentenbeträge ausgezahlt, so werden die Anteile des Reichs und der Versicherungsträger entsprechend gekürzt.

§ 1285. Der Reichszuschuß beträgt jährlich fünfzig Mark für jede Invaliden-, Alters-, Witwen- und Witwerrente und fünfundzwanzig Mark für jede Waisenrente, einmalig fünfzig Mark für jedes Witwengeld und sechzehnzweidrittel Mark für jede Waisenaussteuer.

§ 1286. Der Anteil der Versicherungsanstalten richtet sich nach den gezahlten Beiträgen und den Militärdienst- und Krankheitszeiten, die als Beitragswochen gelten.

§ 1287. Die Versicherungsanstalt leistet bei den Invalidenrenten einen Grundbetrag und die Steigerungssätze, bei den Renten der Hinterbliebenen, bei den Witwengeldern und Waisenaussteuern einen Teil des Grundbetrags und der Steigerungssätze, bei den Altersrenten einen festen Jahresbetrag.

§ 1288. Der Grundbetrag der Invalidenrente wird stets nach fünfhundert Beitragswochen berechnet. Sind weniger nachgewiesen, so gilt für die fehlenden die Lohnklasse I; sind es mehr, so scheiden die überzähligen Beiträge der niedrigsten Lohnklassen aus.

Für jede Beitragswoche werden angesetzt

in der Lohnklasse I	12	Pfennig,
" " " II	14	"
" " " III	16	"
" " " IV	18	"
" " " V	20	" .

§ 1289. Der Steigerungssatz der Invalidenrente beträgt für jede Beitragswoche

in der Lohnklasse I	3	Pfennig,
" " " II	6	"
" " " III	8	"
" " " IV	10	"
" " " V	12	" .

§ 1290. Für jede Beitragswoche zählt nur ein Beitrag. Sind mehr Beitragswochen belegt und die überzähligen Marken nicht festzustellen, so scheiden die Beiträge der niedrigsten Lohnklassen aus, bis die zulässige Höchstzahl übrig bleibt.

§ 1291. Hat der Empfänger der Invalidenrente Kinder unter fünfzehn Jahren, so erhöht sich die Invalidenrente für jedes dieser Kinder um ein Zehntel, bis zu dem höchstens anderthalbfachen Betrage.

§ 1292. Der Anteil der Versicherungsanstalt beträgt

bei Witwen- und Witwerrenten drei Zehntel,

bei Waisenrenten für eine Waise drei Zwanzigstel, für jede weitere Waise ein Vierzigstel

des Grundbetrags und der Steigerungssätze der Invalidenrente, die der Ernährer zur Zeit seines Todes bezog oder bei Invalidität bezogen hätte.

§ 1293. Der Anteil der Versicherungsanstalt an den Altersrenten beträgt

in der Lohnklasse I	60	Mark,
" " " II	90	"
" " " III	120	"
" " " IV	150	"
" " " V	180	" .

Für Beiträge verschiedener Lohnklassen wird der entsprechende Durchschnitt gewährt. Sind über eintausendzweihundert Beitragswochen nachgewiesen, so scheiden die überzähligen Beiträge der niedrigsten Lohnklassen aus.

§ 1294. Die Renten der Hinterbliebenen dürfen zusammen nicht mehr betragen als das Anderthalbfache der Invalidenrente, die der Verstorbene zur Zeit seines Todes bezog oder bei Invalidität bezogen hätte.

Waisenrenten allein dürfen zusammen nicht mehr betragen als diese Invalidenrente.

Ergeben die Renten einen höheren Betrag, so werden sie im Verhältnis ihrer Höhe gekürzt.

Enkel haben nur soweit einen Anspruch, als nicht der zulässige Höchstbetrag den Kindern zufließt.

§ 1295. Beim Ausscheiden eines Hinterbliebenen erhöhen sich die Renten der übrigen bis zum zulässigen Höchstbetrage.

§ 1296. Als Witwengeld wird der zwölffache Monatsbetrag der Witwenrente, als Waisenaussteuer der achtfache Monatsbetrag der bezogenen Waisenrente gewährt.

§ 1297. Die Renten werden in Teilbeträgen monatlich, auf volle fünf Pfennig aufgerundet, im voraus gezahlt.

§ 1298. Die Witwen- und die Witwerrenten fallen bei der Wiederverheiratung weg.

§ 1299. Die Waisenrente fällt weg, sobald die Waise das fünfzehnte Lebensjahr vollendet.

§ 1300. Der Anspruch auf das Witwengeld verfällt, wenn er nicht innerhalb eines Jahres nach dem Tode des Ehemanns geltend gemacht wird.

§ 1301. Für den Sterbemonat und den Monat, der das Ruhen der Rente bringt, wird, vorbehaltlich der §§ 1295, 1318, die Rente voll gezahlt.

Kommt für einen Monatsteil zur Rente des Versicherten noch die der Hinterbliebenen, so haben sie den höheren Betrag zu beanspruchen.

§ 1302. Ist beim Tode des Empfängers die fällige Rente noch nicht abgehoben, so sind nacheinander bezugsberechtigt der Ehegatte, die Kinder, der Vater, die Mutter, die Geschwister, wenn sie mit dem Empfänger zur Zeit seines Todes in häuslicher Gemeinschaft gelebt haben.

§ 1303. Stirbt ein Versicherter oder ein zum Bezug einer Witwen- oder Witwerrente oder eines Witwengeldes Berechtigter, nachdem er seinen Anspruch erhoben hatte, so sind zur Fortsetzung des Verfahrens und zum Bezuge der bis zum Todestage fälligen Beträge nacheinander berechtigt der Ehegatte, die Kinder, der Vater, die Mutter, die Geschwister, wenn sie mit dem Berechtigten zur Zeit seines Todes in häuslicher Gemeinschaft gelebt haben.

Stirbt der zum Bezug einer Waisenaussteuer Berechtigte vor ihrer Auszahlung, so bestimmt das Versicherungsamt nach billigem Ermessen, an wen sie zu zahlen ist.

§ 1304. Ist der Empfänger einer Invaliden- oder Witwenrente infolge einer wesentlichen Änderung in seinen Verhältnissen nicht mehr invalide im Sinne der §§ 1255, 1258, so entzieht ihm die Versicherungsanstalt die Rente.

§ 1305. Ist zu erwarten, daß ein Heilverfahren den Empfänger einer Invaliden-, Witwen- oder Witwerrente wieder erwerbsfähig macht, so kann es die Versicherungsanstalt einleiten. Dabei sind die §§ 1270, 1271, 1273 entsprechend anzuwenden. Den Angehörigen der Empfänger von Witwen- oder Witwerrenten wird kein Hausgeld gezahlt.

§ 1306. Entzieht sich ein Rentenempfänger ohne gesetzlichen oder sonst triftigen Grund dem Heilverfahren und verhindert er dadurch die Beseitigung der Invalidität oder entzieht er sich ohne Grund einer Nachuntersuchung oder Beobachtung in einem Krankenhause, so kann ihm die Rente auf Zeit ganz oder teilweise entzogen werden, wenn er auf diese Folge hingewiesen worden ist.

§ 1307. Witwerrenten und Waisenrenten, die nach den §§ 1260 bis 1262 gewährt sind, entzieht die Versicherungsanstalt, sobald die Bedürftigkeit des Empfängers wegfällt.

§ 1308. Ein Bescheid, der die Rente entzieht, wird mit Ablauf des auf die Zustellung folgenden Monats wirksam.

§ 1309. Wird Invaliden- oder Witwenrente von neuem oder an Stelle einer Krankenrente, oder wird eine Altersrente bewilligt, so wird die Zeit des früheren Rentenbezugs dem Versicherten ebenso angerechnet wie eine nachgewiesene Krankheitszeit (§ 1394 Abs. 2). Während der Zeit des früheren Rentenbezugs erlischt die Anwartschaft nicht.

§ 1310. Wird nachgewiesen, daß ein Versicherter, der als verschollen galt, noch lebt, so wird die weitere Rentenzahlung eingestellt. Die Versicherungsanstalt braucht die zu Unrecht gezahlten Beträge nicht zurückzufordern.

§ 1311. Die Rente ruht neben einer reichsgesetzlichen Unfallrente, soweit beide zusammen übersteigen würden

1. bei Invaliden- und Altersrenten den siebeneinhalbfachen Grundbetrag der Invalidenrente;
2. bei Witwen- und Witwerrenten den dreieinhalbfachen, bei Waisenrenten den dreifachen Grundbetrag der Invalidenrente, die der Ernährer zur Zeit seines Todes bezog oder bei Invalidität bezogen hätte.

§ 1312. Die Rente ruht, solange der Berechtigte eine Freiheitsstrafe von mehr als einem Monat verbüßt oder in einem Arbeitshaus oder einer Besserungsanstalt untergebracht ist.

Hat er im Inland Angehörige, die er ganz oder überwiegend aus seinem Arbeitsverdienst unterhalten hat, so wird ihnen die Invaliden- oder Altersrente überwiesen.

§ 1313. Die Rente ruht, solange

1. der Berechtigte sich freiwillig gewöhnlich im Ausland aufhält;
2. der berechtigte Ausländer wegen der Verurteilung in einem Strafverfahren aus dem Reichsgebiet ausgewiesen ist. Das gleiche gilt für einen berechtigten Ausländer, der aus Anlaß der Verurteilung in einem Strafverfahren aus dem Gebiet eines Bundesstaates ausgewiesen ist, solange er sich nicht in einem anderen Bundesstaat aufhält.

§ 1321. Fabrik-, Seemanns- und ähnliche Kassen können die Invaliden-, Alters- oder Hinterbliebenenunterstützungen, die sie ihren reichsgesetzlich versicherten Mitgliedern geben, um höchstens den Wert der reichsgesetzlichen Bezüge dieser Art ermäßigen. Sie müssen dann alle Beiträge oder, wenn die Arbeitgeber damit einverstanden sind, wenigstens die der Kassenmitglieder entsprechend herabsetzen. Das gleiche gilt für Knappschaftsvereine oder Knappschaftskassen hinsichtlich der Invaliden- und Altersunterstützungen.

Satzungsmäßige Leistungen, welche die Kasse vor der Entschließung der zuständigen Stellen oder vor dem 1. Januar 1891 bewilligt hat, dürfen nicht vermindert werden.

Die erforderlichen Anordnungen sind von den Kassen durch Satzungsänderung herbeizuführen; diese bedarf der Genehmigung der zuständigen Behörde. Die Behörde kann die Änderung rechtsgültig selbst vornehmen, wenn die Kasse den Antrag der beteiligten Arbeitgeber oder der Mitgliedermehrheit ablehnt.

Die Beiträge brauchen nicht ermäßigt zu werden, wenn die an den Unterstützungen gemachten Ersparnisse entweder nötig sind, um die der Kasse verbleibenden Leistungen zu decken, oder satzungsmäßig mit Genehmigung der Aufsichtsbehörde zu Wohlfahrtseinrichtungen für Betriebsbeamte, Arbeiter oder deren Hinterbliebene verwendet werden.

Der Bundesrat bestimmt das Verfahren vor dem Kaiserlichen Aufsichtsamte für Privatversicherung im Falle des Abs. 3 Satz 2.

§ 1322. Die Unterstützungen, die Kappschaftsvereine oder Knappschaftskassen den Hinterbliebenen ihrer reichsgesetzlich versicherten Mitglieder geben, ermäßigen sich um den halben Wert der reichsgesetzlichen Bezüge der gleichen Art. Die Unterstützungen müssen unter Hinzurechnung der reichsgesetzlichen Bezüge mindestens um den Betrag des Reichszuschusses höher sein, als die satzungsmäßigen Unterstützungen ohne die Ermäßigung sein würden. Entsprechend der Ermäßigung der Unterstützungen sind alle Beiträge oder, wenn die Arbeitgeber damit einverstanden sind, wenigstens die der Mitglieder herabzusetzen. Bei Streit über die Höhe der Beitragsherabsetzung entscheidet die Aufsichtsbehörde.

Die Satzung kann bestimmen, daß die Unterstützungen und entsprechend die Beiträge um einen geringeren Teil oder gar nicht ermäßigt werden.

Satzungsmäßige Leistungen, die vor der Entschließung der zuständigen Stellen oder vor dem Inkrafttreten dieser Vorschrift bewilligt sind, dürfen nicht vermindert werden.

§ 1324. Die Rentenansprüche dürfen nur aufgerechnet werden auf Ersatzforderungen für bezogene Unfallrenten und Entschädigungen, soweit der Versicherungsanstalt ein Anspruch darauf nach § 1522 Abs. 3, § 1542 zusteht;
geschuldete Beiträge;
gezahlte Vorschüsse;
zu Unrecht gezahlte Rentenbeträge;
die zu erstattenden Kosten des Verfahrens;
die von den Versicherungsanstalten verhängten Geldstrafen.

§ 1325. Witwengeld und Waisenaussteuer dürfen, vorbehaltlich des § 119 Abs. 2, nicht übertragen, gepfändet, verpfändet oder aufgerechnet werden.

§ 1360. Der Bundesrat bestimmt auf Antrag der zuständigen Stelle, welche Anstalten des Reichs, eines Bundesstaats oder eines Gemeindeverbandes als Sonderanstalten zugelassen werden und von welchem Zeitpunkt an.

Der Bundesrat kann auf Antrag auch andere Sonderanstalten zulassen.

Die Sonderanstalten müssen den §§ 1361 bis 1366 genügen.

§ 1361. Die Leistungen der Sonderanstalt müssen den gesetzlichen Leistungen der Versicherungsanstalt mindestens gleichwertig sein.

§ 1362. Die Beiträge der Versicherten für die reichsgesetzlichen Leistungen dürfen die Hälfte des gesetzlichen Betrags (§ 1392) nur übersteigen, wenn es durch die von § 1389 abweichende Berechnungsart der Sonderanstalt notwendig wird. Höher als die der Arbeitgeber dürfen sie auch dann nicht sein.

§ 1363. An der Verwaltung der Sonderanstalten müssen die Versicherten durch Vertreter beteiligt sein, die in geheimer Wahl bestimmt sind. Ihre Zahl muß mindestens dem Verhältnis der Beiträge der Versicherten zu denen der Arbeitgeber entsprechen.

§ 1364. Bei Berechnung der Wartezeit und der Rente muß für den reichsgesetzlichen Anspruch die bei anderen Sonderanstalten und bei Versicherungsanstalten zurückgelegte Beitragszeit angerechnet werden.

§ 1365. Das Verfahren über die den reichsgesetzlichen Leistungen entsprechenden Ansprüche auf Invaliden-, Alters- und Hinterbliebenenbezüge muß nach den Vorschriften dieses Gesetzes geregelt sein.

§ 1366. Wenn die Sonderanstalt besondere oder erhöhte Beiträge für die reichsgesetzlichen Leistungen erhebt, so darf sie diese auf ihre anderen Leistungen nur soweit anrechnen, daß sie auf jede reichsgesetzliche Rente mindestens den Reichszuschuß zahlt.

§ 1367. Die Beteiligung bei einer zugelassenen besonderen Kasseneinrichtung (§ 8, 10, 11 des Invalidenversicherungsgesetzes) oder bei einer Sonderanstalt gilt der Versicherung in einer Versicherungsanstalt gleich.

§ 1368. Die Sonderanstalten erhalten zu ihren reichsgesetzlichen Leistungen den Reichszuschuß.

§ 1369. Für die Rente der bei einer Sonderanstalt Versicherten gilt für jede Woche der Beteiligung nach dem 1. Januar 1891 die Lohnklasse, der sie bei einer Versicherungsanstalt nach ihrem wirklichen Lohne angehört hätten. Waren sie gleichzeitig Mitglieder einer Krankenkasse oder knappschaftlichen Krankenkasse, so richtet sich die Lohnklasse nach § 1246 Abs. 2 Nr. 1 oder 3 und § 1247.

§ 1370. Wenn eine Sonderanstalt die Beiträge nicht durch Marken erhebt, so bescheinigt sie Austretenden die Dauer ihrer Beteiligung, ihre Lohnklassen sowie die Dauer von Militärdienst- und Krankheitszeiten (§§ 1393, 1394). Der Bundesrat kann Form und Inhalt der Bescheinigung bestimmen.

§ 1371. Versicherungsberechtigte in Betrieben, für die eine Sonderanstalt besteht, können sich nur bei ihr freiwillig versichern und beim Ausscheiden aus der Beschäftigung nur bei ihr die Versicherung fortsetzen (§ 1243). Versicherungspflichtige in solchen Betrieben können sich, wenn sie aus ihrer Beschäftigung ausscheiden, ohne anderswo versicherungspflichtig zu werden, nur bei der Sonderanstalt weiter versichern (§ 1244).

§ 1372. Auf die Sonderanstalten sind entsprechend anzuwenden

I. die Vorschriften des Ersten Buches über
1. die Rechnungsstelle (§ 103),
2. die Rechtshilfe (§§ 115 bis 117),
3. die Übertragung, die Verpfändung und die Pfändung der Ansprüche (§ 119),
4. die Fristen (§§ 124 bis 134),
5. die Gebühren und Stempel (§§ 137, 138);

II. die Vorschriften des Vierten Buches über
6. das Heilverfahren (§§ 1269 bis 1274),
7. die Entziehung von Invaliden=, Witwen= und Witwerrenten (§§ 1304 bis 1309),
8. das Ruhen der Renten und die Kapitalabfindung (§§ 1311 bis 1318),
9. die neue Feststellung und die Rückforderung von Rentenbeträgen (§§ 1319, 1320),
10. das Verhältnis der Ansprüche der reichsgesetzlich Versicherten zu den Ansprüchen aus Knappschaftsvereinen oder Knappschaftskassen, Fabrik=, Seemanns= und ähnlichen Kassen (§§ 1321, 1322),
11. die Aufrechnung (§§ 1324, 1325), die Übertragung, Pfändung und Verpfändung von Witwengeld und Waisenaussteuer (§ 1325),
12. die Änderung der Bezirke (§§ 1332 bis 1337),
13. die Verpflichtung zur Anlegung von mindestens einem Viertel des Vermögens in Anleihen des Reichs oder der Bundesstaaten und die Rechnungslegung gegenüber dem Reichsversicherungsamte (§ 1356 Abs. 1, § 1358 Abs. 2),
14. die Auszahlung durch die Post (§§ 1383 bis 1386), soweit die Sonderanstalten nicht unmittelbar zahlen,
15. die Gemeinlast und die Sonderlast (§§ 1395 bis 1399), die Rückversicherungsverbände (§ 1401),
16. die Verteilung und die Erstattung der Versicherungsleistungen und die Abführung der Beiträge an die Post (§§ 1403 bis 1410),
17. die Leistung von Beiträgen für eine zurückliegende Zeit (§§ 1442 bis 1444),
18. die Entscheidung von Streit im Falle des § 1460,
19. die freiwillige Zusatzversicherung (§§ 1472 bis 1483);

III. die Vorschriften des Fünften Buches über
20. die Beziehungen der Träger der Kranken= und der Unfall=

versicherung zu den Trägern der Invaliden- und Hinterbliebenenversicherung (§§ 1518 bis 1526),

21. die Beziehungen zu anderen Verpflichteten, soweit sie in den §§ 1527, 1531, 1536 bis 1543 geregelt sind.

§ 1373. Das Reich oder der beteiligte Gemeindeverband haftet, je nachdem die Sonderanstalt ihren Betrieben dient, für die Leistungen; sonst haftet der Bundesstaat des Betriebssitzes. Sind mehrere Bundesstaaten beteiligt, so haften sie anteilig nach der Zahl der Versicherten, die am Schlusse des letzten Geschäftsjahrs in den Betrieben beschäftigt waren. Ebenso regelt sich die Haftung bei Auseinandersetzungen des Vermögens (§§ 1334 bis 1336).

§ 1374. Für die Feststellung des Betrags, den die Sonderanstalt dem Gemeinvermögen zuführt, sind die Beiträge (§ 1392) maßgebend. Die Leistungen der Sonderanstalten werden nur soweit verteilt, als sie den reichsgesetzlichen Vorschriften entsprechen.

Den Sonderanstalten, die ihre Zahlung ohne Vermittelung der Postanstalten selbst leisten, wird der Reichszuschuß am Schlusse jedes Geschäftsjahrs überwiesen.

§ 1426. Der Arbeitgeber, der den Versicherten die Beitragswoche hindurch beschäftigt, hat für sich und ihn den Beitrag zu entrichten.

Beschäftigen mehrere Arbeitgeber den Versicherten während der Woche, so zahlt der erste von ihnen den ganzen Beitrag. Hat weder er noch der Versicherte selbst den Beitrag entrichtet (§ 1439), so hat der nächste Arbeitgeber den Beitrag zu entrichten, kann aber von dem ersten Ersatz beanspruchen. Ist der Versicherte gleichzeitig von mehreren Arbeitgebern versicherungspflichtig beschäftigt, so haften sie als Gesamtschuldner.

§ 1427. Läßt sich die tatsächliche Arbeitszeit nicht feststellen, so ist der Beitrag für die Zeit zu entrichten, die für die Arbeit annähernd erforderlich ist. Bei Streit entscheidet auf Antrag eines Teiles das Versicherungsamt endgültig.

Die Versicherungsanstalt kann mit Genehmigung des Reichsversicherungsamts oder des Landesversicherungsamts (§ 1382) für die Berechnung besondere Bestimmungen erlassen.

§ 1447. Die oberste Verwaltungsbehörde kann nach Anhören der Versicherungsanstalt anordnen, daß Krankenkassen, Knappschaftsvereine oder Knappschaftskassen, andere Stellen, die sie bezeichnet, oder örtliche Hebestellen der Versicherungsanstalt für deren Rechnung die Beiträge aller oder einzelner Gruppen der Versicherungspflichtigen einziehen. Sie kann dabei die Pflicht zur Meldung der Versicherten regeln.

Das gleiche kann die Versicherungsanstalt selbst mit Genehmigung der obersten Verwaltungsbehörde durch ihre Satzung, ferner eine Gemeinde oder ein Gemeindeverband mit Genehmigung der höheren Verwaltungsbehörde nach Anhören der Anstalt durch Statut bestimmen.

§ 1455. Die oberste Verwaltungsbehörde kann anordnen, daß

1. Krankenkassen, Knappschaftsvereine oder Knappschaftskassen oder örtliche Hebestellen der Versicherungsanstalten die Quittungskarten ausstellen und umtauschen;
2. unständig Beschäftigte (§ 441) ihre Beitragshälfte unmittelbar entrichten, die andere der Gemeindeverband oder die Gemeinde auslegt und der Arbeitgeber erstattet; auch kann die entsprechende Anwendung der §§ 453 ff. angeordnet werden.

Die Versicherungsanstalt hat dafür den bezeichneten Stellen besondere Vergütungen zu gewähren, deren Höhe die oberste Verwaltungsbehörde festsetzt.

§ 1456. Für die Mitglieder einer Krankenkasse kann ihre Satzung, für die Mitglieder der Krankenkasse eines Reichs- oder Staatsbetriebs können die zuständigen Dienstbehörden das Einzugsverfahren anordnen und der Kasse die Ausstellung und den Umtausch der Quittungskarten übertragen.

§ 1449 ist nicht anzuwenden.

§ 1484. Was dieses Buch für Krankenkassen (§ 225) vorschreibt, gilt auch für die knappschaftlichen Krankenkassen.

Fünftes Buch.

Beziehungen der Versicherungsträger zueinander und zu anderen Verpflichteten.

§ 1501. Die Leistungsfähigkeit der Krankenkassen (§ 225) wird dadurch nicht berührt, daß ein Träger der reichsgesetzlichen Unfallversicherung zum Schadenersatz verpflichtet ist.

Leistet eine Krankenkasse pflichtgemäß nach Gesetz oder Satzung infolge eines Unfalls für eine Zeit, für die der Berechtigte infolge des Unfalls auch einen Anspruch auf Unfallentschädigung hatte oder noch hat, so kann sie, jedoch höchstens bis zum Betrage dieses Anspruchs und nur in den Grenzen der §§ 1502 bis 1507, als Ersatz die Unfallentschädigung beanspruchen.

Aus dem Sterbegeld und der Unfallrente kann die Krankenkasse nur Ersatz beanspruchen, soweit dies ausdrücklich zugelassen ist.

§ 1502. Sterbegeld, das die Krankenkasse einem nach § 208 Berechtigten zahlt, ist aus dem Sterbegeld zu ersetzen, das der Träger der Unfallversicherung zu gewähren hat.

§ 1503. Für Krankenpflege sind drei Achtel des Grundlohns zu ersetzen, nach welchem sich das Krankengeld des Berechtigten bestimmt.

Bei Krankenhauspflege gilt das gleiche für die Krankenpflege. Für den Unterhalt im Krankenhause wird die Hälfte des Grundlohns angesetzt; für diesen Betrag kann Ersatz nur aus der Unfallrente beansprucht werden.

§ 1504. Für Hilfsmittel, die nach § 187 Nr. 3 zu gewähren sind, ist Ersatz in Höhe des Aufwandes zu leisten.

§ 1505. Für andere Leistungen als Sterbegeld, Krankenpflege und Hilfsmittel (§§ 1502 bis 1504) kann Ersatz nur aus der Unfallrente beansprucht werden.

§ 1506. Soweit für Kassenleistungen Ersatz aus der Unfallrente beansprucht werden kann, ist der Anspruch nur begründet bis zum halben Betrage der Rente, die auf die Zeit fällt, für welche die Ansprüche auf Kassenleistungen und Rente zusammentreffen.

Ist dem Kranken während dieser Zeit vollständiger Unterhalt in einer Anstalt gewährt worden, der nach den Vorschriften dieses Buches aus der Unfallrente zu ersetzen ist, so ist für die Dauer dieses Unterhalts der Anspruch auf Ersatz bis zum vollen Betrage der Rente begründet. Dies gilt entsprechend, wenn der Träger der Unfallversicherung dem Kranken vollständigen Unterhalt in einer Anstalt gewährt hat (§ 607).

Um bei Heilanstaltspflege, die der Träger der Unfallversicherung gewährt, den Umfang zu bestimmen, in welchem der Ersatzanspruch der Krankenkasse für ihre Leistungen begründet ist, wird der Unterhalt in der Heilanstalt gleich der Vollrente gerechnet.

§ 1507. Zur Befriedigung des Ersatzanspruchs der Krankenkasse darf auf rückständige Rentenbeträge und auf solche für die Zeit des vollständigen Unterhalts in einer Anstalt (§ 1506 Abs. 2 Satz 1) bis zu ihrer vollen Höhe, auf andere Rentenbeträge nur bis zu ihrer halben Höhe zugegriffen werden.

§ 1508. Der Anspruch auf Ersatz (§§ 1501 bis 1507) ist ausgeschlossen, wenn er nicht spätestens drei Monate nach Beendigung der Kassenleistungen bei dem Träger der Unfallversicherung geltend gemacht wird.

Hat jedoch die Krankenkasse ohne ihr Verschulden erst nach Ablauf dieser Zeit Kenntnis davon erhalten, daß die Voraussetzungen für einen Ersatzanspruch zutreffen, so kann sie noch innerhalb einer Woche nach dem Tage, an dem sie diese Kenntnis erlangt hat, den Anspruch geltend machen.

§ 1511. Die Satzung der Krankenkasse kann bestimmen, daß bei einer Krankheit, die Folge eines entschädigungspflichtigen Unfalls ist, für die Zeit, für die Unfallrente oder Heilanstaltpflege gewährt wird, Krankengeld nur soweit zu gewähren ist, als es den Betrag der Unfallrente übersteigt. Dabei wird der Unterhalt in der Heilanstalt gleich der Vollrente gerechnet.

§ 1512. Die Krankenkasse hat jede Krankheit, die ein entschädigungspflichtiger Unfall herbeigeführt hat, dem Träger der Unfallversicherung binnen drei Tagen anzuzeigen, sobald genügender Anhalt dafür vorliegt, daß die Erwerbsfähigkeit infolge des Unfalls über die dreizehnte Woche hinaus beschränkt sein wird; ist der Erkrankte nach Ablauf von drei Wochen nach dem Unfall noch nicht wiederhergestellt, so ist die Anzeige längstens bis zum Ende der vierten Woche zu erstatten.

Zu der Anzeige ist der geschäftleitende Angestellte der Kasse verpflichtet, wenn nicht der Vorstand einen anderen damit beauftragt. Die Anzeige an eine Berufsgenossenschaft, die in Sektionen eingeteilt ist, hat an den Sektionsvorstand zu ergehen.

Das Versicherungsamt kann wegen Unterlassung der Anzeige eine Geldstrafe bis zu zwanzig Mark festsetzen. Auf Beschwerde entscheidet das Oberversicherungsamt endgültig.

§ 1513. Bei Krankheit, die ein Unfall herbeigeführt hat, kann der Träger der Unfallversicherung das Heilverfahren übernehmen. Er hat dann für dessen Dauer oder bis zum Ablauf der dreizehnten Woche nach dem Unfall dem Kranken das zu gewähren, was diesem seine Krankenkasse nach Gesetz oder Satzung zu leisten hätte. An Stelle der Krankenpflege und des Krankengeldes kann er Krankenhauspflege und Hausgeld nach den §§ 184, 186 gewähren; er kann mit Zustimmung des Kranken auch Pflege nach § 185 gewähren.

Die Krankenkasse hat dem Träger der Unfallversicherung insoweit Ersatz zu leisten, als der Kranke von ihr nach Gesetz oder Satzung Krankenhilfe beanspruchen könnte und der Träger der Unfallversicherung dann nicht selbst ersatzpflichtig wäre. Dabei gelten als Ersatz für Krankenpflege drei Achtel des Grundlohns, nach welchem sich das Krankengeld des Berechtigten bestimmt.

§ 1514. Der Träger der Unfallversicherung kann die Erfüllung seiner Pflichten gegen den Verletzten und dessen Angehörige der letzten Krankenkasse des Verletzten über die dreizehnte Woche nach dem Unfall hinaus bis zum Ende des Heilverfahrens in dem Umfang übertragen, den er für geboten hält.

Er hat ihr die daraus erwachsenden Kosten zu ersetzen. Als Ersatz für Krankenbehandlung (§ 558 Nr. 1) und für Heilanstaltpflege gelten die im § 1503 bezeichneten Beträge, wenn nicht ein höherer Aufwand nachgewiesen wird. Bei der Seeunfallversicherung gilt für diesen Ersatz der § 1106 Abs. 2.

Für die eigenen Leistungen der Krankenkasse gilt § 1510.

§ 1515. Bei Streit zwischen der Kasse und dem Träger der Unfallversicherung aus der Übertragung seiner Leistungen (§ 1514) entscheidet das Versicherungsamt endgültig, wenn es sich nicht um einen Ersatzanspruch handelt.

Streit über Ersatzansprüche aus den §§ 1501, 1513, 1514 wird im Spruchverfahren entschieden.

§ 1516. Die §§ 1512 bis 1515 gelten auch für knappschaftliche Krankenkassen und für Ersatzkassen. Für die Ersatzkassen ist die Anzeigepflicht in der Satzung zu regeln.

Für Mitglieder von knappschaftlichen Krankenkassen gilt der nach § 180 bestimmte Grundlohn, für Mitglieder von Ersatzkassen der Grundlohn ihrer Krankenkasse.

§ 1517. Die oberste Verwaltungsbehörde kann anordnen, daß Unfallverletzte, die Mitglieder von Krankenkassen, knappschaftlichen Krankenkassen oder Ersatzkassen sind, denen Anstalten mit genügenden Heileinrichtungen zu Gebote stehen, vor Ablauf der dreizehnten Woche nach dem Unfall in einer anderen Heilanstalt nur untergebracht werden dürfen, wenn es die Vorstände der Kassen oder Kassenverbände genehmigen.

§ 1518. Läßt die Versicherungsanstalt ein Heilverfahren eintreten, so hat sie für dessen Dauer dem Kranken das zu gewähren, was diesem seine Krankenkasse (§ 225) nach Gesetz oder Satzung zu leisten hätte. Bringt die Versicherungsanstalt den Kranken in einem Krankenhaus oder in einer Anstalt für Genesende unter, so kann sie ihm für die Dauer dieses Heilverfahrens die Invaliden- oder Witwenrente ganz oder teilweise versagen.

Die Krankenkasse hat der Versicherungsanstalt Ersatz zu leisten, soweit der Kranke von der Kasse nach Gesetz oder Satzung Krankengeld zu beanspruchen hätte.

§ 1519. Die Versicherungsanstalt, die ein Heilverfahren eintreten läßt, kann die Fürsorge für den Kranken seiner letzten Krankenkasse in dem Umfang übertragen, den sie für geboten hält.

Werden dadurch der Kasse Leistungen über den Umfang ihrer gesetzlichen oder satzungsmäßigen Leistungen hinaus auferlegt, so hat die Versicherungsanstalt die Mehrkosten zu ersetzen.

Sie hat der Kasse den Aufwand auch für die Zeit zu ersetzen, für welche die Kasse zu Leistungen nicht mehr verpflichtet war. Dabei gelten als Ersatz für Krankenpflege und für Krankenhauspflege die im § 1503 bezeichneten Beträge, wenn nicht ein höherer Aufwand nachgewiesen wird.

§ 1520. Bei Streit zwischen der Kasse und der Versicherungsanstalt aus der Übertragung der Fürsorge (§ 1519) entscheidet das Versicherungsamt endgültig, wenn es sich nicht um einen Ersatzanspruch handelt.

Streit über Ersatzansprüche aus den §§ 1518, 1519 wird im Spruchverfahren entschieden.

§ 1521. Die §§ 1518 bis 1520 gelten auch für knappschaftliche Krankenkassen und für Ersatzkassen. Der Grundlohn bestimmt sich nach § 1516 Abs. 2.

§ 1527. Unberührt von diesem Gesetze bleiben die gesetzlichen Pflichten der Gemeinden und Armenverbände zur Unterstützung Hilfsbedürftiger und andere auf Gesetz, Satzung, Vertrag oder letztwilliger Verfügung beruhende Pflichten zur Fürsorge für die nach diesem Gesetze Versicherten und ihre Hinterbliebenen.

§ 1528. Leistet ein Knappschaftsverein, eine Knappschaftskasse oder eine Ersatzkasse infolge eines Unfalls pflichtgemäß für eine Zeit, für die der Berechtigte infolge des Unfalls einen Anspruch auf reichsgesetzliche Unfallentschädigung hatte oder noch hat, so kann der Knappschaftsverein oder die Kasse unter entsprechender Anwendung des § 1501 Abs. 2, 3 und der §§ 1502 bis 1507, 1516 Abs. 2 als Ersatz die Unfallentschädigung beanspruchen.

§ 1529. Entschädigt ein Träger der Unfallversicherung pflichtgemäß für eine Zeit, für die der Berechtigte auch Leistungen von einem Knappschaftsverein, einer Knappschaftskasse oder einer Ersatzkasse beanspruchen kann, so können diese die Unfallentschädigung auf ihre Leistungen anrechnen, soweit sie für diese im Falle des § 1528 Ersatz beanspruchen könnten.

§ 1530. § 1511 gilt entsprechend für knappschaftliche Krankenkassen und Ersatzkassen.

§ 1531. Unterstützt eine Gemeinde oder ein Armenverband nach gesetzlicher Pflicht einen Hilfsbedürftigen für eine Zeit, für die er einen Anspruch nach diesem Gesetze hatte oder noch hat, so kann die Gemeinde oder der Armenverband, jedoch nur bis zur Höhe dieses Anspruchs, nach den §§ 1532 bis 1537 Ersatz beanspruchen.

§ 1532. Aus den Leistungen der Krankenkasse (§ 225) kann eine Gemeinde oder ein Armenverband Ersatz nur dann beanspruchen, wenn sie die Unterstützung wegen der Krankheit gewährt hat, auf die sich de Anspruch des Unterstützten gegen die Kasse gründet.

§ 1533. Zu ersetzen sind

1. Begräbniskosten, die bei Tod des Versicherten gewährt worden sind, aus dem Sterbegeld;
2. Unterstützungen bei Krankheit des Versicherten, die der Krankenpflege entsprechen, auch bei Behandlung im Krankenhause, nach § 1503 aus den ihnen entsprechenden Leistungen der Krankenkasse;
3. die übrigen Unterstützungen aus den ihnen entsprechenden Leistungen der Krankenkasse. Dabei wird für den Unterhalt des Unterstützten im Krankenhause die Hälfte des Grundlohns angesetzt. Für den Umfang des Ersatzanspruchs und für das Maß des Zugriffs auf Krankengeld und ähnliche Leistungen laufender Art gelten entsprechend die §§ 1506, 1507.

§ 1537. Eine Gemeinde oder ein Armenverband kann auch dann Ersatz beanspruchen, wenn der Hilfsbedürftige, der einen Anspruch auf Invaliden-, Alters- oder Hinterbliebenenrente hat, stirbt, ohne die Rente beantragt zu haben.

§ 1538. Auch die ersatzberechtigten Kassen, Gemeinden und Armenverbände (§§ 1528, 1531) können die Feststellung der Leistungen aus der Reichsversicherung betreiben. § 1509 gilt entsprechend.

Das gleiche gilt für Knappschaftsvereine und Kassen, die ihre Leistungen nach den §§ 1321 bis 1323 ermäßigen.

§ 1539. Der Anspruch auf Ersatz (§§ 1528, 1531 bis 1537) ist ausgeschlossen, wenn er nicht spätestens sechs Monate nach Ablauf der Unterstützung bei dem Träger der Reichsversicherung geltend gemacht wird.

§ 1540. Streit über Ersatzansprüche aus den §§ 1528, 1531 bis 1537 wird im Spruchverfahren entschieden.

§ 1541. Was in diesem Abschnitt für Gemeinden und Armenverbände vorgeschrieben ist, gilt auch für Betriebsunternehmer und Kassen, die statt solcher Verpflichteten nach gesetzlicher Pflicht Hilfsbedürftige unterstützen.

§ 1544. Die §§ 1531 bis 1533, 1539 bis 1542 gelten auch für knappschaftliche Krankenkassen und für Ersatzkassen. Der Grundlohn bestimmt sich nach § 1516 Abs. 2.

Sechstes Buch.

Verfahren.

§ 1545. Die Leistungen aus der Reichsversicherung sind festzustellen, und zwar

1. auf dem Gebiete der Unfallversicherung von Amts wegen,
2. im übrigen auf Antrag.

Die Feststellung ist zu beschleunigen.

§ 1546. Wird die Unfallentschädigung nicht von Amts wegen festgestellt, so ist der Anspruch zur Vermeidung des Ausschlusses spätestens zwei Jahre nach dem Unfall bei dem Versicherungsträger anzumelden.

Für die Hinterbliebenen eines Versicherten, der auf einem untergegangenen oder verschollenen Schiffe gefahren ist, wird die Frist von dem Tage gerechnet, an dem nach § 1099 der Anspruch auf Hinterbliebenenrente enstanden ist.

§ 1547. Nach Ablauf der Frist kann der Anspruch noch geltend gemacht werden, wenn

1. eine neue Folge des Unfalls, die einen Entschädigungsanspruch begründet, erst später oder eine innerhalb der Frist eingetretene Folge erst nach Ablauf der Frist in wesentlich höherem Maße, wenn auch in allmählicher gleichmäßiger Entwicklung des Leidens, bemerkbar geworden ist;
2. der Berechtigte an der Anmeldung durch Verhältnisse verhindert worden ist, die außerhalb seines Willens liegen.

Der Anspruch ist in diesen Fällen binnen drei Monaten anzumelden, nachdem die neue Unfallfolge oder die wesentliche Verschlimmerung bemerkbar geworden oder das Hindernis weggefallen ist.

§ 1548. Stirbt der Verletzte infolge des Unfalls, so ist der Anspruch auf Entschädigung für die Hinterbliebenen, wenn sie nicht von Amts wegen festgestellt ist, zur Vermeidung des Ausschlusses spätestens zwei Jahre nach dem Tode des Verletzten bei dem Versicherungsträger anzumelden.

Nach Ablauf der Frist kann der Anspruch noch geltend gemacht werden, wenn die Voraussetzung des § 1547 Abs. 1 Nr. 2 vorliegt und der Anspruch binnen drei Monaten nach Wegfall des Hindernisses angemeldet worden ist.

§ 1549. Die Fristen (§§ 1546 bis 1548) werden auch gewahrt, wenn der Anspruch rechtzeitig bei einem nicht zuständigen Träger der Unfallversicherung oder bei einem Versicherungsamt angemeldet wird.

Die Anmeldung ist unverzüglich an die zuständige Stelle abzugeben; der Beteiligte ist zu benachrichtigen.

§ 1550. Gelangen Fälle, in denen freiwillige Leistungen der Versicherungsträger angezeigt scheinen, zur Kenntnis des Versicherungsamts, so benachrichtigt es den Versicherungsträger.

§ 1551. Anträge auf Leistungen der Krankenversicherung sind bei der Krankenkasse oder dem sonst Verpflichteten zu stellen.

Als Leistungen der Krankenversicherung gelten auch

die Leistungen der Krankenkassen, knappschaftlichen Krankenkassen und Ersatzkassen nach den §§ 573, 1083;

die Leistungen der Unternehmer, Arbeitgeber und Träger der anderen Fürsorge nach den §§ 577, 1084, 1085;

die Leistungen der Gemeinden und Krankenkassen nach den §§ 942 bis 944, 1087 Abs. 2, § 1088 Abs. 2, § 1089;

die Leistungen der Träger der Unfallversicherung bei Heilverfahren in den Fällen der §§ 580, 946, 1092;

die Leistungen der Krankenkassen, knappschaftlichen Krankenkassen, Ersatzkassen, Gemeinden und des Unternehmers an die Träger der Unfallversicherung nach den §§ 583, 948, 1094;

die Leistungen der Krankenkassen, knappschaftlichen Krankenkassen und Ersatzkassen bei Übertragung der Fürsorge durch Träger der Invaliden- und Hinterbliebenenversicherung nach den §§ 1519, 1521, soweit es sich nicht um Invaliden- oder Hinterbliebenenrente handelt;

die Leistungen der Unternehmer, Gemeinden und Krankenkassen, wenn ihnen die See-Berufsgenossenschaft nach § 1106 oder die Zweiganstalt nach § 1091 die Fürsorge für die ersten dreizehn Wochen übertragen hat.

Als Leistungen der Krankenversicherung gelten ferner die Leistungen der Träger der Unfallversicherung und der Träger der Invaliden- und Hinterbliebenenversicherung, wenn sie in den Fällen der §§ 579, 600,

945, 1086, 1090, 1104, 1513, 1516, 1518, 1521 die Leistungen von den im Abs. 2 bezeichneten Verpflichteten übernehmen.

Dies gilt für die vorbezeichneten Fälle der §§ 1083 bis 1086, 1092, 1094, 1104, 1106 nur, soweit § 1770 für Seeleute nichts anderes bestimmt.

§ 1552. Der Betriebsunternehmer hat jeden Unfall in seinem Betriebe anzuzeigen, wenn durch den Unfall ein im Betriebe Beschäftigter getötet oder so verletzt ist, daß er stirbt oder für mehr als drei Tage völlig oder teilweise arbeitsunfähig wird.

Der Unfall ist binnen drei Tagen anzuzeigen, nachdem der Betriebsunternehmer ihn erfahren hat.

§ 1553. Die Anzeige ist schriftlich oder mündlich der Ortspolizeibehörde des Unfallorts und der durch die Satzung bestimmten Stelle des Versicherungsträgers zu erstatten.

Ereignet sich der Unfall auf der Reise, so kann er auch der inländischen Ortspolizeibehörde angezeigt werden, in deren Bezirke sich der Verletzte zuerst nach dem Unfall aufhält.

Ereignet sich der Unfall im Ausland und ist keine nach Abs. 2 zuständige Behörde im Inland vorhanden, so ist er der Ortspolizeibehörde des inländischen Betriebssitzes anzuzeigen.

§ 1554. Für den Betriebsunternehmer kann der Leiter des Betriebs oder Betriebsteils, in dem sich der Unfall ereignet hat, die Anzeigen erstatten. Er ist dazu verpflichtet, wenn der Unternehmer abwesend oder verhindert ist.

§ 1555. Das Reichsversicherungsamt stellt die Muster für die Unfallanzeigen fest.

§ 1556. Wird der Unfall nicht oder zu spät angezeigt, so kann der Vorstand der Berufsgenossenschaft gegen den Verpflichteten Geldstrafe bis zu dreihundert Mark verhängen.

Auf Beschwerde entscheidet das Oberversicherungsamt (Beschlußkammer) endgültig.

§ 1559. Ist ein Versicherter getötet oder derart verletzt worden, daß er voraussichtlich nach diesem Gesetze zu entschädigen ist, so untersucht die Ortspolizeibehörde des Unfallorts sobald als möglich den Unfall.

Die Ortspolizeibehörde hat den Unfall auch dann zu untersuchen, wenn es ein nach diesem Gesetze zur Leistung Verpflichteter beantragt.

Der Berechtigte kann die Untersuchung des Unfalls bei dem Versicherungsamte beantragen. Dieses kann die Ortspolizeibehörde ersuchen, dem Antrag zu entsprechen.

§ 1561. Bei den vom Reiche oder von einem Bundesstaate verwalteten Betrieben bestimmt die vorgesetzte Dienstbehörde, wer den Unfall zu untersuchen hat.

§ 1562. An der Untersuchung können teilnehmen oder sich dabei vertreten lassen

der Verletzte oder seine Hinterbliebenen;

der Träger der Unfall- und der Krankenversicherung;

der Unternehmer;

das Versicherungsamt;

bei Unfällen in Betrieben, die der Gewerbeaufsicht unterliegen, der staatliche Aufsichtsbeamte (§ 139 b der Gewerbeordnung).

§ 1563. Diese Beteiligten werden vom Zeitpunkte der Untersuchung rechtzeitig benachrichtigt.

Ist die Berufsgenossenschaft in Sektionen geteilt oder hat sie Vertrauensmänner bestellt, so wird der Sektionsvorstand oder der Vertrauensmann benachrichtigt.

Zur Untersuchung sollen auch etwa sonst Beteiligte zugezogen werden.

Der Verletzte oder seine Hinterbliebenen können erwachsene Angehörige oder andere geeignete Personen, die das Verhandeln vor Behörden nicht geschäftsmäßig betreiben, als Beistand zu den Verhandlungen zuziehen.

§ 1564. Die Ortspolizeibehörde stellt den Sachverhalt fest. Sie kann Ermittlungen jeder Art mit Ausschluß eidlicher Vernehmungen anstellen.

Auf Antrag der Versicherungsträger oder des Berechtigten sollen Sachverständige zugezogen werden; die Kosten trägt der Antragsteller.

Soll im Dienstraum einer Behörde oder in einem Fahrzeug der Kaiserlichen Marine Augenschein eingenommen werden, so ist die Genehmigung der zuständigen Dienst- oder Kommandobehörde einzuholen.

§ 1565. Durch die Untersuchung werden namentlich festgestellt

Veranlassung, Zeit, Ort, Hergang und Art des Unfalles;

Name der getöteten oder verletzten Person sowie Tag und Ort ihrer Geburt;

die Art der Verletzung;

der Verbleib des Verletzten;

die Hinterbliebenen des Getöteten und die Angehörigen des Verletzten, die eine Entschädigung nach diesem Gesetze beanspruchen können;

die Höhe von Unterstützungen und Renten, die der Verletzte aus der Reichsversicherung bezieht.

§ 1566. Das Reichsversicherungsamt kann nähere Bestimmungen über die Niederschrift der Untersuchungsverhandlungen erlassen.

§ 1567. Sobald die Untersuchung abgeschlossen ist, übersendet die Ortspolizeibehörde die Verhandlungen dem Versicherungsträger.

Die Beteiligten können Einsicht in die Verhandlungen und Abschrift verlangen.

Für die Abschrift können Schreibgebühren erhoben werden.

§ 1568. Die Leistungen der Unfallversicherung werden festgestellt

1. durch den Sektionsvorstand, wenn die Berufsgenossenschaft in Sektionen eingeteilt ist und es sich handelt um
   a) Krankenbehandlung (§ 558 Nr. 1) oder Hauspflege (§ 599),
   b) Rente für die Dauer einer voraussichtlich vorübergehenden Erwerbsunfähigkeit,
   c) Heilanstaltspflege,
   d) Angehörigenrente,
   e) Sterbegeld;
2. durch den Genossenschaftsvorstand in allen übrigen Fällen.

§ 1569. Die Satzung der Berufsgenossenschaft kann die Feststellung übertragen

1. in den Fällen des § 1568 Nr. 1
   dem Genossenschaftsvorstand,
   einem Ausschuß des Genossenschafts- oder Sektionsvorstandes,
   besonderen Kommissionen,
   örtlichen Beauftragten (Vertrauensmännern);
2. in den Fällen des § 1568 Nr. 2
   dem Sektionsvorstand,
   einem Ausschuß des Genossenschafts- oder Sektionsvorstandes,
   besonderen Kommissionen.

§ 1580. Verweigert der Unternehmer dem Versicherungsträger die Einnahme des Augenscheins, so entscheidet das Versicherungsamt, ob und in welcher Weise der Augenschein stattfinden soll.

Das Versicherungsamt kann die Einnahme des Augenscheins selbst vornehmen und sich dabei der Mitwirkung der Ortspolizeibehörde bedienen oder die Ortspolizeibehörde darum ersuchen.

Die Beschwerde bewirkt Aufschub.

Für den Augenschein im Dienstraum einer Behörde oder in einem Fahrzeug der Kaiserlichen Marine gilt § 1564 Abs. 3.

Die oberste Verwaltungsbehörde bestimmt, wieweit Abs. 1 bis 3 für Betriebe gilt, die unter bergpolizeilicher Aufsicht stehen.

§ 1613. Anträge auf die Leistungen der Invaliden- und Hinterbliebenenversicherung sind an das Versicherungsamt zu richten; die Beweisstücke sollen beiliegen.

§ 1617. Der Vorsitzende des Versicherungsamts ermittelt nach freiem Ermessen, was zur Klarstellung des Sachverhalts erforderlich ist; dabei gilt § 1652 entsprechend.

Die Erhebungen sollen sich auf alle Fragen erstrecken, die für die Entschließung des Versicherungsträgers von Bedeutung sind, insbesondere auf

die Versicherungspflicht oder die Versicherungsberechtigung;

die Invalidität und den Tag ihres Eintritts;

das Alter der Waisen;

die Bedürftigkeit, wenn es sich um die Witwenrente oder in den Fällen der §§ 1260 bis 1262 um die Waisenrenten handelt.

Auf Antrag des Berechtigten ist das Gutachten eines von ihm benannten Arztes einzuholen, wenn das Gutachten nach Ansicht des Versicherungsamts für die Entscheidung von Bedeutung sein kann; die Kosten hat der Berechtigte vorher zu zahlen. Im übrigen gelten § 1595 Abs. 2, §§ 1596, 1597 entsprechend.

§ 1618. Nach Abschluß der Erhebungen durch den Vorsitzenden wird die Sache vor dem Versicherungsamt unter Zuziehung von je einem Vertreter der Arbeitgeber und der Versicherten in mündlicher Verhandlung erörtert, soweit § 1624 nichts anderes vorschreibt.

§ 1619. Für die Vorbereitung der mündlichen Verhandlung gelten die Vorschriften der §§ 1652, 1655 entsprechend. Namentlich kann der Vorsitzende vor der mündlichen Verhandlung die Untersuchung des Antragstellers und die Begutachtung dessen Gesundheitszustandes durch einen Arzt sowie das persönliche Erscheinen des Antragstellers in der mündlichen Verhandlung anordnen.

§ 1620. Für die Reihenfolge, in der die Versicherungsvertreter zu den Verhandlungen zuzuziehen sind, gilt § 1603 entsprechend.

§ 1621. Für Ausschluß und Ablehnung des Vorsitzenden des Versicherungsamts und der Versicherungsvertreter gelten die §§ 1641 bis 1649 entsprechend.

§ 1622. Die mündliche Verhandlung ist nicht öffentlich.

Im übrigen gelten für die mündliche Verhandlung die §§ 1662 bis 1665, 1667, 1669, 1672 entsprechend, jedoch ist § 1654 nicht anzuwenden.

§ 1623. Das Versicherungsamt erstattet ein Gutachten in der Sache; das Gutachten hat sich über alles auszusprechen, was nach Ansicht des Versicherungsamts für die Entschließung des Versicherungsträgers von Bedeutung ist.

Kann wegen Verbrechens oder vorsätzlichen Vergehens (§ 1254) oder wegen Widersetzlichkeit (§§ 1272, 1306) der Anspruch ganz oder teilweise versagt oder entzogen werden, so hat sich das Gutachten auch darüber auszusprechen, wieweit von dieser Befugnis Gebrauch zu machen ist.

Beruht das Gutachten nicht auf der Übereinstimmung des Vorsitzenden des Versicherungsamts und der Versicherungsvertreter, so sind die abweichenden Meinungen mit Angabe der Gründe zu vermerken.

§ 1624. Eine mündliche Verhandlung findet nicht statt, wenn es sich handelt um

Altersrente:

Waisenrente;

Witwengeld und Waisenaussteuer;

Kapitalabfindung (§§ 1316, 1317, 1476);

Fälle, in denen der Versicherungsträger und der Berechtigte einig sind.

Die Kaiserliche Verordnung (§ 35 Abs. 2) kann weitere Fälle bestimmen, in denen eine mündliche Verhandlung nicht stattfindet.

Findet eine mündliche Verhandlung nicht statt, so erstattet der Vorsitzende des Versicherungsamts das Gutachten.

§ 1625. Der Vorsitzende des Versicherungsamts übersendet die Verhandlungen und das Gutachten dem Versicherungsträger (§ 1630).

§ 1626. Die §§ 1617 bis 1625 gelten entsprechend, wenn eine Invaliden-, Hinterbliebenen- oder Zusatzrente entzogen oder eine Rente eingestellt werden soll.

Für die Zuständigkeit des Versicherungsamts gelten die §§ 1637 bis 1640 entsprechend.

Eine mündliche Verhandlung findet nicht statt, wenn es sich um das Ruhen der Rente (§§ 1311 bis 1315, 1318) handelt.

§ 1627. Die oberste Verwaltungsbehörde kann das Verfahren bei Vorbereitung und Begutachtung der Sache durch das Versicherungsamt näher bestimmen, soweit es nicht durch Kaiserliche Verordnung (§ 35 Abs. 2) geregelt ist.

§ 1628. Ist die Vorbereitung und Begutachtung der Sache Organen von Knappschaftsvereinen, Knappschaftskassen oder von Sonderanstalten für Betriebe des Reichs oder der Bundesstaaten übertragen, so gelten die §§ 1617 bis 1627 entsprechend.

Sollen Zeugen oder Sachverständige eidlich vernommen werden, so gelten der § 1571 Abs. 2 bis 4 und die §§ 1573 bis 1579 entsprechend.

§ 1635. Ist ein Antrag auf Invalidenrente oder auf Zahlung der Witwenrente endgültig abgelehnt worden, weil dauernde Invalidität nicht nachweisbar war oder ist eine Invalidenrente oder Witwenrente rechtskräftig entzogen, weil Invalidität nicht mehr vorlag, so kann der Antrag erst ein Jahr, nachdem die Entscheidung zugestellt worden ist, vorher aber nur dann wiederholt werden, wenn glaubhaft bescheinigt wird, daß inzwischen Umstände eingetreten sind, die den Nachweis der Invalidität liefern.

Wird die Bescheinigung nicht beigebracht, so weist das Versicherungsamt den vorzeitig wiederholten Antrag zurück. Der Bescheid ist nicht anfechtbar.

§ 1675. Gegen Endbescheide der Träger der Unfallversicherung, ferner gegen Bescheide der Träger der Invaliden- und Hinterbliebenenversicherung sowie gegen Urteile des Versicherungsamts ist das Rechtsmittel der Berufung an das Oberversicherungsamt (Spruchkammer) zulässig.

§ 1676. Über die Berufung entscheidet in Sachen der Krankenversicherung das Oberversicherungsamt für den Bezirk desjenigen Versicherungsamts, welches das angefochtene Urteil oder dessen Vorsitzender die angefochtene Vorentscheidung erlassen hat.

§ 1677. Über die Berufung entscheidet in Sachen der Unfallversicherung dasjenige Oberversicherungsamt, in dessen Bezirk der Versicherte zur Zeit der Erhebung der Berufung wohnt oder beschäftigt ist. Dabei gelten die §§ 1638 bis 1640 entsprechend.

§ 1678. Über die Berufung entscheidet in Sachen der Invaliden- und Hinterbliebenenversicherung das Oberversicherungsamt für den Bezirk desjenigen Versicherungsamts, welches nach den §§ 1617 bis 1627 bei der Vorbereitung der Sache mitgewirkt hat.

Ist die Vorbereitung und Begutachtung der Sache Organen von Knappschaftsvereinen, Knappschaftskassen oder von Sonderanstalten für Betriebe des Reichs oder der Bundesstaaten übertragen, so ist das Oberversicherungsamt zuständig, in dessen Bezirke sich der Sitz dieser Organe befindet.

§ 1685. In Sachen der Unfallversicherung sollen außer der Reihe möglichst Beisitzer aus Angehörigen solcher Betriebe zugezogen werden, welche dem Unfallbetriebe technisch und wirtschaftlich nahestehen.

Dies muß geschehen, wenn es sich um Unfälle in der Landwirtschaft oder in Bergbaubetrieben handelt, sofern Angehörige solcher Betriebe als Beisitzer bei dem Oberversicherungsamt vorhanden sind. Ausnahmen sind aus besonderen Gründen zulässig, die in den Akten zu vermerken sind.

§ 1774. Ist über den Hauptanspruch nicht von einem Versicherungsamte zu entscheiden oder ist der Ersatzanspruch aus der Verpflichtung einer Gemeinde, eines Armenverbandes, eines Betriebsunternehmers oder einer Kasse zur Unterstützung Hilfsbedürftiger (§§ 1531, 1541) entstanden, so ist das Versicherungsamt zuständig, in dessen Bezirke der Versicherte wohnt oder beschäftigt ist.

Hat der Versicherte keinen Wohn- oder Beschäftigungsort im Inland, ist er gestorben oder verschollen, so gilt § 1638.

§ 1775. Bei Streit zwischen einer Krankenkasse, die einem Versicherungsamt untersteht, und einer knappschaftlichen Krankenkasse oder einer Ersatzkasse entscheidet das Versicherungsamt.

§ 1787. Bei Streit zwischen einer Krankenkasse und einer knappschaftlichen Krankenkasse oder einer Ersatzkasse ist § 1775 anzuwenden.

§ 1788. Soweit die oberste Verwaltungsbehörde den im § 112 bezeichneten Organen Beschlußbefugnisse übertragen hat, stehen die Entscheidungen dieser Organe für die Rechtsmittel im Beschlußverfahren den Entscheidungen des Versicherungsamts gleich.

Sachregister.

(Die Zahlen beziehen sich auf die Seiten.)

A.

H.

J.

K.

L.

O.

P.

R.

S.

T.

U.

V.

W.

Z.

Druck von C. Schulze & Co., G. m. b. H., Gräfenhainichen.

FSC
www.fsc.org
MIX
Papier | Fördert
gute Waldnutzung
FSC® C083411

Kolibri 360 GmbH
Ferdinand-Jühlke-Straße 7
99095 Erfurt, Deutschland
produktsicherheit@kolibri360.de